GUIDE PRATIQUE ET COMPLET

DU

PÈLERIN EN ITALIE

POUVANT ÉGALEMENT SERVIR AU TOURISTE

AVEC UN MANUEL
DE LA CONVERSATION ITALIENNE ET FRANÇAISE
ET DES RÉSUMÉS ALPHABÉTIQUES

PAR UN PÈLERIN

NICE
IMPRIMERIE DU PATRONAGE SAINT-PIERRE
1, place d'Armes, 1
—
1894

OUVRAGES
EN VENTE A LA LIBRAIRIE
DU
PATRONAGE SAINT-PIERRE

NICE. - 1, place d'Armes, 1. - NICE

Histoire Ecclésiastique à l'usage de la jeunesse, par Don Bosco, recommandée par Mgr L. Gastaldi, archevêque de Turin. Traduction française d'après la 9° édition italienne. — 1 vol. in-12 de 508 pages 2, 40

Histoire Sainte à l'usage des classes et particulièrement du cours élémentaire, ornée de nombreuses vignettes et de deux cartes géographiques de la Palestine, deuxième édition illustrée. — 1 vol. en-12 de 390 pag 2, 00

Histoire Sainte (Petite) pour le premier âge, par l'abbé Désiré GRAGLIA, doct. en philosophie, commandeur, officier de différents ordres, ancien proviseur et vice-inspecteur des écoles. 2ᵉ édition. — 1 vol. in-12 de 48 pag. . . . 0, 40

Impressions de voyage, par Félicie ARÈNE. — 1 vol. in-12 de 84 pag 0, 60

GUIDE PRATIQUE ET COMPLET

DU

PÈLERIN EN ITALIE

POUVANT ÉGALEMENT SERVIR AU TOURISTE

AVEC UN MANUEL
DE LA CONVERSATION ITALIENNE ET FRANÇAISE
ET DES RÉSUMÉS ALPHABÉTIQUES

PAR UN PÈLERIN

NICE
IMPRIMERIE DU PATRONAGE SAINT-PIERRE
1, place d'Armes, 1

—

1894

INTRODUCTION

1. Présenter au Pèlerin, sous un format commode, le résumé de tout ce qu'il peut désirer connaître, lui donner les renseignements nécessaires sur les hôtels, voitures, moyens de locomotion, routes, etc; le mettre à même de s'orienter facilement dans les villes, et lui éviter ainsi des pertes de temps toujours regrettables, tel est le but que nous avons cherché à atteindre dans « *le guide du Pèlerin,* » que nous dédions non seulement à nos compatriotes, mais encore à tous les catholiques soucieux de visiter en détail les beaux sanctuaires de l'Italie, aux précieuses reliques « véritables musées religieux, où l'on sent à la fois la hauteur, la grandeur et la sérénité lumineuse d'un culte moderne, et dont les voûtes sonores chantent d'elles-mêmes: ce sont les temples de la résurrection (1). »

Notre *Guide* comprend deux parties, le *manuel de la conversation*, et la *description des villes*.

II. Grande est l'erreur des Français qui croient pouvoir voyager sans difficulté en Italie avec la seule connaissance de la langue maternelle. Sans doute, les personnes instruites sont familiarisées avec notre langue; mais la grande partie de la po-

---

(1) Lamartine, *harmonies poétiques et religieuses*, 8ᵉ harmonie.

pulation l'ignore, même dans les grandes villes comme Milan, Rome, et on s'exposerait à des mécomptes en quittant la France sans avoir des notions assez étendues de langue italienne. Le manuel que nous publions nous paraît suffisamment complet, et nous invitons les pèlerins à s'en bien pénétrer avant de gagner l'Italie.

Ce manuel renferme d'abord la clef de la prononciation italienne, qui est plus difficile qu'on ne se le figure communément; puis, des vocabulaires de mots divers et de noms propres; enfin des phrases usuelles et variées pour les différentes circonstances dans lesquelles on peut se trouver.

III. Nous décrivons les villes toujours dans le sens des itinéraires, et avec un petit résumé alphabétique. Chaque ville comprend les monuments religieux et profanes, les places, promenades etc., le tout d'après un point déterminé, central, et avec l'indication des faits historiques qui s'y rapportent. Avant les monuments sont les renseignements pratiques: hôtels, restaurants, cafés, voitures, tramways, omnibus, bureaux de poste, libraires, etc.

Les noms propres italiens, différant entièrement des noms français, nous ajoutons les traductions nécessaires *entre parenthèse*. Relativement à Rome, nous donnons une description complète de la ville telle que nos souvenirs personnels l'ont gravée dans notre mémoire.

Pour les personnes qui pourront disposer d'un temps suffisamment long, nous mettons les environs après les villes principales (Naples, Rome, Florence, Milan).

Enfin, pour mettre le pèlerin à même de suivre

les itinéraires adoptés, nous mentionnons, au fur et à mesure des chapitres, les stations des chemins de fer, avec les particularités les plus intéressantes que nous avons remarquées.

IV. Voici divers renseignements que nous croyons utile de réunir ici.

Les églises sont généralement fermées de midi à 3 ou 4 heures, sauf la plupart des cathédrales. Pour visiter une église, on peut, moyennant rétribution, la faire ouvrir en s'adressant au sacristain (*sagrestano*). De même pour les tableaux des grands maîtres et certains ouvrages artistiques, cachés par des rideaux, on doit s'entendre avec le sacristain: il faut donner 0 f. 25 ou 0 f. 50. Plus on est nombreux, moins la dépense est grande.

Quand on achète dans un magasin, même à prix fixe, ou dans la rue, il faut donner beaucoup moins que ne demande le marchand. Ainsi, à Rome, il nous est arrivé ceci: un colporteur nous offrit des albums de 36 et 48 belles photographies au prix de 2 f. 50. Le premier jour nous obtînmes un des albums pour 1 f. 25; le 2ᵉ jour, le second nous fut laissé à 0 f. 75, et c'était celui de 48 photographies.

Pour les promenades, excursions, il faut toujours faire le prix d'avance avec les cochers ou bateliers.

Il est utile d'avoir toujours avec soi un pardessus (ou un châle pour les dames), afin de parer aux éventualités de chaud et de froid, car la température des églises et celle de l'extérieur sont très différentes; de plus, après le coucher du soleil, le refroidissement de la température est sensible.

Les meilleurs moments pour l'Italie sont les mois d'automne, d'hiver et de prinptemps, d'octobre à la fin de mai. A Rome, la moyenne de la température est de 11° en avril, 15° en mai, 7° en décembre.

Bien que le passeport ne soit pas demandé en Italie, il est toujours prudent d'avoir sur soi des papiers d'identité.

Les débits de tabac vendent des francobolli (timbres-poste). Le prix d'une lettre pour la France est de 0 f. 25. Un télégramme pour la France coûte 1 f. (droit fixe), plus 0 f. 14 par mot.

Il convient d'emporter avec soi de l'or (1); mais en changeant les pièces, refuser autant que possible les billets de 5 f. que les hôteliers ne manquent pas d'offrir, et dont on a parfois beaucoup de peine à se débarrasser.

Pour les moustiques, voir ce que nous en disons à Venise.

Dans les gares, il y a une consigne (consegna) comme en France, et au même prix. On peut donc y déposer des bagages: éviter cependant d'y laisser des pardessus, des petits paquets, car on pourrait ne plus les retrouver au même endroit.

Pour les hôtels, restaurants, voitures, consulter chaque ville.

Des buffets existent dans bon nombre de gares, surtout dans les grandes villes.

Dans les restaurants on peut dîner de midi à 7 h., depuis 1 f. 50. Le pourboire est de 0 f. 10 ou 0 f. 15.

---

(1) On sait que le système monétaire d'Italie est le même que celui de la France; l'unité, la *lira*, égale un franc.

La franchise des bagages n'existe pas en Italie, et le prix qu'il faut payer est très élevé. Les compagnies permettent à chaque voyageur d'avoir dans le compartiment une valise ayant les dimensions suivantes : 0 m. 50, 0 m. 25, 0 m. 30.

Quand on prend des express, il faut payer un supplément de 10 % par place.

L'heure italienne de Rome avance de 46 m. sur l'heure de Paris.

Nous engageons beaucoup le Pèlerin à se munir des billets d'hôtel au départ de Paris, de Lyon : l'agence Lubin, à Paris, Boulevard Haussmann a nos préférences.

Nous engageons aussi le pèlerin, tant pour l'économie que pour la commodité, à se servir des billets circulaires, lesquels donnent droit à tous les trains et permettent de s'arrêter partout où l'on veut. Les deux billets circulaires suivants conviennent parfaitement au pèlerin, et nous les adopterons dans le « Guide : »

1° Paris-Sens-Dijon-Mâcon-Bourg (ou Lyon)-Ambérieu--Culoz--Aix-les-Bains--Chambéry--Modane-Turin-Milan-Venise-Bologne-Ancône-Foggia-Naples-Rome-Foligno-Florence-Empoli-Pise-Livourne--Pise-Gênes-Vintimille-Nice-Marseille-Lyon Dijon-Paris.... 60 jours. 345,10 (1re), 247,35 (2me).

2° Paris-Chaumont-Belfort-Delle-Bâle-Zurich-Lucerne-Chiasso-Milan-Venise-Bologne-Ancône-Foggia-Naples-Rome-Foligno-Florence-Empoli-Pise-Livourne-Pise-Gênes-Turin-Modane-Culoz-Bourg-Mâcon-Dijon.... 60 jours. 332,95 (1re) 242,30 (2me). Itinéraire le plus direct.

De Lyon et de Marseille, il faut gagner les gares

frontières (Modane, Vintimille), d'où l'on a des billets circulaires pour l'intérieur de l'Italie.

Les deux billets sont valables pour 60 jours; mais chacun est libre d'employer moins de temps.

La manière dont nos villes sont décrites dispense de plans. Néanmoins pour les personnes qui désireraient en avoir, nous leur conseillerions les suivants, de la maison A. Fayard, Paris, Boulevard Saint-Michel, 18, qui nous paraissent très bienfaits, très complets:

in-quarto simples (0 f. 25); *in-quarto doubles*: (0 f. 50).

Turin	Florence	Naples
Milan	Gênes	Rome.
Venise		

Paris, 25 mars 1892, en la fête de l'Annonciation.

Un PÈLERIN.

1ʳᵉ PARTIE

Manuel de la conversation française et italienne

—⋖–ᴧᴧ•⋗—

CHAPITRE I.

De la prononciation et de l'alphabet en italien.

A, i, o, n'offrent aucune difficulté. L'*i*, remplace *y* : l'*idropisia* (l'hydropisie), *idrogeno* (hydrogène), *paralisia* (paralysie).

L'*e* se prononce *é (orazione,* oraison ; *Cicerone,* guide), ou *ê (greco).* Cette voyelle, qui signifie parfois *et*, prend un *d* euphonique devant les voyelles : *dotti ed artisti* (savants et artistes). *O*, ou, suit la même règle.

U se prononce *ou* : *tutti* (tous) se dira donc *toutt-i*.

C a le son de *tch* devant *e, i*, comme dans *Cicerone* (guide), *cielo* (ciel). Il se prononce *k* devant *a, o, u*, comme dans *capisco* (je comprends), *conosco* (je connais), *il cuore* (le cœur). Afin de conserver le son des *k*, on met une *h* devant la voyelle : ainsi, *oca* (oie) fait *oche* (oies au pluriel); *albicocca* (abricot) fait *albicocche* (des abricots) ; *fresco* (frais) fait *freschi* au pluriel ; *Polacca* (Polonaise) fait *Polacche* (Polonaises), *secco* (sec) fait *secchi* (secs).

Ch se prononce *k* comme dans *a chi* (à qui), *chiesa* (église), *oche* (oies).

G se prononce *dgé* devant *e*, *i*, comme dans *erbaggi* (légumes), *Gesù* (Jésus).

Gh a le son du *g* dur, ainsi que le *g* devant *a*, *o*, *u*. Afin de conserver au *g* le son dur, on ajoute, comme pour le *c*, une *h* devant la voyelle: *albergo* (hôtel), *alberghi* (hôtels).

Dans *gli*, le *g* s'élide dans *biglietto* (billet), *maraviglia* (merveille) qu'on prononce *bilietto*, *maravilia*. Il se prononce comme en français dans *negligenza* (négligence), etc.

Gna, *gno*, se disent comme en français: *signora* (dame), *bisogno* (besoin).

H n'existe pas d'une manière générale. Ainsi, on écrit: *colera* (choléra), *umido* (humide,) *Umberto* (Humbert), *idrogeno* (hydrogène), *rum* (rhum), *un tè* (un thé), *ernia* (hernie) (1).

J se prononce *dgé*; mais on le remplace très souvent par *G* (*Gesù*, Jésus; *gelosia*, jalousie; *giacinto*, jacinthe; *gioia*, joie), ou par *i* (*Traiano*, Trajan).

L est souvent remplacée par *i*: *bianco*, blanc; *fiori*, fleurs; *il piacere*, le plaisir; *il piombo*, le plomb.

Ph se remplace par *f*: *farmacia* (pharmacie), *Adolfo* (Adolphe), *fosforo* (phosphore), *la fisica* (la physique), *tifoide* (typhoïde).

Q se dit *kou*: *qual direzione?* (quelle direction?) se prononcera *koual*.

Sce se dit *che*, comme dans *scendere* (descendre).
Sche se dit *ské*, comme dans *scheletro* (squelette).
Schi se dit *ski*, comme dans *la schiena* (le dos).

---

(1) Voir ce que nous disons de l'*h* à *c* et *g*.

Sci se dit *tchi*, comme dans *la scialuppa* (la chaloupe).

X se trouve remplacé généralement par *s*. Ainsi, on a: *l'esportazione* (l'exportation), *il flusso* (le flux), *esercizio* (exercice), *squisito* (exquis), *Brusselles* (Bruxelles).

Z se prononce *ts* dans *direzione* (direction), ou *ds* dans *orizzonte* (horizon).

Nous ferons remarquer que l'accentuation joue un grand rôle dans la prononciation; mais au bout de quelque temps, on peut parfaitement la saisir. (La dernière syllabe se *prononce à peine*).

CHAPITRE II.

De l'article.

1° Il y a un double article masculin: *lo, il*. Lo se met devant les mots, substantifs et adjectifs, qui commencent par *s* suivie d'une consonne (*lo scrittore*, l'écrivain) ou par *z* (*lo zelo*, le zèle). On emploie *il* dans les autres cas. Voici les différentes formes de ces articles:

	Singulier.		Pluriel.	
Nominatif.	Lo,	*le.*	Gli,	*les.*
Génitif.	Dello,	*du.*	Degli,	*des.*
Datif.	Allo,	*au.*	Agli,	*aux.*
Accusatif.	Lo,	*le.*	Gli,	*les.*
Ablatif.	Dallo,	*du.*	Dagli,	*des.*
	Nello,	*dans le.*	Negli,	*dans les.*
	Collo,	*avec le.*	Cogli,	*avec les.*
	Per lo,	*pour le.*	Pergli,	*pour les.*
	Sullo,	*sur le.*	Sugli,	*sur les.*

SINGULIER.		PLURIEL.	
Nominatif. Il,	le.	I ou li,	les.
Génitif . Del,	du.	Dei (ou de'),	des.
Datif . . Al,	au.	Ai (ou a'),	aux.
Accusatif . Il,	le.	I (ou li),	les.
Ablatif . Dal,	du.	Dai (ou da'),	des, par les.
. . . Nel,	dans le.	Nei (ou ne'),	dans les.
. . . Col,	avec le.	Coi (ou co'),	avec les.
. . . Pel,	pour le.	Pei (ou pé'),	pour les.
. . . Sul,	sur le.	Sui (ou su'),	sur les.

On emploi l' devant une voyelle : *l'equipaggio* (l'équipage), *l'equatore* (l'équateur), *l'ovest* (l'ouest) *l'est* (l'est).

La règle de l'article s'applique à l'adjectif *un* (un), qui fait *uno* devant une *s* suivie d'une consonne (*uno scheletro*, un squelette), ou devant un *z*, (*uno Zappatore*, un sapeur).

2° Il n'y a qu'un article féminin que l'on décline comme suit:

SINGULIER.		PLURIEL.	
Nominatif. La,	la.	Le,	les.
Génitif . Della,	de la.	Delle,	des.
Datif . . Alla,	à la.	Alle,	aux.
Accusatif. La,	la.	Le,	les.
Ablatif . Dalla,	de la.	Dalle,	des, par les.
. . . Nella,	dans la.	Nelle, Ne le,	dans les.
. . . Colla,	avec la.	Colle, Con le,	avec les.
. . . Per la, Pella,	pour la.	Per le, Pelle,	pour les.
. . . Sulla, Su la,	sur la.	Sulle, Su le,	sur les.

L'élision se pratique comme en français devant les voyelles. On dit : *dell'acqua*, (de l'eau), *l'argilla* (l'argile), *l'estensione* (l'étendue), etc. De même, avec *una* (une), on dit: *un'antenna* (une vergue), *un'ora* (une heure).

CHAPITRE III.

Pronoms personnels.

Il y a les pronoms de la 1ᵉ et de la 2ᵉ personne qui appartiennent aux deux genres, et ceux de la 3ᵉ personne, qui sont différents pour le masculin et pour le féminin.

En voici la déclinaison.

	SINGULIER.		PLURIEL.	
1re personne des deux genres.	Nominatif . Io,	*je, moi.*	Noi,	*nous.*
	Génitif . di me,	*de moi.*	Di noi,	*de nous.*
	Datif . a me, mi, me,	*à moi.*	A noi, ci, ce, ne,	*à nous.*
	Accusatif . me, mi,	*moi.*	Noi, ci, ce, ne,	*nous.*
	Ablatif . da me,	*de, par moi.*	Da noi,	*de, par nous.*
2e personne des deux genres.	Nominatif. Tu,	*toi.*	Voi,	*vous.*
	Génitif . di te,	*de toi.*	Di voi,	*de vous.*
	Datif . a te, ti, te,	*à toi.*	A voi, vi, ve,	*à vous.*
	Accusatif. te, ti,	*toi.*	Voi, vi,	*vous.*
	Ablatif . da te,	*de, par toi.*	Da voi,	*de, par vous.*
3e personne du masculin	Nominatif . Egli ou esso, ei, e',	*il, lui.*	Eglino ou essi, egli, e',	*ils, eux.*
	Génitif . Di lui,	*de lui.*	Di loro,	*d'eux.*
	Datif . A lui, gli, li,	*à lui.*	Loro, gli, li,	*à eux.*
	Accusatif. lui, il, lo,	*lui.*	Loro,	*eux.*
	Ablatif · da lui,	*de, par lui.*	Da loro,	*de, par eux.*
3e personne du féminin	Nominatif. Ella, essa,	*elle.*	Elleno, esse,	*elles.*
	Génitif . Di lei,	*d'elle.*	Di loro,	*d'elles.*
	Datif . A lei, a le,	*à elle.*	A loro,	*à elles.*
	Accusatif. Lei, la,	*elle.*	Loro, le,	*elles.*
	Ablatif . Da lei,	*d'elle.*	Da loro,	*d'elles.*

On trouve les formes *desso, dessi ; dessa, desse,* avec les verbes essere (être) et *parere* (sembler). Ces expressions équivalent à *lui-même, eux-mêmes ; elle-même, elles-mêmes. Egli é desso,* c'est lui-même.

On décline *soi* comme les autres pronoms, mais il n'a pas de nominatif : *di se,* de soi ; *a se, si,* à soi ; *se, si,* soi ; *da se,* de ou par soi. *Se* est employé pour les actions réfléchies au lieu de *lui* ou de *lei : ella si fida troppo a se stessa,* elle se fie trop à elle-même.

Moi-même se dit *io stesso, io medesimo ;* de moi-même *di me stesso, di medesimo. Ella stessa, ella medesima* signifient elle-même, etc.

Y, pronom, se traduit par *ci, vi.*

En, pronom, se traduit par *ne.*

Quand on parle à une personne d'un certain rang, on emploie la 3ᵉ personne du singulier, *ella* (pluriel *loro*). Aux gens que l'on emploie (cochers, guides, domestiques) on dit d'ordinaire *voi.*

CHAPITRE IV.

Du pluriel.

D'après les notions précédentes, on peut entrevoir les *règles générales* du pluriel que nous résumons ainsi :

Les mots terminés

1° en *o* forment le pluriel en *i* : *vento,* vent ; *venti,* vents ; — *uomo,* homme ; *uomini,* hommes ; — *oggetto,* objet ; *oggetti,* objets ; — *mano,* main ; *mani,* mains ; — *Africano,* Africain ; *Africani,* Africains.

2° en *a* forment le pluriel en *e* : *donna*, dame ; *donne*, dames ; — *chiesa*, église ; *chiese*, églises ; — *oca*, oie ; *oche*, oies (1), *sorella*, sœur ; *sorelle*, sœurs ; — *Polacca*, Polonaise ; *Polacche*, Polonaises (1).

3° en *e* forment le pluriel en *i* : *cocchiere*, cocher ; *cocchieri*, cochers ; — *il forestiere*, l'étranger ; *i forestieri*, les étrangers ; — *un lagone*, un grand lac ; *dei lagoni*, des grands lacs ; — *la conversazione*, la conversation ; *le conversazioni*.

CHAPITRE V.

Vocabulaire (Vocabolario).

I. *L'air, l'atmosphère. L'aria, l'atmosfera, ecc.*

l'air,	l'aria (féminin).
un arc-en-ciel,	un arcobaleno ; un'iride.
les astres,	gli astri.
l'aurore,	l'aurora.
une avalanche,	una valanga.
une averse,	un acquazzone, una pioggia dirotta.
le baromètre,	il baròmetro.
une bourrasque,	una burràsca.
la brise,	la brezza.
le brouillard,	la nebbia.
la brume,	il nebbione.
le calme,	la calma.
la chaleur, le chaud,	il caldo, il calore.

(1) Voir le chapitre 1er pour l'*h* placée avant l'*e*.
Des mots en *a* au singulier sont usités au pluriel avec la forme *i* : *dogma, dogmi*, dogme, dogmes ; *gesuita, gesuiti*, jésuite, jésuites.

chaleur accablante,	caldo suffocante.
chaud,	caldo.
il fait chaud,	fa caldo.
le ciel,	il cielo.
ciel serein,	cielo sereno.
le climat,	il clima.
une comète,	una cometa.
le dégel,	lo scioglimento del ghiaccio.
dégeler,	dighiacciare.
l'éclair,	il lampo, il baleno.
une éclipse,	un'ecclissi.
l'électricité,	l'elettricità.
électrique,	elettrico.
les éléments,	gli elementi.
une étoile,	una stella.
un fluide,	un fluido.
la foudre,	il fulmine.
le froid,	il freddo.
froid vif, sec,	freddo intenso; secco.
froid,	freddo.
il fait froid,	fa freddo.
nous avons 15° au-dessous de zéro,	abbiamo quindici gradi sotto lo zero.
un gaz,	un gas.
la gelée,	il gelo, gelicidio.
il gèle,	gela.
la glace,	il ghiaccio.
la gravitation,	la gravitazione.
la grêle,	la grandine, gragnuola.
il grêle,	grandina.
l'humidité,	l'umidità.
humide,	umido.

la lune (1),	la luna.
la matière,	la materia.
les météores,	le meteore.
la nature,	la natura.
la neige,	la neve.
il neige,	nèvica.
les nuages,	le nubi, le nùvole.
gros nuages,	nuvoloni.
un nuage cuivré,	una nùvola rossiccia.
un petit nuage,	una nuvoletta.
l'ombre,	l'ombra.
un orage,	una procella, un temporale.
un ouragan,	un oragano.
une planète,	un pianeta.
la pluie,	la pioggia.
la pluie battante,	la pioggia dirotta.
il pleut,	piove.
la rosée,	la rugiada, la guazza.
la sécheresse,	la siccità.
sec,	secco, arido.
secs,	secchi, aridi.
le soleil,	il sole.
le coucher du soleil,	il tramontar del sole.
le lever du soleil,	lo spuntar del sole.
un solide,	un solido.
la température,	la temperatura.
la tempête,	la tempesta.
le temps (2),	il tempo.
beau,	bello.

(1) Voir le chapitre V, parag. III pour les quartiers.
(2) Voir parag. VII les divisions du temps. Ne pas confondre le *tempo* (temps) avec *tempio* (temple).

Guide pratique etc. 2

inconstant,	incostante.
mauvais,	cattivo.
lourd,	grave.
variable,	variabile.
le thermomètre,	il termòmetro.
le tonnerre,	il tuono.
coup de tonnerre,	colpo del tuono.
il tonne,	tuona.
le bruit, le son,	il rumore, il suono
les tourbillons,	i turbini.
un tremblement de terre,	un terremoto.
une trombe,	una tromba.
la vapeur d'eau,	il vapore d'acqua.
le vent,	il vento.
le vent du nord,	la tramontana.
le nord,	il nord.
le vent du sud,	l'austro, il noto, il sirrocco.
le sud,	il sud.
le vent d'est,	l'euro, il vento di levante.
l'est,	l'est.
le vent d'ouest,	il vento di ponente.
l'ouest,	l'ovest.
les vents alisés,	gli alisei.
il fait du vent,	tira vento, soffia.
un vent favorable,	un vento favorevole.
un vent contraire,	un vento contrario.
le verglas,	il gelicidio.
la voie lactée,	la via lattea.

II. *L'eau, la navigation.* *L'acqua, la navigazione* (1).

un abreuvoir,	un abbeveratoio.
une amarre,	un cavo, gherlino.
un amiral,	un ammiraglio.
une ancre,	un' ancora.
un aqueduc,	un acquedotto.
un arrosoir,	un innaffiatoio.
arroser,	innaffiare, irrigare.
un bac,	una chiatta, lancia.
une baie,	una baia.
un bain,	un bagno.
un bain de mer,	un bagno di mare.
un bain d'eau douce,	un bagno d'acqua dolce.
une barque,	una barca.
un bateau,	un battello.
un batelier,	un barcaiuolo.
un bateau à vapeur,	un battello a vapore, un vaporetto.
un bâtiment,	un bastimento.
le bord,	il bordo.
prendre à bord,	prendere a bordo.
la boussole,	la bussola.
un bras de mer,	un braccio di mare.
un brick,	un brik, una saettia.
des brisants,	dei frangenti.
le cabestan,	l'argano.
la cabine,	il camerino.
un câble,	una gomona, un canapo.
une cale,	una stiva.
un canal,	un canale, alveo, canale.

(1) Voir le parag. des *voyages* pour leurs parties des *machines*.

un petit canal,	un rio.
une cascade,	una cascata d'acqua.
une cataracte,	una cataratta.
une chaloupe,	una scialuppa.
un coche d'eau,	una barca.
une corde,	una fune, una corda.
le cordage,	il sartiame, il funame.
une corvette,	una corvetta.
la côte,	la costa, la spiaggia.
un courant,	una corrente.
un détroit,	uno stretto.
une digue,	una diga, un argine.
la dunette,	il cassero.
de l'eau,	dell'acqua.
eau douce,	acqua dolce.
eau de source,	acqua di sorgente, di fonte.
eau de mer,	acqua marina, acqua di mare.
eau filtrée,	acqua filtrata.
eau fraîche,	acqua fresca.
eau gazeuse,	acqua gasosa.
eau minérale,	acqua minerale.
eau thermale,	acqua termale.
une écluse,	una chiusa, cataratta.
un écueil,	uno scoglio.
un égout,	una chiavica, fogna.
une embouchure,	una foce.
un équipage,	un equipaggio.
un étang,	uno stagno.
un fleuve,	un fiume.
la flotte,	la flotta.
les flots,	i flutti.

le flux,	il flusso.
une fontaine,	una fontana, fonte.
une frégate,	una fregata.
un golfe,	un golfo.
une gondole,	una gondola.
un gondolier,	un gondoliere.
le gouvernail,	il timone.
un grappin,	un grappino.
un gué,	un guado.
un hamac,	un'amaca, una branda.
une jetée,	un molo.
un lac,	un lagone.
un petit lac,	un laghetto.
une lagune,	una laguna.
un marais,	una palude.
la marée,	la marea.
un marin,	un marinaio.
la marine,	la marina.
un mât,	un albero.
la mer,	il mare.
le mal de mer,	il mal di mare.

Voir *bain, eau.*

môle,	molo.
la natation,	il nuoto.
nager,	nuotare.
la navigation,	la navigazione.
un navire,	una nave, un bastimento.
le nocher,	il nocchiero.
un paquebot,	un pacchebotto.
un passager,	un viaggiatore.
une passerelle,	una passarella.
le pavillon,	la bandiera.

la pêche (1),	la pesca.
les poissons (2),	i pesci.
un phare,	una lanterna, un faro.
un pilote,	un pilota, nocchiero.
la plage,	la spiaggia.
la pompe,	la tromba.
le pont,	il ponte.
le port,	il porto.
port de mer,	porto, marina.
une poulie,	una carrucola.
la poupe, l'arrière,	la poppa, il didietro.
la proue, l'avant,	la prua, il dinanzi.
un puits,	un pozzo.
un puits artésien,	un pozzo artesiano.
un quai,	una via lungo un fiume.
quai (maritime),	le fondamenta, una marina, riva.
la quille,	la chiglia, la carena.
une rade,	una rada.
un radeau,	una zatta, zattera.
une rame,	un remo.
le reflux,	il riflusso.
un remorqueur,	una nave di rimorchio, un rimorchiatore.
le rivage,	sponda.
la rive,	la riva, la sponda, ripa.
une rivière,	una riviera, un fiume.
un ruisseau,	un ruscello.
une sonde,	uno scandaglio, una sonda.

(1) Voir le parag. *états,* au mot *pêche.*
(2) Voir le parag. *repas.*

une source,	una sorgente, fonte.
une tempête,	una tempesta.
le timon,	il timone.
un timonier,	un timoniere.
un torrent,	un torrente.
une trombe,	una tromba.
les vagues, les ondes,	le onde.
un vaisseau,	un vascello, un naviglio.
un vaisseau de guerre,	un legno da guerra.
vaisseau amiral,	l'ammiraglia.
un vaisseau marchand,	un bastimento mercantile.
un vaisseau de transport,	una nave da trasporto.
une vergue,	un'antenna.
une voile,	una vela.
la voilure,	le vele.
un yacht,	un iachetto, una caravella.

III. *La terre,*   *La terra.*

un abri,	un coperto.
un angle,	un angolo.
un banc de sable,	un banco di sabbia.
bas-fond,	un basso fondo.
bas,	basso.
un bois,	un bosco.
des cailloux,	dei ciottoli.
un cap,	un capo.
une carrière,	una cava.
une cavité,	una cavità.
un cercle,	un cerchio, circolo.
circulaire,	circolare.
un champ,	un campo.

une circonférence,	una circonferenza.
une colline,	una collina, un colle.
un cône,	un cono.
conique,	conico.
le continent,	un continente.
une contrée,	una contrada.
la convexité,	la convessità.
convexe,	convesso.
les corps,	i corpi.
un creux,	una cavità, un cavo.
creux,	cavo.
un cylindre,	un cilindro.
un désert,	un deserto.
un diamètre,	un diametro.
une dimension,	una dimensione.
la dureté,	la durezza.
dur,	duro.
l'élévation,	l'elevazione.
élevé,	elevato.
l'épaisseur, la densité,	la densità, la spessezza.
épais, dense,	denso, spesso.
l'équateur,	l'equatore.
l'équilibre,	l'equilibrio.
une éruption,	un'eruzione.
l'espace,	lo spazio.
spacieux,	spazioso.
l'étendue,	l'estensione.
une forêt,	una foresta.
la forme,	la forma.
le globe,	il globo.
la grandeur,	la grandezza.
grand,	grande.
la hauteur,	l'altezza.

haut,	alto.
l'hémisphère,	l'emisfero.
l'herbe,	l'erba.
l'horizon,	l'orizzonte.
horizontal,	orizzontale.
une île,	un'isola.
un îlot,	un isolino, un'isoletta.
l'immensité,	immensità.
immense,	immenso.
un isthme,	un istmo.
une lande,	una landa.
la largeur,	la larghezza.
large,	largo.
la latitude,	la latitudine.
la lave,	la lava.
une ligne,	una linea.
lisse,	liscio.
la longitude,	la longitudine.
la longueur,	la lunghezza.
long,	lungo.
le méridien,	il meridiano.
une mine,	una miniera.
le monde,	il mondo.
un mont,	un monte.
une montagne,	una montagna.
une chaîne de montagnes,	una catena di montagne.
le mouvement,	il moto, movimento.
se mouvoir,	muoversi.
la nature,	la natura.
le niveau,	il livello.
niveler,	livellare.
l'obliquité,	l'obbliquità.
oblique,	obbliquo.

un parallèle,	un parallelo.
parallèle,	parallelo.
une péninsule,	una penisola.
une perpendiculaire,	una linea perpendicolare.
perpendiculaire,	perpendicolare.
la pesanteur,	la gravità, gravezza.
pesant,	pesante, grave.
peser,	pesare.
un poids,	un peso.
petit,	piccolo.
la petitesse,	la piccolezza.
la pierre,	la pietra.
une plaine,	una pianura.
un plan,	un piano, una superficie piana.
plan, uni,	piano, liscio.
une pointe,	una punta.
les pôles,	i poli.
la poussière,	la polvere.
un précipice,	un precipizio.
une presqu'île,	una penisola.
la profondeur,	la profondità.
profond,	profondo.
un promontoire,	un promontorio.
une roche,	una rupe, rocca.
un rocher,	una rupe, un sasso.
la rondeur,	la rotondità.
rond,	rotondo.
le sable,	la sabbia.
le sol,	il suolo.
spacieux (Voir *espace*).	
une sphère,	una sfera.
sphérique,	sferico.

— 27 —

superficie, surface, (une)	superficie (una).
la terre,	la terra.
de la terre végétale,	della terra vegetale.
tremblement de terre,	terremoto.
un triangle,	un triangolo.
triangulaire,	triangolare.
les tropiques,	i tropici.
uni, lisse,	Voir *plan*.
l'univers,	l'universo.
une vallée,	una valle.
un vallon,	una valletta.
vide	vuoto.
un volcan,	un vulcano.
la lave,	la lava.
une zone,	una zona.
la zone tempérée,	la zona temperata.
la zone glaciale,	la zona glaciale.
la zone torride,	la zona torrida.
l'est,	l'est.
le levant,	il levante.
l'orient,	l'oriente.
le nord,	il norte.
le septentrion,	il settentrione.
l'ouest,	l'ovest.
le couchant,	il ponente.
l'occident,	l'occidente.
le sud,	il sud.
le midi,	il mezzodi.

Voir les *vents au parag.* 1er,

IV. *Substances minérales, chimiques.* — *Sostanze minerali, chimiche.*

un acide,	un acido.
l'acier,	l'acciaro, l'acciaio.
l'agate,	l'agata.
l'airain,	il rame.
l'albâtre,	l'alabastro.
un alliage,	una lega di metalli.
l'alun,	l'allume.
l'ardoise,	la lavagna.
l'argent,	l'argento.
l'argile,	l'argilla.
l'arsenic,	l'arsenico.
l'asphalte,	l'asfalto.
le bitume,	il bitume.
le borax (raffiné),	il borace (raffinato).
la brique,	il mattone.
le bronze,	il bronzo.
la chaux,	la calce, la calcina.
le chlore,	il cloro.
le corail,	il corallo.
la craie,	la creta.
le cristal,	il cristallo.
cristalliser,	cristallizare.
le cuivre,	il rame.
la densité,	la densità.
dense,	denso.
le diamant,	il diamante.
la dureté,	la durezza.
dur,	duro.
l'émail,	lo smalto.

l'émeraude,	lo smeraldo.
l'étain,	lo stagno.
le fer,	il ferro.
le fer-blanc,	la latta.
la fonte,	la ghisa, il ferro fuso.
la glaise,	l'argilla.
le goudron,	il catrame.
le granit,	il granito.
le grès,	la pietra arenaria.
l'hydrogène,	l'idrogeno.
le jais,	le conterie.
la lave,	la lava.
un lingot,	una verga.
le marbre,	il marmo.
la marne,	la marna, marga.
le mercure,	il mercurio.
un métal,	un metallo.
une mine,	una miniera.
le nitre,	il nitro.
l'ocre,	l'ocra.
l'or,	l'oro.
un oxyde,	un ossido.
l'oxygène,	l'ussigeno.
une perle,	una perla.
le phosphore,	il fosforo.
une pierre (précieuse),	una pietra (preziosa).
le platine,	il platino.
le plâtre,	il gesso.
le plomb,	il piombo.
le porphyre,	il porfido.
le quartz,	il quarzo.
le rubis,	il rubino.
le salpêtre,	il salnitro.

des sels,	dei sali.
le soufre,	lo zolfo, il solfo.
une topaze,	un topazio.
la tuile,	la tegola, il tegolo.
la turquoise,	la turchina.
le vermillon,	il vermiglione.
le verre,	il vetro.
le vert-de-gris,	il verderame.
le vitriol,	il vitriolo.
le zinc,	lo zinco, la zelamina.

V. *Substances végétales.* — *Sostanze vegetali* (1).

l'alcool,	l'alcool.
l'aloès,	l'aloé.
le camphre,	la canfora.
le caoutchouc,	la gomma elastica.
la cire,	la cera.
le coton,	il cotone.
l'encens,	l'incenso.
la fécule,	la fécola.
la glu,	il vischio.
la gomme (élastique),	la gomma (elastica).
la gutta-percha	la gutta-percha.
l'huile (d'olive),	l'olio (d'olive).
l'huile de noix,	l'olio di noce.
l'huile de lin, de colza,	l'olio di semi di lino, di semi di cavol rapa.
l'indigo,	l'indaco.
la manne,	la manna.
le miel,	il miele.
la poix,	la pece.

(1) Voir le parag. *Repas*, etc.

la résine,	la ragia, la resina.
le sucre (de betterave),	lo zucchero di barbab.
le sucre de canne,	lo zucchero di canna.
la térébenthine,	la trementina.

VI. *Le feu.*   *Il fuoco.*

des allumettes,	dei fiammiferi, de' zolfanelli.
le bois,	il legno, le legne.
le bois à brûler,	le legne da fuoco.
de la braise,	della bragia.
une bûche,	un ciocco.
la cendre,	la cenere.
la chaleur, le chaud,	il caldo, il calore.
le calorique,	il calorico.
il fait chaud,	fa caldo.
du charbon,	del carbone, carbon.
du charbon de terre,	del carbone di terra.
du coke,	del carbon coc.
du combustible,	del combustibile.
des copeaux,	dei trucioli.
une étincelle,	una scintilla.
un fagot,	una fascina, un fastello.
la flamme,	la fiamma, la vampa.
allumer,	accendere.
éteindre,	spegnere.
la fumée,	il fumo.
fumer,	fumicare.
fumer (de fumeur),	fumare.
de la houille,	del carbon fossile.
un incendie,	un incendio.
la lumière,	il lume, la luce.

la clarté,	il chiaro, il chiarore.
un tison,	un tizzo, tizzone.

VII. Couleurs. — Colori.

l'azur,	l'azzurro.
blanc,	bianco.
bleu,	turchino.
bleu clair,	turchino chiaro.
bleu foncé,	turchino carico.
brun,	bruno.
le carmin,	il minio, carminio.
châtain,	castagno.
une couleur,	un colore.
une couleur claire,	un colore chiaro.
une couleur foncée,	un colore carico.
cramoisi,	chermisino.
écarlate,	scarlatto.
gris,	grigio.
l'incarnat,	il colore incarnato.
l'indigo,	l'indaco.
jaune,	giallo.
noir,	nero.
olive,	olivastro.
orangé,	rancio.
pourpre,	porporino, scarlatto.
rose,	roso.
rouge,	rosso.
roux,	rossiccio.
vermillon (le),	il vermiglione.
vert,	verde.
violet,	violetto, pavonazzo.

VIII. *Divisions du temps.*   *Divisioni del tempo.*

l'almanach,	l'almanacco.
époque,	epoca.
époques diverses,	epoche diverse.
un siècle,	un secolo.
une année,	un'annata.
un an,	un anno.
l'année passée,	l'anno scorso.
l'année prochaine,	l'anno prossimo, venturo.
le jour de l'an,	il capo d'anno.
les étrennes,	le strenne.
un mois,	un mese.
les mois,	i mesi.
il y a un mois,	è un mese, un mese fa.
janvier,	gennaio.
février,	febbraio.
mars,	marzo.
avril,	aprile.
mai,	maggio.
juin,	giugno.
juillet,	luglio.
août,	agosto.
septembre,	settembre.
octobre,	ottobre.
novembre,	novembre.
décembre,	dicembre.
une quinzaine,	una quindicina.
une semaine,	una settimana.
un jour,	un giorno.
une journée,	una giornata.

Guide pratique etc.

les jours,	i giorni.
dimanche,	domenica.
dimanche excepté,	eccetto la domenica.
le dimanche gras,	la domenica grassa.
lundi,	lunedì.
le lundi gras,	il lunedì grasso.
mardi,	martedì.
le mardi gras,	il martedì grasso.
le carnaval,	il carnevale.
mercredi,	mercoledì.
jeudi,	giovedì.
vendredi,	venerdì.
samedi,	sabato.
anniversaire,	un anniversario.
les jours caniculaires,	i giorni canicolari.
un jour férié, de fête,	un giorno feriato, di festa.
fêtes (1),	feste.
la fête (d'une personne),	il giorno onomastico.
les vacances,	le vacanze, le ferie.
un jour ouvrable,	un giorno di lavoro.
les saisons,	le stagioni.
l'automne,	l'autunno.
l'été,	la state, l'estate.
l'hiver,	l'inverno.
le printemps,	la primavera.
la belle saison,	la bella stagione.
la mauvaise saison,	la cattiva stagione.
les parties du jour,	le parti del giorno.
l'aurore,	l'aurora.
le matin,	il mattino, la mattina.
la matinée,	la mattina, la mattinata

(1) Voir aussi le parag. *Religion*.

midi,	meriggio, mezzogiorno. mezzodì.
l'après-midi ou dîner,	il dopo pranzo.
l'après-souper,	il dopo cena.
le soir,	la sera.
la soirée,	la serata.
la nuit, les nuits,	la notte, le notti.
minuit,	mezzanotte.
le milieu,	il mezzo.
la fin,	la fine, il fine.
le commencement,	il principio.
avant-hier,	ieri l'altro.
hier,	ieri.
aujourd'hui,	oggi.
demain,	domani.
après-demain,	dopo domani, posdomani
le surlendemain,	l'indomani.
jamais,	mai.
toujours,	sempre.
tôt ou tard,	o presto o tardi.
une heure,	un'ora.
une demi-heure,	una mezz'ora.
un quart d'heure,	un quarto d'ora.
une heure et demie,	un'ora e mezza.
une minute,	un minuto.
une seconde,	un minuto secondo.
le passé,	il passato.
le présent,	il presente.
l'avenir,	l'avvenire (1).

(1) Voir aussi le parag. *Religion*.

IX. L'homme. Le corps. L'âme. Les parents. — L'uomo. Il corpo. L'anima. I parenti.

les accidents,	gli accidenti
l'activité,	l'attività.
actif,	attivo.
l'admiration,	l'ammirazione.
l'adolescence,	l'adolescenza.
l'affliction,	l'afflizione.
l'aine,	l'anguinaia.
l'air, la mine,	la ciera, l'aspetto.
les alliés,	gli alleati.
l'âme,	l'anima.
les ancêtres, les aïeux,	gli avi, antenati.
une artère,	un'arteria.
une articulation,	un'articolazione.
l'attouchement,	il tocco.
l'audition,	l'audizione.
un aveugle,	un cieco, orbo.
la barbe,	la barba.
le beau-père,	il suocero, patrigno.
le beau-fils, le gendre,	il genero.
le beau-frère,	il cognato.
la beauté,	la bellezza.
beau, belle,	bello, bella.
la belle-mère,	la suocera, matrigna.
la belle-fille, la bru,	la nuora.
la belle-fille,	la figliastra.
la belle-sœur,	la cognata.
la bile,	la bile.
un boiteux,	uno zoppo.

le bonheur,	la felicità.
la bonté,	la bontà.
bon, bonne,	buono, buona.
un borgne,	un monocolo.
un bossu,	un gobbo.
la bouche,	la bocca.
les bras,	le braccia.
un bras,	un braccio.
les bronches,	i bronchi.
la bru,	la nuora.
le cadavre,	il cadavere.
les captifs,	i cattivi.
le caractère,	il carattere.
un célibataire,	uno scapolo, un celibe.
la certitude,	la certezza.
le cerveau,	il cervello.
la chair,	la carne.
la chevelure,	la capigliatura.
les cheveux,	i capelli.
une coiffure,	una pettinatura.
circonstances (de la vie),	circostanze (della vita).
le cœur,	il cuore.
la colère,	la collera.
la conscience,	la coscienza.
un convalescent,	un convalescente.
le corps humain,	il corpo umano.
une côte,	una costa,
les côtés,	i lati, i fianchi.
le cou,	il collo.
le coucher,	il coricarsi.
le coude,	il gomito.
la courtoisie,	la cortesia.
le cousin,	il cugino.

la cousine,	la cugina.
le cousin germain,	cugino primo.
un cri,	un grido.
crier,	gridare.
la cuisse,	la coscia.
la curiosité,	la curiosità.
une dame,	una donna, signora.
défauts,	i difetti.
les dents,	i denti.
les descendants,	i descendenti, posteri.
la difformité,	la difformità.
difforme,	difforme.
la digestion,	la digestione.
digérer,	digerire.
le divorce,	il divorzio.
les doigts,	le dita.
le dos,	il dorso, la schiena.
la douceur,	la dolcezza.
doux,	dolce.
la douleur,	il dolore.
le doute,	il dubbio.
l'enfance,	l'infanzia.
un enfant,	un fanciullo.
un petit enfant,	un bambino.
un enterrement,	un funerale.
les entrailles,	le viscere, gli intestini.
l'épaule,	la spalla.
l'époux,	lo sposo.
l'épouse,	la sposa.
les esclaves,	gli schiavi, cattivi.
esclavage,	la schiavitù.
l'esprit,	lo spirito.
l'estomac,	lo stomaco.

un estropié,	uno storpio.
états, professions (Voir le § XI, spécial).	
un étranger,	un forestiere.
un exilé,	un esule.
la faiblesse, débilité,	la debolezza.
faible, débile,	debole.
la famille,	la famiglia.
la fatigue,	la fatica, stanchezza.
fatigué,	stanco.
une femme,	una donna, femmina.
la femme, l'épouse,	la moglie, sposa.
une femme mariée,	una donna maritata.
une veuve,	una vedova.
la fièvre,	la febbre.
la fille (parenté),	la figlia.
une fille,	una ragazza, zitella.
une jeune fille,	una fanciulla, giovane.
belle-fille (Voir ci-dessus).	
le filleul,	il figlioccio.
la filleule,	la figlioccia.
le fils,	il figlio.
le beau-fils (Voir ci-dessus).	
les flancs,	i fianchi.
le foie,	il fegato.
la force,	la forza.
fort,	forte.
un fou,	un pazzo, matto.
la folie,	la follia.
un frère,	il fratello (1).
beau-frère (Voir ci-dessus).	
le front,	il ou la fronte.
un garçon,	un ragazzo.

(1) Voir *Religion*.

un géant,	un gigante.
le gendre,	il genero.
le genou,	il ginocchio.
la gorge,	la gola.
le gosier,	la canna della gola.
le goût,	il gusto.
la graisse,	il grasso.
la grand'mère,	la nonna, l'avola.
le grand-père,	il nonno, l'avolo.
un homme,	un uomo.
un homme âgé,	il uomo attempato.
un homme marié,	un uomo maritato.
un veuf,	un vedovo.
un jeune homme,	un giovane.
les jeunes gens,	i giovani.
humain,	umano.
l'humanité,	l'umanità.
les humeurs,	gli umori.
l'incertitude,	l'incertezza.
infirmités,	infermità.
l'intelligence,	l'intelligenza.
l'intérêt,	l'interesse.
un invalide,	un invalido.
ivre,	ubbriaco, ebbro.
l'ivresse,	l'ubbriachezza, l'ebbrezza.
la jambe,	la gamba.
le jarret,	il garetto.
la jeunesse,	la gioventù, la giovinezza.
jeune fille, homme	(Voir ci-dessus).
la joie,	la gioia.
les joues,	le guancie.

les jumeaux,	i gemelli.
une justification,	una giustificazione.
la laideur,	la bruttezza.
laid,	brutto.
la langue,	la lingua.
les larmes,	le lagrime.
le lever,	il levarsi da letto.
les lèvres,	le labbra.
la liberté,	la libertà.
le luxe,	il lusso.
madame,	signora, la signora, madama.
mademoiselle,	signorina, la signorina, madamigella.
la maigreur,	la magrezza.
maigre,	magro.
la main,	la mano.
la main droite,	la mano destra.
la main gauche,	la mano sinistra, manca.
le maître, patron,	il padrone.
la majorité,	la maggioranza.
majeur,	maggiore.
un malade,	un ammalato.
maladies,	malattie.
le malheur,	la disgrazia, sventura.
un manchot,	un uomo manco.
la marche,	il camminare.
marcher,	camminare.
le mari,	il marito.
le mariage,	il matrimonio.

Voir *homme, femme.*

la marraine,	la comare, santola.
les maximes,	le massime.

les membres,	le membra.
le menton,	il mento.
la mère,	la madre.

Voir *belle-mère, grand'mère*.

métiers (Voir le § XI, *spécial*).
la mine, l'air (Voir *air*).

la minorité,	la minorità.
mineur,	minore.
la moelle,	la midolla, il midollo.
monsieur,	signor, signore, il signor.
Les messieurs,	i signori.
la mort,	la morte.
mourir,	morire.
la moustache,	i mustacchi, baffi.
un moyen,	un mezzo.
un muet,	un muto.
les muscles,	i muscoli.
un myope,	un miope.
la myopie,	la miopia.
un nain,	un nano.
la naissance,	la nascita.
les nerfs,	i nervi.
le neveu,	il nipote.
le nez,	il naso.
la nièce,	la nipote.
les noces,	le nozze.
un nom,	un nome.
la nourrice,	la balia, nutrice.
un nourrisson,	un bambino lattante.
l'odeur,	l'odore.
l'odorat,	l'odorato.
l'oeil,	l'occhio.
les yeux,	gli occhi.

l'oncle,	lo zio.
les ongles,	le unghie.
opérations,	operazioni.
les oreilles,	le orecchie.
un orphelin,	un orfanello.
les os,	gli ossi, le ossa.
l'ouïe,	l'udito.
parenté,	parentado.
les parents,	i parenti.
la parole,	la parola.
parler,	parlare.
le parrain,	il compare, santolo.
parties du corps,	parti del corpo.
la passion,	la passione.
passif.	passivo.
le patron,	il padrone.
les paupières,	le pàlpebre.
la peau,	la cute, la pelle.
la peine,	la pena, il dolore.
la pensée,	il pensatore.
penseur,	pensieroso.
un père,	un padre.
Voir *beau-père, grand-père*.	
la personne,	la persona.
impersonnel,	impersonale.
le pied,	il piede.
le poignet,	la giuntura della mano.
le poing,	il pugno.
la poitrine,	il petto.
poitrinaire, phtisique,	tisico.
la politesse,	la politezza, cortesia.
le pouce,	il pollice.
le pouls,	il polso.

les poumons,	i polmoni.
un prénom,	un prenome, antinome.
un prisonnier,	un prigioniere.
la probabilité,	la probabilità.
une profession,	una professione.
le progrès,	il progresso.
propriétés du corps,	proprietà del corpo.
la puissance,	la potestà.
qualité,	qualità.
la raison,	la ragione.
la rate,	la milza.
la réflexion,	la riflessione.
réfléchi,	riflessivo.
un regard,	uno sguardo.
les reins,	le reni.
remèdes,	rimedi.
le repos,	il riposo.
se reposer,	riposarsi.
le réveil,	lo svegliarsi.
se réveiller,	svegliarsi.
le rire,	il riso.
rire,	ridere.
la salive,	la saliva.
le sang,	il sangue.
la santé,	la salute, sanità.
sain, bien portant,	sano.
la saveur,	il sapore.
le secours,	il soccorso.
les sens,	i sensi.
le bon sens,	il buon senso.
la sensibilité,	la sensibilità.
la servitude,	la schiavitudine.
le beau sexe,	il bel sesso.

le silence,	il silenzio.
la sobriété,	la sobrietà.
la société,	la società.
une sœur (1).	una sorella.

Voir *belle-sœur*.

le sommeil,	il sonno.
sommeiller,	sonnecchiare.
un somnambule,	un sonnambolo.
le son, le bruit,	il suono, rumore.
le souffle,	il soffio.
souffler,	soffiare.
un sourd,	un sordo.
un sourd-muet,	un sordomuto.
un squelette,	uno scheletro.
la sueur,	il sudore.
la surprise,	la sorpresa.
la taille,	la statura, taglia.
le talon,	il calcagno, tallone.
la tante,	la zia.
le teint,	la carnagione.
les tempes,	le tempie.
la tête,	la testa, il capo.
le toucher, le tact,	il tatto.
traitement,	cura.
le travail,	il lavoro.
une veine,	una vena.
le ventre,	il ventre.
le bas-ventre,	il basso ventre.
la vérité,	la verità.
vertus,	virtù.
veuf, veuve (Voir *homme*, *femme*).	

---

(1) Voir le paragr. *Religion*.

vices,	vizi.
la vie,	la vita.
un vieillard,	un vecchio.
une vieille,	una vecchia.
la vieillesse,	la vecchiaia.
vieux,	vecchio.
une vierge,	una vergine.
la voix,	la voce.
la volonté,	la volontà.
la vue,	la vista.
les yeux,	gli occhi.
un œil,	un occhio.
le zèle,	lo zelo.

X. Accidents et maladies, remèdes, traitements, médecine et pharmacie.

Accidenti e malattie, rimedi, cura, medicina e farmacia.

un abcès,	un'apostema.
un accès,	un accesso.
un acide,	un acido.
l'agonie,	l'agonia.
un alcali,	un alcali.
l'alcool,	l'alcool.
l'aloès,	l'aloè.
l'ammoniaque,	l'ammoniaco.
une amputation,	un'amputazione.
un anévrisme,	un aneurisma.
une angine,	un'angina.
un antidote,	un antidoto, contraveleno.
l'apoplexie,	l'apoplessia.
une attaque d'apopléxie,	un colpo d'apoplessia.

un appareil,	un apparecchio.
un asthme,	un asma.
un aveugle,	un cieco, orbo.
un bain,	un bagno.
un bain de pieds,	un pediluvio.
un bain de siège,	un semicupio.
un bandage,	una benda, fascia.
une blessure,	una ferita.
blesser,	ferire.
un boiteux,	uno zoppo.
une borgne	una monocola.
une bosse,	una gobba.
un bossu,	un gobbo.
des boutons,	delle pustolette.
une brûlure,	una scottatura.
la calvitie,	la calvizie.
chauve,	calvo.
le camphre,	la cánfora.
camphré,	canforato.
un cancer,	un cánchero, cancro.
la carie,	la carie.
une cataracte,	una cataratta.
le cauchemar,	l'incubo.
un cautère,	un cauterio.
la cécité,	la cecità.
un aveugle,	un cieco, orbo.
le cérat,	il cerotto.
de la charpie,	delle fila, delle faldelle.
un chirurgien,	un chirurgo.
la chirurgie,	la chirurgia.
le chloroforme,	il cloroformio.
le choléra,	il colera.
une chute,	una caduta.

choir, tomber,	cadere, cascare.
une cicatrice,	una cicatrice.
se cicatriser,	rimarginarsi.
la cire,	la cera.
un clou,	un fignolo.
une colique,	una colica.
une compresse,	una compressa.
la constipation,	la costipazione.
la constitution,	la costituzione.
la contagion,	la contagione.
un contrepoison (Voir *Antidote*).	
la convalescence,	la convalescenza.
un convalescent,	un convalescente.
un cor,	un callo.
du coton,	del cotone, della bambagia.
un coup,	un colpo.
une coupure,	un taglio.
couper,	tagliare.
une courbature,	un indolimento.
courbaturé,	indolenzito, indolito.
une cure,	una cura.
un incurable,	un incurabile.
une dartre,	una volatica.
le délire,	il delirio.
une démangeaison,	un prurito, pizzicore.
démanger,	prudere, pizzicare.
la démence,	la demenza, la pazzia.
un fou,	un pazzo, matto.
les dents,	i denti.
chicots,	radici.
le plombage,	l'impiombatura.
une poudre dentifrice,	un dentifricio.
un râtelier (complet),	una dentiera (completa).

la carie,	la carie.
le diachylum,	il diachilone.
la diarrhée,	la diarrea, la dissenteria.
la diète,	la dieta.
la difformité,	la difformità.
difforme,	difforme.
la digestion,	la digestione.
digérer,	digerire.
une douleur,	un dolore
de l'eau,	dell'acqua.
eau filtrée,	acqua filtrata.
eau de fleurs d'oranger,	ac. di fiori d'arancio.
eau de mélisse,	ac. di melissa.
eau sédative,	ac. sedativa.
eau minérale,	ac. minerale.
eau thermale,	ac. termale.
eau gazeuse,	ac. gasosa.
eau de Sedlitz,	ac. di Sedlitz.
eau de Vichy,	ac. di Vichy.
de l'eau-de-vie camphrée,	dell'acqua-vite canforata.
l'échauffement,	il riscaldamento.
échauffer,	riscaldare.
une éclisse,	una stecca.
l'éléctrisation,	l'elettrizzazione.
l'électricité,	l'elettricità.
électrique,	elettrico.
électriser,	elettrizzare.
l'embonpoint,	la grassezza, pinguedine.
un emplâtre,	un impiastro.
l'empoisonnement,	l'avvelenamento.
empoisonner,	avvelenare.
une enflure,	un'entiagione.
enfler,	gonfiare.

Guide pratique etc.

des engelures,	dei geloni, pedignoni.
une entorse,	una storta.
une épidémie,	un'epidemia.
l'epilepsie,	l'epilessia.
un érysipèle,	una risipola.
une esquinancie,	una squinanzia.
un estropié,	uno storpio.
l'éther,	l'étere.
éthérisation,	l'eterizzazione.
un étourdissement,	uno stordimento.
un évanouissement,	uno svenimento.
s'évanouir,	svenire.
de l'extrait (de Saturne),	dell'estratto (di Saturno).
la faiblesse, débilité,	la debolezza.
faible, débile,	debole.
de la farine de graine de lin,	della farina di semi di lino.
de la far. de moutarde,	della farina di senape.
la fatigue,	la fatica, stanchezza.
fatigué,	stanco.
de la fécule,	la fécola.
la fièvre,	la febbre.
la fièvre continue,	la feb. permanente.
la fièvre pourprée,	la feb. petecchiale.
la fièvre typhoïde,	la feb. tifoide.
une fistule,	una fistola.
une fluxion,	una flussione.
la folie,	la follia.
un fou,	un pazzo, matto.
une fracture,	una frattura.
une friction,	una frizione.
un frisson,	un brivido.
frissonner,	rabbrividire.

la gangrène,	la cancrena.
un gargarisme,	un gargarismo.
une glande,	una glándula.
de la gomme,	della gomma.
du goudron,	del catrame.
la goutte,	la gotta, podagra.
un goutteux,	un gottoso, podagroso.
la gravelle,	la renella.
la grippe, l'influence,	l'influenza.
la guérison,	la guarigione.
guérir,	guarire.
un halluciné,	un allucinato.
les hémorroïdes,	le emorroidi.
une hernie,	un'ernia.
de l'huile,	dell'olio.
huile de foie de morue,	olio di fegato di merluzzo.
huile d'olive,	olio d'olive.
huile de ricin,	olio di ricino.
une hydropisie,	un'idropisia.
l'hygiène,	l'igiene.
une incision,	un'incisione.
un incurable,	un incurabile.
une indigestion,	un'indigestione.
avoir une indigestion,	avere un'indigestione.
une indisposition,	un'indisposizione.
une inflammation,	un'infiammazione.
une injection,	un'iniezione.
l'insomnie,	l'insonnio.
un interdit,	un interdetto.
un invalide,	un invalido.
l'ivresse,	l'ebbrezza, l'ubbriachezza.
ivre,	ebbro, ubbriaco.
la jaunisse, l'ictère,	l'itterizia.

la langueur,	il languore.
languir,	languire.
la lassitude,	la stanchezza.
lassé,	stanco.
le laudanum,	il laudano.
un lavement,	un clistere.
la léthargie,	la letargia.
un looch,	un loc, locco.
un louche,	un guercio.
une luxation,	una lussazione.
de la magnésie,	della magnesia.
la maigreur,	la magrezza.
maigre,	magro.
un mal,	un male, mal.
un mal d'aventure,	un panereccio.
un mal de cœur,	uno sconvolgimento di stomaco.
un mal de dents,	un mal, un dolor di denti.
le mal de gorge,	il mal di gola.
le mal de tête,	il dolor di testa.
le mal de mer,	il mal di mare.
un malade,	un ammalato.
une maladie,	una malattia.
un manchot,	un manco.
un médecin,	un medico.
la médecine,	la medicina.
un médicament,	un medicamento.
le mercure,	il mercurio.
le miel,	il miele.
la migraine,	un'emicrania.
le mutisme,	la mutolezza.
un muet,	un muto.
la myopie,	la miopia.

un myope,	un miope.
la nostalgie,	la nostalgia.
un onguent,	un unguento.
une opération,	un'operazione.
l'ophtalmie,	l'ottalmia.
l'opium,	l'opio.
une ordonnance,	una ricetta.
un panaris,	un panereccio.
un pansement,	una fasciatura.
la paralysie,	la paralisia.
la pâte de guimauve,	la pasta di bismalva.
la pâte de jujube,	la pasta di giuggiola.
la pâte de lichen,	la pasta di lichene.
la pâte de réglisse,	la pasta di regolizia.
la peste,	la peste.
un pharmacien,	un farmacista.
la pharmacie,	la farmacia.
la phtisie,	la tisichezza.
phtisique,	tisico.
la pierre,	la pietra.
des pilules,	delle pillole.
une piqûre,	una puntura.
une plaie,	una piaga.
les plaies,	le piaghe.
une pleurésie,	una pleuresia, scarmana.
un point de côté,	una punta.
un poison,	un veleno.
un poitrinaire,	un tisico.
de la pommade camphrée,	della pomata canforata.
bien portant, sain,	sano.
iodure de potassium,	dell'ioduro di potassio.
une potion,	una pozione.
le pouls.	il polso.

une purgation,	un purgante.
du quinquina,	della chinachina.
une rechute,	una ricaduta, recidiva.
le régime,	il regime, la regola.
la respiration,	la respirazione, il respiro.
respirer,	respirare.
la rétention d'urine,	una ritenzione d'urina.
un rêve,	un sogno.
rêver,	sognare.
de la rhubarbe,	del rabarbaro.
un rhumatisme,	un reuma, reumatismo.
un rhume,	un'infreddatura.
être enrhumé,	essere raffreddato.
la rougeole,	la rosolia.
une saignée,	un salasso.
une sangsue,	una sanguisuga, mignatta.
la santé,	la salute, la sanità.
sain, bien portant,	sano.
le scorbut,	lo scorbuto.
vin antiscorbutique,	vino antiscorbutico.
des sels,	dei sali.
le sel de Sedlitz,	il sale di Sedlitz.
un sinapisme,	un senapismo.
du sirop de gentiane,	del sciroppo di genziana.
du sirop de salsepareille,	del sc. di salsapariglia.
le somnambulisme,	il sonnambolismo.
un somnambule,	un sonnambolo.
la souffrance,	il dolore, patimento.
souffrir,	soffrire.
le soufre,	lo zolfo, il solfo.
du sparadrap,	dello sparadrappo.
le sucre,	lo zucchero.
la sueur,	il sudore.

la surdité,	la sordita.
sourd,	un sordo.
un sourd-muet,	un sordomuto.
le tempérament,	il temperamento.
la térébenthine,	la trementina.
une tisane,	un decotto.
le torticolis,	il torcicollo.
une toux,	una tosse.
tousser,	tossire.
la transpiration,	la traspirazione.
un transport (au cerveau),	un travaso (al cervello).
un ulcère,	un'ulcera.
la vaccine,	il vaccino.
une varice,	una varice.
une ventouse,	una ventosa, coppetta.
la petite vérole, la variole,	il vaiuolo.
le vertige,	la vertigine.
un vésicatoire,	un vescicante.
un voile devant les yeux,	un velo davanti agli occhi.
le vomissement,	il vomito.
vomir,	vomitare, recere.

XI. *Etats divers, l'armée. Professsions et métiers, savants et artistes, sciences et arts dignités temporelles.* *Stati diversi, l'esercito. Professioni ed mestieri* (1), *dotti ed artisti, scienze ed arti dignità temporali* (2).

accordeur,	voir à *musique*.
un acteur,	un attore, commediante.
une actrice,	un'attrice.

(1) Voir le paragr. suivant du *Commerce*.
(2) Voir le paragr. *Religion* pour les dignités ecclésiastiques.

un comédien }
la comédie } (Voir à *comédie*).

un agriculteur,	un agricoltore, contadino.
un agronome,	un agronomo.
l'agriculture,	l'agricoltura.
blé,	frumento, biada.
une brouette,	una carriuola.
un champ,	un campo.
une charrette,	una carretta.
la charrue,	un aratro.
l'engrais,	il letame.
la faux,	la falce.
le foin,	il fieno.
le fumier,	il concime, lo stallatico.
fumer un champ,	concimare un campo.
une haie,	una fratta.
une meule de blé,	una bica, un cavalletto di biada.
une meule de foin,	un mucchio, un colmo di fieno.
la paille,	la paglia.
le pâturage,	il pascolo.
mener paître,	pascere, pasturare.
une pioche,	una zappa.
une plantation,	una piantagione.
planter,	piantare.
un râteau,	un rastrello.
la récolte,	il ricolto, la raccolta.
récolter,	fare il raccolto.
les semailles,	le sementi, la seminazione.
semer,	seminare.
du terreau,	del terriccio.

une vache,	una vacca.
un van,	un cribro, vaglio.
vanner,	vagliare.

un aide de cuisine,	un sottocuoco.
une altesse,	un'altezza.
un ambassadeur,	un ambasciatore.
une ambassadrice,	un'ambasciatrice.
une ambassade,	un'ambasciata.
une légation,	una legazione.
un légat,	un legato.
un amiral,	un ammiraglio.
un vice-amiral,	un viceammiraglio.
un contre-amiral,	un contrammiraglio.
un anatomiste,	un anatomista.
l'anatomie,	l'anatomia.
un antiquaire,	un antiquario.
un archéologue,	un archeologo.
l'archéologie,	l'archeologia.
un apprenti,	un apprendista.
un architecte,	un architetto.
l'architecture,	l'architettura.

un armurier,	un armaiuolo.
les armes,	le armi.
une arme blanche,	un'arma bianca.
une arme à feu,	un'arma da fuoco.
un maître d'armes,	un maestro di scherma.
une baïonnette,	una baionetta.
une carabine,	una carabina.
une épée,	una spada, un brando.
un fleuret	un fioretto.
un fusil,	uno schioppo.

Voir *chasseur*.

une hache,	un'ascascia, una scure.
une lance,	una lancia.
un mousquet,	un moschetto.
une pique,	una picca.
un pistolet,	una pistola.
un sabre,	una sciabola.
de la poudre,	della polvere.
une balle,	una palla.
une cartouche,	una cartuccia.
l'armée,	l'esercito.
un artilleur,	un artigliere.
l'artillerie,	l'artiglieria.
une pièce (d'artillerie),	un pezzo (d'artiglieria).
une bombe,	una bomba.
un boulet,	una palla da cannone.
un caisson,	un cassone.
un canon,	un cannone.
le combat,	il combattimento.
des fusées,	dei razzi.
un gabion,	un gabbione.
les meurtrières,	le feritoie, le balestriere.
la mitraille,	la mitraglia.
un mortier,	un mortaio.
un obus,	un obice.
un obusier,	un obusiere.
les palissades,	le palizzate.
la forteresse,	la fortezza.
les remparts,	i baluardi, i terrapieni, i ripari.
le parapet,	il parapetto.
une tranchée,	una trincea, trincera.

la bataille,	la battaglia.
victoire,	la vittoria.
un artiste,	un artista.
l'art,	l'arte.
les beaux-arts,	le belle arti.
les arts libéraux,	le arte liberali.
un chef-d'œuvre,	un capolavoro.
un astronome,	un astronomo.
l'astronomie,	l'astronomia.
un avocat,	un avvocato.
un barbier,	un barbiere.
un baron,	un barone.
une baronne,	una baronessa.
une baronnie,	una baronia.
un berger,	un pastore.
une bergère,	una pastorella.
un bersaglier,	un bersagliere.
un bijoutier,	un orefice, un gioielliere.
un bijoux, (Voir le § *habillement*).	
une blanchisseuse,	una lavandaia.
un bombardier,	un bombardiere.
une bonne,	una serva.
une bonne d'enfant,	una fanticella di bambini.
un botaniste,	un botanico.
la botanique,	la botanica.
un bottier,	un calzolaio.
un boulanger,	un fornaio, un panattiere.
un bouquiniste,	un venditore di vecchi libri.
un brasseur,	un birraio.
un brigadier,	un brigadiere.
une brigade,	una brigata.

un cabaretier,	un oste, un tavernaio.
un cafetier,	un caffettiere.
un garçon de café,	un bottega.
un canonnier,	un cannoniere.
un canon,	un cannone.
une cantatrice,	voir à *chanteur*.
un cantinier,	un cantiniere.
la cantine,	la cantina.
le cantonnier,	il cantoniere
Voir à *voyages* chemins de fer.	
un capitaine,	un capitano.
une compagnie,	una compagnia.
un capitaine de vaisseau,	un capitano di vascello.
un caporal,	un caporale.
un carrossier,	un fabbricatore di carrozze, carrozzaio.
un cavalier,	un soldato à cavallo, un cavaliere.
la cavalerie,	la cavalleria.
un chancelier,	un cancelliere.
la chancellerie,	la cancelleria.
un chanteur,	un cantante, cantore.
une cantatrice,	una cantante, cantatrice.
le chant,	il canto.
chanter,	cantare.
un chantre,	un cantore.
un chapelier,	un cappellaio.
un chasseur (armée), à pied,	un cacciatore a piedi.
un chasseur (armée) à cheval,	un cacciatore a cavallo.
un chasseur (plaisir),	un cacciatore.

chasser,	cacciare.
la chasse,	la caccia.
un fusil (de chasse),	uno schioppo da caccia.
un fusil à deux coups,	uno schioppo a due canne.
la poudre,	la polvere.
des cartouches,	delle cartuccie.
une gibecière,	un carniere.
une balle,	una palla.
un cor de chasse,	un corno da caccia.
le gibier,	il selvaggiume, la selvaggina, la cacciaggione.
un chien de chasse,	un cane da caccia.
un lévrier,	un levriere, un veltro.
un blaireau,	un tasso.
un castor,	un bevero, un castoro.
un cerf,	un cervo.
une biche,	una cerva.
un faon,	un cerviatto.
un chevreau,	un capretto.
un chevreuil,	un caprinolo.
un daim,	un daino.
un furet,	un furetto.
un lapin (de garenne),	un coniglio di conigliera.
un lièvre,	un lepre.
un lion,	un leone.
un lionceau,	un leoncello.
un loup,	un lupo.
une louve,	una lupa.
un louveteau,	un lupicino.
un renard,	una volpe.
un sanglier,	un cinghiale.
une laie,	la femmina del cinghiale.

un marcassin,	un cinghialetto.
une martre,	una martora.
un oiseau sauvage,	un uccello selvatico.
un oiseau domestique,	un uccello domestico.
un aigle,	un'aquila.
un aiglon,	un aquilotto.
une alouette,	una lodola, lodoletta.
une bécasse,	una beccaccia, un'acceggia.
une bécassine,	un beccaccino.
une buse,	un bozzagro.
une caille,	una quaglia.
un canard,	un'anitra maschio.
une cane,	un'anitra femmina.
un chapon,	un cappone.
une chouette,	una civetta.
une corneille,	una cornacchia.
un épervier,	uno sparviere.
un faisan,	un fagiano.
un faisandeau,	un fagianotto.
un faucon,	un falcone, falco.
un héron,	un aghirone, airone.
un hibou,	un gufo, barbagianni.
un moineau,	una passera, un passero.
une oie,	un'oca.
un oison,	un papero.
une perdrix,	una pernice, starna.
un perdreau,	un perniciotto.
un phénix,	una fenice.
une pie,	una pica, gazza.
un pigeon,	un piccione.
un pigeon ramier,	un palombo.
une poule,	una gallina.

une poularde,	una pollastra.
un poulet,	un pollo, pollastro.
une sarcelle,	una querquedula.
une tourterelle,	una tortorella, una tortore.
un vautour,	un avoltoio.
un chauffeur,	un fuochista, uno scaldatore.
un chef de bataillon,	un capo battaglione.
un bataillon,	un battaglione.
un chef d'escadron,	un capo squadrone.
un escadron,	uno squadrone.
un chevalier,	un cavaliere.
un chimiste,	un chimico.
la chimie,	la chimica.
un chirurgien,	un chirurgo.
la chirurgie,	la chirurgia.
un cicerone,	un cicerone.
un citoyen,	un cittadino.
un cocher,	un cocchiere, callessierre.
un cocher de fiacre,	un cocchiere, un vetturino di piazza.
un coiffeur,	un parruchiere.
une coiffure,	una pettinatura.
un colonel,	un colonnello.
un régiment,	un reggimento.
un comédien,	un commediante.
la comédie,	la commedia.
un commissionnaire,	un fattorino, facchino.
un comte,	un conte.
une comtesse,	una contessa.
un vicomte,	un visconte.
un comté,	una contea.

un concierge,	un portinaio,
un condottiere,	un condottiere.
un conducteur,	un conduttore.
un consul,	un console.
un consulat,	un consolato.
un contremaître,	un contromaestro.
un cordonnier,	un calzolaio.
un coutelier,	un coltellinaio.
une couturière,	una sarta, sartrice, sartoria.
machine à coudre,	macchina a cucire.
un cuirassier,	un corazziere.
la cuirasse	la corazza.
un cuisinier,	un cuoco.
une cuisinière,	una cuoca.
un cultivateur,	un coltivatore.
la culture,	la coltura.
une dame noble,	una gentildonna.
un dentiste,	un dentista, cavadenti.
un député,	un deputato.
la chambre des députés,	la camera dei deputati.
un dessinateur,	un disegnatore.
le dessin,	il disegno.
dessiner,	disegnare.
un dignitaire,	dignitario.
un diplomate,	un diplomatico.
la diplomatie,	la diplomazia.
un domestique,	un servitore.
un domestique de place,	un servitore di piazza.
un d. (porteur),	un facchino.
un d. d'hôtel,	un cameriere.
les gages, le salaire,	il salario.
une domestique,	una fantesca.

un doreur,	un indoratore.
un dragon (soldat),	un dragone.
un duc,	un duca.
une duchesse,	una duchessa.
un duché,	un ducato.
un archiduc,	un archiduca.
un grand-duc,	un granduca.
un grand-duché,	un granducato.
ducal,	ducale.
un ébéniste,	un ebanista uno stipettaio.
un écrivain,	uno scrittore.
un auteur,	un autore.
un cachet,	un sigillo, suggello.
de la cire à cacheter,	della ceralacca.
des pains à cacheter,	delle ostie.
cacheter,	sigillare, suggellare.
un cahier,	un quaderno, quinterno.
un canif,	un temperino.
une copie,	una copia.
la correspondance (épistolaire),	la corrispondenza (epistolare).
un crayon,	un lapis, una matita.
un portecrayon,	un matitaio, tocca-lapis.
un écritoire,	uno scrittoio.
écrire,	scrivere.
l'écriture,	la scrittura.
l'encre,	l'inchiostro.
l'encrier,	il calamaio.
la gomme élastique,	la gomma elastica.
un grattoir,	un raschiatoio.
gratter,	raschiare.

Guide pratique etc. 5

une lettre,	una lettera.
d'affaires,	d'affari.
d'acceptation,	d'accettazione.
de condoléance,	di condoglianza.
de conseils,	di consiglio.
de demande,	di domanda.
demander,	domandare.
accorder,	accordare.
d'excuse,	di iscusa.
s'excuser,	iscusarsi.
de félicitation,	di congratulazione.
de remerciement,	di ringraziamento.
de recommandation,	di raccomandazione.
de reproches,	di rimprovero.
de refus,	di rifiuto.
refuser,	rifiutare.
du jour de l'an,	di capo d'anno.
de sollicitation,	d'istanza.
l'adresse,	l'indirizzo.
un livre (imprimé),	un libro (stampato).
un manuscrit,	un manoscritto.
un modèle,	un modello.
un original,	un originale.
du papier,	della carta.
du p. brouillard,	della carta asciugante.
une plume,	una penna.
une plume d'oie, de fer,	una p. d'oca, metallica.
un plume taillée,	una p. temperata.
un poudrier,	un polverino.
de la poudre,	della polvere.
une signature,	una firma.
un signataire,	un sottoscrittore.
signer,	firmare, sottoscrivere.

un écuyer,	uno scudiere.
un électeur,	un elettore.
l'électorat,	l'elettorato.
un emballeur,	un imballatore.
un empereur,	un imperatore.
une impératrice,	un'imperatrice.
un empire,	un impero.
l'état,	lo stato.
la cour,	la corte.
impérial,	imperiale.
un envoyé (extraordinaire),	un inviato (straordinario).
un épicier,	un droghiere.
un espion,	una spia.
un étranger,	un forestiere.
un facteur, (postes),	un portalettere.
un facteur de pianos,	un fabbricatore di piano forti.
un fantassin,	un fante, fantaccino.
l'infanterie,	la fanteria, l'infanteria.
une femme de chambre,	una cameriera.
ne femme de ménage,	una massaia.
un fermier,	un castaldo, fittaiuolo.
un forgeron,	un fabbro ferraio.
un fourrier,	un foriere.
un frotteur,	lo spazzino.
un fusilier,	un fuciliere.
un fusil,	uno schioppo.
un gantier,	un guantaio.
un garçon de café,	un garzone di caffè.
un g. de restaurant, d'hôtel,	un **cameriere**, un **giovine** d'albergo.
un jardin, gardien,	un giardino, **guardiano**.

un garde national,	una guardia nazionale.
un gendarme,	un gendarme.
un général,	un generale.
un gentilhomme,	un gentiluomo.
un géographe,	un geografo.
la géographie,	la geografia.
un géomètre,	un geometro.
la géométrie,	la geometria.
un gondolier,	un gondoliere.
un gouverneur,	un governatore.
une gouvernante,	un'aia.
un grammairien,	un grammatico.
la grammaire,	la grammatica.
un dictionnaire,	un dizionario.
les règles,	le regole.
exercices pratiques,	esercizii pratici.
les verbes,	i verbi.
la conjugaison des verbes,	la conjugazione dei verbi.
la construction,	la costruzione.
un grand d'Espagne,	un grande di Spagna.
un graveur,	un incisore.
la gravure,	l'incisione.
graver,	incidere.
un grenadier,	un grenatiere.
un groom,	un mozzo di stalla.
un guetteur,	un guardiano.
un guide,	un cicerone, una guida.
la gymnastique,	la ginnastica.
un gymnase,	un ginnasio.
un historien,	uno storico.
l'histoire,	la storia.
un homme de peine,	un facchino.

un horloger,	un orologiaro, oriuolaio.
un hôtelier, maître d'hôtel,	un maestro d'albergo, di casa.
un hussard,	un ussaro.
un imprimeur,	un stampatore.
l'imprimerie,	la stamperia.
un ingénieur,	un ingegnere.
le génie,	il genio.
un instructeur,	un istruttore.
un intendant,	un intendente.
un jardinier,	un giardiniere.
un jardin,	un giardino.
arbres et fruits,	alberi, e frutta (1).
l'arbre fruitier,	l'albero fruttifero.
un abricotier,	un albicocco.
un acacia,	un'acacia.
un amandier,	un mandorlo.
une aune,	un alno, ontano.
un bouleau,	una betulla.
un cèdre,	un cedro.
un cerisier,	un ciliego, ciriego.
un charme,	un carpino.
un châtaignier,	un castagno.
un chêne,	una quercia, un rovere.
un gland,	una ghianda.
un citronnier,	un cedro.
un cyprès,	un cipresso.
un dattier,	un dattero, una palma.
un érable,	un acero.
un figuier,	un fico, una ficaia.

(1) Voir les repas pour les fruits employés dans la consommation. Voir aussi le mot agriculteur (Etats).

un frêne,	un frassino.
un hêtre,	un faggio.
un faîne,	una faggiuola.
un marronnier,	un castagno.
un marronnier d'Inde,	un castagno d'India.
un mûrier,	un gelso, un moro.
un néflier,	un nespolo.
un noisetier,	un nocciuolo, un avellano.
un noyer,	un noce.
un olivier,	un olivo.
un oranger,	un arancio.
un orme,	un olmo.
le palissandre,	il noce d'India.
un palmier,	una palma.
un pêcher,	un pesco, un persico.
un peuplier,	un pioppo.
un pin,	un pino.
une pomme de pin,	una pina, pigna.
un platane,	un platano.
un poirier,	un pero.
un pommier,	un melo, pomo.
un prunier,	un prugno, susino.
un sapin,	un abete.
un saule,	un salce, salcio.
un saule pleureur,	un salice piangente.
un tilleul,	un tiglio.
un tremble,	un'alberella, una tremula.
la greffe,	la marza, l'innesto.
greffer,	innestare.
fleurs,	fiori.
la fleur, la floraison,	il fiore, la fioritura.
fleurir,	fiorire.

la balsamine,	la balsamina.
le bluet,	il fioraliso.
le camélia,	la camelia.
le dahlia,	la dalia.
la fleur de la passion,	il fiore della passione.
le géranium,	il geranio.
le giroflée,	la viola, il garofano.
l'héliotrope,	l'eliotropo.
la jacinthe,	il giacinto.
le jasmin,	il gelsomino.
le lilas,	il lilà.
le lis,	il giglio, fiordaliso.
la marguerite,	la margheritina.
le muguet,	il mughetto.
le myosotis,	il misoti, la miosola.
le narcisse,	il narciso.
l'œillet,	il garofano.
la pensée,	la viola del pensiero.
la primevère,	la primola.
le réséda,	il reseda, l'amorino.
la rose,	la rosa.
le rosier,	il rosaio.
la rose mousseuse,	la rosa muscosa.
le soleil,	il girasole.
le tournesol,	il tornasole.
la tulipe,	il tulipano.
la violette,	la viola mammola, la mammoletta.
fleurs odoriférantes,	fiori odoriferi.
légumes (Voir le *repas, ci-après*).	

un joaillier,	un gioielliere.
le jockey,	il fantino, il jockey.

un joueur,	un giucatore.
jeux,	giuochi.
joujoux,	giuocattoli.
exercices d'agrément,	esercizii di passatempo.
un bal,	un ballo, una festa da ballo.
balle (jouer à la),	giuocare alla palla.
le billard,	il bigliardo.
jouer au billard,	giuocare al bigliardo.
la boule,	la palla, la boccia.
un jeu de boules,	un giuoco di boccie.
les cartes,	le carte.
la chasse (Voire ci-dessus).	
la course (à cheval),	la corsa a cavallo.
le jeu de dames,	il giuoco di dama.
un damier,	un tavoliere, un damiere.
la danse,	il ballo, la danza.
le maître de danse,	il maestro di ballo.
danser,	ballare, danzare.
un danseur,	un ballerino.
une danseuse,	una ballerina.
les dés,	i dadi.
un dé,	un dado.
les échecs,	gli scacchi.
un échiquier,	uno scacchiere.
l'équitation,	l'equitazione.
les armes,	le armi.
l'escrime,	la scherma.
la gymnastique,	la ginnastica.
un gymnase,	un ginnasio.
une joute sur l'eau,	una gara sull'acqua.
le loto,	il loto, la tombola.
la natation,	il nuoto.

nager,	nuotare.
une partie,	una partita.
un p. de campagne,	una p. di campagna, di villa.
une p. de plaisir,	una p. di piacere.
la paume,	la pallacorda.
une raquette,	una racchetta.
la pêche (Voir ci-après).	
un projet,	un progetto.
la promenade,	la passergiata, il passeggio.
se promener,	passeggiare.
les quilles,	i rulli, i birilli.
une tombola,	una tombola.
volant (jouer au),	volante (giuocare al).
un jurisconsulte,	un giureconsulto, un legista.
les lois,	le leggi.
un laboureur,	un aratore, un bifolco.
une laitière,	una lattaia.
le lait,	il latte.
un lancier,	un lanciere.
une lance,	una lancia.
un laquais,	un lacchè.
un libraire,	un libraio.
des livres,	dei libri.
la librairie,	la libreria.
un lieutenant,	un luogotenente, tenente.
un linger,	un mercante di tele.
un lithographe,	un litografo.
la lithographie,	la litografia.
un maçon,	un muratore.

un maire,	un sindico.
mairie,	palazzo municipale.
le maître, patron,	il padrone.
un maître d'hôtel,	un maggiordomo.
un maître d'équipage,	un nostromo.
un maître d'école,	un maestro di scuola.
un major,	un maggiore.
un marchand (Voir § *Commerce*).	
un maréchal (des logis),	un quartiermastro.
un maréchal ferrant,	un maniscalco.
un marin,	un marinaio.
un marmiton,	un guattero.
un marquis,	un marchese.
une marquise,	una marchesa.
un marquisat,	un marchesato.
un mécanicien,	un meccanico.
la mécanique,	la meccanica.
un médecin,	un medico.
un menuisier,	un falegname, un legnaiuolo.
un mercier,	un merciaio.
militaire (état),	Stato militare.
les armes,	le armi.
l'armée,	l'esercito.
la flotte,	la flotta.
la juridiction,	la giurisdizione.
la marine,	la marina.
l'état-major,	lo stato maggiore.
la garnison,	la guarnigione.
un minéralogiste,	un mineralogista.
la minéralogie,	la mineralogia.
un mineur,	un minatore.
une mine,	una mina.

un ministre,	un ministro.
un ministère,	un ministerio.
un ministre plénipoten-tiaire,	un m. plenipotenziario.
le m. d'Etat,	il ministro di Stato.
le m. des affaires étrangères,	il m. degli affari esteri.
le m. de l'agriculture,	il m. dell'agricoltura.
le m. du commerce,	il m. del commercio.
le m. des finances,	il m. delle finanze.
le ministre du trésor,	il m. del tesoro.
le m. de la guerre,	il m. della guerra.
le m. de l'industrie,	il m. dell'industria.
le m. de l'instruction publique et des beaux-arts,	il m. della pubblica istruzione e di belle arti.
le m. de l'intérieur et de la police,	il m. degl'interni e di polizia.
le m. de la justice et des cultes,	il m. di giustizia e dei culti.
le m. de la marine et des colonies,	il m. della marina e delle colonie.
le m. de la police,	il m. della polizia.
le m. des postes royales et télégraphes,	il m. delle poste regie e dei telegrafi.
le m. des travaux publics,	il m. dei lavori pubblici.
une modiste,	una modista.
un moissonneur,	un mietitore.
un monarque,	un monarca.
une monarchie,	una monarchia.
monarchique,	monarchico.
un mousse,	un mozzo.

un musicien,	un suonatore, musico.
un compositeur,	un compositore.
la musique,	la musica.
un choriste,	un corista.
un clairon,	una tromba, chiarina.
un concert,	un'accademia di musica.
un cor,	un corno.
un cor de chasse,	un corno da caccia.
des cymbales,	dei patti.
le duo,	il duetto.
un fifre,	un piffero.
un fifre (musicien),	un piffero, pifferaio.
une flûte,	un flauto.
une guitare,	una chitarra.
l'harmonie,	l'armonia.
une harpe,	un'arpa.
un hautbois,	un oboè.
une lyre,	una lira, cetra.
l'orchestre,	l'orchestra.
un orgue,	un organo.
un tuyau d'orgue,	una canna d'organo.
un orgue de Barbarie,	un organetto.
un piano, un pianoforte,	un pianoforte.
le clavier,	la tastiera.
la corde,	la corda.
une touche,	un tasto.
les pédales,	i pedali.
un pianiste,	un pianista.
un spectacle,	uno spettacolo.
un spectateur,	uno spettatore.
un tambour,	un tamburino.
un ténor,	un tenore.

un théâtre,	un teatro.
une trompette,	una trombetta.
une vieille,	una ghironda.
un violon,	un violino.
un violoniste,	un violonista.
l'âme,	l'anima.
l'archet,	l'archetto.
le chevalet,	il ponticello.
un cantique,	una cantica.
un concert,	un'accademia di musica.
l'accompagnement,	l'accompagnamento.
accompagner,	accompagnare.
le sentiment,	il sentimento.
l'accord,	l'accordo.
accorder,	accordare.
l'accordeur,	l'accordatore.
une nourrice,	una balia, nutrice.
un nourrisson,	un allievo, bambino.
un officier,	un officiale, uffiziale.
un opticien,	un ottico, un occhialaio.
un orfèvre,	un orefice.
un pair,	un pari.
la pairie,	la dignità di pari.
une pairesse,	la moglie d'un pari.
la chambre des pairs,	la camera dei pari.
un palefrenier,	un palafreniere.
un pâtissier,	un pasticciere.
un patron,	un padrone.
un paysan,	un villano, un paesano, un contadino.
une paysanne,	una villana, una paesana, una contadina.
un pêcheur,	un pescatore.

la pêche,	la pesca.
pêcher,	pescare.
pêcher à la ligne,	pescare colla lanza.
l'appareil de pêche,	gli arnesi da pesca.
l'amorce, l'appât,	l'esca.
un épervier,	un sparviero.
un filet,	una rete.
un hameçon,	un amo.
une ligne,	una lenza.
une nasse,	una nassa.

(Voir le § des repas ci-après).

poissons,	pesci.
un peintre,	un pittore.
la peinture,	la pittura.
un appui-main,	un guidamano, una bacchetta.
l'aquarelle,	l'acquarello.
le chevalet,	il cavaletto.
le coloris,	il colorito.
les couleurs,	i colori.
un compas,	un compasso.
les contours,	i contorni, lineamenti.
une copie,	una copia.
copier (en dessinant),	copiare (disegnando).
un crayon,	un lapis, una matita.
un portecrayon,	un matitaio, tocca-lapis.
un dessin,	un disegno.
dessiner,	disegnare.
la draperie,	il paneggiamento.
draper,	paneggiare.
une ébauche,	un abbozzo.
ébaucher,	abbozzare.
l'encre de Chine,	l'inchiostro di China.

une esquisse,	uno schizzo.
esquisser,	schizzare.
une étampe,	una stampa.
une étude,	uno studio.
étudier,	studiare.
fresques,	affreschi.
du fusain,	del carbone per disegno.
de la gomme élastique,	della gomma elastica.
la gouache,	la pittura a guazzo.
une gravure,	un'incisione, un rame.
graver,	incidere.
un groupe,	un gruppo.
grouper,	gruppare.
hachures (faire des),	tratteggiare.
des hachures,	dei tratteggi.
l'harmonie,	l'armonia.
le lavis,	l'acquerello.
une miniature,	una miniatura.
un modèle,	un modello.
une nuance,	una tinta, una gradazione di colori.
nuancer,	assortire i colori.
une ombre,	l'ombra.
ombrer,	ombreggiare.
un original,	un originale.
une palette,	una paletta, tavolazza.
le pastel,	il pastello.
un pastiche,	un pasticcio.
un paysage,	un paesetto.
une perspective,	una prospettiva.
un pinceau,	un pennello.
un plan,	un piano.
un portrait,	un ritratto.

un sujet,	un soggetto.
un tableau,	un quadro.
une teinte,	una tinta.
un ton,	un tono.
les sons,	l'armonia dei colori.
une vignette,	una vignetta.
un perruquier,	un parruchiere.
un pharmacien,	uno speciale.
la pharmacie,	la farmacia.
un philosophe,	un filosofo.
la philosophie,	la filosofia.
un physicien,	un fisico.
la physique,	la fisica.
un pianiste (Voir ci-dessus au mot *musique*).	
un pilote,	un pilota, un nocchiero.
un pionnier,	un guastatore.
un poète,	un poeta.
la poésie,	la poesia.
l'harmonie,	l'armonia.
un pontonnier,	un pontonaio, un pontoniere.
un porte-drapeau,	un alfiere, un portabandiera.
un drapeau,	una bandiera.
un porte-étendard,	un portastendardo.
un étendard,	lo stendardo, l'insegna.
un portefaix,	un facchino.
un portier,	un portiere, portinaio.
un précepteur,	un precettore.
un préfet,	un prefetto.
une préfecture,	una prefettura.

Voir *sous-préfet*.

un président,	un presidente.

la république,	la repubblica.
l'Etat,	lo Stato.
le peuple,	il popolo.
populaire,	popolare.
un prince,	un principe.
une princesse,	una principessa.
une principauté,	un principato.
princier,	principesco.
un prince du sang,	un principe del sangue.
un prince royal,	un principe reale.
un professeur,	un professore.
profession,	professione.
professer,	professare.
un propriétaire,	un proprietaro.
un quincaillier,	un chincagliere.
un relieur,	un legatore di libri.
la reliure,	la legatura.
un représentant du peuple,	un rappresentante del popolo.
un résident,	un ministro residente.
un restaurateur,	un trattatore.
un restaurant,	una trattoria, un ristorante.
un garçon de restaurant,	un cameriere.
un roi,	un re.
une reine,	una regina.
un royaume,	un regno.
la cour,	la corte.
royal,	regio, reale.
la royauté,	la dignità reale.
l'Etat,	lo Stato.
un édit,	un bando.

Guide pratique, etc.

un sapeur,	uno zappatore.
savants,	dotti.
un savant,	un dotto.
un savetier,	un ciabbatino.
un sculpteur,	uno scultore.
la sculpture,	la scultura.
une statue,	una statua.
un secrétaire,	un segretario.
un seigneur,	un signore.
une seigneurie,	una signoria.
un sellier,	un sellaio.
un sénateur,	un senatore.
le sénat,	il senato.
une sentinelle,	una sentinella, scolta.
un sergent,	un sergente.
un sergent-major,	un sergente maggiore.
un serrurier,	un fabbro-ferraio.
une servante,	una fantesca.
un serviteur,	un servo.
le service,	il servizio.
les gages,	il salario.
un soldat,	un soldato, un militare.
un soldat de marine,	un soldato di mare.
un soldat du train,	un soldato del treno.
un soldat du génie,	un soldato del genio.
un soldat à pied, à cheval,	un soldato a piedi, a cavallo.
un sommelier,	un dispensiere.
un sous-lieutenant,	un sottotenente.
un sous-officier,	un sottofficiale.
un sous-préfet,	un sottoprefetto.
une sous-préfecture,	una sottoprefettura.
un souverain,	un sovrano.

une souveraine,	una sovrana.
un syndic, maire,	un sindico.
un tailleur,	un sarto, un sartore.
un tambour (soldat),	un tamburino.
un tapissier,	un tappezziere.
un teinturier,	un tintore.
un théologien,	un teologo.
la théologie,	la teologia.
un timonier,	un timoniere.
un tirailleur,	un bersagliere.
un tourneur,	un tornitore.
un traducteur,	un traduttore.
une traduction,	una traduzione.
traduire,	tradurre, volgarizzare.
un traiteur,	un trattore.
un trésorier,	un camerlengo.
un trompette,	un trombetta, trombetto.
la trompette,	la buccina, la trombetta.
un vacher,	un vaccaro, un mandriano.
une vache,	una vacca.
un valet de chambre,	un cameriere.
un valet d'écurie,	uno␣stalliere.
un valet de pied,	un fante, un servo.
un vigneron,	un vignaiuolo.
une vigne,	una vigna.

les vins (Voir le § *repas* ci-après).
un violoniste (Voir ci-dessus, au mot *musique*).

un vitrier,	un vetraio.
une vivandière,	una vivandiera.
la cantine,	la cantina.

XII. Commerce, Monnaies, poids et mesures. — Commercio, monete, pesi e misure.

une acceptation,	un'accettazione.
accepter,	accettare.
un achat,	una compera.
un acheteur,	un compratore.
acheter,	comprare.
le prix,	il prezzo.
un acquit,	una quitanza, un saldo.
une quittance,	una quitanza.
acquitter,	far quitanza, saldare.
pour acquit,	per saldo, per quitanza.
donner quittance,	far quitanza, quitare.
une adresse,	un indirizzo.
un agent de change,	un agente di cambio.
un agent d'affaires,	un agente.
les affaires,	gli affari, le faccende.
un associé,	un socio, associato.
une assurance,	un'assicurazione.
la balance,	la bilancia.
un ballot,	una balla, una balletta.
emballer,	imballare.
un emballeur,	un imballatore.
un banquier,	un banchiere.
une banque,	una banca, un banco.
un billet de banque,	una cedola di banca.
un billet,	un biglietto.
un billet à ordre,	un biglietto all'ordine.
un billet au porteur,	un biglietto al portatore.
un bordereau,	una nota, una fattura.

un brevet,	un brevetto, un privilegio.
breveter,	privilegiare.
un bulletin,	un bollettino.
un bureau,	un uffizio, ufficio.
un caissier,	un cassiere.
une caisse,	una cassa.
un changeur,	un cambiavalute, un cambista.
un bureau de change,	un cambiavalute.
changer,	cambiare.
le change,	il cambio.
change (une lettre de),	una lettera di cambio.
le cours du change,	il corso de' cambi.
un client,	un cliente, un avventore.
une clientèle,	una clientela.
un colporteur,	un merciaiuolo ambulante.
colporter,	vendere qua e là.
un commis,	un commesso di negozio.
un commissionnaire (d'achat),	un commissionario (di compere).
un commissionnaire,	un fattorino.
un galopin,	un facchino.
	un garzoncello.
un compte,	un conto.
un compte courant,	un conto corrente.
un acompte,	un acconto.
solder un compte,	saldare un conto.
un comptoir,	un banco, un telonio.
la confiance,	la confidenza.
un correspondant,	un corrispondente.
la correspondance,	la corrispondenza.
un courtier,	un sensale.

une créance,	un credito.
un créancier,	un creditore.
le crédit,	il credito, la stima.
le crédit, l'avoir,	il credito, l'avere.
créditer,	portare a credito.
une lettre de crédit,	una credenziale, una lettera di credito.
un débiteur,	un debitore.
le débit,	il dare.
une dette,	un debito.
débiter,	portare a debito.
devoir,	esser debitore, dovere.
un débitant,	un venditore.
le débit,	la vendita.
un débit de tabac,	una rivendita di tabacco.
débiter,	esitare, spacciare.
un détaillant,	un venditore al minuto.
le détail,	la vendita al minuto.
la vente au détail,	la vendita al minuto.
un échantillon,	una mostra, un campione.
l'échéance,	la scadenza.
échoir,	scadere.
un effet,	una cambiale.
négocier un effet,	negoziare una cambiale.
un employé,	un impiegato.
un emprunt,	un prestito.
emprunter,	pigliare un prestito.
espèces,	contanti.
l'escompte,	lo sconto.
escompter,	scontare.
un établissement,	uno stabilimento.
l'exportation,	l'esportazione.
exporter,	esportare.

la fabrication,	la fabbricazione.
une facture,	una fattura.
les finances,	le finanze.
ministre des finances,	ministro delle finanze.
les frais,	le spese.
le fret, le nolis,	il nolo.
fréter, noliser,	noleggiare.
l'importation,	l'importazione.
importer,	importare.
les intérêts,	gl'interessi.
la garantie,	la garanzia.
les intéressés,	gl'interessati.
une lettre d'avis,	una lettera d'avviso.
une lettre de change,	una lettera di cambio.
une lettre de voiture,	una lettera di condotta, di porto.
une lettre de crédit,	una lettera di credito, una credenziale.
location,	locazione.
un magasin,	un magazzino, un fondaco.
emmagasiner,	mettere in magazzino.
magasinage,	magazzinaggio.
un mandat,	un mandato, una procura.
un mandataire,	un mandatario.
un marchand,	un mercante.
un marchand de chevaux,	un mercante di cavalli.
une marchande de modes,	una modista, crestaia.
un marchand de meubles,	un mercante di mobili.
marchander,	mercanteggiare.
les marchandises,	le merci, mercanzie.
marque de fabrique,	marca di fabbrica.

mesures,	misure.
un are,	un aro.
une aune,	una canna, un'auna.
un boisseau,	un moggio, uno staio.
une brasse,	un braccio.
un centiare,	un centiaro.
une chopine,	una mezzetta.
un décalitre,	un decalitro.
un décamètre,	un decametro.
un décimètre,	un decimetro.
une feuillette,	una foglietta.
un hectare,	un ettaro.
un hectolitre,	un ettolitro.
un hectomètre,	un ettometro.
un kilomètre,	un chilometro.
une lieue,	una lega.
une ligne,	una linea.
un litre,	un litro.
un mètre,	un metro.
un mille (anglais),	un miglio (inglese).
un myriamètre,	un miriametro.
un pied (carré, cube),	un piede (quadrato, cubico).
une toise,	una tesa.
monnaies,	monete.
une monnaie d'argent,	una moneta d'argento.
une monnaie d'or,	una moneta d'oro.
une monnaie de cuivre,	una moneta di rame.
une monnaie de billon,	una moneta di biglione.
une pièce d'or,	una moneta d'oro.
une pièce de dix francs,	una moneta (una pezza) di dieci franchi.
une pièce d'argent,	una moneta d'argento.

une pièce de cinq francs,	un pezzo di cinque franchi.
du papier-monnaie,	della carta monetata.
l'appoint,	l'appunto.
un billet de banque,	una cedola di banco.
un billet, un bon du trésor,	un biglietto del tesoro.
un centime,	un centesimo.
une couronne,	una corona.
un décime,	un decimo.
un denier,	un danaro.
une drachme,	una dramma.
un ducat,	un ducato.
un écu,	uno scudo.
un florin,	un fiorino.
un franc,	un franco.
deux francs,	due franchi.
un frédéric,	un federico.
un liard,	un quattrino.
une lire,	una lira.
une livre sterling,	una lira sterlina.
un louis d'or,	un luigi d'oro.
un double louis,	un luigi doppio.
un napoléon d'or,	un napoleone d'oro.
une piastre,	una piastra.
une pistole,	una pistola, una doppia.
un séquin,	uno zecchino.
un shelling, schelling,	uno scellino.
un sou,	un soldo, un baiocco.
un souverain,	un sovrano.
un négociant,	un negoziante.
le négoce,	il negozio.
négocier (un effet),	negoziare (una cambiale).
un payement,	un pagamento.

payer comptant,	pagare contante.
payer,	pagare.
payer en espèces,	pagare in contanti.
poids (le),	il peso.
peser,	pesare.
un baril,	un barile.
un carat,	un carato.
un décagramme,	un decagramma.
un décigramme,	un decigramma.
un grain,	un grano.
un gramme,	una gramma.
une livre,	una libra.
une demi-livre,	una mezza libra.
une once,	un'oncia.
un quintal,	un quintale.
un scrupule,	uno scrupolo.
un tonneau,	una tonnellata.
une tonne d'or,	un barile d'oro.
le pesage,	la pesatura.
une pratique,	un cliente, un avventore.
à prix fixe,	a prezzo fisso.
prix réduit,	prezzo ridotto.
une promesse,	un pagherò, una promessa.
une quittance (Voir *acquit*).	
le rabais,	il ribasso, il diffalco.
vendre au rabais,	vendere a ribasso.
la vente au rabais,	la vendita a ribasso.
une reconnaissance,	una ricognizione.
un recours,	un ricorso.
un reçu,	una ricevuta.
recevoir,	ricevere, riscuotere.
un remboursement,	un rimborso.
rembourser,	rimborsare.

une remise d'argent,	una rimessa di danaro.
une remise (de librairie),	un ribasso (in libri).
une signature,	una firma.
signer,	firmare, sottoscrivere.
le signataire,	il sottoscrittore.
la situation,	la situazione.
une société,	una società.
un associé,	un socio, associato
la solde (d'une somme),	il saldo (d'una somma).
solder un compte	saldare un conto.
teneur de livres,	un ragioniere.
une traite,	una tratta.
le trébuchet,	il trabochetto.
une usance,	un uso, un'usanza.
des valeurs,	dei valori.
la vente,	la vendita.
la vente au détail,	la vendita al minuto.
la vente en gros,	la vendita all'ingrosso.
la vente au rabais,	la vendita a ribasso.
la vente forcée,	la vendita forzata.
un vendeur,	un venditore.
vendre,	vendere, smerciare.
prix fixe,	prezzo fisso.

XIII. *Habillement, objets de toilette, etc.* — *Vestimento, oggetti di toeletta, etc.*

une agrafe,	un fermaglio.
des aiguilles,	degli aghi.
une alliance,	un anello.
une bague,	un anello.
des bas (d'enfant),	delle calze (da fanciullo).

de la batiste,	della tela batista.
bijoux,	gioielli.
un blaireau,	un pennello, tasso.
de la blonde,	del merletto di seta.
une blouse,	un camiciotto.
un bonnet (de nuit),	una cuffia, una berretta (da notte).
un bonnet à poil,	un berretone di pelo.
un bonnet de police,	un berretto.
des bottes,	degli stivali.
les crochets,	i ganci, i tirastivali.
des bottines,	degli stivalletti.
les tirants,	i tiranti, i cinturini.
des boucles d'oreilles,	degli orecchini.
une bourse,	una borsa.
un bouton (de soie),	un bottone (di seta).
une boutonnière,	un occhiello,
des bracelets,	degli smanigli, dei braccialetti.
des bretelles,	delle bretelle, delle cinghie.
une brosse,	una spazzola.
une brosse à dents,	uno spazzolino dei denti.
une brosse à ongles,	uno spazzolino da ugne.
un caleçon,	un paio di mutande.
du calicot,	del calicò.
une calotte,	una calotta, un berrettino.
une camisole (de nuit),	una camiciuola (da notte).
du canevas,	del canavaccio.
une canne,	una canna, un bastone.
le casimir,	il casimiro.
un casque,	un casco, elmo.
une casquette,	un berretto.

une ceinture,	una cintola.
un ceinturon,	un cinturino della spada.
une chaîne,	una catena.
un châle,	uno sciallo.
un chapeau (garni de..),	un cappello (guernito di..)
un chausse-pied,	una calzatoia.
des chaussettes (blanches,	dei calzini (bianchi).
des chaussons,	degli scapini.
les chaussures,	le calzature, le scarpe.
une chemise (d'homme),	una camicia (da uomo).
une chemise (de femme),	una camicia (da donna).
du cirage,	della pattina.
une coiffe,	una cuffia.
un col (de chemise),	una colletta, un solino (della camicia).
une collerette,	un collaretto, un colletto.
un collier,	una collana, un monile.
le corsage,	il corsaletto, la vita.
un corset,	un corsaletto, un busto.
du coton,	della tela di cotone.
du coutil,	del traliccio.
une cravache,	un frustino, uno scudiscio.
une cravate (de soie noire),	una cravatta (di seta nera).
une cravate de couleur,	una cravatta di colore.
du crêpe,	del velo.
une cuirasse,	una corazza.
un culotte,	una bracca.
un cure-dent,	uno stuzzicadenti.
du damas,	del damasco.
un demêloir,	il pettine rado.
de la dentelle,	del merletto, del pizzo.

un diamant,	un diamante.
de la doublure,	della fodera.
du drap,	del panno.
une écharpe,	una sciarpa.
un écrin,	uno scrigno.
des éperons,	degli sproni.
une épingle,	uno spillo.
une éponge,	una spugna.
un essuie-main,	un asciugatoio.
étoffes,	stoffe.
un éventail,	un ventaglio.
un fichu,	un fazzoletto da collo.
du fil,	del filo, del refe.
un flacon,	una boccetta, un oricanno.
de la flanelle,	della flanella.
un foulard,	un fazzoletto di seta.
de la fourrure,	delle pellicce.
de la futaine,	del fustagno.
des gants (paille),	dei guanti (color di paglia).
la garde-robe,	la guardaroba.
de la gaze,	della tocca.
une giberne,	una giberna.
un gilet,	un gilè, un corpetto. una sottoveste.
une glace,	uno specchio.
les guêtres,	le ghette, le uose.
un habit,	un abito, un vestito.
un habit de ville,	un abito da mattina.
un havresac,	un sacco, uno zaino.
de l'indienne,	dell'indiana.
des jarretières,	delle legacce.
des jumelles,	il cannocchiale da teatro.

un jupon (brodé),	una gonnella, sottana (ricamata).
un képi,	un kepi.
de la laine,	della lana.
du linge (festonné),	della biancheria (a festoni)
du linge (damassé),	della biancheria (damascata).
une longue-vue,	un cannocchiale.
une lorgnette,	un occhialino.
un lorgnon,	un cannocchialino.
des lunettes,	degli occhiali.
une manche,	una manica.
des manchettes,	dei manichini, le maniche
un manchon,	un manicotto.
un manteau,	un mantello, ferraiuolo.
un mantelet,	un mantelletto, pastrano.
un masque,	una maschera.
du mérinos,	del merino.
un miroir,	uno specchio.
la mode,	la moda.
du noir,	del nero.
une montre,	un orologio, un oriuolo.
monture (d'émail),	una guarnizione (in ismalto).
un mouchoir (blanc),	un fazzoletto (bianco).
de la mousseline,	della mussolina.
du nankin,	del nanchino.
un nécessaire (en or),	una cassetta da lavoro (d'oro).
une ombrelle,	un ombrellino.
un paletot (d'été),	un paltò (d'estate).
un pantalon large, collant,	dei calzoni larghi, stretti.

des pantoufles,	delle pianelle.
un parapluie,	un ombrello.
un pardessus,	un soprabito.
un peigne (fin),	un pettine (fitto).
un peignoir,	una veste da camera.
de la peluche,	della felpa.
des perles,	delle perle.
une perruque,	una parrucca.
des pierres précieuses,	delle pietre preziose, delle gemme.
des pierreries,	delle gemme, delle gioie.
une poche,	una tasca, una saccoccia.
du point (dentelle),	del pizzo.
de la pommade,	della pomata.
un portefeuille,	un portafoglio.
un porte-monnaie,	un portamonete.
un rasoir (affilé),	un rasoio (affilato).
raser,	far la barba.
une redingote,	un soprabito, una sopraveste.
une robe (noire),	un vestito (nero).
une robe de chambre,	una vesta da camera.
du ruban,	del nastro, della fettuccia.
des sabots,	degli zoccoli.
du satin,	del raso.
du savon,	del sapone.
la savonnette,	il saponetto.
un shako,	un quasco.
une semelle (double),	una suola (doppia).
de la serge,	della saia.
de la soie,	della seta.
des souliers,	delle scarpe.
une tabatière,	una tabacchiera.

un tablier,	un grembiale.
du taffetas,	del taffettà.
un tire-botte,	un cavastivali.
de la toile (de Hollande),	della tela (d'Olanda).
de la toile écrue,	della tela greggia.
un tricot,	una stoffa a maglia.
un trousseau,	un corredo.
du tulle,	del tullo.
une tunique,	una tunica.
l'uniforme,	l'uniforme, l'assisa.
du velours,	del velluto.
du vernis,	della vernice.
une veste,	una veste, un farsetto.
un voile,	un velo.

XIV. *Repas, manger, boissons et liqueurs,*   *Pasti, il mangiare, bevande e liquori.*

l'addition, la carte à payer,	il conto.
agneau (Voir à *mouton*).	
un banquet,	un banchetto, convito.
le beurre,	il burro.
boissons et liqueurs,	bevande e liquori.
de l'aile ou ale,	dell'ala.
de l'anisette,	dell'anisetto.
de la bière,	della birra, scervogia.
une brasserie,	una birraria.
de la bière blanche,	della birra bianca.
de la bière brune,	della birra bruna.
de la bière mousseuse,	della birra spumante.
de la bière de Strasbourg,	della birra di Strasburgo.

du café (Voir ci-après).	
une carafe glacée, de la glace,	un'acqua **ghiacciata**.
du cassis,	del cassis.
du cidre,	del sidro.
du cognac (un petit verre),	un bicchierino di cognac.
un coup,	un sorso, un tratto.
du curaçao,	del curasò.
de l'eau,	dell'acqua.
de l'eau fraîche,	dell'acqua fresca.
de l'eau sucrée,	dell'acqua zuccherata.
de l'eau de seltz,	dell'acqua di seltz.
de l'eau-de-vie,	dell'acquavite.
une goutte d'eau-de-vie,	un bicchierino d'acquavite.
du genièvre,	del ginepro.
un grog,	un grog.
de la groseille,	del ribes.
du kirchwasser,	del kirchwasser.
de la limonade gazeuse,	della limonata gazosa.
des liqueurs,	dei liquori.
de l'orangeade,	dell'aranciata.
de l'orgeat,	dell'orzata.
du poiré,	del sidro di pere.
du ratafia,	del ratafià, dell'amarasco.
du rhum,	del rum.
un petit verre de rhum,	un bicchierino di rum.
du sirop,	del sciroppo.
un sorbet,	un sorbetto, un gelato.
du thé,	del té.
un toast,	un brindisi.
un trait,	un sorso, un tratto.

du vermouth,	del vermouth.
du vin,	del vino.
du vin blanc,	del vino bianco.
du vin doux,	del vino dolce.
du vin muscat,	del vino moscato.
du vin ordinaire,	del vino da pasto.
du vin du pays,	del vino nostrale.
du vin au quinquina,	del vino con china.
du vin rouge,	del vino rosso, nero.
du vin nouveau,	del vino nuovo.
vieux,	vecchio.
du vin de Bordeaux,	del vino di Bordo.
du vin de Bourgogne,	del vino di Borgogna.
du vin de Champagne,	del vino di Sciampagna.
du vin de Madère,	del vino di Madera.
du vin de Malaga,	del vino di Malaga.
du vin de Xérès,	del vino di Xerès.
un litre de vin,	un litro di vino.
un demi-litre de vin,	un mezzo litro di vino.
un cinquième (de litre de vin),	un quinto.
une bouteille de vin,	una bottiglia di vino.
une demi-bouteille, de vin	una mezza bottiglia (di vino).
un carafon,	una bottiglietta.
un flacon,	un fiascone.
bœuf,	bue, manzo.
du bœuf à la mode,	dello stufato.
du bœuf bouilli,	del manzo.
une tranche de bœuf,	una fetta di manzo.
du bœuf sauce tomates,	del bue con salsa di pomi d'oro.
côtelette de bœuf,	costellina di manzo.

un rôti de bœuf,	un arrosto di manzo.
du bœuf au gratin,	del manzo panato.
un bifteck,	un bifteck, una bistecca.
un bifteck aux pommes de terre,	un bifteck con pomi di terra (con patate).
un bifteck au beurre d'anchois,	un bifteck con burro ed acciughe.
un bifteck au cresson,	un bifteck con crescione.
un bifteck saignant,	un bifteck all'inglese.
un bifteck bien cuit,	un bifteck ben cotto.
du gîte à la noix,	dello scannello del manzo.
un filet au vin de Madère,	un filetto (un coscietto) con vino di Madera.
un rosbif (aux pommes),	un rostbif con patate.
un filet aux champignons,	un filetto con funghi.
un bol,	un tazzone.
boulettes,	gnocchi.
bouteille (Voir ci-dessus à *vin*).	
cabaret (un),	un' osteria.
café, (maison, boisson),	caffè.
une demi-tasse,	una piccola tazza (di caffè).
du café à l'eau,	del caffè.
du café mêlé,	del caffè mischio ed aura.
du café au lait,	del caffè con latte.
du café avec un peu de lait,	del caffè con ombra di latte.
du café avec beaucoup de lait,	del caffè con molto latte.
du café noir sans chicorée,	del caffè nero senza cicoria.
du moka pur,	del mocca genuino.
la cafetière,	la caffettiera.

la carte du jour,	il listino, la lista (carta) del giorno.
la carte à payer,	il conto.
cervelle (Voir à *veau*).	
les champignons,	i funghi.
du chocolat,	della cioccolatta.
des cigares,	dei sigari.
saucisson (Voir *hors-d'œuvre*).	
une collation,	una refezione.
un convive,	un convitato.
des cornichons,	dei cetriuoli.
côtelette (Voir *mouton, veau, etc*).	
un couteau,	un coltello.
un couteau à découper,	un coltello da trinciare.
un couvert,	una posata.
la crème,	la crema, il fior di latte.
des crevettes,	dei gamberelli (di mare).
une cuiller,	un cucchiaio.
une cuiller à café,	un cucchiaino.
une cuiller à soupe,	un cucchiaione.
un cure-dent,	uno stuzzicadenti.
le déjeuner,	la colazione.
le second déjeuner,	la seconda colazione.
dessert (le) (1),	le frutta.
des biscuits,	dei biscottini.
café (Voir *ci-dessus*).	
confitures (Voir à *fruits*).	
la crème,	la crema, il fior di latte.
dessert de fruits,	frutta, giardinetto.
du fromage,	del formaggio.
du fromage à la crème,	della crema di formaggio.

(1) Voyez aussi *boissons et liqueurs*. — Veggasi pure *bevande liquori*.

du fromage de Brie,	del formaggio di Brie.
du fromage de Gruyère,	del formaggio di Gruyère.
du fromage de Hollande,	del formaggio d'Olanda.
du fromage de Roquefort,	del formaggio di Roquefort.
les fruits,	la frutta, i frutti.
des fruits de primeur,	dei frutti primaticci.
des fruits exquis,	dei frutti squisiti.
un abricot,	un'albicocca.
marmelade d'abricots,	marmellata d'albicocche.
une amande,	una mandorla.
un ananas,	un ananas.
une cerise,	una ceresa, ciriegia.
un bigarreau,	una ciriegia duracina.
une guigne,	una ciriegia acquaiuola.
une châtaigne,	una castagna.
un citron,	un cedrato, limone.
une datte,	un dattero, dattilo.
une figue,	un fico.
une figue sèche,	un fico secco.
une fraise,	una fragola, fravola.
une framboise,	un lampone.
groseilles,	ribes.
confiture de groseilles,	confettura di ribes.
gelée de groseilles,	gelatina di ribes.
un marron,	una castagna caldarrostita un marrone.
un melon,	un mellone, popone.
une mûre,	una mora, gelsa.
une mûre de ronce,	una mora di rovo.
une nèfle,	una nespola.
une noix,	una noce.

une noisette,	una nocciuola, un'avellana.
une olive,	un'oliva.
une orange,	un arancio, portogallo.
salade d'oranges,	insalata d'aranci.
une mandarine,	un mandarino.
une pêche,	una pesca, persica.
compôte de pêches,	conserva di pesche.
une poire,	una pera.
une pomme,	una mela, un pomo.
une compote de pommes,	una conserva di pomi.
une prune,	una prugna, susina.
des prunes à l'eau-de-vie,	delle prugne nell'acquavite (nello sparto).
des pruneaux,	delle prugne.
les 4 mendiants,	fichi secchi, zibibbo, nocciuole, e mandorle.
du raisin,	dell'uva.
un gâteau,	una pasta, crostata.
un gâteau aux fruits,	una crostata di frutta.
un gâteau de pâte feuilletée,	una crostata di pasta sfoglia.
une glace,	un gelato.
glace dure,	gelato pezzo.
granite (sorbet) glacé,	granita.
des macarons,	degli amaretti.
des massepains,	dei marzapani.
une meringue à la crème,	una marenga alla crema.
une meringue aux confitures,	una marenga con confetture.
des oublies,	delle cialde.
les primeurs,	le primizie.

un sorbet,	un sorbetto, gelato.
sorbet glacé,	il granita.
le dîner,	il pranzo.
des écrevisses,	dei gamberi.
les entremets,	i tramessi.
des beignets d'abricots,	delle frittelle d'albicocche.
des beignets de pommes,	delle frittelle di pomi.
une charlotte russe,	una sciarlotta russa.
des croquettes de riz,	dei croccanti di riso.
une omelette au rhum,	una frittata con rum.
un plum-pudding,	un plum-pudding.
la faim,	la fame.
avoir faim,	aver fame.
la farine,	la farina.
un festin,	un festino.
foie (de veau), (Voir *veau*).	
une fourchette,	una forchetta.
fricandeau (Voir *veau*).	
une friture,	un fritto, una frittura.
une mêlée,	una frittura mista.
fruits (Voir *dessert*).	
garçon (de restaurant),	cameriere.
garçon de café,	garzone da caffé.
une gelée,	una gelatina.
gibier,	selvaggiume, selvaggina.
rôti de chevreau,	arrosto di capretto.
du chevreuil,	del capriuolo.
un quartier de chevreuil,	un quarto di capriuolo.
du daim,	del daino.
un lapin (de garenne),	un coniglio (di conigliera).

un lièvre,	un lepre.
une hase,	una lepre.
un rôti de lièvre,	un arrosto di lepre.
du sanglier,	del cinghiale.
du marcassin,	del cinghialetto.
des croquettes de gibier,	dei croccanti di selvaggiume.

Voir aussi à *volaille*.

le goûter,	la merenda.
les herbes,	le erbe.
un homard (en salade),	un astaco (in insalata).
hors-d'œuvre,	piattellini d'antipasto, piattini, piattinelli, principi alla tavola.
chauds,	caldi.
froids,	freddi.
des artichauds à la poivrade,	dei carciofi col penzimonio.
du beurre,	del burro.
un pied de cochon aux truffes,	uno zampetto di maiale ripieno con tartufi.
une douzaine d'huîtres,	una dozzina d'ostriche.
du jambon,	del prosciutto.
une tranche de melon,	una fetta di mellone.
du pâté de foie gras,	del pasticcio di fegat od'oca.
du porc,	del maiale.
une côtelette de porc frais,	una braciuola di maiale fresco.
des radis,	dei ravanelli.
des sardines (fraîches),	delle sardelle (fresche).
une saucisse truffée,	una salsiccia con tartufi.

du thon (mariné),	del tonno marinato.
un hôte,	un ospite.
un hôtel,	un albergo, una casa.
l'huile,	l'olio.
l'huile d'olive,	l'olio d'oliva.
l'huile de noix,	l'olio di noce.
un huilier,	un utello, un'ampolla d'olio.
huîtres,	ostriche.
jambon (Voir *hors-d'œuvre*).	
jus (Voir *légumes, veau*).	
du lait,	del latte.
langue (Voir *veau*).	
légumes,	legumi, erbe, erbeggi, ortaggi.
des artichauts frits,	dei carciofi fritti.
des asperges à la sauce,	degli sparagi con salsa.
des asperges à l'huile,	degli sparagi con olio.
des carottes,	delle carote.
des champignons,	dei funghi.
de la chicorée à la crème,	della cicoria con crema.
des choux (Bruxelles),	dei cavoli (di Brusselles).
des choux-fleurs,	dei cavoli fiori.
des épinards au jus,	degli spinaci col sugo.
des fèves,	delle fave.
des haricots blancs,	dei faginoli bianchi.
des haricots verts,	dei fagiuoli verdi, dei fagiuolini.
des laitues au jus,	delle lattughe nel sugo.
des lentilles,	delle lentichie.
des navets,	dei navoni.
des petits pois au sucre,	dei piselli con zucchero.

des pois,	dei piselli.
des pommes de terre sautées, frites,	delle patate fritte, dei pomi di terra fritti.
des primeurs,	delle primizie.
des salsifis frits,	della scorzonera fritta.

Voir *salades*).

liqueurs (Voir à *boissons*).
litre (Voir à *boissons*).

des macaronis au beurre,	dei maccheroni al burro.
des macaronis à l'italienne,	dei maccheroni all'italiana.
des macaronis aux tomates (Voir *potages*).	dei maccheroni ai pomi d'oro.
le miel,	il miele.
des moules,	delle arselle.
la moutarde,	la senape, mostarda.
le moutardier,	il vasetto della mostarda.
mouton,	montone, castrato.
une côtelette au naturel,	una costolina (costoletta) naturale, (semplice).
à la jardinière,	una braciuola alla giardiniera.
à la maître d'hôtel,	una braciuola alla maître d'hôtel.
deux rognons à la brochette,	due arnioni allo spiedo.
rôti d'agneau,	arrosto di bacchio.
nappe (la),	la tovaglia.
œufs (les),	le uova.
des œufs frais,	delle uova fresche.
des œufs brouillés,	delle uova fritte con tartufi.
des œufs à la coque,	delle uova da bere.

des œufs sur le plat,	delle uova al piatto, (al tegame).
des œufs pochés au jus,	delle uova affogate nel sugo.
des œufs durs,	delle uova toste.
une omelette aux fines herbes,	una frittata con erbette.
au lard,	una frittata con lardo.
au rhum,	una frittata con rum.
soufflée,	una frittata rigonfia.
l'œuf,	l'uovo.
oiseaux (Voir à *volaille*).	
du pain,	del pane.
du pain blanc,	del pane bianco.
au beurre,	del pane al burro.
de ménage,	del pane casalingo.
de gruau,	del pane di fior di farina.
frais, tendre,	del pane fresco.
levé,	del pane francese.
rassis,	del pane raffermo.
un petit pain,	un panetto, un pan buffetto.
la pâte,	la pasta.
pâtiseries,	pasticcerie.
un pâté chaud de légumes,	un pasticcio caldo di legumi.
un petit pâté,	un pasticetto.
un vol-au-vent,	un turbandino.
de saumon,	di sermone.
de volaille,	di pollame.
à la financière,	alla finanziera.
la pension,	la pensione.
un plat,	un piatto.

poissons,	pesci.
la poissonnerie,	la pescheria.
un poisson d'eau douce,	un pesce d'acqua dolce.
un poisson de mer,	un pesce di mare.
poisson frais,	pesce fresco.
anchois (Voir à *bœuf*).	
une anguille à la tartare,	un'anguilla alla tartara.
une matelote d'anguille et de carpe,	un marinato d'anguilla e di carpione.
un barbeau,	un barbio.
un brochet,	un luccio.
une carpe,	un carpione.
une friture,	un fritto, una frittura.
un goujon,	un ghiozzo.
des goujons frits,	dei ghiozzi fritti.
un hareng sauce moutarde,	un'aringa in salsa di senape.
une limande,	un pesce lima.
un maquereau,	uno scombro, sgombero.
un maquereau à la maître d'hôtel,	uno scombro alla maître d'hôtel.
un merlan au gratin,	un asello panato.
une morue à la hollandaise,	un merluzzo all'olandese.
une perche,	un pesce persico.
une raie au beurre noir,	una razza al burro bruciato.
un rouget grillé,	una triglia sulla gratella.
des sardines (Voir à *hors-d'œuvre*).	
un saumon,	un sermone, salamone.
un saumon à l'huile et au vinaigre,	un sermone con olio ed aceto.

un saumon au gratin,	un sermone panato.
une tanche,	una tinca.
une truite à l'huile et au vinaigre,	una trota con olio ed aceto.
une sole frite,	una soglia fritta.
une sole aux fines,	una soglia con erbette.
un turbot sauce aux câpres,	un rombo in salsa di capperi.
une mayonnaise de saumon,	una maionnese di sermone.
une mayonnaise de turbot,	una maionnese di rombo.
du thon mariné (Voir *hors d'œuvre*).	
le poivre,	il pepe.
la poivrière,	la pepaiuola.
porc (Voir *hors-d'œuvre*).	
potages, soupes,	minestre, zuppe.
une soupière,	una zuppiera.
un bouillon,	un brodo.
un consommé,	un brodo ristretto, un consumè, un consumato.
un potage,	una minestra.
au vermicelle,	di vermicelli.
au riz-purée,	di sugo di riso.
au riz avec des pois,	di riso con piselli.
au riz très gras,	risotto alla Milanese.
au riz épais,	
au tapioca,	di tapioca.
à la julienne,	di erbe.
un potage aux légumes,	una minestra di erbe, una zuppa alla sante.
une purée aux croûtons,	delle croste nel sugo di piselli.

un potage au macaroni,	maccheroni al brodo.
de la soupe,	della zuppa.
grasse,	di grasso.
maigre,	di magro.
au lait,	di latte.
un pourboire,	una buona mano, una mancia, bottiglia, fumata, un caffè.
un ragoût,	un stufatino.
un restaurant,	un ristorante, una trattoria.
ris de veau (Voir *veau*).	
les rognons (Voir *mouton*).	
rôts, rôtis, (Voir *volaille, gibier*).	
salades,	insalate.
un saladier,	un' insalatiera.
du cresson,	del crescione.
une romaine,	una lattuga romana.
une salade de barbe-de-capucin,	un' insalata di barba di cappucino.
céleri,	sedano.
chicorée,	cicoria.
concombres,	cetriuoli.
laitues,	lattughe.
mâche,	valeriana domestica.
pissenlits,	macerone.
la salière,	la saliera.
le sel,	il sale.
la sauce,	la salsa.
une saucière,	un vasetto per le salse.
une serviette,	un tovagliuolo.
la soif,	la sete.
avoir soif,	aver sete, sitire.

soupe, soupière (Voir *potages*).	
le souper,	la cena.
le sucre,	lo zucchero.
sucreries,	dolci.
le sucrier,	la zuccheriera.
une tasse,	una tazza.
tête de veau (Voir *veau*).	
un thé (fort),	un tè (carico).
un thé léger, faible,	un té leggero.
une boîte à thé,	una scatola da tè.
une thière,	un vaso da tè.
truffes,	tartufi.
veau,	vitello.
une cervelle frite,	un cervello fritto.
une côtelette avec des oreilles de veau aux truffes,	una costellina alla minuta.
un foie de veau rôti,	un fegato di vitello arrostito.
un fricandeau,	un fricandò.
aux champignons,	con funghi.
au jus,	nel sugo.
aux pointes d'asperges,	con punte di sparagi.
une langue aux pois,	una lingua con piselli.
un ris de veau au jus,	un'animella di vitello con sugo.
un ris de veau à la chicorée,	un'animella di vitello con radici di cicoria.
un rôti de veau,	un arrosto di vitello.
une tête de veau à la vinaigrette,	una testa di vitello in salsa verde.
un verre,	un bicchiere.

un petit verre,	un bicchierino.
la viande,	la carne.
la viande à la sauce,	l'umido.
vin, (voir à *boissons*).	
le vinaigre,	l'aceto.
le vinaigrier,	l'ampollino dell'aceto.
volaille et oiseaux,	pollame ed uccelli.
une bécasse,	una beccaccia.
une bécassine,	un beccaccino.
une caille rôtie,	una quaglia arrostita.
une caille à la financière,	una quaglia alla finanziera.
un canard,	un'anitra maschio.
un canard sauvage,	un'anitra selvatica.
une cane,	un'anitra femmina.
un chapon au gros sel,	un cappone allesso.
une dinde truffée,	una tacchina ripiena con tartufi.
un faisan,	un fagiano.
un faisandeau,	un fagianotto.
des mauviettes en salmis,	delle lodole (ou allodole in salmi.
une oie,	un'oca.
une cuisse d'oie,	una coscia d'oca.
un oison,	un papero.
un oiseau domestique,	un uccello domestico.
un oiseau sauvage,	un uccello selvatico.
un perdreau aux truffes,	un perniciotto còn tartufi.
un filet de perdreau,	un dorso di perniciotto.
une perdrix aux choux,	una pernice con cavoli.
un pigeon rôti,	un piccione arrosto.

Guide pratique etc. 8

un pigeon ramier,	un colombo.
un pigeon aux pois,	un piccione con piselli.
un pigeon à la crapaudine,	un piccione sulla gratella.
une poule,	una gallina.
une poularde,	una pollanca.
un poulet,	un pollo, un pollastro.
un poulet à la reine,	un pollo alla regina.
un poulet à la mayonnaise,	un pollastro nella maionnese.
un poulet en salade,	un pollastro in insalata.
un quart de poulet,	un quarto di pollo.
une cuisse de poulet en papillote,	una coscia di pollastro accartocciata.
une sarcelle,	una querquedula.
volaille bouillie,	pollo allesso.
volaille rôtie,	pollo arrostito.

XV. *La maison et ses divisions; meubles de la maison; ustensiles de table, de ménage, de cuisine etc.* — *La casa e sue divisioni: mobili di casa; utensili per la tavola, di casa, attrezzi di cucina.*

un abat-jour,	una ventola, un paralume.
une alcôve,	un'alcova.
une allée,	un andito, un corridoio.
des allumettes,	dei fiammiferi, de' zolfanelli, dei cerini.
de l'amadou,	dell'esca.
une antichambre,	un'anticamera.
un appartement,	un appartamento.
de l'argenterie,	dell'argenteria.
une armoire (à glace),	un armadio (con specchio).

un arrosoir,	un innaffiatoio.
arroser,	inaffiare, irrigare.
un ascenseur hydraulique,	un ascensore idraulico.
une assiette,	un tondo.
un balai,	una scopa, granata.
un balcon,	un balcone, poggiuolo, una loggia.
un banc,	una panca.
un baquet,	una tinozza, un mastello.
un bassin,	un bacino.
une bassinoire,	uno scaldaletto.
la batterie de cuisine,	gli arnesi di cucina.
un berceau,	una culla.
une bibliothèque,	una libreria.
un billot,	un ceppo.
une boîte,	una scatola.
une boîte à thé,	una scatola da tè.
un bol,	un tazzone.
un boudoir,	un gabinetto da signora.
un bougeoir,	una bugia.
une bougie,	una candela di cera, un lume.
une bouilloire,	un ramino.
une bouteille,	una bottiglia.
une boutique,	una bottega.
un briquet,	un battifuoco, acciarino.
un bloc,	una brocca.
une broche,	uno spiedo.
un brûle-tout,	un bruciamoccoli.
un buffet (sculpté),	una credenza (intagliata).
un bureau,	uno scrittoio.
un cabaret,	un vassoio.

un cabinet,	un gabinetto.
cabinets d'aisances (Voir § *voyages*).	
un cadenas,	un bucchetto.
des cadres,	delle cornici.
une cafetière,	una caffettiera.
une cage,	una gabbia.
un calorifère,	un calorifero.
un canapé,	un canapè.
des candélabres,	dei candelabri.
un carafon,	una bottiglietta.
un carreau, une vitre,	una lastra di vetro, un vetro.
un carton à chapeau,	una cappelliera.
un casse-noisette,	un rompinocciuole.
un casse-noix,	un rompinoci.
une casserole,	una casseruola.
une cave,	una canova, cantina.
un cellier,	un tinello.
une chaîne,	una catena.
une chaise,	una sedia.
une chambre garnie,	una camera mobigliata.
une chambre à coucher,	una camera da letto, da dormire.
une chambre,	una camera, stanza.
un chandelier,	un candeliere.
une chandelle,	una candela.
une chaudière,	una caldiera.
un chaudron,	una caldaia, un paiuolo.
une chaufferette,	un caldanino.
une cheminée,	un camino.
des chenets,	dei capifuochi, degli alari.
une citerne,	una cisterna.
une clef,	una chiave.

un concierge,	un portinaio, piccolo.
la loge du concierge,	la stanza del portinaio.
un coffre,	un cofano.
un coffre-fort,	un forziere.
une commode,	un cassettone.
une console,	una mensola.
une corbeille,	una cesta, un canestro.
un corridor,	un corridoio.
une coupe,	una tazza, coppa.
un couperet,	un coltellaccio.
une cour,	un cortile.
un coussin,	un cuscino.
un couteau,	un coltello.
un couteau à découper,	un coltello da trinciare.
un couvercle,	un coperchio.
un couvert,	una posata.
une couverture,	una coperta, coltre.
un couvre-pied,	una copertina.
une crémaillère,	una catena del camino.
une croisée,	una finestra.
une cruche,	una brocca.
une cuiller,	un cucchiaio.
une cuiller à café,	un cucchiaino.
une cuiller à soupe,	un cucchiaione.
la cuisine,	la cucina.
une cuisinière,	una cuoca.
une cuisinière (ustensile),	una cuciniera, un tamburo.
une cuvette,	un bacino, catino.
le derrière,	il didietro.
le devant,	il davanti.
des draps,	delle lenzuola.
une échelle,	una scala.

un écran,	un parafuoco.
une écumoire,	una schiumarola.
un égrugeoir,	un mortaietto.
un entonnoir,	un imbuto, una pevera.
un entresol,	un mezzanino.
un escalier,	una scala.
les marches de l'escalier,	gli scalini.
la rampe de l'escalier,	il bracciuolo della scala.
escalier à droite, à gauche,	scalini a destra, a sinistra.
un essuie-main,	un asciugatoio.
un étage,	un piano.
étage au premier,	al primo piano.
le premier, le second, le troisième étage,	il primo, il secondo, il terzo piano.
une étagère,	uno scafaletto.
un éteignoir,	uno spegnitoio.
un étui à chapeau,	una cappelliera.
un évier,	un lavatoio.
l'extérieur,	l'esterno.
une façade,	una facciata.
la faïence,	la maiolica.
un fauteuil,	un seggiolone.
une fenêtre,	una finestra.
un flacon,	un fiascone.
un petit flacon,	un fiasconetto, fiaschetto.
un flambeau,	un candelabro.
les fondations,	le fondamenta.
une fontaine,	una fonte, fontana.
un four,	un forno.
un four de campagne,	un forno portatile.
une fourchette,	una forchetta.

un fourneau,	un fornello.
un fumoir,	una sala di fumare.
une galerie,	una galleria, loggia.
un garde-manger,	un guardavivande.
une glace,	uno specchio.
un grenier,	un solaio.
un gril,	una graticola.
une grille,	una grata, un cancello.
un guéridon,	un tavolino con un sol piede.
l'habitation,	l'abitazione.
un hachoir,	un tagliere.
une horloge,	un orologio.
une housse,	una copertina.
un huilier, l'huile (Voir § *repas*).	
l'intérieur,	l'interno.
les jalousies,	le gelosie.
le jardin,	l'orto, il giardino.
une lampe,	una lucerna, lampada.
une lanterne,	una lanterna.
une lardoire,	un lardatoio.
les lieux ou cabinets d'aisances (Voir § *voyages*).	
un lit,	un letto.
un lit de sangle,	un letto sulle cinghie.
un litre,	un litro.
un logement,	un alloggio.
le loyer,	la pigione.
une lumière,	un lume.
un lustre, lampadaire,	un lampadario.
la maison,	la casa.
une malle,	un baule, una valigia.
une mansarde,	una soffitta.
une marmite,	una marmitta, pentola.

un matelas,	un materasso.
les meubles en acajou, en noyer, en chêne,	i mobili di mogano, di noce, di quercia.
un miroir,	uno specchio.
le mobilier,	i mobili, le suppellettili.
les mouchettes,	lo smoccolatoio.
un moulin à café,	un mulinello.
un moutardier (Voir § *repas*).	
un mur,	un muro.
une nappe (damassée),	una tovaglia (damascata).
une nappe ouvrée,	una tovaglia operata.
l'office,	la credenza, la bottiglieria.
un oreiller,	un origliere, guanciale.
une taie d'oreiller,	una fodera d'origliere (di cuscino).
une paillasse,	un saccone, pagliericcio.
un paillasson,	uno stuoino.
un panier,	un paniere.
un paravent,	un paravento.
un passe-partout,	una chiave maestra, una chiave comune
une passoire,	un colatoio.
le pavé,	il pavimento.
une pelle,	una pala.
une pelle à feu,	una paletta da fuoco.
une pendule,	un orologio a pendolo.
le perron,	la scalea, scalinata.
une persienne,	una persiana.
un piano (en palissandre),	un fortepiano (di noce d'India).
un pilon,	un pestello.
des pincettes,	delle molle.
un placard,	un armadio.

une planche,	un'asse, una tavola.
un plat,	un piatto.
un plateau,	un vassoio.
une poêle,	una padella.
une poêle à frire,	una padella per friggere.
un poêle,	una stufa.
un poêlon,	un padellino.
une poivrière (Voir § repas).	
une pompe,	una tromba.
la porcelaine,	la porcellana.
la porte,	la porta, il portone.
la porte cochère,	il portone.
un portier,	un portinaio, piccolo.
un porte-manteau,	un cappellinaio.
un pot,	un vaso.
un pot à l'eau,	un boccale.
un pot au lait,	un vaso da latte.
un pot de fleurs,	un vaso di fiori.
un pot de chambre,	un pitale, orinale.
un prie-Dieu,	un inginocchiatoio.
un puits,	un pozzo.
une râpe,	una grattugia.
un réchaud,	uno scaldavivande.
le rez-de-chaussée,	il pianterreno.
les rideaux,	le cortine.
un rideau de lit,	una cortina da letto.
une rôtissoire,	una macchina per arrostire.
un sac,	un sacco.
un saladier (Voir § repas).	
une salière (Voir § repas, à sel).	
une salle,	una sala.
une salle de lecture,	una sala di lettura.

une salle à manger,	un tinello, una sala da pranzo, un salotto da mangiare.
un salon,	un salone, una sala da ricevimento.
une saucière (Voir § *repas*).	
un seau,	un secchio, una secchia.
un secrétaire,	uno scrittoio.
une serrure,	una serratura.
une serrure de sûreté,	una serratura di sicurezza.
un service de faïence,	un servizio di maiolica.
un service de porcelaine,	un servizio di porcellana.
une serviette,	un tovagliuolo, sciugatoio.
une serviette à liteaux bleus,	un tovagliuolo con righe turchine.
un rond de serviette,	un anello da tovagliuolo.
le seuil,	il soglio.
un siège,	una sede.
un sofa,	un sofà.
un sommier élastique,	un saccone a molle.
une sonnette,	un campanello.
une soucoupe,	una sottocoppa.
un soufflet,	un soffieto.
une soupière (Voir § *repas*, à *potages*).	
un store,	una tendina.
un sucrier (Voir § *repas*).	
une table,	una tavola.
une table de cuisine,	una tavola da cucina.
une table de nuit,	un tavolino da notte.
une table à ouvrage,	una tavola da lavoro.
une table à rallonges,	una tavola con rallunga, menti.

un tableau,	un quadro.
une tablette,	uno scaffale.
des tabliers (de cuisine),	dei grembiali (da cucina).
un tabouret,	uno sgabello.
un tamis,	uno staccio.
un tapis,	un tappeto.
une tasse,	una tazza, una chicchera.
la tenture,	gli arazzi, le tappezzerie.
une terrine,	una terrina.
une théière,	un vaso da tè.
une boîte à thé,	una scatola da tè.
un tire-bouchon,	un cavaturaccioli.
les tiroirs,	i cassettini.
une toilette,	una toeletta.
un toit,	un tetto.
un torchon,	uno strofinaccio.
une tour,	una torre.
un tournebroche,	un girarrosto, menarrosto.
une tourtière,	una tegghia da pasticci.
un traversin,	un capezzale.
ustensiles, etc. (Voir au *commencement*).	
la vaisselle,	il vasellame, le stoviglie.
une valise,	una valigia.
un vase,	un vaso.
un vase de nuit,	un pitale, un orinale.
une veilleuse,	un lampadino da notte.
du vermeil,	dell'argenteria dorata.
un verre,	un bicchiere.
un petit verre,	un bicchierino.
un verrou,	un catenaccio, chiavistello.
un verrou de sûreté,	un catenaccio di sicurezza
le vestibule,	l'atrio, il vestibolo.

un vinaigrier (Voir § *repas*).

une vitre,	un vetro, una lastra di vetro.
un volet,	un'imposta.
une voûte,	una volta.

XVI, *La ville*. — *La città*.

une abbaye,	una badia, un'abazzia.
une académie,	un'accademia.
un amphithéâtre,	un anfiteatro.
un aqueduc,	un acquedotto.
un arc (de triomphe),	un arco (trionfale).
les archives (palais),	l'archivio.
l'arsenal,	l'arsenale.
une auberge,	una locanda, un albergo.
une banque,	una banca, un banco.
la bibliothèque,	la libreria, biblioteca.
un boulevard,	uno stradone, un borgo, corso, bastione, bastion, viale.
un bourg,	un borgo,
la bourse,	la borsa.
une boutique,	una bottega.
une brasserie,	una birraria.
un cabaret,	un'osteria.
un cabinet d'histoire naturelle,	un gabinetto di storia naturale.
cabinets d'aisances, (Voir le § *voyages*).	
un café,	un caffè.
un canal,	un canale, rio, alveo, canal.

la capitale,	la capitale.
un carrefour,	una crocevia, un crocicchio.
une caserne,	una caserna.
une catacombe,	una catacomba.
la cathédrale,	la cattedrale, il duomo.
un cercle,	un circolo.
la chambre des députés,	la camera dei deputati.
une chapelle,	una capella, cappella.
un château,	un castello.
le cimetière,	il campo santo, il cimitero.
un cirque,	un circo.
la cité,	la città.
le collège,	il collegio.
la comédie,	la commedia.
le corps de garde,	il corpo di guardia.
le cours,	il corso.
un couvent,	un convento.
la douane,	la dogana.
une écluse,	una cateratta, chiusa.
une école,	una scuola.
un édifice,	un edifizio.
une église,	una chiesa.
un égout,	una fogna, chiavica.
l'escalier,	la scala.
un étage, etc. (Voir le § *maison*).	
l'extérieur,	l'esterno.
la façade,	la facciata.
le faubourg,	il sobborgo.
une fenêtre,	una finestra.
une foire,	una fiera.
les fondations,	le fondamenta.

une fontaine,	una fontana.
une forteresse,	una fortezza.
une galerie de tableaux,	una galleria di quadri, una pinacoteca.
une galerie,	una galleria, loggia.
une gare,	una stazione.
une gargote,	una bettola.
une grille,	un cancello, una grata.
une guérite,	il casotto da sentinella.
une guinguette,	un'osteriaccia.
l'habitation,	l'abitazione.
l'hospice,	l'hospizio, l'albergo dei poveri.
l'hôpital,	l'ospedale, l'ospitale.
un hôtel,	un albergo, una casa.
des hôtels,	degli alberghi, delle case.
l'hôtel de ville,	il palazzo della città, il palazzo municipale.
une impasse,	un angiporto.
l'intérieur,	l'interno.
un jardin,	un orto, un giardino.
la mairie,	il palazzo municipale ou della città.
le maire, le syndic,	il sindaco.
une maison,	una casa.
une maison d'orphelins,	un orfanotrofio.
la maison de force,	l'ergastolo.
le marché,	il mercato.
un mausolée,	un mausoleo.
les ministères (Voir le § *états*).	
une jetée, un môle,	un molo.
la monnaie,	la zecca, la moneta.
un monument,	un monumento.

un moulin,	un mulino.
les murs d'une ville,	le mura d'una città.
hors les murs,	fuori le mura.
le musée,	il museo.
l'observatoire,	la specola.
un orphelinat (Voir ci-dessus *la maison*).	
un palais,	un palazzo, una corte, loggia.
le palais royal,	il palazzo reale.
le palais de l'industrie,	il palazzo dell'industria.
le parapet,	il parapetto.
le parlement,	il parlamento.
un passage,	un passo, passagio, sotto portico (sous arcades).
le pavé,	il pavimento.
une place,	una piazza, un campo, largo.
une petite place,	campiello, piazzetta, larghetto.
une petite place sans issue,	corte.
un pont,	un ponte.
le port,	il porto.
un portique,	un portico.
les portes d'une ville,	le porte d'una città.
la poste,	la posta.
la boîte,	la buca (pluriel : *le buche*).
la préfecture,	la prefettura.
le préfet,	il prefetto.
la prison,	l'ergastolo, la prigione.
une promenade,	un passeggio, una passeggiata.
un puits,	un pozzo.

un quai (marit.),	una marina, le fondamenta, una riva, una riviera.
un quai,	una via lung, un fiume,
la questure,	la questura.
une rampe,	una calata, salita, rampe, gradone.
les remparts,	i baluardi, ripari, terrapieni.
un restaurant,	un ristorante, una trattoria.
grande route,	stradone.
une rue,	una via, calle, strada, contrada, lista, salizada (Venise), rua (Naples).
une rue de traverse,	un vico, vicoletto, sotto portico (sous des arcades).
une ruelle,	un vicolo, chiasso, una calle, stretta.
les ruines,	le rovine.
le sénat,	il senato.
la société,	la società.
la sous-préfecture,	la sotto prefettura.
le sous-préfet,	il sotto prefetto.
une statue (équestre),	una statua (equestre).
une taverne,	una taverna.
le télégraphe,	il telegrafo.
un temple,	un tempio.
une terrasse,	una terrazza.
le territoire,	il territorio.
le théâtre,	il teatro.
les thermes,	le terme, i termini.

une tour,	una torre.
un tribunal,	un tribunale, pretorio.
les trottoirs,	i marciapedi.
l'université,	l'università.
le village,	il villaggio.
la ville,	la città.
la ville libre,	la città libera.
la voûte,	la volta.

XVII. *Nombre,* *Numeri.*

un,	uno.
le premier,	il primo.
deux,	due.
la moitié,	la metà.
une couple, une paire,	un paio.
le deuxième, second,	il secondo.
le double,	il doppio.
trois,	tre.
le tiers,	il terzo.
le troisième,	il terzo.
le triple,	il triplo.
quatre,	quattro.
le quart,	il quarto.
le quatrième,	il quarto.
le quadruple,	il quadruplo.
cinq,	cinque.
le cinquième,	il quinto.
le quintuple,	il quintuplo.
six,	sei.
le sixième,	il sesto.
sept,	sette.
le septième,	il settimo.

huit,	otto.
le huitième,	l'ottavo.
neuf,	nove.
le neuvième,	il nono.
dix,	dieci.
le dixième,	il decimo.
le décuple,	il decuplo.
onze,	undici.
le onzième,	l'undecimo, il decimo primo.
douze,	dodici.
le douzième,	il decimo secondo.
une douzaine,	una dozzina.
une demi-douzaine,	una mezza dozzina.
treize,	tredici.
le treizième,	il decimo terzo.
quatorze,	quattordici.
le quatorzième,	il decimo quarto.
quinze,	quindici.
le quinzième,	il decimo quinto.
une quinzaine,	una quindicina.
seize,	sedici.
le seizième,	il decimo sesto.
dix-sept,	diciassette.
le dix-septième,	il decimo settimo.
dix-huit,	diciotto.
le dix-huitième,	il decimo ottavo.
dix-neuf,	diciannove.
le dix-neuvième,	il decimo nono.
vingt,	venti.
le vingtième,	il ventesimo, vigesimo.
vingt et un,	ventuno.
le vingt et unième,	il ventesimo primo.

vingt deux,	ventidue.
le vingt deuxième,	il ventesimo secondo.
trente,	trenta.
le trentième,	il trentesimo.
quarante,	quaranta.
le quarantième,	il quarantesimo.
cinquante,	cinquanta.
une cinquantaine,	una cinquantina.
le cinquantième,	il cinquantesimo.
soixante,	sessanta.
une soixantaine,	una sessantina.
le soixantième,	il sessantesimo.
soixante-dix,	settanta.
le soixante-dixième,	il settantesimo.
quatre-vingt,	ottanta.
le quatre-vingtième,	l'ottantesimo.
quatre-vingt-dix,	novanta.
le quatre-vingt-dixième,	il novantesimo.
cent,	cento.
le centuple,	il centuplo.
le centième,	il centesimo.
un cent, une centaine,	un centinaio.
cinq cents,	cinque cento.
mille,	mille.
un millier,	un migliaio.
le millième,	il millesimo.
deux mille,	due mila.
trois mille,	tre mila.
cinq cent mille,	cinque cento mila.
un million,	un milione.
le millionième,	il milionesimo.
un chiffre,	una cifra.
un couple (Voir *deux*).	

décimal, adj.	decimale.
le dernier,	l'ultimo.
l'avant-dernier,	il penultimo.
une fois,	una volta.
deux fois,	due volte.
dix fois,	dieci volte.
cent fois,	cento volte.
mille fois,	mille volte.
une fraction,	una frazione.
une grosse (douze douzaines),	una grossa, (dodici dozzine).
nombres.	numeri.
— cardinaux,	— cardinali.
— collectifs,	— collettivi.
— multiples,	— moltiplicatoi.
— ordinaux,	— ordinali.
— fractionnaires,	— frazionarii.
un numéro,	un numero.
une paire, (Voir *deux*),	Voir *deux*).
une quantité,	una quantità.
simple,	semplice.
une unité,	un'unità.
un zéro,	uno zero.

XVIII. *Religion, cultes, fêtes. Dignités ecclésiastiques* (1). *Clergé régulier, séculier.*   *Religione, culti, feste. Dignità ecclesiastiche. Clero regolare, secolare.*

une abbaye,	una badia, un'abbazia.
un abbé,	un abbate.

(1). Voir le paragr. *Etats, Sciences et Arts* (et particulièrement le mot *Peinture*), et les autres paragr. pour les termes généraux.

une abbesse,	una badessa.
l'abside,	l'abside.
l'absolution sacramentelle,	l'assoluzione sacramentale.
l'ambon,	l'ambone.
un ange,	un angelo.
un archange,	un archangelo.
un apôtre,	un apostolo.
une apparition,	un'apparizione.
un archevêque,	un arcivescovo.
un archevêché,	un arcivescovato (do).
l'atrium,	l'atrio.
un autel,	un altare.
le maître, le grand autel,	l'altare maggiore.
un balcon,	una loggia, un balcone.
un baldaquin,	un baldacchino.
un banc,	una panca.
un baptistère,	un battistero.
le baptême,	il battesimo.
une basilique,	una basilica.
un bas-relief,	un basso-rilievo.
un bedeau,	un bidello.
bénit, e,	benedetto, a.
une bougie,	un lume, una candela di cera.
un bref,	un breve.
une bulle,	una bolla.
un camérier,	un cameriere.
un campanile,	un campanile.
un candélabre,	un candelabro.
un capucin,	un cappucino.
un cardinal,	un cardinale.
le cardinalat,	il cardinalato.

cas réservé,	caso riservato.
catacombe,	catacomba.
le catéchisme,	il catechismo.
le célébrant,	il celebrante.
une cathédrale,	una cattedrale, un duomo.
un catholique,	un cattolico (pl. *cattolici*).
une cellule,	una cella.
la chaire,	il pulpito.
une chaise,	una sedia.
la chaise à porteurs,	la sedia gestatoria.
une chaisière ou loueuse de chaises,	un'allogatrice di sedie.
la chancellerie,	la cancelleria.
un chancelier,	un cancelliere.
un chandelier,	un candeliere.
un chanoine,	un canonico.
un chanoine pénitencier,	un canonico penitenziere.
une chanoinesse,	una canonichessa.
un canonicat,	un canonicato.
un chantre,	un cantore.
le chant,	il canto.
chanter,	cantare.
un chapelain,	un capellano, cappellano.
une chapelle,	una capella, cappella.
la chapelle papale,	la capella papale.
les chapelets,	le corone.
un chapelet,	una corona.
les chapitaux,	i capitelli.
la charité,	la carità.
une charité, une aumône,	un'elemosina.
le chœur,	il choro.
le Christ,	il Cristo.

le ciel,	il cielo.
un cierge,	un cero (diminutif *cerino*).
un cimetière,	un campo santo, un cimitero.
la cire,	la cera.
un clerc,	un chierico.
le clocher,	il campanile.
les cloches,	le campane.
un cloître,	un chiostro.
une colonnade,	una colonnata.
une colonne,	una colonna.
la communion,	la comunione.
un confesseur (français),	un confessore (francese).
la confession,	la confessione.
aller à confesse,	confessarsi.
le confessionnal,	il confessionario.
une confrérie,	una confraternità.
une consécration,	una consecrazione.
une coupole,	una cupola.
la cour de Rome,	la corte di Roma.
un couvent,	un convento.
la crèche,	il presepio.
une croisée, fenêtre,	una finestra.
la croix,	la croce.
un crucifix,	un crocifisso.
crypte,	catacomba.
un curé,	un curato, parroco.
un presbytère,	un presbitero.
une cure, paroisse,	una cura, parrocchia.
le diable,	il diavolo.
un diacre,	un diacono.
le diaconat,	il diaconato.
Dieu,	Dio, Iddio.

commandements,	comandamenti.
un dignitaire,	un dignitario.
un dogme,	un dogma, (plur. *dogmi*)
un dôme,	un duomo.
un donneur d'eau bénite,	un porgitore d'acqua santa.
un doyen,	un decano.
un décanat,	un decanato.
l'eau bénite,	l'acqua santa.
un ecclésiastique,	un ecclesiastico.
l'Ecriture, la Bible,	la Scrittura, la Bibbia.
l'Eglise,	la Chiesa.
doctrine de l'Eglise,	dottrina della Chiesa.
une église,	una chiesa.
les églises,	le chiese.
l'encens,	l'incenso.
l'encensoir,	il turibolo, incensiere.
encyclique,	l'enciclica.
l'enfant de chœur,	un corista, un chierichetto.
l'enfer,	l'inferno.
l'épître,	l'epistola.
un ermite,	un eremita.
l'erreur,	l'errore.
le Saint-Esprit,	lo Spirito Santo.
l'espérance,	la speranza.
l'évangile,	l'evangelio.
un évêque,	un vescovo.
un diocèse,	una diocesi.
un évêché,	un vescovato.
l'extase,	l'estasi.
la fabrique,	la fabbrica.
un fabricien,	un fabbriciere.
la façade de l'église,	la facciata della chiesa.

un fidèle,	un fedele.
un infidèle,	un infedele.
un flambeau,	un candelabro.
la foi,	la fede.
articles de foi,	articoli della fede.
les fondations,	le fondamenta.
un frère (religieux),	un frate (1), fratello.
un frère mineur, conventuel, observant,	un fratre minore, conventuale, osservante.
fresques,	affreschi.
la grâce,	la grazia.
une grille,	un cancello, una grata.
la hiérarchie,	la gerarchia.
l'hostie,	l'ostia.
les images sacrées,	le immagini sacre.
l'indulgence plénière,	l'indulgenza plenaria.
Jésus-Christ,	Gesù-Cristo.
le jubé,	l'ambone.
le jubilé,	il giubileo.
une lampe,	una lucerna, lampada.
un légat,	un legato.
une lumière,	un lume.
un lustre, lampadaire,	un lampadario.
la Madone,	la Madonna.
un marguillier,	un fabbriciere.
un martyr,	un martire.
le martyre,	il martirio.
un mausolée,	un mausoleo.
une médaille,	una medaglia.
les médailles,	le medaglie.
la messe,	la messa.
prières durant la messe,	preghiere durante la messa

(1) *Fra*, en abrégé; *Fra Angelico*, Frère Angelico.

un ministre protestant,	un ministro protestante.
miracles,	miracoli.
un missionnaire,	un missionario.
une mission,	una missione.
un moine,	un monaco, frate, fratello.
la clôture,	la clausura.
un monastère,	un monastero.
mois de Marie,	mese di Maria.
mosaïque,	mosaico.
un mystère,	un mistero.
la nef,	la nave.
une neuvaine,	una novena.
une niche,	una nicchia.
un nonce,	un nunzio (apostolico).
un internonce,	un internunzio.
la nonciature,	la nunziatura.
une nonne,	una monaca, suora.
Notre-Dame (de Lourdes),	Nostra-Signora di Lourdes.
objets de piété,	oggetti di pietà.
œuvres (bonnes),	opere (buone).
un officiant,	un officiante, un celebrante.
officier,	uffiziare.
l'office,	l'offizio, uffizio.
l'oraison (dominicale),	l'orazione (dominicale).
un oratoire,	un oratorio.
un organiste,	un organista.
un orgue,	un organo.
un tuyau d'orgue,	una canna d'organo.
orthodoxe,	ortodosso.
les païens,	i pagani.
un panégyrique,	un panegirico.

le Pape,	il papa (pluriel papi).
l'infaillibilité,	l'infallibilità.
la papauté,	il papato.
le saint-Siège,	la santa Sede,
papal,	papale.
la Cour pontificale,	la Corte ponteficia.
le Souverain pontife,	il Sommo pontefice.
Sa Sainteté,	Sua Santità.
le Saint-Père,	il Santo Padre.
une paroisse,	una parrocchia.
un patriarche,	un patriarca.
les pauvres,	i poveri.
le pavé,	il pavimento.
le péché,	il peccato.
un pécheur,	un peccatore.
une pécheresse,	una peccatrice.
un pénitent,	un penitente.
un pèlerin,	un pellegrino.
un père (gardien),	un padre (guardiano).
la perfection,	la perfezione.
la piété,	la pietà.
la dévotion,	la divozione.
les piliers,	le colonne.
un pilier,	una colonna.
le Souverain Pontife,	(Voir *Pape*).
le porche,	l'atrio, il atrio.
le portail,	il portico.
un portique,	un portico.
une porte,	una porta.
un portrait,	un ritratto.
une prêche,	una predica.
un prédicateur,	un predicatore.
la prédication,	la predicazione.

un prélat,	un prelato.
un prêtre,	un prete, sacerdote.
le presbytère,	il presbitero.
la prière,	la preghiera.
un prieur,	un priore.
une prieure,	una priora.
un prieuré,	un priorato.
un primat,	un primate.
une procession,	una processione.
un prône,	una predica.
les protestants (luthériens),	i protestanti (luterani).
les psaumes,	i salmi.
le purgatoire,	il purgatorio.
un rabbin,	un rabbino.
la réforme,	la riforma.
un religieux,	un religioso.
une religieuse,	una religiosa.
la religion,	la religione.
la rémission des péchés,	la remissione dei peccati, (delle colpe).
le rosaire,	il rosario.
un sacrement,	un sacramento.
un sacrifice,	un sacrifizio.
un sacrificateur,	un sacrificatore.
sacré,	sacro.
un sacristain,	un sagrestano.
une sacristie,	una sacristia.
un saint, une sainte,	un santo, una santa.
le sanctuaire,	il santuario.
un scapulaire,	uno scapulario.
un séminaire,	un seminario.
un sépulcre,	un sepolcro.

une sermon,	un sermone, una predica.
une sœur (religieuse),	una suora, una sorella (religiosa).
un sonneur,	un campanaro.
un sous-diacre,	un suddiacono.
le sous-diaconat,	il suddiaconato.
spirituel (examen),	spirituale (esame).
une statue,	una statua.
les stigmates,	le stimmate.
un suisse,	uno svizzero, un guardaportone.
un supérieur,	un superiore.
une supérieure,	una superiora.
la superstition,	la superstizione.
le syllabus,	il sillabo.
le symbole,	il simbolo.
une synagogue,	una sinagoga.
un synode; un concile,	un sinodo, un concilio.
table (sainte),	tavola (santa), balaustra.
l'eucharistie,	l'eucaristia.
les tableaux,	i quadri.
un tableau,	un quadro.
un temple,	un tempio.
temporel (le pouvoir),	(il dominio) temporale.
tertiaire,	terziario.
testament (ancien, nouveau),	testamento (vecchio, nuovo).
un théologien,	un teologo.
la théologie,	la teologia.
un tombeau,	una tomba, un sepolcro.
une tour,	una torre.
le transept,	la crociata.
la translation,	la traslazione.

le trésor,	il tesoro.
troupeau du bon Pasteur,	gregge del buon pastore.
le Vatican,	il Vaticano.
vêpres,	vespri.
la vérité chrétienne,	la verità cristiana.
le vestibule,	l'atrio, il vestibolo.
un vicaire,	un vicario.
un grand vicaire,	un grande vicario
un vicaire général,	un vicario generale.
un vicariat,	un vicariato.
une victime,	una vittima.
la vie éternelle,	la vita eterna.
la sainte Vierge,	la Madonna, la santa Vergine.
une vision,	una visione.
la Vulgate,	la Volgata.
une voûte,	una volta.

Fêtes,   *Feste.*

Noël,	il Natale.
le jour de l'an,	il capo d'anno.
l'Epiphanie,	l'Epifania.
le carême,	la quaresima.
les rameaux,	la domenica delle palme.
la semaine sainte,	la settimana santa.
le vendredi saint,	il venerdi santo.
Pâques,	Pasqua.
le précepte pascal,	il precetto pasquale.
le lundi de Pâques,	il lunedi di Pasqua.
l'Ascension,	l'Ascensione.
la Pentecôte,	la Pentecoste.

la Fête-Dieu,	il Corpus Domini.
l'Assomption,	l'Assunta.
la Toussaint,	il giorno d'ognissanti.
l'Immaculée conception,	l'Immacolata concezione.
un anniversaire,	un anniversario.
la fête (d'une personne),	il giorno onomastico.
un jour ouvrable, de travail,	un giorno di lavoro.
un jour férié,	un giorno feriale.
le dimanche,	la domenica.
dimanche excepté,	eccetto la domenica.

XIX. *Voyages*, *Viaggi*.

agence,	agenzia.
amende,	multa.
l'arrivée,	l'arrivo.
les bagages (Voir *malle*). valise, etc,	i bagagli, le valigie.
les bateaux (Voir *le Seau*)	
un bulletin,	un bollettino.
une caisse,	una cassa.
un carton à chapeau,	una cappelliera.
chemins de fer,	vie ferrate, strade ferrate.
les aiguilles,	le leve di baratto.
un billet,	un biglietto.
un buffet,	una trattoria, una sala da refezione.
un bulletin (de bagages, de consigne),	una polizza.
le bureau,	l'uffizio, l'ufficio.

les cabinets d'aisances,	i cessi, i luoghi comodi; il cesso, il luogo comodo.
la retraite,	la ritirata, le ritirate.
pour hommes,	per uomini.
pour dames,	per donne.
le cantonnier,	lo stradaiuolo, lo stradino.
le chantier,	il cantiere.
le chemin de fer,	la ferrovia, la strada ferrata.
la consigne,	la consegna.
le débarcadère,	la stazione.
l'embarcadère,	l'imbarcadore.
le facteur,	il bagagliere.
le fourgon,	il forgone.
les fumeurs,	i fumatori.
défense de fumer,	vietato fumare.
la gare,	la stazione, la galleria.
une gare d'évitement,	una ruotaia di baratto.
un chef de gare,	un capo stazione
l'ingénieur,	l'ingegnere.
le livret, l'horaire,	l'orario.
la machine,	la macchina.
machine fixe,	macchina fissa, stabile.
la locomotive,	la locomotiva.
le remorqueur,	il rimorchiatore.
le chauffeur,	lo scaldatore, il fochista.
le mécanicien,	il meccanico.
la bielle,	la stanga di ferro.
la chaudière,	la caldaia.
les coussinets,	i cuscinetti.
les cylindres à vapeur,	i cilindri a vapore.
le lacet,	il moto oscillatorio dei vagoni.

le foyer,	il fornello.
le piston,	lo stantuffo.
la soupape,	la valvola.
les plaques tournantes,	le piatteforme giranti.
un pont,	un ponte.
un pont tubulaire,	un ponte tubulare.
la portière,	lo sportello.
les rails,	le ruotaie, le guide.
la salle d'attente,	la sala dei viaggiatori, la sala d'aspetto.
le service d'été,	il servizio d'estate.
le service d'hiver,	il servizio d'inverno.
le service des trains,	l'orario dei treni.
la station,	la stazione, la fermata.
destinations,	destinazione.
stations principales,	stazioni principali.
un train, un convoi,	un treno, convoglio.
un train direct,	un treno diretto.
un train express,	un treno direttissimo.
un train de marchandise,	un treno di mercanzie.
un train omnibus,	un treno omnibus.
un train spécial,	un treno speciale.
un train à grande vitesse	un treno a gran velocità.
un train à petite vitesse,	un treno a piccola velocità.
omnibus à tous les trains,	omnibus a tutti i treni.
un tunnel,	un tunnel, una galleria sotterranea.
un viaduc,	un viadotto.
la voie,	la strada, la via, il binario.

Guide pratique etc.

une double voie,	la via a doppia ruotaia.
par toute voie,	per qualunque via.
un wagon,	un vagone.
un wagon découvert,	un vagone scoperto.
compartiments séparés,	compartimenti separati.
fumeurs,	fumatori.
wagon-lit,	vagone-letto, vettura a letto.

Voir *voitures* pour les détails.

cheval (Voir *voitures*).	
la classe,	la classe.
1°, 2°, 3° classe.	prima, seconda, terza classe.
cocher (Voir *Voitures*).	
un coffre,	un cofano.
un colis,	un collo.
le départ,	la partenza.
le destinaire,	il destinatario.
expédition,	spedizione.
expéditeur,	mittente.
fiacre (Voir *voitures*).	
la frontière,	il confine.
fumer,	fumare.
défense de fumer,	vietato fumare.
informations,	informazioni.
une malle,	un baule, una valigia.
la malle-poste,	la carrozza che porta le lettere.
marchandises et messagerie,	merci e pacchi.
omnibus (Voir *voitures*).	
partir (pour)	partire (per).
le passeport,	il passaporto.

une place,	un posto.
10 places,	dieci posti.
un portemanteau,	un portamantello.
postes et télégraphes,	poste e telegrafi.
le bureau de poste,	l'uffizio della posta.
la boîte,	la buca.
lettre poste restante,	lettera ferma in posta.
imprimés,	stampati.
timbres-poste,	francobolli.
colis postal,	pacco postale.
le télégraphe,	il telegrafo.
la télégraphie,	la telegrafia.
des chevaux de poste (Voir à *voitures*).	
prix réduits,	prezzi ridotti.
renseignements,	informazioni.
un sac de voyage,	un sacco da viaggio.
une besace,	una bisaccia.
le transit,	il transito.
moyens de transport,	mezzi di trasporto.
le va-et-vient,	il va e vieni.
une valise,	una valigia.
une voiture,	una vettura.
une berline,	una berlina.
un cabriolet,	un biroccino, calessino, un sterzo, una carrozzella.
un calèche,	un calesso.
un chariot,	un carro.
une charrette,	una carretta.
un cheval,	un cavallo.
des chevaux de poste,	dei cavalli da posta.
des chevaux de selle,	dei cavalli da sella.
des chevaux de relais, de rechange,	dei cavalli di ricambio.

le cheval de main,	un cavallo a mano.
le cheval de trait,	un cavallo da tiro.
le bât,	il basto.
la bride,	la briglia.
la cravache,	il frustino.
les étriers,	le staffe.
le fouet,	la frusta.
le galop,	il galoppo.
les guides,	le guide.
payer les guides,	pagare le guide.
la gourmette,	il barbazzale.
les harnais,	i fornimenti.
le licou,	la cavezza.
le mors, le frein,	il morso, freno.
le pas,	il passo.
le porteur,	il cavallo del postiglione.
les rênes,	le redini.
une rosse,	una rozza.
les sangles,	le cinghie.
la selle,	la sella.
le trot,	il trotto.
le cocher,	il cocchiere.
le cocher de fiacre,	il cocchiere, vetturino.
le cocher de louage,	il vetturino.
le siège du cocher,	il serpe, la cassetta.
un conducteur,	un conduttore.
un coupé,	un carrozzino.
le courrier,	il corriere.
une diligence,	una diligenza.
un fiacre (Voir *cocher*).	un legno d'affitto, una carrozza d'affitto, una vettura di piazza.
un fourgon,	un forgone, carrettone.

un omnibus,	un omnibus,
à tous les trains	(Voir *chemins de fer*).
un postillon,	un postiglione.
un tramway,	un tramway.
une voiture	una vettura.
une voiture de remise,	una v. di rimessa.
le voiturin (Voir *cocher*	il vetturino).
le devant,	il seggio d'avanti.
le derrière,	il seggio di dietro.
l'essieu,	la sala, l'asse.
les glaces,	i cristalli
l'impériale,	l'imperiale.
le marchepied,	il marciapiede
la portière,	lo sportello.
les ressorts,	le molle.
les roues,	le ruote.
la soupente,	i cignoni.
les stores,	le tendine.
le timon,	il timone.
une lettre de voiture,	una lettera di porto, di condotta.
voyage circulaire,	viaggio circolare.
un voyageur,	un viaggiatore.
des voyageurs,	dei viaggiatori.

XX. *Noms divers (Pays)*, *Nomi diversi (Paesi)*.

l'Afrique,	l'Africa,
Africain, e,	Africano, a.
Alexandrie,	Alessandria.
l'Allemagne,	la Germania.
Allemand, e,	Tedesco, a.

les Alpes,	le Alpi.
l'Alsace,	l'Alsazia.
Alsacien, enne,	Alsaziese.
l'Amérique,	l'America.
Américain, e,	Americano, a.
Ancône,	Ancona.
l'Angleterre,	l'Inghilterra.
Anglais, e,	Inglese,
Apennin,	l'Apennino.
l'Asie,	l'Asia.
Asiatique,	Asiatico, a.
Assise,	Assisi.
l'Autriche,	l'Austria.
Autrichien, enne,	Austriaco, a.
Bâle,	Basilea.
la Belgique,	il Belgio.
un Belge,	un Belgio.
Belge	Belgico.
Bellevue,	Bellavista.
Bologne,	Bologna.
Bolognais,	Bolognese.
Bordeaux,	Bordò.
Bourgogne,	Borgogna.
Bourguignon,	Borgognone.
la Grande-Bretagne,	la (Gran) Brettagna.
Breton, onne,	Bretone.
Bruxelles,	Brusselles.
Le Capitole.	il Campidoglio.
la Champagne,	la Sciampagna.
Chaumont,	Chiomonte.
Coire,	Coira.
le Colisée,	il Colosseo.
Côme,	Como.

Coni,	Cuneo.
Constance	Costanza.
l'Ecosse,	la Scozia.
Ecossais, e	Scozzese.
Esclavon, onne,	Schiavone.
l'Espagne,	la Spagna.
Espagnol, e,	Spagnuolo, a.
Les Etats de l'Eglise,	gli Stati della Chiesa.
les Etats-Unis,	gli Stati Uniti.
l'Europe,	l'Europa.
Européen, enne,	Europeo, a.
la Flandre,	la Fiandra.
Flamand, e,	Fiammingo, a.
Florence,	Firenze.
Florentin,	Fiorentino, a.
Vous êtes Florentins,	Voi siete Fiorentini.
Forum,	Foro.
France (la),	Francia (la).
Français,	Francese.
je suis Français,	io sono Francese.
Fribourg,	Friburgo.
Gênes,	Genova.
Genève,	Ginevra.
la Grèce,	la Grecia.
Grec, Grecque,	Greco, a.
Nous sommes Grecs,	noi siamo Greci.
les Hébreux,	Ebrei.
la Hollande,	l'Olanda.
Hollandaise,	Olandese.
tu es Hollandaise,	tu sei Olandese.
la Hongrie,	Ungheria.
Hongrois, e,	Ungarese.
l'Irlande,	l'Irlanda.

Irlandais, e,	Irlandese.
l'Italie,	l'Italia.
Italien, enne,	Italiano, a.
Jérusalem,	Gerusalemme.
le Levant,	il Levante.
Livourne,	Livorno.
Lombardie (la),	la Lombardia.
Lombard, e,	Lombardo, a.
elles sont Lombardes,	elleno sono Lombarde.
Londres,	Londra.
Lorette,	Loreto.
Louvain,	Lovanio.
Lucques,	Lucca.
Lucquois,	Lucchese.
Lyon,	Lione.
Mantoue,	Mantova,
Marseille,	Marsiglia.
Milan,	Milano.
Milanais, e,	Milanese.
Modane,	Modana.
Naples,	Napoli.
le Royaume de Naples,	il regno di Napoli.
Napolitain, e,	Napoletano, a.
Nice,	Nizza.
Padoue,	Padova.
Paris,	Parigi.
Pavie,	Pavia.
Pérouse,	Perugia.
le Piémont	il Piemonte.
Piémontais, e,	Piemontese.
Pignerol,	Pinerolo.
Pise,	Pisa.
Pisan,	Pisano.

Plaisance,	Piacenza.
la Pologne,	la Polonia.
Polonais, e,	Polacco, a.
les Polonais,	Polacchi, le Polacche.
le Portugal,	il Portogallo.
Portugais, e,	Portoghese.
la Pouille,	la Puglia.
la Provence,	la Provenza.
la Prusse,	la Prussia.
Prussien, enne,	Prussiano, a.
il est Prussien,	egli è Prussiano.
Rome,	Roma.
Romain, e,	Romano, a.
ils sont Romains,	eglino sono Romani.
la Russie,	la Russia.
Russe,	Russo, a.
elle est Russe,	ella è Russa.
Saluces,	Saluzzo.
la Sardaigne,	la Sardegna.
Sarde,	Sardo, a,
la Savoie,	la Savoia.
Savoisien, enne,	Savoino, a.
Savoyard, e,	Savoiardo, a.
la Suisse,	la Svizzera.
Suisse, Suissesse,	Svizzero, a.
le Tibre,	il Tevere.
Toscane,	la Toscana.
Toscan,	Toscano, a.
Transtevère,	il Transtevere.
Trente,	Trento.
Turin,	Torino.
Turinais, e,	Torinese.
Turquie,	la Turchia.

Turc, Turque,	Turco, a.
Tyrol,	il Tirolo.
Tyrolien, enne,	Tirolese.
le Valais,	il Valese.
Valaisan, e	Valesano.
le Vatican,	il Vaticano.
Venise,	Venezia.
le Vésuve,	il Vesuvio.
Vienne,	Vienna.
Vintimille,	Ventimiglia.

XXI. *Noms divers, hommes et femmes.* — *Nomi diversi, uomi e donne.*

Adolphe,	Adolfo.
Adrien,	Adriano.
Agathe,	Agata.
Agnès,	Agnese.
Alexandre,	Alessandro.
Alexis,	Alessio.
Ambroise,	Ambrogio.
André,	Andrea.
Ange,	Angelo.
Antoine,	Antonio.
Antonin le Pieux,	Antonino Pio.
Apôtres (les),	gli apostoli.
Arnaud,	Arnaldo.
Athanase,	Atanasio.
Augustin,	Agostino.
un augustin,	un agostiniano.
Baptiste,	Battista.
Barthélemy,	Bartolomeo.

Benoît,	Benedetto.
Bernard,	Bernardo.
Bourbon,	Borbon.
Caïus,	Caio.
Catherine,	Caterina.
Cérès,	Cerere.
Charles,	Carlo.
Charlotte,	Carlotta.
Claire,	Chiara.
Clément,	Clemente.
Constant,	Costanzo.
Constantin,	Costantino.
Cosme,	Cosma.
Crépin,	Crispino.
Croix,	Croce.
Cyprien,	Cipriano.
Denis,	Dionigi.
Dieu,	Dio, Iddio.
Dioclétien,	Diocleziano.
Dominique,	Domenico.
un dominicain, e,	un domenicano.
Emmanuel,	Emanuele.
Esprit,	Spirito.
Etienne,	Stefano.
Eusébe,	Eusebio.
Félix,	Felice.
Flavius,	Flavio.
François,	Francesco.
un franciscain,	un francescano.
Françoise,	Francesca.
Frédéric,	Federico.
Gabriel,	Gabriele.
Georges,	Giorgio.

Grégoire,	Gregorio.
Henri,	Enrico.
Humbert,	Umberto.
Hyacinthe,	Giacinto.
Ignace,	Ignazio.
Innocent,	Innocenzo.
Jacques,	Giacomo, Jacopo.
Janus,	Giano.
Janvier,	Gennaro.
Jeanne,	Giovanna.
Jean,	Giovanni.
Jean-Baptiste,	Giovanni Battista. Giambattista.
Jérôme,	Girolamo.
Jésus-Christ,	Gesù-Cristo.
un jésuite,	un gesuita, (pl. gesuiti).
Joseph,	Giuseppe.
Jules,	Giulio.
Julie,	Giulia.
Julien,	Giuliano.
Jupiter,	Giove.
Justine,	Giustina.
Justinien,	Giustiniano.
Laurent,	Lorenzo.
Lazare,	Lazzaro.
Léon,	Leone
Louis, Ludovic,	Luigi, Lodovico.
Luc,	Luca.
Madeleine,	Maddalena.
Marc (Aurèle),	Marco (Aurelio).
Marcel,	Marcello.
Marguerite,	Margherita.
Marie,	Maria.

Mars,	Marte.
Martin,	Martino.
Maurice,	Maurizio.
Maxime,	Massimo.
Maximilien,	Massimiliano.
Michel,	Michele.
Moïse,	Mosè.
Néron,	Nerone.
Nicolas,	Nicola, Nicolò.
Octave, Octavie,	Ottavio, Ottavia.
Onuphre,	Onofrio.
Ovide,	Ovidio.
Pancrace,	Pancrazio.
Paul,	Paolo.
Paule,	Paola.
Pauline,	Paolina.
Philippe,	Filippo.
Pie,	Pio.
Pierre,	Pietro.
Praxède,	Prassede.
Prisque,	Prisca.
Pudentienne,	Pudenziana.
Raphaël,	Raffaello, Raffaelle
Rédempteur (le),	il Redentore.
Renaud,	Rinaldo.
Roch,	Rocco.
Romain,	Romano.
Romulus,	Romolo.
Sauveur (le),	Salvatore (il).
Sébastien,	Sebastiano.
Septime,	Settimo.
Silvestre,	Silvestro.
Sixte.	Sisto.

Sixtine,	Sistina.
Susanne,	Susanna.
Théodore,	Teodoro.
Thérèse,	Teresa.
Thomas,	Tommaso.
Titus,	Tito.
Trajan,	Traiano.
Trinité,	Trinità.
Urbain,	Urbano.
Vénus,	Venere.
Victor,	Vittorio, Vittore.
Vincent,	Vincenzo.
Vital,	Vitale.
Zacharie,	Zaccaria.

CHAPITRE VI.

Phrases usuelles et conversation. (Frasi usuali e conversazione).

I.

VOYAGES. *En chemin de fer. — En diligence. — Route de terre. — Pour s'embarquer sur mer* (1).

VIAGGI. *Nella strada ferrata. — In diligenza. — Via rotabile. — Per imbarcarsi sul mare.*

1. — Des billets pour voyages circulaires à prix réduits pour l'Italie sont délivrés aux stations de Paris et de.... du 1ᵉʳ.... au 31...

1. — Biglietti per viaggi circolari a prezzi ridotti per l'Italia sono dotti per l'Italia sono in vendita nelle stazioni di Parigi e.., dal 1º... al 31...

(1) Voir en particulier le paragraphe XVIII, *Voyage* (chapitre V).

Ces billets sont valables pendant 60 jours et donnent la faculté de s'arrêter à toutes les gares.	Questi biglietti sono valevoli per 60 giorni e si possono fare fermate facoltative in tutte le stazioni.
Dans les plus petits villages, on trouvera des hôtels à des prix modérés, tout compris.	Nei più piccoli centri trovansi eccellenti alberghi a prezzi alquanto miti, tutto compreso.
La liste complète des billets circulaires, des tarifs en vigueur est contenue dans le programme, l'indicateur officiel.	La lista completa de biglietti circolari, delle tariffe in vigore, è contenuta nel programma, l'indicatore officiale.
Timbre (humide) français.	Bollo (ad umido) francese.
Paniers à provisions avec viande chaude ou froide aux buffets dans les gares suivantes...	Canestri con cibo, contenenti carne calda o fredda ai ristoranti nelle seguenti stazioni.
Le billet doit être représenté à toutes les réquisitions des contrôleurs.	Il biglietto deve presentarsi ad ogni richiesta dei controllori.
Enregistrement des bagages de Paris jusqu'à Turin.	Registrazione dei bagagli da Parigi a Torino.
Compartiments séparés pour dames et pour fumeurs.	Compartimenti separati per signore e per fumatori.
Wagons-restaurants, dans lesquels un excellent dîner est servi au prix de...	Vagoni-ristoranti, in cui si danno eccellenti pranzi al prezzo di...

La compagnie..., sur demande, envoie ses omnibus chercher les voyageurs à leur arrivée.	La compagnia..., dietro domanda, manda i suoi omnibus a prendere i viaggiatori al loro arrivo.
Enfants au-dessous de 3 ans gratis; de 3 à 12 ans, demi-place.	Ragazzi di età inferiore ai 3 anni gratuitamente; di età compresa fra 12 anni, metà prezzo.
Services marchandises et messagerie, à grande et petite vitesse, par trains directs entre.... et..	Servizi merci e pacchi, a grande e piccola velocità, con treni diretti fra.. et...
Billets et renseignements dans les gares et agences ci-dessous...	Biglietti ed informazioni presso le stazioni ed agenzie succitate...
Omnibus à tous les trains.	Omnibus a tutte i treni.
On parle italien.	Si parla italiano.
2. — Trois billets de première, deuxième, troisième classe pour..., s'il vous plait?	2. — Tre biglietti di prima, seconda, terza classe per..., se le piace.
Combien a-t-on de bagages libres? — Vos bagages sont-ils prêts?	Qual peso è permesso di portare? — sono pronti i vostri bagagli?
Où est la salle d'attente?	Dov'è la sala d'aspetto?
Vous avez sans doute fait enregistrer vos bagages? — Oui. Voici le bulletin qu'on m'en a délivré.	Avrete senza dubbio fatto registrare i vostri bagagli? — Si. Ecco la polizza che mi venne rilasciata.

Tenez votre billet tout prêt.	Tenete pronto il vostro biglietto.
La distrbution des billets cesse cinq minutes avant l'heure du départ.	L'uffizio dei biglietti si chiude cinque minuti prima della partenza.
Les bagages présentés trop tard sont remis au départ suivant et taxés comme messagerie.	I bagagli presentati troppo tardi sono spediti col treno susseguente e tassati come articolo di messaggeria.
Eh bien, je les garderai avec moi.	Ebbene, li porterò con me.
J'ai pris mon billet d'avance.	Ho già preso il mio biglietto.
Vous avez très bien fait.	Avete fatto benissimo.
A quelle heure part le train? A 8 heures.	A che ora partirà il treno? Alle otto.
Messieurs les voyageurs, en voiture.	Signori viaggiatori, presto in vettura.
Allons, vite, montons; nous allons partir.	Orsù, presto, montiamo; siamo sulle mosse.
Voilà le sifflet du départ.	Ecco il fischio della partenza.
Que ce train est long! Quelle vitesse!	Com'è lungo questo treno! Qual velocità!
Savez-vous si le convoi s'arrête à …? — Oui. Non. — Le livret indique qu'il passe sans s'arrêter.	Sapete se il treno si ferma a..? — Si. No. — L'itinerario (l'orario) dice che passa senza arrestarsi.
On change de voiture.	Si cambia di vettura.
Tâchons d'avoir une	Facciamo in modo d'a-

place près de la portière.	vere un posto presso lo sportello.
Nous avons déjà fait 500 kilomètres?	Abbiamo già percorso cinquecento chilometri.
Nous allons bien lentement.	Andiamo molto adagio.
Ne mettez pas la tête hors de la portière.	Non mettete la testa fuori dello sportello.
Oh! le beau viaduc, le long tunnel que nous allons traverser!	Oh il bel viadotto, il lungo tonnello (la lunga galleria sotterranea) che stiamo per attraversare!
Comment s'appelle cette station?	Come si chiama questa stazione?
C'est la station de ..... Merci.	È la stazione di... Grazie.
A quelle heure s'arrête-t-on pour déjeuner?	Quando ci fermiamo per far colazione?
Nous serons au buffet dans une demi-heure.	Fra mezz'ora saremo alla trattoria.
Le cantonnier fait des signaux et le train s'arrête.	Il cantoniere (stradino) fa dei segni, ed il treno si ferma.
Combien de temps s'arrête-t-on?	Quanto tempo ci fermiamo?
Un bon quart d'heure; dix minutes.	Un buon quarto d'ora; dieci minuti.
Nous voici arrivés. Ce n'est pas malheureux.	Eccoci arrivati. Tanto meglio.
Ouvrant la portière.	Aprendo lo sportello.
Descendez, Messieurs, vous avez un quart d'heure.	Scendano, Signori, hanno un quarto d'ora di tempo.

Où est le buffet? – L'escalier à droite, à gauche la porte en face (1).	Dov'è la sala da refezione, la trattoria? — La scala a destra, a sinistra l'uscio dirimpetto.
Il est défendu de fumer dans les voitures et dans les gares.	È proibito il fumare nei vagoni e negli scali (nelle gallerie delle stazioni).
Ce voyage est-il long? — Pas trop.	È molto lungo questo viaggio? — Non tanto.
Nous voilà au débarcadère.	Eccoci arrivati allo scalo (alla stazione).
Comme le temps se passe en causant!	Come discorrendo il tempo passa!
Allons chercher nos malles pour la visite des effets.	Andiamo a cercare i nostri bauli per la visita degli effetti.
Où sont vos passeports? Les voici.	Dove sono i loro passaporti? Eccoli.
D'où venez-vous? Où allez-vous?	D'onde vengono? Dove vanno?
- Nous venons de Paris et nous allons à Rome.	Veniamo da Parigi ed andiamo a Roma.
Vous auriez dû, Monsieur, faire viser votre passeport à l'amdassade (de France).	Ella, signor, avrebbe dovuto far vidimare il suo passaporto alla legazione (di Francia).
Messieurs, la visite des effets.	Signori, la visita dei bagagli.
Il faut transporter à la douane vos malles, vos portemanteaux, vos pa-	Bisogna trasportare i loro bauli, i loro portamantelli, i loro fardelli, i loro

(1) Voir le paragraphe des repas.

quets, vos chiens et tous vos effets, avant de les porter à l'hôtel.

Avez-vous quelque chose à déclarer? Non. Je n'ai rien à déclarer. Non que je sache.

Ah! les douanes, les douaniers.

cani e la loro roba tutta quanta alla dogana, prima di portarla all'albergo.

Avete voi oggetti (ha ella qualche cosa) da dichiarare? No. Non ho nulla da dichiarare. No, per quanto io sappia.

Ah! le dogane, i doganieri!

3. Une place, messieurs dans l'intérieur et une autre sur l'impériale.

Quelqu'un de ces messieurs ne préférerait-il pas monter sur l'impériale?

Baissez-vous.

Je vous prie de baisser la glace pour nous donner un peu d'air.

Vous avez une place, au fond de la voiture.

La diligence a donné contre une borne.

Nous regagnerons le temps perdu.

3. Signori, un posto di dentro ed un altro sull'imperiale.

Qualcuno di questi signori non preferirebbe forse di salire sull'imperiale?

Si chini.

Faccia grazia di calare il cristallo per lasciar correre un po' d'aria.

Ella ha un posto in fondo alla vettura.

La diligenza ha urtato contro un paracarro (un pilastrino).

Riguadagneremo il tempo perduto.

4. A quelle heure part demain le bateau à vapeur? A 8 h. du matin.

4 A che ora partirà domani il battello a vapore? Alle otto del mattino.

A quelle heure est la marée?	A che ora avremo la marea?
A la pointe du jour.	Allo spuntar del giorno.
Quel est le prix des places?	Qual'è il prezzo dei posti?
Les premières coûtent…	I primi sono…
Capitaine, quand partons-nous? — A la marée prochaine.	Quando partirà ella, signor capitano? Alla prossima marea.
Combien de temps resterons-nous en route? Trois jours, à peu près.	Quanto tempo staremo in mare? Tre giorni, presso a poco.
Combien paie-t-on les cabinets sur le pont? Dix pour cent en sus du prix de la 1re classe.	Quanto si pagano i camerini sul ponte? Il dieci per cento più del prezzo della prima classe.
Peut-on s'arrêter dans les ports intermédiaires? Oui. On peut continuer son voyage par les bateaux suivants, dans le délai d'un mois. A la bonne heure.	È permesso il fermarsi nei porti intermediarii? Si. Si può continuare il viaggio sui battelli successivi per lo spazio d'un mese. Manco male!
Enfin, nous voilà emparqués.	Eccoci finalmente imbarcati.
Qu'avez-vous? J'ai mal au cœur, la tête me tourne; je me meurs.	Che cosa avete? Ho male al cuore; la testa mi gira; io muoio.
On ne meurt pas du mal de mer. Montons sur le pont, le grand air vous fera du bien.	Non si muore del mal di mare. Saliamo sul ponte; l'aria libera vi farà bene.
Oh! quel vent!	Oh! che vento!

La mer est houleuse; pourvu que nous arrivions à bon port!	Il mare è agitato; purchè ci venga fatto d'arrivare in porto sicuro?
Le vent nous est favorable. Nous voilà à la jetée. Nous allons débarquer; mais la marée est basse.— Voici les douaniers.	Il vento ci è favorevole. Eccoci sul molo. Ora sbarcheremo; ma la marea è bassa. — Ecco i doganieri.
Connaissez-vous un bon hôtel à...? — Oui.	Conoscete un buon albergo a...? — Sì.

II

Arrivée à l'hôtel. Un restaurant. Un café (1). *Jeux.*

Arrivo all'albergo. Un ristorante, una trattoria. Un caffè. Giuochi.

1. Avez-vous des appartements? — Oui, monsieur, j'en ai deux: l'un, meublé, est au premier, et l'autre, non meublé, au second.

1. Avete appartamenti? Sì, signore. Ne ho due: uno ammobiliato, è al primo, e l'altro, senza mobigliato, al secondo.

De combien de pièces se compose le 1er?— Il se compose d'une antichambre, d'un salon, d'une salle à manger de deux chambres à coucher, de deux cabinets de toilette et d'une cuisine. Il y a

Di quante stanze si compone il primo? — Si compone di un'anticamera, di una sala da ricevimento (un salone), di una sala da pranzo, di due camere da letto, di due gabinetti da toeletta e di una cucina.

---

(1) Voir le paragraphe des *repas* et du *manger*, de la *maison*.

un escalier de service, une chambre de domestique, à côté de la cuisine.	Evvi pure una scala segreta, una stanza pel servitore, accanto alla cucina.
Y a-t-il des placards? — Il y en a partout.	Vi sono armadii? — Ve ne sono d'appertutto.
Quel est le prix du loyer? — Il est de... c'est le dernier prix.	Qual è il prezzo della pigione? — È di... È l'ultimo prezzo.
C'est très cher. Je parlerai au propriétaire.	È carissimo. Parlerò col padrone di casa (proprietario).
Garçon, donnez-nous de suite deux chambres et deux lits; depêchez-vous. — Messieurs, je n'ai qu'une chambre à deux lits à vous offrir.	Cameriere (giovine) dateci subito due stanze con due letti, sbrigatevi. — Signori, posso soltanto offrire una camera con due letti.
A quel étage est cette chambre? — Au troisième.	A che piano è questa camera? — Al terzo piano.
L'escalier est un peu rapide.	La scala è alquanto ripida.
Est-ce qu'il n'y a pas de sonnette dans la chambre? Pardon. — Mais où est le cordon? Je ne le vois pas. — Le voici.	Non havvi dunque campanello in questa camera? Scusino. — Dov'è allora, il cordone? Non lo vedo. — Eccolo.
Apportez-nous de l'eau fraîche, du savon et des serviettes.	Portateci dell'acqua fresca, del sapone e degli asciugatoi.
Donnez moi de l'encre, un encrier, une plume, une bougie, des cigares,	Datemi dell'inchiostro, un calamaio, dei fiammiferi, un lume, dei sigari, del

du tabac, un verre d'eau.	tabacco, un bicchiere d'acqua.
Où sont les cabinets d'aisances? — Vous avez des cabinets à l'anglaise sur le palier.	Dove sono i luoghi comodi (i cessi)? Vi sono luoghi comodi (cessi all'inglese sul pianerottolo.
Je désire parler au maître d'hôtel.	Vorrei parlare al maestro di casa (dell'albergo).
Nous voudrions une chambre à un lit, à deux lits; deux chambres à un lit.	Vorremo una camera, (stanza) con un letto, con due letti; due camere (stanze) con un letto.
Monsieur, je désire avoir deux chambres pour quelques jours.	Signore, vorrei due camere (stanze) per alcuni giorni.
Eveillez-moi demain matin à cinq, à six heures.	Domattina svegliatemi alle cinque, alle sei.
Quelle heure est-il? — Quelle heure croyez-vous qu'il soit?	Che ora è. — Che ora credete che sia?
Je crois qu'il n'est pas encore deux heures. — Il est deux heures et un quart, et demie, trois quarts.	Credo che non siano ancora le due. — Sono due ore ed un quarto, e mezzo, e tre quarti.
Il est cinq heures moins le quart.	Sono le cinque meno un quarto.
Il est midi.	È mezzodì.
Il s'en va quatre heures. — Comment quatre heures? Il est cinq heures sonnées.	Son quattro ore le prime. — Come le quattro? Sono sonate le cinque.

Il se fait tard; il est presque nuit.	Si fa tardi; è quasi notte.
Sous peu; je vous attendrai jusqu'à dix heures; à dix heures et un quart; à minuit.	Fra poco (in breve), vi aspetterò fino alle dieci; alle dieci ed un quarto; a mezza notte.
Demain, nous vous verrons à huit heures; à six heures.	Ci vedremo domani alle otto; a sei ore.
Avez-vous besoin de timbres-poste? — Oui.	Ha bisogno di francobolli? — Si.
Puis-je vous servir en quelque chose? — Je vous suis bien obligé. — Votre très humble serviteur.	Posso servirvi in qualche cosa? — Vi sono molto obbligato, obbligatissimo. — Servitore umilissimo.
Apportez-moi mon compte.	Portatemi il mio conto.
Bonne nuit. Je vous souhaite une bonne nuit.	Felice notte. Vi auguro una felice notte.

2. Bonjour, Monsieur.	2. Buon giorno, Signore.
Je desirerais déjeuner, dîner, souper. — A quelle heure dînons-nous. — A quelle heure est la table d'hôte? — A 8 heures précises.	Vorrei far colazione, pranzare, cenare. — A che ora si pranza? — A che ora è la tavola rotonda? — Alle otto precise.
Passons dans la salle à manger.	Andiamo nella sala da mangiare.
Garçon, donnez-moi, donnez-nous la carte.	Cameriere, datemi, dateci la lista (la carta, il listino).

Donnez-moi quelque chose à manger.	Datemi qualche cosa da mangiare.
Le déjeuner, le dîner est-il servi?	È in tavola la colazione, il pranzo?
Donnez-nous d'abord du pain frais, du vin blanc et deux douzaines d'huîtres.	Recateci dapprima del pane fresco, del vino bianco e due dozzine d'ostriche.
Ce pain est trop rassis.	Questo pane è troppo duro.
Donnez-nous un grissino (1).	Dateci un grissino.
Avez-vous du poisson bien frais? — Nous avons des brochets qui sortent de la rivière.	Avete del pesce ben fresco? Abbiamo dei lucci che furono tratti or ora dal fiume.
Avez-vous du gibier? Non.	Avete del selvaggiume? No.
Donnez à boire à Monsieur.	Date da bere al Signore.
Apportez-nous un poulet rôti et une salade.	Portateci un pollo arrostito ed un'insalata.
Aimez-vous les épinards? — Je préfère les haricots verts!	Vi piacciono gli spinacci? — Preferisco i faggiuolini.
Qu'avez-vous en fait de légumes. — Nous avons des petits pois.	Che cosa avete in genere d'ortaggi (d'erbagi)? — Abbiamo dei piselli.
Passez-moi le sel et le poivre, l'huile et le vinaigre.	Datemi il sale ed il pepe, l'olio e l'aceto.

(1) Pain en forme de macaroni, spécial à Turin.

Ce faisandeau a fixé mon attention; c'est le bon moment d'en manger. Comment le trouvez-vous? — Il est délicieux.

Questo fagianotto ha destato la mia attenzione; è il vero momento di mangiarne. Come lo trovate? — É ottimo.

Quel dessert prennent ces messieurs? — Des poires.

Che cosa desiderano questi signori per frutta? — Delle pere.

L'addition (la carte à payer), s'il vous plaît. Combien dois-je?

Dateci la nota (il conto) Quanto vi debbo?

La voici messieurs. — Veuillez avoir l'obligeance, de payer au comptoir. Très bien. Voici pour vous. — Agrèez l'expression de ma profonde gratitude.

Eccola, signori. — Abbiano la compiacenza di pagare al banco. Va benissimo; ecco per voi. — Accolga i sensi della mia profonda riconoscenza.

Où puis-je changer de monnaie? — A la poste.

Dove posso far scambiare del danaro? — Alla posta.

3. Montons à l'estaminet, au fumoir, pour pouvoir fumer.

3. Saliamo nelle sale, nella sala da fumare, dove è permesso di fumare.

Garçon, venez ici, écoutez-moi; j'ai quelque chose à vous dire; j'ai besoin de vous parler. — Je vous écoute.

Cameriere, venite qua, sentite (ascoltatemi) ho qualche cosa a dirvi (a dirle); ho bisogno di parlarvi. — Vi ascolto.

A qui ai-je l'honneur de parler? — Qu'y a-t-il

A chi ho l'onor di parlare? — In che posso ser-

pour votre service?— A-vez-vous besoin de quelque chose? — Que vous faut-il? — Que voulez-vous?—Que désirez-vous En quoi puis-je vous être agréable?	virla (servirvi) — Avete bisogno di alcuna (di qualche) cosa? — Che vi (che le) occorre? — Che cosa volete? — Che cosa desidera (che bramate)? — In che cosa posso esserle (esservi) utile?
Comment vous appelez-vous? — Je m'appelle Louis...	Come si chiama (vi chiamate?— Mi chiamo Luigi...
M'entendez-vous? — Je vous entends bien. — Parlez-vous français? Un peu. Oui.	M'intendete? — V'intendo bene. — Parla (parlate) francese? Un poco. Si.
Me comprenez-vous?— Je ne vous comprend pas. Je vous comprends un peu.	Mi capisce (capite)? — Non vi (la) capisco. Vi capisco un poco.
Que voulez-vous dire?	Che intendete di dire ?
Que dites-vous?— Plaît il?	Che cosa dite?— Come dice?
Que demandez-vous?	Che cosa chiede (chiedete?)
Pourquoi ne répondez-vous-pas? — J'avais mal entendu.	Perchè non rispondete? — Aveva inteso male.
Apportez-nous deux demi tasses et deux petits verres de cognac. Dépêchez-vous, et revenez tout de suite.	Dateci due tazze di caffé e due bicchierini di cognac. Sbrigatevi (spicciatevi) e tornate subito.
Avez-vous la gazette	Avete la Gazzetta di To-

le Turin, l'Echo d'Italie, e Courrier? — Avez-vous es journaux du matin? — Oui, certainement. — Voilà, messieurs.	rino, l'Eco d'Italia, il Corriere? — Avete i giornali della mattina? — Si, certamente. — Eccoli serviti, signori.
Désirez-vous de la crème? Volontiers, soit. Je le veux bien.	Bramano del fior di latte? Volentieri, sia pure. Ben volentieri.
Fermez la fenêtre et ouvrez la porte.	Chiudete la finestra e aprite la porta.
Me connaissez-vous? — Oui.	Mi conoscete voi? — Si.
Qui est ce monsieur qui vous parlait tantôt? Le connaissez-vous? — Je le connais de vue, de nom, de réputation. — Je n'ai pas l'honneur de le connaître.	Chi è quel signore che parlava con voi poco fa? Lo conoscete? — Lo conosco di vista, di nome, per fama. — Non ho l'onor di conoscerlo.
Comment s'appelle-t-il? — Joseph.	Come si chiama? — Giuseppe.
Où demeure-t-il et dans quelle rue? — Ici près, dans la rue du Corso.	Dove sta di casa ed in che (via) strada? — Qui vicino, nella strada (via) del Corso.
De quel pays est-il? — Il est Russe.	Di che paese è? — È Russo.
Connaissez-vous cette dame? — Oui. Je l'ai vue plusieurs fois. — Je crois que oui, que non.	Conoscete voi quella signora? — Si. L'ho veduta parecchie volte. — Credo di si, di no.
Vous vous trompez. — Jamais. — Cela est impos-	Ella s'inganna. — Giammai. È impossibile, sull'o-

sible, sur mon honneur, sur ma parole; croyez-moi je puis vous l'assurer; cela est certain, vrai.

Que voulez-vous dire? —C'est ainsi? — Je dis que oui. —Il n'y a pas de doute. — Qui en doute?

Je vous crois; je ne saurais le croire; je n'en crois pas un mot.

Cela est faux; cela n'est pas vrai; c'est un mensonge; cela n'est que trop vrai. — Il est vrai que...

Arrêtez-vous. — Allez-vous en. — Faites ce que je vous dis. — Il est temps d'en finir.

Vous avez mal agi. — Je suis fort mécontent de vous.

nor mio, sulla mia parola; credetemi, ve lo posso assicurare; questo è certo, è vero.

Che intendete di dire. — È così? — Dico di sì, — Non v'è dubbio alcuno? — Chi ne dubita?

Vi credo; non posso crederlo; non ne credo una parola.

Quest'è falso; non è vero; è una bugia; quest'è pur troppo vero. — È vero che...

Fermatevi. — Andatevene. — Fate quel che vi dico. È tempo di finirla.

Elle ha agito male. — Sono assai malcontento di voi (di lei).

4. Voulez-vous faire une partie d'échecs, d'écarté, de whist, de piquet? — — Volontiers.

Il retourne carreau cœur, trèfle, pique. — Je coupe. — Atout. — Pas de cœur.

A vous, monsieur, car-

4. Vuol fare una partita a scacchi, alle carte, ai whist, a picchetto? — Volentieri (di buon grado).

Ha voltato quadri, cuori, fiori, picche. — Io taglio. — Trionfo. — Non ho cuori.

A lei, signore, quadri.

reau. Le voici. — A vous le point.

Nous avons trois levées.

A qui à donner? — Tirons; j'ai un valet, une dame, un roi, cinq cartes.

Je fais la vole. Cela me fait trois points. C'est bon.

Combien on paye? — Deux francs. Il a payé.

Voici un excellent billard. Si vous voulez, nous ferons une partie. Volontiers avec plaisir.

Que préférez-vous?

Ecco per quadri. Ella — ha il punto.

Noi abbiamo tre mani.

A chi tocca a fare? — Leviamo; ho un fante, una dama, un re, cinque carte.

Io le do cappotto. Così ho tre punti. Sono buoni.

Quanto si paga? — Due franchi. Ha pagato.

Ecco un buonissimo bigliardo. Se vuole potremo fare una partita. — Volentieri. Con piacere.

Che preferite (preferisce?)

III.

Pour voir la ville. Le temps. Promenades. Cochers de fiacre et de louage. La Poste. Une visite. Achats.

III.

Per vedere la città. Il tempo (1). Passeggi. Passeggiate. Cocchieri e vetturini. La Posta. Una visita. Compere.

1. On frappe. Qui est là? — Entrez. — Qui êtes vous? Je suis le cicero-

1. Si batte (bussa). Chi è là? — Entrate. — Chi siete (chi è lei)? Sono il

---

(1) Voir le paragraphe de *l'air*, de *l'atmosphère*.

ne. — Ah! très bien.	cicerone. — Ah! benissimo.
D'où venez-vous? — Je viens de chez moi.	Di dove venite? — Vengo di casa mia.
Quel temps fait-il aujourd'hui? — Il fait beau, mauvais temps.	Che tempo fa oggi? — Fa bel (cattivo) tempo.
Il fait une chaleur étouffante, un temps humide et malsain.	Fa un caldo affannoso, un tempo umido e malsano.
Il fait chaud, froid.	Fa caldo, freddo.
Il neige, il grêle, il tombe la grêle.	Nevica, grandina, cade una grandinata.
Il pleut. Il fait du vent de temps en temps.	Piove. Tira vento di quando in quando.
Il pleut à verse? Ce n'est qu'une ondée; elle passera bientôt. Les nuages se dissipent peu à peu; le soleil commence à luire.	Diluvia. — Non è che una scossa; passerà presto. Le nubi (nuvole) spariscono a poco a poco; il sole comincia a risplendere.
Il tonne.	Tuona.
Le temps est couvert. — Il me semble qu'il fait un grand brouillard. — C'est vrai.	Il tempo è nuvoloso. — Mi pare che vi sia una gran nebbia. — È vero.
Il fait un temps superbe. — A la bonne heure, tant mieux.	Fa un tempo magnifico. — Ah finalmente, tanto meglio.
Y-a-t-il quelques curiosités à voir dans cette ville? des galeries de tableaux? — Oui. — Non.	Vi sono delle rarità da vedersi in questa città? delle gallerie dei quadri? — Si. — No.

Quels sont donc les plus beaux édifices? Quelles sont les églises les plus remarquables? — Le palais Royal, la Bibliothèque, les églises...	Quali sono dunque i più belli edifici? Quali sono le più ragguardevoli chiese? — Il palazzo Reale, la Biblioteca, le chiese....
Irons-nous à pied ou en voiture?	Andremo a piedi od in vettura?
Où voulez-vous aller? — Allons faire une promenade? - Où irons-nous? — Dans le jardin public.	Dove volete andare? — Andiamo a fare una passeggiata. — Dove andremo? — Nel giardino pubblico.
Voilà de bien belles allées! — Il y a, comme vous le voyez, toutes sortes de fleurs. — J'en suis bien aise; cela me fait le plus grand plaisir.	Ecco dei bellissimi viali! — Vi è come vedete, ogni sorta di fiori. — Ne sono lietissimo; questa cosa mi fa molto piacere.
Voyez-vous cette épaisse forêt? les bords charmants de la rivière? C'est de toute beauté; c'est vraiment magnifique; c'est admirable; en vérité, c'est délicieux. Quel magnifique spectacle!	Vedete voi quella densa foresta? le rive amene del fiume? — È bellissimo; è propriamente magnifico; è mirabile; davvero che è delizioso. Qual magnifico spettacolo!
La cathédrale. — Quelle merveille! C'est un vrai chef-d'œuvre. Quel travail admirable! c'est incroyable. Voilà qui est bien beau.	Il duomo (o la cattedrale)! Qual maraviglia! È un vero capolavoro. Che lavoro stupendo, squisito! È incredibile. Ecco una cosa molto bella.

Guide pratique, etc.

Je commence à être fatigué; reposons-nous un peu.	Comincio ad essere stanco; riposiamoci un poco.
Asseyons-nous au bord de ce petit ruisseau, ou sous ce hêtre. — Mettons-nous plutôt près de ce chêne-là, car il y a plus d'ombre et plus d'herbe. — Asseyez-vous.	Sediamo alla riva di questo ruscelletto, o sotto questo faggio. — Mettiamoci piuttosto vicino a quella quercia, poichè vi è più ombra e più erba. — Sedete.
Mettons-nous à couvert.	Mettiamoci al coperto.
Marchez vite. Pas si vite.	Camminate presto. Non troppo in fretta.
Arrêtez-vous.	Fermatevi.
Cette promenade m'a fait du bien, mais il est temps de retourner à la maison.	Questa passeggiata mi ha fatto bene, ma è tempo di ritornare a casa.
Retournons sur nos pas.	Torniamo indietro.
Qu'est-ce que c'est ?	Che cosa è ?
A quoi cela sert-il.	A che serve questo?
C'est le coucher, le lever du soleil; la nouvelle lune, le premier quartier, le dernier quartier, la pleine lune, le clair de lune.	È il tramontar del sole, lo spuntar del sole; la luna nuova (il novilunio), il primo quarto, l'ultimo quarto, la luna piena (il plenilunio), il chiaro di luna.
Où êtes-vous? — Ici.	Dove siete? — Qui.
Je vous remercie. — Je suis tout à votre service.	La (vi) ringrazio. — Sono dispostissimo a servirla.

Si vous avez besoin de moi, je suis à votre disposition. — Comptez sur moi. — C'est convenu; c'est entendu. Volontiers; soit.

Se ha bisogno di me, sono agli ordini suoi. Conti su di me. — È convenuto; siamo intesi. Volentieri; sia pure.

Qui est-ce? — Qui est-ce qui m'appelle? — Qui est-ce qui frappe? — Avez-vous entendu? — C'est lui. C'est moi. Ouvrez donc. Entrez. La clef est dans la serrure.

Chi è? — Chi mi chiama? — Chi picchia (bussa)? — Avete sentito? — È lui. Sono io. Aprite dunque. Entrate. La chiave è nella toppa.

Où est-il? Où vont-ils. — Ici.

Dov' è? Dove vanno? — Qui.

Qu'avez-vous fait aujourd'hui? J'ai travaillé.

Che cosa avete fatto quest'oggi? Ho lavorato.

Que dites-vous? — Il se fait vieux.

Che cosa dite? — Egli invecchia.

Où allez-vous? — Je vais voir un ami; je vais chez Monsieur..., Madame.; je vais me promener. Je vais à l'église ici près, à la maison (au logis).

Dove andate? — Vado a vedere un amico; vado dal Signore..., dalla Signora; vado a spasso. Vado alla chiesa qui vicina, a casa.

Qu'allons-nous faire?

Che cosa faremo?

Voulez-vous que j'aille avec vous? Voulez-vous venir avec moi? — Volontiers. Je le veux bien. — Allons ensemble. — Attendez un peu. Faites moi ce plaisir.

Volete ch' io venga con voi? Volete venire meco? — Volentieri. Ben volontieri. Andiamo insieme. — Aspettate un poco. Fatemi questo piacere.

Que faut-il faire ? Que ferons-nous ? — Que vous en semble ? — Qu'en dites-vous ? — Qu'en pensez-vous ? Nous ne savons pas encore. Quelle est votre opinion ?

Que me conseillez-vous de faire ? Que voudriez-vous faire ? — Quel parti prendre ; quel parti prendrons-nous ? — Si j'étais à votre place je ferais.... — Il me semble qu'il vaudrait mieux.. — Mais non. — A votre place, voilà ce que je ferais.

J'y consens. Je ferai tout mon possible. Je crois que vous avez raison.

2. Voici un omnibus qui passe. — Conducteur, arrêtez. — Il n'y a plus qu'une place.

Voilà un fiacre, une voiture de louage. — Cocher, êtes-vous retenu ? Non monsieur.

Che si ha da fare ? Che faremo ? — Che ve ne pare ? — Che ne dite (dice) ? — Che ne pensate ? (pensa). — Non lo sappiamo ancora. Qual è il parer vostro (suo) ?

Che cosa mi consigliate (consiglia) di fare. — Che vorreste fare ? — A qual partito ci appliglieremo. Che partito prenderémo ? — Se io fossi in luogo vostro farei.... — Mi pare che sarebbe meglio... — Ma nò. — In pari circostanza, ecco quel che farei ?

V'acconsento. Farò tutto il mio possibile. Parmi che abbiate ragione.

2. Ecco un omnibus che passa. — Conduttore, fermatevi. — Non c'è altro che un posto.

Ecco una vettura (una carrozza d'affitto, una vettura di piazza, un legno d'affitto). — Cocchiere, siete voi impegnato ? No, signore.

Avez-vous de bons chevaux? — Oui, Monsieur.	Sono buoni i vostri cavalli? — Si, Signore.
Combien demandez-vous pour une voiture à 4 personnes (places) avec deux chevaux? Combien pour une voiture à un cheval? Est-ce à la course ou à l'heure? — Nous vous prenons à l'heure.	Quanto vi debbo dare per una carrozza (vettura) a quattro posti con due cavalli? Quando si spende per un biroccio? Quanto alla corsa (gita) o all'ora?— Vi prendiamo all'ora.
Nous voulons aller à... Pouvez-vous nous conduire tout de suite à ... Conduisez-nous rue...; vous nous descendrez au n° 9, c'est la 5ᵉ maison à droite.	Vogliamo andare a... Potete condurci subito a.. Conduceteci in via; vi fermerete al numero nove, è la quinta casa a mano destra.
Montez, Messieurs.	Montate, Signori.
Vous aurez un bon pourboire si vous nous conduisez vite.	Avrete la buona mano (la buona mancia) se ci servirete bene.
Nous allons bien lentement. — C'est que la rue est encombrée de voitures. Nous serons bientôt arrivés.	Andiamo molto adagio. — Si, perchè la strada (via) è ingombra di carrozze. Saremo arrivati quanto prima.
Allez donc cocher, nous n'avançons pas.	Presto, cocchiere (vetturino), non andiamo mai innanzi.
Arrêtez, cocher, nous voulons descendre. Ouvrez la portière. Baissez le marchepied.	Fermatevi cocchiere (vetturino), vogliamo discendere. Aprite lo sportello. Calate il montatoio.

C'est ici. Arrêtez, cocher. Qu'est-ce que c'est que cela?	È qui. Cocchiere (vetturino), fermatevi. Che cosa è questo?

3. Où est la poste centrale, la grande poste? — Dans la rue.... Facteur, veuillez m'indiquer le bureau où on distribue les lettres, le télégraphe électrique? — C'est ici, la 3ᵉ porte à droite.

3. Dov'è la posta centrale, la direzione delle poste? In via... Postiere, indicatemi, di grazia, l'uffizio (ufficio) nel quale si dispensano le lettere, il telegrafo elettrico? — È qui, la terza porta a mano destra.

Je dois avoir, Monsieur, une lettre poste restante venant de Paris. Je m'appelle... La voici. Montrez-moi votre passeport ou d'autres papiers constatant votre identité. Voici mon passeport.

Devo ricevere una lettera ferma in posta proveniente da Parigi. Mi chiamo... Ecco la sua lettera. Mi mostri il suo passaporto od altre carte che provino la di lei identità. Ecco il mio passaporto.

Donnez moi dix timbres poste de vingt-cinq centimes.

Datemi dieci francobolli di venticinque centesimi.

Le retour du courrier. — A volta di corriere.

Avez-vous besoin de timbres-poste? Oui je veux affranchir ma lettre.

Ha bisogno di francobolli? Sì, voglio affrancare mia lettera.

A quelle heure la poste aux lettres part-elle d'ici? — Tous les soirs à 7 heures.

A che ora parte di qui il corriere (la posta?). — Tutte le sere, alle sette.

Et à quelle heure fait-

Ed a che ora ritiransi

on la dernière levée des boîtes? A 6 heures. — Merci (1).

per l'ultima volta le lettere dalle buche? — Alle sei. — Grazie, mille grazie.

4. Pour aller à Porte..., au Capitole, au Colisée, au palais..., à place..., au Quirinal...

4. Per andare a Porta... al Campidoglio, al Colosseo, al palazzo..., a piazza.., al Quirinale....

Pourriez-vous m'indiquer la maison du cardinal...? — Seriez-vous assez bon pour...... Quelle direction faut-il que je prenne, s'il vous plaît? — Montez, descendez un peu; allez à droite, à gauche. — Merci.

Potreste indicarmi la casa del cardinale...? — Sareste (sarebbe) tanto gentile da...... — Qual direzione devo prendere, se vi piace? — Salite, ascendete un poco; andate a destra, a sinistra. — Grazie, mille grazie.

Faut-il tourner plus tard à gauche ou à droite? Je vous prie, excusez-moi.

Debbo voltarmi poi a sinistra od a destra? La prego, mi scusi.

Pouvez-vous me dire quel est le chemin pour aller à la porte,.., à l'église... — Le voici. — Voulez-vous avoir la bonté de me dire si je suis éloigné de la rue de..., du quartier de... —

Mi sapreste dire qual è la strada che conduce a porta..., alla chiesa... — Eccolo. — Vorreste avere la compiacenza (bontà) di dirmi se sono distante dalla strada (via)..., o dal quartiere.. — Abbiate la

---

(1) Voir le paragraphe *états* à l'art. *écrivain* pour ce qui a rapport aux lettres.

Ayez la bonté de me montrer le chemin de....	bontà di mostrarmi la strada (via)...
Où est l'église...? — Allez à droite, à gauche vers le Cours.	Dov' è la chiesa? — Andate a destra, a sinistra verso il Corso.

5. On sonne. On frappe. Entrez.

5. Suonano. Picchiano. (si bussa, si picchia). Avanti. Entrate.

Bonjour, Monsieur, Madame. Comment vous portez-vous — Très bien, Madame, Monsieur.

Buon giorno, Signore, Signora. Come sta lei? — Benissimo, Signora, Signore.

Je suis toujours bien aise de vous voir en bonne santé. Je vous remercie de tout mon cœur.

Godo sempre di vidervi in buona salute. — Vi (la) ringrazio di tutto cuore.

Pourquoi restez-vous debout? Donnez une chaise à Monsieur. — Il n'est pas nécessaire. — Vous me faites trop d'honneur.

Perchè restate voi in piedi? Date una sedia al Signore. — Non è necessario. — Mi fate troppo onore.

Couvrez-vous. — Je suis fort bien comme cela.

Copritevi. — Sto benissimo così.

Comment va M. votre père. — Il est indisposé. — Quoi vraiment! Vous m'étonnez. Quel dommage!

Come sta il vostro signor padre? — È indisposto. — Che! davvero Ella mi sorprende! Qual danno! (Che peccato!)

Que dit le journal aujourd'hui? De quoi par-

Che dice oggi il giornale? Di che si parla adesle-t-on à présent? — On ne parle de rien.

Que dit-on de nouveau. — Je n'ai rien entendu.

Avez-vous entendu dire que nous aurons la peste, la guerre? — Non, Monsieur. Ce serait bien trop malheureux; ce serait affreux!

Celà ne se peut pas.

Je doute que celà soit vrai.

Vous me voyez bien affligé. — C'est vrai — J'ai bien du chagrin.

Cela me cause un plaisir infini. — Ah! quel bonheur!.

Au plaisir de vous revoir. Portez-vous bien. — J'ai l'honneur de vous saluer. — Adieu; mes compliments chez vous, je vous en prie.

So? — Non si parla di niente.

Che si dice di nuovo. Io non ho inteso nulla.

Avete inteso dire che avremo la peste, la guerra? — No, Signore. Sarebbe orribile!

Non può essere.

Dubito che sia vero.

Ella mi vede molto afflitto. — È vero. — Ho molti affanni.

Ciò mi reca un piacere immenso (somma gioia). — Ah! che piacere.

Ho piacere di rivederla. Sta bene. — Ho l'onore di riverirla. — Servo suo. Addio; miei complimenti alla famiglia, mi fareste cosa grata.

6. Je voudrais avoir des bagues (montées en pierreries fines), des boucles d'oreilles.

Montrez-moi cette épingle.

Je voudrais acheter une

6. Vorrei degli anelli (montati con pietre fine), dei pendenti (degli orecchini).

Mi mostri questo spillo.

Vorrei comperare un

montre d'or, d'argent.	orologio d'oro, d'argento.
— Voici une montre à répétition montée sur rubis.	— Ecco uno a ripetizione montato sui rubini.
Quel en est le prix. — Deux cents francs. C'est bon marché.	Quanto costa? — Duecento franchi. È buon mercato.
C'est bien cher; c'est très cher; un peu cher.	È molto caro; carissimo; un po' caro.
Avez-vous une bonne édition de l'*Histoire d'Italie* par M...? — J'en ai plusieurs; la meilleure est celle de...	Avete una buona edizione della *Storia d'Italia* del S...? — Ne ho parecchie; la migliore è quella di...
Combien en demandez-vous? — Cent vingt francs, à prix fixe, sans augmentation, sans réduction des prix.	Qual prezzo domandate? Centoventi franchi, a prezzo fisso, senza aumento, senza riduzione dei prezzi.
Avez-vous, monsieur, un nom connu dans la république des lettres? — Peut-être. Très certainement.	Ha ella un nome conosciuto nella repubblica letteraria, certamente? — Forse. Ma senza alcun dubbio.
Je voudrais des médailles, des souvenirs. — En voici.	Vorrei delle medaglie, dei ricordi. — Eccone.
Quel est le prix de ce souvenir? — Dix francs, prix unique.	Qual è il prezzo di questo ricordo? — Dieci franchi, prezzo unico.
Combien coûte cet objet? — Deux francs. — C'est trop cher.	Quanto costa questo oggetto? — Due franchi. — È troppo caro.

Je désire des chromos, des plans topographiques, des portraits du Saint-Père, des cartes colorées. — En voici.	Vorrei delle cromolitografie, delle piante topografiche, dei ritratti del santo Padre, delle carte colorate. — Eccone.

IV. *La Blanchisseuse.* — *La Lavandaia.*

Quand faudra-t-il rapporter le linge ? — Samedi matin, sans faute. — Je n'y manquerai pas.	Quando dovrò io riportarle la biancheria ? — Sabato mattina, senza fallo. — Non ci mancherò.
Me rapportez-vous mon linge ? — Oui, Monsieur; voici la note.	Mi riportate la biancheria ? — Sì, Signore; ecco la nota (la lista).
Voyons si le compte y est. — Faites l'appel:	Vediamo se il conto è giusto. Riscontriamo:
4 chemises d'homme (de jour, de nuit),	4 camicie da uomo (da giorno, da notte).
2 chemises de femme,	2 camicie da donna.
2 chemises brodées,	2 camicie ricamate.
1 camisole de nuit,	1 camicciuola da notte.
6 paires de bas,	6 paia di calze.
6 paires de chaussettes,	6 paia di calzini.
12 mouchoirs blancs,	12 fazzoletti bianchi.
2 gilets de flanelle,	2 corpetti di flanella.
6 cols,	6 golette, solini.
2 paire de gants.	2 paia di guanti.
2 torchons,	2 strofinacci.
4 serviettes (damassées, à liteaux bleus),	4 tovagliuoli (damascati, o di rensa, con righe turchine).

1 paire de manchettes,	1 paia di manichini.
2 collerettes,	2 colletti.
2 pantalons blancs,	2 paia di calzoni bianchi.
2 jupons,	2 gonnelle (sottane).
2 bonnets de nuit,	2 cuffie da notte.
4 bonnets du matin,	4 cuffie da mattina.
2 caleçons,	2 paia di mutande.
3 robes,	3 vesti.
6 chemises d'enfant,	6 camicie da fanciullo.
8 paires de bas d'enfant,	8 paia di calze da fanciullo.
6 cravates blanches,	6 cravatte bianche.
3 de couleur,	3 di colore.
6 foulards,	6 fazzoletti di seta.
2 gilets blancs,	3 panciotti bianchi.
3 tabliers,	3 grembiali.
6 essuie-mains,	6 asciugatoi.
le blanchissage,	la lavatura, il bucato.
la lessive.	il ranno, la lisciva.

V. *Phrases diverses. Proverbes italiens.*   *Frasi diverse. Proverbi italiani.*

Laissez toute espérance. Lasciate ogni speranza.
<small>Le Dante, *Divine Comédie, Enfer.*) (Dante *Divina Commedia, Inferno*)</small>

Et moi aussi je suis peintre! (Le Corrége.)   Anch'io son pittore! (Correggio.)

Et pourtant elle (la terre) tourne! (Galilée)   E pur si muove! (Galileo.)

Dans une bouche close, fermée, il n'entra jamais mouche (pour obtenir, il faut demander).   In bocca chiusa non entrò mai mosca.

Dire l'oraison du singe (faire semblant de prier).	Dir l'orazione della bertuccia.
Avoir l'écrevisse dans l'escarcelle (être avare).	Avere il granchio nella scarcella.
Une belle journée se devine dès le matin.	Il buon dì si conosce dal mattino.
C'est toujours bien.	È sempre bene.
Qui va doucement va sûrement.	Chi va piano va sano.
Qui va sûrement va loin.	Chi va sano va lontano.
Comédie de fantaisie.	Commedia fantastica.
On parle italien.	Si parla italiano.
Je ne sais pas les lettres. (Jules II.)	Io non so lettere. (Giulio II.)
Le danger passé, on se moque du Saint.	Passato il pericolo, gabbato il Santo.
Se tenir sur la corde.	Stare sulla corda.
Mettre la queue où la tête ne passe pas (savoir se retourner).	Mettere la coda dove non va il capo.
Piler de l'eau dans le mortier (faire un travail sans utilité).	Pestar l'acqua nel mortaio.
L'Italie fera par soi (se suffira).	Italia farà da sè.
La dent est plus proche voisine qu'aucun parent (le plus proche parent est soi-même).	Più vicino il dente che nessun parente.
Si ce n'est pas vrai, c'est bien trouvé.	Se non è vero, è ben trovato.
Tournez vite.	Volti subito.

A voix basse, à part.	Sotto voce, sottovoce.
Furie française.	Furia francese.
A jour (éclairer).	A giorno.
En mesure.	A Tempo.
Avec chant.	Col canto.
Du commencement.	Da capo.
Avec expression.	Con espressione, espressivo.
A part soi.	In petto.
A mi-voix.	A mezza voce.
Naples est un morceau du ciel tombé sur la terre (proverbe napolitain).	Napoli è un pezzo del cielo caduto sopra la terra.
Hors les murs.	Fuori le mura.
Hors de la ville.	Fuori di città.
Traducteur, traître.	Traduttore, traditore.
La loi des faits accomplis.	Il codice dei fatti compiuti.

2ᵉ PARTIE

DESCRIPTION DES VILLES

dans l'ordre des itinéraires (1) avec résumés alphabétiques.

CHAPITRE 1ᵉʳ

De Paris à Turin par Mâcon, Bourg, Modane (2), le tunnel dit du mont Cenis, Turin (Torino), la Superga et la montagne; les Salésiens (Val Salice, Valdocco).

I. Ligne de Paris à Modane et à Turin par le tunnel dit du mont Cenis, 799 kilom. Train seul commode, express: 2 classes jusqu'à Culoz, 3 au delà. Départ: 1 h. 45 soir; arrivée à Turin à 7 h. 50 matin.

Paris (Buffet). Lyon.

2ᵏⁱˡ *Bercy-Ceinture.*

5. *Charenton le Pont*, au confluent de la Seine et de la Marne. — Fort.

7. *Maisons Alfort.* — A gauche, ligne de la ceinture de Paris.

15. *Villeneuve-St-Georges.*

A droite, ligne de Corbeil.

18. *Montgeron.*

Viaduc de 9 arches sur l'Yères.

22. *Brunoy.*

Viaduc de 28 arches sur l'Yères.

26. *Combes-la-Ville.* — *Quincy.*

(1) Voir l'instruction.
(2) Jusqu'à Modane, comme on voyage sur un réseau français, on a droit à 30 kilogr. de franchise pour les bagages, par place entière et à 20 kilogr. par enfant payant 1|2 place.
Dans les Buffets français, les prix des repas son uniformément (sauf pour Paris) de 1 fr. 50 ou de 3 fr. suivant le nombre de plats. *B* veut dire Buffet.

31. *Lieusaint*.
   Près de là, forêt de Sénart, qui a 2.353 hectares.
38. *Cesson*
   Pont sur la Seine.
45. *Melun*, sur la Seine.
51. *Bois-le-Roi*.
59. *Fontainebleau* (Buffet)
   Gare à 25 minutes de la ville.
   Château célèbre. Forêt superbe : 80 kiolm. de tour, 16. 900 hectares. Rochers.
   Viaduc de Changis: 30 arches.
64. *Thomery*.
   Culture du célèbre chasselas de Fontainebleau.
76 *Moret* (Buffet), au confluent du canal de Loing et du Loing.
   Pont-aqueduc de la Vanne sur le Loing.
   A droite, ligne du Bourbonnais. — Viaduc de 30 arches sur le Loing.
69. *Saint-Mammès*.
79. *Montereau-Faut-Yonne* (Buffet), au confluent de l'Yonne et de la Seine. Pont célèbre. Château de Surville. A gauche, ligne de Nogent-sur-Seine.
90. *Villeneuve-la-Guyard*.
95. *Champigny*.
102. *Pont-sur-Yonne*.
113. *Sens* (Buffet), sur l'Yonne.
   Célèbre trésor dans la cathédrale S-Etienne. Lignes d'Orléans et de Troyes.
121. *Etigny-Véron*.
127. *Villeneuve-sur-Yonne*.
135. *St Julien du Sault*.
140. *Cézy*.
146. *Joigny*, sur l'Yonne. Vins.
155. *La Roche-sur-Yonne* (Buffet), au confluent de l'Armançon et sur le canal de Bourgogne.
   A droite, ligne d'Auxerre.
164. *Brienon l'Archevêque*.
173. *St Florentin*, à 22 kil. de Chablis. (Vin blanc célèbre).

184. *Flogny.*
197. *Tonnerre* (Buffet), sur l'Armançon.
205. *Tanlay.* Château. Tunnel.
211. *Lézinnes.* Pont sur l'Armançon et le canal. Tunnel de Pacy.
219. *Ancy-le-Franc.* Château.
225. *Nuits-sous-Ravières.* Lignes d'Avallon et de Châtillon-s-Seine.
233. *Aisy-s-Rougemont.* A gauche, village de Buffon.
243. *Montbard*, patrie de Buffon et de Daubenton.
255. *Les Laumes* (Buffet). Ligne de Semur. — A 1¡2 heure, *Alise-Ste-Reine*, sur les pentes du mont Auxois (418^m) statue colossale de Vercingétorix. Pèlerinage de Ste-Reine le 7 septembre.
265. *Darcey (Côte d'Or).* Grotte. A 3 kil. Flavigny, illustré par les Dominicains.

Thénissey.
279. *Verrey.*
288. *Blaisy-Bas.* Tunnel de 4.100 m. Viaduc de Mâlain et tunnel.
296. *Mâlain.* Viaduc de Lée. Viaduc de 44 m. de haut et à deux rangs d'arcades superposés.
305. *Velars.* 4 viaducs séparés par des tunnels.
310. *Plombières (Côte-d'Or).* Grottes. 4 tunnels. Viaduc.
315. *Dijon* (Buffet), confluent de l'Ouche et du Suzon. Cathédrale St-Bénigne, à quelques mèt. de la gare. Beau palais. Lignes de Langres, de Besançon, de Bourg, etc. Pont sur l'Ouche. A gauche, ligne de Besançon. A droite, chaîne de collines nommée la *Côte d'Or.*
326. *Gevrey-Chambertin.* Vins renommés.

Guide pratique, etc.

332. *Vougeot*. Clos célèbre de 48 hectares.
337. *Nuits-sous-Beaune*. Vins célèbres. A 12 kil. *Cîteaux*, ancienne abbaye (colonie pénitentiaire).
343. *Corgoloin*.
   Serrigny.
352. *Beaune* (Buffet), au pied de la Côte-d'Or. Vignoble de 1,050 hectares.
   A droite, vignobles de Pommard et de Volnay.
359. *Meursault*. Vins.
   A droite, vins de *Mont-Rachet* (à Puligny).
367. *Chagny* (Buffet). Lignes de Nevers et d'Auxonne. A droite ligne de Nevers. Tunnel.
373. *Fontaines* au pied du mont St-Hilaire, sur le canal du Centre.
   Tranchée de Farges et forêt de Marloux.
   Bifurcation: les trains express s'arrêtent à *Châlon-St-Côme*; les autres prennent la ligne gauche pour Châlon-Ville.
383. *Châlon-sur-Saône* (Buffet), à l'embouchure du canal d. Centre, sur la Saône. Lignes de Cluny, de Besançon, de Lons-le-Saunier.
391. *Varennes-le-Grand*.
399. *Sennecey-le-Grand*.
408. *Tournus*, sur la Saône.
418. *Uchizy*.
423. *Pont-de-Vaux-Fleurville*.
430. *Sénozan*.
440. *Mâcon* (Buffet), sur la Saône. Patrie de Lamartine.
   (Lignes de Bourg, Aix les-Bains et Turin, Lyon; de *Paray-le-Monial* (pèlerinage du S.-C. de Jésus). A droite, ligne de Lyon. Pont sur la Saône.
448. *Pont-de-Veyle*.
457. *Vonnas*.
462. *Mézériat*.
468. *Polliat*.
   Pont sur la Veyle.

478. *Bourg-en-Bresse* (Buffet), sur la Reyssouze. Admirable église de *Brou* au faubourg St-Nicolas.

A gauche ligne de Nantua et Bellegarde; à droite ligne des Dombes. Forêt de Seillon.

487. *La Vavrette-Tossiat.*
497. *Pont-d'Ain* s. l'Ain. Pont sur l'Ain.
502. *Ambronay-Priay.*
509. *Ambérieu en Bugey* (Buffet).

A droite, ligne de Lyon. Vallée.

A gauche, château de St-Germain; à droite, rochers.

515. *Torcieu*, halte.
520. *St Rambert-en-Bugey (ou de Joux).*

Restes de château. Cascades.

527. *Tenay.* — A deux heures, au nord-est, deux cascades, par une gorge et 3 lacs.
541. *Rossillon.* Château. Tunnel.

A droite, ligne de Belley.

547. *Virieu-le-Grand.* Ligne de la Tour-du-Pin.
551. *Artemare*, à un kil. d'une cascade de 50 m.
559. *Culoz* (Buffet), Ligne de Genève, à g. Pont sur le Rhône; à droite, *canal de Savières*, qui met en communication le lac du Bourget avec le Rhône.
566. *Chindrieux.* Château de *Châtillon*, sur le lac du Bourget.

Beaux paysages, continuant jusqu'à Turin : hautes montagnes de Savoie et du Piémont, tapissées de verdure et derrière lesquelles s'en aperçoivent d'autres, plus élevées, aux cimes couvertes de neiges perpétuelles; torrents qui se précipitent des montagnes et forment çà et là de belles cascades; 4 tunnels.

Ligne d'*Annecy* (beau lac).

581. *Aix-les-Bains.* (Buf-

fet), à 1.500 m. du lac du Bourget; eaux minérales célèbres. Pont sur le Tillet. A gauche, eaux minérales de *Marlioz*.

586. *Viviers (Savoie)*.

A gauche, châteaux (Servaz, Motte-Servolex, Pingon).

595. *Chambéry* sur la Laisse et l'Albane, dans une agréable situation. Lignes de Grenoble, de Lyon. A droite, *chapelle de N.-Dame de Myans*, pèlerinage; statue colossale de la Ste Vierge, en bronze.

605. *Chignin-les-Marches*. Tours de *Chignin*; château des *Marches*. A deux heures, au sud-ouest, *abîmes de Myans*, où lacs séparés par des monticules couverts de vignobles et formés en 1248 par la chute d'une partie du mont Granier (1.938 m).

609. *Montmélian* (Buffet), sur l'Isère, à 3¡4 d'heure du lac de *Ste-Hélène* (29 hectares). Sur la rive gauche de l'Isère, château dominé par les tours de *Montmayeur*.

613. *Cruet*, à 4 kil. des eaux minérales de *Coise*.

620. *St-Pierre d'Albigny* (Buffet).

A gauche, ligne d'Albertville.

Pont sur l'Isère, près de l'embouchure de l'Arc.

624. *Chamousset*, sur l'Isère.

633. *Aiguebelle*.

643. *Epierre*. Tunnel.

656. *La Chambre*. A droite, tour Saint-André. Tunnel.

666. *St-Jean de Maurienne*. Vins de Princens. A 1¡4 d'heure, eaux minérales de *l'Echaillon*. 3 tunnels.

678. *Saint-Michel de Maurienne*.

Gorge.

Tunnel de 1.044 m. 5 petits tunnels.

688. *La Praz.*
3 tunnels.

693. *Modane.* (buffet), sur l'Arc. Douane: visite des bagages. Changement de wagons.

Pélerinage de N.-D. *de Charmeix* (1.488 mèt.) *Mont Thabor*, à 7 h. (3182 m). On s'engage dans un tunnel, puis dans le grand tunnel dit du *Mont Cenis* au col de Fréjus ou des Fourneaux : 12.233 m. 25 à 35 minutes, suivant les trains.

L'inauguration des travaux (confiés en 1854 à MM. *Sommeiller, Grandis* et *Grattoni*, ingénieurs sardes) eut lieu le 31 août 1857 du côté de Modane, en présence du roi Victor-Emmanuel et du ministre de Cavour, et le 14 novembre du côté de Bardonnèche. En 4 ans, on n'avait atteint que 175 m. (0 m. 45 par jours). M. Sommeiller remplaça alors le bélier compresseur employé par des machines mues au moyen de l'air comprimé. Le percement fut terminé le 25 décembre 1870, après avoir duré 13 ans et 4 mois. 1.500 ouvriers y travaillèrent.

Le tunnel est à une altitude de 1.335 m. Il a coûté 75 millions de francs, et la France en a payé 38 millions.

La 1re machine a franchi le tunnel au mois d'août 1871, et l'inauguration a eu lieu le 17 septembre suivant. L'altitude des plus hautes cimes est de 3.500 m.

712. *Bardonnèche* (Italie). En Italie, l'heure de Rome est en avance de 47 minutes sur l'heure de Paris.

717. *Beaulard.*

723. *Oulx*. On passe la Doire.
729. *Salbertrand*. Pays accidenté. 9 tunnels. Pont de Combascura, à 45 m. du fond d'un ravin.
739. *Chiomonte* (Chaumont).
745. *Meana*-Susa.
753. *Russoleno*. Embranchement (7 kil) pour *Suse* (30 à 35 minutes), à l'entrée du passage des Alpes, nommé le pas de *Suse*.
764. *Sant-Antonio*.
760. *Borgone*.
767. *Condove*.
771. *San Ambrogio*. A droite, abbaye de *St-Michel* (la Sagra di San Michele): 2 h. 1∣2 à pied. Belle vue.
775. *Avigliara*.
780. *Rosta*.
785. *Alpignano*.
789. *Collegno*.
799. *Turin (Torino), porta Nuova*. (B).

II. *Turin (Torino). La Superga. Les Salésiens.*

I. — *Renseignements pratiques*. — La belle *gare* principale, dite *centrale* (porta Nuova) donne sur la belle *place Charles-Félix* (piazza Carlo Felice), que suit le *cours Victor-Emmanuel II* (Corso Vittorio Emanuele II). Ornent la place les statues de *Lagrange*, de *Paleocapa* (ingénieur), et le monument de *Mass. Azeglio* (de 1873).

Les moyens de locomotion sont nombreux: omnibus des hôtels; — omnibus et tramways à 0 f. 10; — voitures de place: à 1 cheval, 1 f. la *corsa* (course) de 6 h. du matin à minuit; à deux chevaux, 1 f. 50.

La poste et le télégraphe sont via *Principe Amedeo*, 10, près de la place Carignan.

Voici *divers hôtels*: *Hôtel Suisse* (Schweizerhof), en face de la gare centrale. Table d'hôte. Restaurant à la carte et à toute heure. Prix 10 f. 25 par jour; pension 8 f. On parle les quatres langues (anglais, français, allemand, italien); — *H. Trombetta et Angleterre*, rue de Rome, (via Roma), près de la gare. Prix modérés. Omnibus. Table d'hôte de 3 f. 50 à 4 f.; 10 f. par j.; — *Hôtel Feder*, de 1er ordre, via S. Francesco di Paola. Chambres à 3 f.; déjeuner 1, 50 f. à 2 f.; dîner 4 f. à 5 f.; service 1 f.; — *Hôtel central*, rue des Finances (via delle Finanze), entre les places Carignan et du Château, près de la rue de Rome, au centre de la ville. Chambres depuis 2 f. Table d'hôte. Service à la carte et à prix fixe. Journaux étrangers. Omnibus à la gare.

Comme restaurants, il convient de citer: le *grand café — restaurant de Paris*, via di Po, 21; — *Concordia*, via di Po, pour les Français; — le *Buffet* de la gare; — *Sogno* au Valentino. Le *vermouth* de Turin est renommé.

II. — *La ville*. — La ville de Turin, anc. capitale du Piémont et du royaume d'Italie, tout près du confluent de la Doire Ripaire (Dora Riparia), située sur la rive gauche du Pô dans une plaine fertile, est une ville industrielle et l'une des plus belles de l'Europe. Ses rues, coupées à angle droit, sont larges, bien pavées et parfois bordées de jolis portiques. Population de 252.800 habitants.

Le centre de Turin est la grande *place du château* (piazza Castello) d'où partent: *la rue du Pô* (via di Po), avec beaux magasins et riches maisons à arcades: elle aboutit à la place *Victor-Emmanuel I* (piazza Vittorio Emanuel I), qui donne accès au magnifique pont du Pô ; — la rue *Dora Grossa* (auj. *Garibaldi*), qui se termine à la *place du Statut* (p. dello Statuto), célèbre par des palais ; — la *rue de Rome* (via Roma) qui finit à la place Charles-Félix et *à la gare*, après avoir traversé la superbe *place St-Charles* (piazza S. Carlo), où se trouve la belle statue en bronze *d'Emmanuel-Philibert* (✥ 1580), œuvre de Marochetti. Il est donc très facile de s'orienter.

Nous commencerons par la *place du Château (piazza Castello)*, au centre de Turin et qui est très belle. 225 m. de long, 166 m. de large.

Palais du roi (Palazzo Reale), nord de la place du Château. Grand édifice simple à l'extérieur, mais richement décoré à l'intérieur. Groupes équestres en bronze de Castor et Pollux, par Abbondio Sangiorgio (1842), sur les piliers de la grille de la cour d'honneur. Dans le vestibule, statue équestre du duc Victor-Amédée Ier mort en 1637. Dans la salle *dite des saints*, portraits des saints et des bienheureux de la maison de Savoie. *Bibliothèque du roi* : 50.000 volum., 2,000 manuscrits, 2,000 dessins. *Jardin Royal. Théâtre royal.* Au Palais du Roi se trouvent annexés le *palais du duc de Gênes* et le *Musée royal des Armures* (Armeria reale), formé par le roi Charles-Albert et que l'on visite au moyen de billets délivrés le matin au Secrétariat de la Bibliothèque, au rez-de-chaussée (on donne au concierge 0 f. 50 à 1 f.). — Salles d'entrées: *saint Michel* tenant Satan enchaîné à ses pieds et le menaçant de son glaive, groupe en marbre de Fenelli; épée du général Bonaparte à Marengo; selles et harnais offerts (1860) au roi Victor-Emmanuel II par les Bolonaises. — Grande galerie: mannequins, avec armures damasquinées, placés sur des chevaux empaillées, et armés en guerre: l'un de ces mannequins représente un écuyer de François Ier, tel qu'il était à Pavie lorsqu'il fut fait prisonnier; son armure est colossale. On remarque aussi l'armure d'Emmanuel-Philibert, un bouclier d'Henri IV, une poignée d'épée de Donatello, les armes du prince Eugène (1706), un médaillier.

Au milieu de la place du Château, le *palais Madame* (Palazzo Madama), seul édifice du moyen âge de Turin flanqué de tours: on l'appelle encore le *Château* (Castello). Bâti par Guillaume de Montferrat (13e s.), réparé et agrandi par Amédée VIII (15e s.), qui l'augmenta de quatre tours, il fut habité (18e s.) par la duchesse de Nemours, mère du roi Victor-Amédée II, d'où son nom de *palais Madame*: c'est elle qui fit élever (1718) la façade par Juvara, dans le style corinthien. Dans le palais, le Sénat tint ses Séances jusqu'en 1865, époque ou Florence devint la capitale du royaume d'Italie. Devant le palais, *il Monumento* (le Monument), dû à Vela et représentant un officier, érigé (1859) par les Milanais au souvenir de l'armée sarde. *Observatoire* (Specola) dans une des tours. Au rez-de-chaussée, *académie de médecine*.

Tout près du Palais Royal, *la cathédrale St-Jean-Baptiste* (San Giovanni). Bâtie en 602 sous sa 1re forme par Agilulphe, duc lombard, époux de la reine Théodelinde, elle fut terminée en 1498 sous sa forme actuelle, qui est dans le style de la Renaissance, par Dominique de Rovère, évêque de Turin. Les princes de Savoie occupaient la tribune à gauche du maître autel. Méritent une attention particulière *la Cène*, de Léonard de Vinci, sur le tympan de la porte occidentale ; — au transept, les statues de *Ste Thérèse* et de *Ste Christine*, du Français Legros; — les 18 petits tableaux, attribués à tort à Albert Dürer, qui décorent le 2e autel à droite ; — la sacristie, avec son beau trésor ; mais surtout la chapelle du *saint Suaire*, pèlerinage célèbre et qui a besoin d'une description particulière.

La chapelle du *saint Suaire* (del Santissimo Sudario), derrière le maître autel, due au P. Guarini, architecte de l'ordre des théatins, forme une véritable église, la plus belle de la ville: c'est une rotonde élevée, entourée de colonnes de marbre noir poli, venant de Côme, et dont les bases et les chapiteaux sont en bronze doré. — Coupole terminée en haut par des voûtes hexagonales qui sont les unes au dessus des autres, de manière à former d'abord des ouvertures triangulaires, puis, en diminuant de plus en plus une sorte d'étoile à jour, au sommet, et à travers laquelle on aperçoit la voûte avec l'Esprit-Saint. Pavé d'un beau marbre bleuâtre avec incrustation d'étoiles en bronze doré. — La chapelle renferme: le monument de la reine Marie-Adélaïde, morte en 1855, de Revelli, et les quatre statues suivantes que le roi Charles-Albert a fait ériger en (1842) entre les quatre arcs libres: Amédée VIII (✠ 1451), par Cacciatori; Emmanuel-Philibert (✠ 1580), par Marchesi; Thomas de Carignan, tige des rois actuels (✠ 1656); par Gaggini : Charles-Emmanuel II (✠ 1819), par Fracearoli. L'autel, en marbre noir, contient une châsse d'argent enfermant l'insigne relique du *saint Suaire*, linceul dans lequel fut enseveli Notre Seigneur. Apportée d'Orient par un seigneur de Charny (14e s.), cette relique fut d'abord placée dans une Eglise de Champagne. Au milieu du 15e s., Marguerite de Charny la donna à la mère de François Ier, Louise de Savoie, qui la déposa à Chambéry, d'où elle fut transportée à Turin en 1578 par Philibert-Emmanuel, qui voulut, en la circonstance, « éviter la fatigue du long voyage à saint Charles Borromée, parti de sa ville en pèlerin pour aller visiter le saint Suaire. » Le pèlerin qui va en Italie ne doit pas manquer d'aller vénérer le saint Suaire.

Place du Château, église bizarre de *St Sauveur* ou *Laurent* (San Lorenzo), du P. Guarini : dôme remarquable du maître-autel ; ce dôme est composé de deux coupoles rondes superposées.

Près de la place du Château, *palais Carignan*, *place Carignan* (piazza Carignano), dû au P. Guarini (1680) et décoré d'ornements en terre cuite: *Musée d'histoire naturelle*. C'était la résidence des princes de la maison royale. Le Conseil d'Etat et la Chambre des députés y tinrent leurs séances de 1848 à 1865. Sur la place est le *théâtre Carignan*, et tout près, la *statue de Vincenzo Gioberti* (1859), par Albertini. — A l'est du palais, statue du *roi Charles-Albert* (1861) par Marochetti, sur la *place Charles-Albert* (piazza Carlo Alberto), au S.-E. de laquelle on trouve la *place Charles-Emmanuel* II (Carlo Emanuele II), avec le monument *de Cavour*, de 1873, par Dupré.

En venant de la place du Château, on prend la via Garibaldi. On peut voir : *Sainte-Trinité* (Santa Trinità), église, avec rotonde due à Vitozzi ; — l'église des *Saints Martyrs* (Santi Martiri); tombeau de J. de Maistre; — l'église *Ste-Marie-des-Carmes* (Beata Vergine del Carmine), dans la rue du même nom, — et celle de *Sta Maria di Piazza*, qui remplace une très ancienne église (via Sta Maria).

De même, de la place du Château, en prenant la rue de Rome, on arrive à la *place St-Charles*, comme nous l'avons vu: là sont les *églises Saint-Charles* (S. Carlo), *Ste-Christine* (Sta Cristina), dont la façade est remarquable.

De la place du Château, en passant par le cathédrale, on prend la via *della Basilica*: église *Santi Maurizio e Lazzaro*, en croix grecque. On gagne la via S. Domenico (église *San Domenico: Saint Dominique*; la *Ste Vierge, l'enfant Jésus et St Dominique*, tableau du Guerchin), la via Milano et la piazza *Emanuele Filiberto* (Emmanuel-Philibert), sur le *Corso Regina Margherita* (Cours de la Reine Marguerite), qui va d'un côté vers la Doire et de l'autre au Pô, dont n'est pas très éloignée *Ste-Julie* (Giulia). Près de la place, l'église des *Feuillants* ou *de la Consolata* (N.-D. de la Consolation), dans la rue même du nom, du 17° s.: chapelle avec image vénérée de la Ste Vierge; sous la coupole de la chapelle, deux statues agenouillées, par Vela, en marbre blanc: *Marie-Thérèse*, femme de Charles-Albert, *Marie-Adélaïde*, femme de Victor-Emmanuel II, mortes en 1855; galerie à droite remplie d'ex-voto. Devant l'église, colonne avec statue de la Sainte Vierge.

Entre l'église des SS. Maurice et Lazare et la rue Garibaldi sont: *l'église du St-Esprit* (Spirito Santo), le *Corpus Domini* et, au nord de celles-ci, St-Dominique (San *Domenico*), rue du même nom, ci-dessus. L'église *Corpus Domini* (17ᵉ siècle) fut élevée par l'architecte Vitozzi. Elle à été restaurée et embellie (1753) par le comte Alfieri, décurion de Turin.

La rue Ponte Mosca conduit de la place Emmanuel-Philibert à la Doire : église *San Gioachino* (S.-Joachim).

III. — Au sud de la place Carlo Emanuele, — église *Sainte-Croix* (Santa Croce). En prenant la via San Massimo, on trouve : 1° *la place Cavour* (piazza Cavour), sur l'emplacement des anciens remparts : buste du marquis Des de Villamarina ; — 2° *Saint-Maxime* (San Massimo), église dédiée a St Maxime, 1ᵉʳ évêque connu de Turin (✠ 466). Véritable Panthéon d'une riche architecture, elle a été bâtie en 1846 et ornée de peintures modernes.

En suivant la via San Massimo, on gagne le cours *Vittorio Emanuele*, puis le *Jardin public* (vers le Pô), aussi appelée *Jardin des Remparts* (Giardino dei Ripari). Non loin de ce jardin sont le *théâtre Balbo* et le *Jardin botanique* (Orto botanico), près duquel on remarque le *nouveau Jardin public* (Nuovo Giardino pubblico), sur le bord du Pô : c'est une *promenade* (ouverte en 1856) fréquentée, de même que les *boulevards* plantés d'arbres et qui font le tour de la ville, offrant aux promeneurs de beaux points de vue sur les montagnes et sur la campagne. Au sud du jardin botanique, le *Corso del Valentino*, promenade agréable.

A la place Carlo Alberto aboutit la rue Lagrange : *église Saint-Philippe de Néri* (San Filippo Neri), du 18° s., et, l'une des plus vastes de la ville. On y remarque : *Extase de St Philippe de Néri*, par Solimena, très beau tableau ; — la *Conception*, tableau de Vanloo; — jolie peinture de Carlo Maratta : la *Vierge et les Saints;* — *Cène à Emmaüs*, de Tipolo.

La place Carlo Emanuele est traversée *par la via Albertina* où se trouve l'*Académie albertine des Beaux-Arts* (Accademia A. di belle Arti), vers la rue du Pô, où commence la via Albertina. Cette académie possède de belles collections, la *copie de la Vierge de Lorette*, de Raphaël, etc. Au delà de la rue du Pô, via *Rossini (Teatro Vittorio Emanuele)*, dans laquelle prend la via *Gaudenzio Ferrari*, où se trouve le *Museo municipale* : peintures et sculptures modernes, musée préhistorique, ethnologique et du moyen âge. Près de ce Musée, via Montebello, *Mole (Antonelliana)*, bel édifice dont la coupole est surmontée de galeries à colonnes et d'une statue en bronze doré.

De la place du Château, en suivant la rue du Pô jusqu'au Pô, on trouve : 1° le *palais de l'Université (palazzo dell'Università): bibliothèque* de 200.000 v. et 3.000 manuscrits ; beau portique sous lequel sont rangées des statues, des inscriptions grecque et latines ; — 2" *l'église St-François de Paule* (S. Francesco di Paola), à l'intersection de la rue du même nom et de la rue Pô. Cette église fut construite par Pellegrini, sur la demande de la duchesse Christine de France. Tableau de gauche, représentant *Louise de Savoie* priant St François de Paule de lui obtenir un fils (ce fut le roi François Ier); —

3° le *théâtre Sutera ou Rossini;* — 4° la belle *piazza Vittorio Emanuele I.*

IV. — Pour terminer nos excursions dans la ville de Turin, il ne nous reste plus qu'à parler de l'*Académie des Sciences* (Accademia delle Scienze), rue du même nom, près de la place Carignan. Ce palais renferme : — 1° la *collection numismatique,* 24.000 pièces; — 2° les *antiquités* grecque et romaine : tête colossale de *Junon,* dans laquelle le prêtre se mettait pour rendre des oracles; — statue de *Minerve,* en bronze ; — *Cupidon* endormi sur une peau de lion; — tête d'Antinoüs, etc.; — 3° le plus beau *musée égyptien* qui existe, dit-on ; il fut rassemblé par M. Drovetti, consul français en Egypte; mais son gouvernement refusa de l'acheter: *papyrus dit de Turin,* contenant les tables de Manéthon; *papyrus* divers; statues de *Sésostris, d'Aménophis II,* de *Jupiter Ammon,* etc; — 4° la *Bibliothèque* (150.000 v. — 5°, La *Galerie de 500 Tableaux* ou *Pinacothèque royale* (Pinacoteca regia). Nous signalerons: *Moïse sauvée des eaux,* de Paul Véronèse; — *la reine de Saba visitant Salomon,* du même; — la *Madeleine lavant les pieds de Jésus,* chef-d'œuvre du même: les personnes représentées, sauf le Christ, ont le costume vénitien; — la *Vierge au rideau* ou *à la tente,* de Raphaël; — la *Ste Famille,* de Rubens; — *retour de l'enfant prodigue,* du Guerchin; — les *disciples d'Emmaüs,* du Titien; — *portrait de Paul III,* du même; — la *Passion,* de Memling; — la *Madone,* de Cesare da Sesto; — *déposition de croix,* de Gaudenzio Ferrari; — *St Pierre,* du même; — *Samson* de Honthorst; — *Ste Famille,* de Van Dyck; —

portrait de Charles Ier, *d'Angleterre; ses enfants,* du même; — *portrait de rabbin,* de Rembrandt; — *bourgmestre,* du même; — *Chasse au sanglier,* de Rubens; — *4 vaches,* de Paul Potter; — *l'aurore,* de Claude Lorrain; — *coucher de soleil,* du même; — *bataille de la Bicoque,* de Ph. Wouwerman; — les *quatre éléments* (le feu, la terre, l'eau, l'air), de l'Albane; — *Œnone et Pâris,* de Van der Werff; *Homère,* de Ribera; — *Hercule dans le bivoie* (entre le vice et la vertu), de Battoni; — *Copies sur porcelaines* par Constantin.

Au-dessus du palais de l'Académie, édifice carré anc. observatoire.

V. — *La Superga ou Soperga et la Montagne. Eglise Gran Madre di Dio.* — Nous avons vu que la piazza Vittorio Emanuele I, qui termine la via di Po, donne accès au beau pont du Pô (de 1810). Si l'on franchit le Pô, on rencontre le *monument de Victor-Emmanuel* Ier, puis l'église *Gran Madre di Dio* (la Grande Mère de Dieu) ou *Notre-Dame,* sur une hauteur, bâtie en 1818 sur le modèle du Panthéon romain, pour perpétuer le souvenir du retour du roi Victor-Emmanuel Ier en 1814. Des deux côtés de l'escalier, groupes sculptés représentant, l'un la *Foi,* l'autre la *Charité.* Les belles colonnes monolithes du péristyle sont de granit.

A quelque distance de l'église, au sud (1|4 d'heure du pont : chemin de fer funiculaire), on arrive à la colline del *Monte* (du Mont). Eglise et couvent *des Capucins* (dei Cappuccini). Vue magnifique de la colline: chaîne des Alpes, sommets neigeux du mont Rose, le mont Cenis, le mont Viso, vallée de

Suse. Malheureusement, le brouillard empêche souvent de jouir du panorama. — Sur la même colline *villa della Regina* (villa de la Reine), séjour d'été qui tire son nom d'Anne d'Orléans, femme de Victor-Amédée II: elle est située à l'extrémité de la rue du même nom, que l'on prend au nord-est de l'église Gran Madre di Dio.

A quelque distance du Pont, la *Superga*, à 7 kil. 400 nord-est de Turin. De Turin il faut 2 h 1[2 à pied. On peut aussi prendre des voitures. Le trajet le plus agréable se fait par le tramway à vapeur et le chemin de fer funiculaire de Turin à la Superga: une heure de trajet; 1re classe, 2 fr. 35; 2e classe, 1 f. 70; départ par la place du Château. Au sommet de la haute colline, église bâtie par Juvara, et qui sert de sépulture à la maison de Savoie. L'abbaye fut fondée par Victor-Amédée III en souvenir de la levée du siège de Turin par les Français (1706). Point de vue magnifique de la chaîne des Alpes.

VI. — *Les Salésiens, Val-Salice et Valdocco. Tombeau de Don Bosco. Eglise de N.-D. Auxiliatrice.* — Le pieux pèlerin ne manquera pas, dans son passage à Turin, de rendre visite aux Pères Salésiens à Val-Salice et à Valdocco.

Les Pères Salésiens sont une congrégation de prêtres fondée par Don Bosco, de sainte mémoire, sous la protection de Marie Auxiliatrice et de Saint François de Sales, pour la jeunesse pauvre et abandonnée. L'œuvre commença (1841) par un simple catéchisme fait par Don Bosco à Turin dans *l'église Saint-François-d'Assise* (San Francesco d'Assisi);

elle comprend : 1° *oratoires* pour jours de fête, avec jardins de récréation, pour les enfants les plus abandonnés ; exercices de piété, écoles, délassements ; — 2° *écoles du soir*, pour ouvriers plus âgés ; — 3° *écoles du jour*, pour enfants mal vêtus que les écoles publiques ne reçoivent pas ; — 4° *orphelinats*, asiles pour jeunes gens pauvres et abandonnés, dont les uns suivent les études classiques et supérieures ; les autres sont préparés aux divers métiers ; quelques-uns sont dirigés vers le sacerdoce en vertu de leur vocation ; — 5° *colonies agricoles*, pour orphelins et orphelines (celles-ci confiées aux Sœurs de Marie-Auxiliatrice) ; — 6° *Missions étrangères* pour l'Amérique du Sud ; — 7° *diffusion* de la bonne presse.

Aujourd'hui 300.000 enfants sont élevés dans les maisons Salésiennes, qui, chaque année, rendent à la société 35.000 citoyens devenus bons chrétiens.

La maison mère de la congrégation se trouve via Cottolengo, 32, où un oratoire reçoit 1.000 enfants ; le séminaire, à Val-Salice. Le supérieur général est Don Rua, successeur immédiat de Don Bosco. La congrégation admet des laïques comme coopérateurs. S'adresser pour les renseignements et les diplômes à la maison mère. *L'association des coopérateurs*, sorte de tiers ordre fondé par Pie IX, procure à ses membres de nombreux avantages spirituels ; chacun reçoit en outre le *Bulletin Salésien*, mensuellement tiré à 80.000 exemplaires.

Enfin, les dons en nature ou en argent sont reçus avec la plus vive reconnaissance.

Maintenant dirigeons nos pas d'abord vers *Val-Salice*, à une 1[2 heure environ de la gare centrale.

Après être débarqué à Turin, on suit le *Cours Victor-Emmanuel* II (Corso Vittorio Emanuele II). Ce cours, très bien tenu, bordé de constructions opulentes, va de la gare 1° à gauche aux abattoirs, (cette partie renferme le *monument de Victor-Emmanuel* II.); 2° à droite, au Pô. On y trouve (à dr.) le temple Vaudois, de (1851-53), peu éloigné de la Synagogue (1880-84), et l'église *San Giovanni l'Evangelista* (St-Jean l'Ev.); puis on traverse le pont de fer Marie-Thérèse, construit en 1840; on arrive par un chemin vicinal, d'où l'on a de beaux points de vue sur les collines, au séminaire salésien, sur la riante colline de *Val-Salice* (vallée des saules), ou mieux de *Val-Sales*, vallée de St François de Sales, car on voit, au-dessus de la maison, une construction élevée (forme de chapelle) en souvenir d'un séjour de saint François de Sales en ces lieux.

L'édifice, étagé sur la colline, est d'un coup d'œil agréable. Entre les deux ailes, cour d'honneur disposée en jardin; autour d'elle règne un portique. Les deux ailes s'élargissent en se prolongeant sur une grande cour intérieure, ornée de belles arcades, avec des allées de platanes. Sur le devant du jardin, près de la *chapelle du Séminaire*, reposent les restes mortels de *Don Bosco* (31 janvier 1888) dans un beau mausolée.

Le *mausolée* comprend deux parties superposées. En bas, le *tombeau* proprement dit, qui contient le corps et l'urne funéraire; en haut, dans le plan de la cour d'honneur, petite chapelle demi circulaire, avec autel de marbre, dans l'abside, fresque de Rollini, ancien élève de l'Oratoire de Valdocco, représentant une *Pietà*. De la grande cour inférieure, un large escalier, prenant naissance sous le portique, donne accès sur le palier où la tombe a été pratiquée, dans le mur en face de soi, et qui soutient le terre-plein de la cour d'honneur. Bas-relief de marbre blanc représentant *Don Bosco*, en habits sacerdotaux, dans l'attitude qu'il a dans le cercueil; il recouvre l'endroit précis où se trouve le corps, 1 m,50 de hauteur (1).

Sous les grands arbres de la cour d'honneur, les 600 membres du pèlerinage ouvrier de Paris, dont faisait partie l'auteur du présent *Guide*, ont reçu la plus gracieuse hospitalité, le 23 septembre 1891, en allant à Rome : ils en conserveront toujours le plus doux souvenir.

Valdocco est à l'opposé de *Val-Salice*. Voici l'itinéraire à suivre de la gare centrale: piazza Carlo-Felice, via Roma, — piazza San Carlo, — via Santa Teresa, église *Santa Teresa* (Ste Thérèse): — via San Francesco d'Assisi (église *San Rocco*: saint Roch par Lafranchi, de 1667) — via Garibaldi, — *piazza Savoia* (place de Savoie: *monument Siccardi* dont la vue est pénible aux catholiques, élevé en forme d'obélisque, pour rappeler l'abolition des tribunaux ecclésiastiques et l'établissement du mariage civil, réforme proposée par le ministre Siccardi). — Via della Consolata (église *de la Consolata*, décrite plus haut), qui traverse le cours Reine-Marguerite pour aboutir à *via Cottolengo* (au N° 32, maison mère des Salésiens), laquelle se termine à la Doire, en coupant le *Corso Principe Oddone* (Cours du prince Odon).

On pourrait prendre la via Roma, la piazza Cas-

(1) Renseignements puisés dans le *Bulletin Salésien* d'octobre 1891.

tello, la via Garibaldi, la piazza Savoia et le Corso Regina Margherita.

A la maison mère, via *Cottolengo* 32, l'Oratoire renfermant 1.000 enfants ou jeunes gens.

La merveille de *Valdocco* est *l'église de Notre-Dame Auxiliatrice* (Sta Maria Auxilium Christianorum) due à la foi de Don Bosco. Consacrée en 1868, décorée spécialement de 1888 à 1892, cette église a fêté solennellement, le 8 décembre 1891, le cinquantenaire de l'Œuvre Salésienne : le même jour on a établi dans cette église l'adoration quotidienne universelle du Saint Sacrement. Nous en donnons la description dans les lignes suivantes :

Notre-Dame Auxiliatrice a la forme d'une croix latine. On y remarque :

1° La façade en style moderne.

2° L'admirable coupole, avec la statue de la Sainte Vierge ; un escalier permet de gagner le sommet, à 70^m de la base.

3° Les deux clochers, surmontés d'une statuette en cuivre doré, de 2^{m}50 de haut, et représentant *l'archange Gabriel*, offrant une couronne à la Sainte Vierge ; *l'archange Michel*, laissant flotter un étendard portant l'inscription « *Lépante* ». Dans un clocher, carillon de 8 cloches, mues par une roue, et pouvant exécuter des morceaux de musique, des marches militaires.

4° L'intérieur est imposant : nombreuses colonnes ; pavement élégant ; beaux bénitiers ; tribune d'orchestre pour 300 musiciens ; chaire en bois de noyer ;— à la voûte : apothéose *de Saint François de Sales*, et *renversement* de l'hérésie.

5° Les chapelles et autels. 1° de *Ste-Anne* à droite

très riche, en marbre divers; tableau de *Ste Anne S. Joachim, Marie lisant la Bible*; — 2° *S. Pierre*, dans le bras droit: *Jésus remettant les clefs à S. Pierre*; vitraux de la délivrance de l'Apôtre; — 3° *S.-Cœur*, à gauche en face de Ste Anne: le *Sacré-Cœur de Jésus et le S. Cœur de Marie* ; S. Joseph, dans le bras gauche: vitraux de la *fuite en Egypte*, — 5° Magnifique maître-autel, etc.

La majestueuse coupole représente en peintures variées l'histoire de N-D Auxiliatrice, par Rollini, peintre remarquable sorti de l'Oratoire de Valdocco. Cette coupole circulaire, de 17 m. de diamètre sur 9 m. de hauteur, repose sur un socle distant d'un mètre de la grande corniche sur laquelle on lit des textes de la sainte Ecriture se rapportant aux faits représentés dans les peintures. Voici la description des peintures de la coupole:

1° La *Vierge Auxiliatrice*, assise sur un trône majestueux, tient son divin Fils dans ses bras ; ses traits sont d'une simplicité et d'une pureté toute céleste. Au-dessus, dans une nuée, le *Très-Haut* dans sa gloire; plus haut plane un ange, qui jette dans les airs le *Fecit mihi magna qui potens est*. Une myriade d'anges occupent la voûte céleste; plus près du trône de Marie, on voit les archanges, dont *St Michel*, avec des balances à la main, tient la place d'honneur.

2° A droite de Marie : *Saint Joseph*, patron de l'Eglise universelle, en extase; puis, les chœurs angéliques, les foules d'élus, chantant les louanges de leur Mère. A gauche : *groupe de saints : S. François de Sales, S. Charles Borromée, S. Philippe de Néri, S. Louis de Gonzague, S. Basile, Ste. Thérèse, S. Jean-*

Baptiste et autres saints des maisons Salésiennes.

3° A droite du trône de Marie, vers la partie inférieure de la coupole, *groupe* occupant ¹/₁ de la circonférence : *S. Jean de Matha*, fondateur des Trinitaires (avec S. Félix de Valois): il porte deux croix, dont une, rouge, dessinée sur le scapulaire; *S. Pierre Nolasque*, fondateur de la Merci (après une apparition de Marie à lui et à S. Raymond de Pennafort): scène d'un marché d'esclaves, avec S. Raymond Nonnat, traitant du rachat d'un captif.

4° En face du trône de Marie, *groupe dit de la rescousse* : princes chrétiens ligués (1571) contre les Turcs ; *Mocenigo*, doge de Venise; — *Emmanuel-Philibert*, duc de Savoie, qui donne la main au roi *Philippe II*, lequel indique du doigt *don Jean d'Autriche*, le vainqueur de Lépante; — le grand capitaine *Marc-Antoine Colonna*, envoyé par le pape; — *Sébastiano Verniero*, général vénitien, puis doge; — *comte André Provana de Leyni*, capitaine général d'Emmanuel-Philibert; — *S. Pie V*, dans sa majesté; — *étendard*, tenu par les anges, représentant la bataille de Lépante (1571), en souvenir de laquelle le pape fit ajouter aux litanies le titre d'*Auxilium Christianorum*.

5° Rollini représente ensuite le héros polonais *Sobieski*, qui sauva l'Autriche de l'invasion turque en 1683. Le héros monte le cheval blanc du grand vizir; il est comme en extase devant Marie, et près de lui un *porte-étendard* présente à N.-D. Auxiliatrice l'étendard musulman enlevé aux Turcs. C'est après cette victoire que le pape Innocent XI institua la fête du *Saint Nom de Marie*.

6° Pie VII, rentré à Savone en 1814, rendu à la

liberté, institua une fête (pour le 24 mai) en l'honneur de Marie Auxiliatrice: le peintre représente *Pie VII* lisant la bulle qui établit cette fête.

7° Enfin, un dernier groupe est consacré à la *Société Salésienne*, née par l'intervention de Marie Auxiliatrice, qui n'a cessé de la protéger: *Don Bosco*, de grandeur naturelle, recevant des *Patagons*, présentés par Mgr. Cagliero; — plus loin, les *sœurs de Marie-Auxiliatrice*, à l'attitude pieuse; — *missionnaires* au milieu des *sauvages*; — de l'autre côté, aux pieds de Marie, les *Salésiens*, accomplissant leurs fonctions variées (1).

8° A la base de la coupole, les quatre docteurs SS. Athanase, Augustin Ambroise, Chrysostome.

En un mot, l'ensemble de la décoration de la coupole mérite tous les éloges.

VII. *Résumé des églises, monuments, etc. décrits.*

Académies (Accademie):
  Beaux-arts (Belle arti) III
  Médecine, palais Madama.
  Sciences: voir *palais*.
Bibliothèques (biblioteche, librerie).
  Académie des Sciences.
  Royale, palazzo Reale.
  de l'Université.

Boulevards en général, voir *cours*.
Café (Caffè) . . . I
Cours (Corsi):
  Principe Oddone VI
  Regina Margherita II
  del Valentino . . III
  Vittorio Emanuele II, I. III. VI.
Couvents voir *il Monte*.
Eglises, chapelles (Chiese, capelle).

(1) D'après le *Bulletin Salésien* de décembre 1891.

Cappuccini del monte V
S. Carlo . . . II
La Consolata (feuillants) II
Corpus Domini . II
Sta Cristina . . »
» Croce . . . III
S. Domenico . . II
» Filippo Neri . III
» Francesco d'Assisi VI
S. Francesco di Paola III
S. Gioachino . . II
» Giovanni (cattedrale) II
S. Giovanni l'Evangelista VI
Sta Giulia . . . II
S. Lorenzo (Sauveur) II
Gran Madre di Dio V
Sta M. Auxil. Christianorum . . . VI
Sta M. del Carmine II
» » di piazza . »
S. Massimo . . III
SS. Martiri . . II
» Maurizio e Lazzaro II
S. Rocco . . . VI
Spirito Santo . II
Santo Sudario, à Santo Giovanni.
La Superga . . V
Sta Teresa . . VI
» Trinità . . II
Galerie de Tableaux (Galleria di quadri), à l'Académie des Sciences.
Gare(la) (la Stazione) I
Hôtels (Alberghi) . »
Jardins (Giardini, Orti).
Giardino pubblico III
» dei Ripari »
Nuovo G. pubblico »
Giardino Reale . II
Orto botanico . III
Mole Antonelliana . »
Monte (il) V
Musées (Musei)
Antiquités, à l'Ac. des Sciences.
Armures, au palazzo Reale.
Egyptien, à l'Ac. des Sciences.
Municipal, ethnologique III
Numismatique, à l'Académie des Sciences.
Naturelle (histoire) palazzo Carignano.
Peinture (Ac. Scienc[s]).
Observatoires (Specole) II et IV.

Palais (Palazzi):
  Ac. delle Scienze . IV
  Carignano . . II
  Duc de Gênes . »
  Madama . . . »
  Reale . . . »
  Università . . III
Pinacothèque Royale (Pinacoteca Regia), à l'Académie des Sciences.
Places (Piazze):
  Carignano . . II
  S. Carlo . . . »
  Carlo Alberto . »
  » Emanuele II, . II, III.
  Carlo Felice . . I
  Castello . . . II
  Cavour . . . III
  Emanuel-Filiberto . II
  Savoia VI
  dello Statuto. . II
  Vittorio Emanuele I, II, III.
Ponts (Ponti):
  du Pô . . II, V
  du fer . . . VI
Postes, télégraphes (Poste, telegrafi) . . I
Promenades (Passeggi), voir *Cours, Jardins, il Monte.*
Restaurants (Ristoranti, Trattorie) . . I
Rues belles (belle Vie):
  Via Dora Grossa . II
  » Garibaldi . »
  » di Po . II, III
  » Roma . . II
Salésiens (les) . . VI
Statues, monuments (Statue, monumenti):
  M. d'Azeglio, piazza Carlo Felice.
  Don Bosco, Salésiens.
  Carlo Alberto, piazza Carlo Alberto.
  Cavour, piazza Carlo Em.
  Em. Filiberto, piazza S. Carlo.
  V. Gioberti, près du palazzo Carignano.
  Lagrange, piazza Carlo Felice.
  il Monumento, devant le palazzo Madama.
  Paleocapa, piazza Carlo Felice. Siccardi, piazza Savoia
  V. Emanuel I . V
  V. Emanuel II . VI
  Voir *Églises*, etc.
La Superga . . . V
Temple Vaudois (Tempio Valdese) . . . VI

Synagogue (Sinagoga) »
Théâtres (Teatri):
  Balbo, près du giardino pubblico.
  Carignano, piazza Carignano.
  Reale, palazzo Reale.
  Rossini (Sutera), via di Po.

V. Emanuele, via Rossini.
Université (Università).
  V. à *palais*.
Valdocco . . , . VI
Val-Salice . . . . »
Villa della Regina . V
Voitures, omnibus (Vetture, omnibus. I, V

CHAPITRE II.

De Turin (Torino) à Milan (Milano). — Milan (Milano). Les environs.

I. *Ligne de Turin à Milan... 150 Kilomètres.*

Trains commodes, prenant seulement des 1res et 2mes classes *Turin*, départ... 8^h 30 du matin, — 2^h 25 du soir, — 7^h 42 du soir: *Milan*, arrivée 11^h 40 du soir, — 5^h 30 du soir, — 10^h 58 du soir.

  Torino (Turin), porta Nuova (B).
6 *Torino*, Porte de Suse.
  On franchit la Dora Riparia et la Stura, qui se jettent dans le Pô.
17 *Settimo*.
  Ligne de Cuorgnè.

24 *Brandizzo*.
  On franchit le Mallone et l'Orco.
29 *Chivasso*.
  Ligne d'Ivrée.
35 *Torrazza di Verol*.
  On passe la Dora Baltea.
40 *Saluggia*.

47 *Livorno-Vercellese.*
51 *Bianzé.*
57 *Tronzano.*
59 *Santhià.*
  Ligne de Biella.
65 *S. Germano.*
  Vue du mont Rose.
79 *Vercelli* (Verceil), sur la droite de la Sesia. Église *Sant'Andrea* près de la gare.
  Ligne d'Alexandrie.
  On passe la Sesia.
84 *Borgo Vercelli.*
91 *Ponzana.*
  On franchit l'Agogna.
100 *Novara* (Novare) (B).
  Église *S. Gaudenzio*, qui domine la ville.
  Ligne d'Alexandrie à Arona, de Novara à Gozzano.
110 *Trecate.*
  Pont de 11 arches sur le Tessin.
  On passe le *Naviglio Grande*, canal qui relie Milan au Tessin et au lac Majeur.
122 *Magenta*. Victoire des Français (4 juin 1859)
128 *Vittuone.*
136 *Rho* : voir environs de Milan.
  On franchit l'Olona.
150 *Milano* (Milan). (B)

II. *Milan* (Milano). *Les environs.*

I. — *Renseignements pratiques.* — La gare centrale (stazione centrale), monumentale, inaugurée en 1864, est un peu en dehors des portes: des peintures et des fresques la décorent.

Omnibus et tramvays : 0ᶠ 10. Prix de l'omnibus à la course 0ᶠ 25, plus 0ᶠ 25 par colis.

Les voitures citadines ou *broughams* (on prononce *broumm* et généralement *brougans*) ont les tarifs suivants : pour la ville, la gare et les faubourgs, de 6ʰ du matin à 1ʰ du matin: 1ᶠ la course de 30 minutes; 1ᶠ 50 de 1ʰ; de la gare à la ville, 1ᶠ 25. Colis ne tenant pas à l'intérieur, 0ᶠ 25. De 1ʰ à 6ʰ du matin, 1ᶠ 25.

On trouve des portefaix, pour transporter les bagages en ville, au prix de 0ᶠ 50.

Poste, rue dei Rastrelli, près de la place du Dôme.

Télégraphe, près de la Bourse, place des marchands (piazza dei Mercanti), près du Dôme.

Hôtels: de *France*, Corso Vittorio Emanuele, 17-19. Chambres depuis 2ᶠ; 12ᶠ par jour; pension depuis 9ᶠ à 10ᶠ. Service à la carte. Table d'hôte. On parle les 4 langues. Cuisine française. Journaux. Bains. Fumoir. Omnibus à la gare; — *Saint-Michel*, près du Dôme. Chambres depuis 1ᶠ 50; table d'hôte à 3ᶠ 50, vin compris. On parle les 4 langues; — h. *Pension Suisse*, près du Dôme. 8ᶠ par jour; pension 6ᶠ 50; chambres depuis 1ᶠ 50; restaurant. *Tramways* de la gare, 0ᶠ 10; — h. *Gran Brettagna*, de 1ᵉʳ ordre, via Torino, 45, près du Dôme. Très confortable: 10ᶠ 25 par jour; pension 8ᶠ; — h. *Restaurant Rebecchino*, via (rue) Santa Margherita, 16, près de la Cathédrale. Service à la carte, à toute heure: 12ᶠ par jour la pension: — h. *du Nord*, place de la gare centrale, à droite, en sortant. Sans le vin 9,75 par jour; 8ᶠ la pension; chambres depuis 1,50; jardin; — *hôtel Central* S. Marc, près du Dôme, 11,25 par jour; pension 8ᶠ; chambres depuis 1,50; table d'hôte 4ᶠ; restaurant à toute heure; omnibus à la gare.

Restaurants. *Hôtel Suisse* et *Rebecchino*, ci-dessus; — *Fumagalli, Gnocchi*, tous deux Galerie; — *Victor-Emmanuel*; — *Buffet de la gare*; — *Orologio*, place du Dôme.

II. *La Ville.* — Milan, la *Grande*, anc. capitale de la Lombardie, est une ville importante sur la rive gauche de l'Olona, au milieu d'une plaine fertile. Trois canaux l'alimentent: le *Naviglio Grande*, le *canal de Pavie*, la *Martesana*. De grandes voies se dirigent du centre, qui s'appelle la *place du Dôme* (piazza del Duomo), vers les portes. Sa position est magnifique, au débouché des grandes routes du Simplon, du Saint-Gothard et du Splügen. Population 321.800 habitants.

Parmi les belles voies qui font communiquer la *piazza del Duomo* (place du Dôme), centre de Milan, avec les différents quartiers de la ville, il convient de citer: 1° le *Corso di Porta Vittoria*, menant à la *porta Tosa* ou *Vittoria*; — 2° le *Corso Vittorio Emanuele*, qui part du Dôme et renferme les plus beaux magasins; — 3° le *Corso di Porta Venezia*, qui le suit (églises *San Carlo*, Saint Charles et *San Babila*, Saint Babylas; (palais *Busca-Serbelloni*) et aboutit à *Porta Venezia* (p. de Venise), où commence le magnifique *boulevard* entourant la ville jusqu'à la *piazza d'Armi* (place d'Armes); de celle-ci part le *Corso Garibaldi*, qui se termine à la *Porta Comasina* (Garibaldi), à peu de distance de la *Porta Nuova* (près de la gare centrale; — 4° la galerie *Vittorio Emanuele*, dont nous parlerons plus loin: elle met en relation le Dôme avec la gare par la *via Alessandrio Manzoni* et 1° par la *via Principe Umberto* (Prince Humbert), commençant comme la *via Manin* (Musée Municipal) à la *place Cavour*; 2° par le *Corso di Porta Nuova*, que coupent la *via Montebello* et la *via Moscova* (cette dernière entre le *Corso Garibaldi* et la *via Manin*); — 5° le *Corso di Porta Romana*, menant à la *Porta Romana*: ce Corso conduit au Dôme par la belle *via Carlo Alberto* (rue Charles-Albert).

Les boulevards autour de la ville servent de lieux de promenade, de même que les *Jardins publics* et *Royal*, la galerie *Vittorio Emmanuele*, etc.

Pour arriver au Dôme, nous suivrons l'itinéraire le plus direct, en faisant connaître les curiosités du chemin. De la *gare* (la stazione), on franchit la *Porta Nuova* (porte Neuve) et on prend le *Corso di Porta Nuova* (cours de la porte Neuve) jusqu'à la *Piazza Cavour* (place Cavour), admirablement située à l'intersection de plusieurs rues (*via Manin*, *via Principe Umberto*, *via Palestro*). Beaux *Jardins publics* (Gardini pubblichi), qui s'étendent entre le *Corso di Porta Venezia*, la *via Manin*, et la *piazza Cavour*: à l'entrée, statue en bronze de *Cavour* (1865). La *via Palestro* les sépare du *Jardin Royal* (Giardino Reale).

Contigus aux Jardins publics: 1° *Musée municipal* ou *civique* (Museo civico), de 1863: musée ethnographique, anatomique et d'histoire naturelle; — et 2° *musée artistique municipal*, de 1878: tableaux, bronzes, monnaies, verres, ivoires, faïences, etc.

Au delà de la *piazza Cavour*, on prend la via Alessandro Manzoni: église *San Paolo* (St-Paul); *Musée Poldi-Pezzoli*, au coin de la via Morone: pièces d'orfèvrerie, armes, tableaux, bronzes, meubles, etc. — A l'extrémité de la via A. Manzoni, superbe *théâtre de la Scala*, un des plus beaux de l'Italie, bâti en 1778 sur l'emplacement de l'église Santa Maria della Scala. La *place de la Scala* (piazza della Scala) possède un square et la statue de *Léonard de Vinci* (1872). A peu de distance, par la *via Bossi*, église *San Tommaso* (St-Thomas). Au sud de la place, église *San Fedele* (St-Fidèle), de 1569 ; et à l'est, le *palais Belgiojoso* (de 1777), piazza Belgiojoso.

III. — De la Scala, on peut se rendre au Brera par la *via di San Giuseppe* (rue Saint-Joseph), la *via di Brera*. Près de là, église *Santa Maria del Carmine* (Ste Marie-des Carmes), de 1268 et 1446 : peintures ; restes de tombeaux sous les arcades du porche.

Le *Brera, palazzo delle Scienzi ed Arti* (palais des Sciences et des Arts), une des curiosités de Milan, appartint à l'ordre des Humiliés, puis à celui des Jésuites. Cour entourée de deux étages de portiques avec statues ; au milieu de la cour, statue en bronze de Napoléon Ier, par Canova. Ce beau palais renferme : une *école de beaux-arts*, l'*Observatoire* (la Specola), un *institut* (de sciences, lettres et arts), le *Gymnase*, un *musée archéologique* (avec le monument de *Barn. Visconti*), une *collection numismatique*, une *bibliothèque* importante de 200.000 volumes, et la *galerie de tableaux* ou *Académie des beaux arts* (*Accademia di belle arti*). A l'entrée fresque de l'école lombarde. On y remarque, sur les 400 peintures remarquables qu'elle contient : le *Sposalizio* ou Mariage de la Vierge, par Raphaël, qui le fit à 21 ans ; — *tête du Sauveur*, par Léonard de Vinci ; — *Saint Jérôme*, du

Titien ; — *Madones*, de J. Bellini, de Cesare da Sesto, de Luini (Bern.), de Sassoferrato ; — *Madones* et *Saints*, de Salmeggia, de Marco da Oggionno, de Calisto da Lodi ; — la *Vierge*, l'*enfant* et des *Saints*, de Cesare da Sesto, de Luca Giordano, du Dominiquin ; *Abraham* et *Agar*, du Guerchin ; — les *Noces de Cana*, de Paul Véronèse ; — un *Pape*, du même ; — *Saints*, de Mantegna ; — *Moïse sauvé*, de Bonifacio ; — *Saint Paul, ermite*, de Salvator Rosa ; — *Saint Michel, archange*, de Marco da Oggionno ; — *martyre de Ste Catherine*, de Gaudenzio Ferrari ; — *Annonciation*, de Timoteo Vite ; — l'*Assomption*, de Borgognone ; — la *Chananéenne*, de L. Carrache, etc.

IV. — De la Scala, la via Santa Margherita (rue Ste Marguerite), d'où part la via Carlo Alberto, mène à la *piazza dei Mercanti* (place des Marchands) : au centre, édifice *della Ragione* (de la Raison), avec les *Archives publiques* (Archivio pubblico), datant de 1233. Du côté nord, la *Bourse* (Borsa), monument construit par le pape Pie IV. Au milieu, *tour de l'horloge* (torre dell'orologio), de 1272.

La place de la Scala communique directement avec la piazza del Duomo par le curieux promenoir vitré, appelé *Galleria Vittorio Emanuele* (Galerie Victor-Emmanuel), large de 14 m. 1[2 et long de 195 m. 1[2. Il forme la croix grecque, surmontée au centre d'une haute coupole. Le pavé est avec mosaïques, et 24 *statues d'Italiens* ornent la galerie. Le soir, illumination au moyen de 2.000

Guide pratique, etc. 1

becs de gaz, qu'un appareil allume en une minute et demie.

La *piazza del Duomo* (place du Dôme), la première de Milan, renferme le monument de Victor Emmanuel (de Rosa) et la cathédrale ou le *Dôme* (il Duomo) : — au nord, galerie Victor-Emmanuel, ci-dessus ; — au sud, *palais Royal* (palazzo Reale) ou de la Cour (di Corte) : façade de 1772 ; *Jupiter*, personnifiant Napoléon (fresques d'Appiani) ; belles tapisseries.

Le *Dôme* est une des merveilles du monde catholique, et l'une des plus grandes églises en marbre qui existent : on le désigne quelquefois sous le nom de *cathédrale de la Nativité* ou de *Saint-Charles* (une église *San Carlo* se trouve non loin de là, en prenant le Corso Vittorio Emanuele). Commencé (1386) par Galéas Visconti, mais non achevé, la dédicace en eut lieu (1417) sous le pape Martin V. La longueur égale 148 mètres 10 c. (21 m. 42 de plus que N.-D. de Paris) ; la largeur des 5 nefs, 57 m. ; celle du transept, 87 m. ; la hauteur totale, 108 m. 1/2 ; 6000 statues environ décorent tout le Dôme, extérieurement et intérieurement, et surmontent 116 aiguilles (il y en aura 135).

La cathédrale, bâtie en forme de croix, a cinq nefs et un transept à trois nefs ; les voûtes ogivales des cinq nefs sont soutenues par 52 colonnes octogonales de $25^m,39$ de haut ; 98 tourelles gothiques ornent le toit. Pour monter sur le toit de la cathédrale, (porte par le transept, à droite, 0f.25 au gardien), il faut choisir de préférence el matin, pour mieux jouir de la vue des Alpes ;

484 marches mènent au haut de la tour centrale, surmontée d'une belle statue de la *Sainte Vierge*. Panorama magnifique de ce toit: le Splügen, le Saint-Gothard, les Alpes Bernoises, la Chartreuse de Pavie, la Superga, le mont Rose, le mont Cenis, le mont Blanc, le mont Viso, etc.

A remarquer tout particulièrement: la mosaïque multicolore qui recouvre le pavé; — les deux colonnes monolithes qui soutiennent le balcon de la porte du milieu; — les deux chaires, en bronze doré et couvertes de bas-reliefs, qui entourent les grands piliers supportant la coupole: Brambilla a modelé les caryatides portant les chaires; — à gauche, en entrant, les fonts baptismaux: cuve de porphyre provenant, dit-on, des thermes de Maximien Hercule, et dans laquelle on donne le baptême par immersion, selon le rite ambrosien; les rideaux d'un baldaquin couvrent le baptistère; — dans le chœur, tombeau du cardinal Carracciolo, avec statues de Bambaja; — devant le grand autel du transept, l'*Arbre de la Vierge*, candélabre à 7 branches, beau spécimen de l'orfèvrerie du moyen âge; — au transept de droite, mausolée de Jacques de Médicis, frère de Pie IV, avec statues en bronze, par Leone Leoni; — statue de *St Barthélemy écorché*, près de l'autel de la Présentation; — porte pour l'ascension du Dôme (voir ci-dessus); — dans la nef latérale de droite, Sarcophage de l'évêque Héribert Antimianus, mort en 1045; — dans la nef latérale de gauche, tableau d'autel qui représente *St Ambroise faisant grâce à l'empereur Théodose*; — le Trésor, dans la sacristie du sud, à porte décorée de riches sculptures gothiques : il possède les statues d'argent de *St Ambroise* et de *St Charles Borromée*, tous deux archevêques de Milan ; la crosse et l'anneau de St Charles Borromée, etc. ; — enfin, la crypte ou chapelle souterraine, devant le chœur et sous la coupole : elle a coûtée 4 millions de livres. On y vénère le corps de St Charles Borromée, revêtu de ses habits pontificaux, dans une châsse d'argent à panneaux en cristal de roche et à moulures en vermeil. Ouverture de la chapelle au public de 5 à 10 h. du matin, et après 10 h. on l'ouvre moyennant 1 franc de pourboire ; mais le corps n'est montré que pour 5 fr., ce qui nous paraît excessif.

V. — Du Dôme, nous pouvons rayonner dans les alentours, de divers côtés. Nous verrons : l'*Archevêché* (l'arcivescovato) ; — la *piazza Fontana* : fontaine ; — par la via Larga, près de la place *Beccaria* (statue de Beccaria), l'église *San Stefano in Brojlio* (St-Etienne en Breuil) (1), où en 1476 trois jeunes gens assassinèrent le cruel duc Galéas-Marie Sforza ; — par le *Corso Vittorio Emanuele*, les églises *san Carlo* (Saint-Charles) et *san Babila* (St-Babylas) : cette dernière, située via Monforte (où se trouve la *Préfecture*), dans laquelle on rencontre la via del Conservatorio. Celle-ci aboutit à la via della Stella (rue de l'Etoile) ; elle est coupée par la via della Passione (rue de la Passion) : église *sainte Marie de la Passion*, très belle, de 1485, avec l'*Annonciation*, de Pietro Sani, et d'autres bons tableaux de B. Luini,

(1) Breuil, italien broglio, petit bois taillis dans une plaine.

de Salmeggia, etc.; — l'église *san Pietro in Gessate*, en revenant au Dôme par la via della Stella: belles peintures italiennes; — le *palazzo Reale* (palais Royal) ou *di Corte* (de la Cour), au sud de la piazza del Duomo: voir ci-dessus; — la *Poste* (la Posta); — le *théâtre de la Canobbiana*; — par la via S. Antonio, l'église *sant'Antonio abbate* (St-Antoine abbé); — par la via dell'Ospedale (rue de l'Hôpital), le *grand Hôpital* (Ospedale Maggiore), fondé (1456) par le duc de Milan François-Alexandre Sforza, et sa femme Blanche Visconti: façade imposante; — près du grand Hôpital, l'église *san Nazzaro Grande* (St-Nazaire-le-Grand), restaurée en 1832: deux transepts, de 1653, grands comme des églises; tombeau du maréchal Trivulzio (Trivulce); — le *Corso di Porta Romana*, d'où l'on peut gagner, par la rue Ste-Euphémie (Santa Eufemia: église *Santa Eufemia*), le *Corso di san Celso*, aboutissant à *Porta Lodovica* (Porte Ludovic): église *santa Maria di san Celso* (Ste-Marie de St-Celse), de 1491, très belle, avec tableaux italiens et les statues d'*Adam* et d'*Eve*, de Stoldo Lorenzi; — *école militaire* (scuola militare) de l'autre côté du Corso di San Celso.

De la Porta Lodovica, on se dirige vers la *Porta Ticinese* (porte du Tessin), près de laquelle on visite: l'église *Sant'Eustorgio* (St-Eustorge), des XIe et XIIIe siècle: tombeau de St Pierre martyr (✝1252). Autrefois s'y trouvaient les reliques des rois Mages; — le *Naviglio Grande*, canal, au-delà de la Porte; — la *piazza del Mercato* (place du Marché), également au delà. — On remonte le *Corso di Porta Ticinese*: église *Saint-*

Laurent (San Lorenzo), reconstruite au XVIIe siècle : atrium précédé de 16 colonnes corinthiennes provenant, assure-t-on, des thermes de Maximien Hercule ; sarcophage d'Ataulfe, roi des Goths, (416) ; mosaïques de la *capella Sant'Aquilino* (chapelle St-Aquilin), à droite de l'église.

On suit la *via Torino* : église *San Giorgio in Palazzo* (St-Georges du Palais), près du palais *Trivulzio* (tableaux et curiosités, bibliothèque de 60.000 volumes et 3.000 manuscrits) : dans l'église, la *Passion*, de B. Luini ; à proximité du palais, église *Sant'Alessandro* (St-Alexandre) *in Zebedia*, très riche, mais sans goût.

En retournant au Dôme : églises *San Sepolcro* (St Sépulcre) ; — *San Satiro* et *San Sébastiano* (St-Sébastien), par la via Carlo Alberto : l'église San Satiro est formée par les deux églises *Santa Maria* (beau baptistère) et *San Satiro* (colonnes antiques ; belle *déposition de croix*).

VI. — Du Dôme, en se dirigeant vers l'ouest, on trouve l'*Ambrosiana* ou *bibliothèque Ambrosienne*, fondée par le cardinal Federico Borromeo (1602). Dans la cour, débris antiques. L'Ambrosiana renferme 160.000 volumes et 15.000 manuscrits, dont un de Pétrarque (Virgile annoté) ; — une belle collection de *dessins* ; — un cabinet de *bronzes*, de *marbres* ; et une *galerie de tableaux* : dessins variés ; carton de *l'école d'Athènes*, de Raphaël ; admirable fresque de B. Luini, représentant *Jésus couronné d'épines*. Statue du fondateur, de 1865, devant l'ancienne entrée.

A quelque distance de l'Ambrosiana, palais

Borromeo, piazza Borromeo (place Borromée), d'où l'on peut se rendre à une *caserne*, à l'*hôpital militaire* et à *Sant-Ambrogio* (St-Ambroise). L'église saint Ambroise, archevêque de Milan, en 387, restaurée au XIIe siècle et de nos jours, est la plus célèbre de Milan, après le Dôme. Dans cette église, saint Augustin abjura ses erreurs ; de la porte, saint Ambroise repoussa l'empereur Théodose après le massacre de Thessalonique (390) ; les rois lombards y recevaient la fameuse couronne de fer, aujourd'hui à Monza (voir environs de Milan). Un vestibule du IXe siècle précède l'église ; autour du vestibule, portiques avec anciens tombeaux, inscriptions, fresques, bas-reliefs des premiers temps du christianisme.

Nous signalerons, en particulier : mosaïque de l'abside ; — siège en marbre des premiers évêques de Milan ; — *Paliotto*, devant de maître-autel en or, magnifique objet d'orfèvrerie du IXe siècle : on paye 3 fr. pour le voir, prix exorbitant, à notre avis ; — chaire de marbre, portée par huit arceaux ; — colonne de porphyre portant un serpent de bronze qui, d'après la légende, serait le serpent élevé par Moïse dans le désert, et qui doit siffler à la fin du monde ; — belles peintures de B. Luini et de Gaudenzio Ferrari ; — monument de Pie IX, inauguré le 8 août 1880, dû aux souscriptions des catholiques lombards : statue, de grandeur presque naturelle, en pur marbre de Carrare, représentant le Pape debout, tiare en tête et revêtu des ornements pontificaux, au moment où il annonce à l'univers (bulle du 7 déc. 1873) la découverte à St-Ambroise des reliques de St Ambroise, à côté de celles des saints Gervais et Protais (8 août 1871) ; — sarcophage avec un bas-relief de la naissance de Jésus et des animaux symboliques ; — crypte moderne, qui possède les sépultures des SS. Ambroise, Gervais et Protais, découvertes en 1864 et en août 1871 sous le maître-autel.

VII. — De St-Ambroise, on passe dans la via San Vittore (St-Victor) : église *San Vittore al Corpo* (St-Victor au Corps), avec une belle coupole ; — *Porta Vercellina* (de Verceil) ou *Magenta* ; — de la Porta Magenta, via di Porta Magenta ; église *Santa Maria delle Grazie* (Ste-Marie des Grâces), de 1463, voisine de l'anc. couvent de Ste-Marie des Grâces (auj. caserne de cavalerie), dans le réfectoire duquel on admire la *Cène*, magnifique fresque de Léonard de Vinci, aujourd'hui bien abîmée ; coupole et sacristie de l'église par Bramante ; — *Corso Magenta* : d'un côté, palais *Litta* ; de l'autre, église *San Maurizio Maggiore* (St-Maurice le-Grand) : dans l'école de l'ancien monastère abandonné, fresques de B. Luini. — Par une petite rue, on peut parvenir facilement au *Foro Bonaparte* (forum Bonaparte), ou superbe *Place du Château*, plantée de 10.000 arbres ; puis à une très belle caserne ou le *Château* (Castello), ancienne forteresse, ensuite palais des Visconti et des Sforza. Au nord du Château, la *place d'Armes* (piazza d'Armi).

Le *théâtre Dal Verme* est sur le foro Bonaparte. où se trouve encore la gare du chemin de fer de Côme.

Piazza d'Armi (place d'Armes), une des plus grandes de toute l'Italie, au nord-ouest de la ville : elle mesure 650 m. sur 612. A son extrémité nord-ouest, *Arco di Sempione* (Arc du Simplon), commencé par Napoléon Ier, consacré à l'empereur d'Autriche, et dédié depuis 1859 à *l'indépendance de l'Italie* (l'independenza d'Italia) : porte monumentale en marbre, surmontée d'une figure allégorique dans un char à six chevaux ; sur la façade regardant la route du Simplon, inscription célébrant le triomphe de Napoléon III et de Victor-Emmanuel II (entrando coll'armi gloriose Napoleone III e Vittorio Emanuele II liberatori,...)

Au nord-est de la Piazza d'Armi, *amphithéâtre de l'Arène* (anfiteatro dell'arena), de forme elliptique, construit par Napoléon Ier (1805), alors maître de Milan : 30.000 personnes peuvent y trouver place.

De l'Arène, on peut prendre le cours Garibaldi ; la via del Pontaccio : (à peu de distance, au nord, église *San Simpliciano* (St-Simplicien) ; et — visiter l'église *San Marco* (St-Marc), à façade du XVe siècle et belles peintures : mausolée du B. L. Settala, — avant de retourner à la *Piazza Cavour*, qui permet, comme nous l'avons vu, de se rendre soit vers la gare soit vers le Dôme.

VIII. — *Environs de Milan.* — 1° *Sanctuaires* de la *sainte Vierge* à *Rho*, station avant d'arriver à Milan, ligne de Turin à Milan ci-dessus 14 kilom. de Milan : belles peintures ; — à *Saronno*, station de la ligne de Milan à Côme, 22 kilom. de Milan :

fresques de B. Luini, de Gaudenzio Ferrari et d'autres.

2° La *Simonetta*, à 1\|2 heure de Milan. Propriété qui a un écho répétant 30 fois la parole, un bruit.

3° *Chartreuses de Garignano* (de 1349) : tramway, 35 minutes de Milan. Belles fresques de l'église : *vie de Saint Bruno*, par D. Crespi ; — de Chiaravalle (de 1135), à 5 kilom. de la *Porta Romana* : tramway, chemin de fer.

4° *Monza*, ligne de Milan à Côme, 13 kilom. de Milan. Ville de 17.000 hab., dans une plaine fertile. Cathédrale du XIVe siècle, rebâtie sur celle qu'avait fondée (595) Théodelinde, reine lombarde. Dans la cathédrale, on remarque le Trésor ; la *Visitation* du Guerchin ; divers tableaux ; et surtout la célèbre *couronne* de fer, qui servait au couronnement des rois lombards et qui a servi à celui de Napoléon Ier : c'est une plaque d'or, ornée de pierreries et garnie intérieurement d'une bande de fer, qui proviendrait d'un clou de la Passion rapporté par sainte Hélène de la Palestine. Jardin botanique.

Dans les environs de Monza, Villa *Reale*, séjour d'été des rois d'Italie : parc de 13 kil. de tour.

5° Les *Lacs*, charmantes excursions pour les pélerins qui ont du temps et de l'argent : en admirant les beautés de la nature, ils reporteront leur cœur vers le Créateur, auteur de toutes ces merveilles. Pour les détails s'adresser aux gares de Milan (Centrale, piazza Castello), qui délivrent des billets circulaires ; nous nous contenterons d'indications sommaires sur les lacs de *Côme*, de *Lecco*, *Majeur*, de *Lugano*.

Lacs de Côme et *de Lecco*. Chemin de fer de Milan à Côme: 47 kilom. — A Côme, la *cathédrale*, un des plus beaux monuments de l'Italie; l'église *du Crucifix* (del Crocefisso), avec ossuaire des 10.000 personnes mortes de la peste en 1630. Le lac, long de 48 kilom., est traversé par l'Adda et se compose du lac de *Côme* proprement dit, partie ouest, et du lac de *Lecco*, partie est: ces deux lacs se réunissent à Bellaggio. De Côme à Lecco, on doit voir spécialement: *Cernobbio* (ouest), avec la villa d'Este; — *Nesso* (est), célèbre par sa cascade; — *Cadenabbia* (ouest), village entouré de somptueuses villas: villa Sommariva (Carlotta), la plus belle de la région; — *Bellagio* (est), en face de Cadenabbia: pointe de terre dominée par la villa Serbelloni, aux magnifiques points de vue; réunion des lacs de Côme et de Lecco; — *Lecco*: près de là demeura Manzoni dans sa jeunesse. De Lecco, chemin de fer pour Milan, 51 kilom.; pour Bergame 33 kilom. Entre les bras du lac de Côme est la *Brianza*, le *Jardin de la Lombardie*, avec 4 petits lacs.

Lac Majeur, 66 kilom. de longueur, 7 à 12 kil. de largeur, traversé par le Tessin et la Toce; il s'étend d'Arona à Locarno. Chemin de Milan à Novare (50 kilom.) et de Novare à Arona (37 kil.); de Milan à Bellinzona (108 kilom.), et de Bellinzona à Locarno (22 kilom.): on appelle lac de *Locarno* la partie septentrionale du lac Majeur qui appartient à la Suisse. D'Arona à Locarno et Magadino, nous remarquerons: *Arona* (ouest): statue colossale (1624) de St Charles Borromée, dont la tête peut contenir trois personnes; — lac d'Orta, à 17 kilom., d'où l'on jouit de la vue du mont Rose; — *Stresa* (ouest): belles villas; — charmantes *îles Borromées*: *Isola bella* (belle Ile). vaste jardin bâti en terrasses; Isola Madre (ile Mère), avec vue splendide; — Pallanza (ouest), célèbre par le pèlerinage à la *Madonna di Campagna*; — *Luino* (est), dans un site ravissant; — *Cannobbio* (ouest): excursion à la cascade de l'*Orrido di Santa Anna*; *Locarno* (Suisse, Tessin): Sanctuaire de la Madone du Rocher (Mad. del Sasso); — *Magadino*. (est) Point centrale des routes des Alpes; station de la ligne Bellinzona à Luino.

Lac de Lugano ou *Cérésio*. Chemin de fer de Bellinzona à Lugano 30 kilom.; de Lugano à Luino (lac précédent), 16 kilom. de voiture. Le lac, partie en Suisse, partie en Italie, a 23 kilom. de longueur sur 3 de large. A *Lugano* (Tessin), belle église de *Sainte-Marie des Anges* (degli Angeli): fresques de B. Luini; — ascension du mont *San Salvatore* (927 m.) en deux heures: un chemin de fer y conduit; — ascension du *Camoghé* (2.910 m.): panorama magnifique.

6° La *chartreuse de Pavie* (certosa di Pavia), dans une plaine fertile, à 28 kilom. (chemin de fer de Milan), une des curiosités de l'Italie et l'un des couvents les plus somptueux de l'univers entier, fondée par Jean-Galéas Visconti en 1396. Ses immenses bâtiments forment une petite ville. Façade richement sculptée; mosaïques, qui décorent les chapelles latérales; statues funéraires de Louis le More et de sa femme; peintures du Pérugin, de B. Luini, etc.; autour du cloître, logements des Chartreux. Pour se rendre à la chartreuse, prendre le chemin de fer de Pavie à Milan: 36 kilom., et descendre à la station de la Certosa, distante de 8 kilom. de celle de Pavie: à *Pavie* (Pavia) belle *cathédrale*; très curieuse église de *San Michele* (St-Michel). De Milan, on peut prendre le tramway de la place du Dôme.

IX. *Résumé des églises, monuments, etc., décrits.*

Académie des Beaux-arts. Voir *Palais Brera.*	*Bourse* (Borsa). . IV
	Brera (le). Voir *Palais.*
Ambrosiana . . . VI	*Brianza* (la). . . VIII
Amphithéâtre de l'Arène. Voir *Arène.*	*Cadenabbia* . . . VIII
	Canaux (Canali) . II
Archevêché (arcivescovato) V	*Cannobbio* . . . VIII
	Casernes VII
Archives (archivio pubblico) IV	*Cernobbio*. . . . VIII
	Chartreuses (certose), voir *Chiaravelle.*
Arc du Simplon (Arco di Sempione) . . VII	
	Garignano, Pavie
Arène (Arena) . . VII	*Château* (Castello). VII
Arona. VIII	*Chiaravelle* . . . VIII
Baptistère (battistero). Voir le *Dôme.*	*Côme* et lac. . . . VIII
	Cours (Corsi):
Bellagio. . . . VIII	San Celso . . V
Bibliothèques (biblioteche, librerie).	Garibaldi. . . II
	Magenta. . . . VII
de l'Ambrosiana.	di Porta Nuova. II
du Brera.	— Romana II, V
du palais Trivulzio.	— Ticinese . V
Borromées (îles). . VIII	— Venezia . II
Boulevards en général. Voir *Corsi.*	— Vittoria (Tosa) . . II,

Vittorio Emanuele. II . . . V
Cryptes (catacombe). Voir églises de *Sant'Ambrogio*, *Duomo*.
Ecole militaire (Scuola militare) . . . V
Eglises, chapelles (chiese, capelle):
Sant'Alessandro in Zebedia . . . V
Sant'Ambrogio. VI
Sant'Antonio abbate V
Sant'Aquilino . V
San Babyla . . II. V
San Carlo II. IV. V
Il Duomo . . . IV
Santa Eufemia . V
Sant' Eustorgio. V
San Fedele . . II
— Giorgio in Palazzo . . . V
— Lorenzo. . V
— Marco . . VII
Santa Maria del Carmine. III
« delle Grazie. VII
« della Passione. V
« di San Celso. V
« (San Satiro). V
San Maurizio Maggiore VII
San Nazzaro Grande V
San Paolo . . II
San Pietro in Gessate V
San Satiro . . V
San Sebastiano. V
San Sepolcro. . V
San Simpliciano VII
San Stefano in Broglio V
San Tommaso . II
Vittore al Corpo VII
Environs VIII
Fontaine (Fontana), de la place Fontana.
Forum Bonaparte (Foro Bonaparte) . . VII
Galeries (Gallerie):
di quadri (tableaux):
à l'Ambrosiana,
au Brera.
Vittorio Emanuele. II IV
Gares (Stazioni) I. VII
Garignano . . . VIII
Gymnase (ginnasio), au Brera.
Hôpitaux (ospedali):

Grand hôpital (ospedale maggiore). V	*Palais* (palazzi) :
militaire (ospedale militare). VI	Belgiojoso . . II
	Borromeo . . . VI
Hôtels (alberghi) . I	Brera III
Institut. Voir le Brera.	Busca-Serbelloni II
Jardins (Giardini) :	Litta VII
publics (pubblichi) II	Della Ragione . IV
Royal (Reale) . II	Reale ou di Corte IV, V
Lacs VIII	Scienze ed Arti. Voir Brera.
Lecco et lac. . . VIII	Trivulzio . . . V
Locarno et lac . . VIII	*Paliotto* (le). A Sant'Ambrogio.
Lugano et lac . . VIII	
Luino VIII	*Pallanza.* Pèlerinage
Magadino VIII	 VIII
Majeur (lacs, îles Borromées, etc. . . VIII	*Pavie* (Pavia). Ville et chartreuse . . VIII
Monza. VIII	*Places* (piazze) :
Musées (musei) :	d'Armi II
archéologique. Au Brera.	 VII
histoire naturelle. Au suiv.	Beccaria . . . V
	Belgiojoso . . II
	Borromeo . . . VI
civique (civico). II	del Castello . . VII
municipaux . . II	Cavour. . . II. VII
numismatique. Au Brera.	del Duomo . II. IV
	Fontana . . . V
Poldi-Pezzoli . II	dei Mercanti . . IV
Naviglio Grande . II. V	del Mercato . . V
Nesso VIII	della Scala . . II
Observatoire (Specola). Au Brera.	*Portes* (porte) :
	Comasima (Garibaldi)
Orta. Pèlerinage . VIII	 II

Lodovica . . .	V	*Saronno.* Pèlerinage	VIII
Nuova	II	*Sciences*, lettres et arts.	
Romana . . .	II	Voir *Brera.*	
Ticinese . . .	V	*Simonetta* (la) . .	VIII
Venezia . . .	II	*Statues, monuments* (statue, monumenti) :	
Vercellina (Magenta)	VII	Voir églises, Palais, Arc du S.	
Vittoria (Tosa) .	II		

Postes (poste), *télégraphes* (telegrafi) . I. V
Préfecture (prefettura) V
Promenades (passeggi) :
  les boulevards,
  les cours,
  les jardins,
  la galerie Vittorio Emanuele,
  le square de la place della Scala.
Restaurants (ristoranti, trattorie) . . . I
Rho. Pèlerinage . VIII
Rues (belles), vie belle :

Carlo Alberto .	II
Manin	II
Manzoni (Al.) .	II
Margherita (Santa)	IV
Montebello . .	II
Moscova . . .	II
Palestro . . .	II
di Porta Romana	II
Torino	V
Umberto (Pr.) .	II

Beccaria, place Beccaria.
Cavour, dans les jardins publics.
Charles Borromée (St), à Arona.
Italiens, dans la galerie Vitt. E.
Pie IX. Voir *Sant'Ambrogio.*
Victor-Emmanuel, place du Dôme.
L. de Vinci, piazza della Scala.

Stresa VII
Théâtres (teatri) :

dal Verme . .	VIII
la Canobbiana .	V
la Scala . . .	II

Trésor (Tesoro). Voir le *Dôme.*
Villas. Voir *Cernobbio, Cadenabbia, Monza.*
Voitures (vetture), etc. I

CHAPITRE III.

De Milan (Milano) à Venise (Venezia). — Venise. Les environs.

I. *Ligne de Milan à Venise*: 265 kilom.

Trains commodes 1re et 2e classes seulement :
Milan, départ . . midi 50 — 11 h. 25 du soir.
Venise, arrivée . . 6 h. 35 soir — 4 h. 30 du matin.

Milan (Milano) (B).
10. *Limito*.
19. *Melzo*.
27. *Cassano*.
32. *Treviglio* (Buffet).
Embranchements de Crémone, de Bergame.
45. *Romano di Lombardia*.
52. *Calcio*.
59. *Chiari*.
65. *Rovato*. (B).
Ligne de Bergame et **du** lac d'Isée.
71. *Ospitaletto-Brescia*.
82. *Brescia*.
On longe les montagnes.
90. *Rezzato*.
99. *Ponte S. Marco*, sur la Chiese.
105 *Lonato*. A 8 kilom. Castiglione: grande victoire du général Bonaparte sur les Autrichiens. (3, 5 août 1796).
110 *Desenzano*, sur le lac de Garde. (Voir ci-après).
116 *San Martino della Battaglia*.
A *Solferino*, victoire de l'armée franco-sarde sur les Autrichiens (24 juin 1859). Ossuaire dans la chapelle. On franchit le Mincio.
124 *Peschiera* (B.) station loin de la ville, qui est sur le Mincio et le lac

Guide pratique, etc.

de Garde (anc. *Benacus*). C'est le plus grand lac italien après le lac Majeur : 60 kilom. de longueur, 4 à 16 de largeur. Il s'étend de *Peschiera* à *Riva*, où est une forteresse.

128 *Castelnuovo di Verona*. Tunnel.

135 *Sommacampagna*.

147 *Verona* (Vérone), *porta Nuova*. On passe l'Adige.

150 *Verona, porta Vescovo* (B). Fortifications. La ville est sur l'Adige, dans une plaine fertile couverte de prairies, de vergers et de vignobles. Beaux monuments.

156 *San Martino Veronese Buon albergo*. Le chemin de fer passe à côté de l'église de la *Madonna di Campagna*, avec coupole.

162 *Caldiero*. Eaux sulfureuses. Champ de bataille (1796-1805).

170 *San Bonifacio*. A 4 kilom. d'Arcole : victoire de Bonaparte et d'Augereau sur les Autrichiens (14, 15, 17 novembre 1796).

176 *Lonigo*.

182 *Montebello Vicentino*.

198 *Vicenza* (Vicence), sur le Bacchiglione, au pied des monts Berici : on appelle le Vicentin *Jardin de Venise*.

213 *Poiana di Grafion*. Deux tunnels.

228 *Padova* (Padoue) (B). Nous nous y arrêterons au retour.

234 *Ponte di Brenta*. Pont sur la Brenta.

244 *Dolo*.

248 *Marano*.

257 *Mestre* (B), à 3 kil. de la lagune. Fort de Malghera. Viaduc sur la lagune : 3.603 m. de long ; 3^m,495 de haut ; 222 arches. Construit de 1841 à 1845.

265 *Venezia* (Venise) (B).

II. *Venezia (Venise). Les environs.*

I. *Renseignements pratiques.* — La gare (stazione) est à l'extrémité du *grand Canal* (canale Grande), près du *Jardin botanique* (Orto botanico), et de l'église des *Scalzi* (carmes déchaussés), très riche : on y admire la *Vierge et l'enfant Jésus*, de J. Bellini.

A Venise, les véhicules sont des *bateaux* (battelli). On y trouve des *bateaux à vapeur* (vaporetti), des *barques-omnibus* (barche-omnibus), des *gondoles* (gondole). Le bateau à vapeur (vaporetto) coûte 0 fr ,10; 0 fr ,15. Les barques-omnibus vont du *Môle* (Molo), point de départ au sud de la Piazzetta, jusqu'à la gare : 20 minutes de trajet; 0 fr 40 par personne ; 1 fr. avec colis.

Les *gondoles* (gondole) se tiennent au Rialto, à la Piazzetta et aux *traghetti* ou passages établis sur divers points du grand canal. Les prix varient suivant les distances et le temps: 0 fr 05 pour le passage d'un traghetto; de 0 fr 50 à 1 fr., de la gare en ville, bagages gratis, sauf pour les malles pesantes et les ballots: on paye alors un prix double. De 8 heures du matin au coucher du soleil, 5 fr. pour une gondole à un rameur; pour la même, 1 heure, 1 fr. ; 0 fr 50, les heures suivantes. A deux rameurs, prix double; mais un seul rameur est très suffisant, sauf pour les grandes excursions. Pour un trajet d'un temps non déterminé, s'entendre avec le *gondoliere* (ou barcaiuolo).

Les bateliers doivent, sur la demande de ceux qui les emploient, montrer le tarif (la tariffa) qu'ils appliquent, et que la police a approuvé.

A la sortie de la gare, on n'a qu'à dire l'hôtel

choisi, et un employé indique la barque qui y conduit. Mais chacun est libre, bien entendu, de choisir sa gondole.

Un service de *bateaux à vapeur* (vaporetti, battelli a vapore) fonctionne de Venise au Lido, à *Malamocco*, à *Chioggia*, etc. (voir les environs); un autre, dans la belle saison, de Venise à Trieste, en 6 ou 8 heures: départ à minuit.

Un pourboire est dû pour faire porter à l'hôtel les bagages par un batelier.

Poste (Posta) à la *Merceria*, quartier très commerçant. On s'y rend, de St-Marc, par l'horloge, la rue *Merceria* (Mercière), *San Juliano* (St-Julien) et la rue *Merceria San Salvatore* (St-Sauveur). — *Télégraphe* (le), près de St-Marc.

Des *libraires* (librai) se trouvent *piazza San Marco* (place St-Marc).

Des domestiques de place des Ciceroni se paient 4 à 6 fr. par jour: on les loue place St-Marc, dans les hôtels; quelques-uns se chargent des frais de gondoles.

Hôtels. — Quand on veut rester un certain temps, on peut louer une chambre garnie; nous recommandons le quai nommé *Fondamenta delle Zattere* (Quai des Radeaux, au sud de Venise); 1 à 2 fr. par jour une chambre; 30 à 50 fr. par mois. Mais éviter de coucher les fenêtres ouvertes, à cause des *moustiques* (zanzare). Les pharmaciens vendent des *pastilles* (fidibus) que l'on brûle par précaution avant de se coucher. Les *moustiquaires (zanzariere)* ou rideaux **à gaze fermée** servent à garantir les lits. On recommande **la pharmacie** *Zampironi*, près de St-Marc.

Voici plusieurs *hôtels*: *grand Hôtel Royal* (Danieli), anc. *palais Bernardo* (du XVIe siècle), à l'est du palais des Doges: chambres depuis 3 fr.; bougie et service 2 fr.; table d'hôte (à 5 h.) 5 fr.: *l'hôtel Beaurivage*, même situation, en dépend: 12 fr. par jour; pension 10 fr. — Hôtel *Europa*, avec *palais Giustiniani* (Justinien), sur le grand Canal, près de la place St-Marc: mêmes prix; — *hôtel Britannia*, sur le Grand Canal, de 1er ordre, dans le *palais Zucchelli*; — *Bellevue*, place Saint-Marc: chambre 2 fr. et plus; bougie et service 1 fr. 50; déjeuner, 1 fr. 50; dîner, 3 fr. 50 sans le vin; — *hôtel alla Luna* (à la Lune), près du *théâtre des Marionnettes* et du palais Royal: 8 fr. 50 par jour, sans vin; pension 9 à 10 fr.; — *grand hôtel d'Italie*, vue sur le grand Canal près de Saint Marc. Table d'hôte à 6 h. Restaurant; — *H. Univers*, palais *Brandolini*, près de la place San Mosè.

Pour échapper, lors du reflux, aux émanations des lagunes, habiter de préférence les environs de la place St-Marc et le grand Canal jusqu'au Rialto.

Restaurants. — *Città di Firenze* (ville de Florence), calle del Ridotto, presque en face de l'hôtel Europa; — *Cavalletto*, près de Saint-Marc; — café *Quadri*, place Saint Marc; — *brasserie* (birraria) *Bauer*, près de San Mosè et de St-Marc; — *hôtel de l'Italie*, ci-dessus.

Le café *Quadri*, place St-Marc, est très connu. Après le coucher du soleil, les cafés sont très fréquentés.

II. — *La Ville*. — *Venise la Belle* (Venezia la Bella), une des villes les plus riches et les plus curieuses de l'Europe, située dans les lagunes de l'Adriatique, est divisée en deux parties par le *Canalazzo* ou *Canal Grande* (grand Canal). 147 *canaux ou rii* la sillonnent et forment 118 îlots que réunissent environ 400 ponts. Presque toutes les maisons sont bâties sur pilotis: facades principales tournées vers les *rii*. D'innombrables *petites rues (calli, liste, salizzade)* permettent de pénétrer dans l'intérieur de la ville; mais afin de se retourner facilement, il est bon de s'orienter soit de la gare, soit de St-Marc. On appelle *salizzada* une longue rue communiquant avec une place (*campo*). La ville de Venise passe pour très saine, à cause de l'absence de poussière dans l'atmosphère. Des dunes, fortifiées par de gros murs, la protègent: on les nomme les *lidi* (les bords). — Population 132.800 h.

La *piazza San Marco* est le centre du commerce vers le point de départ du grand Canal. Pour nous y rendre, nous parcourons entièrement ce dernier depuis la gare, et nous noterons au passage les curiosités de droite et de gauche.

Le *Canal Grande*, de 3700 ^{m} de long et de 30 à 70^m de large, a la forme d'une S. Les points extrêmes sont la *pointe de la santé ou du Salut* (punta della Salute), au sud-est, et le chemin de fer. Trois ponts le traversent pour mettre en communication les deux rives : le *pont de fer* (ponto di ferro), vis-à-vis du débarcadère, de 1858; — le *pont* fameux du *Rialto* (ponte di Rialto), de 1588-1591 et d'une seule arche de 22^m d'ouverture, est en marbre d'Istrie: longueur, 43^m; largeur, 14^m. Il repose sur 12000 pilotis et a 3 passages, dont l'un, celui du milieu, est bordé de boutiques. Il remplace un pont en bois; — *le 2° pont de fer* (1854), en face de l'Académie des Beaux-Arts.

Des milliers de barques sillonnent le grand Canal. Quinze minutes suffiraient pour cette *promenade*, et on y consacre généralement une heure, afin de pouvoir admirer les 150 palais des bords et presque tous de forme ogivale. Au sud du canal sont *deux îles*, que nous ferons connaître *Saint Georges Majeur* (San Giorgio Maggiore) et la *Giudecca*.

III. — Voici les curiosités à voir le long du Canal depuis la gare, avec les détours que l'on peut faire des points du canal.

La gare. Au nord et peu éloignés: *jardin botanique* (orto botanico), proche de l'église *San Giobbe* (Saint-Job), des 15°-16° s. et qui renferme le tombeau de Voyer d'Argenson; — gli *Scalzi* (les Carmes déchaussés ou Déchaux, (de 1649-1689), très riche: la *Vierge et l'enfant Jésus*, de J. Bellini. — Des *Scalzi*, en quelques minutes, *palais Manfrin* (au canale di Canareggio), avec très belle *galerie de 200 tableaux*. — Du palais Manfrin, on peut redescendre au grand Canal par l'église *San Geremia* (Jérémie), et traverser le pont de fer, qui permet de gagner de l'autre côté le *Giardino* (Jardin) Papadopoli.

Droite: *palais Labia*, du 18° siècle.

Droite: *palais Vendramin-Calergi*, de 1481, anc. propriété du comte Chambord (duc de Bordeaux). construit par P. Lombardo: la duchesse de Berry l'habita et Richard Wagner y mourut (1883). — A quelque distance au nord, église Sta *Maria dell'Orto* (Sainte-Marie du Jardin), de 1399 à 1473; belle façade gothique, tableaux du Tintoret, de Palma le Vieux, et Tombeau du Tintoret.

Gauche. *Galerie Correr* ou *Musée civique* (Museo civico) Correr, donné à la ville de Venise. Peintures, curiosités, bibliothèque visibles certains jours seulement. Non loin, *église Saint-Jacques* (S. Giacomo).

Gauche: *palais Tron (Donà)*, du 16e s. — *Mont-de-piété*, dans le palais *Corner della Regina* (de la Reine), de 1724; — pal. *Pesaro*, près de l'église *Santa Maria Mater Domini* (Sainte-Marie Mère du Seigneur), de 1540.

Gauche: église de *Saint-Cassien* (San Cassiano), près du grand Canal.

Droite: *palais Cà d'Oro*, du 14e s. — Gauche: palais *des Trésoriers* (dei Camerlenghi), de 1525.

Le *Rialto* (voir II). *Statue de Goldoni*, à droite.

IV. — Du *Rialto* il est facile de se diriger à droite, vers l'église *San Giovanni Grisostomo ou Zangrisostomo* (Saint-Jean Chrysostome) du 15e s. *Saint Jean Ch. et des saints*, par Seb. del Piombo; tableaux de J. Bellini. Le *théâtre Malibran* en est voisin. — Plus loin au nord, église *dei Santi Apostoli* (des Saints Apôtres), rebâtie en 1672: la *Manne*, par Paul Véronèse. Mausolée de la chapelle Corner. — A quelque distance, *Santa Maria dei miracoli* (Ste-Marie des miracles), du 15e s., restaurée de 1865 à 1888: dans la nef, voûte en bois avec 50 têtes de saints. — En continuant la route jusqu'au *quai des Fondamenta Nuove* (quai Neuf), on voit près du quai *l'église des Jésuites* (Gesuiti) nommée *Sta Maria assunta de Gesuiti* (Ste-Marie de l'Assomption des Jésuites), du 18e s.: chef-d'œuvre, mais avec peu de goût; beaucoup de marbres; tombeau du doge P. Cicogna († 1595). — Tableaux du Tintoret, (*Assomption* du Titien (*martyre de St Laurent*). Du même côté, *église Sta Caterina* (Ste-Catherine), auj. chapelle du lycée, avec beaux tableaux, et *l'abbazia della Misericordia* (abbaye de la Miséricorde), vers le port du même nom, à l'ouest des Jésuites, de 1659.

A gauche du Rialto, *San Giovanni Elemosinario* (St-Jean l'Aumônier), de 1527: au maître autel, *St Jean l'Aumônier*, du Titien.

V. — En continuant le grand Canal, il convient de signaler, à partir du Rialto:

Droite: *palais Manin*, du dernier doge, dans lequel sont installés les bureaux de la *Banque nationale* (Banca nazionale). Aux alentours, d'un côté: 1° *poste aux lettres*; 2° église *San Giuliano* (St Julien) ou Zulian; 3° *S. Salvatore* (St.-Sauveur), du 16e s., mais à façade du 17e s. sculptures de Girolamo Campagna sur le 2e autel; beau maître-autel avec rétable en argent (pala d'argento) du 13e s.; *Cène à Emmaüs*, de J. Bellini; statue de S. Jérôme, par Lombardo; *l'Annonciation, la Transfiguration*, du Titien, Mausolée de Catherine Cornaro, reine de Chypre, du doge F. Venier († 1556), d'A. Dolfin (1602); — et de l'autre côté du palais Manin *théâtre Goldoni*.

Gauche: près du canal, église *San Silvestro*.

Droite: palais Lorédan (auj. Hôtel de ville), et palais *Grimani* (Cour d'appel), par Sanmicheli: au sud, église *San Luca* (St- Luc), de 1581, et le *théâtre Rossini*.

Gauche: *palais Tiepolo Papadopoli*, 16ᵉ s. *Bernardo* (15ᵉ s.), *Grimani* (a *San Polo*). — Droite: palais Corner Spinelli, 15ᵉ s.

Gauche: *palais Barbarigo della Terrazza* (de la Terrasse) et *Pisani* 15ᵉ s. à égale distance de la *place*, *S.-Paul* (*campo San Polo*, pour Paolo) où se trouve *l'église San Paolo*. Près du campo S. Polo sont deux églises, les *Frari* et *San Rocco*. — Les *Frari* ou *Santa Maria Gloriosa dei Frari* (Ste.-Marie Glorieuse des Frères..), église des franciscains, du 13ᵉ s.: grande et riche façade des 13ᵉ et 14ᵉ s.; la *Vierge et des Saints*, de J. Bellini, tableau d'autel; le même sujet, tableau du Titien; autres peintures par Palma, Salviati etc.; *S. Jérôme*, statue par Al. Vittoria; *St Jean-Baptiste*, sculpture par Donatello. Mausolées: de Canova, (†1822), des doges B. Pesaro (†1503) et F. Foscari (†1457), du Titien (†1576), de S. Bernardo (†1538), de J. Marcello (†1484), de Nic. Tron (15ᵉ s.). Aux deux couvents des *Frari* et de *San Nicolo*, dépôt des *archives de Venise* (archivio centrale) dans 429 pièces. — Voisine des Frari, église *S. Rocco* (S. Roch), refaite en 1725. *Christ allant au supplice*, du Titien; *vie de S. Roch*, *piscine probatique*, du Tintoret. A côté de l'église, la *Scuola di S. Rocco* (école ou confrérie de St-Roch): façade, de Scarpagnino (1536); le *Crucifiement*, grand tableau du Tintoret; tableaux du Tintoret, du Titien, de Véronèse, de Zuccaro, de Salviati, etc. Pour la visiter 0 fr. 50 par personne.

Droite: 3 *palais Mocenigo*: celui du milieu fut habité par lord Byron (1818).

Gauche: palais Grimani, du 16ᵉ s.

Gauche: *palais Foscari*, du 15ᵉ s., occupé par la

Scuola di Commercio (école du commerce): Henri III y fut reçu. Du palais, on peut se rendre à *l'église San Pantaleone* (St-Pantaléon) de 1668: Saint *Pantaléon*, tableau de Paul Véronèse; plafond peint au 18° s. par Fumiani; — au *campo Sta Magherita* (place Ste-Marguerite); — à l'église *Sta Maria del Carmine* ou *i Carmini* (Ste Marie des Carmes ou les Carmes): la *Circoncision*, du Tintoret; *Nativité* et *des Saints*, de Cima da Conegliano; — à l'église *San Raffaele arcangelo* (St-Raphaël archange). — à celle de *San Sebastiano* (St-Sébastien), du 16° s. *St. Nicolas*, tableau du Titien, peint à 86 ans; *Baptême de Jésus*, *Christ en croix*, plusieurs *martyrs* de Véronèse; tombeau d'évêque, pierre tombale et buste de P. Véronèse; — à l'église *San Nicolà* (St-Nicolas); — au nord-ouest, au *Campo di Marte* (Champ de Mars) ou place d'Armes (piazza d'Armi); — au sud, aux Fondamenta delle Zattere (quai des Radeaux.

Gauche: palais *Rezzonico*, construit par Longhena (peintures), et deux *palais Giustiniani*.

Droite *palais Grassi*, du 18° s., et palais *Giustiniani Lonlin* (Lévi) construit par Longhena (17° s.) et acheté par la duchesse de Parme.

Gauche: *palais dell'Ambasciatore* (de l'Ambassadeur), ogival: façade avec deux statues de la Renaissance.

Le *pont de fer*, de 1854.

VI. — A gauche du pont de fer, temple protestant, à peu de distance de l'église *San Gervasio* (Gervais), et *Academia di belle Arti* (Académie des Beaux-Arts). Celle-ci, fondée par Napoléon 1ᵉʳ (1807) et presque entièrement composée de peintures des maîtres vénitiens, renferme, entre autres, parmi ses 700 tableaux environ: 1° dans la salle 13°: *l'Assomption*, chef-d'œuvre du Titien; *martyre de St Marc*, du Tintoret, qui a peint aussi le *miracle de St Marc*: St Marc apparaît dans les airs et délivre un esclave qui l'invoquait au moment où il allait périr *Madone et 6 saints* (SS. François, Jean-Baptiste, Jérôme, Dominique, Sébastien, Etienne), de J. Bellini; la *Vierge et St Dominique* de Paul Véronèse. 2° Dans la salle la *présentation au temple*, du Titien; — *l'Annonciation*, de P. Véronèse: — 3° salle 14° la *Vierge et des saints*, du même, qui a peint encore différentes toiles (*martyre de Ste Cristine*, etc.), — 4° la *Vierge du Carmel*, de Pordenone, qui est l'auteur, salle 7° de *St Laurent Justinien* (S. Lorenzo Guistiniani): autour de St-Laurent on voit les saints Augustin, Bernard, François, Jean-Baptiste; *l'anneau de St Marc*, salle 7° par Pâris Bordone: — 5° superbe tableau dans lequel l'artiste a représenté un pêcheur vénitien rapportant au doge un anneau reçu de St Marc, en témoignage du miracle par lequel le saint avait sauvé Venise d'une inondation. — 6° Dans la salle 8°: *Procession de la place St Marc*, par G. Bellini; — *miracle de la croix*, du même ; *Histoire de Ste Ursule*, en plusieurs tableaux de Carpaccio; — *repas de Jésus chez Lévi*, très belle toile de P. Véronèse: des dessins; en outre, des tableaux se trouvent dans les autres salles, dont la 14° a un beau plafond peint en partie par P. Véronèse.

De l'Académie des Beaux-Arts, on peut se rendre au sud, sur le canal de la Giudecca, où l'on trouve *l'église des Jésuates*)Gesuati), *Sta Maria del*

Rosario (Ste-Marie du Rosaire), de mauvais goût, mais riche, qui date du 18° s.: *le Christ en croix*, du Tintoret; plafond de Tiepolo.

Au nord-est des Jésuates, église *San Trovaso*.

VII. — Pour terminer notre excursion sur le grand Canal, il suffira de faire connaître, après le pont en fer:

Gauche; *palais Manzoni* (15° s.), *Lorédan* (18° s.).

Droite: *palais Cavalli* (Franchetti), du 15° siècle, anc. propriété du comte de Chambord, peu éloignée de la *Préfecture* (Prefettura).

Droite: *palais Corner della Cà Grande*, du 16° siècle, aujourd'hui la *Préfecture*.

Droite: *palais Contarini-Fasan*, du 14° siècle, restauré en 1857.

Gauche: *palais Dario-Talbot* (15° siècle).

Gauche: *abbaye et église S. Grégorio* (S.-Grégoire).

Gauche: *église Sta Maria della Salute* (Ste-Marie du Salut, de la Santé), près de la *Pointe de la Santé, du Salut* (punta della Salute), du *Séminaire Patriarcal* et de la *douane Maritime* (dogana di mare), qui date du 17° siècle. L'église, du 17° siècle, élevée en mémoire de la cessation de la peste (1630), a été construite par l'architecte B. Longhena sur 1.200.000 pilotis. Belle coupole; *descente du S. Esprit*, par le Titien; *Nativité de la Vierge*, par L. Giordano; *grande sacristie*. De cette église, on n'a qu'à traverser la pointe du *Salut* et suivre les quais du *Canal de la Giudecca* pour visiter les *Jésuates* (Voir VI, ci-dessus).

Droite: *palais Trèves-Emo*, du 17° siècle: *statues d'Hector et d'Ajax*, par Canova (1808-1811).

Droite: *palais Giustiniani* (15ᵉ siècle), occupé par l'hôtel de l'Europe. On débarque au *môle*, d'où l'on se rend, par la Piazzetta, à la place St-Marc. A l'est du môle, monument de *Victor-Emmanuel*: statues et bas-reliefs; plus loin, *monument à l'armée*.

VIII. — *La Piazzetta* (petite place), à gauche de laquelle on aperçoit la *Zecca* (monnaie), aujourd'hui *Bourse*, forme le prolongement de la *piazza S. Marco* (place S-Marc) vers le rivage et la *Riva degli Schiavoni* (quai des Esclavons). Elle est bornée à l'est par le *palais ducal*; — à l'ouest par la *Bibliothèque ancienne* (Libreria vecchia), monument (128 arcades) du 16ᵉ siècle (1536-1582), décoré de 26 statues et dépendant (depuis 1812) du *palais Royal* (palazzo Reale), également à arcades, à l'ouest de la Piazzetta. Les livres ont été transportés au palais Ducal. Les arcades, qui continuent celles de la grande place S.-Marc, servent de lieu couvert pour les *promeneurs*.

Sur la Piazzetta, deux *colonnes* (colonne) de 1172: sur une, *lion ailé de S. Marc*; sur l'autre, *statue de S. Théodore* (S. Teodoro), debout sur un crocodile. Ces deux colonnes, en granit, ont été rapportées de la Syrie par le doge Domenico Michele.

Une gondole conduit de la Piazzetta à la *promenade* du *Giardino pubblico* (jardin public) et à la pointe de la *Motte* (punta della Motta), d'où l'on peut se rendre, vers l'est, en remontant par le *canale S. Pietro*, à l'*isola S. Pietro* (île S.-Pierre) dont nous parlerons plus loin (XV). De la Piazzetta au jardin public 0,50. Ce jardin date de Napoléon 1ᵉʳ (1807).

A côté du jardin public, église *S. Giuseppe del Castello* (S.-Joseph du Château): la *Nativité*, par Paul Véronèse; mausolée du doge Marino Grimani.

Pour revenir à la Piazzetta, on prend la *Riva degli Schiavoni*, *promenade* très fréquentée. On visite les églises suivantes, non loin de ce quai; *S. Giovanni* (S.-Jean) in Bragora, du 15ᵉ siècle: *Baptême de Jésus-Christ*, chef-d'œuvre de Cima da Conegliano; triptyque de Vivarini; — *S. Giorgio degli Schiavoni* (S.-Georges des Esclavons); — *S. Lorenzo* (S. Laurent); — *S. Giorgio dei Greci* (S.-Georges des Grecs); offices du rite grec; — *S. Zaccaria* (S.-Zacharie), du 15ᵉ siècle: *la Vierge sur un trône, entourée de saints*, très beau tableau de J. Bellini; la *Circoncision* du même; peintures des Murano (Jean, Antoine); aux fonts baptismaux, statues de *S. Jean-Baptiste*, par A. Vittoria, dont le tombeau est près de la sacristie; 2ᵉ chapelle à droite (*S. Tarasio*): beaux autels.

IX. — Au nord de la Piazzetta, on trouve la célèbre *Piazza S. Marco* (place S.-Marc), le centre de la vie mondaine de Venise, l'ancien *forum* de la ville. De belles constructions et des arcades l'entourent de trois côtés. Sa longueur est de 175ᵐ ; sa plus grande largeur est de 82ᵐ. A deux heures du soir, des pigeons s'y abattent pour venir manger les grains que leur fait distribuer la municipalité. Dès 8 heures du soir, la place est un lieu de promenade très animé. Musique, l'été de 8 à 10 h. du soir.

X. — A l'une des extrémités de la place S.-Marc, la magnifique *basilique de S. Marco* (Saint-Marc), ancienne chapelle privée des doges, dédiée à S. Marc l'Evangéliste, dont elle possède les reliques depuis l'an 828. Construite (977-1071) dans le style romano-byzantin, elle a la forme d'une croix grecque avec 5 coupoles, et abonde en marbres orientaux, en sculptures, en bronzes, en dorures et en mosaïques. Longueur totale, 76^m,50; largeur, 51^m,80 à 62^m,60. Nous remarquerons :

La façade décorée de mosaïques et de bas-reliefs, avec cinq portes de bronze, dont l'une supporte les fameux *quatre chevaux de bronze* (en cuivre), groupe antique du temps de Néron: après avoir orné l'arc de triomphe de Trajan, ils furent transportés à Constantinople, puis portés à Venise (1205) par le doge Dandolo, ensuite à Paris (1797) par Bonaparte. Ils revinrent à Venise (1815); à Paris, on les vit à l'arc-de-triomphe du Carrousel, sous Napoléon 1er;

Les mosaïques des arcades de la façade: *Jugement dernier, descente de Croix, embarquement* (à Alexandrie d'Egypte) et *débarquement* (à Venise) du corps de S. Marc;

Les mosaïques du porche ou, atrium (atrio) divisées: en *anciennes*, du 12e siècle, pour l'Ancien Testament; en *modernes* pour le Nouveau;

L'intérieur, composé de trois nefs et où l'on a prodigué les marbres, les porphyres, les émaux, les dorures, les mosaïques. Au-dessus de la grande porte d'entrée, mosaïques de *Notre Seigneur*, de la *Ste Vierge* et de *S. Marc*, du 10e siècle;

Le pavé: mosaïques du 11e siècle;

Les sculptures du bénitier d'entrée, qui est en porphyre;

Le jubé: 8 colonnes et 14 statues de marbre. A droite et à gauche, colonnes portant deux vieux ambons ou chaires en marbres de couleur;

Au chevet de l'église, beau ciborium en bronze;

Le chœur: stalles en marqueterie; belles balustrades; statues et bas-reliefs en bronze;

Le maître-autel, qui renferme le corps de S. Marc. L'autel porte quatre colonnes torses en albâtre diaphane, provenant, dit-on, du temple de Salomon; le baldaquin est soutenu par quatre colonnes ornées de bas-reliefs du 11ᵉ siècle. Au-dessus de l'autel, la *pala d'oro* ou *rétable d'or*, rétable byzantin composé de plaques d'or et d'argent incrustées d'émail et de pierres précieuses, fait à Constantinople en 976 et restauré de 1836 à 1847: on ne le découvre que pour les fêtes, et pour le voir on doit donner 25 centimes;

La chapelle du crucifix, à gauche: colonnes de porphyre;

Le baptistère, dans la nef latérale droite: grand bassin en marbre de 1545, avec couvercle en bronze à bas-reliefs. Sur l'autel, pierre du mont Thabor. A gauche, tête de S. Jean-Baptiste (15ᵉ siècle); au-dessous, pierre sur laquelle il fut décapité;

Près du baptistère, la chapelle Zéno: tombeau (1515) en bronze du cardinal Zéno, mort en 1501; statues en bronze de l'autel;

Transept à gauche: chapelle S. Isidore: arbre généalogique de la Ste Vierge en mosaïque; — autel de la Madone: ancienne image grecque de la Ste Vierge;

La sacristie et ses mosaïques: la magnifique porte de la sacristie a des bas-reliefs (1556) de

Sansovino. De la sacristie on descend dans la crypte, restaurée depuis 1868.

Le Trésor (il Tesoro): un morceau de la colonne de la flagellation (laquelle est à Ste-Praxède, de Rome), avec une colonne d'argent; — un calice en agate, avec une partie du crâne de S. Jean-Baptiste; — un trône épiscopal du 7e siècle; — des diptyques de Ste-Sophie de Constantinople: — un vase de cristal avec du sang de notre Seigneur; — des candélabres de Benvenuto Cellini. Pour visiter le Trésor (25 centimes), entrer par une porte du transept de droite.

XI. — La *pierre de l'édit* (pietra di bando), à l'angle sud-est de la Basilique, était celle du haut de laquelle la République faisait proclamer les lois.

Vis-à-vis de la basilique se trouve le *Clocher* ou *Campanile de S.-Marc* (Campanile di S. Marco), clocher gothique du 10e siècle dont la flèche, refaite en 1510, domine tous les édifices de Venise et a 98m 60 de haut. On y monte par une rampe facile: (15 centimes.) Du haut de la galerie on aperçoit les Alpes, les lagunes, l'Adriatique, Venise, etc.

A la base du campanile, la *Loggetta* (petite galerie), édifice carré orné de bronzes, de marbres et de statues d'après le dessin de Sansovino (1540). La loggetta servait de salle d'attente aux procurateurs de la République commandant la force armée durant les séances du Grand Conseil.

Sur le côté nord de la basilique, donnant sur la place des *Lions* (dei Leoni), sarcophage renfermant les restes de D. Manin, de sa femme et de sa fille.

Devant la façade de la basilique, 3 piliers de bronze, par Alessandro Leopardi (1505), qui supportent 3 mâts où l'on arborait les étendards de la République.

XII. — De la place S.-Marc se voient encore : 1° les *anciennes procuraties* (procuratie vecchie), au nord, et les *nouvelles procuraties* (procuratie nuove), au sud, dépendant du *Palais Royal* (Palazzo Reale); 2° la *tour de l'Horloge* (torre dell'Orologio), près de l'hôtel Bellevue: elle supporte une cloche colossale sur laquelle deux vulcains frappent les heures avec un marteau: cette tour, bâtie (1496) par Pierre Lombardo, a été restaurée en 1859; 3° le palais Ducal.

Le *palais Ducal* (palazzo Ducale) ou *des doges*, ancienne résidence des Doges, cinq fois détruit et cinq fois reconstruit, est un magnifique édifice ogival, bâti de 1350 à 1442 et restauré de nos jours. Les façades sud et ouest, entourées d'une très belle colonnade ogivale à deux étages, sont ornées de marbre blanc et rouge. La porte d'entrée, qui se trouve près de la basilique, s'appelle *della Carta* (de la Carte): sculptures à remarquer. L'angle de l'édifice, sur la Riva degli Schiavoni, supporté par un seul pilier plus fort que les autres, excite l'étonnement des savants. Voici les détails:

Cour intérieure: curieuse façade orientale; deux *citernes*, à margelles en bronze ciselé, chefs-d'œuvre de Nicolas de Conti et d'Alfonso Alberghetti: ces citernes contiennent l'eau la plus recherchée de Venise (1). De là on monte au palais par l'escalier

(1) 160 autres citernes sont réparties dans toute la ville, au milieu des *campi* ou places. C'est au palais ducal que les *Bigolantes*, femmes qui distribuent l'eau, viennent en foule puiser aux citernes.

des *Géants* (scala dei Giganti), ainsi nommé des statues colossales de Mars et Neptune (par Sansovino, 1554) qui le décorent: sur l'escalier on couronnait les Doges. Ne pas manquer de voir, dans la *Loggia* (galerie) d'en haut, les deux colonnes de marbre rouge, la 9ᵉ et la 10ᵉ du portail principal, entre lesquelles la République faisait proclamer les sentences de mort.

Par la *Scala d'oro* (Escalier d'or), on arrive à la *salle du* Grand Conseil (Sala del Maggior Consiglio), longue de 53ᵐ43, large de 25ᵐ67 murs et plafonds couverts de peintures représentant les hauts faits de la République. Grand tableau du mur de l'est: *la Gloire du Paradis*, par le Tintoret; il a 25ᵐ67 sur 7ᵐ80. Au plafond; *l'apothéose de Venise*, chef-d'œuvre original et grandiose de P. Véronèse: — *Venise au milieu des divinités*, du Tintoret; — *Venise couronnée par la Victoire*, de Palma le Jeune. Il faut encore mentionner la *Prise de Constantinople par les Croisés*, de D. Robusti, fils du Tintoret; — le *retour du doge Contarini*, vainqueur des Génois (1378), de P. Véronèse; — celui *du doge S. Ziani*, vainqueur de Frédéric Barberousse (1177), chef-d'œuvre de Léandre Bassan.

Portraits de 76 doges décorant la frise autour de la salle du Grand Conseil un tableau noir remplace celui de Marino Faliero, décapité « pour ses crimes.»

Salles diverses 1° salle *du Scrutin* (dello Scrutinio): belles peintures du Tintoret, de Pordenone; et le *Jugement dernier*, de Palma le Jeune; — 2° la *Bibliothèque St.-Marc*, la *Marciana*: plafond de P. Véronèse; 250.000 volumes et 10.000 manuscrits, dont le testament *de Marco Polo* (1323), la *Version des Septante* du 9º siècle, le *bréviaire* du card. Grimani, orné des miniatures de Memling; — 3º *Musée archéologique*: *salles des Scarlatti* (Pourpres), avec sculptures antiques, *dello Scudo* (de l'Ecusson), des *bas-reliefs*, des *bustes*, des *bronzes*, des *stucs*; — 4º Salle de la *Boussole* (della Bussola); — 5º *Salle dei capi* (des chefs) ou chefs du Conseil des Dix, avec plafond de P. Véronèse; — 6º *Salle du Conseil des Dix*, dont P. Véronèse a peint le plafond; — 7º celle des *quatre Portes*; peintures; — 8º la chapelle (chiesetta) des doges; — 9º la *salle du Sénat* ou des Pregadi; peintures du Tintoret et d'autres; — 10º la *salle de l'anticollège*: Venise sur le trône, plafond de P. Véronèse; *l'enlèvement d'Europe*, chef-d'œuvre du même; tableaux du Tintoret; — 11º *Salle du Collège*, où l'on recevait les ambassadeurs: peintures du Tintoret et de P. Véronèse.

XIII. — Les prisons *des Plombs* (Piombi), célèbres dans le récit de S. Pellico, qui, soit dit en passant, n'y a jamais séjourné, étaient des greniers placés sous la toiture du palais Ducal, recouverte de plomb. On ne les visite pas.

On remarque les *pozzi* (puits), ou cachots sombres au niveau du sol de la cour du palais Ducal: près de ces cachots est la place étroite des excutions, à côté de la quelle se trouvait une porte basse, donnant sur le canal, par où les cadavres étaient transportés en gondole et jetés dans le canal Orfano. Carmagnola, exécuté en 1432, y fut enfermé.

Le *pont des Soupirs* (ponte dei Sospiri) relie le

palais Ducal aux *prisons*, édifice de 1589, avec façade sur la Riva dei Schiavoni (Quai des Esclavons).

XIV. — De la place St-Marc, nous pouvons faire diverses excursions :

1° Au nord-ouest. Par la *salizzada San Mosè* (rue St-Moïse) : *église San Mosè* (St-Moïse), au goût bizarre : l'Ecossais Law y est enterré ; — *campo Sa Maria Zobenigo* (pl. Ste-Marie Z.) : église du même nom, à jolie façade : mausolée de G. Contarini ; — *campo San Maurizio* (place St-Maurice) : à peu de distance de ces lieux, jeter un coup d'œil sur *la Fenice* (le Phénix), théâtre de 1789, refait en 1838, l'un des plus beaux de l'Italie. — On parvient ensuite au *campo San Stefano* (place St-Etienne), grande place, avec statue de Nic-Tommaseo (1884) et où se trouve l'église *San Stefano*, de 1294 à 1325, dans le style gothique : façade en briques ; voûte en bois ; sculptures admirables ; la *Cène*, du Tintoret ; tombeau du médecin Suriano 1551 ; statue équestre et tombeau du général D. Contarini (1650). Près du campo S. Stefano, théâtre *Camploy* et *campo Sant-Angelo* (St-Ange), avec statue de Paleocapa.

2° Au nord. Par les rues Merceria, conduisant à la *Poste* (voir 1), on pourra gagner le Rialto en passant devant *San Salvatore* (voir V).

3° Au nord-est. Par le *campo dei Leoni* (place des Lions), à l'angle de la piazza San Marco, on se rend à *Santa Maria Formosa* (Ste-Marie la Belle) de 1105 et 1492, sur la place du même nom : Santa *Barbara* (Ste Barbe), tableau de Palma le Vieux, au-dessus du 1er autel à droite ; Mater *dolorosa* tableau de Palma le Jeune ; coupole de 1688. Dans cette église on célébrait le 2 février la fête de la Notre-Dame delle *Marie* (des Maries), en mémoire de la délivrance des jeunes filles de Venise des mains des Turcs. Au nord de l'église, on trouve celle de *Santi Giovanni e Paolo* ou *San Zanipolo* (SS.-Jean et Paul), de 1240 à 1430 restaurée en 1887 dans le style gothique italien, église la plus importante après St Marc, Panthéon des grands hommes de la République. Parmi les mausolées, citons les suivants : doges Jean Bembo (✠ 1618), au dessus de la grande porte (ou celui de L. Mocenigo (1577). Marco Cornaro ou Corner (✠ 1368), — Leonardo Lorédan (✠ 1521). — Malipiero (✠ 1462), — Nicolas Marcello (1474). — Jean Mocenigo (✠ 1485), par Tullio Lombardo, — Pietro Mocenigo (✠ 1476), par P. Lombardo, — Tommaso Mocenigo (✠ 1423), — Michele Morosini (✠ 1382), — deux Valieri (17° s.), — André Vendramin (✠ 1478), le plus beau ; — Venier (✠ 1400), — généraux Orsini (statue équestre), Pompée Giustiani (17° s.). Tombeau de Palma le Jeune. Peintures du Tintoret, de J. Bellini, de Bassan, etc. En 1867, un violent incendie a détruit la belle chapelle du Rosaire, avec le superbe tableau du Titien *(martyre de St Pierre de Vérone, dominicain)*.

Au nord de San Zanipolo, *scuola di San Marco* (école, confrérie de St-Marc), de 1485, transformée en *hôpital civil* (ospitale civile).

Sur le *campo de San Zanipolo*, statue *équestre* de Colleoni, de Bergame (✠ 1475), général au service des Vénitiens, œuvre remarquable d'Andrea Verrocchio et d'Alessandro Leopardi : piédestal orné de 6 colonnes.

A l'est de San Zanipolo, à une certaine distance, *église San Francesco della Vigna* (St-François de la Vigne), de 1534, avec façade, de 1568-1572, par Palladio. Tableaux de P. Véronèse, de J. Bellini, et sculptures de la *chapelle Giustiniani*, dans le transept de gauche; bel autel de la sixième chapelle du transept de droite.

Voisin de cette église, *l'Arsenal* (arsenale), à l'extrémité de la ville, de 1104 et agrandi depuis lors. Il occupe au plus 2.000 ouvriers. Devant la porte d'entrée, on voit quatre lions, en marbre pentélique, enlevés à Athènes par Fr. Morsini (1687). Dans l'arsenal: anciennes armes vénitiennes; armure donnée par le roi Henri IV à la République; casque d'Attila; instruments de torture du tyran Francesco di Carrara, de Padoue; autres instruments de torture; armure équestre du Condottiere Gattamelata (XV s.); étendards de Lépante (1571); modèle et restes du Bucentaure, (Vaisseau portant l'usage d'un Centaure monté sur un bœuf) du haut duquel, le jour de l'Ascension, les doges jetaient dans l'Adriatique l'anneau nuptial, pour la célébration symbolique de leur mariage avec la mer, cérémonie remontant à l'an 1177: en cette année, le pape Alexandre III mit au doigt du doge St. Ziani un anneau d'or, pour marquer la suprématie maritime de Venise.

XV. — De l'Arsenal, on pénètre à *l'Isola San Pietro*, (île St-Pierre), entourée d'un côté par le *Canale di San Pietro* (Canal St-Pierre), qui fait communiquer cette partie du pays avec le *canale di San Marco* (Canal de St-Marc), menant à la

Riva degli Schiavoni (quai des Esclavons), au sud de la place St-Marc. A l'île St-Pierre, *église San Pietro di Castello* (Saint-Pierre du Château) de 1594 à 1621: façade en marbre; peintures de Paul Véronèse, au 3e autel, représentant *St Pierre, St Paul* et *Saint Jean*. Au sud du Canal St-Pierre, le *Jardin public* (Voir VIII).

On peut revenir à la place St-Marc, ou par le Jardin Public, le canal St-Marc et le quai des Esclavons, — ou par l'Arsenal, les *chantiers* (Cantieri), la Darse (Darsena) du vieil Arsenal (arsenale Vecchio), l'église *San Martino* (St-Martin), qui renferme le mausolée du doge Fr. Erizzo, l'église *San Giovanni* in *Bragora* (Voir VIII) et le *quai des Esclavons* (Riva degli Schiavoni).

XVI — Pour terminer nos visites à Venise, il ne nous reste plus qu'à parler des deux îles au sud de la ville, et que l'on appelle:

L'une, *isola di San Giorgio Maggiore* (île Saint-Georges le Majeur). Eglise du même nom: façade de Palladio. Stalles sculptées de 1599. Tableaux du Tintoret: *Manne, Cène, Résurrection, mort de S. Etienne, Martyrs, Couronnement de la Vierge*.

L'autre, la *Giudecca*, séparée de la ville par le *canale della Giudecca* (canal de la Giudecca), et beaucoup plus grande que la précédente, dont elle est un peu éloignée, *Eglise il Redentore* (le Rédempteur), de 1577-1592 par Palladio. La *Nativité*, de Bassan; la *Flagellation, Ascension*, du Tintoret; trois *Madones*, de J. Bellini; *descente de Croix*, de Palma le Jeune.

XVII. — *Environs de Venise*. On peut faire de

charmantes promenades en gondole. Voici quelques lieux intéressants.

Le Lido (le Bord), longue digue de sable, à l'est de la ville et qui la protège contre la mer. Le *fort Saint-André* (San Andrea), de Sanmicheli (1544), défend l'entrée de Venise. Le Lido sert d'emplacement pour les fêtes populaires, et l'on y prend des *bains de mer* (bagni di mare) dans la belle saison. Plage. On se rend au Lido (25 minutes), en gondole, de la piazza San Marco. Un bateau à vapeur fait le service toutes les heures: trajet en 12 minutes, prix 0f 60 aller et retour ; départ du quai des Esclavons.

Au sud du Lido, *Malamocco*, passe très profonde pour les gros navires qui vont à Venise. Digue de 2122^m, commencée sous Napoléon Ier (1806) et terminée en 1838. D'épaisses *murailles* (murazzi) en pierres, le long des dunes, garantissent de l'ensablement. De Venise à Malamocco, bateau à vapeur: 0f. 85 (1res) et 0f. 65 (2es)

San Lazzaro (St-Lazare), à 3 kil. est de Venise. Célèbre monastère de religieux *Mékhitaristes* arméniens, fondés par le P. Mékhitar, mort en 1749. Ils impriment et traduisent des ouvrages arméniens, orientaux. On met 45 minutes en gondole.

Murano, à 2 kil. nord de Venise, dans l'îlot Murano; 0f. 10 par bateau à vapeur. Petite ville dont on visite les fabriques de glaces, de verroteries. Musée. Deux jolies églises: *San Donato* (St Donat) basilique reconstruite au 10e s. mosaïques du 12e s; — *San Pietro martyre* (Saint-Pierre le martyr), de 1509: peintures de P. Véronèse, J. Bellini, Palma le Jeune, etc. Près de Murano, îlot *St Michele*

(Saint-Michel de Murano): ancien couvent de camaldules.

Burano, à 8 kil. Nord-est de Venise. *Eglise St. Martino* (Saint-Martin): *Saint Marc et des Saints*, par Santacroce (Girolamo), de 1541. Fabrique de dentelles ou point de Venise. On met 1h. 1¡2 en gondole.

Torcello, à 10 kil. nord-est de Venise, à 2 heures de la ville en gondole, île malsaine et pauvre au nord de Burano. Deux curieuses églises: *Santa Maria* (Ste-Marie) ou le *Dôme* (il Duomo). Baptistère du 10° s ; siège épiscopal du 7e s. ; mosaïque du 12e s. ; — *Santa Fosca* (Ste-Fusque), dans le style byzantin. Musée avec l'étendard de Sta Fosca, de 1366.

Mestre, station de chemin de fer à 8 kil. de Venise. La ville est à 3 kil. de la lagune.

Chioggia ou *Chiozza*, à 24 kil. sud de Venise, ville importante des lagunes : un service de bateaux à vapeur existe entre Venise et Chioggia : 2,30 (1res), 1,45 (2es). Eglises : le *Dôme* (il Duomo), rebâti au 17e s ; — *San Giacomo* (Saint Jacques), de 1741: *Sts Roch* et *Sébastien*, de J. Bellini. Chioggia a deux forts et un port.

XVIII. — *Résumé des églises, monuments, décrits, etc.*

Abbayes, couvents. (Abbazie, conventi). Voir couvents.

Académie des Beaux-Arts. (Accademia di belle Arti) . . . VI

Archives (archivio) V

Arsenal (arsenale) XIV

Bains de mer (bagni di mare). Au *Lido*.

Banque nationale (Banca nazionale). . . V

Baptistère (battistero) Voir *église San Marco.*
Bateaux (battelli, vaporetti) . I. Voir les *environs.*
Bibliothèques (librerie, biblioteche) :
  Galerie Correr . III
  Marciana (St-Marc XII
  Vecchia . . VIII
Bigolantes (les) . XII
Brasserie (birraria) . I
Bucentaure (le) . XIV
Burano . . . XVII
Café (caffè) quadri . I
Campanile. Voir église S. Marco.
Canaux (canali, rii).
  En général . II
  canale della Giudecca . . . VII. XV
  —di Canareggio. III
  — Grande . I à VII
  — San Marco . XV
  — San Pietro. VIII
  XV
Champ de Mars (Campo di Marte), place d'Armes . . . V
Chantiers (Cantieri) XV
Châteaux (Castelli). Voir palais.
Chevaux de bronze. Voir portail *Saint-Marc.*
Chioggia . . . XVII
Ciceroni, domestiques de place . . . I
Citernes (les) . . XII
Conseil (grand). Voir *palais Ducal.*
Cour d'appel. Voir *palais.*
Couvents, *abbayes* (conventi, abbazie) :
  San Gregorio . VII
  Les Mékhitaristes (San Lazzaro) . . XVII
  Misericordia (della) IV Voir *Murano.*
Crypte (Catacomba). Voir *l'église San Marco.*
Dix (salles des). Voir *palais Ducal.*
Douane (Dogana) . VII.
Ecoles (Scuole) :
  del Commercio . V
  San Marco . . XIV
  San Rocco . . V
Eglises (chiese) :
  Santi Apostoli. IV.
  I Carmini. Voir *Sta Maria del Carmine.*
  San Cassiano . III
  Santa Caterina. IV.
  San Francesco della Vigna . . XIV

I Frari . . .	V.	del Rosario. Voir *Gésuati.*	
San Geremia .	III.		
— Gervaso .	VI.	della Salute .	VII
I Gesuati . .	VI. VII	Zobenigo . .	XIV
I Gesuiti . . .	IV	San Martino .	XV
San Giacomo.	III	San Mosè . .	XIV
— Giobbe . .	III	— Nicolà . .	V
San Giorgio dei Greci	VIII	— Pantaleone	V
		— Paolo (Polo)	V
— — degli Schiavoni	VIII	— Pietro del Castello	XV
— — Maggiore	XVI	— Raffaele arc.	V
S. Giovanni in Bragora . . .	VIII. XV	Il Redentore .	XVI
		S. Rocco . .	V
— — Crisostomo	IV	— Salvatore. V .	XIV
— — Elemosinario	IV	gli Scalzi . .	I. III
Santi — e Paolo	XIV	San Sebastiano	V
S. Giuliano (Zulian	V	— Silvestro ,	V
— Giuseppe del Castello	VIII	— Stefano . .	XIV
		— Trovaso .	VI
— Gregorio .	VII	— Zaccaria .	VIII
— Lorenzo .	VIII	—Zangrisostomo. Voir S. *Giovanni Cris.*	
— Luca . .	V		
— Marco . .	X	Zanipolo. Voir S. *Giovanni et P.*	
le Campanile .	XI		
Santa Maria:		— Zulian. Voir S. *Giuliano.* Voir *environs*	
Assunta. Voir *Gesuiti.*			
del Carmine .	V	*Environs les* . .	XVII
Formosa . .	XIV	*Escaliers* (scale):	
dei Frari. Voir *Frari.*		des Géants;) Voir *palais Ducal*	
Mater Domini.	III	d'or,)	
dei Miracoli .	IV	Fort *St-André*, au Lido.	
dell'Orto. . .	III	*Forum.* La place *St-Marc*	

Galeries de tableaux (gallerie di quadri):
  Correr (museo civico) III
  Manfrin . . . III
  Voir palais Ducal, *Académie des B. Arts*.
Gare (stazione) . I
Gondoles (gondole) I
Hôpital civil (ospitale civile) XIV
Hôtels (alberghi) I
Hôtel-de-ville. Voir *Palais*.
Iles (isole):
  en général . . II
  San Giorgio Maggiore . . . II. XVI
  della Giudecca II. XVI
  San Pietro. VIII. XV
  Voir *environs*.
Jardins (giardini, orti)
  Giardino publico. VIII
  XV
  Papadopoli . III
  Orto botanico. I. III
Lazzaro (San). Voir couvents.
Libraires (librai) 1
Les *lidi* . . . II
Le *Lido* . . I. XVII
Lions (les). Voir *Statues*
et *Loggetta* (la) . XI

Loggia (la) . . XII
Malamocco . I. XVII
Maries (N-D des). Voir *Sta Maria Formosa*.
Mékhitaristes (les). Voir *couvents*.
Mestre XVII
Miséricorde (la). Voir *couvents*.
Môle, jetée (molo) I. VII
Monastères. Voir couvents
Monnaie (la Zecca), Bourse VIII
Mont-de-piété . III
Murano . . . XVII
Musées. Voir *galeries de tableaux, palais Ducal*.
Pala d'oro. Voir *église San Marco*.
Pala d'argento. Voir *église San Salvatore*.
Palais (palazzi):
  Ambasciatore V
  Barbarigo della Terrazza . . . V
  Bernardo (hôtel Royal) I
  Bernardo . . V
  Brandolini (hôtel de l'Univers) . . I
  Cà d'Oro . . III
  Cavalli (Franchetti) VII

Contarini Fasan	VII	*Pharmacie* (farmacia)	I
Corner della Cà Gr.	VII	*Piazzetta* (la). Voir *places*.	
Corner della Regina	III	*Pietra di bando* (pierre de	
— Spinelli	V	l'édit)	XI
Dario	VII	*Piliers (trois)* Voir *Sta-*	
Ducal, des doges	XII	*tues et Places* (piazze	
Foscari	V	campi).	
Giustiniani hôtel (Eu-		campo Sant'Angelo	
ropa)	I. VII		XIV
— Lolin	V	campo dei Leoni	XIV
— (deux pal)	V	— Sta Margherita	V
Grassi	V	— Sta Maria Formosa	
Grimani (Cour d'ap-			XIV
pel) à San Paolo	V	— Sa Maria Zobeni-	
Labia	III	go	XIV
Lorédan	VII	— San Maurizio	XIV
Lorédan	V	San Polo	V
Manfrin	III	— Stefano	XIV
Manin	V	— Zanipolo Giovan-	
Manzoni	VII	ni	XIV
Mocenigo	V	Voir *Champ de Mars,*	
Papadopoli (Tiepolo)	V	e Paolo.	
Pesaro	III	Piazza San Marco.	II.
Pisani	V	IX. à XII. XIV. à XVII.	
Procuratie	XII	Piazzetta	VIII. IX
Reale	VIII. XII	*Pointes* (punte):	
Rezzonico	V	della Motta	VIII
Des Trésoriers	III	— Salute	II. VII
Trèves-Emo	III	*Ponts* (ponti):	
Tron (Dona)	III	en général	II
Vendramin-Calergi	III	*de fer* (gare)	II III
Zucchelli (hôtel Britan		— (B. Arts)	II. V. VI.
nia)	I		VII.

du Rialto II. III. IV.
. . . . . V. XIV
des Soupirs . XIII
Postes, télégraphes (poste telegrafi). I. XIV
Préfecture (prefettura) VII
Prisons (prigioni:
   les XIII
   les *Plombs* (Piombi XIII
Procuraties. Voir *palais*.
Promenades (passeggi):
   le jardin public.
   la place St-Marc.
   le quai des Esclavons.
   le canal Grande.
   les environs.
Puits (pozzi) . . XIII
Quais (fondamenta, rive)
   Fondamenta nuove IV
   — delle Zattere I. V
   Riva degli Schiavoni.
   . . . . . VIII XV
Restaurants (ristoranti, trattorie) . . . I
Rialto, le. Voir *ponts*,
Rues (les), ruelles III
Séminaire (Seminario) VII
Statues, monuments (statue, monumenti); à
   l'armée . . . VII
   Colleoni, au campo (place) San Zanipolo.
   Goldoni . . . III
   Lions de St-Marc VIII
   Lions de l'Arsenal. V. *Arsenal*.
   Manin XI
   Paleocapa . . . XIV
   les 3 piliers . . XI
   St-Théodore . . VIII
   Tommasco . . . XIV
   Victor-Emmanuel VII
   Voir *églises, palais*.
Temple protestant (tempio protestante). VI
Théâtres (teatri):
   Camploy . . XIV
   Fenice . . . XIV
   Goldoni . . . V
   Malibran . . . IV
   Marionnettes . . I
   Rossini V
Torcello (île) . . XVII
Tour de l'horloge (Torre dell'Orologio) . XII
Traghetti (les) . . I
Trésor (Tesoro). Voir *église San Marco*.

CHAPITRE IV.

De Venise (Venezia) à Padoue (Padova). — Padoue.

I. Ligne de Venise à Padoue : 37 kil.

Voir le *chapitre III*, § I.

Trains commodes, tous trois classes, (1891).
Venise. départ.... 9 h. matin; — 10 h. 15; — midi 5 m.; — 4 h., soir; — 4 h. 15; — 6 h. 20.
Padoue, arrivée.... 9, h. 44; — midi 3 m., — 1 h. 17; — 4. h 39, soir; — 5, h. 33; — 7 h. 40.

Le train de 8h 30, arrivant à 9, 15 du matin, ne prend que deux classes.

II. Padova (Padoue).

I. *Renseignements pratiques.* — La gare est en dehors de la ville.

Poste; place Unita d'Italia; télégraphe, à la préfecture.

Omnibus des hôtels à la gare. 0 f. 25. voitures de la gare à la ville, 1 f. et 0, 40 le colis. La course en ville 0, 50; 2 f. l'heure.

Voitures nommées *broughams* comme à Milan.
Hôtels : Fanti ou *Stella d'Oro* (Etoile d'Or), piazza Garibaldi; de 1er ordre: 9 f. par jour; chambres, 2, 50; bougie et service 1, 25; dîner 4f. —

Aquila d'Oro (Aigle d'Or), près de l'église Sant' Antonio;

Aquila Nera (Aigle Noir), à côté de l'Université.

Restaurant à la brasserie (*birraria*) Gasparotto.

Café Pedrocchi, vis-à-vis de l'Université : ce vaste café, ouvert en 1835, porte le nom de son fondateur.

II. *La ville*. — Au sortir de la gare, on entre en ville par la porte *Codalunga*, précédant la rue du même nom.

Padoue, sur le Bacchiglione et un canal qui se jette dans la Brenta, est une ville très commerçante de 47.300 hab., aux maisons avec jardins et aux rues mal alignées : quelques unes ont des arcades. Une enceinte bastionnée entoure la ville.

De la porte Codalunga, on visite d'abord le beau *ponte Molino*, après *l'église intéressante des Carmes* (I Carmelitani), à côté de laquelle est la *Scuola* (Ecole, confrérie) des Carmes.

A l'est des Carmes, on trouve *l'église des Ermites* (degli Eremitini) augustins, bâtie de 1264 à 1306 : une seule nef très longue, sans colonnes ni piliers. Chapelle de droite : fresques de Mantegna ; beau tombeau. Sur l'autel : madone en terre cuite bronzée, de Giovanni da Pisa. Sacristie : *St Jean-Baptiste dans le désert*, tableau du Guide ; tombeau d'un prince d'Orange, par Canova. A peu de distance de l'église des Ermites, *église S. Gaetano* (St-Gaétan), de 1586 : belle façade.

Dans les environs de l'église des Eremitani, *chapelle Ste-Marie-de-l'Arène* (Sta Maria dell'Arena), précieux édifice de l'art italien, de 1303 : Nombreuses fresques de Giotto. On donne 0 f. 50, par personne : sonner pour entrer. On la nomme encore *l'Annunziata*, l'Annonciade.

Du pont Molino, par les rues *San Fermo e San*

Matteo, on arrive à la *place Garibaldi* (statue de Garibaldi), puis à la *place Cavour* (statue de Cavour) et on se dirige vers le centre de la ville : 1° à l'*Università* (Université), palais bâti de 1493 à 1552 : son école fut célèbre au moyen âge. L'Université est appelée *le Bœuf* (il Bò) ; 2° à la *piazza dei Signori* (place des Seigneurs) ou de l'*Unité italienne* (dell' Unità d'Italia) : monument de *Victor-Emmanuel* ; — *palazzio del capitano* (palais du capitaine), de 1345, anc. habitation du capitaine de la république de Venise ; — haute tour avec belle horloge, à colonne antique.

Près de ce palais, la *piazza delle Erbe* (aux herbes, aux légumes), où l'on voit le *palazzo del Podestà* (palais du Podestat) ; — ensuite, le *palazzo della Ragione* (palais de la Raison), auj. *l'hôtel de ville*, encore appelé *Salone* (Salon).

III. — Le *palais della Ragione* (Salone), de 1172 à 1219, bâti par le moine Jean des Ermites (*Giovanni degli Eremitani*), renferme une curieuse salle, parallèle à l'équateur, de 81 m. de long, de 27 m. de large et de 24 m. de haut, (0f. 50 pour la visiter). On remarque dans la salle : les fresques de Jean Miretto ; — un grand cheval de bois, par Donatello ; — le monument et le prétendu cercueil de Tite-Live, né à Padoue ou à Abano ; — sur les murs, 319 compartiments à figures allégoriques pour représenter les influences chimériques des astres sur les hommes ; — la voûte, refaite au 18e siècle ; — la *pierre de l'infâmie*, à l'extrémité de la salle, et sur laquelle venaient s'asseoir les négociants qui se déclaraient insolvables.

Du palais du Capitaine, on gagne facilement la cathédrale ou le *Dôme* (il Duomo), édifice de 1552-1570, peu remarquable, bâti par Sperone Speroni, ami de Ronsard et maître du Tasse: crypte, avec un beau reliquaire; — quelques peintures; — monument de Speroni; — buste de Pétrarque, qui fut chanoine de la cathédrale. Le *baptistère*, de 1260, à droite du Dôme, offre de belles peintures de l'école de Giotto.

A droite du baptistère, *arc-de-triomphe* (arcotrionfale) en l'honneur d'Alvise Valaresso, capitaine de Padoue (1632).

IV. — De la cathédrale, on porte ses pas vers la superbe place *Prato della Valle* (Pré de la vallée), auj. *piazza Vittorio-Emanuele* (place Victor-Emmanuel), qui a la forme d'un amphitéâtre: c'est la *promenade favorite* des habitants. — Cette place, à l'extrémité sud-est de la ville, possède les statues de 78 Padouans et d'Italiens illustres: le *Tasse Arioste*, *Pétrarque*, *Galilée*. Au nord-ouest de la place, statues (1865) de *Dante* et de *Giotto*, par Vela.

Près du Prato della Valle, église Santa Giustina (Ste-Justine), de 1516-1549: très belles stalles sculptées; — 8 dômes recouverts en plomb; — le *martyre de Ste Justine*, superbe tableau de Véronèse; — sarcophage de St Luc.

V. — A quelque distance du Prato, en partant par l'angle nord-est de la place, *église Sant'Antonio* (St-Antoine) ou *il Santo* (le Saint), sur la place del Santo, à ½ heure de la gare, magnifique basilique dédiée à Saint Antoine de Padoue dont la fête a lieu le 13 juin, et qui, né à Lisbonne (1195), prêcha dans divers pays, et vint mourir à Padoue (1231). Commencée par Nic. Pisano en 1256, terminée seulement en 1475, la basilique, plus grande que St-Marc de Venise, a la forme d'une croix, avec 7 coupoles de style grec-byzantin, dont une conique (la centrale). Deux légers campaniles s'élèvent sur chaque flanc. La longueur de la basilique est de 115 m; la largeur, 55 m. Beaux bénitiers, méritent d'être vus avec soin;

Le chœur: très beau portrait en pied de St Antoine; crucifix en bronze; beau candélabre; quatre statues de la balustrade; portes en bronze; bas-reliefs de l'autel, par Donatello;

La nef centrale. A l'un des piliers, monument d'Alessandro Contarini, général de la république de Venise. En face du 2e pilier de droite, monument du cardinal Bembo. Au 4e pilier à gauche, mausolée de l'amiral Jérôme Michael Cornelio. Le tombeau d'Antoine de Roccelli est remarquable, de même que le mausolée du condottiere Gattamelata;

La *chapelle St-Antoine*, une des plus belles, dans le transept de gauche. Neuf hauts-reliefs, en marbre de Carrare, par Sansovino; T. Lombardo, etc., et représentant les miracles de St Antoine. L'autel, entouré de tableaux votifs, possède les reliques du Saint, dont le tombeau est recouvert d'une plaque de marbre. On invoque saint Antoine de Padoue pour retrouver les objets perdus;

La *chapelle St-Felix* (Santo Felice), également très belle. Fresques de Jacopo Avanzi et d'Altichieri (14e s.) Joli autel: sculptures de Giovanni Minello (1504);

La *chapelle du St Sacrement*. autel avec bas-reliefs de Donnatello; — la *chapelle de la Madonna Mora* : autel gothique;

Le *Trésor* (Tesoro). Belle pièce d'orfèvrerie; — langue de Saint Antoine.

A côté de l'église *Saint-Antoine* : 1° la *Scuola del Santo* (école, confrérie du Saint) : chapelle de la confrérie de Saint Antoine. Fresques du Titien et d'autres sur les miracles de saint Antoine. — 2" la *capella San Giorgio* (chapelle St-Georges), de 1377 : 21 fresques de Jacopo Avanzi et d'Altichieri.

Sur la *piazza del Santo* (place du Saint), statue équestre de Gattamelata condottiere du 15° siècle, œuvre de Donatello (1453). Dans l'ancien monastère de *St-Antoine*, *musée civique* (museo civico) : tableaux, bronzes, médailles, monnaies, etc.

VI. — A égale distance de Sant'Antonio et de Sta Giustina, on aperçoit le *jardin botanique* (orto botanico) : palmier planté par Goëthe.

Entre Saint Antoine et l'Université, sont les églises suivantes : *San Francesco* (St-François), de 1420 : fresques et tableaux; — *San Canciano* ou *Canziano* (St-Cantien), de 1617.

En remontant la rue qui se termine au nord du Prato della Valle, on tourne à gauche pour suivre les bords du canal et se rendre à l'extrémité ouest, à la *Specola* (observatoire), installée dans une tour du *palais du Tyran Ezzelino*.

VII. — *Résumé des églises, monuments décrits, etc.*

Arc de triomphe (arco trionfale)	. . . III	. . . . . .	III
		Bô (il). voir *Université*.	
Baptistère (battistero)		*Brasserie* (birraria).	I

Café (caffè) Pedrocchi. I
Campaniles (les). Voir
   église Sant'Antonio.
Ecole du Saint (Scuola del
   Santo) V
Ecole des Carmes. . II.
Eglises, chapelles (chiese,
   capelle).
   l'Annunziata. . . II
   Sant'Antonio . . V
   San Canziano (Cancia-
      no) VI
   I Carmini . . . II
   il Duomo. . . III
   Eremitani. . . II
   San Francesco.. VI
   San Gaetano . . II
   San Giorgio . . V
   Santa Giustina. IV
   Santa Maria dell'Are-
      na . . . . . II.
   Il Santo. Voir St-An-
      toine.
Gare (stazione) . . I
Hôtels (alberghi). . . I
Jardin botanique (orto
   botanico) . . . VI
Musée (museo).. . VI
Observatoire (specola) VI
Palais (palazzi):
   del Capitanio . II
   Ezzelino . . VI
   del Podestà . II
   della Ragione (Salo-
      ne) II
   Università . . II
Pierre de l'infamie. II
Places (piazze) . . .
   Cavour. . . . II
   delle Erbe . . II
   Garibaldi . . II
   le Prato della Valle IV
   del Santo . . . V
   dei Signori (Unità
      d'Itália) . . . II
   Vittorio Emanuele IV
Pont (ponte) *Molino* II
Porte (*Porta*) *Codalunga*
   II
Poste, télégraphe. . I
Prato della Valle. IV
Promenades (passeggi).
   voir *Prato.*
Restaurants (ristoranti,
   trattorie) . . .
Salle célèbre, au palais
   della Ragione.
Salone (il). Voir *palais
   della Ragione.*
Statues, monuments (Sta-
   tue, monumenti).
   Arioste. Voir Prato.
   Cavour . . . II
   Dante } Voir *Prato.*
   Galilée }
   Garibaldi . . . II

Gattamelata. Voir piazza del Santo.
Giotto \
Pétrarque) V. *Prato.*
Tasse (le) /
Victor-Emmnanuel. II

Voir *arc de triomphe, églises.*
Trésor (tesoro). Voir *St-Antoine.*
Université. Voir *palais.*
Voitures (vetture), etc. I

CHAPITRE V.

De Padoue (Padova) à Bologne (Bologna). — Bologne.

I. Ligne de Padoue à Bologne : 123 Kil.

Trains commodes (1.re et 2e classe).
Padoue, départ. 9 h 15 matin — 5 h 35 soir.
Bologne, arrivée, midi 11 h — 9 h 25.

Padova (Padoue) On suit le canal de Battaglia et de Monselice..

9. *Abano.* Eaux minérales à la base des monts Euganéens.
  A droite du chemin de fer, à 11 kilom- beau château de
17. *Battaglia,* sur le canal ci-dessus. Eaux minérales.
22. *Monselice.* A 4 kil ; *Arquà Pétrarca* : maison où mourut Pétrarque (1374).
28. *Santa Elena* (Ste Hélène).
37. *Stanghella*
43. *Rovigo,* sur l'Adigetto.
52. *Arquà.*
57. *Polesela*
71. *Ponte-Lagoscuro.*
76. *Ferrara* (Ferrare).sur le canal Panfilio, à 5 kilom. du Pô. Patrie de Savonarole.
89. *Roggio Renatico.*
93, *Galliera.*
99. *San Pietro in Casale.*
105. *San Giorgio* in Piano.
113. *Castel-Maggiore*
116. *Porticella.*
123. *Bologna* (Bologne).
(B)

II. Bologna (Bologne)

I. *Renseignements pratiques*. — La gare est en dehors de la *porte Galliera*. Voitures de la gare à la ville 1 fr; 1ᵉ heure 2 fr; 0, 75 par chaque demi-heure suivante.

Omnibus et tramways à 0, 10. Omnibus des hôtels. Tramways à vapeur.

Hôtels. *H. Brun pension Suisse* (penzione Svizzera), *Via Ugo Bassi*, anc, San Felice, de 1ᵉ ordre; 9 fr. par jour; chambres depuis 2, 50. Prix modérés; — *H. Pellegrino* même rue; — *Aquila Nera e Pace* (Aigle noir et Paix), même rue: 7, 80 par jour.

Restaurants: *grand Restaurant Stelloni*, Via Rizzoli, 79-81, primo piano (premier étage). Service à toute heure à prix fixe et à la carte. Près de la *piazza Nettuno* (Neptune). — La *mortadella* (saucisson de Bologne) est renommée.

Poste (la), près de l'hôtel Brun, au palais communal.

Télégraphe, rue Ugo Bassi.

II. — *La ville*. Bologne, la *Felsina* étrusque, une des capitale des anc. Etats de l'Eglise, sur un canal dérivé du Reno, entre le Reno et la Savena, est une ville très importante, entourée de murailles, percée de 12 portes, et dont les rues sont en général bordées de portiques.

Population: 104.000 hab.

Pour bien s'orienter partir des hôtels de la *Via Ugo Bassi*, particulièrement du grand hôtel Brun, au centre de la ville.

De l'hôtel Brun, en se dirigeant vers l'est après avoir tourné à droite, on arrive, par la via Rizzoli, où s'élèvent les tours penchées *Assinelli et Garisenda*, en briques. *La torre degl'Asinelli*, bâtie par la famille Asinelli, date de 1109: hauteur de 97 m. 90; escalier de 449 marches pour parvenir au sommet d'où le panorama est magnifique. *La torre Garisenda* ou *torre Mozza*, bâtie par les frères Garisendi, date de 1110; elle a 49 m. de haut.

Derrière ces tours, église *S. Bartolommeo* (S. Barthélemy) *di Porta Ravegnana*, de 1656, avec portique de 1530: *l'Annonciation* de l'Albane.

De la place des deux tours, la *via Zamboni* mène à la porte *Zamboni*. De la porte aux tours, on voit: 1° *l'église Sta* (Ste *Maria Maddalena* M. Madeleine); — 2° le *palais de l'Université* (nouvelle): bibliothèque de 160.000 vol., 4.000 manuscrits; musée d'histoire naturelle; — 3° l'église *S. Giacomo Maggiore* (S. Jacques le Majeur), de 1267: voûte hardie, de 1497; beau porche; *Madone* par F. Francia; tableaux divers; mausolée d'Ant. Bentivoglio par Jacopo della Quercia; — 4° l'église *Sta Cecilia*, en ruines, de 1481: *vie de Ste Cécile*, fresques dégradées. Pour la visiter, s'adresser au sacristain de S. Giacomo Maggiore; — 5° enfin de l'autre côté de la rue, vers la porte, au sud du *Jardin botanique*, la *via delle Belle Arti* (rue des beaux-art): célèbre galerie de tableaux ou *Pinacothèque* (pinacoteca), le *Musée*, dans *l'Académie des beaux-arts*, riche collection de près 400 tableaux, une des plus belles de l'Italie. Principales peintures: *le Martyre de S.-Agnès* et celui de *S. Pierre de Vérone*, du Dominiquin; — *l'Assomption, la communion de S. Jérôme*, d'Augustin Carrache; — *Ste Cécile*, chef-d'œuvre de Raphaël; — *la Pietà* ou *Madonna della Pietà*, de Guido Reni, un de ses chefs-d'œuvre; — *Massacre des Innocents, Samson* du même; — *Baptême de Jésus*, de l'Albane; — *Madone et des saints*, de Cavedone, de J. Francia; — *Madone et des anges*, du Pérugin; — *Madone, saints et anges*, d'Innocenzo da Imola; — *S. Bruno dans le désert*, chef-d'œuvre du Guerchin; — *la Crèche*, de Francia; — *la Vierge au Rosaire*, chef-d'œuvre du Dominiquin : nombreux personnages entourant la Ste Vierge, aux pieds de laquelle on voit S. Dominique, un chapelet dans les mains; — *la Vierge dans sa gloire* : voir *Madone et anges* du Pérugin — *la vocation de S. Mathieu*, chef-d'œuvre de Louis Carrache qui a figuré au Louvre sous le premier Empire.

En face de la Pinacothèque, sur le même palier, *l'Oploteca* (Oplothèque) ou collection d'armes, legs de M. L. Marsili.

La Bibliothèque du Musée possède des estampes, ainsi que des *Paix* en argent niellé, de Fr. Francia·

III. — De la place des tours, par la rue Saint Vital (S. Vitale), 2 églises : *SS. Vitale ed Agricola* (SS. Vital et Agricole), de 428, restaurée (1872) — *Sta Maria della Pietà*.(Mendicanti) ou *S. Leonardo*.

De la place des deux tours, on prend la *via Mazzini*; au milieu et à droite, église *Sta Maria dei Servi* (S. Marie des Servites), de 1383 : tableaux; — ou la rue *S. Etienne* (via S. Stefano) : forum ou *loggia* (galerie) des marchands (*foro dei Mercanti, la Mercanzia*), édifice ogival de 1294 et 1439, restauré en 1836, occupé par la Chambre de Commerce (*Camera del Commercio*). Un peu plus loin, on trouve *S. Stefano* (S. Etienne), église formée par la réunion de sept petites églises, restaurées (1881), dont l'une renferme une colonne de marbre d'un temple d'Isis et le *puits miraculeux* de Saint Pétruve. A côté, cloître intéressant du X° siècle. La porte *S. Stefano* est près des *Giardini Margherita*. (Jardin Marguerite).

Aux environs de Saint-Etienne, par la via S. Stefano, église *S. Giovanni in Monte* (Saint Jean au Mont), de 433 et de 1221: façade; beaux tableaux.

En revenant des tours vers le centre, on peut se rendre à la *rue de l'Indépendance* (via dell'Indipendenza) et à la cathédrale *S. Pietro* (S. Pierre) ou *Dôme* (Duomo), rebâtie dans sa forme actuelle en 1605: le *Crucifiement*, de Bagnacavallo; *Annonciation*, de L. Carrache; *Madone*, d'Elisabeth Sirani, élève du Guide. A côté du Dôme, église de la *Madonna di Galliera* (Madone de Galliera), du 15° et 17° siècle: façade remarquable.

Du Dôme, on gagne, au nord de la ville, *Montagnola* (petite montagne), dont on a fait un *jardin public* durant l'occupation française: belle vue sur la campagne. Devant les jardins, piazza *S Agosto* (place 8 Août). Près de là, dans la via dell'Indipendenza: église *S. Benedetto* (S-Benoît), de 1606, et *l'Arena del Sole* (Arène du Soleil).

En revenant des tours, vers le centre, on entre, de l'autre côté dans la piazza *Nettuno* (place Neptune): *fontaine* surmontée d'une belle *statue* en bronze de Neptune par Jean de Bologne. Cette place comunique avec *l'ancien forum*, la *piazza Maggiore* (grande place), aujourd'hui *Vittorio Emanuele* (place

Victor-Emmanuel), presque au centre de la ville : monument de Victor-Emmanuel (1888). Au milieu de la place Victor-Emmanuel, église *San Petronio* (S. Pétrone), la plus grande de Bologne, inachevée, commencée en 1390 : 117ᵐ de longueur; plus de 49ᵐ 1/2 de largeur; portes sculptées, la centrale, par Jacopo della Quercia (1425), les autres, par des artistes moins connus; peintures sur verre, d'après le dessin de Michel-Ange; deux horloges (1756); plans de 16 architectes pour l'achèvement de l'église; bas-reliefs de *Joseph* et de la *femme de Putiphar*, par Properzia de' Rossi, femme artiste; tombeaux d'Elisa Bacciocchi, sœur de Napoléon 1ᵉʳ, et de sa famille; statue de S. Antoine de Padoue, par Sansovino.

IV. — De S. Pétrone, on se rend : 1° à *l'archigymnase* (archiginnasio), piazza Galvani : ancienne *Université*, de 1562, décorée d'armoiries de toutes les nations. Tombeaux des professeurs. *Bilbliothèque communale*; — 2°, par la via Farini, la piazza Cavour (Square) et la piazza Galileo, à *S. Domenico* (S. Dominique), la plus riche église de la ville, du XIIᵉ siècle, restaurée au XVIIIᵉ et en 1873 : stalles en marqueterie du chœur (1538-1551). *Chapelle S. Dominique* : tombeau du saint (1231) par Nicolas de Pise, embelli (1469) par Nicolas de Bari et (1532) Alphonse Lombardi. La *gloire du Paradis*, fresque du Guide; *Mariage de S. Catherine*, par Filippino Lippi; tableaux du Guerchin, Calvaert, G. Francia, et inscription tumulaire d'Enzo († 1272), fils de Frédéric II. Portrait de *S. Thomas d'Aquin*. Pierres tombales du Guide et d'Elisabeth Sirani.

Belle *Chapelle du Rosaire*. Tombeau de T. Pepoli (1348), chef bolonais; 2 tombeaux dans un couloir.

Sur la piazza Vittorio-Emanuele: 1° *palazzo Publico* (palais public) ou del *Governo* (du Gouvernement): grands escaliers construits par Bramante; belle salle Farnèse; façade avec une Madone et la statue de Grégoire XIII; fresques. La préfecture et la Municipalté y sont installées. — 2° *Palazzo del Podestà* (alais du podestat), de 1201. Façade (1485), par B. Fioravanti; tour de 1264; *archives publiques*. Ensius (Enzo), fils de Frédéric II y mourut (1272); 3° *portico dei Banchi* (portique des Banquiers) de Vignole (1560-1562), faisant face au palais Public.

Près de la piazza Vittorio-Emanuele: 1° à l'est: *S. Maria della Vita* (de la Vie): châsse du bienheureux Bonaparte; *Martyre de S. Ursule*, de Calvaert; *Musée Municipal* ou civique (civico), *au palais Galvani*, de 1880. Antiquités. Archives. — 2° à l'ouest, *S. Salvatore* (S. Sauveur), de 1603: la *Nativité*, par Tiarini.

De l'église S. Salvatore, on peut visiter, par la place Malpighi, l'église *S. Francesco* (S. François), de 1236-1240: beau clocher; élégant maître-autel, puis, au bout de la via Pratello, l'église *S. Rocco*, (S. Roch), près de la porte *S. Isaia*.

V. — De l'église S. Domenico, en suivant, vers l'ouest, les vie Marsili, Urbana, au nord: église *S. Paolo*: le *Paradis* de P. Carrache; *Nativité*, de Cavedone jusqu'à la *porta di Saragozza* porte de Saragosse), ou longe, en dehors de la porte, un portique qui mène à la *Madonna di S. Luca* (Madone de S. Luc): ce portique n'a pas moins de 635 arcades sur une longueur de 5 kil. Une heure de montée; poste militaire fortifié; tramways (0,15) et chemin de fer funiculaire (0,75, aller et retour).

Au retour, en dehors de la porte, S. Isaia, *Campo Santo* ou cimetière, de 1801, remplaçant la *Certosa* (Chartreuse), fondée en 1335, église avec peintures; monuments funéraires nombreux.

De l'église S. Domenico, en suivant la via *Marsili*, si on prend la via *Azeglio*, on arrive à l'église du *Corpus Domini S. Caterina*; on sort par la porte d'*Azeglio* et on monte à la *Villa Reale* (Villa Royale), aujourd'hui établissement orthopédique, de *S.-Michele in Bosco* (S. Michel au Bois), *magnifique couvent* (1437), étagé d'une manière pittoresque sur la colline : église avec belles fresques : portique qui précède le couvent. Dans l'église du *Corpus Domini*: monte de Sainte Catherine Vigri †(1463); fresques; tableaux de L. Carrache. — Pour San Michele, en voiture (en fiacre): la première heure, 2,50; 0,75 chaque demie heure qui suit.

N.-D. de-la-Garde et *N-D. de-la-Colombe* sont deux pèlerinages du pays de Bologne.

VI. — *Résumé des églises, monuments décrits, etc.*

Académie des beaux-arts (Accademia di belle arti) II
Archigymnase (Archiginnasio) IV
Archives (Archivio). Voir musée municipal, palais du Podestat
Arène du Soleil . III
Bibliothèques (Biblioteche) au musée pinacothèque:
  à l'Université
  à l'archigymnase
Chambre de commerce (Camera di commercio) III

Chartreuse (Certosa) V
Cimetière (campo Sto) V
Colombe (N-D. de la) VI
Couvent (convento)
   S. Michele in Bosco V
Eglises, chapelles (chiese, capelle):
   San Bartolomeo di P. R. II
   S. Benedetto . III
   Sta Cecilia . . II
   Le Corpus Domini (Sta Caterina - . . V
   S. Domenico . IV
   Il Duomo di San Pietro) III
   S. Francesco . IV
   S. Giacomo Maggiore II
   S. Giovanni in Monte III
   S. Leonardo . . III
   Madonna di Galliera »
   « « S. Luca V
   Sta Maria della Pietà III
   Sta Maria dei Servi III
   Santa Maria della Vita IV
   S. Michele in Bosco V
   S. Paolo . . . V
   S. Petronio . . III
   S. Pietro. V. *Duomo*
   S. Rocco . . . IV
   S. Salvatore . . IV
   S. Stefano . . III
   Santi Vitale et Agricola III
Environs . . . V
Fontaine (fontana) de la piazza Nettuno.
Forum (foro):
   f. ou loggia dei Mercanti III
   f. V. piazza Vitt-E.
Galerie de tableaux (galleria di quadri) V. *musée-pinac.*
Garde (N-D. de la) . VI
Gare (stazione) . I
Hôtels (alberghi) . I
Jardins (giardini, orti):
   Giardino pubblico III
   Giardini Margherita »
   Orto botanico . . II
Loggia. Voir *forum.*
Mercanzia. Voir *foro.*
Montagnola (la) . . III
Musée. Voir *pinac.*
   Musée municipal (civico) IV
   Musée d'hist. natur. II
Oplothèque (oplotoca) II
Palais (palazzi):
   Galvani . . . IV
   del podestà . . IV

pubblico (del Gover-
no) IV
Université (nouvel.) II
Pinacothèque (pinacote-
ca) II
Places (piazze) princip.:
  dell'otto Agosto . III
  Cavour . . . IV
  Nettuno . . . III
  Vittorio-Em. (Maggio-
re) III
  des deux tours . II, III
Portes (porte):
  Azeglio . . . V
  Galliera . . . I
  S. Isaïa . . IV, V
  di Saragozza . V
  S. Stefano . . III
  Zamboni . . II
Le portico dei *Banchi*, IV
  Les *portiques* , II, V
Poste (la), le *télégraphe*
(la posta, il telegrafo) I
Préfecture (prefettura) IV
Restaurants (ristoranti,
trattorie) . . I
Rues principales (vie prin-
cipali):
  Azeglio . . . V
  Indipendenza . III
  Mazzini . . . III
  Saragozza . . V
  Santo Stefano . III
  San-Vitale . . III
  Ugo Bassi . . I, II
  Zamboni . .
Statues (statue), monu-
ments (monumenti):
  Nettuno . . III
  Victor-Emmanuel, pl.
  Victor-Emmanuel.
V. *Eglises, Archigym-
nase.*
Tours (torri):
  degli Asinelli . } II
  Garisenda . }
Université (Universi-
tà) . . II et IV
Villa Royale (Reale) . V
Voitures (vetture) . I, V

CHAPITRE VI.

**De Bologne (Bologna) à Ancône (Ancona) et Lo-
rette (Loreto). — Ancône, Castelfidardo et Lorette.**

1. *Ligne de Bologne à Lorette*: 228 kil.

Deux trains (3 classes) sont commodes pour Ancône.

Guide pratique, etc.   19

Bologne . . . départ . . 1, 15 soir   6, 25.
Ancône . . . arrivée . . 7, 40   »   10, 25.

D'Ancône à Lorette, départs (1re et 2e cl.) à 7, 25 matin, trajet 20 minutes ; (3 cl.) : 8, 30 matin (en 50 minutes); 3 h. du soir (en 40 minutes).

Bologna (B).
   On traverse une plaine bien cultivée.
11. *Mirandola* (Mirandole).
17. *Quaderna.*
24. *Castel-S. Pietro.*
35. *Imola.*
   Archevêché dont Pie VII et Pie IX furent titulaires.
   Pont sur le Santerno.
42. *Castel-Bolognese.*
   Volcan sur la colline Serra.
   Ligne de Ravenna.
   On passe le Senio.
50. *Faenza* sur le Lamone et le canal Zanelli.
   On y fabrique de la poterie nommée *faïence*, du nom de la ville.
   Ligne de Florence.
64. *Forlì*, au pied des Apennins.
   On passe le Ronco.
72. *Forlimpopoli.*

83. *Cesena* (Césène), patrie des papes Pie VI et Pie VII.
   On franchit le Pisatello, l'anc. *Rubicon.*
97. *Savignano di Romagna.*
101. *Sant'Arcangelo* (St-Archange).
111. *Rimini*, dans une fertile plaine, à quelque distance de la mer; le tremblement de terre de 1671 a comblé le port.
   A 18 kil., *Saint-Marin*, capitale de la république du même nom.
   On suit la mer Adriatique.
130. *La Cattolica* (la Catholique).
145. *Pesaro*, petit port près de l'embouchure de la Foglia dans l'Adriatique. Patrie de Rossini. Bains.

A 36 kil. *Urbino* (Urbin).

157. *Fano*, sur la mer. On passe le Metauro (Métaure).

179. *Senigallia* ou *Sinigaglia*, sur la mer. Patrie du pape Pie IX. Bains de mer.

191. *Montemarciano*. Base Cruciate.

196. *Falconara* (Buffet).

Ligne de Foligno et de Rome.

204. *Ancona* (Ancône) (B).
A 12 kil., Castelfidardo. Tunnels.

220. *Osimo*, à 4 kil. de la ville.
A 2 kil., N.-D. des sept Douleurs, pèlerinage.
A droite, Castelfidardo. On passe le Musone.

228. *Loreto* Lorette). (B).

II. Ancona (*Ancône*).

I. *Renseignements pratiques*. — La gare est à 20 minutes du centre de la ville, à 3 kil. au sud, par la porta Pia.

Voitures: à un cheval, 1 franc le jour et 1,50 la nuit entre la gare et la ville; à deux chevaux, 1,50. A 1 cheval, 1,50 l'heure; à deux chevaux, 2 francs. Omnibus de la gare à la ville, 0,35. — Tramway: 0,15,

Poste et télégraphe, Corso Vittorio Emanuele.

Hôtels. — *La Pace* (la Paix), sur le port, 9 fr. par jour; pension 7 fr; chambre à 2,25, dîner 4 fr. — *Vittoria*, Corso Vittorio Emanuele; 13 fr. par jour; pension, 10 fr. — *Milano*, vue sur le port: pension 8 fr. par jour.

Restaurants. — *Del Leon D'Oro* (du lion d'Or), Corso Vittorio Emanuele. — *Caffè del commercio* (café du commerce), rue du Théâtre, au centre,

II. *La Ville*. — Ancône, sur l'Adriatique, ville de 28.500 habitants, avec les 6.000 Juifs du quartier du *Ghetto*, s'élève en amphithéâtre sur le penchant d'une colline, entre les monts *Guasco* (nord) et *Astagno* (sud). Sur le *beau quai circulaire* qui aboutit aux deux môles défendant le *port*, on remarque deux arcs de triomphe (archi triomfali): l'un élevé sur le môle par le Sénat romain (112) en l'honneur de l'empereur Trajan qui avait fait agrandir le port; il est en marbre blanc, et on y monte par un escalier de 24 marches; l'autre à l'est du précédent et sur le môle, élevé en l'honneur du pape Clément XII (1740), qui avait commencé le môle et le lazaret.

La citadelle commande la ville et le port. Prise par les Français en 1797 (9 février), puis cédée à la France (traité de Tolentino, 19 fév. 1797), la ville soutint un siège héroïque de 105 jours contre les alliés (1799). Occupée par les Français de 1832 à 1838, elle fut prise par les Autrichiens, le 18 juin 1849, et par les Italiens le 29 septembre 1860.

De même que les *Arcs de triomphe*, la *Cathédrale* (le Dôme) se trouve à l'extrémité septentrionale de la ville. Cette cathédrale (duomo), du XI siècle, est sur le sommet du cap formé par le mont Guasco. Dédiée à *St Cyriaque* (S. Ciriaco), premier évêque d'Ancône, elle occupe l'emplacement d'un temple de Vénus. Façade du XIII siècle, avec beau porche; — coupole, la plus ancienne de l'Italie; — colonnes qui restent du temble païen; — crypte, avec sarcophages du préteur d'Ancône Titus Gorgonius; de S. Cyriaque; de S. Marcellin, évêque d'Ancône; de S. Libérius. Derrière l'église, précipice à pic et vue de la mer.

Autres églises à voir: *S. Domenico* (S. Dominique), rebâtie en 1788 : *Christ sur la croix* du Titien; *S. Francesco* (S. François), aujourd'hui caserme; porche gothique. On y admirait: *l'Annonciation* du Guide, le *Crucifiement*, de Bellini : la *Ste Vierge* du Titien; — *S. Maria della Piazza* (S. Marie de la place); façade du XII siècle.

De la place du Théâtre (piazza del Teatro), centre de la ville, part le *Corso Vittorio Emanuele* (cours Victor-Emmanuel), qui traverse la ville de l'ouest à l'est, pour aboutir à la *piazza Cavour*, ornée de la statue colossale de Cavour (1868). La place du Théâtre est le *centre* animé de la ville, et la place Cavour est le centre du nouveau quartier.

Beau théâtre Victor-Emmanuel. *Loggia dei Mercanti* ou *Bourse*.

Statue du pape Clément XII sur la place S. Dominique (piazza *San Domenico*) ou *Grande Place* (Piazza Maggiore).

Du port partent des bateaux à vapeur pour Trieste, Venise, Brindisi, Alexandrie d'Egypte.

Sur la plage, établissement de bains de mer et d'hydrothérapie, avec restaurant.

III. *Castelfidardo*.

Nous n'avons pas voulu oublier ce village, que l'on voit à droite du chemin de fer (d'Osimo), sans y appeler l'attention du pèlerin.

C'est à Castelfidardo, à 12 kil. sud d'Ancône, que le 18 septembre 1860, le général Lamoricière et les troupes pontificales, dont l'effectif montait à peine à 8.000 hommes, furent écrasés par les Piémontais du général Cialdini, au nombre de 45.000. Avec l'élite des Zouaves pontificaux, Pimodan trouva la mort, et Lamoricière, vaincu, se retira dans Ancône, où il fut forcé de capituler le 29 septembre. Si l'armée française de Rome avait agi, ce désastre aurait pu être évité. Malheureusement, avec la politique louche de l'Empire à l'égard de la papauté on ne pouvait guère s'attendre à d'autres résultats.

Castelfidardo a une population de près de 6.400 habitants.

IV. *Loreto* (Lorette).

I. *Renseignements pratiques.* — La gare est à demie-heure de la ville, en voiture. On gravit une route à pente douce bordée de maisons et de jardins.

Voitures. — 0,75 pour aller, autant pour revenir, par personne sans bagage.

Hôtels. — *Gemelli e la Pace* (la Paix), très bon : 8 fr. par jour; pension, 7 fr.; — *Campana* : depuis 6,25 par jour.

II. *La Ville.* — Petite ville de 7.700 habitants, à 2 kil. de l'Adriatique, Lorette est sur une colline d'où l'on jouit de la vue des Apennins et de l'Adriatique. Une rue la traverse de la porte Roma à l'église; c'est le centre d'un grand commerce de médailles, de chapelets, d'objets de piété.

Onze fois le bienheureux Labre fit le pèlerinage de Lorette dont la renommée vient de sa très précieuse relique, la *Santa Casa* ou Sainte Maison de la Vierge Marie à Nazareth.

Nous parlerons d'abord des édifices de Lorette ; ensuite de la Santa Casa, qui est placée dans l'église dite de la *Madone*, au centre sous la coupole ; enfin de la translation.

Sur la place de l'église de la Madone : *palazzo apostolico* (palais apostolique), de 1510 : tableaux du Titien, d'Annibal Carrache, de Vouet, du Guerchin et statue en bronze de *Sixte V*, par Calcagni.

La *Pharmacie* renferme une collection de vases et de faïences, d'après les dessins de Raphaël et d'autres.

L'aqueduc que Paul V fit construire, pour alimenter les fontaines de la ville, se trouve à droite quand, en sortant de Lorette, on tourne le dos à la mer. Près de la Santa Casa, oratoire des Salésiens, inauguré en 1890.

III. L'église de la Madone, véritable merveille, située vers la mer, est formée de trois tours et les bas-cotés ont des murs sans ouvertures, ce qui lui donne extérieurement l'aspect d'une forteresse. Commencée sous le pape Paul II (1464) et achevée par Bramante (1513) sous Jules II, pour la partie principale, elle fut dotée d'une coupole par Clément VII et Paul III, puis (1587) d'une façade par Sixte V. Enfin, elle a été restaurée plusieurs fois dans le style moderne.

De nombreuses indulgences ont été concédées aux visiteurs de N.-D. de Lorette notamment par les papes Paul II, qui commença la construction de la Basilique, Sixte IV et Jules II. L'église fut affranchie de la juridiction de l'évêque de Recanati.

On admire dans cette église:

La façade, de 1587: statue en bronze de la *Sainte Vierge*, par Girolamo Lombardo;

Les trois magnifiques portes de bronze, exécutées sous Paul V, avec leurs bas-reliefs;

Le campanile: la cloche principale pèse 11.000 kil.

Les fonts baptismaux en bronze à gauche de l'entrée, bas-reliefs, statues des *quatre vertus cardinales* (prudence, justice, tempérance et courage) par T. Vercelli et G. Vitali;

Les chapelles latérales et leurs autels, reproduction en mosaïques de tableaux célèbres: *S. François d'Assise, Dominicains, Saint Michel* du Guide. Mgr Strossmayer, évêque de Diakovar (Autriche), fut le promoteur de la chapelle dédiée aux apôtres slaves, *SS. Cyrille* et *Méthode*;

La chapelle du *Trésor*, dans le transept de gauche, collection d'ex voto princiers et d'objets précieux, coupole octogone avec fresques. Lorsque le pape Pie VI fut obligé de satisfaire aux conditions onéreuses du traité de Tolentino (1797), il dépouilla en partie le Trésor de Lorette, qu'on évaluait à 250 millions de francs.

Enfin, au centre, et sous la coupole, *la Santa Casa* ou Sainte Maison de la Sainte Vierge à Nazareth transportée par les Anges à Lorette, comme on le verra plus loin.

IV. — La Santa Casa, en briques, a 8 m. 80 de long, 3 m. 90 de large et 4 m. 20 de haut. Dans une niche, statue en bois de cèdre de la Sainte Vierge, sculptée par S. Luc, représentant la Sainte Vierge, avec une robe magnifique, debout et portant l'enfant Jésus dans ses bras; l'or et les pierreries recouvrent la statue. Au-dessous de la niche, cheminée ou foyer et plat dans lequel mangeait la bonne Mère; dans ce plat on dépose maintenant les objets à faire bénir.

Lors de la prise de Lorette par les Français (1797) la statue de la Sainte Vierge fut transportée à Paris et déposée à la bibliothèque Nationale; plus tard, elle fut restituée à Lorette.

A l'intérieur, des plaques d'or et d'argent couvrent la Santa Casa.

A l'extérieur, la Santa Casa, revêtue de marbre de Carrare apparaît, avec de remarquables bas-reliefs d'après les dessins de Bramante: au côté ouest, l'*Annonciation*, d'Andrea Contucci da Monte S. Savino; — au côté nord, *Naissance de la Sainte Vierge* du même et de Bandinelli; — au côté est, *Arrivée de la Santa Casa à Lorette*, de Tribolo; — *Mort de la Sainte Vierge*, par don Aimo; — au côté sud, *Nativité de Jésus-Christ*, par S. Savino; — l'*Adoration des Mages, David et Goliath, les Sibylles*.

De l'escalier par lequel descendent les Pères chargés de desservir la Santa Casa, on arrive à la sacristie et au chœur, puis: 1° d'un côté, à la grotte ou chapelle de l'*Annonciation*; 2° de l'autre côté, à la colonne placée à l'endroit où était la Sainte Vierge quand l'ange Gabriel la salua, et à la colonne où était l'ange. En continuant, on trouve de chaque côté un autel: autel dédié à S. *Joseph*; autel dédié à *S. Gabriel*. Enfin, avant de gagner la porte, on voit l'autel de *Sainte Anne*.

A Issy, le séminaire Saint-Sulpice possédait une chapelle construite exactement sur le modèle et les dimensions de la Santa Casa; les communards l'ont brûlée en 1871.

V. — Nous allons maintenant faire connaître les détails de la translation de la Sainte Maison, détails ignorés certainement d'un grand nombre de pèlerins. Nous nous inspirerons, pour la rédaction de ces lignes, du bel ouvrage publié sur Notre-Dame de Lorette par M. l'abbé Caillau, qui entre dans de grands développements à ce sujet.

Il y eut quatre translations de la Sainte Maison.

Saint Louis, roi de France, notre illustre patron, avait clos la série des croisades. Le 25 mars 1252, il avait communié dans la Santa Casa. Dieu ne voulait pas que la maison de notre divine Mère demeurât au pouvoir des Musulmans, et il chargea les anges de transporter en Europe la maison de leur reine que sainte Hélène avait fait entourer d'une magnifique église. Dans la nuit du 10 mai 1291, sous Nicolas IV, la Sainte Maison fut portée sur les bords de l'Adriatique, à Rauniza, entre Tersatz (Tersato) et Fiume dans l'ancienne Dalmatie (aujourd'hui Croatie autrichienne).

Dans la dite nuit, l'évêque de Tersatz, Alexandre de Modrusia, gravement malade, eut un songe dans lequel la Vierge Marie, entourée d'anges, lui annonça l'arrivée de la Santa Casa en lui disant que la statue, son image, avait été sculptée par S. Luc et lui assurant qu'à son réveil il serait entièrement guéri, comme preuve du prodige.

En effet, l'évêque fut guéri; et dès l'aurore, il

accourut au rivage où le peuple l'avait précédé. Le gouverneur du pays, N. Frangipani, du consentement de l'empereur Rodolphe I, vint contempler la Sainte Maison, et il envoya quatre hommes sûrs à Nazareth, pour examiner et rapprocher les circonstances d'un fait aussi extraordinaire. Le rapport des envoyés fut concluant: la maison de la sainte Vierge n'était plus à Nazareth; les dimensions de celle du rivage coïncidaient avec la maison de la Judée; dès lors on était bien en présence de l'habitation de la Mère de Dieu. Le rapport fut confirmé par serment et rendu authentique suivant la loi.

Depuis lors les pèlerins s'empressèrent de visiter la terre privilégiée; mais trois ans et sept mois plus tard, les habitants du Tersatz furent très étonnés de ne plus revoir la maison; alors eut lieu la *deuxième translation*, le 10 décembre 1294, sous Célestin V, trois jours avant son abandon du pontificat suprême.

Vers la 10e heure de la nuit, le sanctuaire parut sur le rivage de l'Adriatique, dans le territoire de Recanati (ancienne Marche d'Ancone) et s'enfonça dans un bois de lauriers appartenant à une pieuse dame nommée *Laureta*, d'où le nom de *Laurette*, Lorette. Comme à Bethléem, des bergers à la garde de leurs troupeaux virent les premiers la Sainte Maison, que des rayons lumineux entouraient. Ils entrèrent et passèrent le reste de la nuit en prières. A l'aurore, ils annoncèrent la nouvelle au pays et tout le monde accourut pour contempler le fait miraculeux. Deux apparitions de la sainte Vierge, dont l'une à Saint Nicolas de Tolentino, en résidence à Recanati, avaient soulevé le voile du mystère.

Huit mois plus tard, la Sainte Maison parut tout à coup à quelque distance de Recanati, à mille pas de la forêt de lauriers, sur un petit monticule dominant une agréable colline; cette *troisième translation* fut attribuée au peu de sécurité dont jouissaient les pèlerins dans la forêt. La colline, dite *des deux Frères*, à cause de deux frères illustres qui la possédaient par indivis, fut visitée par les pèlerins, dont les dons affluèrent à la chapelle. Malheureusement, les deux frères, unis jusqu'alors, se prirent de querelle à l'occasion des richesses mêmes de la Santa Casa et armèrent leurs mains de glaives homicides. Déjà, ils étaient sur le point de baigner de leur sang la terre bénie par la Sainte Vierge, lorsque la Santa Casa s'éleva dans les airs et vint se poser au milieu de la voie publique, au lieu où on l'honore maintenant.

Cette *quatrième translation* eut lieu deux mois après la troisième.

Le pape Boniface VIII ordonna à Nicolas de Giovanni, évêque de Recanati, de veiller sur le précieux dépôt et d'élever aux alentours des maisons et des hospices pour les ministres du culte et pour les pèlerins. En 1296, une députation fut envoyée à Tersatz et à Nazareth pour recueillir tous les faits concernant le miracle; les rapports furent concluants, et dès lors l'affluence du peuple ne fit que grandir. Des guérisons sans nombre récompensèrent d'ailleurs la foi des fidèles.

Le pape Jules II, dans la bulle où il inséra l'histoire de Lorette, ajouta ces mots: *ut pie creditur et fama est* (comme on le croit pieusement et comme on le dit).

Pour perpétuer le souvenir de la Translation de la Santa Casa, Clément VII († 1534) permit d'en célébrer la fête dans la basilique de Lorette ; Urbain VIII († 1644) l'étendit à toute la Marche d'Ancône ; Innocent XII († 1700) la confirma pour toute la province, et il en approuva la messe et l'office pour le 10 décembre ; Benoît XIV († 1758) établit le privilège de la fête pour les Etats romains, l'Espagne et Venise. Depuis, la plupart des diocèses ont obtenu la même faveur.

VI. — En terminant, nous croyons faire plaisir aux pieux pèlerins en donnant ici la traduction d'une magnifique canzone (poésie lyrique) du Tasse en l'honneur de Notre-Dame de Lorette ; il la composa à la suite d'un pèlerinage à Lorette, accompli en exécution d'un vœu fait lors d'une grave maladie, dont la Sainte Vierge le délivra.

« Voici que, parmi les tempêtes et les vagues frémissantes de cette vaste et spacieuse mer, ô Etoile sainte, j'ai été guidé par votre splendeur, qui illumine et échauffe les esprits qu'elle pénètre, qui prête au cœur fatigué une douce assistance contre les orages dans lesquels d'autres succombèrent, qui, par sa lumière, indique les routes sûres, montre les rivages salutaires, et conduit vers le port de la vie auquel, appesantie et ployant sous le faix, l'âme surgit à grand'peine, si toutefois elle ne périt pas au fond des eaux.

« Votre éclat m'encourage, Etoile radieuse, Etoile du sein de laquelle naquit la lumière sereine, la lumière du Soleil incréé et souverain, du Soleil qui ne connaît pas de nuit, et qui, du milieu de mes longues erreurs, me rappelle à vous, me conduit au sublime rocher où, sous le marbre, le monde honore et vénère votre humble demeure. Chargé de fautes et de remords, je vois déjà la sainte colline.

« Ame égarée, qui tantôt montais vers les anges, tantôt descendais vers les hommes, viens ici prendre des forces et recevoir de salutaires enseignements; viens pleurer ici ces jours d'autrefois où, malgré ta faiblesse, tu nourrissais d'altières pensées, et demande à ton cœur de pieuses larmes. Ici l'humilité conduit de vertu en vertu et fait monter comme de colline en colline.

« Ici les anges élevèrent la sainte demeure, qui jadis reçut Marie et son divin Fils, et la transportèrent par-dessus les nuages, par-dessus les eaux, prodige admirable devant lequel se recueille et grandit mon âme.

« Vous, pèlerins qui, en d'autres âges cherchâtes les régions brûlées du soleil, les monts glacés, les mers diverses, les colosses et les autres merveilles antiques dont la renommée ne cessera de parler, le monde n'avait alors ni sépulcres, ni murailles, ni prodiges à comparer au prodige que j'admire. C'est pourquoi je soupire, pourquoi mon visage s'inonde de larmes.

« En l'honneur de la divine protectrice qui dissipe nos maux, ils acquittent mille vœux les faibles mortels dont la prière, grâce à elle, monte jusqu'aux cieux; et les puissants du monde, plus favorisés du Seigneur, déposent sur vos autels l'or et l'argent, dons précieux qu'ils vous consacrent.

« Le temple resplendit partout de riches présents, de dépouilles ravies à la mort avare, de trophées enlevés à l'enfer. Grégoire, le rend plus brillant encore et plus beau; Grégoire à qui ses vertus préparent dans le royaume éternel un siège éternel aussi; Grégoire à qui le Roi des cieux a confié le noble gouvernail de son navire, le soin de ses ouailles fidèles et les clefs célestes; Grégoire (1), plein de bonté, de grandeur, de sagesse, de sainteté, pareil à ces pontifes que l'antique Rome vit naguère porter sous le noble manteau la lourde charge du sacerdoce.

« Et Vous, qui voyez votre image s'élever sur les montagnes de la terre, vous qui êtes placée bien au-dessus des chœurs célestes, guidez ma plume errante et égarée, agréez ces chants pieux; et si je vous honore dans mon cœur, ne dédaignez point mon faible langage, quoique vous entendiez célébrer en de plus sublimes accents vos divines louanges; quoique vous receviez les saints honneurs que vous rendent les esprits angéliques et que dans les demeures étoilées, il y ait, pour dire, le doux nom de Marie, des chants beaucoup plus harmonieux que nos terrestres paroles.

« O Vierge! si avec des lèvres impures et imprégnées de fiel et de d'absinthe, je suis indigne de louer votre nom, alors à la place du chant, je demande de la tristesse et d'abondantes larmes d'amour, sainte et précieuse faveur de votre grâce, qui souvent apporta la paix et le pardon. Que les

---

(1) Grégoire XIII, contemporain du Tasse. Grâce à la demande du pape, le Tasse fut délivré (1586) du cachot de Ferrare, où il avait été enfermé par ordre du duc de la ville.

gémissements et les pleurs m'obtiennent ce que j'attendais des chants! Voyez! je languis au sein de mes péchés, comme le coursier qui se roule dans la poussière ou se traîne dans la boue.

« O Reine du ciel, Vierge et mère purifiez-moi dans mes larmes, afin que je m'arrache au sombre abîme de mes fautes, et que, pour contempler enfin votre gloire, je m'élève, de cette région terrestre, là haut, dans la région des sphères étoilées. »

CHAPITRE VII.

De Lorette (Loreto) à Naples par Foggia. — Foggia. — Le Gargan. — Naples. — Environs de Naples.

I. *Ligne de Lorette à Naples par Foggia. — Foggia. — Le Gargan. — 497 kil.*
Cette ligne est la seule vraiment pratique.

Trains commodes.
Loreto, départ . . 8, 30 matin (1ʳᵉ et 2ᵉ classe) — minuit 10 (1ʳᵉ 2ᵉ 3ᵉ classe).
Foggia, arrivée . . 4, 15 soir 10, 10 matin.
— départ . . 5, 15 soir, 11, 30 matin.
Naples, arrivée . . 10, 20 soir, 4, 35 soir.

Loreto (Buvette).	On passe le Potenza.
4. *Porto-Recanati.* A dr.;	A droite, Macerata.
Recanati (voir *Lorette*, translation).	19. *Porto-Civitanuova.* Ligne d'Albaccina.

26. *Sant'Elpidio a mare.*
35. *Porto S. Giorgio.*
Château.
Pont sur l'Asso. Digue de 600 m. qui protège la ligne contre la mer.
56. *Grottammare.*
Pont sur le Tesino.
61. *S. Benedetto del Tronto*, sur la mer.
Ligne d'Ascoli.
On passe le Tronto.
75. *Tortoreto-Nereto.*
On passe la Vibrata et le Salinello.
85. *Giulianova.*
Ligne de Teramo.
On passe le Tordino, et le Vomano. Vue du *Gran Sasso.*
103. *Atri-Mutignano.* Atri est à 10 kil.
Pont sur le Salino (Piomba).
115. *Montesilvano.*
122. *Castellammare Adriatico* (B).
Pont sur le Pescara) Aterno).
Ligne de Solmona, à droite.
124. *Pescara.* Sur le Pescara.

On passe l'Alento.
132. *Francavilla al mare.*
144. *Ortona*, sur un promontoire baigné par la mer.
Petit golfe.
151. *S. Vito-Lanciano.*
Lanciano est à 10 kil.
159. *Fossacesia*, sur une colline. On franchit le Sangro.
164. *Torino di Sangro.*
171. *Casalbordino.*
186. *Vasto d'Ammone*, à 25 minutes du village.
Pont sur le Trigno.
Iles *Tremiti*, à 38 kil. en mer.
212. *Termoli.*
Ligne de Bénévent.
Pont sur le Biferno (Tifernus).
219. *Campomarino.*
On passe le Fortore.
Promontoire du célèbre *mont Gargano.*
Lac de *Lesina* au nord-est.
Tranchées. On passe dans la plaine de la *Pouille* (Puglia).
259. *Apricena.*
270. *S. Severo.* Les Fran-

çais le saccagèrent en 1799.

299. *Foggia* (B), sur le Cervaro, chef-lieu de la Capitanate, et ville éprouvée (1731) par un tremblement de terre, 40.300 hab. La ville fut fondée (915) près de l'ancienne *Arpi*.

A la gare, buffet et chambres à 4 fr. par jour. Hôtel-restaurant *Milano*. Voitures : la course 0,50 (jour) ou 0, 60 (nuit).

Belle cathédrale (1172) romano-byzantine : mausolée des princes de Duras.

Jardin public. Bibliothèque.

Pèlerinage célèbre à *la Madonna dei sette Dolori* (des sept Douleurs) : statue vénérée dont (en 1837, choléra) le visage éprouva divers changements en présence de nombreuses personnes.

Ligne de *Manfredonia* 36 kil. A 10 kil. de Manfredonia, la ville du *monte Sant'Angelo* (19.000 habit.): église: grand pèlerinage en l'honneur de S. Michel archange (8 mai). Ascension du mont *S. Angelo* ou *Gargano* (1.559 m.)

Lignes de Lucera, de Brindisi.

Le mont *Vulture*.

Ligne de Cervaro à Rocchetta.

307. *Cervaro*.

333. *Bovino*.

On passe le Cervaro Tunnels.

362. *Ariano di Puglia* (de la Pouille), sur des collines.

Tunnels de 2.663 m.

373. *Montecalvo*.

Tunnels. On passe l'Ufita.

On passe le Tanaro Ligne de Termoli.

401. *Benevento* (Bénévent (B), sur le penchant d'une colline dominant les vallons arrosés par le Calore et le Sabbato.

Tunnels.
432. *Telese-Cerreto*. Eaux minérales à Telese.
Lac de Telese.
On passe le Volturno.
444. *Frasso-Telesino - Dugenta*.
Pont sur l'Isclero.
On passe sous l'aqueduc à 3 étages qui alimente Caserte. Beaux sites.
Ligne de Naples par Cancello.

463. *Caserta* (Caserte) (B), au pied du monte Caserta.
Ligne de Rome.
478. *Aversa* fondée par les Normands (11ᵉ siècle).
493. *Fratta Maggiore*. *Grumo-Nevano*.
488. *Casoria-Afragola*. Tunnel.
Ligne de Rome, de Metaponto-Reggio.
497. *Napoli* (Naples) (B).

II. *Naples* (Napoli).

I. Renseignements pratiques. — La gare centrale (stazione centrale) est à l'extrémité est de la ville.

Omnibus des hôtels à la gare. Omnibus et tramways: 0, 10 à 0, 25 suivant les distances. Tramways à vapeur pour la ville et les environs.

Chemins de fer d'intérêt local pour les environs; chemins de fer funiculaires pour le Vomero et le Vésuve.

Bateaux à vapeur pour Marseille et l'Italie, les îles du golfe de Naples.

Barques: 15 fr. par jour, à 4 rameurs; 1 fr. 50 l'heure, pour se promener dans le port. Pour Portici, à 2 rameurs 5 fr.

Les *voitures* sont nombreuses. Les *fiacres* se trouvent sur toutes les places; on les prend à la *course* (alla corsa) ou à *l'heure* (all'ora). Voici le prix: à

1 cheval, course d'une demi heure, 0, 70; la première heure 1 fr. 50; les suivantes, 1 fr. 10; — à 2 chevaux: course, 1 fr. 40; première heure, 2 fr. 20; les suivantes, 1 fr. 70; (la nuit, la première heure coûte 3 fr. 20; les suivantes 2 fr. 20). Avoir soin d'exiger le tarif; mais il arrive souvent que pour une course en ville on ne paye que 0,60. Une voiture pour une journée entière coûte de 8 fr. à 10 fr., y compris le pourboire.

Les *voitures de remise* (di rimessa) coûtent de 20 à 25 fr. par jour; dépôts: *strada di Chiaia*, 138; près du Largo della Vittoria.

Naples possède deux sources minérales froides: une sulfureuse, près du Castel dell'Ovo; une ferrugineuse; un établissement de bains sur la source ferrugineuse existe à Chiatamone (via Partenope).

Bains de mer au quai Santa Lucia, au Castello dell'Ovo, au faubourg de Mergellina, à la Spiaggia (plage) della Marinella.

Libraires (librai). Librairie nouvelle (libreria nuova), via Roma, 140: renseignements aux étrangers; librairie Hoepli-Furcheim, piazza dei Martiri (place des Martyrs), 59: librairie française et étrangère.

Postes et télégraphes. Palais Gravina (rue du Mont-Olivet), avec une succursale strada di Chiaia, 77.

Appartements meublés. Ils coûtent par mois 300 à 350 fr. au centre de la ville; 500 à 1.000 fr. sur les quais. De novembre à avril les prix sont doublés. L'agence des étrangers est en face du *beau théâtre S. Carlo* (S. Charles).

Hôtels. — H. *de la Métropole*, quai de Chiatamone (via Partenope): 12 fr. par jour; pension 8 à 12 fr.; Hôtel della Riviera, riviera di Chiaia, 127; 100

chambres, 9 fr. par jour; pension 8 à 10 fr. — *hôtel-pension Britannique, palais Griffeo*, Corso Vittorio Emanuele, de 8 à 12 fr. par jour; — *hôtel de l'Univers*, au centre, largo (place) Carità : 8 fr. 50 par jour; — *hôtels Central, de Genève, place Medina*, fréquentés par les Français, au centre, près de la mer, du palais Royal, de la poste, de la via Roma, des théâtres. Prix modérés.

Restaurants. — *Hôtel Métropole* ci-dessus; — *Regina (Reine) d'Italia*, via Roma, 319; — *al Vermouth di Torino* (au vermouth de Turin), strada del Municipio; — diverses maisons au Pausilippe: on y mange la soupe aux *frutti di mare* (fruits de mer ou coquillages); — *grand café de l'Europe*, via Roma et strada di Chiaia; — *Continental*, strada Medina, 61; — près du jardin botanique. On mange le mets nommé *polpette*, mets favori des Napolitains.

Café (grand) de l'Europe, ci-dessus. La tasse de café (un caffè), 0 fr. 15 à 0 fr. 20; — le café au lait (caffè latte), 0 fr. 40; — chocolat (cioccolatte), 0 fr. 80.

On peut se rafraîchir pour 0 fr. 02 chez les *acquaiuoli* (buvetiers), que l'on trouve sur les places et dans les rues: ils donnent pour ce prix bien modique un verre d'eau glacée et parfumée, à l'extrait d'anis (*sambuco*). Pour 0 fr. 05, on a la même chose à l'extrait de citron.

Nota. — Nous ne saurions trop recommander aux personnes qui vont à Naples *d'avoir toujours l'œil ouvert* autour d'elles, car les voleurs ne manquent pas.

II. — *La ville*. — Admirablement située sur la Méditerranée au fond d'un golfe ravissant, entre le Vésuve et le Pausilippe, la ville de Naples, anc. capitale du royaume des Deux-Siciles, s'élève en amphithéâtre au pied de collines verdoyantes et couvertes de villas : le cap Misène la borne au nord; les caps de Sorrente et Campanella, au sud. Sans les faubourgs, elle a un périmètre de plus de 12 kil.

La ville se compose de deux parties, que séparent les collines de Capodimonte au nord, et de Pizzo Falcone au sud, couronnées par les forts ou châteaux St-Elme et de l'Œuf. Les nouveaux quartiers s'étendent au sud, sur la mer, et le versant de Pausilippe (Posilipo).

Plusieurs belles voies sont à signaler : la *via (rue) Roma*, anc. Toledo, qui traverse la partie ancienne de la ville, de la *piazza del Plebiscito* (pl. du Plébiscite, à la *piazza Dante*, pour se continuer jusqu'à Capodimonte par les rues *via del Museo nazionale, strada Teresa degli scalzi* (Thérèse des Carmes déchaussés) et *strada Nuova di* Capodimonte; — le *Corso Vittorio Emanuele*, fréquenté par les équipages : d'une longueur de 4 kil. que parcourt le tramway à vapeur, il prend naissance à l'ouest de la ville, près de l'église de Piedigrotta, s'élève sur les collines et vient, par le Castel Sant'Elmo, aboutir à la *strada Salvator Rosa* ou *dell'Infrascata*, grande rue qui conduit au Musée national; — la *strada del Duomo* (r. du Dôme), de la strada Nuova (r. Neuve), du bord de la mer, à la *strada Foria*, au nord; — le *Corso Garibaldi*, de la mer à la *strada Foria* également; — la *strada di Chiaia* (r. de Chiaia), qui met en communication la via Roma avec la promenade fréquentée au bord de la mer et qu'on appelle *Riviera* (quai) di Chiaia.

Une chapelle *Serotina* ou du soir est celle ou l'on réunit des ouvriers le soir.

III. — De la *piazza Dante*, à l'extrémité nord de la via Roma, il est facile de rayonner dans tous les sens.

La place Dante, près de laquelle, à l'ouest, est le *théâtre Rossini*, s'appelait autrefois *Largo del Mercatello* (place du petit Marché). Monument en marbre du *Dante*, de 1874; — beau *lycée* Victor Emmanuel, avec 26 statues: cet édifice a été construit en l'honneur de Charles III.

De la piazza Dante, par l'église *Gesù Nuovo* ou *Trinità Maggiore* (Jésus Nouveau, Trinité la Grande), on arrive à la strada *San Biagio dei Librai* (des Libraires): au n° 121, palais *Sant'Angelo* (St-Ange), du 13ᵉ s., restauré en 1466: galerie de tableaux.

Cette rue permet de voir: d'un côté *San Domenico Maggiore*, et *San Severo*; de l'autre, *Sta Chiara* l'*Université* et *Santi Severino e Sosio*. En voici les détails.

1. *San Domenico Maggiore* (St-Dominique le Grand), largo (place) San Domenico et strada (rue) Sta Trinità Maggiore, est ouvert le matin de 7 à 11 h. Bel édifice gothique à 3 nefs, du 13ᵉ s., restauré au 17ᵉ s. et en 1850, somptueusement décoré. Entrée par un passage qui conduit au transepts, Dans le passage: à droite, tombeau de Porzia Ca-

pece, par Giovanni da Nola; — *Circoncision*, de Marco de Sienne (1574); — à gauche, sur l'autel, portrait de St Dominique; tombeau de Zingarelli, le compositeur; triptyque sur fond doré: la *Ste Vierge, St Jean-Baptiste, St Antoine, abbé*. — Chœur: maître autel en marbre (1652). — Transept de droite: monument de Galéas Pandone, par Giovanni da Nola; beau tombeau du duc de Durazzo. — Transept de gauche: tombeau du prince Philippe Ier de Tarente. — Nef de droite: 1° 7° chapelle, *del Crocefisso* (du Crucifix), ensemble de chapelles: sur l'autel, le Christ en Croix, crucifix miraculeux qui a parlé à St Thomas d'Aquin. Voici les paroles citées: « *Bene scripsisti de me, Thoma. — Quam ergo mercedem accipies? — Non aliam nisi tu Domine.* Vous avez bien écrit sur moi, ô Thomas. — Quelle récompense recevrez-vous? — Aucune autre que vous-même, Seigneur. » A gauche, tombeaux de Fr. et Hector Caraffa; à droite, ceux d'Alfonso Caraffa, de Mariano d'Alagni et de sa femme; — 2° 8° chadelle, de *St Thomas d'Aquin*: tombeau de Jeanne d'Aquin (1345); *Vierge à la rose*, de M. Simone. — Nef de gauche: 1°, 4° chapelle de la *famille Rota*: *St Jean*, statue de Giovanni da Nola; — 2° 8° chapelle, di Sta Maria della Neve (Ste Marie de la Neige): sculptures de l'autel par Giovanni de Nola; monument et buste de Marini, poète. — Sacristie remarquable: peintures du plafond, par Solimena; *Annonciation*, d'Andrea Sabbatini, de Salerne, élève de Raphaël; 45 cercueils en bois, de princes et princesses d'Aragon, de personnages illustres, du marquis de Pescaire (Pescara), célèbre général mort à 36 ans à Milan (1526).

Dans le *couvent* attenant à San Domenico, saint Thomas d'Aquin vécut et enseigna la philosophie: cellule du saint, transformée en chapelle. Sur le *largo (place) San Domenico, obélisque* avec *statue* de saint Dominique.

2. *San Severo* (St-Sévère) ou *Sta Maria della Pietà de' Sangri* (Ste Marie de la piété des Sangri) au nord de San Domenico. Tombeaux de la famille des Sangri et des princes de San Severo. Au dessus du maître autel, fausse coupole en grisaille; — à droite du maître autel, le *Vice convaincu*, dans un filet, statue de Fr. Queiroli (18ᵉ s.); — à gauche, la *Pudeur*, statue d'A. Corradini (18ᵉ s.); — au-dessous, le *Christ enseveli*, statue de G. Sammartino.

3. *Sta Chiara* (Ste Claire), de 1310, au sud-ouest de San Domenico, au sud de la strada Sta Trinita Maggiore, anc. décorée de peintures de Giotto. Entrée par la rue qui passe devant l'église, à gauche. La longueur a 80 m.; la largeur a 32 m. L'or domine. Monuments de la maison royale d'Anjou; chaire du 13ᵉ s.; campanile de 1340. Les principaux tombeaux-monuments sont ceux : du duc Charles de Calabre († 1328), de 1350, par Masuccio II, à droite du grand autel; — de Jeanne Iʳᵉ († 1382), à coté du précédent; — du roi Robert († 1343), par Masuccio II, derrière le grand autel; — de cinq membres de la maison d'Anjou, également derrière cet autel; — de la duchesse Marie de Durazzo, dont le mari fut étranglé (1386), et de leurs enfants, à gauche du grand autel. — A remarquer le sarcophage antique de la 8ᵉ chapelle, à gauche.

4. L'*Université* (Università), *strada San Salvatore* (rue St-Sauveur), fondée en 1224 par Frédéric II et réorganisée en 1789, possède des collections d'histoire naturelle et une Bibliothèque de 50.000 volumes. Dans la cour statues de personnages aux opinions absolument opposées: *Pierre Desvignes* (Pietro della Vigna), chancelier de Frédéric II; *Giordano Bruno*, l'athée; *J.-B. Vico*, philosophe italien; l'illustre docteur de l'Eglise saint Thomas d'Aquin. — Près de l'Université, *église Sant'Angelo a Nilo*.

5. *Santi Severino (Séverin) e Sosio (Sosie), piazza di San Marcellino.* Chœur: fresques relatives aux *bénédictins*, par Corenzio, qui en a orné le transept : on y conserve ses restes. *Chapelle des Sanseverini*, transept de droite, à gauche: tombeaux des trois frères Sanseverini, par Giov. da Nola. *Chapelle* avant la sacristie: *Andrea Bonifacio*, tombeau d'enfant par G. da Nola. A signaler aussi les tombeaux de Carlo Troya et de l'amiral Vinc. Caraffa.

Pour visiter l'anc. couvent, 0 fr. 30 au concierge. Dans la cour, platane que saint Benoît aurait planté et sur le tronc duquel ont poussé deux figuiers. Beau cloître ionique avec 19 fresques de la *vie de St Benoît*, chef-d'œuvre d'Ant. Solari, dit le Zingaro. Le couvent sert de dépôt depuis 1818 aux *Archives générales* du royaume de Naples, qui forment une très importante collection: elles contien- 40.000 chartes sur parchemin, dont les plus anciennes, en langue grecque, de l'année 703, — et 378 volumes, comprenant 380.000 manuscrits de la maison d'Anjou, etc. : salles décorées de peintures de Corenzio.

IV. — Par la *strada Egiziaca*, qui suit la strada S. Biagio dei Librai, on se rend à *l'église de l'Annonciade* (l'Annunziata), puis au *Corso Garibaldi* (Voir II), que l'on suit jusqu'à la *piazza Umberto* (pl. Humbert), près de la gare centrale.

De la piazza Umberto, au delà de la *porta Capuana* (porte de Capoue), à 1|2 heure environ, le *beau Campo Santo nouveau* (nuovo), créé sous les Français et agrandi en 1837: *mausolées* de confréries, de familles. Vue superbe du golfe de Naples et du Vésuve. Par la *strada* del *Camposanto Vecchio*, on gagne l'anc. *Campo Santo* (C. S. vecchio). A peu de distance, on prend la *strada nuova di Capodichino*, qui mène à l'*Albergo de' Poveri* (hôtel, hospice, maison des pauvres), rue (strada) Foria, asile fondé (1571) pour les indigents par Charles III, et situé à côté de l'*orto botanico* (jardin botanique).

De cet asile, la strada del Borgo Sant' Antonio abbate (église *Sant' Antonio abbate*, saint Antoine abbé) ramène au corso Garibaldi, à la piazza Umberto. — De l'asile, en continuant la strada Foria, on trouve la strada *San Giovanni a Carbonara*: église *San Giovanni a Carbonara* (Saint Jean des Charbonniers), du XIVe siècle: derrière le maître autel, tombeau de Ladislas (1414), par A. Ciccione; — chapelle *del Sole* (du Soleil): tombeau du Caracciolo (tué en 1432), par A. Ciccione; — chapelle octogone des *Vico Caraccioli*: **à** gauche du maître autel, statues; — sacristie: 15 *scènes de la vie de Jésus-Christ*, de Vasari.

La rue San Giovanni a Carbonara conduit aux *Tribunaux* (Tribunali), installés près de la piazza

Umberto, dans le *Castel* ou *Castello Capuano* (châ[teau] de Capoue), à l'extrémité de la strada d[i] *Tribunali*, par laquelle on regagne la piazza *Dante*.

V. — La rue des Tribunaux permet de visite[r] la cathédrale, la belle *strada del Duomo* (Voir [I]I) et les environs de la cathédrale.

La *Cathédrale* (Duomo) *San Gennaro* (Saint-Jan[vier]), strada del Duomo, vaste et belle, est u[n] édifice gothique de 1272-1316, à trois nefs, bât[i] sur l'emplacement des temples d'Apollon et d[e] Neptune, restauré et embelli aux XVe, XVIIIe [et] XIXe siècles. On y remarque :

Le grand portail ogival, couvert de sculptures[.]

La porte principale, au-dessus de laquelle so[nt] les tombeaux de Charles Ier d'Anjou (✠ 1285), d[e] Charles Martel, roi de Hongrie (✠ 1295) et de s[a] femme Clémence ;

Les peintures du plafond ; les *douze Apôtres*, a[u]-dessus des arcs des nefs, tableaux de L. Giordan[o] *saint Cyrille, saint Chrysostome*, de Solimena ;

Sous la tribune du maître autel, la *Confessi*[on] *de saint Janvier*, crypte (1492-1508) incrustée [de] marbres à arabesques, et soutenue par huit c[o]lonnes ioniques ; portes de bronze, avec la devise d[e] Caraffa, dont l'un, l'archevêque Oliv. Caraffa, fo[nda] da la crypte ; — tombeau de saint Janvier ; — st[a]tue agenouillée d'Oliv. Caraffa près de là ; — pr[e]mier autel à droite, la *St-Vierge*, du Dominiqui[n]. Pour visiter la crypte, donner une petite somm[e.]

Le chœur : coupole peinte par le Dominiqui[n].

A gauche du maître autel, belle chapelle *Cap*[e *Galeotta* ;

Le transept de droite : chapelle des *Caraccioli* : tombeau du cardinal du même nom ; crucifix en bois, par Masuccio 1er ; — chapelle des *Minutoli*, ouverte seulement jusqu'à 8 heures du matin : peintures de la Passion ; fresques des cavaliers de la famille Minutoli ; autel, avec tombeau du cardinal Minutolo (✢ 1301), par Bamboccio ;

Le transept de gauche : tombeaux, d'Innocent XII, près de la porte de la sacristie ; — l'André, roi de Hongrie (✢ 1345), à gauche de la porte de la sacristie ; — d'Innocent IV ;

La nef de droite : cinquième chapelle : tombeau du cardinal Carbone, par Bamboccio ;

La nef de droite : troisième chapelle, vis-à-vis de celle de Santa Restituta (ci-dessous), la chapelle de saint Janvier ou le *Trésor* (il Tesoro), véritable église consacrée à saint Janvier après la peste de 1526 ; commencée en 1608 d'après les plans du théatin Grimaldi, et très bien décorée. Belles portes d'entrée. Peintures admirables : *saint Janvier sortant de la fournaise*, de l'Espagnolet ; *résurrection d'un jeune homme*, *décapitation du Saint*, *guérison de malades* par l'huile de la lampe du tombeau du saint, *guérison d'un possédé*, tableaux du Dominiquin (le dernier achevé par l'Espagnolet). Coupole : *Gloire des saints*, de Lanfranc. Fresques des voûtes, par le Dominiquin. Table de communion : porte de bronze. Sacristie : buste du Saint en argent (XIIIe) s. couvert de bijoux princiers ; belle croix en diamants et en saphirs, donnée (1775) par la reine Caroline ; croix en diamants et en émeraudes, donnée par Joseph Bonaparte ; mitre ornée de 3.694 pierres précieuses ; vases d'or ;

40 statues à mi-corps en argent. Derrière le maître autel, dans un tabernacle que ferment deux portes en argent, deux vases renferment le sang de saint Janvier : le célèbre miracle (il se renouvelle durant huit jours) de la *liquéfaction du sang* de saint Janvier a lieu le premier samedi de mai le 19 septembre (fête patronale) et le 16 décembre les richesses du Trésor sont alors exposées ;

La nef de gauche : 1° chapelle *Seripandi* : *Assomption*, du Pérugin ; — 2° chapelle *basilique Santa Restituta* (Sainte Restitute), ancienne cathédrale soutenue par 22 colonnes. Sur les murs, bas-relief d'ambons du VIII° siècle ; au plafond, *restes d Sainte Restitute* transportés dans une barque par les anges, tableau de Giordano ; derrière le grand autel, *Vierge dans la gloire*, avec saint Michel et sainte Restitute, tableau (1500) de S. de' Buoni à droite du chœur, chapelle *San Giovanni in font* (Saint-Jean de la Fontaine), baptistère du VI° siècle ; chapelle *Santa Maria* : *saint Janvier et saint Restitute*, mosaïque ; — 3° deuxième chapelle : sous l'autel, *mise au tombeau*, de Giov. da Nola ; l'*incrédulité de saint Thomas*, tableau de Marco d Sienne ; tombeaux des cardinaux Gesualdi et Caraffa ;

Les fonts baptismaux, dans la grande nef, formés d'un vase antique de basalte vert d'Egypte supporté par un pied de porphyre orné d'attribut de Bacchus.

VI. — De *l'archevêché* (près de la cathédrale) strada donna Regina, on peut aller : au nord-est, l'église *Santi Apostoli* (*Saints-Apôtres*) ; — au nord vers la strada del Duomo, à l'église *Santa Maria donna Regina*.

En suivant la *strada de' tribunali*, jusqu'à la piazza Dante, voir successivement, à partir de la strada del Duomo, qui coupe la précédente : les églises *Saint-Philippe de Néri* (San Filippo Neri) ou *Gerolominie*; — *San Paolo Maggiore* (Saint Paul le Grand) ; — *San Lorenzo Maggiore* (Saint Laurent le Grand), de 1266-1324, entre les deux précédentes, mais de l'autre côté de la rue ; — *San Pietro a Majella* (Saint-Pierre de Majella), proche de la place Dante. A *San Lorenzo Maggiore* : statues du maître autel ; — tombeaux, par Masuccio II, de Catherine d'Autriche (✠ 1323), de Robert d'Artois et de sa femme. Dans la salle du chapitre du couvent voisin, portraits de saints de l'ordre franciscain.

VII. — De la piazza Dante, la rue (strada) del Museo Nazionale conduit au célèbre *Musée national* (Museo nazionale), strada degli Studi et contigu à la piazza Cavour. Ce musée encore nommé le musée *des Etudes* (degli Studi) ou *les Etudes* (gli Studi), anciennement *musée Bourbon* (museo Borbonico), tient une des premières places dans les musées de l'Europe. Le dimanche, de 10 heures à 1 heure, entrée gratuite ; les autres jours, on paye 1 franc. Heures d'ouverture : 9 heures à 3 heures, 10 heures à 4 heures, suivant les saisons. Il renferme les collections anciennes et nouvelles de la cour de Naples, la collection Farnèse de Rome et de Parme, la collection des palais de Capodimonte et de Portici, et, ce qui en fait l'originalité, les objets nombreux provenant des ruines d'Herculanum, de Pompéi, de Cumes, de Stabies.

Dans un *Guide de Pèlerin*, nous ne pouvons naturellement entrer dans les détails ; nous mentionnerons néanmoins ce qui nous a paru intéressant particulièrement pour la religion, renvoyant pour le surplus au *Guide général du Musée national*, par D. Monaco, conservateur du dit musée (5 francs).

Rez-de-chaussée, vestibule. Statues colossales *Alex. Sévère, Flora, le génie de Rome, Uranie* ; statues de fleurs.

Rez-de-chaussée, côté droit : peintures murales (hommes, femmes, divinités, animaux fruits, scènes mytologiques) d'Herculanum, de Pompéi et de Stabies ; — mosaïques antiques ; — inscriptions grecques, latines, italiennes, païennes et chrétiennes ; — collection des marbres, renfermant les portiques des *chefs-d'œuvre* (Capolavori) et des Empereurs, celui des Balbi, huit salles de marbres ; — galerie des bronzes antiques. A signaler : 1° peintures antiques : quatrième salle : *Thésée vainqueur du Minotaure, adieux d'Achille à Briséis, Chiron et Achille*, — au milieu de la salle des mosaïques au fond de la 4°, mosaïques de *Thésée*, vainqueur du Minotaure, et du *chien enchaîné* ; — 5° salle *danseuses de Pompéi* ; — 6° salle : *guerriers armés* paysages ; — 2° dans la belle galerie des 2.000 inscriptions sur marbre, vers la 1re salle : les tables de bronze d'Héraclée de Lucanie, trouvées en 1732 le groupe immense du *Taureau Farnèse*, chef d'œuvre des sculpteurs grecs Apollonius et Tauriscus (III° siècle avant J.-C.), provenant des thermes de Caracalla et ayant figuré dans la collection

Farnèse : il représente Zéthus et Amphion qui, pour venger leur mère Antiope persécutée par Dircé, attachent celle-ci aux cornes d'un taureau furieux ; Antiope et un berger assistent aux tortures de Dircé ; l'*Hercule Farnèse*, de la même origine que le précédent, chef-d'œuvre de sculpture de Glycon d'Athènes, personnifiant la modération et la douceur unies à la force ; — 3° dans la salle dite *de Canova*, vers la salle des inscriptions : sculptures de Canova (Mme *Letitia*, mère de Napoléon Ier) ; *saint François d'Assise* et *la Modestie*, de Sammartino ; *bustes* de personnages illustres : *Charles-Quint*, plusieurs *Médicis*, etc. ; — 4° dans le sous-sol qui se trouve vers la salle Canova, collection de monuments orientaux et indiens dans 6 salles, y compris les inscriptions chrétiennes et les antiquités égyptiennes ; 2me salle : idoles chinoises, japonaises et mexicaines ; 5e et 6e salles : bronzes, stèles, sarcophages ; arbre généalogique en bois de sycomore ; papyrus de Memphis en caractères grecs, donnant les noms des ouvriers ayant coopéré aux travaux du Nil.

Rez-de-chaussée, côté gauche : 1° Collection des marbres : *portico dei Capolavori* (Chefs-d'œuvre), comprenant des sujets mythologiques, des *Vénus*, une *Psyché* très belle, un groupe d'*Oreste et Electre*, *Diane, Minerve, Junon, Bacchus*, une statue d'*Agrippine* assise, etc. ; — *portico degli Imperatori* (Empereurs), renfermant une collection de bustes et de statues des empereurs et de personnages romains, dont les plus remarquables sont ceux de *J. César* (buste et statue), de *Claude* (statue), de *Vespasien* et d'*Antonin le Pieux* ; — *portico dei Balbi* : statues équestres des *Balbus*, père et fils, préteurs et proconsuls d'Herculanum ; bustes divers, romains et grecs ; statues ; copie du groupe du *Laocoon* (du Vatican) ; — 8 *salles de marbres* : 1. *Salle d'Apollon* ; Apollon assis, en porphyre ; *Diane d'Éphèse*, en albâtre ; *Apollon*, en basalte ; des représentations de Jupiter. 2. *Salle de Vénus et de Bacchus* : statues de Mars, Vénus. 3. *Salle d'Atlas* : Atlas ; *Cupidon* enlacé par un dauphin. 4. *Salle des Muses* : statues des Muses. 5. *Salle de Flore* : Flore (Vénus drapée), statue colossale provenant des thermes de Caracalla ; grande mosaïque de la *bataille d'Issus* en Cilicie (333 av. J.-C.), trouvée à Pompéi (1831) ; statue du *gladiateur blessé*. 6. *Salle du vase de Gaëte* : grand vase de marbre, avec bas-reliefs de Mercure, et des Bacchantes, trouvé à Gaëte ; margelle de puits ayant 7 dieux sculptés. 7. Bas-reliefs, sarcophages, candélabres et vases ; *combat de gladiateurs*. 8. Fragments antiques, candélabres, etc. — 2° *Galeries des bronzes*, la division des statues, provenant en général d'Herculanum et de Pompéi, dans 4 salles : 1. Animaux divers, *Diane*, *Hermès*, *Sapho*. 2. Statuettes : sujets mythologiques : *Faune dansant, ivre* ; *Narcisse* ; *Alexandre le grand* ; miroirs étrusques. 3. *Faune ivre*, *Mercure au repos*, *Apollon*, *Faune dormant*, *Sénèque* (buste), tous les cinq, chefs-d'œuvre de sculpture. 4. Statue équestre de *Néron* ; beau buste de *Scipion l'Africain* ; collection d'armes et d'armures.

Entresol, côté droit. Peintures de Pompéi (1re salle) ; verreries antiques, terres cuites (3e et 4e salles) ; coupes, vases (6e salle) ; provisoirement, objets du moyen âge, de la Renaissance (2e salle). Dans la 1re salle, *Iphigénie* ; *combat* dans l'amphithéâtre de Pompéi ; — dans la 2e salle, médaillon en plâtre de la *Nuit*, par Thorwaldsen ; — dans la 5e, nombreux animaux ; *Junon colossale* ; — dans la 6e, coupes, vases, lampes, statuettes, bustes.

Entresol, côté gauche. Antiquités de Cumes (4 salles) : bronzes, un masque en cire, coffrets, miroirs, beau vase italo-grec (*combat* entre les Grecs et les Amazones) ; modèle en liège de la maison du poète tragique de Pompéi.

1er *Etage. Côté droit.* On y trouve : 1º collection (4.000 pièces) des verres antiques : plat en verre ; — amphore de verre bleu, de Pompéi, avec couverte d'émail blanc et bas-reliefs ; — 2º 6 salles de médailles ou monnaies (50.000 pièces) grecques, romaines, du moyen âge, plus la *bibliothèque numismatique* ; — 3º un musée secret, obscène, dont l'entrée est interdite à bon droit aux femmes, aux prêtres et aux enfants, et que les catholiques ont le devoir de ne pas visiter ; — 4º la première partie de la *galerie des tableaux*, qui intéressera davantage le pèlerin : 8 salles. 1re *salle* (école bolonaise) : *Hercule dans la Bivoie* (entre le vice et la vertu), nº 36, d'Annibal Carrache ; — *Renaud dans les jardins d'Armide*, nº 55, d'Augustin Carrache. — 2e *salle* (école toscane) : tabernacle en bronze, de J. Siciliano ; — *Résurrection de Jésus*, nº 5, de Sodoma ; — *Pietà*, nº 23, de Mazzola. — 3º *salle* (école napolitaine du XIVe au XVIe siècle) : *la Vierge dans sa gloire* et des *saints*, de Solari dit le Zingaro. — 4e *salle* (peintures anciennes de l'école toscane ; peintures byzantines). 5º *salle* (école napolitaine des XIIIe-XIVe siècles). — 6e *salle*. (école napolitaine du XVI° au XVIII° siècle) : *Révolution de Naples et Masaniello* en 1647, n° 1, de D. Gargiulo ; *Adoration des Mages*, n° 5, de Criscuolo ; — *saint François Xavier, baptisant les Indiens*, n° 54, de L. Giordano. 6° *salle* : collection du moyen âge : grande armoire incrustée en ivoire, en ambre et en verre, du XVI° siècle ; armoire renfermant la belle vaisselle du cardinal Borgia ; — cassette *Farnèse* en argent doré. — 7° salle (écoles allemande, flamande, hollandaise) : la *Nativité*, n° 28, d'Alb. Dürer ; le *Crucifiement*, n° 53, de Memling. — 8° salle (écoles flamande et hollandaise). — 5° la collection des *petits bronzes* (13.000), près de la dernière salle précédente, dans 2 salles : ustensiles de cuisine, vases, lampes, candélabres, lits, objets de toilette, coupes, triclinium, poids, mesures etc., : au fond de la 2° salle, collection de 2.000 objets précieux, or et argent, dont la *tasse* (tazza) *Farnèse*, en sardoine orientale ; — 6° la collection *des Vases*, à côté de la 7° salle de peinture : 4.000 pièces dans 7 salles : 2° salle (pavé de la maison de Diomède à Pompéi), n° 2068, vase des *Saltimbanques* ; — dans la 3° salle, n° 2360, *destruction* de *Troie* ; — dans la 4°, n° 2882, vase de *Darius*; — 7° la *collection St-Ange* (Sant' Angelo), par la 1re salle des vases : vases, terres cuites, 42.000 *monnaies*, mosaïques ; — 8° la grande *Bibliothèque* : 200.000 volumes, 4.000 manuscrits ; *écho* de la salle d'entrée répétant 30 fois les syllabes.

1er *Etage, coté gauche*. 1° Copies de peintures de Pompéi, restes de comestibles (fruits, légumes, coquillages) et d'objets divers (amiante, bourse.) — 2° *Collection de papyrus* : 3.000 environ. — 3° 2° partie *de la galerie de tableaux.* 1ʳᵒ *Salle* : rien de bien intéressant. — 2° *Salle* (école romaine) : *Vues de Rome*, de Pannini. — 3ᵉ *Salle* (écoles de Parme et de Gênes). — 4° *Salle* (école lombarde et parmesane — 5ᵉ *salle* (école vénitienne) : *Vues de Venise*, de Canaletto ; la *Ste Vierge, l'Enfant Jésus* et 1ᵒ *deux anges*, n° 61, du Tintoret ; 2° *St Jean et St Pierre*, n° 561, de L. Lotto. — 6° *Salle* (salle du Corrège), très belle : *Jésus et les docteurs*, n° 1, de S. Rosa; — *Ste Famille*, n° 2, de Séb. del Piombo ; — la *Vierge au lapin* (Madonna del Coniglio) ou la *Zingarella* (la petite Bohémienne), n° 3 du Corrège ; — *mariage de Ste Catherine* n° 7, chef-d'œuvre du Corrège, d'une grâce parfaite ; — *descente de Croix*, n° 9, du même ; — *portraits* du Pape Paul III et du roi Philippe II, n° 8 et 11, du Titien ; — *Madeleine repentante*, n° 15, chef-d'œuvre du Guerchin, d'une grande expression. — 7ᵉ *salle* (estampes): buste du Dante; — 8° *salle* (diverses écoles) : *Pietà* ou Christ mort et la Vierge, n° 1, d'Annibal Carrache ; — *Madonna del Gatto* ou *Ste Famille*, nᵒ 5, de Jules Romain; — *Sainte Famille*, n° 6, du Parmesan ; — la *Transfiguration*, n° 7, de J. Bellini; — la *Vierge et l'Enfant Jésus*, n° 15, de B. Luini; — *portraits*, nᵒˢ 17, *Tibaldeo*, et 19, *Léon X*, par Raphaël ; — *Ste Famille du divin amour*, n° 22, de Raphaël; — la *Vierge* et des *saints*, n° 28, de Palma le Vieux; — *l'ange gardien*, n° 30, chef-d'œuvre du Dominiquin, d'un coloris admirable : l'ange défend l'innocence contre les embûches du diable ; — *Madeleine repentante*, n° 36, du Titien; — *Résurrection de Lazare*, n° 51, de L. Bassan; — portrait d'*Alexandre VI*, de Seb. del Piombo. 9° *salle*:

Suzanne et les vieillards, n° 22, de Guarino da Solofra.

VIII. — Aux alentours du Musée national, l'église *Sant' Agnello Maggiore* ; — le *théâtre Partenope* (Parthénope); — la *belle place Cavour*, anc. *Largo delle Pigne* (place des Pins), entre le Musée et la strada Foria : *jardin*. La *strada Foria* passe devant le *jardin botanique*, voisin de *l'Albergo de' Poveri* (Voir IV.)

Le Corso Garibaldi, terminé à la strada Foria, se continue par le vico (rue de traverse) Saponari, qui mène à la *Specola* (Observatoire), de 1812, au sommet de la colline di Capodimonte. Au nord-ouest de l'Observatoire, le *palazzo Reale di Capodimonte*, à une certaine distance du Musée : un escalier permet de s'y rendre rapidement. Ouvert de 10 à 5 h; entrée avec des cartes données dans les hôtels; 1 fr. de pourboire.

Le *palais royal de Capodimonte*, anc. villa de la cour napolitaine, est situé sur une colline d'où l'on jouit d'un beau panorama. Commencé en 1738 sous Charles III et continué dès 1834. Peintures et sculptures dans les divers appartements; belles porcelaines de Sèvres, de Vienne (Autriche), etc.; portraits divers des maisons de Bourbon et d'Orléans, de Napoléon Ier, de Murat; la *mort de César*, de Camuccini ; *Nativité*, de R. Mengs ; grande table avec mosaïque de Pompéi ; salon en porcelaine de Capodimonte ; collection d'armes et d'armures. *Jardin* à droite de la cour : chênes verts magnifiques; vue splendide de la terrasse. Les jardins propres du palais sont ouverts le 15 août au public.

Entre le palais et l'Observatoire, *réservoir du Serino*, qui fournit de la bonne eau aux Napolitains.

On se rend du palais Royal aux *Catacombes* par la strada Nuova (rue Neuve) di Capodimonte et la strada San Gennaro de' Poveri (Saint-Janvier des Pauvres): *église San Gennaro de' Poveri*, creusée dans le rocher; — *albergo* (maison, hospice, hôtel) *San Gennaro de' Poveri*, asile de vieillards. On parcourt une avenue au bout de laquelle est l'escalier qu'il faut prendre: 1fr. au portier et pourboire au gardien. Les catacombes ont trois étages à galeries de 5 m. de hauteur: l'étage inférieur a été comblé après la peste de 1656.

IX — Des catacombes, on regagne le Musée par la strada Nuova di Capodimonte et la strada Teresa degli Scalzi (rue Thérèse des Carmes déchaussés), que continuent: d'un côté, la strada dell'Infrascata ou Salvator Rosa, communiquant par la *piazza Salv. Rosa* avec le Corso Vittorio Emanuele; de l'autre, la via del Museo nazionale, jusqu'à la piazza *Dante*.

A gauche de la rue de Rome (via Roma, voir II) et de la piazza Dante, *Castello ou Castel Sant' Elmo* (château St-Elme), sur le haut d'une colline, auj. *prison militaire*: vue sur Naples et le golfe. On ne le visite qu'avec la permission de l'autorité militaire. Sur la même colline, le couvent ou *chartreuse* (certosa) de *San Martino* (Saint-Martin), auj. musée succursale du Musée national.

Pour arriver à ce couvent, on se dirige vers le Corso Vittorio Emanuele jusqu'à la rampe à escaliers nommée *Pedemontina S. Martino*, où l'on trouve des ânes à 1 fr, et en 20 minutes on atteint le musée. Entrée gratuite le dimanche, de 9 h. à 2 ; entrée 1 fr la semaine, de 10 h. à 4 h. — On pénètre dans un cloître orné de sculptures, puis au chœur des frères convers, ensuite dans l'*église*, consacrée en 1368 : une seule nef très décorée ; — pavé à mosaïques ; — *Ascension*, *les douze Apôtres*, fresques de Lanfranc à la voûte; — *Moïse et Elie*, de Ribera, au-dessus de l'entrée; — les *douze Prophètes*, de Ribera, au-dessus des arcades des chapelles ; — chœur : *Crucifiement* de Lanfranc ; *Adoration des Bergers*, de Guido Reni; tableaux sur la Cène, de plusieurs peintres; la *Communion des Apôtres*, admirable tableau de Ribera, un chef-d'œuvre. — Sacristie: *Ecce homo*, de Stanzioni ; *Reniement de St Pierre*, de Michel-Ange Caravage; *Crucifiement*, de D'Arpin ; — *Trésor* (Tesoro): *Déposition de croix*, chef-d'œuvre de Ribera. Après le chœur, salle du chapitre: *St Jean*, de Stanzioni ; *Flagellation*, de L. Cambiaso. Du chapitre, on se rend par le parloir au grand cloître: 60 colonnes doriques, statues, porte conduisant au Belvédère, d'où l'on jouit d'un panorama magnifique sur le golfe, la ville et les environs.

Du grand cloître, on se rend au *Musée*, dit *Musée Bonghi*, qui communique avec le cloître d'entrée: 7 salles: vases sacrés, reliquaires, instruments de musique, majoliques, livres d'église, ivoires, verreries, meubles dorés, lustres, glaces; dans la 6ᵉ salle, très belle figure du *P. Rocco*, dominicain, missionnaire; dans la 7ᵉ, méridien du pavé, majoliques. De la 1ʳᵉ salle, on peut aller voir une petite salle dans laquelle est une crèche composée d'un grand nombre de figures en tête cuite, par Sammartino.

X. — La *via Roma*, au milieu de laquelle est le *largo (place) Carità (statue de C. Poerio)*, piazza Dante, et communique avec la *piazza del Municipio* (place du Municipe) : 1° du côté de la place Dante, par la *piazza* et la belle *strada* (rue) *Médina*, qui permet de visiter, du nord au sud : *Monte Oliveto*, non loin du *palais Gravina*, où sont les postes et télégraphes ; *Sta Maria la Nuova* (Ste Marie la Neuve), l'*Incoronata*.

Le *monte Oliveto* (mont Olivet) ou *Sant' Anna de' Lombardi* (Ste Anne des Lombards), de 1414, au sud-ouest de la *piazza Montoliveto* (statue de Charles II), appartenait à un couvent de Bénédictins, occupé aujourd'hui par plusieurs administrations. A droite de l'entrée, monument de *Fontana* († 1607), architecte ; à gauche, celui du général Trivulzio († 1757). A droite et à gauche de la grande porte, deux beaux autels. A droite, première chapelle : l'*Annonciation*, bas-relief de Benedetto da Majano. Chapelle du Saint-Sépulcre : le *Christ au tombeau*, entouré de 6 figures à genoux ; tombeau du cardinal Pompée Colonna. — A gauche, première chapelle : *Nativité*, bas-relief de Donatello ; *Ascension*, de S. de' Buoni ; cinquième chapelle : *Saint Jean-Baptiste*, par Giov. da Nola. Plusieurs tombeaux sont remarquables : ceux de Charles de Lannoy, général de Charles-Quint ; de Marie d'Aragon ; de Marinus Curialis de Sorrente, comte de Terra Nuova. Le jardin du

Couvent, où le Tasse reçut l'hospitalité (1588), a été converti en marché.

L'*Incoronata* date de 1352 : voûte du petit chœur divisée en 8 compartiments, renfermant autant de fresques attribuées à Giotto : les *sept Sacrements* et le *triomphe de la Religion*, avec des personnages dans le costume du XIV° siècle. A gauche, vie de *Jeanne* Ire, reine de Naples († 1382), fresques.

La via Roma communique avec la piazza del Municipio : 2°, vers le sud, par la *galleria Umberto I* (galerie Humbert Ier), terminée seulement en 1890. A côté, *église Santa Brigida* (Sainte Brigitte).

La *piazza del Municipio*, qui aboutit à la mer, s'appelait *largo del Castello* (place du Château). Grand square ; monument de Victor-Emmanuel. *Palais du Municipe*, anc. palais des Ministères (dei Ministeri) : statues du roi *Roger* et de l'empereur Frédéric II. Le palais se trouve entre deux théâtres : la *Fenice* (le Phénix), *i Fiorentini* (les Florentins).

XI. — A l'entrée de la via Roma, c'est-à-dire du côté de la mer, place *San Ferdinando*, contiguë à la belle place du *Plébiscite* (*piazza del Plebiscito*), l'ancien *largo del Palazzo* (place du Palais). Sur la place du Plébiscite : portique semi-circulaire ; statues en bronze de Charles III et de Ferdinand Ier ; *fontaine* jaillissante : *palais* du commandant militaire ; *préfecture ; église San Francesco di Paola* (Saint-François-de-Paule) ; *palazzo Reale*.

Le *palazzo Reale* (palais Royal), fut construit (1600) par D. Fontana, sur les ordres du comte de Lémos, vice-roi de Naples. Incendié (1837) et reconstruit en (1841) : façade décorée de trois rangs de pilastres, couronnés d'une corniche ; statues de rois et de princes dans les niches de la façade. Terrasse (0 fr. 50) avec parterre : belle vue. Appartements (1 fr.) ; magnifique escalier (1651), avec statues de l'Ebre et du Tage ; petit théâtre ; très belle salle à manger. Tableaux divers dans les salles : *saint Bruno*, de l'Espagnolet ; *saint Ignace*, de M. Stanzioni ; *saint Jean*, de Guido Reni ; *saint Jean-Baptiste*, de L. Carrache ; *Jésus au Temple*, de Caravage ; *sainte Elisabeth*, de Schidone ; *saint Joseph*, du Guerchin ; *sainte Madeleine repentante*, du Titien ; *Mariage de sainte Catherine*, de Procaccini ; *l'ange Gabriel*, de L. Giordano, etc. Salle du trône, tapissée de velours rouge, semé de fleurs de lis : bas-reliefs représentant les provinces du royaume. Beaux vases de Sèvres. Plusieurs portraits.

A côté du palais Royal, le théâtre *San Carlo* (Saint-Charles), *strada San Carlo*, un des plus vastes de l'Italie. Belle salle renfermant des loges entre colonnes.

XII. — De la place du Plébiscite, on peut faire de charmantes *promenades* sur les quais et le bord de la mer, à l'est et à l'ouest.

A l'est, de la place du Plébiscite au *largo del Ponte della Maddalena* (place du Pont de la Madeleine), on voit : 1° la *Darse* ; le port militaire (*porto militare*), de 1826, entre le *Bacino* (bassin) et le *Môle*, et devant le *Castel Nuovo* ou Château-Neuf.

2° Le *Castel Nuovo*, en face de la strada del Castello (rue du Château), fondé en 1283 par Charles Ier d'Anjou et restauré en 1735, anc. résidence des maisons d'Anjou, d'Aragon et des vice-rois espagnols : les cinq tours qu'y ajouta (1442) Alphonse Ier ont été démolies en partie en 1862 : *arc de triomphe* (1470), en l'honneur d'Alphonse Ier d'Aragon, à bas-reliefs et portes de bronze ; église *santa Barbara* (sainte Barbe) ou *san Sebastiano*, avec façade et escalier allant de la sacristie à un balcon (loggia), d'où l'on a une belle vue sur le port. On donne 0 fr. 50 pour visiter l'église. Dans l'église : *Madone* en bas-relief sur la porte ; derrière le maître autel, *adoration des Mages*, de Van Dyck. A droite de l'entrée du château, *sala di San Luigi* ou *d'Armi* (Salle de Saint-Louis ou d'Armes), jadis salle de réception des rois de Naples. Dans la *chapelle* gothique du château, *saint François de Paule*, beau tableau de l'Espagnolet.

3° Le *Môle* (molo), jetée en face de la *strada del Molo*, qui suit la piazza del Municipio. Du *phare* (lanterna), belle vue : 1 fr.

4° Le *grand port* ou port *marchand* (porto grande, mercantile), devant le beau quai nommé *strada del Piliero* (rue du Pilier), entre le Môle et le *petit Môle* (Molo piccolo). Du petit môle, bateaux pour Ischia, Capri.

5° La *strada del Piliero*, promenade.

6° Le *petit port* (porto piccolo), restant de la ville antique de *Paléopolis* (anc. Naples).

7° L'Eglise de *San Pietro Martire* (saint Pierre Martyr), près de la *strada Nuova* (rue Neuve) maritime. La *strada Nuova*.

8° Au bord de la mer, la *villa del Popolo* (villa, jardin du Peuple), beau jardin public.

9° La *piazza del Mercato* (place du Marché) : halle en fer ; deux églises : *Santa Croce* (Sainte Croix), *Santa Maria del Carmine* (Sainte Marie des Carmes) — avec la *Torre del Carmine* (Tour des Carmes). Dans l'église Sainte-Marie des Carmes, tombeau de Conradin († 1268), le dernier des Hohenstaufen.

10° Après la strada Nuova, d'où part le *Corso Garibaldi* (voir II), on suit la *strada della Marinella* (rue de la petite Marine), beau quai aboutissant à la *place du Pont de la Madeleine* (largo del Ponte della Maddalena), où commence la route de Portici et de Torre del Greco.

La *magnifique plage* (spiaggia) de la Marinella s'étend au sud des strade Nuova et Marinella. Bains de mer.

XIII. — A l'ouest de la piazza del Plebiscito, on voit :

1° L'*Arsenale* (Arsenal).

2° Le quai *Santa Lucia*, formé par la *strada di Santa Lucia* (rue Sainte-Lucie), entre le promontoire de *Pizzo Falcone* et l'*Arsenal*, bordé de nouvelles constructions et de beaux hôtels. *Bains de mer*. Marchands de *frutti di mare* (coquillages), d'huîtres ; *bateaux à vapeur* pour Sorrente et Capri ; *voitures* pour le Vésuve.

3° Au sud-ouest du quai Sainte-Lucie, *Castello* ou *Castel dell' Ovo* (Château de l'Œuf), de forme ovale, sur la presqu'île qui communique avec le quai par un pont de 220 m. *Prison*. Ce château s'appelait *Castello Lucullano*, parce qu'il avait appartenu à Lucullus.

4° A la suite du quai Sainte-Lucie, se trouve

le quai de *Chiatamone* (via Partenope), avec d'élégantes maisons.

5° Au nord du quai Chiatamone : palais *Miranda* et *piazza dei Martiri*, qui communique avec la *via Roma* par la *strada di Chiaia*.

6° Au delà de la via Partenope s'étend le quai de la *Riviera di Chiaia* ou Chiaja (rive, rivière de Chiaja, Chiaia), comprenant la splendide promenade connue sous le nom de *Villa Nazionale, comunale* (villa, jardin, national, communal), anc. *Reale* (Royal).

Le *Jardin National* s'étend, le long de la mer sur une longueur de 2 kil., planté d'arbres, bordé par des maisons et par le quai. Etabli en 1780, il fut considérablement agrandi en 1807, 1834 et 1870-1880. Concerts de 4 h. à 6 h., ou de 9 h. à 11 h. suivant les saisons. Panorama magnifique du golfe. Le *largo della Vittoria* (place de la Victoire) y donne accès. Principales curiosités : un bassin en granit de Pestum, provenant (1825) de Salerne et qu'entourent quatres thermes; une *photographie*; une collection *zoologique*; un élégant *aquarium*, aux animaux nombreux : 1 fr. à 2 fr., selon les heures ou les saisons; — statues du philosophe J. B. Vico († (1744), de 1861, du général napolitain P. Colletta († 1831); — buste en bronze de l'architecte E. Alvino († 1876); — buste du Tasse sur une rotonde à colonnes; — statue du célèbre pianiste suisse Thalberg († 1871), de 1879; — temple grec avec *buste* de Virgile; — un *obélisque*; — plusieurs cafés; — un beau kiosque pour la musique.

6° *La piazza Umberto* (place Humbert), d'où l'on

peut se rendre au quartier-faubourg de la *Mersgellina* (bains de mer) et au *Pausilippe*. (*Voir le environs*).

7° Du Jardin National, par la *piazza dei Martiri*, au nord-est, en prenant la rue des Mille (*via dei Mille*), entre les strada di Chiaia et strada Santa Theresa di Chiaia, on se rend en chemin de fer funiculaire au nouveau quartier du *Vomero*, qui des villas élégantes (Floridiana, Ricciardi), non loin du château St.-Elme (voir II, IX) et d'*Antignano*, autre quartier. C'est d'Antignano qu'on va au *couvent des Camaldules* (Camaldoli), sur une colline de 450ᵐ. Vue admirable.

8° A la suite de la Riviera di Chiaia, puis de la piazza Umberto et de la strada di Piedigrotta (rue de P.), où l'on rencontre le corso Vittorio Emanuele (Voir II), on gagne le faubourg de *Piedigrotta*. Eglise *Sta Maria di Piedigrotta*, près de la grotte du *Pausilippe* (Posilipo), célèbre par un grand pèlerinage le 8 septembre. Madone vénérée. (*Voir les environs.*)

XIV. — Les pèlerins qui auront le temps pourront visiter les églises suivantes, où se font de belles cérémonies :

Santa Maria Maggiore (Ste-Marie Majeure ou la Grande). C'est ici qu'en 1618, le vice-roi de Naples, accompagné de sa cour et de la milice, fit vœu de croire à l'Immaculée Conception de la Sainte Vierge et de la défendre.

Santa Maria l'Assunta (Ste-Marie de l'Assomption), bâtie par les chanoinesses de St-Augustin en l'honneur de la Sainte Vierge, qui les avait préservées d'une mort certaine en leur inspirant de quitter une maison qui s'écroula après leur départ.

Santa Maria in Portico (Ste-Marie du Portique), ou l'on vénère spécialement un crucifix. Dans cette église, Alexandrine, encore protestante, accompagnait le dimanche Albert de La Ferronnays à la messe. (Récit d'une sœur, tome II, p. 256.)

Santa Maria del Pozzo (Ste-Marie du Puits).

Santa Maria delle Grazie (Ste-Marie des Grâces).

XV. *Résumé des églises, monuments, etc., décrits.*

Acquaiuoli (les). . I
Antignano . . . XIII
Antiquités (Antichità): voir musée National.
Aquarium . . . XIII
Arc de triomphe (Arco trionfale.) . XII
Archevêché (arcivescovato). VI
Archives (Archivio). III
Arsenal (Arsenale). XIII
Asiles (Voir hospices.).
Bains (bagni). . I
   de mer (di mare.) I, ... XIII
Baptistère (battistero). Voir *San Gennaro*.
Bassin (bacino). . XII
Bateaux (battelli); *barques* (barche). I, XII, XIII

Bibliothèques (biblioteche) librerie): du musée National, de l'Université.
Café (caffè) . . I
Capodimonte (colline). II
. VIII
Voir *Palais*.
Catacombes (catacombe) VIII
Chartreuse (certosa) Voir San *Martino*
Châteaux (castelli):
   Castel Capuano. IV
   —Sant'Elmo II, IX, ... XIII
   — Nuovo. XII
   —dell'Ovo (anc. Lucullano). II, XIII
Chemins de fer (ferrovie. . . . . . I, XIII

Cimetières (Campi santi:)
  Campo santo Nuovo. IV
  — Vecchio IV
Collines II
Cours (Corsi):
  Garibaldi. II, IV, VIII
  XII
  Vittorio Emanuele. II
  . . . . IX, XIII
Couvents (Conventi):
  Camaldoli . . XIII
  San Domenico. III
  — Martino . . IX
  Monte Oliveto. . X
  San Severino. . III
Crucifix (Crocefisso): voir
  S. Domenico Magg.
Crypte (Catacomba): voir
  San Gennaro
Cumes (Cuma). Voir musée National et environs.
Darse (Darsena) . XII
Eaux minérales (acque minerali) . . . I
  Voir environs.
Eglises, chapelles (chiese, capelle):
  Sant'Agnello Maggiore VIII
  — Angelo à Nilo. III
  Sant'Anna di Lombardi X . . .
  L'Annunziata. . IV
  Sant'Antonio abbate. IV
  Santi Apostoli . VI
  Santa Barbara. XII
  — Brigida. . X
  Capella di Castel Nuovo. XII
  Santa Chiara. . III
  — Croce. . XII
  San Domenico Maggiore. III
  Il Duomo (voir *San Gennaro*.
  San Filippo Neri (Gerolominie). . . . VI
  — Francesco di Paola XI
  — Gennaro (il Duomo. V
  San Gennaro de' Poveri VIII
  Gesù Nuovo. . . III
  San Giovanni carbonara IV
  — in Fonte.
  Voir *San Gennaro*
  L'Incoronata . . X
  S. Lorenzo Maggiore VI
  Santa Maria l'Assunta XIV
  Santa Maria del Carmine. XII

Santa Maria delle Grazie. XIV
— Maggiore . XIV
— la Nuova . X
— di Piedigrotta. XIII
— della Pietà : voir San *Severo*.
— in Portico . XIV
— del Pozzo . XIV
— donna Regina. VI
San Martino . . IX
Monte Oliveto . . X
San Paolo Maggiore. VI
— Pietro a Majella. VI
— Martire. XII
Santa Restituta . V
San Sebastiano . XII
Serotina (capella) II
S. Severino e Sosio. III
San Severo . . III
Trinità Maggiore. III
Farnèse (collection): voir musée National.
Fontaine (fontana), voir place du Plébiscite XI
Forts II
Galeries (gallerie) :
  di Quadri... Au musée National, au palais S. Angelo.
  Umberto I. . . X
Gare centrale (stazione centrale). . . I, IV

Herculanum (Ercolano) voir musée National, environs.
Hospices, asiles :
  Albergo de' Poveri . . . . IV, VIII
  — San Gennaro de' Pov. VIII
Hôtels (Alberghi). . I
Jardins (Giardini, orti, ville) : Giardini (Capodimonte, piazza Cavour, del Municipio) X
  Orto botanico . VIII
  Villa nazionale . XIII
  — del Popolo. XII
Libraires (librai). . I
Lycée (liceo) Vittorio Emanuele. . . . III
Marbres (marmi). Voir *musée Nat.*
Marché: voir *piazza del Mercato*.
Mergellina . I, XIII
Môles (moli) . . XII
Monastères: voir *couvents*.
Municipe : voir *Palais*.
Musées (musei) :
  Bonghi (San Martino.) IX
  National (nazionale o Borbonico, gli Studi) VII

Numismatique, au musée Nat.
Obélisques . . III, XIII (Villa Nat.)
Observatoire (Specola) VIII
Oliveto (monte) Voir Eglises.
Palais (palazzi):
  Sant'Angelo . . III
  du commandant militaire XI
  Gravina (Poste) I, X
  Griffeo I
  Miranda . . XIII
  del Municipio (Ministeri X
  Reale XI
  — di Capodimonte VIII
  Voir musée Nat.
Università . . III
Paléopolis . , . XII
Pausilippe (Posilipo) XIII
  Voir les environs.
Phare (lanterna) . XII
Photographie (fotografia) XIII
Piedigrotta . . XIII
  Voir les environs.
Piliero, Voir rues, quais.
Pizzo Falcone . II, XIII
Places (larghi, piazze):
  Largo Carità . . X
  — del Castello (Munteri.) X
  — San Domenico III
  — del Mercatello (Dante) . . , . . III
  — — Palazzo . XI
  — delle Pigne VIII
  — del Ponte della Madd . . . XII
  — della Vittoria XIII
  Piazza Cavour VII, VIII
  — Dante, II, III, IV, . . . VI, VII, IX,
  — San Ferdinando . XI
  — dei Martiri . XIII
  — Medina . . X
  — del Mercato . XII
  — Monte Oliveto . X
  — del Municipio X
  — del Plebiscito II . . . . X à XIII
  — Sta Rosa . IX
  — Umberto . IV, XIII
Plage (Spiaggia.) I, XII
Pompéi. Voir musée nat. et les environs.
Pont (ponte) : della Maddalena . . . XII
Porte (porta) : Capuana IV
Portici. Voir musée nat. et les environs.

Ports (porti):
« mercantile grande ⎫
« militare . . . ⎬ XII
« piccolo . . . ⎭
Poste, télégraphe (posta, telegrafo) . . I, X
Préfecture (Prefettura.)
. . . . XI
Prisons (prigioni):
  au château de l'Œuf.
  — St-Elme.
Promenades:
  Les quais,
  Le Corso Vittorio Emanuele.
  La villa Nazionale.
  La villa del Popolo.
  Les Jardins.
  En mer, dans le golfe;
  La plage.
Quais:
  Chiaia (riviera di). II
  XIII
  Chiatamone (via Partenope) . . . XIII
  Santa Lucia. XIII
  Strada della Marinella. XII
  — del Piliero. XII
Réservoir du Serino. VIII
Restaurants . . . I
Rues principales (vie, strade principali):

Strada S. Biagio dei Librai . . III IV.
— del campo S. V..
. . . . IV
— San Carlo . XI
— del Castello Nuovo
. . . . XII
— di Chiaia II, XIII
— donna Regina. VI
— del Duomo. II, V, VI
  strada Egiziaca. IV
— Foria II, IV, VIII
— San Gennaro de' Pov. VIII
— — Giovanni a Carb
. . . . IV
— dell'Infrascata. II
. . . . IX
— Santa Lucia. XIII
— della Marinella. XII
— Medina . . X
— del Molo. . XII
— Nuova (maritime)
. . . . . II, XII
— di Capodichino. IV
— Capodimonte. VIII
. . . . IX
— di Piedigrotta XIII
— del Piliero. XII
— S. Rosa. II, IX
— degli Studi. VII
— Teresa degli Scalzi. . . . II, IX

Strada de' Tribunali. IV
à VI
— Santa Trinità Maggiore . . . III
Via dei mille . XIII
— del Museo II, VII
— Partenope. XIII
— Roma (Toledo) II,
. . . . . IX, X
Stabies : voir *Musée* Nat. et les *environs*
Statues, monuments (statue, monumenti) :
Alvino, villa naz.
G. Bruno. Université.
Charles III, piazza del Pl.
Charles II, monte Oliveto.
Colletta, villa Naz.
Dante, piazza Dante.
P. Desvignes. Univers.
St Dominique, largo S. Dom.
Ferdinand Ier, piazza del Pl.
Frédéric II, pal. mun.
Poerio, largo Carità.
Roger, pal. del Mun.
Le Tasse, villa Naz.

Thalberg, villa Naz.
Saint Thomas d'Aquin, Univ.
J. B. Vico, Univ. villa Nazionale.
Virgile, villa Naz.
Vittorio Emanuele, piaz. del Mun.
Voir *églises*, etc.
Théâtres (teatri):
San Carlo. . . XI
Fenice X
Fiorentini. . . X
Partenope . . VIII
Rossini. . . . III
Tours (Torre) :
del Carmine. . XII
du Castel Nuovo. XII
Trésor (le) (il Tesoro) :
Voir églises *S. Gennaro, S. Martino*.
Tribunaux (tribunali) IV
Université. Voir *palais*.
Villas ou *Jardins*. Voir *jardins*.
Voitures etc., (vetture). I
Vomero (le). . . XIII
Zoologique (collection). Voir *villa Nazionale*.

III. *Environs de Naples*.

Les environs de Naples offrent aux voyageurs un grand nombre d'excursions intéressantes, soit par leurs sites enchanteurs et les spectacles grandioses de la nature de ce beau pays, soit par les ruines imposantes de cités détruites. Nous les ferons connaître toutes ; chacun choisira celles qui conviendront le mieux à ses goûts personnels et ......à sa bourse.

I. La plus facile est celle des *Camaldoli* (Camaldules), par le *Museo Nazionale* et *la strada S. Rosa*. (Voir ce qui précède, XIII). En 1/2 heure environ, on est rendu à *Antignano*, d'où l'on gravit les collines qui entourent les fameux *Champs phlégréens* des anciens. *Couvent* sur la colline la plus élevée (450 m.) : vue splendide de la terrasse. Donner une petite rétribution. On trouve des voitures tarifées et des ânes ; un âne coûte 2 fr. 50, aller et retour. Il faut 4 heures environs aller et retour.

II. Les plus éloignées sont les deux suivantes : *Foggia* et *Gargano*. — *Foggia*, pèlerinage à N.-D.-des Sept-Douleurs. De Foggia, chemin de fer (36 k.) pour *Manfredonia*, d'où l'on se rend au pèlerinage St-Michel du *Gargano*. (Voir la description au chap. VII, I). *Foggia* est à 198 kil. de Naples, par chemin de fer : par économie de temps et d'argent *s'y arrêter en allant de Lorette à Naples ou de Naples à Lorette*, suivant que l'on adopte notre itinéraire dans le premier sens ou dans le sens inverse.

Le *mont Cassin*, par la station de Cassino (à 111 kil. de Naples). (Voir la descripion au chapitre VIII, I, ci-après.). Pour les mêmes raisons que *Foggia, s'y arrêter en allant de Naples à Rome ou de Rome à Naples.*

III. Une autre excursion facile, recommandée aux pèlerins, est celle de la *Madonna dell'Arco* (Madone de l'Arc), au pied du mont Somma, à côté du Vésuve, à 8 kil. est de Naples, près du village de *Santa Anastasia* : pèlerinage populaire du lundi de Pâques. C'est une coutume, dans le pays, que les domestiques stipulent pour eux, dans eurs engagements, une clause leur permettant de s'y rendre, et que les femmes, dans leur contrat de mariage, demandent la même liberté. Voici quelques détails :

L'église doit son nom à une image de la Sainte Vierge placée en face de l'arc d'un portail. Le lundi de Pâques (1500), fête de N.-D. de l'Arc, un joueur de mail, ayant fait un faux coup, perdit l'enjeu. Furieux, il saisit la boule et la lance à la figure de la sainte image, qui, suivant la tradition, parut ensanglantée à la suite du coup; l'image porte une meurtrissure. Le bruit de cette merveille attira les foules au sanctuaire, où des miracles nombreux développèrent de plus en plus la dévotion à N.-D.-de-l'Arc. Avant sa chute, la famille royale de Naples allait chaque année à Sainte-Marie de l'Arc.

Nous diviserons les autres excursions en deux groupes : celui de l'ouest et celui de l'est. A l'ouest: le Pausilippe et Piedigrotta, Nisida, Bagnoli, lacs

Lucrin et Averne, Pouzzoles, Baïes, Cumes, les îles Procida, Ischia, Vivara. — A l'est: le Vésuve, Herculanum, Portici, Resina, Torre del Greco, Torre Annunziata, Pompei, Castellammare di Stabia, Sorrente, Capri, Avellino, Monte Vergine, Salerne.

IV. — Le *Pausilippe* (Posilipo). *Piedigrotta*. — Deux voies mènent au Pausilippe: la Mergellina et Piedigrotta.

1. Par la *Mergellina*, après la riviera di Chiaia. Voitures jusqu'à Pouzzoles: à 1 cheval, 9 fr., aller et retour, pourboire compris; à deux chevaux, 13 fr. aller et retour, pourboire compris 1 h. 40 au-delà de la Chiaja, on s'engage dans la strada (rue) di Mergellina, bordée de villas au bord de la mer, et suivie par la strada Nuova di Posilipo, sur le promontoire, au milieu des villas d'orangers, de palmiers, etc. On rencontre:

Pavillon chinois de la Villa Angri; — *restaurant de la Sirena* (trattoria della Sirena); — ruines du palais de la donna Anna Caraffa; — monument de Saint François; — restaurants populaires dello Scoglio Frisio et de l'Etoile (Stella); — monument funéraire: famille Schilizzi; — hôtel-pension de la Villa Postiglione. La route descend au cap *Pausilippe*, d'un côté, par la *chapelle Sta Maria del Faro*: du cap, belle vue, rocher; grotte avec niche nommée *Scoglio di Virgilio* (Ecueil de Virgile).

De l'autre côté, on monte aux points élevés. On descend ensuite dans une tranchée, et l'on arrive à la *Grotte de Séjan*, à 1 h. de Naples, tunnel de 900^m, dû aux Romains, qui traverse le Pausilippe : 1 fr. de rétribution pour visiter : restes de la villa de Pollion. On passe ensuite à travers le village de Campagna, au bord de la mer. A gauche, *île de Nizita* ou *Nisida*, où l'on se rend en barque du promontoire et en quelques minutes : c'est un îlot rocheux qu'une digne relie à un autre ; vieux lazaret (*lazzaretto vecchio*).

La route continue jusqu'à Pouzzoles par *Bagnoli*. Voir ci-après.

2. *Par Piedigrotta*. — Tramway à vapeur de la piazza San Ferdinando ; à la station de la *Torretta* (extrémité de la Chiaia), les chevaux sont remplacés par des machines. Il va jusqu'à Pouzzoles, en 1 h. $\frac{1}{2}$ (12 kil. $\frac{1}{2}$) : 0 fr. 65, 0 fr. 50, 0 fr. 30. Les voitures pour Pouzzoles coûtent : 10 fr. à 1 cheval ; 16 fr. à 2 ; 20 fr. à 3, sans les 2 ou 3 francs de pourboire.

Après la Chiaia, la strada di Piedigrotta s'élève sur la colline du Pausilippe. *Eglise Santa Maria di Piedigrotta* où a lieu un grand pèlerinage populaire le 8 septembre. Du temps des rois de Naples, la cour s'y rendait en grande pompe. De l'église, on gagne le nouveau tunnel du Pausilippe, de 1885, qui donne passage aux tramways, aux voitures et aux personnes à pied, puis le hameau de *Fuorigrotta*, Bagnoli, et Pouzzoles. (Voir plus loin).

Par l'ancienne route, on passe devant l'entrée qui conduit au *colombarium* ou *tombeau de Virgile*. Virgile désira avoir sa sépulture sur le Pausilippe avec cette épitaphe : *Mantua me genuit ; Calabri rapuere ; tenet nunc Parthenope ; cecini pascua, rura, duces* (Mantoue m'a donné naissance ; les Calabrais m'ont ravi; maintenant Parthénope me possède: j'ai chanté les pâturages, les champs, les chefs). Quelques mots presque illisibles sont gravés sur le colombarium.

Du colombarium, on pénètre dans la *célèbre grotte* du *Pausilippe*, tunnel romain, creusé dans le rocher, de 735 m. de long, 8 m. de large, 20 à 29 m. de haut.

V. — *Ligne de Naples à Pouzzoles par Bagnoli. Agnano.* — Chemin de fer. Départ à l'ouest de la via Roma, piazza Monte Santo. Nous décrirons la ligne au fur et à mesure, avec les prix.

Départ : *Monte Santo*, ouest de la via Roma. Tunnel de 2.200 m. sous la colline St-Elme.

3 kil. *Corso Vittorio Emanuele*. Tunnel de 1.200 m. sous le Pausilippe.

4 kil. *Fuorigrotta* (c'est-à-dire *hors de la grotte*), hameau.

Avant Bagnoli, chemin conduisant au *lac d'Agnano*, qui occupait le bassin d'un ancien cratère et dont les eaux étaient sans cesse en ébullition. Il a été desséché en 1870. On rencontre ensuite : 1° les *Etuves de Saint-Germain* (Stufe di San Germano, 1 fr.), fumerolles de vapeurs sulfureuses. — 2° *La grotte* d'où s'exhale de *l'ammoniaque*, au pied d'un petit tertre ; elle a 3 m. de haut. Dans la contrée, aux bains de gaz de la grotte, on attribue une grande vertu pour les douleurs et la paralysie. Un lapin y meurt en 1 minute ; une poule, en deux ; un chat, en trois (C. James). — 3° Un peu plus loin, la fameuse *grotte du chien*, en forme de cabanon, large d'un mètre, haute de 1 mètre 1\|2, profonde de 3 m. (0 50 ; 1 fr. avec l'expérience du chien); il s'en dégage de l'acide carbonique. Le gardien emmène un chien qu'il dépose dans la grotte; dès que l'asphyxie commence, le gardien prend le chien et le transporte au grand air, où il revient à la vie: Le gaz, ne pouvant s'élever qu'à 1 m., n'a pas d'influence sur l'homme.

Du bord sud du lac, à 25 m. vers le nord, *parc royal d'Astroni* (0 fr. 50), anc. cratère de volcan éteint, avec petit lac.

8 kil. *Bagnoli* : 0 fr. 75; 0 fr.50; 0 fr. 25 ; aller et retour réduits : 1 fr. 25; 0fr. 85; 0fr. 45. *Bagnoli* ou *Balneolo* est riche en eaux minérales sulfureuses, que Pline l'Ancien vantait beaucoup. Etablissements de bains. On aime à se promener sur la petite *plage de Bagnoli*.

On longe la mer.

9 k. *Terme*. La gare dessert des établissements de bains et d'hydrothérapie. Tunnel sous la colline de Pouzzoles.

11 k. *Pouzzoles* (Pozzuoli), 1 fr. 35 ; 0 fr. 85 ; 0 fr. 45; aller et retour 2 fr. 15; 1 fr. 35; 0 fr. 75. Pouzzoles est dans une situation très belle au bord de la mer, à l'entrée septentrionale du golfe de Naples; 17.200 hab. Beaucoup plus étendue dans les temps anciens, la ville fut saccagée par les Visigoths, les Vandales, les Ostrogoths, les Sarrasins et les Turcs, et désolée par les éruptions de la Solfatare, ainsi que par le soulèvement du Monte Nuovo. Elle était très renommée pour ses bains thermaux, et les Romains l'avaient surnommée *Puteoli*, à cause de ses nombreux puits (latin *puteus*, puits). Grand commerce de *pouzzolane* ou gravier volca-

nique. Etablissement d'eaux minérales sulfureuses. C'est à Pouzzoles que débarqua l'apôtre saint-Paul.

Port près de la gare, à 200 m. de laquelle on voit le *Sérapéum* ou célèbre *temple de Sérapis* (tempio di Serapide): 0 fr. 50. Le monument consistait en un portique de 48 colonnes précédées chacune d'une statue ; au milieu existait un temple rond avec péristyle de 16 colonnes en marbre africain. Autour de l'édifice on avait construit des chambres de bains pour les malades.

En 1750, on découvrit trois colonnes du portique d'entrée, qui en avait six : elles sont en marbre cipolin et atteignent 13 m. d'élévation ; leur pied baigne dans la mer; le marbre, couvert de de serpules, est rongé, jusqu'à plus de 6 m., par des pholades, preuve de l'immersion dans la mer.

Du *Môle*, il reste 16 piles, dont 13 au-dessus du niveau de l'eau.

Pour se rendre à la porte, point terminus du tramway à vapeur, on passe par la *piazza San Gennaro* (place St-Janvier) : fontaine, square, statues d'un sénateur romain et de *Mgr L. de Cardenas*, vice-roi de Sicile. De la porte, par une montée, on parvient à la *cathédrale St-Procule*, bâtie sur l'emplacement d'un temple d'Auguste: six colonnes de ce temple à l'extérieur ; tombeaux de Pergolèse (✠ 1737, à 33 ans), du duc de Montpensier, vice-roi de Naples sous Charles VIII.

A gauche, route menant au magnifique *amphitéâtre*, sur la hauteur : 1fr. la semaine. Il y a quatre entrées ; gradins soutenus par trois rangs d'arcades ; arène de 111 m. 93 sur 65 m. 25; sous l'arène, pièces souterraines des bêtes fauves. Il pouvait contenir 30.000 personnes. Au delà, ruines d'un temple païen.

Près de la porte, une madone; à 1r4 d'heure plus loin, deuxième madone; 1r4 d'heure encore, troisième madone. On arrive à la Solfatare ou soufrière, le *Forum Vulcani* des Romains, cratère de volcan d'où s'échappent des vapeurs sulfureuses. Le sol tremble tout autour. Au-dessus, collines blanchâtres d'où partent les *pisciarelli*, petits ruisseaux, à 55°, riches en alun et en matières sulfureuses : ils alimentent les bains.

Parmi les autres curiosités, citons encore, près de la ville, les ruines de la *villa de Cicéron*.

De Pouzzoles, voitures pour *Baïes*, *Cumes* : 3 et 4 fr. à 1 cheval; bateaux pour *Baïes*, *Misène* : 3 fr; *tramways à vapeur* et voitures pour Naples.

VI. — *Cumes, Baïes, Fusaro, Misène,* — Chemin de fer de *Pouzzoles à Fusaro.*

Le chemin de fer longe la mer, au pied des ruines de la villa de Cicéron.

2 kil. *Arco Felice*, station. — Route de *Cumes*, autour du Monte Nuovo. L'*Arco Felice*, à 4 kil. de la station : porte en briques, de 20 m. de haut et de 6 m. de large, au-dessus de laquelle est une ouverture d'arcade d'ancien acqueduc. A 200 m., *tunnel d'Agrippa* ou *grotta della Pace* (grotte de la Paix), long de 400 m. et construit par Agrippa pour relier Cumes au lac Averne : 0 fr 50 pour deux torches; 0 fr 50 d'entrée. A quelques minutes, division de la route : d'un côté, on va au *lac de Fusaro* ; de l'autre à *Cumes* (Cuma), à 8 kil. de Pouzzoles.

Cumes (*Cuma*) était située sur une colline dominant la mer et la plaine. Elle avait été fondée en 1130 av. J.-C. Là, habitait une sibylle qui vendit à Tarquin le Superbe les *livres sibyllins*, présidant l'avenir de Rome. La côte, à l'ouest de Cumes, est une suite de lacs marécageux, séparés de la mer par des bancs de sable couverts de forêts. Séjour du pays malsain en été.

Parmi les ruines de *Cumes*, on remarque : 1° les restes de l'enceinte de l'*Acropole*, sur le rocher dominant la ville : vue splendide. Le rocher est percé de galeries, dans l'une desquelles on place la *grotte de la sibylle de Cumes*; 2° — des débris des temples d'*Apollon*, de *Diane*, de *Sérapis*, des *Géants* ; — 3° une *nécropole*, au pied du rocher.

2 kil. *Arco Felice*, station. A droite, route de Cumes ci-dessus. On passe au pied du Monte Nuovo, qui parut en septembre-octobre 1538, comblant une partie du lac Lucrin : 134 m.

4 kil. *Lac Lucrin*. Ce lac, remplacé en partie par le Monte Nuovo, communiquait jadis avec la mer, et il était renommé pour ses huîtres.

De la station, une route mène au lac *Averne*, au fond du golfe de Baia et en forme de puits. Les vapeurs méphitiques qui s'en exhalaient faisaient périr les oiseaux, d'où son nom grec *aornos* (sans oiseau). Les marais insalubres de son voisinage ont été convertis en vignobles, et le lac, uni à la mer par un canal, forme un port de guerre. Il occupe le fond d'un cratère; sa profondeur est de 60 m. et sa circonférence de 3 kil. Agrippa avait fait réunir par un canal le lac Averne au lac Lucrin, afin d'en faire un port: l'apparition du monte Nuovo en a détruit les traces.

A l'est du lac, ruines du *temple d'Apollon*, anc. thermes; — à l'ouest, *tunnel d'Agrippa* ci-dessus. Par un sentier, à quelques minutes, *antre de la sibylle*, grotte avec salle renfermant des traces de mosaïques : 1 fr. 50 d'entrée, 0 fr. 50 pour deux torches.

Le chemin de fer passe près des ruines des *Stufe* (Etuves) *di Tritoli*, avec bains. — A quelques minutes, les *Stufe di Nerone* (Etuves de Néron), dans une excavation du versant méridional de la montagne de Baia. Les flots baignent le pied de la montagne, dont le sommet avait un palais communiquant avec les étuves par des galeries: il en reste des colonnes et des voûtes. Les étuves de Néron sont divisées en plusieurs salles; il s'en dégage des vapeurs brûlantes, à 55°, 56°. La source minérale des étuves alimente les *bains de Néron*, abandonnés aujourd'hui.

Tunnel de la *pointe de l'Épitaphe* (punta del Epitafio, promontoire renfermant des ruines.

5 kil. *Baïes* (Baia, Baja), au bord du golfe de Baia, à côte insalubre. Ville superbe sous l'empire romain, Baïes s'élevait en amphithéâtre sur la colline qui domine la mer. Aujourd'hui, c'est un village assis au milieu de ruines peu importantes. Fort, datant de Charles-Quint; port très sûr. Bateaux pour Pouzzoles, ou Misène, 2 fr. environ. A droite de la gare, ruines des *temples* de *Diane* (0 fr. 50) et de *Mercure* (0 fr. 50). Dans ce dernier, écho. A gauche de la route, ruines du *temple* de *Vénus*. On voit encore d'autres ruines: débris des *thermes*,

restes d'un palais de *J. César*, des villas de *Cicéron*, d'*Agrippine*. La majeure partie des ruines est sous la mer.

7 k. *Cuma-Fusaro*. De Naples : 2 fr. 05 ; 1 fr. 30 ; 0 fr. 75 ; aller et retour : 3 fr. 30 ; 2 fr. 10 ; 1 fr. 20. Gare près du lac de Fusaro.

Le *lac de Fusaro*, entouré de riants coteaux et dont les bords servaient de lieux de sépulture, occupe le fond d'un cratère. Huîtres et poissons renommés. Etablissements de pisciculture et d'ostréiculture.

De la station, on se dirige vers *Misène* en laissant à droite la route de Cumes et en passant au pied du mont Procida. Près de Cappella, on trouve la *mer Morte* (Mare Morto), cratère d'un volcan qui fit partie d'un port militaire construit par Agrippa à Misène. On suit une route bordée d'aloès ; on passe sur la digue séparant la mer Morte du port de Misène, et l'on arrive à *Misène*, qui servit de station à une flotte d'Auguste.

On s'arrête à l'église ; on monte et l'on gagne des rochers, puis (1[2 heure) un *signal en pierre*, à côté de ruines et d'un phare, à l'extrémité du cap. Le cap *Misène*, qui tire son nom de Misenus, compagnon d'Enée qui y aurait été enseveli, est un rocher qui s'avance dans la mer, et qui est relié à la terre ferme par une bande de terre.

En revenant, on trouve le hameau de *Bacoli*, puis un réservoir (*piscina mirabile*) de 71 m. de long, creusé dans le rocher à l'extrémité de l'*acqueduc Julien*: 48 piliers soutiennent la voûte. Par une rue on se rend aux *cent petites Chambres* (*cento camerelle*), 0 fr. 50, qu'on appelle *prisons de Néron* ou le *Labyrinthe*. On regagne l'église et l'on revient par le château de Baïes (du 16ᵉ s.) à Baïes.

VII. — *Iles Procida, Vivara, Ischia*. — Un service de bateaux à vapeur fonctionne de Naples (porto Piccolo) à Ischia, avec escale à Procida: 2 h. pour Procida et 3 h. 1[2 pour Ischia. Prix: pour Procida: 4 fr., 2 fr., 1 fr. 10; pour Ischia: 5 fr., 3 fr., 1 fr. 50. Faire le prix d'avance par précaution. Il faut payer en plus l'embarquement de 1 fr. par barque ou de 0 fr. 20 par personne.

Pour Ischia seulement, on peut combiner le voyage en chemin de fer de Pouzzoles avec le voyage maritime des bateaux de la compagnie du chemin de fer: le chemin de fer va jusqu'à Torre-Gaveta (20 k. de Naples), d'où partent les bateaux à vapeur pour Porto d'Ischia (1 heure) et Casamicciola (1 h. 20). Les prix, de Naples, sont: 3 fr. 70, 2 fr. 85, 1 fr. 75; aller et retour: 6 fr. 50, 5 fr., 2 fr. 95.

Voir *Nisida* au § IV.

Ile de Procida. — Cette petite île, la *Prochyta* antique, n'a que 13.100 habit., et n'est séparée du continent que par le canal de Procida. Vignobles et beaux fruits. Capitale *Procida*, sur la côte nord; château fort. On débarque à la Marina, et l'on se rend en 1[4 d'heure à la prison (l'anc. château), sur les rochers, d'où l'on jouit d'une vue splendide.

Une rue (strada Vittorio Emanuele), qui part de Procida, traverse l'île pour se terminer à la baie de *Chiajolella*, d'où les barques mènent à Ischia.

Entre Procida et Ischia, petit îlot de Vivara.

Ile d'Ischia. — Belle île de formation volcanique,

de 28 kil. de tour, à l'entrée du ravissant golfe de Naples, la *Pithécuse* et l'*Ænaria* des anciens, chantée par Lamartine (*Méditations, Graziella*) et fréquentée par les heureux du sort, Ischia produit en abondance des céréales, des fruits, du vin. Mines de sel gemme; eaux minérales très célèbres. Le tremblement de terre de 1883 a détruit le village de Casamicciola. Population, 25.000 habit.

Voici les localités à parcourir :

Ischia, capitale, où l'on débarque : village de 2.850 hab., qui n'a de remarquable qu'un château bâti (1450) sur un rocher. A 1 kil. 1/2 environ, *Bagno* ou *Porto d'Ischia*: hôtels divers, établissements de bains. A côté, port d'Ischia, ancien lac communiquant avec la mer par un chenal et une belle promenade (dite *Pagode chinoise*); à Bagno, l'hôtel *Jasolini* prend 8 à 10 fr. par jour.

Casamicciola, bourg près de Bagno, qu'on a reconstruit depuis le tremblement de terre de 1883, et le plus important de l'île. Séjour agréable pour les baigneurs. Bains. Aux environs, eaux minérales renommées. Un couvent de Franciscains, à Forio (3.650 habit.), par *Lacco Ameno*, mérite d'être visité : environ 1 h. 1/2 de Casamicciola. Eaux minérales à *Lacco* et à *Forio*,

Le point le plus élevé de l'île, l'*Epomeo* (anc. Epopos des Grecs), à 769 m. au-dessus du niveau de la mer, est un mont volcanique entouré de riantes collines. Près de la cime, ermitage *St-Nicolas*: vue panoramique splendide des côtes, des golfes de Naples et de Baia, des plages, de Gaëte et des Abruzzes. L'ascension demande 6 h. aller et retour, et exige un guide.

C'est à Casamicciola que les baigneurs se fixent. Les eaux minérales renommées proviennnent particulièrement des sources suivantes: *Gurgitello, Citara, Bagno Fresco, Santa Restituta* et *Castiglione*. Les deux premières sources sont les plus importantes: l'eau claire, saline chlorurée, de Gurgitello (60°), employée en bains et en douches, par les tempéraments lymphatiques, jaillit dans le vallon d'Ombrasco; — l'eau de Citara, vantée contre la stérilité, diffère peu de la précédente: elle renferme plus de sel marin et moins de sels alcalins.

Après avoir terminé nos excursions à l'ouest de Naples, nous porterons nos pas à l'est, en commençant par le Vésuve: à tout seigneur tout honneur.

VIII. *Le Vésuve.* — Excursion facilitée par le chemin de fer funiculaire de 1880: deux stations, gare *inférieure*, 4 h. de Naples, avec buffet-restaurant, où l'on déjeune pour 3 fr. 25, vin compris; gare supérieure, où finit le chemin fer funiculaire. On se rend à la gare inférieure par les voitures (landaus ou victorias) de la compagnie qui partent de la *piazza dei Martiri*, à Naples. On peut aller seul à cette gare, en payant 5 fr. par voiture, à la compagnie. Il y a des chaises à porteurs de la gare supérieure au cratère et au cône central. De Naples: aller et retour (1 journée) 28 fr. le jour, 32 fr. la nuit: voitures, chemin de fer et pourboires. La nuit, le chemin de fer est éclairé à la lumière électrique.

On suit la route de Resina. A 1 h. 1|4 de Naples, on monte à gauche jusqu'à (3 h. 20) *l'observatoire météorologique* de 1844: plaque commémorative des victimes de 1872; minéraux du volcan; plans en relief de l'Etna et du Vésuve. A 5 minutes, mai- de la Cie. A 35 min. environ, station inférieure: déjeuner à la carte ou à 3 fr. 25. Départ du train : une seule voiture avec un serre-freins en tête.

Le chemin de fer (de 800 m. de longueur) gravit en ligne droite les parois du cône. Au bout de 8 min. on parvient à la gare supérieure, d'où les guides (gratis, pour les billets d'aller et retour) conduisent à l'orifice du cratère (15 min.) de 1872 et au cône central (10 min. en plus): prendre de grandes précautions, à cause des vapeurs sulfureuses et aussi du vertige. De là, panorama admirable.

Le *Vésuve*, de 1.200 à 1.300^m de haut, est un célèbre volcan, aux pentes fertiles et cultivées, qui produisent le vin fameux appelé *Lacryma-Christi*. On y distingue le cône *volcanique* ou Vésuve proprement dit; le *Somma*, cratère de l'ancien volcan qui a enseveli Herculanum, Pompéi, Stabies (79 de J.-C.) et asphyxié Pline; *l'Atrio del Cavallo*, vallée entre le Vésuve et le Somma. C'est en 1631 que Resina fut détruite par les éruptions. Plusieurs curieux périrent lors de l'éruption de 1872. Les éruptions les plus célèbres furent celles de 79, 472, 1631, 1794, 1822, 1838, 1861, 1872.

IX. Ligne *de Salerne. Portici. Resina. Herculanum* (Ercolano), *Pompéi et Salerne. Amalfi.* De la place San Ferdinando, à Naples, tramway pour *Torre del Greco* (0 fr. 60 ; 0 fr. 50), *Portici* (0 fr. 40; 0, fr. 30), *Herculanum* et *Resina* (0 fr. 50 ; 0 fr. 40.) On trouve aussi des voitures ; mais le plus commode est la voie de fer de Naples à Salerne, que nous allons décrire :

4 kil. S. Giovanni (Jean) a Ted.

8 kil. *Portici* (0 fr. 95; 0 fr. 65; 0 fr. 45); 12.700 hab., au pied du Vésuve, sur le golfe de Naples. Ville bâtie sur une partie de l'anc. Herculanum; olies maisons de campagne. Palais construit (1736) par Charles III de Bourbon : portraits de la famille de Napoléon, de Masséna, etc. En 1711, on trouva des vestiges d'Herculanum, et en 1755 commencèrent des fouilles sérieuses.

De Portici à *Resina* (1\|4 d'heure), tramway pour 0 fr. 10. Le bourg de *Resina*, 15.600 hab., l'anc. *Retina*, qui servait de port à Herculanum, sur le golfe de Naples, remplace une partie de l'anc. Herculanum. Villa *Reale* ou *Favorita*. Par *l'ermitage San Salvatore* (St-Sauveur), on gagne le chemin de fer du Vésuve.

A 15 minutes de la gare de Portici, ruines d'*Herculanum* (Ercolano), que dessert également le tramway de Naples (voir ci-dessus) : 2 fr. la semaine pour visiter les fouilles; gratis le dimanche : un guide ou gardien accompagne : chose extraordinaire pour l'Italie, il est défendu de lui donner un pourboire. Il vend des photographies.

Herculanum (*Ercolano*), ville importante de l'anc. Campanie, fut ensevelie sous les cendres embrasées que lança le Vésuve en 79 de notre ère. En 1711, on trouva des restes de la ville. En 1738, en 1755, en 1808, en 1828, et en 1868, on pratiqua des fouilles, que l'on continua les années suivantes et qui ont amené la découverte des ruines de la ville entière. Le 1er monument découvert, le *théâtre*, dans lequel on descend avec des torches par un escalier de 100 marches, pouvait contenir 10.000 spectateurs : il était orné de statues en marbre et en bronze. Par une ruelle (vicolo di Mare, rue de la Mer), on arrive aux *Scavi nuovi*, édifices découverts de 1828 à 1837. On peut encore visiter à Herculanum :

1° La *Basilique*, de 74ᵐ de long et 43 de large, ornée de statues en marbre ou en bronze et de fresques, avec un portique de 42 colonnes. Sur la place étaient les statues des *Balbus*, que nous avons fait connaître au *Musée des Etudes*, où elles sont actuellement ; — 2° la maison *dite d'Argus*, découverte en 1828 : belle colonnade; peinture montrant Mercure et Argus devant Io ; — 3° la *villa des Papyrus* ou *d'Aristide*, découverte de 1750 à 1760 : les sujets trouvés sont au musée des Etudes (*Faune ivre*, *Faune dormant*, *danseuses*, *Mercure*, *Minerve*, etc.).

Au delà de la station de Portici, vue de la mer. Coulée de laves de 1794.

12 kil. *Torre del Greco* (0 fr. 40 ; 0 fr. 95 ; 0 fr. 65 ; aussi le tramway : voir ci-dessus), ville de 27.100 hab., sur la mer, au pied du Vésuve, détruite plusieurs fois par les éruptions du volcan, notamment en 1794 et en 1861. Pêche des huîtres, du thon, de la sardine. Port. Bons fruits. Vins renommés des environs. Tire son nom d'une tour construite par Jeanne Iʳᵉ et de son vin grec. A une certaine distance de la ville, vue magnifique du couvent des *Camaldules*, bâti sur un cône de lave.

20 k. *Torre Annunziata Città* (2 fr. 50; 1 fr. 75; 1 fr. 15)

ville de 22.000 hab., sur la mer qui doit son nom à une tour construite pour la défense de la côte. Fabrique de poudre et d'armes à feu. Port de pêche.

22 k. *Torre Annunziata Centrale*, nouvelle gare (B). Lignes de Cancello et de Castellamare di Stabia.

24 k. *Pompéi* (2 fr. 75; 1 fr. 90; 1 fr. 25.) La ville de Pompéi, située sur la côte, à l'embouchure du Sarnus, fondée (13° s. avant J.-C.), au pied du Vésuve, était une ville riche mais corrompue. Détruite en partie en l'an 63 av. J.-C. par un tremblement de terre, elle fut engloutie sous les cendres du Vésuve en 79 de J.-C. : 2.000 personne, croit-on périrent; les autres s'enfuirent et construisirent un village du même nom, qui disparut lors de l'éruption de 472. Cicéron y possédait une villa.

L'entrée principale des fouilles est à droite de l'*hôtel Diomède*, en face de la gare ; déjeûner 3 fr. 50; dîner 4 fr. 50. A l'hôtel *du Soleil* (del Sole), le déjeûner coûte seulement 2 fr. et 2 fr. 50, comme à l'*hôtel Suisse*. De Pompéi, on peut faire l'ascension du Vésuve. L'entrée des fouilles coûte 2 fr. la semaine (le dimanche gratis), et l'on ne doit rien aux guides ou gardiens (custodes), lesquels, comme à Herculanum, vendent des photographies.

En 1689 et en 1748, on trouva les premiers vestiges de la malheureuse ville. Jusqu'en 1860, 1/3 de la ville était exploré; depuis cette époque les fouilles ont continué avec le plus grand succès. Nous conseillons de faire les visites le matin, en été, parce que dans la journée la chaleur est extrême : il faut *quatre heures* environ si l'on désire *tout explorer*.

D'après les fouilles, on put reconstituer la ville restée ensevelie pendant 1700 ans. Elle était défendue par des murailles (déc. en 1814) de 7 à 10^m de haut; 8 portes y donnaient accès, et deux existent encore, (d'Herculanum, de Nola); — les rues, avec trottoirs, droites et peu larges, sont pavées de blocs de laves et ornées de fontaines; — les maisons, à deux ou trois étages, en béton ou en briques, sont ornées de mosaïques et de peintures; elles ont des cours intérieures, environnées de portiques et d'appartements; toutes étaient entourées de boutiques, également avec peintures et mosaïques. La plupart des peintures sont au Musée des Etudes, à Naples.

Nous allons parcourir les rues de la cité déserte dans l'ordre généralement suivi.

Entrée par la *Porta Marina* (Porte de la Marine) (1). A droite, le *Musée* : objets provenant des fouilles (bronzes, poteries, comestibles carbonisés; moulages saisissants représentant des scènes de la catastrophe de 79.

Via Marina (rue de la Marine), aboutissant au *Forum civile*. Maison de *Romulus et de Rémus*; — *Temple de Vénus*, le plus grand de la ville, entouré de portiques soutenus par 48 colonnes; statue de *Mercure*. Il y avait des bassins d'eau lustrale autour des portiques; — *basilique*, de 67^m de long sur 25^m 40 de large : il y avait 28 colonnes au centre; au fond se trouvait la tribune des juges.

Au sud-est de la Basilique (au sud du Forum),

(1) Les noms italiens qui désignent les rues sont empruntés aux objets qu'on y a découverts.

édifices du *Trésor*, des *Tribunaux*; — le *Forum civile*, place à laquelle se terminent plusieurs rues, au centre de la ville, pavé de marbre et entouré de trois côtés de portiques aux colonnes de marbre blanc, au-dessus desquels étaient des terrasses. Quelques piédestaux, sur les 22 existant en 79, subsistent encore.

Au nord du Forum, *temple de Jupiter*, où l'on montait par 18 gradins ornés de grandes statues. Belle vue du portique, qui avait 12 colonnes. On y a trouvé une tête de Jupiter. Sur le côté du temple, *arc de triomphe*.

Aux extrémités du Forum, arcs *de triomphe* en briques et en lave.

Au nord-est du Forum, dans la *strada degli Augustali* (rue des Augustals), *Panthéon* ou *temple d'Auguste*, bel édifice où l'on a trouvé la statue de Livie et celle de Drusus. Un côté de la cour renferme les 12 chambres des Augustals (prêtres d'Auguste). A côté de la porte, on a trouvé, dans une caisse, 1.036 pièces de monnaie de bronze et 41 d'argent.

Au sud du Panthéon, *la Curie*, salle du conseil communal; — puis le temple *de Mercure* ou de *Quirinus*, à côté de la Curie : autel en marbre sculpté, vases et objets divers; — enfin *l'édifice d'Eumachia* ou le *Chalcidique*, en forme de basilique, qui avait un péristyle de 48 colonnes en marbre: copie de la statue de la prêtresse *Eumachia*. Le Chalcidique servait de *Bourse*.

Strada dell'Abondanza (de l'Abondance, encore nommée la rue des *Orfèvres*. Fontaine de l'Abondance; — maison *des Grâces*; — maison de la *chasse an sanglier* ; — maison *du squelette* : squelette à la place où il a été trouvé ; — maison *d'Holconius* : fontaine formée par une statuette; table en marbre; peintures; — maison de *Cornelius Rufus* ; — *thermes de Stabies* ou *nouveaux thermes*, très complexes, avec cour à colonnes ; — maison *des Diadumènes* ou *d'Epidius Rufus*, *strada dell'Anfiteatro*, d'où l'on gagne l'*Amphithéâtre*, elliptique, isolé du reste de la ville : 35 rangées de gradins à trois étages séparés par deux couloirs ; 12.800 personnes y pouvaient trouver place.

Par la maison du *cithariste*, on se rend au *temple d'Isis*, strada di tempio (temple) d'Iside : escalier de 8 marches, avec autels; portique à 6 colonnes On a trouvé dans les chambres des squelettes de prêtres. — A côté : *temple d'Esculape* ; — *grand Théâtre*, qui dominait la ville: les 29 gradins, en marbre, formaient 3 étages, et pouvaient recevoir 5.000 personnes; la crypte ou réservoir contenait l'eau qui servait à rafraîchir les spectateurs en été; — voisin du grand Théâtre, le *petit Théâtre* ou *Odéon*, contenant 1.500 spectateurs ; — au sud du grand Théâtre, *école des Gladiateurs*, dans laquelle on a trouvé 63 corps : portique à belles colonnes.

Le *Forum triangulaire* servait de place au grand *Théâtre* : 100 colonnes formaient des portiques qui protégeaient les spectateurs pendant les pluies; temple *d'Hercule* (puis de *Neptune*), d'où l'on voit la mer, et devant lequel se trouve le *Bidental*, temple consacré par le sacrifice d'une *brebis de deux ans (bidens, bidentis,* en latin).

En montant la *strada stabiana* (rue de Stabies), on rencontre: maison *des Chirurgiens:* petit autel dans la cour; — *maison de Siricus*, portant l'inscription *Salve Lucrum* ; belles peintures; — maison du *Balcon* (Casa del Balcone), dans le vicolo del Balcone pensile ; — maison de l'*Ours* et maison de *Mars* et de *Vénus*, strada degli Augustali ; — *four et moulin* : on y a trouvé 82 pains ; — maison de *Marcus Lucretius* ou des *Suonatrici* (musiciennes) : peintures de musiciennes dans le vestibule ; sorte de théâtre avec marionnettes d'hommes et d'animaux ; fontaine élégante.

Strada di Nola. Maison du *Faune ivre* : place de la statue en bronze du Faune (auj. à Naples) qui ornait la fontaine de marbre; autel des dieux lares : aquarium ; peintures ; — maisons diverses ; — maison du banquier *Cæcilius Jucundus* : peintures ; autel en marbre.

Strada della Fortuna ; puis strada delle Terme (des Thermes). *Maison des chapitaux à figures* ; têtes de Faunes et de Bacchantes sur les pilastres d'entrée ; — maison *du Faune dansant*, très belle, qui rentermait la mosaïque de *la bataille d'Issus*, auj. au musée de Naples ; — temple de la *Fortune ;* — *therme du Forum* ou *Bains publics*, près du Forum, à six entrées et entourés de boutiques : magnifique *Tépidarium* (chambre chaude), décorée de médaillons, avec entablement supporté par des Télamons ; jardin remplaçant un portique ; vue d'un toit sur la ville; — *maison du Poète tragique*, en face des Thermes, petite et élégante : on y a trouvé des bijoux, de bracelets et des bagues ; — à peu de distance, *maison de Pansa*, aussi dans la strada della Fullonica (de la *Foulonnerie*), grande et belle maison, entourée de boutiques ; jardin.

Strada di Mercurio (Mercure). Maison du *Foulon* ou *Fullonica* ; — maison *de la grande Fontaine* : belle grotte ; — maison de la petite Fontaine ; — maison de *Castor et Pollux* ou du *Questeur*, très belle ; — maisons du *Centaure* et de *Méléagre* ; — maison des *Néréides*, très riche ; — maison d'*Appollon* : mosaïque de la querelle *d'Agamemnon et d'Achille* ; — maison de l'*Adonis* : jardin.

Vicolo di Mercurio. Maison d'*Actéon*, puis de C. *Salluste*, dans le vicolo di Modesto, très belle ; — boulangerie : 4 moulins.

Strada Consolare. Fontaine ; — octroi ; — maisons des *Danseuses*, du *Chirurgien*, des Vestales ; — auberge *d'Albinus* ; — le *Thermopolium*, ou débit d boissons chaudes ; — porte *d'Herculanun* (Ercoano) : 3 arcades en briques et en lave ; — remparts bellevue.

Au delà de cette porte, strada dei Sepolcri (rue des Tombeaux). Tombeaux de l'Augustal *M. Cerrinius* : niche dans laquelle on a trouvé le squelette du soldat ou factionnaire de la porte ; — tombeaux divers ; — *villa de Cicéron* ? — tombeaux divers ; — *villa de Diomède*, très grande maison à trois étages : 14 colonnes soutiennent le péristyle ; jardin à portiques ; celliers dans lesquels on trouva 17 squelettes ; près de la porte du jardin, on trouva aussi deux squelettes.

On reprend la strada Consolare, puis la strada di Sallustio. *Ecole d'archéologie* (scuola archeologica) : bibliothèque relative à Pompéi ; — maisons du *Chorège*, de Polybius ; — *pharmacie* ; — *taverne* ; — fontaine.

Ici finit la curieuse visite de Pompéi. — Nous continuons notre route vers Salerne.

25 kil. *Valle di Pompei*.

28 kil. *Scafati*, sur le Sarno. Fête de la *Madonna del Bagno* (Vierge du Bain), le 15 août.

31 kil. *Angri*, dans un pays malsain.

35 kil. *Pagani* : dans l'église, reliques de saint Alphonse de Liguori.

37 kil. *Nocera dei Pagani* (des Païens), (B), sur les ruines de l'anc. *Nuceria*. Saint Alphonse de Liguori y mourut en 1787.

Lignes d'Avellino et de Cancello.

40 kil. San Clemente (Nocera superiore).

45 kil. La *Cava dei Tirreni*, 5 fr. 10 ; 3 fr. 60 ; 2 fr. 30), dans une belle vallée : 21.300 hab ; maisons à arcades ; ville où séjournent de préférence les étrangers. A l'hôtel *Vittoria* : 7 fr. par jour ; 6 fr. la pension ; — à celui des *Etrangers* : 10 fr. par jour ; 8 fr. la pension.

A 75 minutes, près du village de Corpo di Cava, *couvent bénédictin de la Trinità della Cava*, au pied des pics du mont Finestra, fondé au XI° siècle. Archives célèbres : 40.000 parchemins et 60.000 diplômes relatifs au moyen âge. Belle bibliothèque. Viaducs.

49 k. *Vietri sul Mare* (sur Mer) (B), sur la mer. Villas. On peut se rendre à Amalfi de Vietri. Tunnels.

54 kil. *Salermo*, (Salerne) (B), (6 fr. 15 ; 4 fr. 30 ; 2 fr. 75), au nord du golfe de Salerne. Port ensablé. Foire célèbres. 31.200 hab.

A *l'hôtel d'Angleterre*, 10 fr. par jour ; 8 fr. la pension.

Voitures : de la gare : 0 fr. 50 le jour et 0 fr. 75 la nuit, à un cheval ; — 1 fr. le jour et 1 fr. 50 la nuit, à deux chevaux.

L'Université de Salerne fut célèbre au moyen âge.

Le *Corso Garibaldi*, anc. *la Marina*, belle rue, longe la mer sur un parcours de 2 kil.

Eglises : 1° *Saint-Georges* (San Giorgio) ; — 2° *Saint-Augustin* (Sant'Agostino) ; — 3° *cathédrale gothique* à 3 nefs, fondée (1084) par R. Guiscard, décorée de colonnes de vert antique provenant de Paestum : parvis à arcades formées par 28 colonnes, avec fontaine et sarcophages ; — portes de bronze (1099), tirées de Constantinople ; — tombeau du pape Grégoire VII (†1085 à Salerne) dans la chapelle à droite du grand autel ; — sarcophages et tombeaux divers ; — crypte, avec reliques de l'apôtre St Matthieu ; — ambons de la grande nef en mosaïques ; — candélabre de la même nef décoré de mosaïques ; — à droite de la sacristie, devant d'autel en ivoire sculpté.

La vieille ville a les maisons réunies par des voûtes et des arcades.

A 1t2 heure de la cathédrale, sur la hauteur, *prison*, anc. forteresse lombarde : beau panorama.

De Salerne, on se rend à *Amalfi*, ou par mer ou par la route de terre (20 kil.), par Vietri (voir ci-dessus). *Amalfi*, petite ville de 7.400 habitants, dans une agréable situation sur le golfe de Salerne et à l'entrée d'une gorge, a des sites ravissants. La *cathédrale St-André* (crypte avec le corps de saint André) et l'ancien couvent des Capucins méritent une visite. Les promenades des environs sont très belles.

X. *Paestum* (Pesto). — De Salerne à Paestum, chemin de fer ; 40 kil. ; 4 fr. 55 ; 3 fr. 20 ; 2 fr. 05.

La mal'aria règne en été dans le pays.

19 k. *Battipaglia*. Plaine insalubre. On franchit le Sele.

Forêt de Persano, entre le Sele et le Calore.

40 kil. *Pesto* (Paestum). Ville ancienne, florissante du 7⁰ au 5⁰ s. avant J.-C, ruinée (915) par les Sarrasins et (1080) Robert Guiscard, qui enenleva les colonnes pour les transporter à Salerne. Paestum fut abandonné (1580) par les habitants à cause de l'insalubrité des eaux. Les roses de Paestum étaient très renommées dans l'antiquité : les rosiers fleurissaient deux fois l'an. Paestum donna son nom au golfe de Paestum (*golfe de Salerne*). Les ruines de Paestum sont magnifiques.

On entre par la porte de la *Sirène* (Sirena). Restes des *murailles*, qui avaient 5 kilom. de tour, hauteur 3^m 50. On visite (1 fr.) :

1° Le temple *de Neptune*, très beau, de 60^m 70 sur 25^m 60 : portique de 36 colonnes doriques, cannelées et coniques. Double rang de colonnes à l'intérieur ; — au-dessus de l'architrave était un deuxième rang de colonnes.

2° La Basilique, derrière le temple de Neptune, de 54^m 33 sur 24^m 50, entourée de 50 colonnes doriques ;

3° Le *Forum*, devant les deux édifices précédents : restes de statues, d'autels ;

4° Le temple *de Vesta* ou de *Cérès* : 34 colonnes doriques ;

5° La place où se trouvait l'*Amphithéâtre*, et d'où l'on regagne la gare.

XI. Le *monte Vergine, par Avellino*. — Le *monte Vergine* (mont de la Vierge) est un pèlerinage très fréquenté à la Pentecôte par les Napolitains, près d'Avellino. On se rend à Avellino par la ligne de *Naples à Salerne*, ci-dessus. A Nocera dei Pagani, 37 kil., on prend la ligne de Nocera à Avellino, 43 kilom. Une autre ligne, 95 kil., va de Naples à Cancello, sur la route de Rome, 22 kil., et de Cancello à Avellino, 73 kil.

A *Codola*, les deux lignes se confondent. Nous donnons les deux lignes:

Naples (B) départ	*Naples* (B), départ.
	22. *Cancelle*. (V. chap VIII).
	34. *Nola* (B), où mourut Ovide, et dont S. Paulin. (†431) fut évêque. Lignes de Naples, de Bajano.
	41. *Palma Campania*.
37 k. *Nocera dei Pagani* (V. ci-dessus, IX, B.)	49. *Sarno* (B), sur le Sarno. Tunnel.
42. *Codola* (B).	57. *Codola* (B).
45. *Castel San Giorgio*.	60. *Castel San Giorgio*.
50. *Mercato S. Severino*.	65. *Mercato San Severino*.
On passe le Sabbato.	On passe le Sabbato.
55. *Montoro* (B).	70. *Montoro* (B).
69. *Solofra* (B).	84. *Solofra* (B).
72. *Serino* (B).	87. *Serino* (B).
80. *Avellino* (B).	95. *Avelino* (B).

Avelino, ville de 23.000 h., au pied du monte Vergine. Commerce *d'avelines*, déjà renommées sous

Pline le Naturaliste. Eglise. Belle place publique : obélisque. A *l'hôtel central*, repas à 3 fr. 50.

Pour aller à l'église du *monte Vergine*. il faut passer par *Mercogliano*, à 8 kil. de la ville, d'où l'on gravit la montagne en 1 h. 1/2. Sanctuaire célèbre, où l'on vénère une vierge miraculeuse : tombeaux divers. L'église doit son origine à saint Guillaume, fondateur de l'ordre du Monte Vergine. Du haut de la montagne panorama du golfe de Naples.

XII. — *Castellamare di Stabia*. Sorrente. Capri. — On se rend à Castellammare par le chemin de fer de Naples à Pompéi. A Torre *Annunziata*, on prend l'embranchement de Castellammare : 8 kil. de l'anc. gare; 6 k. de la nouvelle. Distance de Naples, 28 kil.; prix 3 fr. 10; 2 fr. 15; 1 fr. 25. A la gare de Castellammare, au *buffet*, des chambres sont à la disposition des voyageurs. A *l'hôtel Gran Brettagna*, pension de 8 à 12 fr. par jour.

1. Dans une position charmante, au pied des montagnes et au fond du golfe de Naples, *Castellammare di Stabia* (33.000 h.) offre aux étrangers un séjour agréable, été comme hiver. Son nom vient du château construit par Frédéric II, au bord de la mer. La ville occupe l'emplacement de l'anc. *Stabies*, détruite (79 de J.-C.) par l'éruption du Vésuve : Pline l'Ancien y mourut.

Castellammare possède un port militaire, un môle, des chantiers de construction, des établissements de bains de mer et d'eaux minérales. Les sources minérales (13° à 18°) sont gazeuses et au nombre de six : *eau Media, eau de Muraglione*, très purgatives ; — eau *ferrugineuse* de Pozzilo, *eau ferrugineuse* nouvelle, eau *sulfo-ferrugineuse*, eau *acidule*. On les prend en bains et en boissons contre les engorgements abdominaux, les calculs, etc.

Visiter la grande place, — l'église, — la villa royale de *Quisisana* (*qui si sana*, ici l'on guérit), à 25 minutes de la grande place: château, jardin et parc ; terrasse avec vue splendide. De la villa, charmantes excursions : (1 h. 1⟋2 environ) au *monte Coppola* : vue sur le Vésuve et la mer ; — et (2 h. 1⟋2 plus loin) au *monte Sant' Angelo* (anc. *Gaurus*) : chapelle ; vue splendide du sommet. On peut aller à *Amalfi* (voir IX) par le côté opposé ; mais le chemin est très pénible.

2. *Sorrente*. On s'y rend en voiture de Castellammare : 16 kil. : 3 fr. à un cheval ; 6 fr. à deux. De Naples, le bateau à vapeur de Capri dessert Sorrente. La route des voitures est très belle et en vue du golfe de Naples. On rencontre : le couvent *Santa Maria a Puzzano* ; — les *tre Fratelli* (3 Frères), curieux rochers, — *Vico Equense*, ville de 11,000 h. ; sur une hauteur sous laquelle on trouve une galerie creusée par la mer : Cathédrale ; — le *pont de Séjan* (ponte di Sejano), viaduc ; — *Meta*, village avec deux ports ; — une gorge ; — le grand *Pont* (ponte Maggiore) ; — une plaine magnifique ; — de petits villages ; — enfin Sorrente, en 2 heures.

A Sorrente, nous recommandons les deux hôtels suivants : la *Cocumella* : chambres à 2 fr. ; dîner à 3 fr. 50 ; pension 6 fr. par jour, vin compris ; — *Angleterre* : pension 7 à 10 fr. par jour. On y trouve des barques, des voitures et des ânes : prix à débattre.

Admirablement située sur des rochers au-dessus

de la mer, sur la côte sud du golfe de Naples, la ville de *Sorrento* (Sorrente) est un agréable séjour d'été : 7.900 hab. Patrie du Tasse. Bains de mer.

Ruines d'antiquités: restes de l'amphithéâtre, des temples de Cérès et d'Hercule. Belle cathédrale. Statue du Tasse (†1595) sur la grande place. Belles villas. Grottes curieuses au bord de la mer. Ravins de la *Piccola Marina* (Petite Marine) et dela *Marina Grande*.

Promenades et excursions intéressantes : 1° Au cap de *Sorrente* (1h.1|2 en barque : 2 fr.), à la pointe du golfe de Naples : le bain de la Reine Anne *(il bagno della Regina Giovanna)*, piscine antique; 2° A *Meta* (1h.1|2 en barque : 2 fr.), qui possède deux ports : falaises du rivage ; — 3° Au couvent du *Désert* (Deserto), en 1 h. 1|4 à pied: vue magnifique sur le golfe de Naples ; — 4° aux monts des *Conti delle Fontanelle* (1 h. 30 à pied), avec vue splendide, et au *Vico Alvano* (4 h. environ) ; — 5° aux *Camaldules* (Camaldoli, 2 h. 1|2), auj. villa ; — 6° à *Amalfi*, par bateau (voir ci-dessus IX) ; — 7° à *Massa Lubrense*, par une route superbe, 5 kil. : beaux points de vue ; vallée *des Pins* (delle Pigne) ; église *S. Francesco* (Saint-François), bâtie sur un temple de Junon : pèlerinage le 15 août ; — 8° par Massa, à la *pointe de la Cloche* (punta di Campanella), cap entouré d'oliviers.

3. — *Capri*. — De Sorrente à Capri : bateau ; 8 fr. à 2 rameurs ; 12 fr. à 4 rameurs. — De Naples (quai Sainte-Lucie), on ne met que 2 h.1|2 en bateau : 6 fr. ; 10 fr, aller et retour, plus l'embarquement et le débarquement; 0 fr. 30 ; 1 fr. 25 en plus pour la grotte d'Azur.

L'île de *Capri* (ancienne Caprée), à l'extrémité sud du golfe de Naples, a 15 kil. de tour. Elle produit des céréales, des fruits, du vin blanc, des oranges, des citrons, etc. Elle comprend deux bourgs : *Anacapri*, à l'ouest ; *Capri*, à l'est. Cette île, qui tire son nom des chèvres sauvages qu'elle nourrissait, fut choisie par Auguste (comme résidence) à la fin de sa vie ; Tibère vint l'habiter et la rendit tristement célèbre par ses débauches.

On débarque à *Marina Grande*, à 1r2 heure de Capri : en voiture, on paye 2 fr.

Capri, chef-lieu de l'île. On va de la ville au *Capo*, où se trouve un rocher à pic de 227^m, dit le *Saut de Tibère* (Salte di Tiberio), d'où Tibère précipitait ses victimes dans la mer. Un restaurant s'est installé sur la hauteur : belle vue. Au delà, ruines de la *villa de Tibère* et chapelle de Sainte-Ma- du Secours *(Sta Maria del Soccorso)*, d'où l'on jouit d'un beau panorama.

A quelques pas du promontoire nommé *il Telegrafo*, *l'Arco naturale*, arcade naturelle taillée dans les falaises, d'où l'on descend à la grotte de Mitromania, à 1r2 heure de Capri.

Anacapri, à 45 min. de Capri : voiture de Capri 4 fr. ; de la Marina Grande, 6 fr. Anacapri est sur un plateau. Aux environs : ruines romaines ; — le *Solaro* (en une heure), montagne de 618^m au-dessus de la mer : panorama du golfe de Naples et des Apennins.

Au nord-ouest de l'île, la fameuse grotte d'Azur (*grotta azzurra*), aux curieux effets de lumière, au pied d'une paroi à pic sur la mer, a 39 mèt. de hauteur : barque de la Marina, ou bateau de Naples; 1 fr. 25. Entrée très basse et très étroite. Grotte dans l'intérieur du rocher: 53 m. de long, 32m. de large; eau profonde de 21^m; voûte haute de 13^m. L'eau a une couleur d'azur pur; elle projette ses reflets sur la voûte (en calcaire blanc) et lui donne une couleur azurée tremblotante.

Les amateurs pourront, en 3 heures, faire le tour de l'île: 8 fr. ou 12 fr. la barque. Ils verront la grotte *di Boi*, la *grotte Blanche*, aux belles stalactites, — des îlots rocheux, — la *grotte Verte*, au-dessous du mont Solaro (eau couleur d'émeraude), — la *grotte Rouge*, — la *grotte d'Azur*, — et la *Marina Grande*, point de départ et d'arrivée.

XIII. — *Résumé des environs de Naples.* —

Agnano (lac)	V	Camaldoli (Napoli).	I
Agrippa (tunnel d')	VI	— (Sorrento)	XII
Amalfi	XII	Capri	XII
Anacapr.	XII	Casamicciola	VII
Anastasia (Santa)	III	Cassino (monte)	II
Antignano	I	Castellammare di S.	XII
Arco (Madonna dell')	III	Cava dei Tirreni	IX
— Felice	VI	Columbarium (le)	IV
— Naturale	XII	Conti delle Fontanelle	
Avellino	XI		XII
Averne (lac)	VI	Corso Vittorio E.	V
Azur (grotte d')	XII	Cuma	VI
Bacoli	VI	Deserto	XII
Bagno (d'Ischia)	VII	Dolori (Madonna di Sette). Voir Foggia.	
— (Madonna del)	IX		
Bagnoli, Balneolo	V	Eaux minérales. Voir *Bagnoli, Ischia*, etc.	
Baia, Baïes	VI		

Epomeo (l'). Voir *Ischia*
Etuves (Stufe):
   S. Germano V
   di Verone . . VI
   — Tritoli . . VI
Foggia II
Forio VII
Fuorigrotta . . . V
Fusaro (lac) . . VI
Gargano (le) . . II
Grottes (grotte):
   d'ammoniaque . . V
   d'Azur XII
   du Chien . . . V
   de la Paix . . VI
   de la Sibylle . . VI
   diverses . . . XII
   V. *Pausilippe*, *Séjan*.
Herculanum (Ercolano)
   IX
Ischia VII
Lacco Ameno . . VII
Lucrin (lac) . . VI
Manfredonia . . II
Maria (Sᵃ) del Faro IV
   — del Soccorso XII
   V. *Arco*, *Piedigrotta*.
Marina Grande . . XII
Massa Lubrense . XII
Mer morte (mare morto)
   VI
Mergellina . . . VI
Meta XII

Michele (San). Voir *Gargano*.
Misène VI
Monte Nuovo . . VI
   — Santo . . . V
   — Vergine . . XI
Nizida, Nizita . . IV
Nocera dei Pagani IX
Nola XI
Notre-Dame. V. *Arco*, *Sta Maria*. Douleurs (*Dolori*).
Pagani IX
Pausilippe (le) . . IV
Pesto (Paestum) . X
Phlégréens (champs) I
Piedigrotta . . . IV
Pisciarrelli (i) . . V
Pompéi IX
Portici IX
Porto d'Ischia . . VII
   — Piccolo . . VII
Pozzuoli (Pouzzoles) V
Procida VII
Quisisana . . . XII
Resina IX
Salermo IX
Scafati IX
Séjan (grotte de) . IV
Sérapis (grotte de) V
Sibylle (antre de la) VI
Solaro (le) . . . XII
Solfatare (la) . . V

Somma (le)	VIII	Vésuve	VIII
Sorrento	XII	Vico Alvano	XII
Torre Annunz.	IX.XII	— Equense	XII
— del Greco	IX	Vietri sul Mare	IX
— Gaveta	VII	Virgile (tombeau)	IV
Torretta (la)	IV	Vivara (îlot)	VII
Trinita di Cava	IX		

CHAPITRE VIII

De Napoli (Naples) à Roma (Rome). Mont Cassin. — Rome. — Environs de Rome.

I. *Ligne de Napoli (Naples) à Roma (Rome).*
Le mont Cassin: 260 kil.

Trains commodes (1re, 2e classes).
Naples : départ, 8 h. 35 matin ; — 3 h. 25 soir ;
Rome : arrivée, 2 h. 24 soir ; — 9 h. 11. soir.
(Cassino : arrivée, 11 h. 03 matin ; — 5 h. 57 soir) ;
départ le lendemain à la même heure).

Napoli (Naples) (B).
Lignes de Naples à Salerne-Metaponto, à Ancône par Foggia.
Vue du Vésuve.

11. *Casalnuovo di Napoli*
14. *Acerra.*
Lignes de Nola-Avellino, de T. Annunziata.
22. *Cancello.*
28. *Maddaloni Inferiore,* à 4 k. du *Ponte della Valle* (Pont de la Vallée), aqueduc à 3 rangs d'arcades, haut de près de 58 mèt. Lignes de Bénévent, de Naples par Aversa.
34. *Caserta* (Caserte) (B), au pied du mont Caserta. Gare en face du Palazzo Reale (Palais Royal).
40. *Sta Maria Capua Vetere* (Ste Marie de l'anc. Capoue). (B)

- 45. *Capua Nuova* (Capoue la Neuve), (B) placeforte sur le Volturno. On passe le Volturno.
- 54. *Pignataro*.
- 60. *Sparanise* (B).
- 67. *Teano*, au sud du volcan éteint de la *Rocca Monfina*.
- 73. *Riardo*.
- 79. *Caianello-Vairano* (Cajanello-Vairano).
- 87. *Tora Presenzano*.
- 94. *Mignano*.
- 102. *Rocca d'Evandro*.
- 111. *Cassino* (Cassin) ou *San Germano* (St-Germain (B), à !/4 d'heure de la ville, et au pied du mont Cassin. Le mont *Cassin* ou monte Cassino a 11.900 hab. Eglise du *Crucifix* (del Crocefisso): restes de constructions antiques. Ruines de l'amphithéâtre romain.

A 1 h. 1|2, sur la montagne, le *Monastère* célèbre du *mont Cassin*, berceau et maison mère de l'Ordre bénédictin. On trouve des ânes : 6 à 7 fr. pour la journée, conducteur et pourboire compris; 2 fr. ou 2 fr. 50 la montée.

L'abbaye est fermée de midi à 3 h. 1|2. Les hommes peuvent y prendre les repas et y coucher; les dames logent dans un bâtiment voisin, comme à la grande Chartreuse.

Un tronc reçoit les offrandes : les religieux ne demandent rien, ni pour le lit, ni pour le repas.

A Cassino, l'*auberge Pompéi* prend 6 fr. 50 par jour.

Après avoir fondé 12 monastères, saint Benoît quitta Subiaco. Il vint, avec saint Maur, saint Placide et plusieurs autres religieux, fonder le monastère du *mont Cassin* (529). Sur la montagne étaient un temple d'Apollon, un autel et un bois consacrés à Vénus. Saint Benoît brûla le bois et détruisit l'autel. A la place du temple, il éleva une église en l'honneur de saint Jean-Baptiste, un oratoire en l'honneur de saint Martin de Tours, et il construisit pour les moines une tour qui pût leur servir de refuge et de rempart contre les invasions barbares. Il écrivit ensuite la célèbre règle de l'Ordre. Dans le même temps, sainte Scholastique, sa sœur, fondait un couvent, sous la règle bénédictine, dans la vallée *de Piumarola*, au pied du mont Cassin.

Respecté par l'arien Totila, qui visita (542) le mont Cassin, deux ans avant la mort de saint Benoît, le couvent fut détruit par Zoto, duc lombard de Bénévent (589) ; mais les religieux purent s'échapper, emportant avec eux la règle du saint, et ils s'établirent à Rome. En 718, Pétronas, riche habitant de Brescia, devenu *moine*, vint avec quelques religieux de Rome rétablir le monastère. En 748, le pape Zacharie consacra la nouvelle église. En 884, le couvent fut pillé, ruiné par les Sarrasins, qui firent périr plusieurs Pères, et les religieux vivants se retirèrent à Teano, d'où ils voulurent (886), mais inutilement, relever le couvent. Sous les abbés Aligernus (949-986) et Didier (1058-1087), le mont Cassin fut restauré, agrandi ; la dédicace de la belle église due à Didier fut faite par le pape Alexandre II (✠1073). En 1239, Frédéric II fit occuper l'abbaye par l'armée et chassa les moines, qui ne rentrèrent qu'à l'avènement de Charles d'Anjou (1264). Le tremblement de terre de 1349 renversa le couvent, qui fut bientôt rétabli : et depuis lors, il ne fut plus éprouvé comme par le passé.

Le mont Cassin occupe un des premiers rangs dans la vie monastique par les savants, les prélats et les saints qui en sortirent. Il sert de séminaire et de maison d'éducation.

On entre par la voûte taillée dans le rocher et que l'on croit être la cellule du fondateur. Dans la grande cour, aux colonnes de granit, citerne avec statues de *saint Benoît* et de *sainte Scholastique*, sa sœur.

Eglise élégante. Porte en bronze incrustée d'argent. Maître autel : corps de saint Benoit et de sainte Scholastique. — Chœur : belles stalles ; — grande nef : *Consécration de l'église par Alexandre II, pape*, — fresque de la voûte, par L. Giordano.

La bibliothèque renferme 20.000 volumes. Livres rares et manuscrits précieux. Quant aux archives, on y trouve une collection de bulles et de chartes.

De l'esplanade du couvent, panorama splendide.

Départ de Cassino.
Vue sur les montagnes.
124. *Aquino*, (Aquin) (B) patrie de saint Thomas d'Aquin. On passe des torrents.
128. *Roccasecca* : chemin de fer pour Avezzano, par Arpino, Sora. On
Vue des montagnes.
137. *Isoletta*.
139. *Ceprano* (B), sur le Liri.
149. *Pofi Castro*.
158. *Ceccano*.
164. *Frosinone* (B), à 3 kil. de la ville, qui est sur la hauteur.
172. *Ferentino*, à 5 kil. du pays (B).
Vue des montagnes.
178. *Morolo*.
182. *Sgurgola*.
187. *Anagni* (B), à 6 kil. du pays, où fut outragé Boniface VIII (1303).

196. *Segni-Paliano*, à 6 . k
du pays.
Vue des montagnes.
204. *Valmontone* (B).
211. *Ontanese*.
219. *Velletri* (B), sur les flancs du monte *Artemisio*.
228. *Civita Lavinia*.
232. *Cecchina*(B),d'où partent les lignes d'Albano-Laziale, de Nettuno. On passe sous la ligne d'Albano-Laziale.
Tramway d'Albano-Laziale-L. Ligne de Frascati, d'Albano.
244. *Fratocchie* (B).
246. *Ciampino*.
Campagne de Rome avec ses ruines. Montagnes. Lignes de Civita-Vecchia et d'Ancône.
260. *Roma (Rome)* — Termini. (Rome-les-Thermes) (B).

II. *Roma* (Rome), *intra et extra muros.*

C'est avec une religieuse émotion que le pèlerin entend résonner à ses oreilles le nom de *Roma*, objectif de son voyage. Ici, en effet, tout parle à l'esprit et au cœur. Basiliques, chefs-d'œuvre des arts, aux précieuses reliques ; — Colisée, arrosé du sang des martyrs ; catacombes, témoins des saints mystères, lieux de refuge et de repos de nos ancêtres dans la foi ; — monastères embaumés par les vertus des saints ; — Vatican, merveille des merveilles, séjour du Vicaire du Christ et centre de l'unité catholique : tout captive l'attention, évoque des souvenirs chers au cœur du chrétien. Aussi, avec quel empressement le pèlerin porte-t-il ses pas vers la Ville Eternelle ! vers le Souverain Pontife, prisonnier de ses ennemis, comme le divin Maître, depuis que des armées sacrilèges ont envahi son domaine en 1870 ! Et si, comme nous, le pieux pèlerin a pu être admis aux pieds du Saint-Père, lui parler, recevoir sa bénédiction, alors son cœur déborde de joie, et, en quittant la Ville, il forme intérieurement des vœux pour la revoir, s'écriant volontiers avec le poète :

> Quand pourrai-je, dans ton enceinte,
> Me retrouver encor, cité de mes désirs,
> O Rome, éblouissante à la clarté des cierges,
> Rouge du sang de tes martyrs.
> Blanche de la blancheur de tes lis, de tes vierges
> Sanctuaire des saints, objet de leurs soupirs.
> Ils sont nés sur ton sol, race toujours féconde,
> Ou sont venus à toi de tous les points du monde
> Maîtresse des esprits, siège de l'Unité,
> Centre de la Lumière et de la Vérité (1).

I. *Renseignements pratiques.* — La gare centrale (stazione centrale), est *place des Thermes* (piazza dei Termini) (de Dioclétien), à 20 minutes du centre de la ville, par la nouvelle rue *Via Nazionale*.

Omnibus des hôtels. Omnibus et tramways : 0 fr. 10 à 0 fr. 25 et 0 fr. 30, selon les distances. Tramways à vapeur pour les environs à la porte San Lorenzo. Renseignements précis dans les hôtels.

Voitures de remise (di rimessa) dans les hôtels et dans divers dépôts.

Voitures publiques (*vetture publiche*) ou de place, de trois sortes : les cabriolets ouverts ou *botti* ; les voitures fermées ou *cittadine* ; les voitures à deux

---

(1) Lafond, *Poème de Rome*, chant sixième.

chevaux. On les trouve sur les places. En voici le prix d'après le tarif officiel:

INDICATION des TRAJETS	VOITURES A 1 CHEVAL				A 2 CHEV.	
	OUVERTE		FERMÉE		OUV.	FER.
	JOUR	NUIT	JOUR	NUIT	JOUR	NUIT
INTÉRIEUR DE LA VILLE						
De la gare à la ville	1 lira	1,20	1 lira	1.30	2 lira	2,50
Course simple	0,80	1 »	1 »	1,20	2 »	2,50
Pour une heure	2 »	2 »	2 »	2,20	3 »	3,50
Chaque 1/4 suivant	0,50	0,50	0,45	0.50	0,70	0,85
Par personne en sus de deux	0,20	0,40	0,20	0,40	0,20	0,40
En plus, pour certaines courses prolongées à 500 m. hors des portes	0.50	0,50				
HORS DE LA VILLE						
Jusqu'à 3 kilom. à l'heure	2,50	—	450	—	—	—
Chaque 1/4 suivant	0,50	*	0,50	*	0,80	*
Jusqu'au tramway porte S. Lorenzo	1,20	1,60	1,20	1,60	2,50	2,80
Pour une heure, au Campo Verano hors de la même porte	2,20	2,70	2,20	2,70	3,50	
Chaque 1/4 suivant	0.50	0,65	0,50	0,65	0,85	0,95

(*) Prix à débattre.

Le service de jour commence à 6 h. du matin et se termine une heure après l'*Ave Maria*. Il faut savoir que les Romains comptent les heures du jour jusqu'à 24, au lieu de 12. L'Angélus du soir annonce la fin de la 24ᵉ heure, qui varie avec le coucher du soleil. La première heure commence donc avec l'*Ave Maria* de l'Angélus du soir. Voici un tableau comparatif des heures pour les quatre meilleurs mois de l'année :

AVRIL			MAI		
Du 1er....	17 h. 1/4	6 h. 3/4	Du 1er au 10	16 h. 1/2	7 h. 1/2
» 2 au 14	17 - »	7 - »	» 11 au 23	16 » 1/4	7 - 3/4
» 15 au 27	16 - 3/4	7 - 1/4	» 24 au 31	16 »	8 -
» 28 au 30	16 - 1/2	7 - 1/2			

SEPTEMBRE			OCTOBRE		
Du 1er au 7	17 h. »	7 h. »	Du 1er au 3	17 h. 3/4	6 h. 1/4
» 8 au 15	17 - 1/4	6 - 3/4	» 4 au 12	18 - «	6 -
» 16 au 23	17 - 1/2	6 - 1/2	» 13 au 21	18 - 1/4	5 - 3/4
» 24 au 30	17 - 3/4	6 - 1/4	» 22 au 31	18 - 1/2	5 - 1/2

L'heure de Rome, pour les chemins de fer, avance de 46 minutes sur celle de Paris.

Poste et télégraphe, piazza San Silvestro, près du Corso. Plusieurs bureaux en ville ; boîtes dans les hôtels. Voir prix à l'*Introduction*

Domestiques de place, guides, 8 fr. à 15 fr. par jour. Nous nous faisons un réel plaisir de recommander spécialement le guide Filippo *Bianchi* (le demander à l'hôtel National), dont nous n'avons eu qu'à nous louer. Il connaît admirablement les sujets religieux et profanes, et parle couramment le français.

Pour louer des appartements (500 à 1.200 fr. par mois), des logements (70 à 200 fr. par mois), s'adresser aux hôtels et à l'agence Contini, *via dei Condotti*, 6, près de la p. di Spagna. Une bonne se paye 40 à 50 fr. par mois, en dehors de la nourriture.

Les sœurs de la Présentation, 13, via Milazzo, près de la gare centrale, reçoivent volontiers les pèlerins français : 8 fr. par jour. S'adresser à l'aumônier. Mais pour la commodité des excursions, nous recommandons le centre de la ville, la place de Venise, la place Colonna et leurs environs. Voici les hôtels (*alberghi*) centraux qui conviennent très bien aux pèlerins :

Grand Hôtel de la Minerve, piazza della Minerva au centre, fréquenté par les prêtres et les pèlerins français. 250 chambres, depuis 2 fr. 50. Pension 8 à 12 fr. par jour ; — *Hôtel de Milan*, piazza Monte Citorio, à côté de la piazza Colonna, au centre. Prix modérés. Les pèlerins français de 1891 y furent logés en partie ; — à côté de cet hôtel, son anc. succursale, l'*hôtel National*, où a logé l'auteur du « *Guide* », se recommande également aux pèlerins par son confort et ses prix modérés ; — *hôtel Suisse* via Nazionale, 104, près de la piazza di Venezia, ouvert en 1891, au centre : 11 fr. 50 par jour; pension 8 à 9 fr. ; — hôtel *della Posta*, en face de la poste centrale : 13 fr. par jour; pension 10 fr.

Les *restaurants* (trattorie) et les *cabarets* (*osterie*) sont nombreux à Rome. Chacun pourra choisir, s'il ne peut manger à l'hôtel, celui qui lui conviendra le mieux, là où il se trouvera. On peut manger à prix fixe ou à la carte. Plusieurs *cafés* font le service de restaurants.

Brasseries (*birrarie*). *Cornelio*, Corso, 418 ; — *Coonna*, piazza Colonna : sur la place, concerts ; de la *Galleria Regina Margherita*, via Quattro Fontane avec restaurant.

Libraires (librai), Rocca frères, Corso, 216 ; —

Mona, piazza di Spagna 1-2 : librairie anglaise et française ; — Desclée, Lefebvre et Cie, piazza della Minerva, 47-48 : librairie liturgique ; — *Spithoever*, piazza di Spagna, 84-85.

Journaux (giornali). Le pèlerin pouvait acheter 0,10 c., le *Moniteur de Rome*, journal français dévoué au St-Siège : il a cessé de paraître (novembre 1893.)

Ambassades françaises : près le St-Siège : palais Rospigliosi ; — près le roi d'Italie, palais Farnèse.

Pourboires. Pour se faire accompagner 0 fr. 50 à 1 fr. ; pour se faire ouvrir une église, découvrir un tableau, etc., 0 fr.25 à 0 fr. 50. Plusieurs personnes donnent 1 fr., ce qui est économique, attendu qu'à Rome une foule de reliques et de tableaux sont cachés par des rideaux.

Marchands d'objets (oggetti) *de piété*. — Gaudenzi, piazza della Minerva, 58 ; — F. de Federicis, même place, 68 ; — Mar. *Saraceni*, piazza Rusticucci 2, 3 ; — L. *Monaldini*, même place, 15.

II. *Renseignements religieux*. — 1. Avant la prise de Rome (20 septembre 1870), le saint Père *Célébrait pontificalement* la messe, au Vatican, aux fêtes de Noël, de Pâques, de saint Pierre, apôtre. Il donnait, au Vatican, la bénédiction papale *Urbi et Orbi* (à la ville et à l'univers entier) du haut du balcon de Saint-Pierre le Jeudi-Saint et le jour de Pâques ; — du balcon de Saint-Jean-de-Latran le jour de l'Ascension ; — le jour de l'Assomption, du balcon de Sainte-Marie-Majeure. A certaines fêtes, le pape se rendait dans les églises, entouré des cardinaux : il y avait *chapelle papale*. Depuis 1870, toutes les belles cérémonies ont cessé, le Saint-Père ne pouvant plus aller librement dans la ville. Il y a néanmoins quelques belles fêtes à Saint-Pierre à l'occasion des pèlerinages ou de quelque solennité toute spéciale. Une des plus imposantes qu'il y ait eues depuis 20 ans a été la messe pontificale du 29 septembre 1891, où, à Saint Pierre, 80.000 personnes acclamèrent Sa Sainteté Léon XIII, pape et roi : c'était un spectacle grandiose que n'oubliera jamais celui qui écrit ces lignes, et qui avait le bonheur d'être au premier rang des pèlerins français, pour lesquels le Saint-Père a montré une paternelle sollicitude.

2. Pour les *fêtes*, les offices sont : la veille, vers 3 h. 1[2, premières vêpres solennelles, avec une bonne musique ; — le jour de la fête, messes basses par des cardinaux et des prélats, qui distribuent la sainte communion ; puis la messe pontificale à 10 heures ; — le soir, vers 4 heures, vêpres pontificales ou salut très solennel : bénédiction par un évêque ou un cardinal.

3. Pour la *vénération des grandes reliques* à Saint-Pierre, à Saint-Jean-de-Latran, à Sainte-Marie-Majeure, la présence d'un cardinal est nécessaire.

4. Le pèlerin ne devra pas manquer d'assister *aux Quarante Heures*. L'*adoration dite des Quarante Heures* commence à midi dans une église, à la fin d'une messe solennelle. Le Saint-Sacrement reste exposé depuis ce moment jusqu'au surlendemain à midi. Le deuxième jour, messe pour la paix à un autel latéral. Chaque soir, une heure avant l'Angélus, et durant une heure, ont lieu de grandes illuminations, avec musique ou motets. Le *Moniteur de Rome* donnait chaque jour l'indication deséglises où se font les *Quarante Heures*.

5. Il y a des *reliques* qui, en temps ordinaire sont confiées à la garde de religieux : telles sont les reliques de Sainte-Croix-de-Jérusalem, chez les Cisterciens. Les dames ne peuvent aller les vénérer, à cause de la clôture, sans une autorisation spéciale. Au moment des grands pèlerinages, l'autorisation est donnée d'une manière générale, en même temps qu'existent les plus grandes facilités, pour la visite des églises du Vatican et de sa coupole (ascension).

6. En entrant pour la *première fois* dans une église, le pèlerin voudra bien se souvenir qu'il peut gagner des indulgences par la récitation de prières : 5 *Pater*, 5 *Ave*.

7. De nombreuses indulgences sont accordées à la visite des sept églises principales de Rome et à la prière à sept autels de l'église. Voici les basiliques, avec les 7 autels, et aussi les reliques,

1° *Sainte-Marie-Majeure*. — Autels : 1° *Saint-Sacrement*. Reliques du maître autel (la crypte) bois de la crèche du Sauveur, saint Matthias ; — 2° *Crucifix* : bois de la vraie croix ; partie de l'éponge de la passion, du manteau de pourpre et du linceul de Jésus-Christ, de la pierre du sépulcre ; cheveux de la Sainte Vierge ; tête et bras de saint Matthieu ; bras de saint Luc : têtes de saint Marcellin, pape-martyr, de sainte Bibiane, martyre ; — 3° *Bienheureux Nicolas Albergati ;* — *sainte Anne ;* — *S. Léon le Grand ;* — 6° *saint François d'Assise ;* — 7° *de la sainte Vierge*, chapelle Borghèse : image de la sainte Vierge peinte par saint Luc ; têtes du martyr saint Cyprien, des saints Florent, Amand, Victor, de sainte Christine ; bras des saints Marcellin et Urbain, papes-martyrs, de saint Maurice martyr.

2° *Saint-Jean de Latran.* — Autels : sainte Trinité, Conception, saint François d'Assise, Crucifix, Assomption, saint Jean Népomucène, saint André Corsini.

Reliques à vénérer. *Maître autel* : chefs des saints Pierre et Paul, partie de la crèche, table d'autel de saint Pierre, partie des cinq pains d'orge, linge de la cène avec lequel furent essuyés les pieds des apôtres ; manteau d'écarlate ; voile qui fut posé sur la tête du Sauveur ; cilice de saint Jean-Baptiste en poil de chameau ; du même, des cendres et du sang ; — *autel sainte Marie-Madeleine* : corps de la sainte, moins la tête ; tête de saint Zacharie, père de saint Jean-Baptiste ; chemise de lin de Jésus, faite par la sainte Vierge ; morceau du roseau de la passion ; voile avec lequel le Sauveur fut couvert dans sa passion par la sainte Vierge ; partie des vêtements et des cheveux de la sainte Vierge ; — petit sanctuaire : table de la cène.

3° *Sainte-Croix-de-Jérusalem.* On y gagne toutes les indulgences attachées aux lieux saints sans visiter les sept autels.

4° *Saint-Laurent-hors-les-Murs.* Autels : Saint-Sacrement, saint Romain, saint Cyriaque, saints Justin et Hippolyte, sainte Famille, divine Piété, saints Etienne et Laurent.

Reliques à vénérer. *Confession :* saints Etienne et Laurent ; — *sacristie :* bois de la vraie croix ; épines de la sainte Couronne ; partie de la table de la cène, de la pierre du sépulcre, du vêtement de la sainte Vierge ; tête de saint Hippolyte ; tête et bras de saint Justin ; cheveux et partie des vêtements de sainte Marie-Madeleine — *tribune*, derrière la grille dorée, marbre sur lequel saint Laurent a laissé les traces de son sang et de sa chair fondue.

5° *Saint-Sébastien-hors-les-murs.* Autels : Saint Sacrement, saint Fabien, saint Jérome, saint Bernard, saint Charles, saintes Reliques, saint Sébastien.

Reliques à vénérer. Corps de saint Sébastien ; épine de la sainte Couronne ; une dent et un doigt de saint Pierre ; os du bras de saint André ; têtes des papes saints Calixte et Etienne ; fragment de la colonne à laquelle saint Sébastien fut lié ; reliques de saint Sébastien, des saints Etienne et Fabien, papes ; pavé sur lequel le Sauveur laissa l'empreinte de son pied sacré lorsqu'il apparut à l'endroit où est bâtie l'église *Domine quo vadis ?*

6° *Saint-Paul-hors-les-murs.* — Autels : Saint Sacrement, la Confession, Crucifix, saint Benoît, Conversion de saint Paul, saint Etienne, l'Assomption

Reliques à vénérer : corps de saint Paul ; crucifix qui a parlé à sainte Brigitte ; portion du vêtement de la sainte Vierge ; reliques des saints Innocents ; tête de saint Ananie ; bras des deux saints Jacques, de saint Barthélemy, de sainte Anne ; jambe de saint André, de saint Luc, de saint Ananie, du pape saint Sixte Ier ; reliques de saint Denis l'Aréopagite ; bâton et chaise de saint Paul.

7. — *St-Pierre-du-Vatican.* — Autels : Ste Vierge (Grégorienne), SS. Processe et Martinien, S. Michel, Ste Pétronille, Ste Vierge (de la Colonne), SS. Simon et Jude, S. Grégoire le Grand.

Reliques à vénérer. Niches supérieures des grands piliers de la coupole : voile (ou Volto santo), Ste Face, de Véronique; fer de la lance de Longin; partie de la vraie Croix; tête de S. André. — Confession : corps de S. Pierre et de dix de ses successeurs (SS. Lin, Clet, Anaclet,, Evariste, Sixte, Télesphore, Hygin, Pie, Eleuthère, Victor); — chapelle du chœur : corps de S. Jean Chrysostome; partie du voile de la Ste Vierge; reliques de S. Etienne, des SS. Laurent et Sixte; ampoule du sang des stigmates de S. François d'Assise; cheveux, cilice et tunique du même; peau de la tête de S. Antoine de Padoue; — corps des SS. apôtres Simon et Jude, de saints papes, évêques, martyrs, etc.

3. — Au point de vue religieux, on divise en 4 groupes les *basiliques de Rome* :

1° Basiliques *majeures* ou patriarcales, au nombre de cinq : St-Jean-de-Latran, St-Pierre-du-Vatican, Ste-Marie-Majeure, St-Paul hors les Murs, St-Laurent hors les Murs.

2° Basiliques *mineures*, Ste-Marie in Trastevere, St-Laurent in Damaso, Ste-Marie in Cosmedin, Ste-Marie di Monte Santo, SS. Apôtres, St-Barthélemy-en-l'Ile, St-Marc, Ste-Croix-de-Jérusalem, St-Clément, St-Sébastien hors les murs, Ste-Agnès hors les Murs.

3° Basiliques *stationnales*, dans l'ordre des 7 stations : Saint-Pierre-du-Vatican, Saint Paul hors les Murs, St-Sébastien hors les Murs, Saint-Jean de Latran, Sainte-Croix de Jérusalem, Saint-Laurent hors les Murs, Sainte-Marie-Majeure.

4° Basiliques *à pavillons*. Saint-Jean de Latran,

Saint-Pierre-du-Vatican, Sainte-Marie-Majeure, Ste-Marie in Trastevere, St-Laurent in Damaso, Ste-Marie in Cosmedin, Ste-Marie di Monte Santo, Ste-Marie de la Minerve. On y ajoute l'oratoire du Sancta Sanctorum, à la Scala Santa.

9. — *Audiences du Saint-Père*. Les demandes d'audience doivent parvenir au Maître de la chambre (maestro di Camera). Une demande d'audience particulière doit être apostillée par l'ambassadeur ou par un personnage influent, ce qui n'est pas facile. Au moment des pèlerinages, les audiences sont accordées de droit aux pèlerins. Suivant leur caractère, les audiences sont données dans une salle près de l'appartement du pape, ou dans la galerie qui fait face aux loges de Raphaël (même étage), ou dans la salle Ducale, ou enfin dans la basilique Vaticane (à certains groupes de pèlerins).

En parlant au Pape, on lui dit *Saint-Père*.

Ce n'est pas la mule du pape qu'on baise dévotement, mais la croix qui est dessus.

L'étiquette est la suivante : les hommes, en habit noir et cravate blanche ; les dames, en robe noire, avec un voile ou une mantille sur la tête ; les ecclésiastiques, en soutane et en mantelet.

On fait bénir par le pape des objets de dévotion.

En entrant, on fait une génuflexion ; en se retirant, on va en reculant jusqu'à la porte.

III. *Le voyage de Rome*. — Les bons mois sont avril, mai, septembre et octobre. Octobre est le meilleur de tous ; mais il y a un grand inconvénient : les jours sont courts. Nous préférons de beaucoup le mois de mai.

Nous renvoyons à l'*Introduction* pour les divers renseignements matériels.

Quant aux visites, plusieurs pèlerins (3 ou 4) pourraient s'entendre pour avoir des fiacres : ce serait une économie de temps, de frais et aussi de rétribution, pour les églises. D'après notre expérience personnelle, nous pouvons dire que les cochers de Rome sont très bienveillants.

Aux pèlerins qui sont obligés de borner leur voyage à la seule ville de Rome, nous conseillons deux sortes de voyages, à prix réduits : ceux de la semaine sainte, et ceux des groupes de pèlerins. A titre de document, voici les prix bien modiques du pèlerinage ouvrier de 1891, en septembre-octobre. Il y avait deux catégories : une, très nombreuse, dont les membres étaient logés et nourris par le Pape; l'autre, composée des pèlerins d'hôtel.

Or, ces derniers n'ont eu à payer que 185 fr. (3° classe) et 216 fr. (2° classe). Ce prix comprenait : voyage aller et retour de Paris à Rome : 45 à 48 heures aller, autant au retour; — nourriture en voyage; — déjeuner et dîner de table d'hôte, aux hôtels du centre (Milan, National, etc.); — 4 jours environ de voitures (4 personnes dans chacune), de 11 h. à 6 h.; — un guide expérimenté.

De plus, comme conséquence de ces pèlerinages, on a eu l'audience pontificale.

IV. *La ville.* Métropole de l'univers catholique, capitale du royaume d'Italie, Rome est certainement la ville la plus intéressante qu'il y ait au monde, non seulement par ses magnifiques édifices religieux, aux reliques d'un prix inestimable, mais encore par ses palais, ses villas et ses ruines, qui attestent l'existence du premier peuple du monde.

Fondée en 753 av. J.-C. (21 avril) par Romulus, sur le mont Palatin, sous le nom de *Roma quadrata* (Rome carrée) à cause de sa forme, la ville de Rome ne tarda pas à prendre une grande extension. Les rois d'abord (753-509), les consuls ensuite (509-29), l'empire enfin (29 av. J.-C., 476 après), furent les divers gouvernements du peuple romain. De 476 à 730, Rome dépendit de l'exarchat de Ravenne. En 730, elle devint république indépendante, gouvernée par le pape Grégoire II. A la chute de l'exarchat (754), ses domaines furent donnés par Pépin le Bref au pape Etienne II; *de cette époque date réellement le pouvoir temporel des papes*. Aux provinces primitives vinrent s'ajouter les donations de Charlemagne (774), de Henri III (1053), de la comtesse Mathilde (1077). Comme on le voit, le pouvoir temporel du pape avait en notre siècle 1.000 ans d'existence. C'est seulement en 1860 que la Révolution commença la campagne contre la papauté, qui perdit successivement toutes ses provinces, grâce à la politique ambiguë du gouvernement impérial de la France. En 1870, la franc-maçonnerie consomma l'œuvre néfaste : l'armée italienne, le 20 septembre, s'empara de Rome et des dernières possessions de Pie IX, au mépris des droits les plus sacrés de la religion et de la morale publique. Depuis lors, les catholiques n'ont cessé (en vain, il est vrai) de protester contre l'usurpation du patrimoine de St-Pierre, et de réclamer le rétablissement du pouvoir temporel du Saint-Père, nécessaire à son indépendance spirituelle. Puisse le gouvernement du roi d'Italie prêter enfin une oreille attentive aux trop justes réclamations du monde chrétien, les catholiques pouvant seuls empêcher de sombrer la dynastie de Savoie, dont le trône est menacé par les révolutionnaires de toutes sortes, jamais rassasiés dans leurs revendications !

V. *Le Tibre* (*Tevere*) divise Rome en deux parties inégales. La rive droite comprend : au nord, la *cité Léonine* (du pape Léon IV) : le Vatican, la basilique St-Pierre, le château St-Ange ; au sud, le *Transtévère* (Trastevere). La rive gauche comprend : la Rome antique, aux 7 collines, et la Rome moderne. On y trouve 10 collines naturelles, savoir : 1° les 7 collines primitives, les monts *Palatin*, le moins élevé de tous, *Capitolin* ou *Tarpéien*, Monte Cavallo ou *Quirinal*, *Viminal*, *Esquilin* (auj. mont Ste-Marie-Majeure), *Cœlius* ou *Lateranus* (auj. mont St-Jean-de-Latran), *Aventin* (auj. mont de Ste-Sabine), le plus méridional ; — 2° le *Pincio*, tout à fait au nord ; — 3° les monts *Janicule* et *Vatican*, les deux seuls de la rive droite. Les monts *Testaccio* (sud), *Citorio* (centre), sont des collines artificielles. La population dépasse 300.000 habitants.

VI. *Douze ponts* font communiquer les deux rives du Tibre : le ponte *Regina Margherita* (pont Reine Marguerite), vers la place du Peuple ; — le ponte *Nuovo di Ripetta*, à l'extrémité de la via Ripetta ; — le ponte *Umberto* (Humbert), non loin de St-Augustin ; — le ponte *Sant'Angelo* (anc. *Aelius*), en face du château St-Ange ; — le ponte *Vittorio Emanuele*, à peu de distance du précédent, à côté de l'anc. *pons* (en ruines) *triumphalis*, ou *Vaticanus*, ou di S. Spirito, détruit il y a deux siècles ; — le pont *suspendu*, en fil de fer, établi sous Pie IX, pour la communication de la région du Transtévère avec celle de la Lungara ; — le ponte *alla Lungara* ; — le ponte *Sisto (anc. Janiculensis)*, vers l'anc. enceinte ou *muraille d'Aurélien* ; — le *ponte Garibaldi*, avant l'île des Bartolomeo ; — les ponti *dei Quattro Capi* (quatres chefs ou têtes), anc. *Fabricius* et di *S. Bartolommeo* anc. *Cestius*, pour l'île S. Bartolommeo ; — le ponte *Rotto* où débouche la Cloaca Maxima ; — les ruines de l'anc. pons *Sublicius* (pont debois bâti sur pilotis), sur lequel Horatius Coclès lutta contre l'armée de Porsenna Au delà de la porte Portese et de l'enceinte, il y a un pont.

VII. Les murs d'enceinte ont 25 kilom. de tour. Il y a 13 *portes* (1) à partir de la place du peuple, au nord : porta *del Popolo*, près de l'anc. p. *Flaminia* ; — p. *Pinciana* (du Pincio) ; — p. *Salaria* (Salara) ; — p. *Pia*, près de l'anc. porte *Nomentane* (auj. murée) ; — p. *San Lorenzo* (St-Laurent), près de l'anc. porte *Tiburtina* (auj. murée) ; — porta *Maggiore* (grande Porte), anc. p. *Praenestina*, *Labicana* ; — p. *San Giovanni* (St-Jean), près de l'anc. p. *Asinaria* (auj. murée) ; — p. *San Sebastiano*, anc. p. *Appia* (Appienne) et *Capena* : entre les portes S.-Giovanni et S.-Sebastiano, deux portes murées (anc. p. *Metronia, Latina*) ; au delà de la p.

(1) Nous les décrirons au fur et à mesure des visites. L'antique Rome avait 37 portes.

S.-Sebastiano, porte murée (anc. p. *Ardeatina*); — p. *S.-Paolo* (St-Paul), anc. p. *Ostiensis* (d'Ostie;) — à partir d'ici, les portes sont sur la rive droite : p. *Portese*, anc. p. *Portuensis*, au port de Ripa Grande; — p. *S.-Pancrazio* (St-Pancrace), anc. p. *Janiculensis* (1); — p. *Cavalleggieri*, près de la place St-Pierre; — anc. portes auj. murées (*Fabrica*, *Portusa*); — p. *Angelica*, près du Vatican.

VIII. — Nous diviserons nos visites *en 8 jours*, chacun étant libre de les abréger ou de les allonger à ses convenances personnelles ; notre point de départ sera le centre de la ville, la place de Venise, station principale des tramways et des omnibus.

Les plus belles rues de Rome sont : la *via del Corso*, l'antique *via Flaminia*, de la piazza del Popolo à la piazza di Venezia; — la *via di Ripetta*, partant de la place del Popolo, et continuée par la via *della Scrofa* jusqu'à Sant'Agostino; — le *Corso Vittorio Emanuele*, du Tibre à la piazza di Venezia; — la via *Nazionale*, de la piazza di Venezia à la gare, par la piazza dei Termini; — la *via del Babuino*, de la piazza del Popolo à la piazza di Spagna; — *la via del Tritone*, de la piazza Colonna à la piazza Barberini; — la *via del Quirinale*, partant de la piazza *Monte Cavallo* (Quirinale) et continuée par la via *Vinti settembre* (20 septembre) jusqu'à la porta Pia; — la via *Merulana*, entre Sta Maria Maggiore et San Giovanni in Laterano; — la via della *Lungara*, sur la droite du Tibre; — la via *Giulia* (Julie), sur la gauche du Tibre.

(1) A la porte S. Pancrazio se termine *l'enceinte d'Aurélien*, près du Tibre : on y trouve la porta *Settimiana* (*Septimana*.)

IX. — Avant de commencer nos descriptions, nous croyons être utile aux pèlerins en leur donnant d'abord, d'après les renseignements les plus récents, un tableau par journées des édifices visibles seulement à certains jours, (des permissions doivent souvent être demandées) :

Lundi. Galerie Borghèse, 9 h. à 3 h. — Galerie Corsini, 9 h. à 3 h. — Villa Ludovisi, midi à 4 h. — Villa Pamphili, dès 2 h.

Mardi. Galerie Colonna, 11 h. à 3 h. — Galerie Doria, de 10 h. à 2 h. — Gal. Spada, 10 h. à 3 h. — Villa Albani, de 10 h. au coucher du soleil (fermée l'été). — Villa Borghèse, dès 1 h.

Mercredi. Farnésine (1er et 3e de chaque mois). — Galerie Borghèse, 9 h. à 3 h. — Galerie Rospigliosi, 9 h. à 3 h. — Villa Wolkonsky-Campanari.

Jeudi. Galerie Colonna, 11 h. à 3 h. — Galerie Corsini, 9 h. à 3 h. — Gal. Spada, 10 h. à 3 h. Palais Farnèse, 2 h. à 4 h. — Les *Arazzi*, les musées étrusque et égyptien, au Vatican, 9 h. à 1 h., ou 10 à 3 h. suivant les saisons. — Villa Torlonia, 10 h. à 4 h.. — Villa Borghèse, dès 1 h.

Vendredi. Galerie Borghèse, 9 h. à 3 h. — Galerie Doria, 10 h. à 2 h. — Villa Pamphili, dès 2 h.

Samedi. Galerie Colonna, 11 h. à 3 h. — Galerie Corsini, 9 h. à 3 h. — Gal. Rospigliosi, 9 h. à 3 h. — Gal. Spada, 10 h. à 3 h. — Villa Borghèse, dès 1 h.; son musée, de 9 h. à 3 h. — Villa Wolkonsky-Campanari.

Tous les jours, sauf le dimanche. Académie de St-Luc. 0 fr. 50 : 9 h. à 3 h. Musée de Latran, 10 h. à 3 h. — Musée industriel (via San Guiseppe Capo le Case, 96), de 11 h. à 3 h. (0 fr. 50). — Musée national d'antiquités.

Tous les jours, sauf le dimanche et le mercredi. — Musée Kircher, au Collège Romain, 9h. à 3 h. (1 fr.)

Tous les jours, sauf le vendredi et le dimanche. Galerie Barberini (midi à 5 h. les lundis, mardis, mercredis; 2 h. à 5 h., le jeudi; 10 h. à 5 h. le samedi).

Tous les jours, sauf les samedis, les dimanches et fêtes, les vacances, Vatican, de 9 h. à 1 h. ou de 10 h. à 3 h., suivant les saisons. Le Musée de sculpture est fermé le jeudi. On ferme le jeudi à 1 h. Permissions délivrées gratuitement par le majordome du palais, les ambassades, consulats, hôtels. Pourboires à donner.

De midi à 2 h., les églises sauf les basiliques, sont généralement fermées.

Chaque jour, on devra consulter le tableau ci-dessus afin de bien régler son temps.

La place de Venise et ses alentours.

X. Nous réunissons ici les monuments que l'on pourra visiter aux heures les plus propices, avant ou après d'autres excursions.

La place de Venise (piazza di Venezia), à l'extrémité du Corso, est une station centrale d'omnibus et de tramways. Elle doit son nom au palais St-Marc ou de Venise, anc. palais des Ambassadeurs de Venise, habité aujourd'hui par l'ambassade d'Autriche : le pape Pie VI l'avait donné à Venise. Il ressemble à une forteresse par sa tour, ses créneaux, et date de 1468.

En face du palais de Venise, palais *Torlonia*, somptueux à l'intérieur.

A l'angle gauche du Corso, palais *Bonaparte*.

Au sud-est de la place, églises du *St-Nom de Marie* et de *N.-D.-de-Lorette*.

L'église du *Saint-Nom de Marie* (S. Nome di Maria), remonte à la victoire de Sobieski sur les Ottomans (1683). Maître autel : madone provenant du Sancta Sanctorum, et très ancienne.

Santa Maria di Loreto : 1ᵉʳ autel, tableau de *Ste Catherine*; — chœur : tableaux de la *Nativité* et de *la mort de la Ste Vierge*; — maître autel : tableau de la *Ste Vierge entre saint Jaques et saint Sébastien*.

A gauche de Sta Maria di Loreto, *via del Foro Trajano* (rue du Forum Trajan), menant à la *via di San Marco* et à la *piazza di San Marco*, devant la basilique mineure de *San Marco* (St-Marc).

Presque enclavé dans le palais de Venise, St-Marc a été fondé (336) par Constantin le Grand. Magnifique toiture. Portique. Nef de droite : beaux tableaux de la *Résurrection du Sauveur* (1ʳᵉ chapelle), de la *Ste Vierge* (2ᵉ), de l'*Adoration des Mages* (3ᵉ), de *N.-D. des 7 douleurs* (4ᵉ). — Nef de gauche : tableaux de *Ste Martine*, (1ʳᵉ chapelle), *S. Michel* (2ᵉ), *Immaculée Conception* (3ᵉ). — Les nefs latérales sont séparées de la nef du milieu par 20 colonnes de jaspe sicilien. — Abside : mosaïque : *Jésus-Christ*, entouré des *SS. Félicien et Marc*, de *Grégoire IV*, à droite; des *SS. Marc* (pape) *Agapit, Agnès*, à gauche; au dessous, l'*Agneau mystique* avec douze *agneaux*. — Tombeau de l'autel : beau sarcophage antique renfermant les corps de saint

Marc et de plusieurs saints. — Chœur : à droite, armoire à reliques.

La via di *San Marc* est séparée de la via *delle Botteghe Oscure* par la via di *Ara Celi*.

A l'ouest de la piazza di Venezia, par le *Corso Vittorio Emanuele* (cours Victor Emmanuel), on rencontre la *via del Gesù* (rue du Gesù) et la *place* du même nom : on y voit le Gesù, d'où, par la via di *Ara Cœli*, on se rend à *l'Ara Cœli* et au Capitole. Au nord du Gesù, *palais Altieri*.

XI. — Le Gesù, surnommé *l'anticamera del Paradiso* (l'antichambre du paradis), l'une des plus belles églises de Rome, a été bâti (1568) par le cardinal Alexandre Farnèse.

Coupole, une des plus remarquables de Rome : fresques.

Voûte : fresques représentant le *triomphe du S. nom de Jésus*, par le Baciccio, auteur des fresques de la coupole et de la tribune.

Maître autel très riche, achevé en 1843 : la *Circoncision*. A gauche, tombeau du cardinal Bellarmin : statues de la *Religion* et de la *Sagesse*, par le Bernin. A droite, tombeau du Père Pignatelli.

Chapelles à droite et à gauche. A gauche : du *Crucifix* ; de la Ste Vierge : la Ste Vierge entourée de saints Jésuites ; de la *Ste Trinité*. — A droite : de S. André : tableaux de *S. André*, des *martyres de S. Etienne* et de *S. Laurent* ; de *S. François Borgia* ; des *SS. Anges*.

Chapelle, au fond de la nef, de la *Madonna della Strada* (Vierge, du chemin) : Vierge que l'on prie pour faire un bon voyage ; — chapelle en face, dans la nef de droite, de *S. François d'Assise*.

Chapelle de *S. François-Xavier*, dans le bras droit du transept, renfermant le bras et la main du saint, derrière un médaillon en bronze doré : tableau de la *Mort du saint*, par C. Maratta.

Admirable chapelle *S. Ignace de Loyola*, dans le transept : autel dû au Jésuite Pozzi : tombeau du saint en bronze doré. Quatre riches colonnes de marbres précieux ornent la chapelle. Au fronton, groupe en marbre de la *Ste Trinité* : le *Père Eternel* tient un *globe* céleste, qui est le plus gros morceau connu de lapis-lazuli. Au milieu, portrait de *S. Ignace*, cachant la statue du saint de $2^m 90$: la tête et la chasuble sont en argent ; de chaque côté groupes en marbre de la *Foi* détruisant *l'Idolâtrie* et de la *Religion terrassant l'Hérésie*. Avant 1797, la statue tout entière était en argent ; on la fondit pour satisfaire aux conditions onéreuses imposées au pape par la République française.

A côté du Gesù était *la maison professe des Jésuites* (1623), où résidait le général de l'Ordre, où a vécu et est mort S. Ignace de Loyola : occupée par les troupes italiennes. On y visite : antichambre ou 1re pièce : armoire du saint ; — 2e pièce, où mourut le saint, convertie en chapelle : *Madone*, devant laquelle le saint disait la messe ; portrait de *S. Philippe de Néri* ; tableau de la mort de *S. Ignace* ; portraits de *S. Ignace* et de *S. François de Sales*. Dans deux autres pièces, autographes et reliques de saints Jésuites. Autre pièce avec petit balcon : S. Ignace y rédigea les *Constitutions*.

1er jour. De la *piazza di Venezia au Vatican* (*)

XII. — Piazza di *Venezia*. (place de Venise.)

Corso *Vittorio Emanuele*, aboutissant au Tibre : le *Gesù* (voir XI) ; — palazzo *Massimo, Sant'Andrea della Valle*, palazzo *della Cancelleria, San Lorenzo in Damaso, Chiesa Nuova* : voir 3° jour.

Avant d'arriver au Tibre, *via Paola*, conduisant à *San Giovanni dei Fiorentini* (S. Jean-des-Florentins), à côté du pont suspendu, et à l'entrée de la belle *via Giulia* (rue Julie). Elégante façade. Transept de droite : *S. Cosme* et *S. Damien, condamnés au feu*, de S. Rosa ; — 3° chapelle : *S. Jérôme*. — A peu de distance du pont suspendu, dans la via Giulia (Julie), au n° 86, palais *Sacchetti*.

Via Paola. Pont St-Ange, ponte Sant'Angelo, anc. *pont Aelius*, construit par l'empereur Adrien en face de son mausolée, et joignant la région du pont (*del ponte*) à celle du Borgo (quartier ou bourg du Vatican). Après avoir porté le nom d'*Aelius*, du prénom *Aelius* d'Adrien, il porta le nom de *S. Pierre*, puis enfin celui de *S. Ange*, après l'apparition d'un ange, au-dessus du mausolée, sous saint Grégoire I er le Grand (en 590. Clément IX le fit orner en 1668 par le Bernin de la balustrade garnie de grilles de fer, et de dix statues *d'anges* (en marbre), portant les instruments de la passion. En tête du pont, statues des *SS. Pierre st Paul*.

Mausolée d'Adrien ou *Castello Sant'Angelo* (château St Ange), construit par l'empereur Adrien pour

(*) Consulter (**IX**) le tableau des jours et des heures des divers monuments.

Guide pratique etc.

lui et ses successeurs. Il était revêtu extérieurement de marbres, de colonnes, de statues. Des trois étages dont il se composait, il ne reste que le 1ᵉʳ. L'entrée en face du pont est murée depuis 1825. Au moyen âge, il fut converti en forteresse. En 590, lors d'une procession pour la cessation de a peste, le pape saint Grégoire le Grand vit apparaître S. Michel (sur le monument) remettant l'épée au fourreau, et la peste cessa. Boniface IV érigea en souvenir de l'apparition, la chapelle *St-Michel*, remplacée plus tard par une statue en marbre, puis (1740) par une statue en bronze de l'archange. Clément VII s'y réfugia lors du sac de Rome par le connétable de Bourbon, et Urbain VIII (1644) mit le monument dans l'état où nous le voyons encore. Dans l'un des cachots fut enfermée Béatrice Cenci, qui avait tué son père (1605).

La pomme de pin qui se trouvait sur la voûte du monument est au Vatican.

0 fr. 50 de pourboire pour visiter le château St-Ange. Permissions délivrées par le commandant de la division territoriale de Rome ; vue magnifique.

Au nord-est du château St-Ange, la *piazza Cavour*; à l'est, le *palais de justice*, sur la *piazza del Tribunale*.

Pour se rendre à la place St-Pierre, on passe d'abord par la *piazza Pia* (del Plebiscito), où commence le *Borgo Nuovo*. Eglise *Sta Maria Traspontina* (au delà du pont) : maîtreautel : image de la Ste Vierge, apportée d'Orient par les Carmes (13ᵉ s); — chapelle *N.-D. des 7 douleurs* : *Pietà* vénérée ; sous l'autel, corps des SS. Basilide, Tripodius,

Magdala ; chapelle *St-Pierre et St-Paul* : à gauche, colonne de la flagellation de S. Pierre ; à droite, celle de saint Paul.

A quelques pas de là, piazza *Scossa Cavalli*, avec le beau *palais Giraud* et l'église *San Giacomo* (Jacques) *Scossa Cavalli*, qui tire son nom du fait suivant : Sainte Hélène faisait transporter à St-Pierre la pierre du sacrifice d'Abraham et d'autres reliques, les chevaux (cavalli) refusèrent d'avancer, et on déposa les reliques à cet endroit.

Reprenant le *Borgo Nuovo*, on arrive bientôt à la *piazza Rusticucci*, de 80^m de long, et qui précède la grande et belle place St-Pierre (piazza di San Pietro).

XIII. — La *place St-Pierre*, de forme elliptique, a 239^m 73, suivant la ligne des fontaines, et 196^m dans l'autre sens. Une double *colonnade*, du Bernin, entoure la place des deux côtés : elle se compose de 284 colonnes colossales et de 88 pilastres, formant 4 rangs et trois allées ou galeries, dont celle du milieu peut permettre à deux voitures de passer de front. Les portiques formés ainsi par les colonnes ont 19^m 81 de haut ; ils sont surmontés d'une balustrade et de 192 *statues* colossales de *saints*, de 3^m 75. Commencée en 1661, sous Alexandre VII, la *colonnade* fut terminée 10 ans après sous Clément IX : dépense 4.547.000. fr.

Au centre, *obélisque de Caligula*, en syénite, un des plus grands de Rome (41^m 23 du sol au haut de la croix qui le surmonte), transporté d'Héliopolis (Egypte) à Rome par Caligula, qui le fit mettre dans le *cirque du Vatican*, appelé depuis *cirque de Néron*, près de l'endroit où se trouve la sacristie de St-Pierre. Sixte-Quint l'érigea sur la place St-Pierre en 1586 : Fontana employa 140 chevaux et 800 hommes. Au moment décisif, les cordages, allongés par le poids, ne permettant pas à l'obélisque d'atteindre le piédestal, un homme, malgré la peine de mort portée contre quiconque parlerait, s'écria : *de l'eau aux cordages*. On suivit le conseil, et le succès fut immédiat. Sixte-Quint, non seulement pardonna à l'homme, mais encore il le récompensa et lui accorda, pour lui et ses descendants, le privilège de fournir les palmes des Rameaux à St-Pierre.

A droite et à gauche de l'obélisque, très belles *fontaines* de C. Maderno, dont le jet d'eau atteint $6^m 50$: l'eau provient du *lac Bracciano* (35 kil. de Rome, par la porta del Popolo).

La place communique avec la basilique par une autre place en forme de trapèze ($96^m 15$ sur $118^m 89$), qui s'élargit à mesure qu'on approche de l'église. La colonnade du Bernin continue des deux côtés, en formant deux galeries soutenues par des pilastres. Aux deux angles et au bas de l'escalier qui conduit, par trois rampes, à la basilique, *statues colossales* élevées par Pie IX à *S. Pierre* (par de Fabris) et à *S. Paul* (par Tadolini).

Derrièrre la colonnade est le *palais du Saint-Office* ou de l'*Inquisition*.

XIV. — La basilique *San Pietro in Vaticano* (Saint-Pierre du Vatican), chef-d'œuvre des arts grec et toscan, le plus beau temple de l'univers, occupe l'emplacement de temples païens, du *temple de Romulus* et de la *pyramide de Scipion l'Africain*.

1° Les restes de saint Pierre, martyrisé sur le Janicule, furent déposés dans les grottes vaticanes (67), et Anaclet lui érigea, dans ces grottes, un petit oratoire (90). En 324, Constantin le Grand remplaça l'oratoire par la *Basilique Constantinienne* (dite *Limina Apostolorum*, d'après la porte par laquelle les pèlerins allaient visiter les reliques). Mais au 15ᵉ siècle, la basilique menaçant ruine, on commença la nouvelle sous Nicolas V (1450). Sous Jules II, le 18 avril 1506, fut posée la première pierre du pilier de Sainte-Véronique : le Bramante dirigea les travaux qui, après lui (✠ 1514), furent continués par G. Gamberti de San Gallo, G. de Vérone, Raphaël, B. Peruzzi, Michel-Ange (1546), Vignole Barozzio, Ligorio. En 1578, le 12 février, à la chapelle *St-Grégoire*, le pape Grégoire XIII chanta la première messe. En 1590, sous Sixte-Quint, Giac. della Porta acheva le *dôme*. C. Maderno, qui dessina la façade, modifia les plans et allongea la nef. En 1594, Clément VIII consacra le grand autel, dont le forum de *Nerva* fournit une partie du marbre. Les trois nefs (1612) et le portique (1614) achevés, la dédicace solennelle du nouveau temple eut lieu le 18 novembre 1626, sous Urbain VIII, en présence de 22 cardinaux. Sous Alexandre VII, on posa la *chaire de St-Pierre*, et le Bernin commença (1661) la célèbre *colonnade*, terminée 10 ans plus tard. Sous Pie VI, Carlo Marchioni (✠ 1780) bâtit la sacristie, qui fut en rapport avec le reste du monument : dépense totale égale 250.000.000 de francs.

On a calculé que la superficie intérieure de Saint-Pierre 21.192 mètres carrés.

Façade en travertin (1604) de C. Maderno : 140^{m}69 de large et 45^m 44 de haut. Elle comprend 8 colonnes corinthiennes, de 28^m 34 de haut, et 4 pilastres, supportant un attique avec une balustrade décorée de 13 *statues colossales* (*Jésus-Christ et ses apôtres*). Au-dessus, *loggia* ou balcon, d'où le Pape donnait la bénédiction apostolique le Jeudi Saint et le jour de Pâques. Aux extrémités, deux horloges : une marque les heures à l'italienne (24 au lieu de 12).

Cinq portes donnent accès au magnifique *Pronaos* ou *Portique*, long de 142^m 60 et large de 15^{m}26. Aux deux extrémités du portique, *statues équestres de Constantin* et *de Charlemagne*. Au-dessus de la porte du milieu, célèbre mosaïque de la *barque de S. Pierre*, la *Navicella*, de Giotto (1298) ; en face de la mosaïque, bas-relief : *Notre-Seigneur donnant les clefs à S. Pierre*.

On entre dans la basilique par cinq portes, qui la font communiquer avec le portique : la porte de droite, ou la *porte Sainte*, murée, ne s'ouvre que tous les 25 ans, pour le jubilé ; celle du milieu est en bronze. Tous ceux qui entrent pour la première fois à St-Pierre éprouvent tout d'abord une déception : on trouve l'église moins grande qu'elle ne l'est en réalité ; mais après avoir étudié quelques détails, on revient bien vite de son étonnement, car chaque chapelle ressemble à une église.

La longueur de la basilique égale 186^m, celle de la nef transversale, 137^m ; la hauteur du pavé au sommet de la croix égale 136^m. La forme est une croix latine à trois nefs. St-Pierre peut contenir 80.000 personnes.

2° *Nef principale* ou *centrale*, — Hauteur : 45ᵐ 47; largeur 25ᵐ 25. Huit piliers massifs la divisent, et des statues en marbre ornent les niches. Sur les tympans des arcs, *figures* en stuc. Voûte avec rosace sur fond doré. Aux deux premiers piliers, *bénitiers* en marbre soutenus par des anges de 2ᵐ de haut. Sur le devant de chaque pilier, statues colossales des fondateurs d'ordre (4ᵐ 85 de haut): *SS. Pierre d'Alcantara, Camille de Lellis, Ignace de Loyola, François de Paule*, à gauche; *Ste Thérèse, St Vincent de Paul, St Philippe de Néri*, à droite. Au 4ᵉ pilier de droite, *statue de St Pierre*, faite sous St Léon-le-Grand avec le bronze de la *statue de Jupiter Capitolin*, en actions de grâces de la retraite d'Attila : les fidèles ont usé le pied droit à force de le baiser. Au-dessus, baldaquin, surmonté d'un médaillon avec le *portrait* de *Pie IX*, à l'occasion de la 25ᵉ année de son pontificat (1871).

Coupole admirable, par Michel-Ange et Giac. della Porta, supportée par quatre piliers de 71ᵐ de circuit et par 4 grands arcs : 42ᵐ 20 de diamètre, 100ᵐ 89 de hauteur au-dessus du pavement, 136ᵐ de haut jusqu'au sommet de la croix ; la lanterne a 16ᵐ 63. Dans chaque niche des piliers, statues de 5ᵐ : *St Longin* et *Ste Hélène*, à droite; *St André* et *Ste Véronique*, à gauche. Au dessus des statues, 4 balcons ou *loggie*, d'où se fait l'ostension des grandes reliques : chef de St-André (au-dessus de Ste-Hélène) ; relique de la vraie croix, fer de lance de Longin, le saint linge de Véronique ou *volto santo* (St Visage, Ste Face). Au-dessus des balcons, quatre médaillons en mosaïque, représentant les *évangélistes* : ils ont 7ᵐ, et la plume de St-Luc a 2ᵐ. La frise du magnifique entablement des piliers et des arcs porte l'inscription suivante, en lettres de 2ᵐ de haut « *Tu es Petrus, et super hanc petram ædificabo Ecclesiam meam ; et tibi dabo claves regni cœlorum,* Tu es Pierre et sur cette pierre je bâtirai mon Eglise ; et je te donnerai les clefs du royaume des cieux. » Sur la voûte de la lanterne, mosaïque représentant le *Père éternel.* Dans l'un des quatre piliers est un escalier tournant.

Sous la coupole, *autel papal,* ou *maître autel,* élevé sur 7 degrés de marbre, et surmonté d'un baldaquin en bronze de toute beauté, haut de 27ᵐ 93, exécuté (1633) d'après le Bernin ; il est soutenu par quatre magnifiques colonnes torses en bronze doré. Le bronze provient du Panthéon. Aux quatre angles du baldaquin, statues colossales *d'anges.*

Au-dessus du maître autel, par un escalier en marbre de 17 marches, qu'entoure une balustrade en marbre garnie de 142 lampes toujours allumées, la *Confession de St Pierre* ou tombeau de l'apôtre St Pierre, renfermant la moitié des corps des saints Pierre et Paul (l'autre moitié est à St-Paul hors les Murs, les têtes, à St-Jean de Latran), ainsi que les corps de dix papes dont nous avons donné les noms au § II (7°) : décorations par C. Maderno. Au bas de l'escalier, statue de *Pie VI,* par Canova ; entre l'autel et l'endroit où repose St Pierre, espace fermé dans lequel on conserve les palliums à envoyer aux archevêques et à quelques évêques.

La *Confession* fait partie des cryptes ou *grottes Nouvelles* (sagre grotte Nuove), correspondant au circuit de la Basilique. En arrière du tombeau de saint Pierre, sarcophage de J. Bassus, préfet de Rome (✠ 359). Chapelles avec mosaïques *del Salvatorino*, de *Sta Maria in Portico*, *delle Partorienti*. Corridor à inscriptions. — On arrive aux *grotte Vecchie* (grottes Anciennes), correspondant aux trois nefs de l'anc. basilique, et contenant les trois tombeaux des derniers Stuarts morts à Rome. Dans les *grotte Vecchie*, on visite : 1° la *nef latérale droite* : *autel du Sauveur* : inscription relative à la donation de la comtesse Mathilde ; — édicule de la *Ste Vierge* et de *l'Enfant-Dieu* ; — tombeaux du Cardinal Braschi, de Grégoire V et de l'empereur Othon II ; — 2° la *nef du milieu* : tombeau de Pie VI ; — *autel du Sauveur* ; tombeau vide d'Alexandre VI, dont on a la statue ; — 3° la *2e nef latérale droite*, vers la Confession : urne en granit d'Adrien IV ; — tombeaux de Pie II et Pie III, Boniface VIII, Nicolas V, Paul II, Jules III, Nicolas III, Urbain VI, Innocent VII, Marcel II, Innocent IX. On termine par la salle *Agnésine Colonna*, les autels *de St Longin* et de la *Ste Vierge*.

Pour visiter les *grottes*, les dames doivent obtenir l'autorisation du pape ; pour les vieilles grottes, la même autorisation est nécessaire ; pour les nouvelles, s'adresser à la sacristie et donner 0 fr. 50.

Pour l'ascension de la *coupole*, s'adresser au directeur de la fabrique de St-Pierre : frapper à la porte par le bas côté gauche. On la fait le jeudi, de 8 à 11 heures. Huit escaliers de 142 marches mènent au toit. A mi-hauteur, porte pour se rendre au portique supérieur qui renferme la *loggia* (balcon(de la bénédiction. De la plate-forme, à 94^m de la grande coupole, on voit *six coupoles* ovales et quatre rectangulaires ; balutrade, d'où la vue plonge sur la grande place St-Pierre ; escaliers conduisant à une galerie intérieure, au dessus de l'inscription *Tu es Petrus*. Après avoir fait le tour de la galerie, on s'avance entre les deux calottes de la coupole jusqu'à une nouvelle galerie intérieure. On gagne une balustrade extérieure, au pied de la deuxième coupole, dont on peut faire le tour et d'où l'on jouit d'un splendide panorama sur la campagne romaine, la ville, la Méditerranée, les monts Albains, les environs. Au-dessus du dernier dôme, escalier en limaçon, avec échelle en fer très étroite, donnant accès à la *palla* ou boule en cuivre de la lanterne : cette *boule*, de 2^m 43 de diamètre, peut contenir 16 personnes : vue plendide. Nous avons dit plus haut que la lanterne avait une hauteur de 16^m 63.

La visite de la nef centrale se termine par *l'abside*. En s'y rendant, admirer les statues d'*Elie*, des *SS. François de Sales, François Caracciolo, Dominique*, à droite ; de *St Benoît, Ste Françoise Romaine, S. Alphonse de Liguori, S. François d'Assise* à gauche. Au fond de l'abside, tribune du Bernin ; grand autel ; — au-dessus de l'autel, *Chaire de Saint-Pierre*, monument en bronze doré dans lequel on conserve la véritable *chaire* en bois ou trône épiscopal de saint Pierre, très probablement la chaise curule du sénateur Pudens, chez qui logea l'apôtre. Le monument est soutenu par quatre statues en bronze doré de docteurs de l'Eglise : *SS. Augustin, Jérôme, Athanase, Jean Chrysostome* ; au-dessus, *gloire*, composé de rayons dardés par des anges, au milieu de laquelle plane une colombe, emblème de l'Esprit-Saint. Près de la chaire de St Pierre, deux tombeaux: à droite, celui d'Urbain VIII, par le Bernin ; à gauche, celui de Paul III, par G. della Porta.

3° *Nef latérale de droite*, à partir de l'entrée. — Au-dessus de la porte du jubilé, *St Pierre*, en mosaïque.

Chapelle de la Pietà ou des 7 *Douleurs* : la *Pietà* ou le *Christ mort pleuré par les saintes femmes*, chef-d'œuvre de sculpture, par Michel-Ange, âgé de 24 ans ; — fresques de Lanfranc. A droite, petite chapelle de la *Colonne* : colonne en spirale, de marbre blanc, contre laquelle Jésus-Christ se serait appuyé dans le temple de Jérusalem pour discuter avec les docteurs. A gauche, *chapelle del Crocefisso* (du Crucifix), à deux autels : *crucifix* en bois très vénéré, du 12° s, sur un des autels ; — *St Nicolas de Bari*, mosaïque de l'autre autel. Monuments de Léon XII, à droite, et de Christine de Suède, morte à Rome (1689), à gauche.

Chapelle St-Sébastien. Sur l'autel, mosaïque du *martyre du Saint*.

Sous l'arcade: à droite, tombeau d'Innocent XII, par F. Valle ; — à gauche celui de la Comtesse Matilde (✠1115), par le Bernin : statue de la *comtesse;* bas-relief, par S. Speranza, représentant St Grégoire VII, absolvant (1077) le fourbe Henri IV au château de Canossa ; deux anges, soutenant l'écusson de Mathilde, qui a pour emblème une grenade. Ce fut Urbain VIII qui fit transporter ici, en 1635, du lieu où ils étaient enterrés, les restes de la comtesse Mathilde, l'héroïque défenseur du Saint-Siége au 11ᵉ siècle.

Magnifique chapelle du St-Sacrement, dans laquelle on expose, durant trois jours, les papes après leur mort. Fresques de P. de Cortone. Autels au nombre de deux. *Autel principal* : tabernacle superbe, du Bernin ; *Ste Trinité*, par P. de Cortone; à gauche, porte donnant accès au palais papal. — Deuxième autel, dédié à *St Maurice* : *Descente de croix*, copie en mosaïque de l'œuvre de Caravage ; devant l'autel, tombeau en bronze de Sixte IV, par Pollajolo (1493) ; à côté, pierre tombale de Jules II.

Sous l'arcade, tombeaux de Grégoire XIII, à droite, et de Grégoire XIV, à gauche. Contre le pilier de la coupole, *autel de St Jérôme*, avec la *Communion de St Jérôme*, mosaïque d'après le chef-d'œuvre du Dominiquin.

Chapelle grégorienne de la Ste Vierge, bâtie par Giac della Porta, sous Grégoire XIII. Autel riche en marbres précieux ; *Madonna del Soccorso* (Vierge du Secours), de 1200, très vénérée ; — au-dessous de l'autel, restes de St Grégoire de Nazianze, dans une urne en granit; — à droite, tombeau de Grégoire XVI, par Amici : statues de la *Prudence* et de la *Sagesse*.

Au-dessous de l'arcade suivante, à droite, splendide tombeau de Benoît XIV, par Bracci : statues de la *Science* et de la *Charité*. En face du tombeau *autel S. Basile :* mosaïque qui représente le *saint disant la messe devant Valens*.

4° *Transept de droite*, qui a servi de salle des séances pendant le concile œcuménique de 1869-1870. A côté de l'abside, trois autels : *St Wenceslas* : mosaïque, d'après Caroselli ; — *SS. Processe et Martinien* : mosaïque d'après Valentin ; — *St Erasme* :

mosaïque, d'après le Poussin. Dans les niches, statues des *SS. Gaétan, Jérôme Emilien, Joseph Calasanz* et *Bruno*.

On passe dans le prolongement du bas côté droit. Sous l'arcade, à droite, tombeau de Clément XIII, par Canova ; lions superbes ; — à gauche, autel de la *Navicella* : mosaïque, d'après Lanfranc, représentant *S. Pierre*, qui, au moment d'être submergé, est secouru par le Sauveur.

Autel, à droite, de *l'archange St Michel* : mosaïque, d'après le *St Michel*, du Guide. — Autel, à gauche, de *Ste Pétronille*, patronne de la France, fondé par Pépin le Bref, et restauré par Louis XI *exhumation de Ste Pétronille*, en présence du jeune homme qui avait dû l'épouser, très belle mosaïque, d'après le tableau du Guerchin, qui est au Capitole. Les pèlerinages ouvriers français de 1889 et de 1891 ont fait don à cet autel de précieux ex-voto.

Sous l'arcade suivante, à droite, tombeau de Clément X, par Rossi. Statues de la *Clémence* et de la *Bonté* ; — en face, autel de *St Pierre* et de *Tabitha* : mosaïque de *St Pierre ressuscitant Tabitha*.

On passe dans le prolongement du bas côté gauche. A gauche, *St Pierre guérissant l'estropié à la porte du temple*, mosaïque de l'autel des *SS. Pierre et Jean* ; — à droite, tombeau d'Alexandre VIII, par Rossi. Puis, à droite, autel *S. Léon le Grand*, surmonté du grand bas-relief de *St Léon arrêtant Attila* par l'Algarde ; corps du saint. Pierre sépulcrale de Léon XII. — Autel suivant, de la *Madone de la Colonne* : image vénérée ; sarcophage contenant les restes des papes Léon II, III et IV. A droite, tombeau d'Alexandre VII, par le Bernin, sa dernière œuvre. Sous une draperie de marbre, porte de sortie dite *de Ste-Marthe*. En face du tombeau d'Alexandre VII, *autel SS. Pierre et Paul :* tableau sur ardoise de la *chute de Simon le Magicien*, par Vanni.

5° *Transept de gauche*, par Michel-Ange. Confessionnaux pour les pèlerins des diverses nations : les *pénitenciers*, religieux, sont munis d'une longue baguette dont ils frappent la tête de ceux qui le demandent : une indulgence de 60 jours est accordée pour cet acte d'humilité. Au pilier de la coupole, statue de *Ste Julienne de Falconieri*, sous laquelle est le confessionnal du grand pénitencier.

Statue de *St Norbert*.

On remarque 3 autels : 1° de *St Thomas*, apôtre: *St Thomas approchant le doigt de la Sainte Plaie*, mosaïque ; 2° du *crucifiement de St Pierre, ou des SS. Simon et Jude* : corps des SS. Simon et Jude *crucifiement de S. Pierre*, mosaïque d'après le Guide ; tombeau de la Pestrina, devant l'autel ; — 3° des *Stigmates de St François d'Assise* : *St François en extase*, soutenu par un ange, mosaïque d'après le Dominiquin.

Statues des *SS. Pierre Nolasque* et *Jean de Dieu*, au premier pilier de la coupole.

6° *Nef de gauche*, en se dirigeant vers l'entrée. — Sous l'arcade : à droite, *Sacristie*, décrite plus loin ; — à gauche, *Ananie et Saphire*, mosaïque à l'autel des *SS. André et Pierre*.

Autel de la *Transfiguration*, au pilier de la coupole : la *Transfiguration*, reproduction en mosaïque du tableau de Raphaël.

Chapelle Clémentine, bâtie par Clément VIII (✠1605). *Autel St Grégoire le Grand* : corps du saint;

mosaïque *d'un miracle du saint*. En face de l'autel, tombeau de Pie VII, par Thorwaldsen, érigé par le fidèle cardinal Consalvi.

Sous l'arcade : à droite, tombeau de Léon XI, par l'Algarde: *l'abjuration de Henri IV* (1593), bas-relief ; — à gauche, tombeau d'Innocent XI, par Monot : bas-relief de la *délivrance de Vienne par Sobieski* (1683).

Chapelle du chœur des chanoines, fermée par une grille en fer, ornée de bronze doré : le chapitre de la Basilique y officie tous les jours. Très bel *orgue* ; corps de S. Jean Chrysostome sous l'autel, mosaïqu de *l'Immaculée Conception*, d'après le tableau de Bianchi ; pierre tumulaire de Clément XI sur le pavement ; reliques diverses mentionnées au § II (7°).

Sous l'arcade : à droite, tombeau dans lequel on met provisoirement le pape décédé ; — à gauche, tombeau en bronze d'Innocent VIII, par Pollajolo : les quatre *vertus cardinales* et les *trois vertus théologales* ; la *lance* veut dire que le Pontife a reçu la Ste Lance de Bajazet II.

Chapelle de la Présentation. Mosaïques : la *Présentation*, d'après Romanelli.

Sous l'arcade : à droite, tombeau de Clémentine Sobieski-Stuart, veuve du prétendant Jacques III, morte en 1745 à Rome. La porte près du tombeau conduit à la coupole ; — à gauche, tombeau, par Canova, de Jacques III et de ses deux fils (Charles-Edouard et Henri, cardinal d'York).

Dernière chapelle, la première en entrant à gauche, le *Baptistère*, les *Fonts baptismaux*, en face de la chapelle de droite, de la Pietà. Trois belles mosaïques ;

urne en porphyre, qui couvrait le tombeau d'Adrien, avec ornementation par Fontana.

7° *Sacristie monumentale*. Entrée par l'extrémité de la nef gauche. Visible de 9 à 11 h. et de 2 h. à 5 h. Elle a été bâtie sous Pie VI. A l'entrée, statues des *SS. Pierre et Paul* (1460) ; en face, statue colossale de St André. Au-dessus de la porte, tombeau de Pie VIII.

On y distingue : 1° la *sacristie commune*, au milieu, formée d'une salle octogone à coupole, et ornée de 8 colonnes de marbre gris provenant de la *villa Hadriana* ; — 2° la *Salle des chanoines*, à gauche, entourée d'armoires en bois du Brésil : *la Vierge et les Saints* ; chapelle avec une Ste famille. A côté, salle du chapitre : sièges en bois du Brésil ; peintures ; — 3° la salle *des bénéficiers*, à droite : sur l'autel, *Jésus donnant les clefs à S. Pierre*, peinture remarquable de Muziano.

A côté de la sacristie des Bénéficiers, *Trésor* de S. Pierre : dalmatique de Charlemagne, lors de son couronnement ; candélabres de Michel-Ange et de B. Cellini ; objets précieux. Au-dessus, *Archives* de S. Pierre.

Telle est la description générale de Saint-Pierre du Vatican ; mais tout ce que nous avons écrit, ne peut donner encore qu'une faible idée des beautés et des richesses du premier temple du monde : il faut le voir pour s'en rendre véritablement compte.

Pour l'indulgence des 7 autels, voir § II.

A l'ouest de St-Pierre, église de *S. Marta* (Ste-Marthe).

XV. — A l'extrémité de la colonnade de St-Pierre se trouve *il portone di bronzo* (la grande porte de bronze), la principale entrée du *palais du Vatican*.

1. Ce palais (250 m. de longueur), le plus beau du monde, aussi grand que la ville de Turin en 1835, a trois étages. Il comprend une quantité de salles, galeries, corridors, etc. On y compte 11.000 pièces. 8 grands escaliers, 200 autres escaliers, 20 cours. Construit par l'empereur Constantin, ou par les papes St Libère (✠ 356) ou St Symmaque (en 498) il fut habité par les papes, surtout depuis 1377, au retour d'Avignon.

Après la porte *de bronze*, on rencontre le corps de la garde suisse. Sur la droite, escalier construit par Pie IX (*Scala Pia*), montant au *cortile San Damaso* (cour St-Damase), ce magnifique escalier date de 1860. En continuant la galerie jusqu'à la statue équestre de *Constantin le Grand*, on arrive à la *Scala Regia* (escalier Royal), du Bernin. Ce 2me escalier a 91 marches. On remarque les vitraux offerts au Pape Léon XIII pour son jubilé. Au bout de l'escalier royal, *Sala Regia* (Salle Royale), construite par San Gallo pour recevoir les ambassadeurs : statues et fresques ; — grande fresque représentant, sur le portique de Venise, *Frédéric Barberousse implorant le pardon du Pape*. La salle Royale sert de vestibule aux chapelles pontificales *Pauline* et *Sixtine*, en face l'une de l'autre.

2. La *Chapelle Pauline*, bâtie en 1540 par Paul III, est l'église du palais apostolique. Fresques de Michel-Ange : *Conversion de St. Paul ; crucifiement de St-Pierre*. Dans la chapelle ont lieu l'adoration des quarante heures et d'autres pieux exercices.

Guide pratique etc.

3. La *Chapelle Sixtine*, bâtie (1473) par Sixte IV a 40^m 50 de long sur 13^m 20 de large. Elle est remarquable par ses peintures. Dans cette chapelle ont lieu les belles cérémonies de la semaine sainte, les conclaves.

Superbe *balustrade* en marbre séparant le chœur de la partie réservée au public, et surmontée de huit chandeliers de marbre.

Au-dessus de la porte d'entrée, *St Michel combattant pour cacher le corps de Moïse*, par Ghirlandajo ; la *Résurrection de Jésus*, par Henri le Flamand.

Parois latérales. Peintures représentant l'histoire de *Moïse* et celle de *Jésus-Christ* : *mort de Moïse*, de Signorelli ; *Moïse recevant les tables et détruisant le veau d'or*, de Roselli ; *dernière Cène* du même ; *baptême de Jésus*, du Pérugin ; *St Pierre recevant les clefs*, du même, etc.

Plafond peint sous Jules II par Michel-Ange. On distingue trois parties : 1° celle du milieu, en 9 sujets : *séparation de la lumière et des ténèbres, création des astres et ensemencement de la terre, l'Esprit planant sur les eaux, création d'Adam, celle d'Ève, chute de l'homme et expulsion de l'Eden, sacrifice de Noé, déluge, Noé ivre*; — 2° les figures colossales de 7 *Prophètes* et de 5 *Sibylles* : *Jérémie, sibylle persique, Ezéchiel, Sibylle d'Erythrée, Joël, Zacharie, sibylle delphique, Isaïe, sibylle de Cumes, Daniel, sibylle libyque, Jonas* ; — 3° aux quatre angles : 1. *Assuérus, Esther et supplice d'Aman* ; 2. *serpent d'airain* ; 3. *David et Goliath* ; 4. *Judith et Holopherne*.

Le *jugement dernier*, fresque grandiose du mur du plafond, et merveille de la peinture ; elle fut exécutée en 8 ans par Michel-Ange, qui la termina âgé de 66 ans, sous Paul III. En voici la description : dans le bas, *sept anges* sonnent la trompette : les *morts* se lèvent du tombeau, les uns avec leur chair, d'autres n'ayant que leur squelette. Au-dessus des anges, *Jésus* prononce la sentence contre les *réprouvés* et fait signe aux *justes* de passer à sa droite ; les *méchants*, saisis par les démons, sont entraînés dans l'enfer. La *barque de Caron* apparaît : des *anges* accourent pour défendre les *élus* contre les *démons*. Autour de Jésus, troupe des *bienheureux* ; tout près de lui, la Ste Vierge, dont le regard exprime la douceur et la crainte ; à côté d'elle, *St-Jean-Baptiste*, les *apôtres*, les *martyrs*. Dans le haut, à droite et à gauche, des *anges* portent les instruments de la passion : ils reprochent aux réprouvés leur ingratitude et inspirent la confiance aux justes.

On raconte que Bagio, maître des cérémonies de Paul III reprocha à Michel-Ange la nudité de ses personnages, et que l'artiste, pour se venger, après avoir drapé les sujets, mit Bagio parmi les réprouvés.

La fumée a considérablement altéré le *jugement dernier*.

4° De la chapelle Sixtine on se rend aux *Loges* (Loggie) de Raphaël par la *salle Ducale* ou du *Consistoire*, bâtie par le Bernin : les papes y donnaient audience aux princes ; ils y reçoivent encore les pèlerins en groupes. Par le corridor au fond de la salle Ducale, on arrive au 1er étage des Loges.

On appelle *loges ou galeries* les 3 rangs de portiques qui forment les trois façades du Vatican sur la cour St-Damase. Construites par ordre de Jules II et de Léon X, sur les dessins de Bramante et de Raphaël, elles étaient ouvertes ; Pie IX les a fait vitrer pour préserver les peintures Elles ont trois étages : le 1er, à arcades soutenues par des pilastres : les peintures de la galerie de gauche sont de Jean d'Udine, d'après les dessins de Raphaël ; celles des deux autres sont de divers artistes. Au bout de la galerie d'Udine, grille du Musée.

Le deuxième étage est à arcades soutenues par des pilastres : peintures de la galerie de gauche dessinées par Raphaël, exécutées par lui-même, et par ses élèves ; celles des autres galeries sont moins intéressantes. Pie IX a fait restaurer les trois galeries. Le portique ou galerie de Raphaël renferme les fameuses 52 *loges de Raphaël*, distribuées dans les 13 arcades, quatre par quatre : Jean d'Udine a couvert les pilastres d'arabesques et d'ornements en stuc. Sur les 52 tableaux, 4 seulement appartiennent au Nouveau Testament. En voici le détail :

1re arcade, peinte par Raphaël : *Dieu sépare la lumière des ténèbres* ; *Dieu sépare la terre de l'eau Dieu crée le soleil et la lune* ; *Dieu crée les animaux* ; — 2° : *création d'Eve* ; *le 1er péché* ; *Adam et Eve expulsés du Paradis terrestre* ; *travaux d'Adam et d'Eve* ; — 3° *construction de l'arche* ; *déluge* ; *sortie de l'arche* ; *sacrifice de Noé* ; — 4° *Abraham et Melchisédech* ; *promesse à Abraham* ; *les 3 anges apparaissant à Abraham* ; *fuite de Loth* ; — 5° : *Dieu apparaît à Isaac* ; *Isaac et Rébecca* épiés par

Abimélech ; *Isaac bénit Jacob ; Isaac et Esaü ;* — 6° *échelle de Jacob ; Jacob et Rachel ; fuite de Jacob ; Jacob demande la main de Rachel ;* — 7° *songe de Joseph ; Joseph vendu par ses frères ;* — *Joseph et la femme de Putiphar ; songe de Pharaon ;* 8° *Moïse sauvé des eaux ; buisson ardent ; passage de la mer Rouge ; Moïse fait jaillir l'eau du rocher ;* — 9° *Moïse reçoit les tables de la loi ; veau d'or ; colonne de fumée; Moïse montre au peuple les tables de la loi ;* — 10° *passage du Jourdain ; chute de Jéricho ; Josué arrête le soleil ; partage des terres ;* — 11° *David oint par Samuel ; David et Goliath ; triomphe de David ; David et Bethsabée ;* — 12° : *sacre de Salomon ; son jugement ; reine de Saba ; édification du temple ;* — 13° *Adoration des bergers; celle des mages ; baptême de Jésus ; la Cène.*

Sous les socles des fenêtres, 12 fresques, presque détruites, furent ajoutées par Perino del Vaga : *Dieu sanctifie le 7° jour ; sacrifice d'Abel ; Arc-en-ciel*, etc.; la 12° seule a trait au Nouveau Testament: *la Résurrection de Jésus-Christ.*

Le 3° étage des loges a des colonnes surmontées d'un entablement. Les trois galeries de cet étage sont décorées de peintures allégoriques par Jean d'Udine, exécutées sous Pie IV: on les voit en entrant dans la *Pinacothèque*, par la 2° galerie.

5. La *galleria di quadri* (galerie de tableaux) ou la *Pinacoteca*, fondée par Pie VIII, renferme peu de tableaux, mais elle est célèbre par les peintures des grands maîtres. Leur petit nombre nous permet de les donner tous. 1ʳᵉ salle, antichambre à fresques ; — 2ᵉ salle : Mantegna, la *Pietà* ; — Murillo, *Adoration des bergers, mariage mystique*

de Catherine; — Pérugin, *S. Benoît, S. Placide, Ste Flavie*; — B. Veneziano, *la Vierge, l'enfant Jésus et des saints*; — Frà Angelico, même sujet; — B. Gozzoli, *S. Hyacinthe*; — Raphaël, *Vertus théologales*; — Garofalo, *Ste Famille*; — Crivelli, *Christ mort*; — Murillo, *martyre de S. Pierre d'Arbues*; — Francia, *Vierge, Enfant Jésus et St Jérôme*; — Raphaël, *Présentation au Temple*; — Frà Angelico, *S. Nicolas de Bari*; — Guerchin, *S. Thomas*; — L. de Vinci, *S. Jérôme*; — Guerchin, *S. Jean-Baptiste*; — 3ᵉ salle: Raphaël, *Transfiguration de Jésus-Christ*, chef-d'œuvre composé pour l'archevêque de Narbonne, Jules de Médicis (Clément VII) : il figura au Louvre de 1797 à 1815; — *la Vierge au donataire* ou *de Foligno*, autre chef-d'œuvre, dans lequel S. Conti, secrétaire de Jules II, est représenté à genoux; — le Dominiquin, *la communion de S. Jérôme*, chef-d'œuvre. — 4ᵉ salle : le Titien, *la Vierge et des saints*; — Guerchin, *Ste Marguerite de Cortone*; — Ribera, *martyre de St Laurent*; — Guerchin, *Ste Madeleine*; — Pinturicchio. *couronnement de la Vierge*; — Pérugin, *résurrection du Christ*; — J. Romain et F. Penni (Fattore), *couronnement de la Vierge*; — G. Spagna, *adoration des bergers et des mages*; — Raphaël, à 19 ans, *couronnement de la Vierge*; — Pérugin, *Vierge dans sa gloire*; — Sassoferrato, *la Vierge*; — Caravage, *mise au tombeau*; — le Titien, *doge* — N. Alunno, *triptyque*; — Melozzo da Forli, *Sixte IV, recevant Platina*, préfet de la bibliothèque; — N. Alunno, autre *tryptique*. — 5ᵉ salle : Valentin, *martyre des SS. Processe et Martinien*; — Guide: *crucifiement de S. Pierre*; — Poussin, *martyre de S. Érasme* ; — Baroccio, *Annonciation*; — A. Sacchi, *messe de S. Grégoire le Grand* ; — Baroccio, *Ste Micheline de Pesaro en extase* ; — Moretto, *la Vierge, St Barthélemy et S. Jérôme*; — P. Véronèse, *Ste Hélène* ; — Le Corrège, *Christ dans la gloire* ; — Guide: *la Vierge, St Jérôme et St Thomas* ; — Gentile da Fabriano, *couronnement de la Vierge* ; — A. Sacchi, *Vision de Saint Romuald*.

Dans le cas où les tableaux ne seraient plus dans l'ordre où nous les donnons, on les retrouverait facilement, au moyen des indications portées sur chacun d'eux. Un tableau moderne mérite l'attention du pèlerin, *les martyrs Japonais*, par Fracassini.

6. En redescendant au 2° étage *des Loges*, on voit l'entrée des *Chambres* (Stanze) de Raphaël. Avant de commencer la visite des Chambres, s'arrêter un instant dans la belle chappelle *San Lorenzo* (St Laurent) ou de *Nicolas V* (cappella Nicolina), commandée par ce pape pour sa chapelle particulière : *Vie des SS. Laurent et Etienne*, admirables fresques de Frà Angelico.

Les *stanze* (chambres), au nombre de quatre, sur la cour du Belvédère, ont été décorées magnifiquement par Raphaël et ses élèves, à la demande de Jules II.

Chambre de Constantin, achevée par J. Romain et Penni (le Fattore) après la mort (1520) de Raphaël. Le plafond, par Lauretto, fut exécuté sous Grégoire XIII et Sixte-Quint. 1° *Défaite de Maxence par Constantin sur le pont Milvius* (Ponte Molle), en 312, de J. Romain, d'après les dessins de Raphaël ; — 2° *Apparition de la croix lumineuse* (in hoc signo vinces, par ce signe tu vaincras), au moment où Constantin haranguait ses soldats, par J. Romain ; — 3° *baptême de Constantin par S. Sylvestre*, de Penni (1524): on y voit le baptistère de Latran ; — 4° *Donation de Rome à S. Sylvestre par Constantin*, de R. del Colle : l'empereur présente au pape une figure en or de la ville ; — Les figures de la *Mansuétude* et de la *Justice* sont de Raphaël.

Chambre d'Héliodore. Au plafond : *promesse de Dieu à Abraham, sacrifice d'Isaac, Songe de Jacob, Moïse et le buisson ardent* ; — 1° *Héliodore chassé du temple* : le grand prêtre Onias est encore en prière lorsque Héliodore est déjà frappé. On y reconnaît le pape Jules II, heureux dans ses expéditions militaires ; — 2° le *miracle de Bolsena*, peinture saisissante : un prêtre, ayant douté de la présence réelle au moment de la consécration, voit avec effroi du sang sur le corporal (1263). Remarquer le contraste entre la stupéfaction de la foule et le calme du pape (c'est Jules II qui est représenté), des cardinaux ; — 3° *Délivrance de S. Pierre de la prison*, en trois scènes éclairées par des lumières différentes : *S. Pierre entre deux gardiens:* tous trois dormant profondément, un *ange éclatant* vient dans la prison ; l'ange fait passer S. Pierre au milieu des soldats, qui s'éveillent consternés. Jules II, prisonnier à Ravenne (1512) et délivré, apparaît ici comme S. Pierre ; — 4° *Attila arrêté dans sa marche par S. Léon le Grand* (figuré par Léon X, qui avait chassé les Français de l'Italie) : ouragan qui jette la terreur chez les

Huns; le pape s'avance au devant d'Attila, qui est à cheval; effroi des Huns.

Chambre de l'école d'Athènes ou de la signature (Segnatura), dans laquelle les papes signaient les brefs. Au plafond, quatre figures allégoriques correspondant aux peintures murales, par Raphaël : la *Théologie*, la *Philosophie*, la *Poésie*, la *Jurisprudence* ; — 1° *Théologie, dispute du S. Sacrement* (1511), d'un grandiose achevé. Autour d'une table, S. Sacrement exposé, prélats et docteurs discutant, assis ou debout ; portraits des SS. Jérôme, avec ses livres, Ambroise, Augustin, avec sa *Cité de Dieu*, Grégoire le Grand, avec son livre de *Job*, de Pierre Lombard, de Duns Scot, de S. Thomas d'Aquin, de S. Anaclet, de S. Bonaventure, de Dante d'Innocent III, de Savonarole, de Frà Angelico, de Bramante; un philosophe chrétien montre à un païen le jeune homme près de S. Augustin. En haut, la Ste Trinité, la Ste Vierge, S. Jean-Baptiste, S. Pierre sur un rocher, Adam, S. Jean, David, S. Etienne, un saint dans les nuages, S. Laurent, Moïse, S. Jacques, Abraham et S. Paul. — 2° la *Philosophie ou l'école d'Athènes* (1511), tableau représentant les grands orateurs et philosophes grecs sur les degrés et le péristyle d'un temple : Socrate, Alcibiade, Platon, Aristote, Zénon Empédocle, Diogène, Pyrrhon, Nicomaque, Pythagore, Archimède (figure de Bramante), Ptolémée et Zoroastre (figures du Pérugin et de Raphaël) ; — 3° *Littérature-poésie* ou le *Parnasse* : Apollon, assis au bord de l'Hippocrène, est entouré des neuf Muses. Tout autour, poètes anciens et italiens : Homère, Pindare, Sapho, Alcée, Anacréon, Corinne, Horace, Virgile, Ovide, Ennius, Properce, Dante, Pétrarque, Boccace, Sannazar; — 4° la *Jurisprudence*, en trois divisions : en haut, *Force, Prudence, Modération ou Tempérance*, figures allégoriques ; — à g. de la fenêtre, Justinien remet à Tribomien les *Pandectes* et le *Codex* ; — à droite, Grégoire IX donne à l'avocat consistorial les *Décrétales*, qu'il a fait recueillir par S. Raymond de Pennafort.

Chambre de l'Incendie du Bourg (Borgo) ancien faubourg de Rome, en 847, sous Léon IV, qui l'éteignit au moyen du signe de la croix : dessins de Raphaël, peintures en partie ou en totalité par ses élèves, voûte du Pérugin. — 1° *Sermon de Léon III devant Charlemagne*, pour se justifier des griefs à lui imputés ; — 2° *couronnement de Charlemagne* par Léon III (800) figures de Léon X et de François Ier ; — 3° *Victoire de Léon IV sur les Sarrasins*, à Ostie : c'est Léon X qui prie sur le rivage, entouré de cardinaux ; — 4° *incendie du Bourg*, par Raphaël, sauf l'homme emportant son vieux père, qui est de J. Romain : le pape Léon IV fait le signe de la croix, et tout à coup le feu s'arrête ; au fond, *basilique de St-Pierre* ; *femmes agenouillées* ; *porteuse d'eau*.

Les autres peintures des Stanze sont moins importantes ; néanmoins elles ont une grande valeur.

7. De la chambre de l'incendie du Bourg, on passe dans la belle salle de l'*Immaculée Conception*, que Pie IX a fait décorer par Podesti. 1° Sur la grande muraille, et la couvrant tout entière, la *proclamation du dogme à St-Pierre, le 8 décem-*

bre 1854 : Pie IX, debout sur l'estrade du trône, dans la basilique, et illuminé du rayon de soleil historique, entonne le *Te Deum*; nombreux personnages au-dessus; la *Ste Vierge* et la *Ste Trinité*; — 2° *Discution du Dogme*, sur la muraille en face de l'entrée; — 3° *couronnement de la Madone du chapitre de St-Pierre*, du côté de l'entrée; — 4° entre les fenêtres, *l'Eglise enseignant tous les peuples*.

Grisailles représentant la *naissance de la Ste Vierge*, la *Présentation au temple*, le *Consistoire*, la *distribution des souvenirs* à l'occasion de la proclamation du dogme, etc.

Au milieu de la salle, le célèbre meuble doré, dû à l'abbé Sire et offert à Pie IX à l'occasion de son jubilé épiscopal (noces d'or, 1877) : il contient la bulle de l'Immaculée Conception traduite en 120 langues.

Le pavement de la salle est en mosaïque antique provenant d'Ostie.

A côté, deux grandes salles aux peintures modernes.

8. On redescend au 1er étage des Loges pour aller au *Musée*, le plus riche du monde, comprenant : le *musée lapidaire*, le *musée Chiaramonti*, le *Braccio Nuovo* (Bras Nouveau) le *musée Pio-Clementino*, les *musées étrusque et égyptien*, les *Arazzi*, les *Cartes*.

Le *musée ou galerie lapidaire*, œuvre de Pie VII (312^m), a 3000 inscriptions, grecques et latines, païennes et chrétiennes, des monuments funéraires païens et chrétiens, ces derniers provenant des catacombes.

Le *musée Chiaramonti*, fondé par Pie VII, de la famille des Chiaramonti, est séparé par une grille du précédent. Avant la grille est la *Bibliothèque Vaticane*, due à Nicolas V, dont nous parlerons plus loin. Canova organisa le musée Chiaramonti, qui se divise en 30 compartiments, contenant 700 bustes, statues, bas-reliefs, fragments antiques : *Apollon assis*, *J. César* en pontife, jolie statue de *Polymnie*, copie du *Cupidon* dit de *Praxitèle*, etc.

Le *Braccio Nuovo* ou aile nouvelle, Bras Nouveau, bâti sous Pie VII, par l'Allemand Stern (1816), long de 68^{m}23, est décoré de colonnes en granit et de marbres précieux. Pavé orné de mosaïques antiques. Bustes et statues : l'*Athlète* ou *Coureur* ; chef-d'œuvre de la statuaire antique, par Lysippe, sur un piédestal ; — *Achille traînant le cadavre d'Hector*, à l'entrée ; — *canéphore* ; — magnifique statue d'*Auguste*, trouvée (1863) sur la voie Flaminienne ; — buste de *Claude* ; — *Vénus Anadyomène*. — Dans l'hémicycle, le *Nil*, statue colossale avec 16 enfants, qui symbolisent les 16 coudées de sa crue ; — *Centaures et Lapithes*, belle mosaïque ; — petite statue de *Faune* ; — *Mercure*, en marbre pentélique.

Le *musée Pio-Clementino*, formé par les papes Clément XIV et Pie VI, possède les collections de Jules II, Léon X, Clément VII et Paul III, que Pie VI a considérablement augmentées. On visite les parties suivantes (les musées étrusque et égyptien, que l'on voit, au passage, ne font pas partie du musée Pio-Clementino) :

1° *Vestibule carré*, par un petit escalier. **Torse**

du Belvédère, des thermes de Caracalla, fragment de statue antique en marbre par l'Athénien Apollonius : Michel-Ange se disait « élève du Torse ». En face, sarcophage de *Scipion Barbatus*, consul, bisaïeul de Scipion l'Africain.

2° *Vestibule rond.* Bassin en marbre violet. Du balcon : *vue splendide.*

3° *Chambre de Méléagre.* Statue de *Méléagre*, chef-d'œuvre antique. Escalier en spirale dû à Bramante. Inscription de Mummius (147 av. J.-C.). En revenant dans le vestibule rond, un passage mène à la *Cour du Belvédère.*

4° *Cour octogone du Belvédère*, entourée d'un portique et de quatre cabinets aux chefs-d'œuvre de la sculpture antique. — 1er cabinet, de *Canova : statues de Persée*, des *deux lutteurs* ou *pugilistes*, par Canova, — 2e. *Mercure* ou *Antinoüs du Belvédère*, trouvé sur l'Esquilin du temps de Paul III, statue en marbre de Paros d'une perfection remarquable ; statues de *Bacchus, d'Hercule.* — 3e. Le fameux groupe du *Laocoon*, trouvé (1506) dans le palais de Titus, œuvre d'un pathétique saisissant : deux serpents étouffant Laocoon et ses deux fils. On attribue le groupe aux sculpteurs Agésandre, Polydore et Athénodore. — 4°. *Apollon du Belvédère*, trouvé au 15e s. à Porto d'Anzio (Antium), idéal de la beauté plastique, mais païenne ; statues de *Pallas* et de *Vénus.* — Sarcophages et bas-reliefs sous les portiques.

5° *Salle des animaux*, à la suite. Pavé en mosaïques antiques. *Animaux* sculptés, anciens et modernes ; *Hercule et le lion de Némée.* Coupe en vert de Corse ; table en vert antique. Statue de *Commode à cheval.*

6° *Galerie des statues*. *Génie du Vatican* ou *Cupidon de Praxitèle*, *Minerve pacifique*, *Caligula*, très belle *Amazone*, *Ariane-Cléopâtre*, *Pénélope*, *Apollon Sauroctone* ou *tueur de lézards* etc. Baignoire en albâtre oriental.

7° *Salles des bustes*. Fresques modernes. Bustes grecs et romains : *Caligula, J. César, Auguste, Cicéron, Domitia* (femme de Domitien), *Marc-Aurèle.* Statue de *Jupiter*. De la salle, on va dans une galerie, — d'où la *vue* porte sur le *monte Mario* et la vallée du Titre, — puis dans le suivant.

8° *Cabinet des masques* dû à Pie VI, généralement fermé. Bas-reliefs antiques ; mosaïque antique du pavé donnant son nom au cabinet ; des *Vénus, Apollon, Faune*.

9° *Salles des Muses*, entre la cour octogone et la salle des animaux, construite par Pie VI : 16 colonnes de marbre de Carrare la soutiennent. Coupole. Statues des *Muses*, trouvées à Tivoli (1774), et d'*Apollon Citharède*. Pavé en mosaïques antiques. Statues de *Démosthène, Socrate, Thémistocle, Eschine, Zénon*, etc.

10° *Salle ronde*, à la suite de la salle des Muses, batie par Pie VI. Mosaïques antiques du pavé. Piliers en marbre de Carrare. Bassin en porphyre rouge des thermes de Titus. Hermès de la *Comédie* et de la *tragédie* ; admirable tête de *Jupiter* ; *Cérès* ; *Hercule* colossal, dit *Mastaï*, donné par Pie IX (Mastaï) ; *Antinoüs* colossal, etc.

11° *Salle à croix grecque*, communiquant avec la dernière, et bâtie par Pie VI. Belle porte de 7^m de haut, Mosaïques antiques du pavé. Beaux sarcophages en porphyre rouge égyptien, restaurés (dépense : 500.000 fr.): celui de *Ste Hélène*, trouve hors de la porta Maggiore, et celui de *Sainte Constance*, fille de Constantin. *Vénus de Praxitèle*, drapée de bronze ; statue couchée du *Tigre* ; Auguste, etc.

12° *Musée égyptien*, vis-à-vis de la statue couchée du Tigre, ci-dessus, fondé par Pie VII, agrandi par Grégoire XVI (1836) : 4 salles, hémicycle et 5 cabinets de statues, divinités, momies, objects divers, manuscrits sur papyrus, sarcophages, animaux sacrés.

13° *Salle de la Bigue* (della Biga) ou du *Bige* (char), créée par Pie VI. Char antique (*Biga*) en marbre, à deux roues. Sarcophages. Discobole, Sardanapale, etc. De la salle, on monte au palier suivant et au musée ci-après.

14° *Musée étrusque grégorien*, fondé par Grégoire XVI (1836) et enrichi par Pie IX. Sarcophages, objets en bronze, vases peints, belles coupes, bijoux, etc.

15° En continuant par le palier de la Bigue, on entre dans la *galerie des Candélabres*, fondée par Pie VI. Elle a 6 travées : candélabres, colonnes, statues, mosaïques, sarcophages. Ici finit le musée Pio Clementino.

Des *Candélabres*, on passe dans la galerie des *Tapisseries* de *Raphaël* ou des *Arazzi*, tapisseries que Léon X fit dessiner par Raphaël et exécuter à Arras sous la conduite du Flamand B. Van Orley, pour la chapelle Sixtine. On les divise en deux sections : 1re, mort d'*Ananie* : en bas, *retour* du Cardinal de Médicis : remise des clefs à St Pierre ; au dessus, fuite du même cardinal ; *St-Paul* et *St Bar-*

nabé à Lystres ; *St Paul* à Athènes ; — 2ᵉ : *St Paul en prison* à Philippes ; *St Pierre*, guérissant les paralytiques ; au-dessus, cardinal de Médicis, prisonnier à Ravenne, d'où il s'échappe ; *massacre des Innocents*.

Entre la 1ʳᵉ et la 2ᵉ partie des *Arazzi* se trouve la galerie ornée de *Cartes géographiques*, par ordre de Grégoire XIII. Fresques d'Ign. Danti, dominicain (1581) et d'autres. Cartes de l'Italie exécutées par le père Danti.

On sort par l'escalier qui rejoint la *Scala Regia* (escalier Royal), ou par les chambres de Raphaël et la *cour St-Damase*.

9. Pour aller à la *Bibliothèque*, on peut entrer par la galerie Lapidaire, corridor Chiaramonti.

La *Bibliothèque Vaticane*, fondée par Nicolas V, a été enrichie par ses successeurs et particulièrement par le Pape Léon XIII, qui a ajouté notamment la belle *Salle Léonine*, à l'extrémité de la cour du Belvédère. Elle compte 220.000 volumes imprimés, 25.000 manuscrits grecs, latins, orientaux, un musée chrétien, un musée profane, etc. En voici les différentes pièces :

Antichambre. Portraits des bibliothécaires. Papyrus égyptiens relatifs aux rites funéraires du pays.

Salle d'étude. Marqueteries ; paysages.

Grande Salle, longue de 70 ᵐ 16 sur 15 ᵐ 58, avec fresques se rapportant à Sixte-Quint. Cadeaux faits aux papes. Armoires renfermant des manuscrits, dont les plus importants sont : *Bible*, du 4ᵉ siècle, *Virgile* du 5ᵉ siècle, *Térence* du 4ᵉ siècle et du 9ᵉ siècle, palimpseste de la *République* de Cicéron,

ron, bréviaire de *Mathias Corvin* de Hongrie (15e siècle), autographes de grands hommes (Tasse, Luther, Pétrarque), etc. — A droite de la salle, *archives*. — A son extrémité, galeries de 318ᵐ : la 1ʳᵉ, à droite contient 8 salles de manuscrits et de livres, ainsi que le cabinet du *musée profane*, dans lequel on remarque des camées, des œuvres de B. Cellini, des objets et ustensiles en bronze, des idoles. Par cette galerie entrent généralement les visiteurs : — la 2ᵐᵉ, à gauche, renferme le *musée chrétien*, le *cabinet des papyrus*, la *salle des peintures antiques italiennes* ou *byzantines*, la *chambre des noces Aldobrandines*, les *cabinets des sceaux antiques et des médailles*. On y admire la peinture représentant la *façade de St-Pierre*, telle que Michel-Ange l'avait dessinée, et la *coupole*.

Dans le *musée chrétien* (museo cristiano) ou sacré : inscriptions et bas-reliefs des catacombes ; — portraits de bibliothécaire ; — objets primitifs du culte, dans des armoires fermées ordinairement ; — *descente de croix*, bas-relief en ivoire d'après le dessin de Michel-Ange ; — camée du 16ᵉ s., orné du portrait de S. Pie V, à côté de la *descente de croix*: don de Pie IX ; — *triomphe de Charles V*, magnifique ouvrage de B. Cellini : — peintures en détrempe des maîtres grecs antérieurs à la Renaissance.

Le cabinet des *papyrus* est très beau.

Salle des *peintures byzantines* ou *italiennes anciennes*. Peintures de Giotto, Cimabue, Frà Angelico, Masaccio, etc ; — crucifix en cristal de roche ; — calendrier russe du 17ᵉ siècle. A côté de la salle, anc. *chapelle de Pie V* : adresses aux papes dans des meubles.

Chambre des *noces Aldobrandines*, vers le cabinet des papyrus. Voûte : fresques du Guide ; — *noces Aldobrandines*, peinture antique trouvée en 1606, ayant appartenu à la *Villa Aldobrandini*, au Quirinal, et représentant les noces de Thétis et de Pélée ; — *histoire d'Ulysse*, peintures antiques trouvées en 1853 ; — fresques antiques ; objets divers d'orfèvrerie.

10. Entre l'extrémité de la galerie et l'entrée du *musée, appartements Borgia*, construits pour Alexandre VI Borgia. Bas-reliefs, livres, fresques peintures, stucs ; — gravures sur cuivre réunies dans la 4e salle par Pie VII.

11. Au-dessous de la galerie lapidaire, par l'entrée à l'angle de la *cour St-Damase* (S. Damaso), *manufacture de mosaïques du Vatican*, qui a produit les belles mosaïques de St-Pierre. On y fabrique de petites mosaïques, et l'on reproduit en mosaïques les grands tableaux. Les émaux employés montent au nombre de 10.000, à cause de leurs nuances variées. Les artistes mettent de 10 à 20 ans pour les tableaux de la Basilique, et une année pour les portraits de St-Paul hors les Murs.

12. *L'entrée des jardins du Vatican* est dans le vestibule de la salle de la Bigue. Ces jardins ont 5.000^m de superficie. On arrive au *jardin della Pigna* (de la *Pigne* ou pomme de pin), qui tire son nom de l'énorme pomme de pin en bronze placée dans une grande niche de la façade principale. De là, on descend à la terrasse de la *Navicella*, d'où l'on jouit d'un beau panorama de la ville. Dans les jardins, on admire un magnifique carré d'orangers ; — une grotte de Lourdes ; — le joli

monument, en marbre africain, commémoratif du *concile du Vatican* (1870), de 27ᵐ de haut, inauguré le 22 août 1885, en présence du pape Léon XIII : sur la colonne, chapiteau au-dessus duquel est la statue de *S. Pierre*, placée au faîte le 3 septembre 1885, en présence du pape ; — bas-reliefs relatifs aux principaux faits du concile.

De plain-pied avec les jardins, *Villa Pia* (Ville Pie) ou *Casino del Papa* (Casino du Pape) Pie IV, construit sous Pie IV par P. Ligorio, décoré par Barocci, Zucchero, Santi Titi, et restauré sous Léon XII.

13. L'*Observatoire*, créé par Grégoire XIII et rétabli (1891) par le pape Léon XIII, qui a ajouté la tour Saint-Léon, possède les meilleurs instruments.

Près du Vatican, aux *Prati Castelli*, église *San Gioachino* (S. Joachim), inaugurée le 15 février 1894.

XVI. Au nord du Vatican, porta *Angelica*, de 1566, par laquelle, le 21 septembre 1870, durent sortir les soldats qui avaient défendu le Pape : ils crièrent : « *Vive le Pape ! Vive Pie IX !* » en défilant fièrement devant les troupes italiennes. Par la porte Angélique, on se rend : 1º à la Villa *Madama* (1.500 m.), sur une colline à gauche, construite pour le card. de Médicis (Clément VII) : fresques ; belle vue ; — 2º au *monte Mario* (mont Marius), à 20 minutes de la porte : de la villa *Mellini*, une allée de chênes mène au sommet, élevé de 146ᵐ, d'où l'on jouit d'une vue splendide.

XVII. — Au sud de la place Saint-Pierre, *porta*

Cavalleggieri, près de la colonnade, par où pénétrèrent (1527) les hordes du connétable de Bourbon. A côté, villa *Barberini*, d'où l'on peut aller à *Sant'Onofrio* (S.-Onuphre), sur le versant du mont *Janicule*. L'église, bâtie par Eugène IV (15e s.), appartient aux Hiéronymites. De la terrasse, devant l'entrée, panorama de la ville, des montagnes, des champs. Portique, décoré de 3 fresques du Dominiquin (*vie de saint Jérôme*), formé de colonnes antiques. Fresques à l'abside. Côté droit, 2e chapelle : *Notre-Dame de Lorette*, d'Annibal Carrache ; — côté gauche, 1re chapelle : tombeau du Tasse, par de Fabris (1857), commandé par Pie IX, avec statue du poète ; — 2e chapelle, tombeau du card. polyglotte Mezzofanti († 1849).

Dans le couvent, attenant à l'église, galerie du 1er étage, *Vierge au donateur*, de L. de Vinci ; — à l'extrémité, chambre-musée du Tasse, où mourut le poète (1595) : buste en bois du Tasse ; objets lui ayant appartenu ; inscription gravée par ordre de Pie IX. De la galerie, splendide panorama : monts Albains et de la Sabine, Rome et le Tibre, le Soracte neigeux. Le jardin possédait l'immense chêne à l'ombre duquel priait le Tasse.

A côté de S.-Onuphre, école *militaire*. A une petite distance, palais *Salviati* de la *Lungara*, où siège la cour martiale, et le jardin *botanique*, créé en 1837.

De St-Onuphre, on gagne la via *della Lungara* et le pont suspendu. En longeant le Tibre, on atteint bientôt la rue du *Borgo Santo Spirito*, avec le célèbre *hôpital (Ospedale) St-Esprit*, reconstruit en 1471 et agrandi depuis ; la fondation remonte à 1201 (Innocent III). Les enfants, reçus dans un tour, quittent l'hôpital ou les familles adoptives à 20 ans, les garçons, avec une somme de 53 fr. 50. Quand les filles sortent, on leur donne 535 fr. de dot; celles qui restent forment le *Conservatoire*, et s'occupent de travaux divers à l'aiguille. — Les malades sont reçus dans une autre partie de l'hôpital.

Près de l'hôpital, *asile d'aliénés* fondé par Pie IX; — église *Santo Spirito in Sassia*.

On revient à la piazza di Venezia par le *ponte Vittorio Emanuele* et le Corso du même nom.

2me jour (1). — *De la piazza di Venezia à la porta del Popolo.*

XVIII. *Piazza di Venezia.* Via del Corso. Palais *Bonaparte* (voir X).

Somptueux palais *Doria-Pamphili*, avec façade sur le Corso, n° 305. *Galerie de 800 tableaux* en 15 salles : *paysages* de Cl. Lorrain, de N. Poussin, de Guaspre; — *portraits*; — *Mariage de Sainte Catherine*, de l'école de J. Bellini; — *Sainte Famille*, de frà Bartolommeo et d'Andrea del Sarto; — *descente de Croix*, de Memling; — *Visitation*, de Garofalo; — *Vierge et enfant*, du Guide; — *Noces aldobrandines*, copie du Poussin; — *Innocent X*, portrait, par Vélasquez.

En face du palais Doria-Pamphili, palais *Salviati* et *Odescalchi*.

A l'angle du palais *Doria*, église *Santa Maria in via Lata* (de la rue Large), ainsi nommée parce que, à l'origine, elle était près de la *via Lata*,

(1) Voir le paragr. IX pour les heures.

anc. *via Flaminia* (voie Flaminienne). Elle occupe la maison du soldat Martial, converti par S. Paul, son prisonnier. Des colonnes de marbre la divisent en 3 nefs. A gauche de la porte, tombeau d'une princesse Bonaparte. Au maître autel, *Vierge miraculeuse* attribuée à S. Luc, trouvée dans la prison. Au porche, deux escaliers, conduisant à la prison de S. Paul : 1º celui de droite, avec l'inscription : *anc. oratoire des SS. Paul, Luc et Martial*, S. Luc ayant été le compagnon de l'apôtre ; 2º celui de gauche, après lequel on voit la colonne où S. Paul était attaché, puis un autel avec le bas-relief de la *fuite en Egypte* ; près de l'autel, source limpide qui jaillit pour le baptême de Martial. Plus loin, à droite, grande pièce où resta l'image miraculeuse de l'église ; autel à gauche, avec bas-reliefs des SS. Paul, Luc, Martial. Dans la prison, S. Paul écrivit plusieurs épîtres ; on croit que S. Luc y rédigea les Actes des Apôtres. S. Paul demeura deux ans dans la maison de Martial.

Après la via di *Santa Maria in via Lata*, palais *Simonetti*, en face de l'église *San Marcello* (S.-Marcel), au Corso, élevé par le pape du même nom sur la maison de la noble dame Lucine, et reconstruite au 16ᵉ s. par Clément VII. Maître autel : corps des SS. Marcel et Phocas ; — peintures nombreuses ; — 1ʳᵉ chapelle à droite, de *l'Annonciation* ; — 3º, de la Madone *des Grâces* (delle Grazie) ; — 4ᵉ : *Adam et Ève*, à la voûte ; crucifix miraculeux ; monument du card. Hercule Consalvi.

En quittant St-Marcel, on rencontre à peu de distance, sur la *place del Collegio*, le célèbre *collège Romain* (université *Grégorienne*), bâti (1582) par

Grégoire XIII et illustré par les cours des Jésuites, leurs élèves, *l'observatoire* du P. Secchi et le *musée créé* par le P. Athanase Kircher. Le gouvernement italien s'en est emparé et a chassé les Jésuites. Il comprend aujourd'hui le *liceo* (lycée) *Ennio Quirino Visconti* ; la *société géographique* ; le *musée astronomique Copernic* ; *l'observatoire* (specola) ; la *bibliothèque Victor-Emmanuel*, de 350.000 volumes ; le *musée Kircher*, préhistorique et éthnographique (3º étage) : — *le musée des plâtres*. Les chambres des SS. Louis de Gonzague et Jean Berckmans ont été laissées aux Jésuites.

Le musée (entrée 27, *via del Collegio*) demande une visite sérieuse : Anc. *musée Kircher*, dans la galerie et deux salles : terres cuites, bronzes, verres, vases, antiquités chrétiennes, émaux, ivoires, inscriptions ; graffite du palais des Césars, représentant un *homme adorant un personnage à tête d'âne crucifié* ; — musée *ethnographique* des différentes parties du monde ; — musée *préhistorique*, dans de nombreuses salles : objets des stations lacustres, tombeaux, etc. ; — à droite des tombeaux, galerie : sculptures et mosaïques antiques, bronzes, *cista* (*ciste*) di Ficorini avec gravures, provenant de Palestrina.

De *l'observatoire*, vue magnifique.

En faisant la tour du collège Romain, on voit l'église *Sant'Ignazio* de Loyola (S. Ignace), sur la *piazza di Sant'Ignazio*. Construite en 1626, cette église, grande et belle, a trois nefs. Plafond peint par le jésuite Pozzi. Maître autel : *S. Ignace*, peint par Pozzi ; à gauche, modèle de la statue de *S. Ignace*, de St-Pierre, statues de la *Foi*, de l'*Espé-*

rance, de la *Charité*, et de la *Religion* ; — à droite, tombeau de Grégoire XV : statues de la *Religion* et de l'*Abondance*. — Chapelles de droite : *St-Stanislas* ; — *St-Joseph* ; — *St-Joachim* ; — *St-Louis de Gonzague*, très riche, due au prince Lancelotti : urne en lapis-lazuli renfermant le corps du saint ; bas-relief de l'apothéose du saint. — Chapelles de gauche : en face de St-Louis de Gonzague, l'*Annonciation* : tableau de l'*Annonciation*; restes de S. Jean Berckmans ; — autres autels qui suivent : *Crucifix*, *S.-François-Xavier*, *SS. Grégoire le Grand* et *Grégoire Thaumaturge*.

Tout ce quartier occupe l'antique enceinte *Septa Julia*, du champ de Mars.

XIX. — En sortant de St-Ignace par la grande porte, on prend la *via del Seminario* : **collège Germanique**, fondé par S. Ignace, où se font les cours du collège Romain. On arrive à la place de la Rotonde ou du Panthéon : *obélisque* avec hiéroglyphes.

Le *Panthéon d'Agrippa, la Rotonda*, le plus beau monument de l'antique plaine du *champ de Mars*, peut être comparé à l'église parisienne de l'Assomption (près de la Madeleine). Construit par Agrippa (Marcus), le gendre d'Auguste, comme le constate l'inscription de la frise, l'an 26 av. J.-C., brûlé sous Titus et sous Trajan, il fut restauré dès Antonin le Pieux et fermé au 4me s. L'empereur Phocas le donna (608) à Boniface IV, qui le consacra à Dieu sous le vocable de *Ste-Marie des Martyrs* (*ad Martyres*) ou de la *Rotonde*. Le pape y fit transporter 28 chariots d'ossements des catacombes ; il y mit aussi l'antique image que le

Chapitre de St-Pierre couronna en 1652. Différents papes firent réparer et dégager l'édifice.

Les murs du Panthéon ont 6^m 70 d'épaisseur ; le portique, large de 33^m 10, se compose de 16 colonnes monolithes en granit, de 12^m 30 de haut ; les portes sont anciennes et revêtues de bronze ; à l'intérieur, le temple, circulaire, n'a de jour que par l'ouverture de la coupole, qui a 43^m 49 de diamètre et autant de hauteur. La hauteur du monument est de 42^m 73. La coupole repose sur les murs, dans lesquels étaient 8 édicules où se trouvaient les statues des dieux : on les a transformés en autels, et on a creusé trois chapelles dans les murs entre ces édicules. Des plaques d'or décoraient la voûte, et des tuiles en bronze doré garnissaient le toit. — Maître autel : *image* miraculeuse de la Ste Vierge ; — 5° autel à gauche, de la *Ste Vierge* : statue de la *Madone du Rocher* (del Sasso) ; tombeau de Raphaël ; d'un côté du tombeau, restes de sa fiancée ; de l'autre, ceux d'Annibal Carrache ; — chapelle voisine, monument du cardinal Hercule Consalvi, ministre de Pie VII, par Thorwaldsen : — 4° chapelle à droite : tombeau du roi Victor-Emmanuel II (†1878), avec monument inauguré en 1887, et composé : d'une plaque de bronze surmonté d'un grand aigle, d'une urne en porphyre et de deux grands candélabres en bronze.

Ici le 2 octobre 1891, on prétendit que des pèlerins français avaient manqué de respect au roi défunt, ce qui fut la cause des insultes prodiguées par la populace aux Français, que ne protégèrent ni la police italienne, ni hélas ! l'ambassadeur de France.

A côté du Panthéon, *thermes d'Agrippa*, dégagés en 1881.

XX. Du Panthéon, *la via della Minerva* permet de se rendre à la *piazza della Minerva*, dont *l'obélisque*, en granit d'Egypte, a été dressé sur un éléphant (1767) par le Bernin. Fontaine.

Sur un des côtés de la place, église ogivale *Ste-Marie-sur-Minerve* ou *de la Minerve* (Sta Maria sopra Minerva), bâtie sur les ruines du *temple de Minerve* érigé par Pompée. Commencée en 1285, elle a été rebâtie en 1370, restaurée et peinte (1848-1855) sur les dessins du dominicain Jérôme. Façade : inscriptions relatives aux crues du Tibre. Intérieur à 3 nefs. Voûte et murs ornés et peints sur fond d'azur : *Saints dominicains ; prophètes, évangélistes, docteurs.* — Maître autel, de *Ste Catherine de Sienne*, en cuivre doré : corps de la sainte ; à gauche, tombeaux de Léon X et de Clément VII, par Bandinelli, et pierre tumulaire du card. Bembo ; — devant le maître autel, à gauche, *Christ* en marbre, de Michel-Ange ; — dans le vestibule qui longe le chœur, tombeaux de Frà Angelico et de cardinaux ; — au mur d'entrée à droite, tombeau de Dictisalvi de Florence. — Transept de droite : chapelle du *crucifix* : crucifix par Giotto ; — chapelle *St-Thomas d'Aquin* : *sibylles et anges*, fresques de la voûte; *la Vierge, S. Thomas, et le card. Caraffa*, par Fil. Lippi ; à droite, *triomphe de S. Thomas*, du même ; à gauche, tombeau de Paul IV; — tombe ogivale de l'évêque (14ᵉ s.) G. Durand, de Mende ; — *la Vierge et l'enfant Jésus*, mosaïque ; — à la suite de St-Thomas d'Aquin, *cha-*

pelle *Altieri* ; — chapelle *du Rosaire* : *mystères du Rosaire, histoire de Ste Catherine de Sienne*, fresques de Vecchi. — Nef droite : 4me chapelle, de *l'Annonciation* : tableau sur fond d'or avec portrait du card. Torrecremata, fondateur de la confrérie (1460) qui fournit des dots aux jeunes filles pauvres ; tombeau d'Urbain VII ; — 5me chapelle, des *Aldobrandini* : *la Cène*, de Barocci ; tombeaux de famille ; tombeaux des père et mère de Clément VIII ; statue de Clément VIII. — Chapelles diverses : *Saint-Dominique, au fond du transept : Saint Dominique de Suriano*, image vénérée ; — *S.- Pie V* : corps de Ste Victoire ; — *Maffei : S. Sébastien*, statue par Mino da Fiesole ; — chapelle *Naro*, avant-dernière : *Vierge consolatrice des affligés*, image miraculeuse ; — Sacristie : *Christ en Croix*, d'A. Sacchi ; — derrière l'autel de la Sacristie, chapelle formée des parois de la chambre où mourut Ste Catherine de Sienne. — Remarquer encore : dans le bas côté gauche, les tombeaux du card. Tebaldi, de Fr. Tornabuoni, de la princesse *Lante* (5me chapelle) ; — dans le bas côté droit, un sarcophage antique.

Le couvent contigu appartenait aux *Dominicains*, qui n'y possèdent plus qu'un petit bâtiment, le gouvernement italien ayant pris le reste pour le *ministère des finances*. Cloître : fresques du *sommeil de S. Dominique, de l'Annonciation*, de la *Visitation*, de la *Nativité de Jésus*, de la *Purification*, de *Jésus retrouvé*, de la *bataille de Lépante* (1571). La bibliothèque du couvent, prise également par les Italiens, s'appelle b. de *la Minerve*, ou b. *Casanatense*, du nom de son fondateur, le card. Casanate. Elle renferme 1.000 manuscrits et 150.000 volumes : après celle du Vatican, la b. de la Minerve est une des plus importantes. Elle communique, par une passerelle au-dessus de la rue, avec la bibliothèque du collège Romain.

En face de l'église, on a la *via di Santa Chiara* (Sainte-Claire) : au n° 14, la vraie chambre habitée par Ste Catherine de Sienne.

XXI. — De la piazza della Minerva, on peut aller à la *via della Sapienza*, où l'on voit l'Université romaine de la *Sapience* (Sapienza, archiginnasio della Sapienza), fondée en 1244 : cabinets minéralogique et géologique ; *bibliothèque* de 60.000 volumes *jardin botanique* (orto botanico) au Trastevere (1 f.). De là, on gagne la *piazza di Sant'Eustachio* (St-Eustache), *eglise St-Eustache*, restaurée par Célestin II († 1198) et qui possède : taureau de bronze dans lequel S. Eustache souffrit le martyre ; partie de la lance du saint ; cercueil de porphyre antique dans lequel reposent les corps du Saint, de sa femme Théopista et de leurs enfants Agapit et Théopiste.

A quelque distance de St-Eustache, *palazzo Madama* (auj. le *Sénat*), la *piazza Madama* et *San Luigi dei Francesi* (S.-Louis des Français), dont la fête a lieu le 25 août.

L'église nationale des Français, construite en grande partie aux frais de Catherine de Médicis, fut achevée en 1589 d'après les dessins de Giac. della Porta. Intérieur à 3 nefs, divisées par des pilastres coniques. Voûte et nef : peintures de Natoire. — Côté droit : 1er pilier : monument pyramidal en marbre blanc élevé (1852) à la mémoire des soldats français morts au siège de Rome en 1849 ; 2me pilier : tombeau du peintre Sigalon ; — 2me chapelle, *Ste-Cécile :* vie de *Ste Cécile,* fresques du Dominiquin ; sur l'autel, copie de la *Ste Cécile* de Raphaël ; — 3me chapelle, de *Ste-Jeanne de Valois ;* — 5me chapelle : tombeaux des peintres Wicar et Guérin. — Maître autel : l'*Assomption,* de Fr. Boassano. — Côté gauche : 1re chapelle : *S. Mathieu,* de Caravage ; — 2me chapelle : monument du général G. de Pimodan, tué à Castelfidardo (1860) ; — 1er pilier : monument de C. Lorrain, par Lemoyne. — Sacristie : sur la porte, tombeau du card. de la Grange d'Arquien, beau-père de Sobieski. — Autres monuments : tombeaux du card. ambassadeur d'Ossat, du card. de Bernis, de Mme de Montmorin, de l'archéologue J. B. Séroux d'Agincourt.

Entre San Luigi et le palais Madama, *palais Giustiniani.*

Par la belle *via della Scrofa,* on atteint la *piazza di Sant'Agostino : église Sant'Agostino* (S-Augustin), à coupole, bâtie (1480-1483) par le card. d'Estouteville, de Rouen ; restaurée (18e s., et 1862 à 1863) en plusieurs fois. La coupole, la 1re élevée à Rome, date de 1580. Intérieur à 3 nefs. En entrant, célèbre *Madonna del Parto* (Vierge de l'Enfantement), de Sansovino, fêtée solennellement le 2me dimanche d'octobre (la Maternité divine), et couronnée le 2 juillet 1851 par le chapitre de S.-Pierre, en actions de grâces de la délivrance de Rome (1849) : nombreux ex-voto ; — 3me pilier de gauche : *le prophète Isaïe assis,* célèbre fresque de Raphaël (1512), restaurée par Daniel de Volterra ; — maître autel, dessiné par le Bernin : *image de la Ste Vierge (Mater pietatis)* appelée *Joie du Ciel, Secours du monde, Soulagement du Purgatoire*, apportée de Constantinople (15ᵉ s.) ; — la chapelle suivante renferme un autel avec le corps de Ste Monique dans une urne de vert antique ; — *chapelle Pamphili*, très riche, dans le bras gauche de la croix ; — à *l'autel de Lorette*, tableau de Caravage ; — 4ᵐᵉ chapelle à gauche, groupe en marbre (*la Vierge et Ste Anne*); — 5ᵐᵉ autel, du *Crucifix*, dans la nef à droite : image vénérée ; — autel de *St-Augustin*, dans le bras droit du transept : *St-Augustin*, du Guerchin.

Dans le *couvent St-Augustin*, annexé à l'église, occupé auj. par le *ministère de la marine, bibliothèque Angelica* (Angélique), fondée par le card. Angelo Rocca, ouverte jusqu'à 2 h.: 100.000 volumes, 3.000 manuscrits.

De St-Augustin, on suit la via *delle Copelle*, on tourne à droite le long du *théâtre Capranica*, puis à gauche sur la *piazza Capranica*, on passe derrière *Sainte-Marie* (Sta Maria) in *Aquiro*, église bâtie par Grégoire III (8ᵉ s.) : elle tire son nom des jeux équestres qui avaient lieu dans le voisinage. En suivant la *via di Sta Maria in Aquiro*, on longe l'église *Sta Maddalena* (Ste-Madeleine). De Sta Maria in Aquiro, en prenant à gauche, on traverse la *piazza di Pietra* (place de la Pierre), devant la *douane terrestre*, anc. *temple d'Antonin le Pieux* (ou de *Neptune*), dont il reste onze colonnes cannelées en marbre blanc.

De cette dernière place, il est facile de parvenir à la *piazza di Monte Citorio* : palais de la *chambre des députés* (Camera dei Deputati), de 1650, anc. *Curia Innocenziana* (Curie d'Innocent), qui était le siège de la police papale : — *obélisque* de granit rouge, avec hiéroglyphes, de 28 m. 94 de hauteur totale, mais abimé par un incendie : Auguste l'avait consacré au soleil.

Tout à côté de la piazza di *Monte Citorio*, belle *piazza Colonna*, sur le *Corso*, entourée : 1° au nord, par le *palais Chigi*, bâti par Giac. della Porta et C. Maderno : petite galerie de tableaux ; *Madeleine repentante*, au désert du Guerchin ; *conversion de S. Paul*, du même ; les *Saisons*, par C. Maratta, — bibliothèque, riche en manuscrits. Près du palais, sur le Corso, à gauche, les palais *Verospi* et *Teodoli* ; — 2° à l'ouest, par l'anc. *hôtel des postes* ; — 3° au sud, par le *palais Farrajoli* ; — 4° à l'est, par le palais *Piombino*. Sur la place : 1° *fontaine* dessinée sous Grégoire XIII par Giac. della Porta ; — 2° *colonne* dite colonne *Antonine*, ou *colonne de Marc-Aurèle*, restaurée en 1589 par ordre de Sixte-Quint : hauteur totale 44 m. 15 ; statue de *S. Paul* au sommet ; bas-reliefs des *guerres de Marc-Aurèle* sur le Danube ; escalier intérieur de 190 marches. Un des bas-reliefs relate le miracle de la *légion fulminante*, mais en l'attribuant aux dieux.

XXII. — En face du palais *Teodoli* (XXI), la *via delle Convertite* conduit à l'église *San Silvestro in Capite*, du 3ᵉ s., fondée par le pape S. Denis, dédiée plus tard aux papes SS. Silvestre et Étienne. Son nom lui vient de la *tête (caput,* capitis) de S. Jean-Baptiste, qu'elle reçut de la cathédrale d'Amiens. Beau portrait de *Jésus-Christ*. Paul 1ᵉʳ fit restaurer et reconstruire l'église (8ᵉ s.). Belles peintures.

Le magnifique couvent des *Clarisses*, contigu à à l'église St-Silvestre, *piazza San Silvestro*, est auj. occupé par le *ministère des travaux publics* et par l'*hôtel des Postes et Télégraphes*. — Sur la place, monument de *Métastase*.

Un peu plus loin, près du Corso, église *San Lorenzo* (Laurent) in *Lucina*, sur la *piazza di San Lorenzo in Lucina*, fondée par une pieuse femme du nom de Lucine, reconstruite au 12ᵉ s. Maître autel : *Christ en Croix*, du Guide ; — chapelle suivante, à gauche, de l'*Immaculée Conception* : sous l'autel, gril de S. Laurent, vases contenant du sang et de la chair rôtie du saint ; — à la 3ᵐᵉ chapelle gauche, tombeau de N. Poussin, par Lemoyne, aux frais de Chateaubriand ; — à la 3ᵐᵉ chapelle, à droite : corps de S. François Caracciolo sous l'autel.

Au sud-ouest de S.-Laurent, à peu de distance, palais *de Florence* (Firenze).

A peu de distance, au nord-ouest de S.-Laurent, célèbre *palais Borghèse, piazza Borghese*, commencé par le card. Dezza (1590) et achevé par Paul V Borghèse. Cour avec portiques soutenus par 96 colonnes de granit; statues colossales de *Cérès* et d'*Isis*. Magnifique *galerie de tableaux* en 12 salles : 1ʳᵉ : *Madones*, de Botticelli, du Pérugin, de Francia, de Lorenzo di Credi ; — *Stes Familles*, de Botticelli, de Lorenzo di Credi, de Pollajolo ; — 2ᵐᵉ : *mise au tombeau*, de Raphaël, un chef-d'œuvre ; — *S. Etienne*, de Francia ; — 3ᵐᵉ : *Jésus avec sa croix*, de Solari (A.) ; — la *Flagellation*, de Séb. del Piombo; — 4me : *Sibylle de Cumes*, du Dominiquin ; *Madone*, de Sassoferrato ; — 5me : les *quatre saisons*, de l'Albane, 4 paysages mythologiques ; — *chasse de Diane*, du Dominiquin ; — 6me : *S. Stanislas et l'enfant Jésus*, de Ribera ; — 7me, salle *des miroirs* (degli specchi) : miroirs ; — 8me : curiosités, objets d'art, tableaux divers ; — 10me : *S. Jean-Baptiste*, de P. Véronèse ; — *S. Dominique*, du Titien ; — l'*Amour sacré* et *l'amour profane*, du même : deux belles femmes sont assises au bord d'une citerne où un enfant puise de l'eau ; — 11me : la *Visitation*, de Rubens ; *Madone et Saints*, de Palma le Vieux ; — 12me : *mise au tombeau*, de Van Dyck ; *animaux*, de P. Potter.

Du palais Borghèse, on se rend au *pont St-Ange*, par la *piazza Nicosia*, les vie *monte Brianzo, di Tor di Nona*.

Immédiatement après la *piazza di San Lorenzo in Lucina, palais Ruspoli*, de 1572-1585 : bel escalier de 120 marches, en marbre de Paros. Rez-de chaussée occupé par la *Banque nationale* (Banca nazionale). — Un peu au delà, église *San Carlo* (Charles) ; au Corso ou *SS. Ambrogio et Carlo*, très ornée : autour du chœur nef circulaire avec autel renfermant un crucifix, le cœur, un linge imbibé du sang de S. Charles Borromée. *L'hôpital S. Carlo*, annexé à l'église, est affecté aux Lombards malades. — De San Carlo, on n'a que peu de chemin à faire pour atteindre la *via di Ripetta*, le *port* (porto) et le *ponte Nuovo* (pont Neuf) ou *di Ripetta* : en face du port, église *San Girolamo dei Schiavoni*

Guide pratique, etc.

(S.-Jérôme des Esclavons), petite église que Nicolas V accorda aux Esclavons chassés de leur pays par les Turcs, et rebâtie sous Sixte-Quint : peintures estimées.

Près de là, *église San Rocco* (St-Roch), où ont été transportées les reliques de S. Roch. Elle appartient à *l'hôpital St-Roch* ou de la *Maternité*, fondé en 1500 par le card. Salviati.

XXIII. — En continuant le Corso, on trouve : 1° d'un côté, à gauche, la *via de' Pontefici* (rue des Pontifes) : *anfiteatro Umberto* (Amphithéâtre Humbert), tout près des ruines de l'antique *mausolée d'Auguste* : de ce mausolée, érigé (27 av. J.-C.) par Auguste, pour lui et sa famille, entre le Tibre et la *via Flaminia*, il reste deux enceintes : — 2° de l'autre côté, à droite, la *via Vittoria* : petite *église Ste-Ursule*, et *couvent des Ursulines*, dont les Italiens se sont emparé, laissant aux Sœurs un très petit local.

Plus loin, à gauche, *via San Giacomo* (St-Jacques) et l'église *San Giacomo in Augusta* ou des *Incurables* (degli Incurabili), qui donne son nom au *grand hôpital* du même nom, fondé par un card. Colonna et agrandi par le Card. Antoine-Marie Salviati, pour les personnes atteintes de graves maladies. Après avoir passé deux rues, on voit sur la gauche le palais *Rondinini*.

Avant la place du Peuple, deux églises attirent l'attention : 1° *Santa Maria di Monte Santo*, commencée en 1662 et terminée par le Card. Quastaldi : doit son origine à une image miraculeuse de la Ste Vierge. Tableau de la 3ᵉ chapelle à gauche, par Maratta : *S. Jacques et S. François devant la*

Ste Vierge ; — bustes en bronze des papes Alexandre VII, Clément IX et X, Innocent XI. L'église est encore nommée *Sta Maria Regina Cœli* (Ste-Marie, Reine du Ciel) ; — 2° *Sta Maria dei Miracoli* (des Miracles), confiée (1584) à S. Camille de Lellis, reconstruite en 1662 et achevée par le card. Quastaldi. Elle doit également son origine à une image miraculeuse de la Ste Vierge.

Piazza del Popolo (place du Peuple), de forme elliptique, l'une des plus belles de Rome et d'où partent trois grandes rues (voir VIII). Elle est à l'entrée nord de Rome. Au centre, obélisque de granit rouge, de 36 m. 36, croix comprise, amené d'Egypte sous Auguste et érigé par Sixte-Quint. Sur la place, deux belles fontaines : une avec la statue de *Rome, du Tibre et de l'Anio ;* l'autre, avec *Neptune*.

Par des rampes faciles, ornées de statues, on monte à la belle promenade du *Monte Pincio*, le Bois de Boulogne des Romains, commencée par les Français (19ᵉ s.), continuée par Pie VII, qui l'a ornée d'un *obélisque* (consacré par l'empereur Adrien à son favori Antinoüs), et terminée par les successeurs de Pie VII. Monument de Galilée (1887), bustes et statues : *vue magnifique.* — Au bas de la promenade, entrée de la *villa Médicis* ou *Académie de France*, reconstruite par le card. Alex. de Médicis (Léon XI, † 1605) et propriété française depuis 1803 : beaux ombrages ; jardins avec très belle vue ; portraits des pensionnaires ; bibliothèque ; tunnel des anc. Romains, sous le mont, amenant *l'acqua Vergine* à la place d'Espagne.

Tout près de la porte du Peuple, église *S. Maria del Popolo* (du Peuple), construite par Pascal II (1099) sur l'emplacement des tombeaux des Domitiens, ruinée depuis, relevée (1227) par les soins du *peuple*, recontruite (1471) sous Sixte IV, embellie par Jules II et restaurée par Alexandre VII. Intérieur à 3 nefs; coupole octogonale. — A droite: 1re chapelle, des *Venuti*: la *Nativité de Jésus*, du Pinturicchio; tombeau du card. C. de la Rovère et du card. de Castro ; — 2me chapelle, des *Cibo*: 16 colonnes de jaspe sicilien; marbres rares; *Vierge immaculée*, de C. Marratta; urne contenant le corps de Ste Faustine, près de l'autel; à gauche, tombeau de Laurent Cibo; à droite, celui d'Ald. Cibo, qui fit orner la chapelle; — 3me, de la *Ste Vierge*: *Visitation*, *Fiançailles de la Ste Vierge*, la *Ste Vierge présentant l'enfant Jésus à SS. Augustin et François*, etc., du Pinturicchio ; — 4me, de *la Rovère-Ingenheim*: *Ste Catherine, St Antoine et St Vincent*, bas-relief du 15e s.; tombeaux de M. Albertoni et du card. de Lisbonne. — Maître autel: image miraculeuse de la *Ste Vierge* attribuée à S. Luc; 4 colonnes de beau marbre gris noirâtre. — Chœur : fresques du Pinturicchio : *Couronnement de la Vierge*; 4 *évangélistes*, 4 *sibylles*, 4 *Pères de l'Eglise* ; — vitraux peints sous Jules II : *Vie de la Ste Vierge* ; — tombeaux, par C. di San Savino, des card. H. Basso et A. Sforza. — Côté gauche : 1re chapelle, Pallavicini :*Baptême de Jésus*, de Rossi; tombeau du card. Pallavicini; — 2me chapelle *Chigi*, et de *N.-D. de Lorette*, bâtie par Raphaël : petite coupole; devant d'autel, en bronze sculpté, par Lorenzetto; mosaïques à la voûte d'après les dessins de Raphaël et représentant *Dieu créateur* entouré du soleil *(Apollon)*, de la lune *(Diane)* et des planètes *Saturne, Jupiter, Mars, Vénus, Mercure*, conduites par des anges ; la *Nativité de Marie* ; statues de *Daniel* et d'*Habacuc*, par le Bernin, de *Jonas*, par Raphaël, d'*Elie*, ébauchée par Lorenzetto ; tombeau de Sig. et d'Ang. Chigi, par le Bernin ; en dehors de la chapelle, monument de la princesse Chigi († 1771) ; — dernière chapelle, avant le chœur, consacrée à *la Ste Vierge* : *Assomption*, d'Annibal Carrache ; *crucifiement de S. Pierre, conversion de S. Paul*, fresques de M.A. Caravage. Corridor menant à la sacristie : *Ste Vierge, Ste Catherine et S. Augustin*, fresque. — Sacristie : magnifique tabernacle provenant du maître autel.

Luther célébra pour la dernière fois la messe dans *le couvent des Augustins* contigu à Ste-Marie-du-Peuple.

XXIV. — Après Ste-Marie du Peuple, *porta del Popolo*, au nord de Rome, à côté de l'anc. *porta Fluminia* (auj. murée), qui donnait sur la *voie Flaminienne* : de cet endroit, les évêques présents à Rome datent leurs lettres pastorales. En sortant de Rome par la porte du Peuple, on voit : 1°, à droite, *la villa Borghèse*, construite (17ᵉ s.) par Scip. Borghèse : vastes et beaux jardins, ouverts au public ; sculptures antiques dans le Casino ; grand salon du 1ᵉʳ étage : 3 groupes du Bernin à 18 ans : *David, Enée et Anchise, Apollon et Daphné* ; vue de la terrasse ; — 2°, à droite, *la villa di Papa Giulio* (du pape Jules) : *musée d'antiquités* ; — 3°, à gauche, *promenade dite du Pous-*

sin ; 4°, à droite, église *St-André* (Sant'Andrea), de 1527, dessinée par Vignole.

C'est par la porte du Peuple qu'on se rend au *Ponte Molle* (3 k., anc. *pont Milvius*), témoin de la victoire de Constantin sur Maxence, en 312. De là, une route conduit à *Bracciano* (35 k. de Rome) : lac de 33 kil. de tour, de 300 m. de profondeur, aux bords entourés de forêts, et sur la rive nord duquel sont les eaux thermales sulfureuses de *Vicarello*. Une autre route mène à *Véies* (18 à 20 kil.), ville ruinée, d'un intérêt restreint.

On revient à la piazza di Venezia par le chemin le plus rapide, *la via del Corso*. On remarque, avant d'arriver à l'église *S. Marcello* (XVIII), le palais suivant que l'on n'a pas encore vu : le palais *Sciarra Colonna*, piazza Sciarra, du 16° s. Dans sa *galerie de de tableaux* (fermée), *joueur de violon*, par Raphaël.

3me jour — (1). *De la place de Venise à la place Navone, de la place Navone au Tibre, à l'île Saint-Barthélemy et au Transtévère.*

XXV. — De la place de Venise (*piazza di Venezia)* à la *piazza Navone*, par la *via del Corso*, la *piazza di Sant'Ignazio*, la *piazza della Rotonda, San Luigi dei Francesi, Sant'Agostino*, du 2° jour.

De Sant'Agostino, on trouve la piazza *Sant'Apollinare (St-Apollinaire)*, à peu de distance du *palais Altemps*, et qui tire son nom de l'église *St-Apollinaire*, dédiée (8° s.) à l'évêque de Ravenne St-Apollinaire.

De la place St-Apollinaire, une rue débouche sur la *place Navone* (auj. *Circo agonale*, Cirque

(1) Voir les heures paragr. IX.

agonal), une des plus grandes de Rome, occupant l'emplacement du *Cirque agonal* des anciens, animée le matin par le marché aux fruits et aux légumes. Trois fontaines la décorent: la plus grande, au milieu, œuvre du Bernin, porte 4 statues gigantesques des plus grands fleuves (*Danube, Gange, Nil, Rio de la Plata*): elle est surmontée d'un *obélisque* de granit rouge, avec hiéroglyphes, de 16 m. 56 de haut. érigé en 1651; la 2me et la 3me, de chaque côté de la 1re, furent commandées par Grégoire XIII.

Au nord-ouest de la piazza Navone, deux églises: *Sta Maria della Pace* et *Sta Maria dell'Anima* (Ste-Marie de l'Ame), celle-ci *via dell'Anima* et *piazza dell'Anima*.

Ste-Marie della Pace, érigée (1478) par Sixte IV sur l'emplacement de *St-André des Aquarenari*, en actions de grâces de la paix conclue (1478) entre les princes chrétiens, fut achevée par Alexandre VII. Façade de P. de Cortone. Intérieur avec coupole octogone et une nef. Maître autel. *image* miraculeuse attribuée à S. Luc; — voûte peinte par l'Albane; — au-dessous de la coupole, *Visitation*, par C. Maratta, et *Présentation*, par B. Peruzzi; — 1re chapelle à gauche, de *Ste-Brigitte*: la *Vierge, Ste Brigitte et Ste Catherine*, fresque de B. Peruzzi; à droite, tombeau par le Bramante; — 1re chapelle à droite, belle chapelle *Chigi*, avec les 4 *sibylles*, fresque (1514) de Raphaël des deux côtés du cintre: la *sibylle de Cumes*; à côté, *sib. persique*, assise; *deux anges*; la *s. phrygienne*, jeune, debout; la *s. tiburtine*, assise. Au-dessus de la corniche de la même chapelle, 4 *Prophètes* d'après les dessins de Raphaël : *Habacuc, Jonas, David, Daniel* ; — la chapelle *Cesi*, dessinée par Michel-Ange, a des sculptures remarquables : statues des *SS. Pierre et Paul*, de *prophètes*, par Rossi da Fiesole ; beau tableau.

Le *cloître de Sta Maria della Pace*, bâti par le Bramante en 1504, a un double rang d'arcades.

Sta Maria dell'Anima, église nationale des Allemands, fondée en 1500, fut restaurée complètement en 1843. Très bon *orgue*. Maître autel : la *Ste Vierge et l'enfant Jésus*, de J. Romain ; — à droite du chœur, tombeau d'Adrien VI ; en face, celui du duc Fr. de Clèves ; — 4ᵉ chapelle à droite : *la Pietà*, copie de celle de Michel-Ange ; — tombeaux divers : card. André d'Autriche, à droite, en entrant ; L. Holstenius, gardien de la bibliothèque Vaticane, à l'entrée de la sacristie.

A droite de la place Navone, église *San Giacomo dei Spagnuoli* (S. Jacques des Espagnols), aux Missionnaires du Sacré-Cœur d'Issoudun, qui l'ont restaurée et consacrée à *N.-D. du Sacré-Cœur*.

En face de la grande fontaine de la place Navone, église *Ste-Agnès* (Sant'Agnese), très riche, bâtie sur le lieu du martyre de la jeune vierge, âgée de 13 ans. — A gauche : 1ʳᵉ chapelle : *S. Eustache livré aux lions* ; — 2ᵉ : statue de *S. Sébastien* ; — 3ᵉ : *martyre de Ste Cécile*. — A droite : 1ʳᵉ chapelle : *martyre de Ste Emérentienne* ; 2ᵉ : *Ste Agnès au milieu des flammes* ; 3ᵉ *mort de St Alexis*, bas-reliefs remarquables. — Escalier menant au souterrain : au détour de l'escalier, *Ste Agnès gardée par un ange*, fresque ; — à l'endroit où elle fut exposée, *Ste Agnès couverte miraculeusement par ses cheveux*, bas-relief ; — au fond, pièce où la sainte fut emprisonnée, et autre pièce où elle fut mise sur le bûcher, puis égorgée. — Autel principal : *la ste Vierge et divers saints*.

Voisin de Ste-Agnès, *palais Pamphili*, à la famille Doria Pamphili.

Au sud de la place Navone, grand *palais Braschi* (auj. *ministère de l'intérieur)*, à l'angle de la *piazza Pasquino* (Pasquin), bâti (1790) par Pie VI. Bel escalier. La place tire son nom du tailleur *Pasquin*, qui raillait les passants. A sa mort, on trouva près de là une statue antique, que l'on baptisa du nom de *Pasquin*, et toutes les nuits, elle reçut les quolibets du peuple.

XXVI. On arrive au *Corso Vittorio Emanuele. Église San Lorenzo in Damaso* (St-Laurent in Damaso, de Damase), fondée par le pape S. Damase, restaurée par Adrien Ier, saint Léon III, le card. Riario, Valadica (1820), Pie IX et Léon XIII. — Nef droite: monument des princes Massimi ; — *chapelle du chœur* : *Christ* miraculeux qui a parlé à Ste Brigitte — Vestibule, à droite, *autel St-Nicolas*. — Sacristie : statue de *S. Charles Borromée*, par E. Maderno. A côté, cénotaple du comte C. Rossi, assasiné en 1848 ; dans le haut, *Jésus-Christ*, bas-relief, et buste du ministre. — Près de ce monument, statue de S. Hippolyte. — Tombeaux divers : card. Scarampi (15° s.), card. Sadolet, poète Annibal Caro.

La façade de l'église San Lorenzo est confondue avec celle du palais de la Chancellerie *(palazzo della Cancelleria)*, un des plus beaux de Rome, construit avec les matériaux provenant des décombres du *Colisée*, par le Bramante. Cour intérieure : portique à deux étages soutenu par 44 colonnes antiques de granit, de Pompéi. Il fut le siège de la Constituante de 1848 ; en montant l'escalier du palais, le ministre Rossi fut lâchement assasiné le 15 novembre 1848.

A l'est, à peu de distance de la Chancellerie, palais *Massimo*, via *San Pantaleone* (St-Pantaléon), bel édifice bâti par B. Perruzzi. — Plus à l'est sur le Corso *Vittorio Emanuele*, église *Sant'Andrea della Valle* (St-André de la Vallée), *piazza della Valle*, commencée en 1591 : belle façade ; — coupole, peinte par Lanfranc, très grande : *gloire céleste :* — dans les pendentifs, les 4 *Evangélistes*, chefs-d'œuvre du Dominiquin. — Abside : *histoire de St. André et sa glorification*, beaux tableaux ; — au-dessus de la corniche, *la Foi, l'Espérance, la Charité, la Religion, le mépris du monde, la Contemplation ;* — une seule nef ; — *à côté du chœur*, à gauche, autel de la *Madone de la Pureté*, très vénérée, qui a fait cesser la famine en 1678 ; — autel du transept, de *St-Gaétan ;* — autel suivant de *St-Sébastien :* tableau du saint ; — dernière chapelle : *Présentation, Visitation, Assomption*, peintures ; statues des *Stes Marthe et Madeleine, SS. Jean-Baptiste et Jean l'Evangéliste ;* — à droite. 1re chapelle : *Ste Famille*, bas-relief : 2e : statues, candélabres, attribués à Michel-Ange. — Tombeaux de Pie II et Pie III dans la nef. Tombeau élevé par Urbain VIII à ses parents. — Dans la semaine de l'Epiphanie, prédication chaque soir en langue étrangère et offices selon les rites orientaux.

Entre le palais Massimo et l'église St-André de la Vallée, *palais Vidoni-Spoppani*.

De cette église, on se rend à la piazza *Campo di Fiori* (champ des Fleurs) champ de Flore par le *théâtre de Pompée*, dont il reste des vestiges souterrains. Sur la place, monument élevé à la mémoire de *l'athée G. Bruno*, inauguré le 9 juin 1889. On se dirige ensuite vers le palais *Farnèse par les églises Santa Brigida et San Girolamo della Carità*.

L'église *Ste-Brigitte* (Sta Brigida), à côté de la maison occupée par Ste Brigitte, est petite et n'a rien de bien remarquable. Chambre et crucifix de la Sainte.

L'église *St-Jérôme de la Charité* (S. Girolamo della Carità) *ou de Montserrat* (di Monserrato), vers l'angle du *palais Farnèse* et à l'entrée de la *via di Monserrato*, occupe l'endroit où demeurait Ste Paule et où fut reçu S. Jérôme. S. Philippe de Néri habita 33 ans le *couvent* de l'église : on y voit ses chambres.

XXVII. Le *palais Farnèse*, sur la *piazza Farnese*, un des plus majestueux de Rome, commencé sous Paul III et achevé par le card. Alex. Farnèse, appartenait au roi de Naples François II. En 1874 la France l'acheta pour l'ambassade de France près le roi d'Italie. Sujets mythologiques par Annibal Carrache et ses élèves au 1er étage, fresques diverses dans les salles. Dans le palais, école française d'Athènes.

La *piazza Farnese*, carrée, possède deux *belles fontaines* provenant des *thermes de Caracalla*, en granit égyptien, et ornées de têtes de lion : *l'Acqua Paolina* les alimente.

Via *Capo di Ferro* (Tête de fer), qui débouche sur la piazza Farnese. On passe devant le *palais Spada alla Regola* (auj. Cour de Cassation) : bel escalier ; — rez-de-chaussée : statues, bas-reliefs ; — 1ᵉʳ étage : statue en marbre de *Pompéi*, trouvée en 1552, et au pied de laquelle César aurait été assassiné ; fresques ; — *galerie de tableaux.*

On prend ensuite *la via de' Pettinari* : église *Sta Trinità dei Pellegrini* (Ste-Trinité des Pèlerins). Au maître autel, *la Ste Trinité*, chef-d'œuvre du Guide. Elle donne son nom au grand *hôpital de la Trinité des Pèlerins*, dans lequel les pèlerins reçoivent l'hospitalité pendant 3 jours.

De là, on arrive facilement à la *piazza Catinari* église *San Carlo ai Catinari*, de 1612. Très grande coupole : pendentifs avec les *Vertus cardinales*, du Dominiquin ; — maître autel : *St. Charles Borromée portant la Ste Communion aux pestiférés de Milan*, par P. de Cortone ; — chœur : le *même saint en prière*, fresque du Guide : — chapelles de droite : 1ʳᵉ : tableau de *l'Annonciation* ; 2ᵉ : tableau de *S. Blaise* ; 3ᵉ : tableau de *Ste Cécile* ; 4ᵉ, de la *Madone de la divine Providence* : reliques ; — chapelles de gauche : 1ʳᵉ : le *Bienheureux Al. Sauli* ; 2ᵉ : *mort de Ste Anne*, d'A. Sacchi ; 3ᵉ : *martyrs persans*.

De San Carlo, la *Via de' Falegnami* (rue des Menuisiers), conduit à la fontaine delle *Tartarughe* (des Tortues), *piazza delle Tartarughe* : quatre statues de *jeunes garçons* appuyés sur des dauphins ; *quatre tortues* rempant sur le bassin. A côté de la place, *palais Mattei*, près duquel était le *cirque Flaminien* : sur les ruines du cirque, église *Sta Catarina a' Funari* (des Cordiers), qui tire son nom des cordiers établis ici.

En se dirigeant vers le portique d'Octavie, on rencontre :

1° *Sta-Maria in Campitelli*, sur la *piazza di Sta Maria in Campitelli*, église encore nommée *Sta Maria in Portico*, construite en 1656, par le peuple romain, reconnaissant d'avoir été sauvé de la peste. Image miraculeuse de la *Madone*, avec l'enfant Jésus, au-dessus du maître autel, primitivement dans l'église *Sta Galla* (anc. appelée *Sta Maria in Portico* — 1re chapelle à gauche, *de St-Joseph*: tombeau des époux J. Altieri ; 2e chapelle : corps du B. Léonardi, fondateur des clercs réguliers de la Mère de Dieu ; — 2° *Sant'Angelo in Pescheria* (St-Ange de la Poissonnerie), à l'extrémité de la *via della Pescharia* (rue de la Poissonnerie). Bâtie au 8° s. par Etienne III dans le *Portique d'Octavie*, l'église fut restaurée et reconstruite depuis. Dôme du tabernacle soutenu par quatre colonnes de brocatelle. Belles mosaïques.

En face de Sant'Angelo, ruines du *portique d'Octavie* (portico d'Ottavia), qui formait un parallélogramme de 120^m de long : construit par Auguste en l'honneur d'Octavie, sa sœur. — A peu de distance, *palais Orsini*, sur des ruines du *théâtre de Marcellus*, dont on voit des arcades. Ce théâtre avait 3 étages ; il en reste deux : l'inférieur, dorique, entouré en partie ; le supérieur, ionique. Le 3e, disparu, était d'ordre corinthien.

Entre la via della Pescheria et le Tibre s'étendait le *Ghetto* ou quartier assigné aux Juifs par Paul IV, aujourd'hui presque complètement démoli-

XXVIII. On traverse le Tibre sur le *ponte de' quattro Capi* (des 4 Chefs ou Têtes), anc. *pons Fabricius*, ainsi nommé des 4 têtes d'Hermès posées à son extrémité, et l'on arrive à *l'île Saint-Barthélemy*. — Dans l'île (isola), à gauche, église *San Bartolomeo* (St-Barthélemy), en l'Ile, bâtie sur l'emplacement d'un *temple d'Esculape*, restaurée en 1852 par les soins de Pie IX. Basilique mineure. D'abord sous le vocable de St Adalbert de Prague, elle fut dédiée à St Barthélemy quand l'empereur Othon II (✠ 1002) y fit déposer, dans l'urne de porphyre, sous le maître autel, le corps de l'apôtre, qu'il avait fait venir de Lipari. Dans l'urne sont également les corps de St Marcellin et de Ste Exupérance, trouvés dans le puits devant l'autel — En face de l'église, *hôpital* des *frères de S. Jean de Dieu*.

On passe sur la droite du fleuve par le *ponte San Bartolomeo*, anc. *pons Cestius*. On gagne la *via de' Salemi* par l'église *San Benedetto in Piscinula* (St-Benoît de la petite Piscine), où habita St Benoît dans la maison paternelle. On prend ensuite *la via de' Vascellari*: à l'angle des deux rues, *maison* où mourut Ste Françoise Romaine. La *via di Sta Cecilia*, qui suit la via de' Vascellari, mène à *l'église Sta Cecilia* (Ste-Cécile) *in Trastevere*.

Église Ste-Cécile du Transtévère, sur l'emplacement de la maison de Ste Cécile, bâtie par le pape Urbain Ier. Le corps de la Sainte, enterré aux Catacombes, fut découvert en 821 et déposé dans un sarcophage de marbre blanc sous l'autel de l'église reconstruite par Pascal Ier. En 1599, le card. Paul Sfondrati ayant fait ouvrir la crypte, retrouva intact le corps de la Sainte, dans l'attitude d'une martyre rendant le dernier soupir. — Grande cour précédant l'église: beau vase en marbre. Portique. — En entrant, tombeaux, à droite, entre lesquels est la chapelle del *Crocifisso* (du Crucifix), des card. Eton (✠ 1398) et Fortiguerra (✠ 1473). Passage conduisant à la salle de bains nommée *Calidarium*, où Ste Cécile souffrit le martyre: autel, avec tableau du martyre de la Sainte. — Nef droite: première chapelle, de *St-André*; deuxième: reliques; 3°, de Ste Madeleine; celle du fond, de la Ste Vierge: bas relief; fresque de *l'apparition de Ste Cécile au pape Pascal 1er* (821). — Nef gauche: 1re chapelle, *SS.-Pierre et Paul*; 2°, *Ste-Agathe*; 3°, *St-Benoit*; 4°, *SS.-Laurent et Etienne*. — Abside: anc. mosaïque: *Le Christ*, entouré des *SS. Pierre, Valérien, Ste Cécile, St Paul, Ste Agathe, de Pascal Ier*. — Chœur: siège épiscopal des catacombes. — Confession, en marbre précieux, surmontée d'un baldaquin: dans la crypte, corps de Ste Cécile, des SS. Valérien, Tiburce, Maxime, Lucius et Urbain; sur le devant, admirable statue de la Sainte, par C. Maderno, telle qu'elle fut trouvée dans le sarcophage en 1599.

Le tombeau la Sainte fut découvert aux catacombes de St-Calixte en 1854.

On se dirige vers *le porto di Ripa Grande* (port de la Grande Rive), qui finit à la *porta Portese*, anc. *porta Portuensis*, d'Urbain VIII. *Grand hospice St-Michel* (San Michele), pour hommes et femmes, renfermant en outre une communauté de jeunes gens et une de jeunes filles: fondé (1715) par T. Odescalchi, neveu d'Innocent XI. Imprimerie, ateliers divers. De la maison sortirent bon nombre d'artistes.

En tournant à l'extrémité de St-Michel, on passe devant la *Porta Portese*, on prend la *via di Porta Portese*, et l'on arrive à l'église *S. Francesco a Ripa* (St-François de la Rive) : à droite: en entrant, 1re *chapelle* : beau crucifix ; — 3e *chapelle* : corps de *Ste Léonce* ; sur le mur, la pierre de son martyre ; — maître autel : *S. François en extase ;* — à gauche: 1re chapelle : la *Bienheureuse Louise Albertoni*, statue ; — 2e : tableau de S. Michel ; — 3e : *l'Annonciation ;* — 4e : *Immaculée Conception et Nativité de la Ste Vierge*. Dans le *couvent des Frères mineurs observantins: cellule* et objets de saint François d'Assise; très beau reliquaire ; jardin, planté par le saint.

On prend la via *di Sta Maria dell'Orto* (Ste-Marie du Jardin). *Eglise riche de Sta Maria dell'Orto :* tire son nom de la *Madone* qu'elle renferme et qui avait été peinte sur le mur d'un jardin.

XXIX. En reprenant la *via di San Francesco*, qui conduit à la *piazza di Sta Maria in Trastevere*, on voit la *manufacture de tabacs*, construite par Pie IX, et l'église *San Callisto* (St-Calixte), élevée à l'endroit où le pape St Calixte Ier fut jeté dans le puits, qui se trouve dans l'église. — A une petite distance à l'ouest de la rue, l'église *S. Cosimato* (SS.-Cosme et Damien du Transtévère): beau tabernacle ; — sculptures du 15e s.

Sur la *piazza di Sta Maria in Trastevere*, église du même nom, la 1re bâtie en l'honneur de la Ste Vierge, par *S.* Calixte Ier (222), au lieu où jaillit une source d'huile lors de la naissance de Jésus-Christ. Reconstruite en 340 par S. Jules Ier, elle fut restaurée par Grégoire II, Adrien Ier, Grégoire VI, Innocent II, Nicolas V (15e s.). Façade : *la Vierge et l'enfant Jésus*, les *Vierges sages* et les *Vierges folles*, *deux papes*, mosaïque du 12e s. ; — portique : inscriptions et peintures ; — 3 nefs divisées par 21 colonnes de temples antiques ; — pavé en marbres précieux ; — plafond : *Assomption*, du Dominiquin ; — voûte et abside : *Jésus et Marie*, assis, *SS. Pierre, Corneille, Jules Ier, Calépode, Calixte Ier, Laurent*, le pape *Innocent II*, mosaïque du 12e s. ; histoire *de la Ste Vierge*, mosaïque du 13e siècle ; *l'Agneau et 12 brebis ;* les *évangélistes ; Isaïe et Jérémie ;* — au fond de l'abside : siège épiscopal en marbre blanc : au-dessus, les mots *Prima Ædes Deiparæ dicata*, premier sanctuaire dédié à la Mère de Dieu ; — grand autel, surmonté d'un baldaquin avec 4 colonnes de porphyre; — au-dessus du grand autel, la Confession : corps des SS. Calixte Ier, Jules Ier, Corneille, papes ; Calépode, prêtre, Quirinus ; — tout près de la Confession, à droite, au bas des marches de porphyre, ouverture circulaire, garnie d'une grille, portant l'inscription *Fons olei*, fontaine d'huile ; à gauche de la Confession, l'inscription *hinc oleum fluxit cum Christus Virgine luxit*, d'ici sortit de l'huile lorsque le Christ naquit de la Vierge ; à côté de l'inscription, pierre avec laquelle le pape S. Calixte Ier fut jeté (222) dans le puits ; au-dessus, autre pierre tachée du sang de Ste Dorothée ; — au fond des nefs : 1° *chapelle d'hiver des chanoines*, d'après les plans du Dominiquin : la Madone di *Strada Cupa* et *dell'Umiltà* (de l'Humilité), très vénérée, image peinte sur le mur d'une vigne, où elle obtint à un chrétien du voisinage des grâces signalées (1624), et d'où elle fut transportée dans l'église actuelle par ordre du pape Urbain VIII; 2° *Chapelle du S. Sacrement*: image miraculeuse de *N.-D. de la Clémence*, très ancienne (3ᵉ s.); fresques du *concile de Trente*; — à droite, en entrant, beau tabernacle; — tombeaux: dans la nef transversale, des card. Armellini et Osio; dans le transept, du card. d'Alençon (frère de Philippe le Bel), qui fit ériger l'autel des *SS.-Philippe et Jacques*, vers la Confession; — sacristie: *la Vierge, SS. Roch et Sébastien*, du Pérugin.

De Sta Maria, la via *della Lungaretta* mène au Tibre. En route, églises *Sta Agata in Trastevere*; *San Grisogno*, au sud de la première.

De Sta Maria, une rue passe devant l'église *Sant' Egidio*(St-Egidius); elle est suivie pa la *via della Scala*, d'où l'on se rend à la *porta Settimiana*. — Dans la *via della Scala*, belle église *Sta Maria della Scala*, construite par Clément VIII: elle doit son nom à l'image de la *Ste Vierge* trouvée sous un escalier. Image vénérée du *Christ* au-dessus du tabernacle, lequel est supporté par 14 colonnes de jaspe. On prend la *via Garibaldi* et on arrive à la *piazza di San Pietro in Montorio*. A droite, en arrivant sur la place, grille: on y fit transporter après 1870 les restes des Italiens qui périrent en 1849 en combattant contre les Français venus au secours de Pie IX détrôné.

Près de la porta Settimiana, via della Lungara, palais *Torlonia: musée* de peinture et de sculpture dans 70 salles fermées.

La piazza *di San Pietro in Montorio* appartient

au *mont Janicule*: *admirable panorama* de la ville et des environs. Sur la colline eut lieu le martyre de S. Pierre.

Erigée par Constantin, l'*église San Pietro in Montorio* a été rebâtie au 15⁰ s. par Ferdinand et Isabelle d'Espagne, et restaurée au 19⁰ s. A droite : 1ʳᵉ chapelle : *Jésus à la colonne*; 2ᵉ : *Madone* vénérée *della Lettera* (lettre) ; 3⁰, après laquelle s'ouvre la porte du cloître; — à la suite : *conversion de S. Paul*, sur l'autel; — chœur : *crucifiement de S. Pierre*; — chapelles et autels suivants : 1ʳᵉ chapelle : *baptême de Jésus*; 2ᵉ : *déposition de la croix*; autels *Ste-Anne*, *St-François d'Assise* ; — près de l'entrée, autel *des Stigmates*.

Dans le cloître, au milieu, endroit du crucifiement de St-Pierre sur lequel a été bâti le temple circulaire, dû à Bramante : péristyle de 16 colonnes en granit gris, à bases et chapiteaux en marbre blanc; dans la partie inférieure, endroit précis de la croix de l'apôtre. Isabelle et Ferdinand ont fait construire le cloître.

XXX. De l'église, une rue conduit à la très belle *fontaine Pauline*, (*acqua Paola*, *Paolina*, anc. *Trajana*), château d'eau de *l'aqueduc du même nom*, construit par Trajan et réparé par Paul V (1612): colonne en granit provenant du *forum de Nerva*. Tout près porta *San Pancrazio* (St-Pancrace), anc. *porta Janiculensis* (du Janicule), bombardée par les Français en 1849. A une petite distance de la porte (1 kil.), magnifique *villa Pamphili*, de la famille Doria : très grands jardins, bois de pins, prairies, jets d'eau, sarcophages antiques. *Belle vue*.

La promenade du Janicule s'étend de la porta

San Pancrazio à *Sant'Onofrio* (XVII) villas : *Savorelli* et *Lante*, vue; bustes:

La porte San Pancrazio tire son nom de l'église du même nom, du 6ᵉ s. et rebâtie par Pie VII.

De la porta San Pancrazio, on revient à la via Garibaldi; on passe la *porta Settimiana*, de *l'enceinte d'Aurélien*, et l'on s'engage dans la belle via *della Lungara* : près de la porte, beau *palais Corsini*, où mourut (1689) Christine de Suède : élevé par les Riario, neveux de Sixte IV. Riches collections de gravures; — galerie de tableaux en 9 salles : *Ecce homo*, du Guerchin, du Guide, de C. Dolce; *Ascension, descente du St-Esprit, Jésus dans sa gloire*, de Frà Angelico; *Madone*, de C. Dolce, de Francia; — *Hérodiade*, du Guide; la *Vierge et l'enfant Jésus*, de Murillo; *Ste Famille*, de Frà Bartolommeo; *S. Jérôme*, de Ribera; *Philippe II*, du Titien; *Jules II*, de Raphaël; *Paysages*, de C. Lorrain; — bibliothèque : 60.000 volumes et 1.300 manuscrits. Derrière le palais, jardin avec belle vue. Près des jardins, le *beau jardin botanique*. Dans le palais, *Académie des Lincei* (lynx), fondée dans un but scientifique par le prince Cesi en 1603.

A peu de distance du palais Corsini, vers le Tibre, la *Farnésine*, via della Lungara, palais (villa) bâti par B. Peruzzi pour le banquier Chigi, restauré par le duc de Ripalda. Tableaux : 1ʳᵉ salle du rez-de-chaussée : célèbres fresques de Raphaël: *fable de Psyché, ses noces, l'assemblée des dieux*; — salon : *triomphe de Galatée*, fresque de Raphaël (1514); peintures diverses ; — 1ᵉʳ étage : *Alexandre et Roxane, Darius (famille de)*, fresque du Sodoma.

En continuant la via *della Lungara*, on trouve le *ponte alla Lungara*, que l'on traverse pour prendre plusieurs rues, et venir au Corso Vittorio Emanuele et à la *chiesa Nuova* (église Nouvelle) ou *Sta Maria in Vallicella* (de la petite Vallée), sur la piazza *della Chiesa Nuova*, grande église bâtie (1575) par St Philippe de Néri, sur l'emplacement de l'église élevée dans la *petite vallée* qui existait à cet endroit. Intérieur à 3 nefs. Maître autel : tabernacle, couvert de pierres précieuses, et surmonté d'un *Christ* miraculeux; trois belles toiles de Rubens; — sur le maître autel, image miraculeuse de la *Ste Vierge*, transportée ici de la *via della Stufa*, où elle était peinte sur un mur, et qu'un joueur furieux outragea en lui lançant une pierre, qui fit jaillir du sang. — Nef droite, chapelles: du *Crucifix*; de *la déposition de croix*; de *l'Ascension*; de la *descente du S-Esprit*; de *l'Assomption*; du *Couronnement de la Ste Vierge*; — riche chapelle *Spada*, à droite du chœur : *la Vierge, S Ignace* et *St Charles Borromée*, de C. Maratta. — Chapelles de gauche : de la *Purification*; de *l'Adoration des Mages*; de *l'Adoration des Bergers*; — de la *Visitation* : tableau par Baroccio; — de *l'Annonciation*; — de la *Présentation de la Ste Vierge* : tableau par Baroccio; — de *St-Philippe de Néri*, très belle : corps du saint; son *portrait* en mosaïque, d'après le Guide; vie du saint en divers tableaux; — voûte, coupole et tribune, peintes par P. de Cortone; — sacristie : fresque de P. Cortone; statue de *St Philippe de Néri*, par l'Algarde; objets de St Philippe de Néri.

Le *couvent* contigu de *San Filippo Neri*, occupé par des *tribunaux*, possède les chambres habitées par S. Philippe de Néri, qui y fonda les Oratoriens : *portrait* du saint ; — riche *bibliothèque*.

On revient à la place de Venise par le Corso Vittorio Emanuele.

4° jour. — *De la place de Venise au Capitole, au Forum, au Palatin, au Cœlius* (1).

XXXI. Piazza di Venezia. Tombeau de *C. Publicus Bibulus*, beau monument de l'antique république, près de la piazza di Venezia.

Piazza di Ara Cœli, d'où un escalier conduit à la *piazza di Campidoglio* (des champs d'huile, ou du Capitole).

La *piazza di Campidoglio* fut dessinée par Michel-Ange. Au-bas de l'escalier, lions en basalte. Dans le haut, statues équestres colossales de *Castor et de Pollux*, trouvées au 16° s. Sur la balustrade, trophées en marbre ; statues de *Constantin et de Constance*, son fils, provenant des *thermes de Constantin* ; *pierre milliaire* de la voie Appienne. Au milieu de la place, belle statue équestre de *Marc-Aurèle*, en bronze jadis doré, provenant du Forum : à cet endroit fut brûlé (1155) Arnaud de Brescia.

Derrière la statue de Marc-Aurèle, *palais du Sénateur*, du 15° s., résidence du sénateur-maire de Rome, sous le gouvernement pontifical, et de la *municipalité* : auj. le conseil municipal y tient ses séances. Il fut rétabli (1389) par Boniface IX sur l'antique *Tabularium*. Perron de Michel-Ange. Belle fontaine : statues du *Tibre*, du *Nil* et de *Rome* ou de *Minerve*. Tour élevée (1572) par Grégoire XIII :

(1) Voir les heures, paragr. IX.

cloche Patarina, qui annonce la mort du Pape, la fin du carnaval ; belle vue. *Observatoire*. (Specola).

Dans la rue à droite du *palais Sénatorial* ou du *Sénateur*, le *Tabularium* ou salle *des archives de l'Etat*, datant de la république (0 fr. 50). On y gardait les tables de bronze contenant les sénatus-consultes et les décrets du peuple. Construit (78 av. J. C.) par le consul Q. Lutatius Catulus, incendié (69 de J.-C.) restauré par Vespasien. Il n'en reste que les substructions qui portent le palais Sénatorial.

Le palais de droite de la place, le *palais des Conservateurs*, ou des magistrats municipaux, date du 17e s. *Musée* 0 fr. 50; gratuit le dimanche de 10 h. à 1 h. Cour : statues de *César et d'Auguste*, dans le vestibule; sculptures antiques; urne funéraire d'Agrippine; statue *de Rome*, ayant à ses côtés deux statues *de barbares*; lion déchirant un cheval. — Petit jardin au nord-ouest: substructions du temple *de Jupiter Capitolin*. — Escalier : inscriptions et bas-reliefs. — 1er étage : les *fastes modernes* des conservateurs de Rome, depuis 1640; — *Protomothèque* ou collection de bustes (fondée par Pie VII): monument de *Canova*; bustes d'Italiens et d'étrangers célèbres; — salle *étrusque, italiote* : vases, sarcophages ; — salle *des bronzes* : *louve antique*, allaitant Romulus et Rémus; statues d'*Hercule* ; *berger s'ôtant une épine*; statue du sacrificateur; — salle des *terres cuites*; — *Galerie* : peintures d'un columbarium ; calendrier de la 1re année de Rome; — *salle à coupole*, en fer et en bois, de 1876 : fontaine; *vache*; bustes de *Commode*, de *Mécène* ; statues diverses; *Apollon*; vases et sarcophages; — *édicule* et *cippe* du *vestibule*; — *glyptothèque* et *nummothèque*: médailles, monnaies; — nouvelle *salle des bronzes*: char sacré; vases, bronzes, candélabres; — *salles dites des conservateurs*, avec fresques: 2°: statues de généraux romains du temps des papes; — 4°, des *fastes consulaires*: *fasti Capitolini*, de 482 av. J.-C. à Auguste, trouvés au 16° s.; — 5°: *Méduse*, du Bernin; — 6°, de Garibaldi; — 7°, du *Trône* (anc.) bustes de *Michel-Ange* et d'autres tapisseries; — anc. chapelle: la *Vierge et l'enfant Jésus*, fresque: — *galerie de tableaux*, créée par Benoît XIV: *Ste Cécile*, de Romanelli; *Ste Madeleine*, de l'Albane; *St-Jean-Baptiste*, du Guerchin; *Marie-Madeleine*, du Tintoret; *Romulus et Rémus*, de Rubens; *baptême de Jésus*, du Titien; la *Nativité de Marie*, de l'Albane; la *Vierge, l'enfant Jésus et des saints*, de P. Véronèse; *Ste Pétronille sortie du tombeau et montrée à son fiancé Flaccus*, chef-d'œuvre du Guerchin, la plus belle toile de la galerie.

Le palais de gauche est le *musée du Capitole* (museo del Campidoglio), commencé par Innocent X, enrichi par Clément XII, Benoît XIV, Clément XIII, Pie VI. Au milieu de la *cour*, le cortile, sur une fontaine, *statue de Marforio*, divinité fluviale colossale, placée jadis dans la *via di Marforio*, en face de la prison Mamertine: cette statue recevait les répliques aux saillies de Pasquin (Voir XXV): sarcophages, bustes, statues de dieux et de déesses; — 1re salle: sarcophage avec une *chasse au lion*, vase égyptien, mosaïques; — 2°: 3°: urnes cinéraires, sarcophages, inscriptions; — 4°: autel, buste; — 5°: 6°: grand sarcophage, urne cinéraire, cippe, statues; — escalier: 26 fragments en marbre du *plan de Rome antique*, trouvés (16ᵉ s.) à l'église *SS.-Cosme et Damien*: datent de 194 à 204 ; — 1ᵉʳ étage : galerie : monuments antiques ; très belle coupe, statues ; bustes ; — salle des *colombes* : mosaïque provenant (1737) de la villa *Hadriana*, et représentant 4 colombes autour d'une coupe ; sarcophage ; *destruction de Troie*, bas relief ; — cabinet: *la Vénus Capitoline*, de Praxitèle ; — Salle des *empereurs* : bustes ; bas-reliefs ; — salle des *hommes illustres*, des *philosophes* : bas-reliefs de la frise du temple de Neptune, etc ; bustes ; statue de *M. C. Marcellus* (222 av. J.-C) ; — salon : *Jupiter*, en marbre noir ; deux *centaures*, en marbre gris, de la *villa Hadriana* ; *Hercule* en basalte ; buste, de *Trajan* ; Appolno ; — salle du *Faune* ; *Faune*, en rouge antique, de la *villa Hadriana*, très belle statue d'après un chef-d'œuvre de Praxitèle ; sarcophage ; *le regia* de Vespasien : — salle du *Gladiateur mourant* : *le Gladiateur mourant*, des jardins de Salluste, statue antique remarquable ; copie du *Faune* de Praxitèle ; *Antinoüs*, de la villa Hadriana ; *Amazone*, etc.

Au Capitole était le *Forum Olitorium* ou marché aux légumes.

De la balustrade de la place du Capitole, on voit admirablement les ruines du *Forum romain*, au-dessous de la place.

XXXII. — A droite de l'escalier attenant au *palais* des Conservateurs, on passe sous une voûte. Dans la *via di monte Caprino* est un endroit gardé par le custode *della Rupe Tarpea* : ce serait la *roche Tarpéienne* d'où l'on précipitait les criminels coupables de trahison (0 fr. 50). Sur une terrasse :

très belle vue. — Au monte Caprino, *institut archéologique allemand.*

Par l'escalier de 124 marches en marbre, à l'angle de la place du Capitole, on arrive à l'église *Sta Maria in ara Cœli* (Ste-Marie de l'autel du Ciel), très ancienne, bâtie sur l'emplacement du beau *temple de Jupiter Capitolin,* et encore nommé *Ste-Marie du Capitole* (Sta Maria in Capitolio) dès Grégoire le Grand. Intérieur à 3 nefs que divisent 22 colonnes antiques, dont l'une provient des appartements impériaux (elle porte : *a cubiculo Augustorum*); pavement élégant; joli plafond : fresques du Pinturicchio. Près de la porte latérale, tombeau du marquis de Saluces, général de François Ier. — Maître autel : *Madone miraculeuse,* attribuée à St Luc, que l'on porta dans une procession (1348) pour obtenir la cessation de la peste : en actions de grâces, le peuple bâtit l'escalier de 124 marches — Transept : deux ambons remarquables. — Sacristie : statue miraculeuse *del Santissimo Bambino* (le très saint enfant), de 0^{m}60 de haut, recouverte de soie blanche, de pierres précieuses, et qui aurait été taillée, par un Franciscain (16e s.), dans un arbre du jardin des Oliviers. On l'expose de Noël à l'Epiphanie, dans le presepio (crèche), 2e chapelle de la nef gauche, et des enfants viennent discourir sur la naissance de l'Enfant Dieu. Le jour de l'Epiphanie, on donne la bénédiction avec le S. Bambino. On porte le saint Enfant aux malades dans une voiture qui lui appartient.
— En sortant de la Sacristie, on rencontre la *chapelle Ste-Hélène* (Sta Elena), à l'endroit de l'apparition de la Ste Vierge à Auguste : sur la frise,

inscription relative à l'apparition et à l'oracle d'Apollon : « Un enfant hébreu, maître des dieux et Dieu, me force à rentrer dans les enfers. » Très ému, l'empereur vint au Capitole et érigea un autel à l'Enfant Dieu avec ces mots : *Ara primogeniti Dei*, autel du premier-né de Dieu. Trois jours après, il vit la Vierge Marie et l'enfant ; il entendit en même temps une voix qui disait : « *Hæc ara Filii Dei est*, c'est ici l'autel du *Fils de Dieu*. Autel formé d'une urne de porphyre qui renferme le corps de Ste Hélène. — Tombeaux de la princesse de Bosnie († 1478), à côté de l'ambon de l'Évangile, et de J.B. Savelli : — Chapelles à visiter : 1re à droite, en entrant, de *Saint Bernardin de Sienne* : *vie du Saint*, par le Pinturicchio ; 2e à gauche, de la *Transfiguration :* on y expose le S. Bambino ; 3° à gauche, de *St-Antoine de Padoue*.

Magnifique *couvent fransciscain*, anc. résidence du général de l'Ordre, auj. presque entièrement converti en caserne : les SS. Bonaventure, Bernardin de Sienne, Jean de Capistran, Diégo d'Alcantara, Philippe de Néri y ont habité. La bibliothèque renfermait 30.000 volumes : elle appartient au Gouvernement.

De la terrasse devant l'église, *belle vue*.

Du pied de l'escalier, on tourne à gauche. Par la *via dell'arco di Settimio Severo*, on trouve la *prison Mamertine*, composée de la partie haute et de la partie basse, et que l'on fait remonter à 640 et 578 av. J.-C.. La partie haute (640 av. J.-C.), chambre quadrangulaire, dont le jour était jadis donné par un grillage au-dessus de la porte, est éclairée par un soupirail ouvert dans l'église au-dessus. — La partie basse ou *Tullianum*, *prison Tullienne* (de 578 av. J.-C.), souterrain dans lequel on pénétrait par un trou très étroit au centre de la voûte, possède un escalier commode dû à Mgr de Forbin-Janson, de Nancy. On y exécutait, à la lueur des torches, les criminels de lèse-majesté, dont on jetait les cadavres dans le Tibre : Aristobule, roi des Juifs, les complices de Catilina, Vercingétorix, Séjan, sont les plus connus. Jugurtha y mourut de faim. — St Pierre et S. Paul y furent enfermés 8 à 9 mois, pendant lesquels ils convertirent les geôliers Processe et Martinien, ainsi que 47 prisonniers. L'eau manquant, S. Pierre fit jaillir, pour baptiser les convertis, une source, près de la colonne à laquelle il était attaché : à cette source, qui coule encore, il nous a été donné en 1891 de boire quelques gouttes de l'eau miraculeuse. Sur une paroi, empreinte de la figure de S. Pierre, laissée par l'Apôtre quand un geôlier le jeta violemment contre le mur.

Au-dessus de la *prison Mamertine*, église *S. Pietro in Carcere* (S.-Pierre de la prison, du cachot) : *crucifix* miraculeux. Au-dessus, église *San Giuseppe de Falegnami* (St-Joseph des Menuisiers), presque toujours fermée.

XXXIII. — Au bas du Capitole, le *Foro Romano* ou *Forum Romanum* (forum Romain), auj. *Campo Vaccino* (champ des Vaches), présente des ruines imposantes. Lieu d'assemblée du Sénat, le *Forum* remonte à l'alliance des Romains et des Sabins. Au milieu était un lac, le lac de *Curtius*, que fit dessécher Tarquin l'Ancien en construisant la *Cloaca maxima*, égout célèbre. Embelli jusqu'à la chute de l'empire, il exista jusqu'à 11° s. Robert Guiscard le ruina (1024) et il devint le réceptacle des immondices de la ville. On fit des fouilles dès le 16° s. Enfin, il devint le marché des bestiaux. Depuis 1870, de grands travaux ont permis de déblayer le Forum et de l'unir au mont Palatin.

Des magnifiques monuments du Forum, il reste:

1. Le *Tabularium*: voir *XXXI*.

2. A droite de la *via della Consolazione*, le *temple de la Concorde*, derrière l'arc de Septime Sévère: vestiges de la *Cella* (intérieur du temple). Cicéron y prononça les *Catilinaires*.

3. L'arc de *Septime Sévère* (arco di Settimio Severo), en marbre blanc construit (203) en l'honneur de l'empereur et de ses fils (Caracalla, Géta), pour perpétuer le souvenir des victoires en Orient, dégagé sous Pie VII (1803). Hauteur de 23^m; 8 colonnes cannelées; bas-reliefs des expéditions impériales. Escalier menant à la plate-forme, où étaient les statues de *l'empereur* et de *ses fils*. Incendié, il avait été restauré par le Sénat et le peuple.

4. *Le temple de Vespasien*, à droite de celui de la Concorde, élevé par Domitien, restauré par Septime Sévère et Caracalla: 3 colonnes en marbre blanc de Carrare.

5. Du côté du temple de Vespasien, la *Schola Xantha* (7 chambres) et le *portique des 12 dieux Consentes* (10 colonnes): la *Schola* était la confrérie, l'école des scribes chargés de délivrer des copies des lois du Tabularium.

6. 8 *colonnes*, en avant du temple de Vespasien.

7. Le mur de pierres marquant l'emplacement des *Rostres* (Rostra) ou tribune aux harangues. La 1re tribune était vers le lieu de l'église actuelle de *San' Adriano* (St-Adrien au Forum, au coin de la *via Bonella*, église de 630; maître autel: reliques de S. Adrien, de Ste Marthe, sa femme et de leurs deux enfants. — Voisine, église *Santa Martina* (Ste-Martine), ou des *SS. Luc et Martine*, ancienne, reconstruite sous Urbain VIII: elle appartient à *l'Académie de peinture dite de S. Luc*: au maître autel, *S. Luc peignant la Ste Vierge*; l'église souterraine, par la sacristie: statues et reliques des Stes Euphémie, Théodora, Dorothée, Sabine; tombeau où fut retrouvé le corps de Ste Martine; autel très riche avec pierres précieuses: urne renfermant le corps de Ste Martine; siège d'Urbain VIII.

L'Académie de S. Luc, via Bonella, fondée en 1478, renferme *un musée intéressant*. 1° *Salon nouveau* ou *Galerie*: la *Vierge, l'Enfant Jésus et des Saints*, de Van Dyck; — 2° *Salle de Raphaël*: *S. Jérôme*, du Titien; *S. Luc peignant la Vierge*, de Raphaël; — 3° Salle *de la Fortune: cascatelles de Tivoli*, de S. Rosa; la *Fortune*, chef-d'œuvre du Guide; copie de la *Galatée*, de Raphaël; — 4° *chambre de gauche*: moulages, portraits, *médaillier* et *bibliothèque*.

8. A gauche des *Rostres*, le *temple de Saturne*, où était conservé le Trésor: colonnes, de 13^m de haut, en granit égyptien. Incendié puis restauré.

9. La *colonne de Phocas*, au milieu du Forum, haute de 17^m, élevée en l'honneur de Phocas par l'usurpateur Smaragdus (608).

10. La *belle basilique de Julia* (Giulia), rectangulaire, élevée par César. Pavement à remarquer.

11. La base de la *statue équestre de Domitien*.

12. La base en pierre *des Rostres juliens* (Rostra julia).

13. Les ruines du *Temple de César*, où le peuple brûla le corps de César après le discours d'Antoine.

14. Le *temple de Castor et de Pollux*, de 484 av. J.-C, embelli par Auguste et Domitien : 3 belles colonnes en marbre de 15^m de haut.

15. La base du *putéal (autel) de Libon*.

16. La base ronde d'un *temple de Vesta*.

17. Les ruines de la *Regia*, maison de Numa Pompilius, puis du grand Pontife, où coucha César la veille de sa mort.

18. *L'atrium de Vesta* ou *maison des Vestales* : cour, cellules. On y a découvert 12 statues de grandes prêtresses. Près de là, au nord du Forum romain, ruines du *Forum de César*.

19. Le *temple d'Antonin et de Faustine*, de 141 : 10 colonnes magnifiques en marbre cipolin, de 14^m 10, avec bas-reliefs, servant de portique à l'église *San Lorenzo in Miranda* ; partie de la *cella*. L'église *St-Laurent in Miranda* a été fondée au moyen âge.

20. Le temple de *Romulus* ou *Rémus*, fils de Maxence. Cella circulaire servant de vestibule à l'église des *SS.-Côme et Damien* (Santi Cosmo e Damiano) : abside avec mosaïque, qui représente, *Jésus-Christ, S. Pierre* lui amenant *S. Côme, S. Félix S. Paul* amenant *S. Damien, S. Théodore*. A côté de l'église, *deux colonnes* de marbre hautes de 10 m.

21. Les ruines de la *basilique de Constantin*, qui renfermait trois grandes nefs, dont une des colonnes orne la place Ste-Marie Majeure. Escaliers menant au sommet : *belle vue.*

Tout à côté, église *Sta Maria Novella* (Ste-Marie Nouvelle) ou *Sta Francesca Romana* (Ste-Françoise Romaine). Chapelles de droite : 1re : *Jésus sur la Croix* 2e : *Ste Vierge près de la Croix* ; 3e : *miracle de St-Benoît* ; 4° *Ste-Françoise recevant l'enfant Jésus* ; — chœur : morceau du rocher où s'imprimèrent les genoux de St Pierre, lorsqu'il pria pour la confusion de Simon le Magicien, qui, à cet endroit, voulut s'élever dans les airs ; — abside : la *Ste-Vierge*, les *SS. Jean, Jacques, Pierre, André,* mosaïque ; — à l'entrée du chœur : tombeau en marbre de Ste Françoise Romaine ; — chapelles de gauche : 1re : la *Nativité* ; 2e : de *St-Emygdius* ; 3e : de *St-Grégoire* ; 4e : de *St-Bernard.*

22. Derrière l'église de Ste-Françoise, les ruines du *temple de Vénus et de Rome*, bâti sous l'empereur Adrien, fermé en 390 par ordre de Théodose le Grand.

23. En face de l'église de Ste-Françoise, au pied des *Jardins Farnèse du mont Palatin*, au point élevé de l'anc. *Voie Sacrée, l'arc de triomphe de Titus* en marbre, en l'honneur de Titus, après la prise de Jérusalem (70). Bas-reliefs : *Titus* couronné par la Victoire ; le *Jourdain*, représenté par un vieillard ; les *Juifs captifs* ; et les *objets sacrés* du temple de Jérusalem. C'est le plus bel arc parvenu jusqu'à nous.

24. En passant par la *voie Sacrée*, restaurée (1879), on rencontre les restes du bassin et de la borne

de la *Meta sudans* (borne qui sue), borne-fontaine reconstruite du temps de Domitien.

25. Vis-à-vis, près du Colisée, la *statue colossale de Néron*, de 39 m., en bronze, exécutée par Zénodore.

26. A l'entrée de la via de *San Gregorio* (St-Grégoire), anc. *voie Triomphale*, *l'arc de Constantin*, érigé en l'honneur de l'empereur, vainqueur de Maxence et de Licinius (312-313): 3 arcades. Bas-reliefs; vie de Constantin; vie de Trajan.

27. A côté de l'arc de Constantin, le *Colisée* (Colosseo) ou *amphithéâtre Flavien*, nommé *Colosseum* au 8º siècle, est la ruine la plus remarquable de la Rome antique. Commencé par Vespasien (72) et continué par Titus (80), construit par les prisonniers juifs, il servit aux combats des gladiateurs et des bêtes féroces jusqu'en 523, et fut arrosé du sang de nombreux martyrs. Du 11º au 14º siècle, les familles puissantes en firent une forteresse, mais le tremblement de terre de 1349 le mit dans l'état actuel. Benoît XIV y érigea (1750) les stations du chemin de la croix, que le gouvernement italien a fait supprimer en 1874. Pie VII, Grégoire XVI et Pie IX l'ont réparé en partie. (L'entrée du Colisée est libre.)

Le grand axe a 200 m. de long; le petit, 167 m.; la hauteur de l'extérieur est de 49 m. Portique autour du monument. Deux grandes portes, arcs magnifiques, permettaient d'introduire les gladiateurs, les machines des représentations, etc. A droite et à gauche, 80 portes étaient réservées aux spectateurs. Autour de l'arène, plate-forme ou *podium* à revêtement de marbre, et 3 rangs de gradins. Terrasse formant esplanade, où l'on parvient (0 f. 50) par un escalier : *belle vue*. Dans l'arène, de 92^m 57 sur 59^m 11, où avaient lieu les combats, sont entrés : Eustache, capitaine de cavalerie de Titus, puis général, sa femme et ses deux fils ; les vierges Martine, Tatienne, Prisque ; le sénateur Julien ; Marin, fils d'un sénateur ; les évêques Alexandre et Eleuthère ; les princes persans Abdon et Sennen, et une foule d'autres martyrs.

S. Léonard de Port-Maurice avait fondé la pieuse confrérie qui, le dimanche et le vendredi, venait faire au Colisée les stations du chemin de la croix.

Le pèlerin ne manquera pas de s'agenouiller au petit autel élevé à *St Benoît Labre*, à l'endroit où il venait prier (arcade n° 43.)

On compte que 87.000 personnes pouvaient prendre part aux fêtes du Colisée.

XXXIV. — Un peu avant *l'arc de Titus*, ci-dessus, on trouve une entrée pour la visite (1 f.) du *mont Palatin*, qui a 52^m de haut : là était la *Rome carrée* (Roma quadrata), entourée de murailles, le berceau de Rome : les 1res fouilles datent de 1776. La *voie Sacrée* longeait le mont Palatin.

Du palais des Césars et des autres édifices, il ne reste que des pans de murailles, des fondations, etc., mais la vue est magnifique. On appela *maison d'Or* la résidence impériale que Néron avait étendue jusqu'à l'Esquilin.

On entre *via di San Teodoro*, dont nous reparlerons plus loin. Petit musée. Ancien pavé du *clivus Victoriæ* (pente, montée de la Victoire), qui conduisait au Forum romain par la *porta Romana*, en passant par les voûtes du *palais de Caligula*, dont il reste des salles.

A droite du palais, escalier menant à une terrasse : beau panorama, qui fait apercevoir des arches du *pont que Caligula* fit jeter au-dessus du Forum pour relier le *Palatin* au Capitole.

Par la cour et les *jardins d'Adonis*, on gagne les appartements de *Mammée*, mère d'Al. Sévère.

En allant dans la direction de l'*église Sant'Anastasia*, on trouve la *maison de Tibère*, et, plus loin, la *maison paternelle de Tibère et de Germanicus*.

En remontant, *maison de Livie*, mère de Tibère : peintures admirablement conservées.

A droite de la maison paternelle de Tibère, le *crypto-portique*, galerie voûtée et pavée de mosaïques, où Caligula fut tué par Chéréas (41). Par un escalier, on monte au *palais des Césars (Flaviens)* ou de *Domitien*, construit par Vespasien et restauré par Domitien. On y admire les 3 parties : le *tablinum*, salle d'audience, de 1.600^m ; le *lararium*, avec l'autel des dieux domestiques ; la *Basilique*, où salle l'empereur rendait la justice. Le *triclinium*, ou à manger, est en face du tablinum ; à la suite, le *nymphée* ou *bains de Livie*. Portique, bibliothèque, salle de lecture. Magnifique candélabre à droite du péristyle.

De la porte du tablinum, on peut se rendre à un terre-plein, puis à l'espace qui renfermait les murailles de la *Roma quadrata*. A gauche, ruines du temple de *Jupiter Stator* (qui arrête les fuyards) et du *palais de Tarquin l'Ancien* ; plus bas, les *jardins Farnèse*.

Au delà du triclinium du palais des Flaviens, débris de la *bibliothèque d'Auguste*. Plus loin, ruines de l'*Académie d'Auguste*, appartenant à la *maison d'Auguste*, que recouvre la *villa Mills*. A droite de l'Académie, ruines du *temple de Jupiter Victor* (*Vainqueur*), d'où, par un sentier, on parvient au mur du *cirque* nommé *stade de Domitien*.

On monte aux ruines du *palais de Septime Sévère*. De la terrasse de la loge impériale, *vue splendide;* au pied de la terrasse, le *circus Maximus* (auj. *usine à gaz et cimetière juif*): voir plus loin.

En face de l'angle s.-o. de la *villa Mills*, le *Pædagogium* (le *Case Geloziane*), où les empereurs faisaient élever leurs esclaves: portique à piliers.

Sur le penchant ouest, *autel au Dieu inconnu* (Deo ignoto): tout près, les débris des *murs de Romulus*, la ruine la plus ancienne, découverte seulement en 1853.

XXXV. — Par la *via di San Bonaventura*, près de l'arc de Titus, on se rend à l'église *San Bonaventura* du Palatin : corps de S. Léonard de Port-Maurice, dont le *couvent* voisin possède des objets qui lui ont appartenu. A droite, en revenant, *église San Sebastiano*, à l'endroit où S. Sébastien fut percé de flèches.

En quittant le Colisée, on prend la *via di San Gregorio*, qui sépare le *mont Palatin* du *monte Celio* (le Cœlius ou Lateranus). Sur la *piazza di San Gregorio*, *église San Gregorio* au mont Cœlius ou *St-Grégoire le Grand*, rebâtie au 18° s. (1734), en remplacement de celle que S. Grégoire avait construite sur la maison paternelle. Intérieur à 3 nefs et 16 colonnes antiques. Chapelles de droite : 1re: de *Ste-Sylvie*, mère du saint; 2° de *S-Pierre Damien*;

3º: de *S.-Romuald*; 4º: de *S.-Grégoire*. Chapelles de gauche : chapelle avec *image* de la *Ste-Vierge* et beau tabernacle ; — *chapelle de l'Immaculée Conception*; — Sacristie : près d'elle, *chambre* du saint : pierre qui lui servait de lit ; son fauteuil ; reliquaire. — Sous le portique, porte qui conduit à un enclos renfermant 3 chapelles : 1º *Ste-Sylvie*: fresques du Guide ; 2º *St-André*: *flagellation de S. André*, du Dominiquin ; *S. André adorant la croix*, du Guide ; 3º *Ste-Barbe*: table de marbre sur laquelle S. Grégoire servait chaque jour 12 pauvres : un jour, un ange vint s'asseoir à la table comme 13º convive, et depuis, le jeudi Saint, on lave les pieds à 13 pauvres au lieu de 12.

De l'église St-Grégoire, on suit la *via dei Santi Giovanni e Paolo*. Eglise *Santi Giovanni e Paolo* (SS. Jean et Paul), sur la maison des deux martyrs, où ils furent décapités. Maître autel : corps des deux saints dans une urne de porphyre ; — 3º chapelle à droite : corps de *S. Paul de la Croix*. Au fond de la nef droite, escalier conduisant à la *crypte*, anc. maison des deux saints : peintures du 4º s. En tournant à droite, escalier menant à un promenoir : vie des *deux saints* ; *martyre* des *SS. Crépin, Crépinien* et *Benoît* ; *Jésus-Christ, SS. Jean et Paul, 2 archanges*, belles peintures.— Balustrade, entourant l'endroit précis du martyre des deux saints, dans la grande nef.

Le *couvent voisin des Passionnistes* renferme les chambres et les objets de S. Paul de la Croix, leur fondateur.

Au nord de l'église, temple de *Claude*.

Par la *via Claudia*, on trouve l'arc de *Dolabella*

et Silanus de l'an 10 après J.-C. Au-dessus de l'arc, petite chambre où mourut S. Jean de Matha (1213), fondateur des *Trinitaires*. Tout près de l'arc, église *San Tommaso in formis*.

Aux alentours de l'arc Dolabella, le *Vivarium*.

On arrive à la *piazza della Navicella* (du petit navire, de la barque). Eglise *Santa Maria in Domnica* ou *della Navicella*, qui tire son dernier nom d'un navire en marbre placé devant l'église. On s'appelle encore *Ciriaca*, de la maison de S. Cyriaque, dont elle occupe l'emplacement. Portique du temps de Pascal Ier; mosaïques à la tribune; belle frise.

De la piazza della Navicella, *via di Santo Stefano Rotondo* (de St-Etienne le Rond), conduisant à la piazza *di San Giovanni in Laterano*. Au commencement de la via di S Stefano, s'arrêter pour visiter l'église *St-Etienne-le-Rond* ou *al monte Celio*, à l'endroit de l'antique *macellum* (marché), consacrée par S. Simplice. L'église, de forme ronde, a 45^m de diamètre; 56 colonnes la soutiennent. A l'intérieur, on a représenté les supplices des chrétiens. Chapelle des *SS. Prime et Félicien*: corps des deux saints; mosaïques.

En revenant vers le Colisée, de la *via di S. Stefano Rotondo* et par les *vie Aurelio, de'Querceti*, on voit l'*église dei quattro Coronati* (des quatre couronnés), bâtie sur le lieu du martyre de quatre saints, dont les corps furent retrouvés en 1620: agrandie par Léon IV (9e s.), elle fut restaurée par Pascal II après les ruines qu'amoncelèrent les Normands. Chapelle de *S. Silvestre*, à droite en entrant dans la cour: peintures (12e s.) de la vie de S. Silvestre et de l'empereur Constantin.

XXXVI.— Plus loin, basilique *San Clemente* (St-Clément), *piazza San Clemente* et *via di S. Giovanni in Laterano*, bâtie par Constantin sur la maison du pape S. Clément, restaurée en 772 par Adrien Ier, détruite par les Normands (1084), rebâtie au 12e s. par Pascal II. Les fouilles, opérées en 1848 et en 1857 par le P. Mullooly, prieur dominicain, ont mis à jour sous l'église trois sortes de constructions différentes : des 1ers temps chrétiens, de l'empire romain, de la république romaine. L'église inférieure est la *basilique Constantinienne* ou *Clémentine*.

Basilique supérieure, du 12e s. Un atrium à 3 portiques, que soutiennent des colonnes en granit, précède la Basilique : là se tenaient les pénitents publics nommés *hiemantes* (latin *hiemare*, passer l'hiver), parce qu'ils restaient à l'air pendant une partie des offices. Intérieur à 3 nefs ; pas de transept. Beau pavé. — Nef latérale droite : *Chapelle S. Dominique*, à côté de la *sacristie*, d'où l'on se rend à la basilique inférieure ; — *St-Jean-Baptiste* ou du *S. Sacrement* : image de *S. Jean Baptiste* ; — *Ste-Catherine* ou de la *Passion* : fresques de la *vie de Ste Catherine*, par Masaccio. — *Nef latérale gauche* : chapelle de *N. D. du Rosaire* ; près d'elle, chapelle érigée par le pape Léon XIII aux *SS. Cyrille* et *Méthode*, apôtres Slaves, dont les corps ont reposé dans l'église jusqu'à l'invasion française de 1797 : beaux marbres. — Nef du milieu : peintures de la voûte. Au milieu de la nef, *école des chantres* (schola cantorum) ou *chœur*, provenant de la basilique inférieure et entouré de balustrades en marbre. A droite et à gauche, deux ambons de marbre : celui de l'Evangile, colonne en spirale, sert de *candélabre* pour le cierge pascal. Le sanctuaire (presbyterium) est séparé du chœur par des marches et une clôture : autel, renfermant les reliques de St Clément et de St Ignace d'Antioche, et surmonté d'un ciborium que supportent 4 colonnes de marbre. A droite, petit ciborium pour les saintes huiles. — Au fond de l'abside, siège pontifical ; de chaque côté, bancs de marbre avec mosaïques de la *Ste Vierge*, de *Notre Seigneur*, des *Apôtres*. Dans l'abside, magnifique mosaïque du 13° s : le *Sauveur crucifié*, la *Ste Vierge*, *St Jean*, les 12 *Apôtres*, 4 *fleuves* où se désaltèrent 2 *cerfs*, 4 *docteurs de l'Eglise* ; et sur l'arcade du milieu : *Jésus-Christ*, avec les Symboles des *Evangélistes* ; au-dessous, *Jérusalem* et *Jérémie* : à gauche, *SS. Paul et Laurent* ; à droite, *SS. Pierre* et *Clément* : au-dessus, *Isaïe* et *Bethléem* ; — *fleurs* et *fruits* à la bordure.

Basilique inférieure, *Clémentine*, *Constantinienne*, par la sacristie de la b. supérieure. Elle a 3 nefs, ornées de fresques : en 1867, on y célébra la messe après 1.000 ans d'interruption. — *Nef latérale droite* : deux sarcophages anciens près de l'entrée : 8 colonnes de marbre ; peintures anciennes sur la *vie de Ste Catherine* ; image de *Jésus bénissant*. — *Nef latérale gauche* : peintures : *crucifiement de S. Pierre* ; *SS. Cyrille et Méthode* ; le pape *Léon IV*, avec les Evangiles en main ; Tombeau vide de S. Cyrille le Slave. — *Narthex*, partie réservée anc. aux pénitents : belles peintures : *Jésus bénissant* ; *SS. Gabriel et Michel* ; *deux prêtres* ; *SS. Clément et André* ; *miracle accompli au tombeau de S. Clément* (S. Clément jeté dans la mer fut enseveli dans un tombeau de marbre, construit par les anges et découvert par les fidèles); *translation de ses reliques, du Vatican à St-Clément*, sous Nicolas I*er*. — *Grande nef :* peintures : *Jésus en gloire ; — l'Assomption ; — S. Vitus* et le pape *Léon VI, — crucifiement de Jésus ;* — les *deux Maries* portant au tombeau des vases de parfum ; — *descente aux limbes* pour délivrer Adam et Ève ; — *noces de Cana ;* — tableau représentant le *Christ, SS. Gabriel et Michel*, les papes *SS. Nicolas et Clément ; — SS. Antoine, Daniel dans la fosse, SS. Gilles et Blaise ;* — vie de S. Alexis ; *S. Alexis* demande *l'hospitalité à son père; S. Alexis mourant ; S. Alexis mort et reconnu par ses père et mère ;* — les papes *SS. Pierre, Lin, Clet, Clément;* — *S. Clément* célébrant la messe ; *Sisinnius* frappé de cécité ; *Théodore,* sa femme, convertie ; le donateur *B. de Rapiza* et sa femme. — De l'abside un escalier aboutit à deux chambres des 1er et 2e siècles, dont la 1re a la voûte en stuc. La 2e est un atrium ; la 1re, un sanctuaire de *Mithras*, le dieu du feu des Persans, dans lequel on a trouvé la statue du *bon Pasteur.*

On revient par le Colisée à la piazza di Venezia.

5mo jour. — *De la place de Venise à St-Jean de Latran, à St-Laurent hors les Murs, à Ste-Marie Majeure, au quartier des Monts* (1).

XXXVII. De la piazza di Venezia au Colisée (Colosseo, 4e jour). Du Colisée on suit la via *di San Giovanni in Laterano* (St-Jean de Latran) jusqu'à la *piazza du même nom.* Du Colisée on peut

(1) Voir le paragr. IX pour les heures.

se rendre à la même place par les vie *Labicana* et *Merulana* ; on aperçoit alors deux églises : 1° *Santi Marcellino e Pietro* (SS.-Marcellin et Pierre), restaurée sous Benoît XIV ; 2° *Sant'Antonio* (St-Antoine), à peu de distance de la précédente, près du carrefour formé par les vie *Labicana et Merulana* : la via *Merulana* met en communication la piazza *di San Giovanni in Laterano* et la piazza *di Santa Maria Maggiore* (place Ste-Marie Majeure).

En arrivant à la place S.-Jean, on peut voir à droite le bel *Hôpital St-Sauveur* (San Salvatore), fondé (13° s.) par le Cardinal Jean Colonna : il peut recevoir 600 femmes malades. — Sur la place, *obélisque* de granit rouge avec hiéroglyphes, le plus ancien et le plus grand de tous, transporté d'Héliopolis à Alexandrie d'Egypte par Constantin, puis à Rome par son fils Constance, qui le mit dans le *Cirque Maxime* (circo Massimo), Sixte-Quint le fit restaurer et ériger sur la place actuelle. La hauteur totale est de 47^m, 19^m 17 de plus que celui de la place de la Concorde à Paris.

Au nord de la piazza di San Giovanni in Laterano, *villa Massimi*.

La basilique de *St-Jean de Latran*, dont la façade donne sur la *piazza di porta San Giovanni* (vue splendide), non loin de la *porta San Giovanni* (St-Jean), fut construite par Constantin à côté du palais de la famille Lateranus, sur le *mont Cœlius* (ou Lateranus, monte Celio). Consacrée en 324, reconstruite au 10me s., et incendiée au 14me s., elle fut rebâtie aux 16° et 17° s. On l'appelle *basilique Constantinienne*, parce que le palais de Constantin en était voisin, et *du Sauveur*. Elle prit le nom de

St-Jean au 12° s. La basilique est la 1ʳᵉ des églises de Rome et de l'Univers, « l'Eglise en chef du monde catholique » comme nous disait (1891) le guide Bianchi. Le pape, après son élection, vient à St-Jean prendre possession de son siège comme évêque de Rome, et le clergé de St-Jean a le pas sur celui de St-Pierre du Vatican. L'inscription suivante confirme cette primauté : « *Sacrosancta lateranensis Ecclesia omnium urbis et orbis Ecclesiarum mater et caput*, la très sainte Eglise de Latran est la mère et la tête de toutes les Eglises de la ville et du monde entier. » Cinq conciles œcuméniques (1123, 1139, 1179, 1215, 1512-1517) ont eu lieu dans la basilique.

Voici la description de cette magnifique église :

Façade d'A. Galilei (1734), décorée de 15 statues, dont celle du Sauveur au milieu. Balustrade percée de 5 arcades ; dans celle du milieu, *loggia* (balcon) d'où le pape bénissait le peuple le jour de l'Ascension.

Portique : à gauche, statue colossale antique de Constantin, trouvée dans ses *thermes* (il ne reste des thermes que peu de débris).

Cinq portes donnent accès dans la basilique: celle du milieu, en bronze, provient de l'antique *basilique Emilienne* du Forum ; celle de droite, du *Jubilé*, est murée.

Intérieur à 5 nefs : longueur de 73ᵐ. Pavement du 14ᵉ s. Beau plafond de 1564. Dans les niches de la grande nef, statues colossales et en marbre des 12 Apôtres, de 27.000 fr. chacune, placées par Clément XI (†1721). Au-dessus des statues, bas-reliefs bibliques.

Nef latérale droite : 1ᵉʳ pilier : le *jubilé de* 1300, fresque de Giotto ; — chapelle *Orsini :* la *Ste Vierge et des Saints* ; — *chapelle Torlonia*, bien ornée : *descente de croix*, bas-reliefs ; — chapelle *Massimi : Jésus en croix.*

Nef latérale gauche : Chapelle Corsini, la 1ʳᵉ en entrant, bâtie sous Clément XII († 1740), très belle : sur l'autel, entre deux colonnes de vert antique, *S. André Corsini en prière*, mosaïque d'après le Guide ; — tombeau de Clément XII, dont les restes sont déposés dans une urne de porphyre du Panthéon ; tombeau de son oncle ; — dans la crypte des caveaux de la famille, *admirable Pietà*, groupe en marbre de Carrare par A. Montanti, élève du Bernin : — chapelle *Lancellotti* ou de *St-François d'Assise* : tombeau du card. Casanate ; — *chapelle Aldobrandini-Borghèse*, riche en pierres précieuses : on remarque 4 colonnes de bronze doré, provenant, dit-on, du *temple de Jupiter Capitolin*.

Pour les reliques de l'autel *Ste-Madeleine*, voir le § II.

Transept de gauche. Chapelle du Chœur : belles stalles ; orgues ; tombeau de Lucrezia Tommacelli ; — *chapelle du S. Sacrement*, en face de la Confession : tabernacle de pierres précieuses entre 4 colonnes de vert antique et deux anges de bronze.

Maître autel papal, surmonté d'un baldaquin que supportent 4 colonnes de granit. L'autel renferme la table de bois sur laquelle S. Pierre disait la messe, et qui provient des catacombes. Dans la partie supérieure du baldaquin, tabernacle des précieuses reliques, notamment des têtes des SS. Pierre et Paul. Tombeau de Martin V, à la *Con-*

fession, chapelle au-dessous de l'autel. (Voir § II, reliques.)

Abside agrandie par Pie IX et terminée (1882) par Léon XIII. Grande mosaïque de Jacques de Torrita et de frère Jacques de Camerino (1288-1292), achevée par G. Gaddi : on admire *l'image du Sauveur*, qui a donné son nom à la basilique.

Derrière l'abside, *portique Léonin* (portico Leonino), nef circulaire qui tire son nom du pape Léon le Grand († 461) : *autel du crucifix*, adossé à l'autel du chœur : *beau Christ* en bois sculpté ; à droite et à gauche, statues des *SS. Pierre et Paul*, du 10ᵉ s. ; tombeau de peintres, de l'architecte A. Galilei ; — à gauche, petit sanctuaire où l'on conserve, derrière des grilles de fer et sous des feuilles de cristal, *la table* sur laquelle Jésus célébra la Cène ; — tout près, l'inventaire des reliques : un bras de Ste Hélène, une partie du cerveau de S. Vincent de Paul, du sang de S. Charles Borromée, la coupe du poison de S. Jean l'Evangéliste ; la chaîne qui le liait dans son voyage d'Ephèse à Rome ; une partie du manteau de pourpre du Sauveur : voir le § II ; — passage menant aux sacristies.

Chœur d'hiver des Chanoines, près de la chapelle du S. Sacrement : les Souverains de la France font partie du corps des Chanoines depuis une donation de Henri IV (1595). Louis-Philippe seul méprisa cette prérogative.

Magnifique sarcophage en marbre élevé à Innocent III par le pape Léon XIII, inauguré à la fin de décembre 1891, en dehors de la porte de la basilique conduisant au fond de l'abside, par le vestibule : statue couchée du pape ; bas-reliefs représentant *Jésus-Christ ;* à ses côtés *SS. Dominique et François,* dont les ordres furent approuvés par le pontife ; *la Science et la Croisade,* statues rappelant la 4° croisade et la guerre des Abigeois, qui eurent lieu sous Innocent III (†1216).

Statue en bronze de *Henri IV* au fond du portique latéral, érigée par le chapitre reconnaissant à Henri IV.

Pour les indulgences des 7 autels, les reliques, voir le § II.

XXXVIII. Le *magnifique cloître,* annexé à la basilique, remonte au 13° s. Colonnes ornées de mosaïques. Reliques d'une authenticité non absolue : colonne fendue du temple de Jérusalem ; — celle de la maison de Pilate, du haut de laquelle la sentence de mort contre Jésus fut annoncée au peuple ; — baldaquin de marbre avec 4 colonnes de 5 à 6 pieds de haut, indiquant la taille du Sauveur ; — margelle du puits de la Samaritaine ; — plaque de porphyre sur laquelle furent joués les vêtements de Jésus-Christ ; — siège pontifical.

Le *baptistère de Constantin, San Giovanni in Fonte* (S.-Jean de la Fontaine), en face du palais de Latran, à 3 ordres de colonnes de porphyre, fut élevé par Constantin sur le lieu de son baptême. Pavé de marbre. Fonts baptismaux, composés uniquement d'une urne en basalte vert, à couvercle orné de bas-reliefs en métal doré. Peintures : de la lanterne, sur la *vie de S. Jean-Baptiste ;* de l'intérieur, sur la *vie chrétienne de l'empereur.* A droite, *chapelle St-Jean-Baptiste,* interdite aux dames : porte faisant entendre des sons harmonieux ; statue du *Christ*, par Donatello ; — à gauche, chapelle *S.-Jean l'Evangéliste* : mosaïque du 5ᵉ s. à la voûte. — Porte donnant accès à l'oratoire des S. Venance, Stes Rufine et Seconde : *chapelle S.-Venance*, carrée : mosaïque du 7ᵉ s. ; sous un autel, corps des SS. Venance, Anastase et autres ; sous l'autre autel, corps des SS. Cyprien et Justine.

La *Scala santa* (l'Escalier saint), sur la place au nord de la Basilique, dans l'édifice bâti par Sixte-Quint, est l'escalier du palais de Pilate que le Sauveur monta et descendit quatre fois le jour de sa passion : 1° en allant chez le gouverneur de la Judée ; 2° en se rendant chez Hérode ; 3° en revenant du palais du roi des Juifs ; 4° quand Pilate le présenta à la foule en disant : *Ecce homo*. Il a été transporté de Jérusalem à Rome par Ste Hélène (326), et déposé, jusqu'à Sixte-Quint, au palais de Latran. Il se compose de 28 marches en marbre blanc, que recouvrent des madriers de bois de noyer depuis Clément XII : on a ménagé dans le bois des jours garnis de cristal pour laisser voir le marbre. On ne le gravit qu'à genoux : de nombreuses indulgences sont attachées à cet acte de dévotion. — En entrant, deux groupes en marbre que Pie IX y a fait placer : *le baiser de Judas* et *l'Ecce homo*. Voûtes et parois des murailles ornées de fresques des scènes de la Passion. De chaque côté de l'escalier saint, deux escaliers en piperino permettent aux pèlerins de redescendre. — Parmi les personnages illustres qui ont monté en pèlerins la Scala santa, nous citerons : Ste Hélène, Fabiola (390), Pélage II

(† 590), S. Serge Ier († 701), Etienne III († 772), Adrien Ier († 795), S. Léon III († 816), Charlemagne, S. Léon IV († 855), S. Grégoire VII († 1080), la comtesse Mathilde († 1115), Pascal II († 1118), Célestin III († 1198), S. Pie V († 1572), Grégoire XIV († 1591), Clément VIII († 1605), Benoît XIV († 1758), Pie VI et VII, Pie IX ; S. Labre, Christine de Suède, le comte de Chambord, l'impératrice d'Autriche (1868), etc.

Au haut de la Scala santa, le *Sancta Sanctorum* (anc. *San Salvatore delle Scale sante*, St-Sauveur des saints Escaliers), jadis oratoire particulier des papes, tire son nom des nombreuses reliques du reliquaire, sous l'autel : les chefs des SS. Pierre et Paul s'y trouvaient. Sur l'autel, portrait du *Sauveur* à 12 ans, de grandeur naturelle, transporté de Jérusalem à Constantinople (4° s.), puis à Rome sous S. Grégoire le Grand († 604) : il a été peint sur bois de cèdre ou d'olivier par S. Luc et terminé par les Anges, dit la légende. On l'appelle *achiropoieta*, image non faite de la main de l'homme. — A droite, chapelle *S.-Laurent*, sur le lieu de l'anc. chapelle du patriarcat de Latran.

Adossé à la Scala santa, *Triclinium* (salle à manger) de S. Léon III, dont il reste l'abside et où le pape Léon III reçut Charlemagne : mosaïque représentant le *Christ* donnant les clefs à S. Pierre et le labarum à Constantin ; *Charlemagne* recevant le manteau impérial, et *Léon III* le pallium.

Du Triclinium et de la Scala santa on se rend : 1° aux jardins de la *piazza Vittorio Emanuele* par la via *Emanuele Filiberto* ; 2° à la *piazza Dante* par la via *Tasso*.

Derrière la Scala santa et près de l'*aqueduc de Claude, villa Wolkonsky :* vue magnifique. — L'aqueduc de Claude (Acqua *Claudia*) fut bâti par cet empereur, à un rang d'arches.

Par la porte en face de l'obélisque, on entre dans le *palais de Latran* (palazzo di Laterano), donné par Constantin au pape S. Melchiade. Il renferme deux *musées* : — 1ᵉʳ *musée*, ou *musée profane*, créé par Grégoire XVI, au rez-de-chaussée, distribué en 16 salles : bustes et bas-reliefs divers, statues, sarcophages antiques ; — fragments de frise de la *basilique Ulpia* (2ᵉ salle à droite de la porte ; — *Médée* et les *filles de Pélias*, bas-relief (4ᵉ salle du même côté) ; — *cerf* en basalte (1ʳᵉ salle à gauche de la porte) ; — *Statue de Sophocle*, *Satyre dansant* (3ᵐᵉ salle du même côté) ; — statue de *Dogmatius*, trouvée en 1856 (3ᵐᵉ salle des 6 dernières). — 2° *musée*, ou *musée chrétien*, créé par Pie IX, au 1ᵉʳ étage, renfermant la *galerie de tableaux* : sarcophages, inscriptions chrétiennes, peintures, fresques des catacombes, mosaïques ; — statue de *S. Hippolyte* ; — 6ᵐᵉ salle : mosaïque des *Athlètes*, provenant des *thermes de Caracalla ;* — 7ᵐᵉ : *Madone*, de Frà Angelico : — 8ᵐᵉ : *Madones*, de Sassoferrato ; — 9ᵐᵉ : *Assomption ; Ste-Famille*, d'Andrea del Sarto ; — 10ᵐᵉ : *baptême de Jésus ; S. Jérôme ; Vierge Couronnée.* — Au 3ᵐᵉ étage : moulages des bas-reliefs de la colonne Trajane. — Du haut du palais, splendide *panorama*.

Le palais de Latran fut habité par les papes jusqu'en 1308, année qui vit la papauté fixer sa résidence à Avignon.

XXXIX. — De S.-Jean de Latran, en continuant vers les fortifications, on aperçoit l'*amphitheatrum castrense* (amphithéâtre du camp), qui servait aux jeux des soldats prétoriens, à côté duquel se trouve la basilique de *Santa Croce in Gerusalemme* (Ste-Croix de Jérusalem), bâtie par Constantin, à la demande de Ste Hélène, dans *les jardins d'Héliogabale* : on l'appelle : 1° *de Jérusalem*, parce que Ste Hélène y apporta de la terre de *Jérusalem* ; — 2° basilique *Ste-Croix*, à cause de la croix de Jésus qu'on y déposa ; — 3° *basilique Sessorienne*, du *palais Sessorien* (le *Sessorium*), qu'habita Ste Hélène, voisin de l'église ; — 4° *basilique Hélénienne* (Heleniana), de Ste Hélène. Rebâtie par Grégoire II († 731), achevée par Léon III († 816), restaurée par Lucius II (1144), elle fut mise en l'état actuel par Benoît XIV en 1743.

Portique et nef ornés de colonnes en granit d'Egypte. Pavé en mosaïques : au centre, inscription relative à la terre du Calvaire conservée ici. Bénitiers : *poissons sculptés*. Tribune peinte par le Pinturicchio. — Maître autel, avec un baldaquin supporté par 4 colonnes de marbre : confession renfermant les corps des SS. Césaire et Anastase. — Près de la confession, loggia d'où se fait l'ostension des Saintes reliques conservées dans une chapelle voisine : trois grands morceaux de la vraie croix ; clou de 0^m 13 de long, à 3 tranchants et à tête arrondie, teint du sang de Jésus-Christ (on en vend des fac-similé à 1 f.) ; deux épines longues, minces et très dures, de la Ste Couronne (1) ; doigt de St Thomas, qui pénétra dans les

---

(1) La Sainte Couronne, vénérée à Notre-Dame de Paris, n'a plus d'épines.

plaies de Jésus ; le titre de la croix, dont il ne reste qu'une partie des inscriptions grecque et latine. — Fresques de la voûte de l'abside : *invention de la Ste Croix* ; en 326, avec le miracle de *la résurrection du mort* ; — *Héraclius rapportant la Croix*, recouvrée sur les infidèles en 628 ; — *Ste Hélène élevant la Croix* ; — *Jésus adoré par les Anges*. — Par la nef gauche, on descend dans l'église souterraine : autel de gauche, de *N.-D des Sept-Douleurs* ; — chapelle de droite, *de Ste-Hélène* : sol formé d'une grande quantité de la terre de Jérusalem ; voûte ornée de mosaïques du 16º s ; statues des *SS. Pierre et Paul*.

Le *couvent* voisin des *Cisterciens* est occupé en grande partie par la troupe. Par la sacristie, on va voir les reliques : les dames doivent obtenir une autorisation, à cause des règles de la clôture.

XL. — De Ste-Croix, on pourrait se rendre directement à la *piazza di Sta Maria Maggiore* par la *via di Sta Croce*, la *via Conte Verde*, la *piazza Vittorio Emanuele* et la *via Carlo Alberto* (Charles-Albert).

De Ste-Croix, on arrive en peu de temps à la *porta Maggiore* (Grande Porte), anc. *porta Prænestina, Labicana*, formée de deux arches de l'aqueduc de Claude (*Acqua Claudia*). — En se dirigeant vers la *porta S.-Lorenzo* (S. Laurent), on rencontre : *le tombeau d'Eurysacès*, boulanger ; — le temple de la *Minerve Médique* ; — l'église *Sta Bibiana* (Ste-Bibiane), bâtie (4º s.) sur l'emplacement de la maison de la sainte, et reconstruite (17º s.) par Urbain VIII : maître autel : *statue de la sainte*, du Bernin ; sous l'autel, urne en albâtre renfermant les corps des Stes Bibiane, Démétrie, sa sœur, Dafrose, leur mère ; — près de la porte, colonne en rouge antique à laquelle fut attachée Ste Bibiane.

Ste-Bibiane communique avec la gare par le *viale principessa Margherita* (boulevard de la *princesse Marguerite*. On y trouve la piazza *Guglielmo (Guillaume) Pepe*, près de Ste-Bibiane ; — 2° la piazza *Manfredo Fanti*, qui possède un jardin ; ou square avec *aquarium*.

On tourne à droite de Ste-Bibiane pour traverser la ligne du chemin de fer et franchir la *porte S.-Laurent*, près de l'anc. *porta Tiburtina*. A côté de la porte, tramway à *vapeur pour Tivoli*, 29 kil. (2 fr. 50 et 1 fr. 85 ; aller et retour : 4 fr. 50 et 3 fr. 60), par la *via Tiburtina* (de *Tibur*, Tivoli). Cette route comprend : *Portonaccio*, à 2 kil. ; — *ponte Mammolo*, sur l'Anio (Teverone), à 6 kil., près des grottes de *Cervara* ; — les bains *d'Acque Albule*, à 20 kil., près du lac de *la Solfatara* : eaux minérales (anc. *Aquæ Albulæ*) carbonatées et sulfureuses ; établissement ; — *Ponte-Lucano*, sur l'Anio, à 23 kil., près du *tombeau de la famille Plautia* ; — 25 kil., halte : on monte en 20 minutes à la célèbre *Villa Hadriana* (villa d'Adrien), ayant 18 kil. de tour : 1 fr. Ruines ; — à 27 kil., *Regresso* : vue ; — à 29 kil. *Tivoli*, anc. *Tibur* (10300 h.) : *temple circulaire de la Sibylle* ; — promenades ; grotte de Neptune, avec cascade ; — *grotte des Sirènes* ; — plate-forme, d'où l'on aperçoit une chute des eaux de l'Anio de 100 m. de haut ; vue splendide d'une terrasse ; — *villa de*

Q. *Varus* ; — ruines dites de la *villa de Mécène*, à 1[2 heure, sur la hauteur, au-dessous de laquelle il y a les *cascatelles*, de 33 m. de haut ; — *temple de la Fosse* ; — *villa d'Este*, par l'entrée de Tivoli : panorama des terrasses et des cascades. — A Tivoli, visiter encore : l'*église St-Georges* (San Giorgio), dont la façade a quatre colonnes antiques, et qui serait le vrai *temple de la sibylle tiburtine*.

Par le chemin de fer, il y a 40 kil. de Rome à Tivoli. — A 35 kil. de Tivoli, *Subiaco* : St-Benoît y bâtit un couvent célèbre, d'où sortirent une foule d'hommes illustres. On remarque à Subiaco : l'*arc de triomphe* en l'honneur de Pie VII, l'ancien *palais papal* et la belle église *Sant'Andrea*.

Par la même porte, le tramway à vapeur conduit (24 kil : 1 h. 10 ; 2 fr. 40 ; 1 fr. 95 1 fr. 30) à *Marino* : *cathédrale* : *St Barthélemy*, du Guerchin ; — *église de la Trinité* : tableau du Guide. — A 3 kil. *Castel Gandolfo*, par une route très belle, contournant le cratère au fond duquel est le *lac d'Albano* : villa pontificale, élevée sur les ruines de *celle de Pompée*, par C. Maderno, sous Urbain VIII. On domine le lac d'Albano. A 1 h., *Albano*, dont nous parlerons plus loin.

A peu de distance de la *porte Saint-Laurent* (1 kil.), basilique de *St-Laurent-hors-les-Murs*. (S. Lorenzo fuori le mura), bâtie par Constantin sur les tombeaux des SS. Laurent et Cyriaque, reconstruite, ou mieux agrandie par Pélage II (6e s.), modifiée par Honorius III (1217) et restaurée sous Pie IX, de 1862 à 1870. Portique de 1217 : fresques de la *vie de St Laurent* et des *miracles* accomplis à son tombeau. — Façade : fresques sur fond d'or. Sous le portique : deux tombeaux en forme de chapelles et deux sarcophages, le tout en marbre. — Intérieur à 3 nefs que soutiennent 22 colonnes en granit en marbre cipolin. — A deux chapiteaux : un lézard (*sauros*) et une grenouille (*batrachos*) signature de deux architectes à qui on avait défendu de faire connaître leur nom. — A droite de l'entrée : sarcophage antique, représentant un mariage et servant de tombeau au card. Fieschi, neveu d'Innocent IV. — Près de la porte d'entrée, fonts baptismaux ; au-dessus, peintures anciennes de la *vie des SS. Sixte et Laurent*, — Le grand arc en face de la porte d'entrée a des fresques de Fracassini. — Nef centrale : deux ambons en marbre. — Chœur, élevé au-dessus de la nef : pavé en mosaïque ; — maître autel à ciborium supporté par 4 colonnes de porphyre ; — autour, bancs ornés de mosaïques; — au fond, chaire épiscopale ; — sur le grand arc, mosaïque du 6e s. : *Jésus bénissant, Pélage II, SS. Laurent, Pierre, Paul, Etienne, Hippolyte.* — A côté du chœur, cloître du 13e s. : nombreuses inscriptions. — Devant le chœur, escalier conduisant à la partie de la basilique élevée par Constantin (et restaurée) à S. Laurent : *Confession*, avec les corps des SS. Etienne, 1er martyr, et S. Laurent ; — portiques ; — sous le petit arc situé au-dessous de la *Graticola* (pierre vénérable par les traces de sang de S. Laurent), tombeau de Pie IX († 10 février 1878), portant une inscription composée par le pape Léon XIII : le parquet est en mosaïque de marbre. — A gauche du chœur, escalier menant à une chapelle et aux *catacombes (fermées) de Ste Cyriaque*, où fut d'abord déposé le corps de S. Laurent : on parvient encore aux catacombes par une porte dans la paroi gauche de la crypte. — Dans la Sacristie, reliques : voir § II : reliques, autels pour l'indulgence des 7 autels.

Sur la *piazza di San Lorenzo*, devant la basilique, *colonne* de granit, de 24ᵐ, portant la *statue* en bronze de *St Laurent* : elle provient de la basilique de St-Paul-hors-les-Murs.

Près de la basilique de St-Laurent, le *Campo Santo* ou nouveau cimetière de Rome, très beau, où la foule se porte en grand nombre le mercredi matin. Dans la partie haute, *monument* élevé aux *soldats français* tués à Mentana (3 nov. 1867), journée qu'une inscription, mise après 1870 par les Italiens, qualifie de *néfaste* pour le royaume.

XLI. — On rentre par la *porta San Lorenzo*, près de laquelle sont les restes l'aqueduc de *l'Acqua marcia*, suivi de *l'Acqua felice*, d'un côté ; — des aqueducs *Tepula* et *Giulia*, de l'autre.

Après avoir repassé par l'église Ste-Bibiane (XL), on gagne, par la *via Cairoli* et la via *principe Eugenio* (Prince Eugène), la belle *piazza Vittorio Emanuele* (V. Emmanuel) : *Trophées de Marius* ; *castello dell'acqua Giulia* (château d'eau Julie) ; jardin. — De là, on prend la via *Carlo Alberto* (Charles-Albert), que l'on quitte pour passer sous *l'arc de Gallien* (de 262) et s'engager dans la *via di San Vito*, où l'on trouve : 1° l'église *San Vito* (S. Vit ou Guy), sur le *marché de Livie* (macello Liviano), antique, à côté de l'arc de Gallien, dit aussi de *San Vito* :

reconstruite par Sixte-Quint, elle fut restaurée par Grégoire XVI. Fresques du 15° s. ; — 2° l'église neuve de *Sant'Alfonso* (S. Alphonse) de Liguori, appartenant aux Rédemptoristes : *Madone vénérée du Perpétuel Secours.*

En reprenant la via *Carlo Alberto*, on voit, avant la piazza di Sta Maria Maggiore, le magnifique couvent de *Sant'Antonio abbate* (St-Antoine, abbé), auj. *hôpital militaire : l'église St-Antoine, abbé,* sert elle-même de salle d'hôpital.

Sur la *piazza di Sta Maria Maggiore* (place de Ste-Marie Majeure) colonne cannelée, corinthienne, en marbre blanc, provenant de la *basilique de Constantin*, du Forum, érigée (1616) sous Paul V : statue en bronze de la *Ste Vierge.*

La colonne de Henri IV, surmontée de la croix, que le pape Clément VIII avait élevée (1595) en mémoire de l'abjuration du roi de France, se trouvait autrefois sur la place, en face de l'église St-Antoine, abbé. Depuis les travaux de 1873, elle est près de la basilique, du côté droit : elle avait été renversée (1774) par une tempête.

Après avoir jeté un coup d'œil sur Ste-Marie Majeure, qui sera décrite plus loin, on va à la *piazza Esquilino* (de l'Esquilin). On prend ensuite la *via Urbana.* Dans cette rue, près de la piazza Esquilino, église *Sta Pudenziana* (Ste-Pudentienne), dont le gardien demeure au 81 de la rue des *Quatre Fontaines* (via delle Quattro Fontane), qui est séparée de la piazza Esquilino par la *via A. Depretis.* Bâtie 2° s.) sur l'emplacement de la maison de Pudens, sénateur romain converti par S. Pierre à qui il donna l'hospitalité durant

7 années : S. Paul logea aussi chez Pudens, dont les deux filles Praxède et Pudentienne recueillaient les corps des martyrs, prenaient leur sang avec des éponges et descendaient dans des puits leurs restes sacrés. L'église fut restaurée aux 8ᵉ et 12ᵉ siècles, puis rebâtie à la fin du 16ᵉ s. Abside : très belle mosaïque ancienne : *le Christ bénissant, S. Paul, Ste Pudentienne, S. Pierre, Ste Praxède, la croix, les symboles des évangélistes,* divers personnages. — Maître autel : corps de Ste Pudentienne et de son frère Novat : le corps de S. Pudens est au dernier autel de droite. — Chapelle *S.-Pierre*, à l'extrémité de la nef de gauche : table de bois sur laquelle S. Pierre disait la messe ; groupe en marbre de *Notre-Seigneur donnant les clefs à S. Pierre.* — Près de la 2ᵉ colonne de la même nef, *puits* dans lequel Ste Praxède et Ste Pudentienne déposèrent les corps de 3.000 martyrs. — En face, chapelle érigée sur l'église du 2ᵉ s. : sous une grille de fer d'un gradin du marchepied de l'autel, empreinte d'une hostie qui serait tombée des mains d'un prêtre incroyant.

En sortant de Ste-Pudentienne, on a en face *l'église* et le *couvent del Santissimo Bambino Gesù* (du Très Saint Enfant Jésus). On retourne à la *piazza Esquilino* : obélisque en granit, sans hiéroglyphes, d'une hauteur de 20ᵐ 49, piédestal compris : Sixte-Quint le fut apporter ici du *mausolée d'Auguste.* On pénètre alors dans *S. Maria-Maggiore* (Ste-Marie Majeure) par la façade postérieure.

XLII. — La magnifique basilique *Ste-Marie Majeure,* entre les places de l'Esquilin et Ste-Marie-Majeure, au sommet du *monte Esquilino* (Esquilin), fondée (352) par le pape Libère, a été agrandie en 432 par S. Sixte III. Elle a plusieur noms. On l'appelle : 1° *Ste-Marie Majeure*, parce qu'elle est la principale des églises de Rome consacrées à la Ste Vierge ; — 2° *basilique Libérienne*, du pape Libère, qui l'a bâtie, à la suite du miracle suivant : dans la nuit du 5 août 352, la Ste Vierge apparut en songe au patrice Jean et à sa femme pour leur dire que la volonté de Notre-Seigneur et la sienne était qu'ils employassent leur fortunen à l'érection d'une église au lieu de l'Esquilin qu'ils trouveraient couvert de neige à leur réveil ; le pape eut la même vision. Le matin, le patrice et sa femme informèrent le pape du songe, et l'on alla en procession sur l'Esquilin, qui était couvert de neige : la construction de l'église fut décidée ; — 3° *Sainte-Marie des Neiges* (Sta Maria ad Nives), à cause du miracle ci-dessus, dont on célèbre la fête le 5 août de chaque année ; — 4° *Sainte-Marie de la Crèche* (Sta Maria del presepio, *ad præsepe*), depuis que la Ste Crèche s'y trouve (7° s.) ; — 5° *basilique de Sixte*, de S. Sixte III, qui la fit orner de peintures et de sculptures.

1. L'extérieur présente un immense bâtiment carré ayant l'apparence d'un vrai palais. — Clocher, le plus grand de Rome, datant de 1376, sous Grégoire XI. — Façade principale, refaite par Benoît XIV, avec mosaïques : le pape y donnait la bénédiction le jour de l'Assomption. Façade postérieure du côté de l'obélisque.

2. Intérieur à 3 nefs, d'un effet grandiose et d'une richesse merveilleuse : 36 colonnes antiques

divisent les nefs. — Mosaïques de *scènes bibliques* (5ᵉ s.) sur les parois latérales : *histoire d'Abraham, d'Isaac, de Jacob, de Moïse, de Josué* ; — à l'arc de l'abside : *Annonciation, naissance de Jésus, Adoration des Mages, Purification, massacre des Innocents* ; — à la voûte de l'abside : *couronnement de la Ste Vierge.* — Plafond dessiné par San Gallo et doré. — Beau pavement.

3. Le *maître autel*, ou *autel papal*, se compose d'une urne (ou sarcophage) de porphyre, recouverte d'une table de marbre que soutiennent 4 anges en bronze doré. Il est surmonté d'un baldaquin en bronze doré, supporté par 4 colonnes de porphyre. Dans l'urne de l'autel : fragments des planches de la crèche et du rocher de la Ste grotte, du foin de la crèche, des morceaux des langes de Jésus. Sous l'autel, corps de S. Mathias. — En avant du maître autel, la *Confession* ou chapelle souterraine, construite par Pie IX pour les reliques précieuses de la Nativité de Notre-Seigneur, qui sont exposées une fois l'année le 24 décembre : partie du foin de la crèche et des langes de l'Enfant Dieu ; les 6 petites planches, formant les parois de la crèche, de 0ᵐ 75 à 0ᵐ 80 sur 0ᵐ 12 à 0ᵐ 15 : elles sont minces et noircies par le temps. Le tout est renfermé dans un reliquaire en argent et en cristal de roche. Au centre de la Confession, statue de *Pie IX* par Jacometti.

4. Côté à droite du maître autel : *Chapelle Sixtine* ou du *St-Sacrement*, construite par Sixte-Quint et restaurée par Pie IX : on employa pour la bâtir les pierres du *Septizonium*, édifice à 7 ége stiqua était près du cirque Maxime (voir plus loin). En

entrant, *autel Ste-Lucie* et *des SS.-Innocents*, à droite : reliques des SS. Innocents, provenant de la basilique de St-Paul ; — toujours du même côté, tombeau de Sixte-Quint, dessiné par Fontana : bas-reliefs de la vie du Pape ; — en face, tombeau de S. Pie V, par Léonard de Sarzana : le corps est dans une urne de vert antique orné de bronze doré : *bataille de Lépante*, bas-relief ; — à côté du tombeau de Sixte-Quint, statues de *S. François d'Assise* et de *S. Antoine de Padoue* ; — autel *St-Jérôme* : corps du saint. — Au milieu de la chapelle, *autel du St-Sacrement* : ciborium ou tabernacle supporté par 4 anges, œuvre de Riccio. Sous l'autel *était autrefois la crèche* ; il y a encore des fragments du rocher de la Ste Grotte. Escalier menant à une *chapelle souterraine* : *S. Gaëtan portant l'enfant Jésus*, statue. (S. Gaëtan, ayant passé la nuit en prières devant la crèche, la Ste Vierge lui apparut et déposa l'enfant Jésus entre ses bras.)

En sortant, à droite de la chapelle, curieux tombeau (14ᵉ s.) du card. Gonz. Rodriguez.

Après la chapelle Sixtine, chapelles : *del Crocefisso* (du Crucifix), ornée de colonnes et de pilastres en porphyre ; — *del Battistero* (du Baptistère) : bas-relief, du Bernin ; — des *Patrizzi*, peut-être de l'anc. famille du patrice Jean : *autel de N.-D.-des-Neiges*, et tableau de l'apparition de la Ste Vierge au patrice Jean.

5. Côté à gauche du maître autel. Splendide *chapelle Borghèse* ou *Pauline*, dédiée à la Ste Vierge et bâtie (1611) par Paul V Borghèse : elle abonde en marbres, en peintures et en sculptures. Coupole : fresques de L. Sigoli ; entre la coupole et la

corniche, fresques du Guide; — autels latéraux: l'un de *St-Charles Borromée;* l'autre de *Ste-Françoise Romaine;* — tombeaux de Clément VIII, à droite; de Paul V, à gauche: il dota la chapelle de revenus suffisants pour l'entretien de 12 chapelains, et y institua le chant des litanies du samedi: les bas-reliefs rappellent les actes des deux papes.— Reliques (voir § II). — Autel principal, de la *Ste-Vierge*, dessiné par Rinaldi, décoré de superbes colonnes cannelées et dorées, en jaspe oriental, avec bases et chapiteaux en bronze doré, soutenant un entablement à frise d'agate; piédestaux des colonnes en agate. Sur l'entablement, bas-relief en bronze doré et argenté: *S. Libère traçant sur la neige le plan de la basilique.* Au-dessus de l'autel, au milieu d'un champ de lapis-lazuli, *image miraculeuse de la Ste Vierge*, portant entre ses bras l'enfant Jésus, peinte par S. Luc, sur un panneau de bois de cèdre, et dominée par le symbole de l'Esprit-Saint: elle est enchâssée dans un cadre d'améthyste à marges de vermeil, enrichies de rubis, d'émeraudes, de topazes et de grenats! On raconte que Clément VIII venait pieds nus dire la messe devant la Ste image, et que Benoît XIV, devant elle, prenait part le samedi au chant des litanies. De nombreux miracles ont été obtenus par la dévotion à l'image de la Ste Vierge. Pendant la messe du 5 août, des petites fleurs blanches sont répandues de la coupole.

En sortant de la chapelle Borghèse, à gauche, tombeaux des frères de Lévis (15ᵉ s.).

Les autres chapelles du côté gauche sont: *chapelle Sforza:* offices du chapitre; à l'autel,

Assomption ; — chapelle *Ste-Catherine* : *martyre, fiançailles de la Sainte ; sa dispute avec les philosophes d'Alexandrie.*

6. En sortant par la porte principale, sous le portique, statue en bronze de *Philippe IV d'Espagne*, à gauche.

En admirant la façade principale, on voit les portes de la Basilique dont une, celle du milieu ou du jubilé, est murée.

7. Autels à visiter (et reliques à vénérer) pour l'indulgence des 7 autels : voir le § II.

XLIII. — De Ste-Marie Majeure, on peut se rendre à *San Lorenzo in Panisperna* par la *via Urbana* et la *via di S. Lorenzo in Panisperna* : l'église bâtie, dit-on, sur les *bains d'Agrippine*, mère de Néron, a été reconstruite sous Grégoire XIII. Au delà de la via di S. Lorenzo in Panisperna, *église Sta Agata alla Suburra* ou *des Goths*, qui fut prise par les Goths : elle tire son nom de l'antique quartier mal famé de la *Suburra*.

On se dirige de nouveau vers la basilique par la *via di S. Lorenzo in Panisperna*, que suit la *via di Sta Maria Maggiore*, aboutissant à la *piazza di S. Maria Maggiore*, d'où part la *via Merulana*. — Au commencement de cette dernière rue, en tournant à droite, on voit l'église *Sta Prassede* (Ste-Praxède), bâtie vers 156 par S. Pie Ier sur les thermes de la famille de la Sainte (1) ou plutôt, les thermes de son frère Novat, converti comme elle, transformée en grande église (822) par Pascal Ier qui y déposa les corps de 2.300 martyrs tirés des catacombes, restaurée (15e s.) par Nicolas V, enfin

(1) Fille de S. Pudens : voir paragr. XLI.

modernisée par S. Charles Borromée, qui en était le cardinal titulaire. Elle était primitivement nommée église *St-Timothée*, parce que Timothée, frère de Novat, lui avait légué les thermes sur lesquels fut érigée l'église. Intérieur à 3 nefs divisées par 16 colonnes de granit. — A l'entrée, 2 colonnes de granit noir. Puits, entouré d'une grille, dans lequel Ste Praxède recueillait les corps et le sang des martyrs. L'intérieur est appelé *jardin du paradis* (orto del paradiso) à cause des mosaïques sur fond d'or dont il est revêtu. — Mosaïques (9° s.) : 1° de l'arc triomphal : la famille des *Pudens et beaucoup de saints;* — 2° de l'arc de l'abside : l'*Agneau sur un trône*, le *chandelier à 7 branches, des anges ; 24 vieillards, les symboles des évangélistes ;* au-dessous, le *Christ* (agneau) et 12 *brebis (apôtres);* — 3° de l'abside : le *Christ ; S. Paul, Ste Praxède,* le pape *Pascal I*er, un *phénix*, symbole de l'immortalité, à droite; *S. Pierre, Ste Pudentienne, S. Zénon,* à gauche. Dans l'abside, *Ste Praxède recueillant le sang des martyrs,* tableau de Muratori. — Voûte : tête du *Christ.* — Mosaïques diverses : *trône de Dieu, SS. Pierre et Paul,* au-dessus d'une porte; — *Ste Vierge, les Stes Praxède et Pudentienne.*

La fenêtre qui surmonte la porte d'entrée a deux rangs de médaillons : le *Christ,* la *Vierge Marie* et l'*Enfant Jésus,* 12 *têtes d'apôtres, SS. Novat, Timothée, Pudens et Zénon,* 4 *anges entourant le Christ.* — Dans la 3ᵐᵉ chapelle de droite, anc. chapelle *S.-Zénon;* 1° corps de S. Zénon; 2° *colonne de la flagellation de Jésus,* rapportée (1223) de la Palestine par le card. Jean Colonna (les dames n'entrent pas): elle est en marbre oriental blanc et noir; 3º belles mosaïques. — Maître autel, surmonté d'un baldaquin que soutiennent 4 colonnes de porphyre, auquel on arrive par un escalier en marches de rouge antique, marbre très rare: sous l'autel, corps de Ste Praxède. — A gauche en entrant, on voit dans la nef latérale, à l'extrémité et incrustée dans le mur, une table de marbre (que protège une grille en fer) sur laquelle dormait Ste Praxède; — chapelle *Ste-Praxède;* — chapelle *St-Charles Borromée:* fauteuil du saint; la table sur laquelle il donnait à manger aux pauvres. — Sacristie: le *Christ à la colonne,* de Jules Romain; — trésor des reliques: 3 épines de la Ste Couronne, mitre et mozette de S. Charles Borromée, éponge teinte du sang des martyrs par Ste Praxède, reliques de S. Jean Gualbert, etc. — Remarquable *image de N.-D. du Rosaire,* offerte par une famille du patriciat romain, et déposée solennellement dans la chapelle inaugurée le 25 mars 1889. — Beau monument du cardinal Cetti († 1474).

XLIV. — De l'église, on suit la *via di Sta Prassede* jusqu'au carrefour formé par cette rue et la *via dello Statuto* (du Statut). On tourne à droite, et l'on trouve l'église *San Martino a' Monti* (St-Martin-des-Monts), fondée (4º s.) par S. Silvestre, transformée par Symmaque (6º s.), dédiée à S. Martin, évêque de Tours, embellie et restaurée par Sergius II (9º s.) et Léon IV (9º s.). Très belle église. On la nomme encore *St-Martin et St-Silvestre.* — Intérieur à 3 nefs que séparent 24 colonnes: *histoire d'Elie,* par le Poussin, dans les nefs latérales. — Près de la 1re chapelle de gauche, fresques des deux *basiliques St-Jean de Latran* et *St-Pierre du Vatican.* — *Sacristie*, un peu plus loin : reliques des SS. Martin, Silvestre, André Corsini. — Sous le 3e autel : corps bien conservé du Bienheureux Tomasi. — Au fond, chapelle de *N.-D.-du-Mont Carmel.* — *Maître autel*, dominant l'église : beau tabernacle ; corps de S. Martin, pape. — Entre les escaliers menant au chœur, 3e escalier conduisant à la chapelle souterraine et à *l'église S.-Silvestre :* dans l'église, corps de St Silvestre et d'autres saints. Là eut lieu la réunion dans laquelle furent confirmées les décisions de Nicée (de 325).

L'église appartient aux *Carmes*, dont le *couvent* est occupé par les troupes italiennes.

De l'église, on va, par la via delle *sette Sale* (des 7 salles) aux *Sette Sale*, qui étaient un ensemble de 9 réservoirs des anc. *Thermes de Titus.* — Des *thermes*, il reste encore des vestiges, que l'on ne peut visiter qu'avec des torches : fresques. Ces thermes, fondés sur le sol de l'anc. *maison Dorée* (palais) de Néron, sont au revers du mont Esquilin.

Des thermes de Titus, la *via di S. Pietro in Vincoli* (St-Pierre-aux-Liens), qui suit la via delle Sette Sale, conduit à la *piazza di San Pietro in Vincoli*. Eglise de *St-Pierre-aux-Liens*, à laquelle on parvient du *Colisée* par la *via della Polveriera* (de la Poudrière). Bâtie par l'impératrice Eudoxie, femme de Valentinien III, à la suite du miracle suivant (442) : Eudoxie, ayant reçu une des deux chaînes de S. Pierre à Jérusalem, en fit don au pape S. Léon le Grand. Le pape mit cette chaîne avec la chaîne de la prison Mamertine, que possédait déjà la ville de Rome : les deux chaînes s'unirent immédiatement. A cause de sa fondatrice, l'église est appelée *basilique Eudoxienne*. Restaurée par (555) Pélage Ier, rebâtie (8e s.) par Adrien Ier, elle fut mise en l'état actuel (1503) par Jules II, et restaurée (1705) par Fr. Fontana. Le 3 juin 1827, le pape Pie IX y fut sacré, et de grandes fêtes célébrèrent en 1877 le jubilé de cette consécration. — Intérieur à 3 nefs que séparent 22 colonnes antiques en marbre. — A gauche de l'entrée principale, tombeaux des artistes Pierre et Antoine Pollajolo (15e s.). Dans le coin de gauche, tombeau du card. Cusa. — Autres tombeaux à voir : des card. Margotti et Agucci. — Nef de droite : *chapelle de Ste-Marguerite*, près de la confession : *Ste Marguerite*, par le Guerchin ; — près d'elle, tombeau du pape Jules II, avec le célèbre *Moïse* de Michel-Ange : la statue de *Moïse*, en marbre, est un admirable chef-d'œuvre. On aperçoit : 1° d'un côté de la statue, *Rachel*, symbole de la vie contemplative ; 2° de l'autre *Lia*, représentant la vie active ; 3° la statue de *Jules II*, de Maso dal Bosco ; 4° la *Ste Vierge*, de Settignano ; 5° le *prophète et la Sibylle*, de Montelupo. Lia et Rachel sont de Michel-Ange ; — autel suivant, de *S.-Pierre* : *S. Pierre délivré par l'ange* ; — le dernier autel, de *St-Augustin* : *S. Augustin*, du Guerchin. — Nef de gauche : peinture de *Rome délivrée de la peste par S. Sébastien* ; — 3° *chapelle, de S.-Sébastien* mosaïque du saint, de 680. — Abside : *histoire de S. Pierre*, fresques du 16° s. ; au fond, siège pontifical. — Sacristie, près du tombeau de Jules II : *effigie du Rédempteur*, du Guerchin ; *Espérance*, tête célèbre par le Guide ; *délivrance de S. Pierre*, du Dominiquin ; *Ste Famille*. — *Confession* de 1877, élevée par l'*archiconfrérie des chaînes de S. Pierre* avec le produit de la vente des fac-similé des chaînes, en mémoire du jubilé pontifical de Pie IX. Dans l'autel, sous la confession, les deux chaînes, dont nous avons parlé plus haut: 4 anneaux de la chaîne de S. Paul y sont joints ; 7 anneaux de la chaîne de la prison Mamertine se trouvent à l'église Ste-Cécile : deux portes de bronze ferment la châsse qui les contient, et dont il y a 3 clefs, une chez le pape, la 2e chez le card. protecteur, la 3e chez l'abbé de St-Pierre-aux-Liens ; — de chaque côté de l'autel, deux belles statues : *S. Pierre délivré de ses liens*, l'*ange libérateur ;* — dans une crypte sous l'autel, corps des 7 frères Machabées, retrouvés (1876) dans un beau sarcophage du 4e s., que l'on conserve dans la crypte.

Le *couvent* voisin de l'église St-Pierre-aux-Liens occupé jadis par les *Rochettini, chanoines réguliers de St-Jean-de-Latran*, est occupé par *l'école d'application* italienne.

XLV. — De St-Pierre-aux-Liens, on descend par un viaduc sur la *via Cavour*. On prend à gauche, et par la 1re rue à droite, après avoir laissé à gauche l'église *San Francesco di Paola* (St-François-de-Paule, on se rend à l'église *Sta Maria dei Monti* (Ste-Marie-des-Monts, N.-D.-des-Monts), que fréquentait assidûment S. Labre ; maître autel : *image* vénérée de la *Ste Vierge* qui était peinte sur un mur de la maison des Clarisses que remplace l'église ; — à gauche de l'entrée, *chapelle de l'Annonciation* ; — ensuite *chapelle de la Nativité* ; puis, autel de *S.-Benoît-Joseph Labre* : *tableau du saint donnant aux pauvres le peu qu'il possède* ; corps du saint sous l'autel.

En tournant à gauche, on visite, au n° 3 de la *via de' Serpenti* la maison du boucher Zaccarelli où mourut S. Labre (16 avril 1783) : en entrant, tableau du *saint en extase* ; — dans la chambre où le saint mourut : *statue du saint* prêt à s'envoler au ciel ; au-dessus de la statue, tableau de la *Ste Vierge recevant l'âme du bienheureux* ; — autel, sous lequel il y a le matelas, le chevet du lit, les planches de la bière ; — plus loin, deux armoires, renfermant divers objets de S. Labre : boussole ou boîte où était son passeport, souliers, effigie en cire de son cadavre, biographie, ossements, objets de dévotion, habit de N.-D.-des-Neiges, dont on le revêtit après sa mort, drap du lit dans lequel il dormait à l'hôpital, habits.

De Ste-Marie-des-Monts, on prend à droite la *via Baccina*, parallèle à celle *di Sta Maria dei Monti*, qui conduit à *l'arco de' Pantani*, qui faisait partie du *forum d'Auguste*, via Bonnella. A droite, au n° 19 de la rue, trois grandes colonnes qui auraient appartenu au *temple de Mars Vengeur* ; à gauche, sol du forum découvert depuis peu, et inscriptions.

Par la *via dell'Arco de' Pantani*, on gagne la via *Alessandrina* (Alexandrine) : dans cette dernière rue, au nord du Forum romain, *Forum transitorium ou de Nerva et portique de Pallas Minerva*, dont il reste deux colonnes nommées *le colonnacce*. La via Alessandrina mène à la *piazza Trajana* (place Trajane), l'anc. *Forum de Trajan*.

Le *Forum de Trajan*, le plus beau de l'antique Rome, bâti par Trajan, vers 112, renfermait des monuments splendides : la *bibliothèque* ; — la *basilique Ulpia* (Ulpienne), découverte en partie ; — la *colonne Trajane*, toujours debout, composée de 24 pièces de marbre, et qui a été érigée à Trajan (114) par le Sénat et par le peuple romain. Bas-reliefs en spirale faisant le tour de la colonne: campagnes de Trajan contre les Daces : 2.500 figures d'hommes ; chevaux, armes, machines. La hauteur totale a 42^m87 ; — un escalier tournant de 182 marches éclairé par 43 ouvertures, permet de monter au sommet, qui est couronné de la statue de *St Pierre* (depuis Sixte-Quint) : autrefois, la *statue* en *bronze doré* de *Trajan* surmontait la colonne.

Sur la place Trajan, églises du *S.-Nom-de-Marie* et de *N.-D.-de-Lorette* (Voir § X.), par lesquelles on revient à la place de Venise.

6° jour. — *De la place de Venise au Quirinal, aux thermes de Dioclétien, à Ste-Agnès-hors-les-Murs ; les places Barberini et d'Espagne* ; etc. (Voir § IX heures.)

XLVI. — Piazza di Venezia. La via del Corso ; celle *delle Muratte* (la 6° à droite), aboutissant à la *piazza di Trevi*. Somptueuse *fontaine Trevi*, adossée au *palais Poli*, qui renferme le *ministerio del Commercio* (ministère du Commerce). Commencée par Clément XII, elle fut achevée par Benoît XIV. Elle est alimentée par l'aqueduc de *l'acqua Vergine* (eau Vierge), eau ainsi nommée parce qu'une jeune fille (vergine) la découvrit aux soldats d'Agrippa :

l'aqueduc, construit par Agrippa (27 av. J.-C.), a un débit de plus de 155.200 litres par jour. Au milieu —statue de *Neptune* ; — à droite, la *Santé*; — à gauche, l'*Abondance* ; — au-dessus, *jeune fille montrant la source aux soldats* ; *Agrippa examinant le plan de l'aqueduc* ; — les 4 *Saisons*, statues que supportent des colonnes : d'après la légende, le pèlerin qui, en partant, boit de l'eau de la fontaine, est assuré de revenir bientôt à Rome.

A gauche de la fontaine, *piazza de'Crociferi* (des Crucifères) : au n° 20 de la *via de'Crociferi*, chambre qu'occupa S. Labre : objets divers dont il s'est servi.

En face de la fontaine, dans la *via di San Vincenzo*, église *Santi Vincenzo e Anastasio* (SS-Vincent et Anastase), reconstruite par le card. Mazarin. *Chapelle souterraine* : on y conserve les entrailles des papes depuis Sixte-Quint.

De la fontaine, on prend la via delle Muratte, et la *via delle Virgini* (des Vierges), à l'extrémité de laquelle on descend sur la *piazza de'Santi Apostoli* (place des SS.-Apôtres). *Basilique des Saints Apôtres*, anc. *basilique des SS. Philippe et Jacques* (Santi Filippo e Giacomo), sur la place, laquelle n'est pas très éloignée de la *piazza della Pilotta*. Fondée par Constantin le Grand, agrandie par Pélage Ier et Jean III, la basilique fut consacrée (le 1er mai 560) à Dieu et aux douze apôtres, et particulièrement aux SS. Jacques et Philippe. Elle ne fut terminée dans sa forme actuelle que dans le 19e siècle, après avoir été reconstruite en 1702 par Fr. Fontana. Sous le portique, qui date de Jules II : tombeau, à gauche, du graveur *Volpato*, par Canova ; 2° à droite, bas-relief antique. — Intérieur à 3 nefs : longueur de 86^m. Plafond : *triomphe de l'Ordre Franciscain*. — *Chapelles de droite* : 1re : tableau de la *Ste Vierge, S. Bonaventure* et le *B. Conti* ; — 2°, très riche : *l'Immaculée Conception*, tableau ; tombeau de Clémentine Sobieski ; — 3° : *St Antoine de Padoue*, tableau ; corps des Stes Claudie et Eugénie ; — la *chapelle du Saint Sacrement*, qui suit, a de belles décorations. — *Chapelles de gauche* : 1re : belle *déposition de croix ;* — chapelle *St-Joseph de Cupertino* ; — Ch. *St-François* : tableau du saint ; trois tombeaux ; — Sacristie : à la porte, tombeau de *Clément XIV*, par Canova, un chef-d'œuvre. — Abside : *chute des Anges*, tableau original. — Maître autel : *SS. Philippe et Jacques le Mineur*, beau tableau ; corps des deux saints, sous la Confession, découverts le 15 janvier 1873. — Près de la Confession, tombeau du card. P. Riario, neveu de Sixte IV, par Canova.

Le *couvent voisin*, des frères *mineurs conventuels*, est aujourd'hui occupé par les bureaux *del ministerio della Guerra* (ministère de la Guerre.)

Attenant à la basilique, *palais Colonna*, habité autrefois par l'embassadeur français près le Saint Siège, — construit par le pape Martin V Colonna, achevé par les princes et les cardinaux de la même famille. Il communique avec des jardins sur les hauteurs du Quirinal au moyen de 4 ponts au-dessus de la *via delle Cannelle*. — Salons : fresques, tapisseries. — Galerie magnifique de tableaux en 6 salles : la *Ste Vierge avec l'enfant Jésus* et *St Jean-Baptiste*, de Jules Romain ; — la *Ste Vierge et St Pierre*, de Palma le Vieux ; — *Madone*, de Gentile da Fabriano ; — *Ste Vierge et des saints*, du Titien ; — *Assomption*, de Rubens ; — *ruines du palais des Césars*, de Claude Lorrain ; — *paysages*, du Guaspre ; portraits divers.

Du palais Colonna, on peut aller à la *place Trajane*, en passant devant le *palais Antonelli :* porte de *l'enceinte de Servius Tullius*.

Aux environs du palais Colonna : église *Santi Domenico et Sisto* (SS. Dominique et Sixte) et le *théâtre national* (teatro Nazionale), dans la *via Nazionale* (rue Nationale), qui va de la gare à la place de Venise. En prenant ensuite la *via del Quirinale* (rue du Quirinal), on arrive *au palais Rospigliosi*, après avoir visité l'église *San Silvestro in Quirinale*, qui renferme de très belles peintures, par le Dominiquin, aux pendentifs de la coupole, dans la 2e chapelle du transept de gauche : cette église, encore appelée *S. Silvestro di monte Cavallo*, a été restaurée par Grégoire XIII.

Le *palais Rospigliosi*, via del Quirinale, 43, date de 1603 : résidence de l'ambassadeur français près le St-Siège. Salon dans un pavillon du jardin : *l'Aurore*, fresque, chef d'œuvre du Guide. Peintures remarquables : *David vainqueur de Goliath*, du Dominiquin ; *mort de Sophonisbe*, du Calabrese ; — *Andromède délivrée par Persée*, du Guide.

A peu de distance du palais, dans la *via Nazionale*, élégant palais des *Beaux-Arts* (di Belle Arti), construit en 1882 pour les expositions des arts et de l'industrie.

XLVII. — Du palais Rospigliosi, on est vite rendu à la *piazza del Quirinale*, anc. *piazza di*

Monte Cavallo, à laquelle aboutissent les *via del Quirinale*, via *della Dataria* (de la Daterie : les bureaux de la Daterie apostolique s'y trouvaient), *della Consulta*.

La piazza del Quirinale, embellie sous Pie IX, tire son nom de *Monte Cavallo* de ses deux statues colossales de *Castor et Pollux*, dompteurs de chevaux (*cavallo*, cheval en italien) : *fontaine* ; — balustrade en face du palais : belle vue ; — obélisque de granit rouge, sans hiéroglyphes, élevé par Pie VI : 14^{m}60 de haut ; — magnifique *palais Royal* (Palazzo Reale), anc. résidence d'été des papes et où avaient lieu les conclaves.

Commencé (1574) par Grégoire XIII, sur les ruines des *thermes de Constantin*, continué et agrandi par Sixte-Quint, Clément VIII, Paul V, Innocent X, Clément XII, Clément XIII, embelli et décoré par Pie VII, Grégoire XVI et Pie IX, le *palais du Quirinal* est occupé depuis 1870 par le roi d'Italie. Pie VII y mourut (1823). En 1848, Pie IX fut obligé de fuir du palais, cerné par les révolutionnaires. Cour de 98^{m}42 de long, large de 53^{m}60, avec portique de 44 pilastres. — Escalier menant à la *Salle Royale* (Pauline), voisine de la *chapelle Pauline* (copies en grisaille des *Apôtres*, de Raphaël). — Chapelle privée du roi : *Annonciation*, du Guide ; fresques de l'Albane. — Beau jardin, dû à Urbain VIII et à Alexandre VII : statues antiques et modernes ; fresques ; Casino.

Sur la place du Quirinal, *palazzo della Consulta* (de la Consulta), ainsi nommé du Tribunal qui y siégeait, occupé auj. par *il ministerio degli affari esteri* (le ministère des affaires étrangères). Sur la droite, après le palais de la Consulta, étaient : *les églises Sta Maddalena* (Ste-Marie-Madeleine), *Sta Chiara* (Ste-Claire), et deux couvents de religieuses *(Capucines, Adoration perpétuelle)*, que les Italiens ont détruit pour les remplacer par des jardins (1888), lors du voyage à Rome de l'empereur allemand Guillaume II.

Le *collège Belge* est voisin du Quirinal.

Au delà des jardins créés en 1888, *église Sant'Andrea di Monte Cavallo* ou *al Quirinale* (St-André du Mont Cavallo ou du Quirinal), bâtie par le prince Camille Pamphili, neveu d'Innocent X. A droite : 1re chapelle, de *St-François-Xavier* : le *saint baptisant une reine idolâtre* ; *mort du saint*. — Maître autel, de S. André, apôtre : *martyre du saint* ; — à côté, dans un couloir, tombe de Charles-Emmanuel II, roi de Sardaigne, mort jésuite à St-André (1819). — A gauche : 2e autel : urne en lapis lazuli renfermant le corps de S. Stanislas Kostka. — Sacristie, qui menait à la chambre où mourut S. Stanislas Kostka et qu'on a dû transporter à St-André, pour ne pas la laisser détruire par le gouvernement italien. Dans la chambre, devenue chapelle : autel, avec une copie de la Madone de Ste-Marie Majeure ; — statue de *St Stanislas rendant son âme entre les mains de la Vierge Marie* ; — au dessus, tableau de *l'apparition de la Ste Vierge, accompagnée des Stes Agnès, Barbe, Cécile*. — Le noviciat des Jésuites était ici avant 1870.

Un peu plus loin, en suivant toujours la *via del Quirinale*, église *San Carlo al Quirinale, alle Quattro Fontane* (St-Charles au Quirinal ou aux Quatre Fontaines), bâtie par Borromini (17e s.), à côté du *couvent des Trinitaires* espagnols. On gagne ainsi le carrefour que forment la via *del Quirinale* et celle *delle Quattro Fontane* : cette dernière, continuée par la *via A. Depretis*, permet de franchir le *monte Viminale* (Viminal) et de se rendre à Ste-Marie-Majeure. Avant le Viminal, on rencontre : *l'église San Dionigi* (St-Denis) ; le *collège Canadien* ; *l'église St-Paul* (S. Paolo) 1er ermite, dont le gouvernement italien s'est emparé. Dans la rue des Quatre Fontaines, on trouve le Séminaire français.

XLVIII. — Revenant au carrefour, on prend la rue du Vingt-Septembre (via *Venti Settembre*), qui aboutit à la *porta Pia*. Dans le commencement de la rue, *ministerio della Guerra* (min. de la Guerre). En continuant la rue, on arrive bientôt à la belle fontaine de *l'Acqua Felice* ou *de' Termini* (des Thermes), construite par Sixte-Quint : au milieu, statue colossale de *Moïse* ; *Gédéon*, *Aaron*, hauts-reliefs; deux lions de marbre, crachant l'eau.

Au nord de la fontaine, *Sta Maria della Vittoria* (Ste-Marie-de-la-Victoire), bâtie (17e s.) en souvenir des victoires de Maximilien de Bavière sur les protestants. Intérieur abondant en beaux marbres; jubé très remarquable. — Droite : 2e chapelle : la *Ste Vierge mettant l'enfant Jésus entre les bras de S. François*, du Dominiquin ; — 4e : de *S.-Joseph* ; — Gauche : 1re : de *Ste-Thérèse* : admirable statue de la *Sainte en extase*, du Bernin ; — 2e : *Ste Trinité*, du Gerchin; joli crucifix. — Dans l'église fut déposée une peinture de la Nativité, maltraitée par les hérétiques, recueillie par le P. Dominique de Jésus-Marie et portée par lui sur les champs de bataille de l'armée de Maximilien. A l'image, l'empereur donna une couronne d'or, et il orna la voûte de 25 étendards conquis sur les ennemis ; depuis, d'autres étendards ont été joints aux premiers; mais l'image a disparu (1833) dans un incendie.

Le Couvent contigu des Carmes a été pris par le gouvernement italien.

A l'ouest de la fontaine, *église Sta Susanna* (Ste-Suzanne), bâtie sur l'endroit où était la maison de S. Gabinus, père de Ste Suzanne, et de S. Gaïus, son oncle. Confession : corps de Ste Suzanne, de Ste Félicité et de S. Gabinus, martyrs. Intérieur très riche. — En face de *Ste-Suzanne*, église *San Bernardo à Termini*, du 16° s.

On trouve ensuite la piazza de' Termini (place des Thermes), décorée d'une *fontaine monumentale*. — Sur la place, église *Sta Maria degli Angeli* (Ste-Marie-des-Anges), une des plus grandes de Rome (94ᵐ de long), élevée par Michel-Ange, âgé de 80 ans, sur le *caldarium* (salle d'eau chaude, étuve) et le *frigidarium* (salle d'eau froide) des *thermes de Dioclétien*, mise en l'état actuel sous Benoît XIV par Vanvitelli. Vestibule : tombeaux de Salvator Rosa et de C. Maratta. Intérieur avec 16 colonnes, dont 8 en granit rouge d'une seule pièce. — Peintures diverses à partir du bras droit : *crucifiement de S. Pierre; S. Pierre ut ssicastuer Tabitha; SS. Jérôme, François, des saints; présentation de la Ste Vierge*, de Romanelli; *martyre de S. Sébastien*, du Dominiquin; *baptême de Jésus*, de C. Maratta; *mort d'Ananie et de Saphire*, du Pomarancio; *l'Immaculée Conception; chute de Simon le Magicien*, de Bottoni; *l'empereur*

Valens à la messe de S. Basile ; *Notre-Seigneur donnant les clefs à S. Pierre.* — Chapelle *St-Bruno*, vers l'entrée : statue du *saint*, par Houdon ; — *maître autel* : *image* miraculeuse de la *Ste Vierge* ; très beaux marbres ; à côté, tombeaux de Pie IV et du card. Serbelloni. — Sacristie, par le chœur : *chapelle des Cibo*, très riche ; reliques précieuses. — Sur le pavé, ligne méridienne en métal, exécutée avec le plus grand soin (1703) par ordre de Clément XI : elle règle les horloges de Rome.

Derrière l'église, magnifique *cloître des Chartreux*, dessiné par *Michel-Ange*, occupé par la troupe depuis 1870 : 100 colonnes de travertin supportent le portique. Jardins. *Musée des thermes* de *Dioclétien* : fresques, sarcophages, bas reliefs bronzes, inscriptions, terres cuites ; — statues antiques, parmi lesquelles : *jeune homme agenouillé*, en marbre ; — *Hermaphrodite, Bacchus, Pugiliste assis, Athlète*, en bronze ; — *Bacchus, Junon*, en marbre.

A droite de l'église, *Ospizio Margherita di Savoia* (hospice de Marguerite de Savoie) ou hospice *Ste-Marie-des-Anges* fondé par les papes : il reçoit à l'enseignement professionnel des jeunes filles et des jeunes gens. Comme annexe, établissement de sourds-muets.

Les *thermes de Dioclétien*, les plus importants de tous, élevés en 7 ans par 40.000 chrétiens condamnés aux travaux forcés (4° s.), pouvaient recevoir 3.200 baigneurs. Ils comprenaient plus de 3.000 salles, 1.200 baignoires, une galerie de peintures, une bibliothèque. Nous avons vu que sur une partie des thermes le génie de Michel-Ange avait élevé une superbe église.

Un square sépare la *place des Thermes* de la piazza *dei Cinquecento*, en face de la *gare*. Au centre de la *piazza dei Cinquecento* (des Cinq-Cents), monument des *victimes* du combat de *Dogali*, qui surmonte l'*obélisque dit de l'Isée Campense*, en granit rouge, avec hiéroglyphes, découvert en 1883. L'obélisque a 6^m 34 seulement de haut; il date de 1400 av. J.-C., du temps de Ramsès II (de la 19e dynastie égyptienne).

Au delà du monument, on prend la *via Solferino* que la piazza *dell'Indipendenza* (place de l'Indépendance) sépare de la *via di San Martino*, laquelle mène au *Castro Pretorio* (anc. Camp prétorien), occupé par la cavalerie. Au Castro Pretorio le pèlerin visitera l'*oratoire des Pères Salésiens*, qui desservent l'église internationale *du Sacré-Cœur* inaugurée en 1887, à côté de l'oratoire. L'église *du Sacré-Cœur* est très belle : façade enrichie de mosaïques et de beaux marbres; — intérieur grandiose à 3 nefs; — coupole : *fresques* de Monti; — transept : les *Apôtres*, grands tableaux de Caroselli, à qui ont doit les *Prophètes* et les 4 *Sibylles* des arcs; — nef du milieu : *série d'anges*, avec les instruments de la passion, de Monti; — orgue, de plus de 3.000 tuyaux.

XLIX. — Du Sacré-Cœur, on regagne la *via Venti Settembre* (Vingt-Septembre) par la *via di San Martino* et la *via Palestro*. On sort de Rome par *la porta Pia*, qui est près de l'anc. *porta Nomentana*, auj. murée, par laquelle Néron s'enfuit de Rome. Par la *porta Pia*, ouverte par Pie IV et dessinée par Michel-Ange, entrèrent les Italiens le 20 septembre 1870. De la porta Pia, la via *Nomentana* (rue Nomentane), anc. voie *Nomentane*, conduit à la basilique de *Sta Agnese fuori le Mura* (Ste-Agnès-hors-les-Murs,), à 2 kilom. de la Porte. On rencontre la villa *Patrizi* — les *jardins Lucernari*; — la villa *Massimi* (anc. Giustiniani) : peintures ; — la splendide *villa Torlonia*.

Bâtie par Constantin sur le tombeau de la Vierge Ste Agnès, reconstruite par Libère (4ᵉ s.), Symmaque (6ᵉ s.), Honorius 1ᵉʳ (638), modifiée en 1490 et restaurée dans son caractère primitif (1856) par Pie IX, la basilique Ste-Agnès est très intéressante. Après avoir franchi un portail, on aperçoit à droite une salle, fermée par des vitres, qui renferme la belle fresque du fait du 12 avril 1855 : pendant que Pie IX recevait les élèves de la Propagande, le plancher s'écroula, mais ne fit aucune victime. En actions de grâces, Pie IX ordonna la restauration à ses frais de la Basilique. Chaque année, on fête l'anniversaire du 12 avril 1855, coïncidant avec celui du 12 avril 1818, qui vit Pie IX élevé à la prêtrise. — On descend à l'église par un escalier de 45 marches. A droite et à gauche, incriptions des catacombes. — Intérieur à 3 nefs que séparent 16 colonnes antiques. — Voûte supportée par 16 colonnes plus petites et formant le *gynécée* ou galerie des femmes. Entre ces deux rangs de colonnes, portraits en mosaïque des bienfaiteurs de l'église. Entre les fenêtres, les *saintes vierges martyres*. Voûte magnifique : bas-reliefs des *Stes Cécile, Agnès, Suzanne*. — Beau candélabre en marbre antique. — 1ʳᵉ chapelle à droite : *tête du Christ*, de Michel-Ange ; — la chapelle de gauche renferme une antique *Madone*. — Maître autel, avec baldaquin (1614) soutenu par 4 colonnes de porphyre ; corps de Ste Agnès et de sa sœur de lait Ste Emérentienne ; statue antique de *Ste Agnès*, en albâtre, à laquelle on a mis une tête, des mains et des pieds en bronze. — Abside : *Ste Agnès entre les papes Honorius Ier et Symmaque*, mosaïques du 7° s. — Dans cette église, le jour de Ste Agnès (21 janvier) a lieu la bénédiction de deux agneaux très blancs, dont la laine sert à faire les *palliums* destinés aux archevêques et à divers évêques, et qui sont déposés, en attendant leur envoi, sur le tombeau de S. Pierre, au Vatican, la veille de S. Pierre (28 juin).

En face de l'escalier de Ste-Agnès, à droite en sortant, petite église de *Sta Costanza* (Ste-Constance), baptistère de forme ronde, primitivement le mausolée de Ste Agnès : mosaïques du 4° s.

Près de la basilique, au-dessous, les *catacombes de Ste-Agnès*, à peu près dans leur état primitif, et qui ont été étudiées en particulier par le Jésuite Marchi : crypte de la Madone ; basilique avec sanctuaire, etc. Elles ont deux étages : les catacombes *Ostrianes* les continuent sur la voie *Nomentane*.

En rentrant par la *porta Pia*, on prend la via *Venti Settembre* jusqu'à la via *di porta Salaria*, d'où la *via Cadorna* mène à la *piazza Sallustio* (place de Salluste) près des *Orti Sallustiani* (jardins de Salluste). A l'extrémité de la via *di porta Salaria*, *porta Salaria*, ou Salara, qui communique avec la *porta Pia* par le *Corso d'Italia* (Cours d'Italie) : par la *porta Salaria* Alaric entra dans Rome (410). A quelques minutes de la porte (300 mètres), *villa*

Albani, de 1758, à la famille Torlonia : collection d'antiquités organisée par Winckelmann. Casino. Au 1ᵉʳ étage, tableaux; à la voûte, le *Parnasse*, de Mengs; bustes, statues, etc. Belle vue. — A un kil., mausolée de *Lucius Paeto*, dans la *villa Bertone* du temps d'Auguste. Sur la *voie Salaria*, catacombes *de Ste-Priscille* : peintures du IIᵉ siècle.

Par la via *di porta Salaria*, après être rentré en ville, la via *Buoncompagni* et la via *Ludovisi* conduisent à la *villa Ludovisi*, sur la *colline des jardins* (collis hortorum), au Prince de Piombino, et bâtie par le card. L. Ludovisi, neveu de Grégoire XV, sur les anc. jardins *de Salluste*. Belles statues; bustes; peintures diverses. Beaux jardins. Jolie vue. — Là se trouve l'*église nationale des Irlandais* (St Patrice), église monumentale dont la 1ʳᵉ pierre a été posée le 1ᵉʳ février 1888, dédiée à *San Patrizio* (S. Patrice), patron de l'Irlande.

L. — A quelques minutes de la *villa Ludovisi*, par l'église *Sant'Isidoro* (St-Isidore), on trouve la *piazza dei Cappuccini* (place des Capucins) et l'*église des Capucins*.

L'*église des Capucins* (chiesa dei Cappuccini) ou *Sainte-Marie de la Conception* (Sᵗᵃ Maria della Concezione), bâtie (1624) par le card. Antoine Barberini, neveu d'Urbain VIII, appartient aux Capucins. — A droite : 1ʳᵉ chapelle : *S. Michel, archange,* du Guide, chef-d'œuvre; — 2ᵉ : corps de S. Félix de Cantalice; la *Transfiguration*; — 3ᵉ : *S. François d'Assise en extase,* beaux tableau du Dominiquin; — 4ᵉ : corps du bienheureux *Crispin de Viterbe* ; *Jésus au jardin des olives* : — 5ᵉ : *S. Antoine*

Guide pratique, etc.   31

ressuscitant un mort. — A gauche : 1ʳᵉ chapelle : *la conversion de S. Paul*, chef-d'œuvre de Pierre de Cortone ; — 2ᵉ : *S. Félix de Cantalice recevant le divin Enfant dans ses bras ;* — 3ᵉ : *mort du Christ ;* — 5ᵉ : *S. Bonaventure et la Ste Vierge.* — Vers le chœur, pierre recouvrant les restes du card. Barberini ; tombeau d'Alex. Sobieski.

Dans le couvent contigu à l'église, cellules du bienheureux Crispin de Viterbe et de S. Félix de Cantalice. Sous l'église, curieux *cimetière des Capucins*, ou salles voûtées renfermant les cadavres desséchés des capucins, vêtus de leur robes : les murs sont décorés par des ossements.

Près des Capucins, belle *piazza Barberini*, où l'on rencontre 7 rues principales : *via di S. Basilio* et *via di S. Nicola di Tolentino*, du côté des portes Salaria et Pia ; — *via delle Quattro Fontane*, du côté de la piazza Esquilino ; — *via Sistina*, menant vers la piazza di Spagna ; *via della Purificazione*, conduisant du côté de la porta Pinciana ; — *via del Tritone*, aboutissant au Corso ; — *via Avignognesi* parallèle à la précédente. Sur la place Barberini, *fontaine du Triton* (del Tritone) commandée au Bernin par Urbain VIII, encore nommée *fontaine Barberine*.

En face de la piazza Barberini et *via delle Quattro Fontane* (rue des Quatre Fontaines), célèbre *palais Barberini*, bâti par le cardinal Fr. Barberini, neveu d'Urbain VIII. Sculptures antiques. Deux escaliers, par le Bernin et Borromini, conduisent au grand *Salon*, qui possède le *Triomphe de la gloire*, chef-d'œuvre de Pierre de Cortone. — Bibliothèque de 60.000 volumes et 8.000 manuscrits. — Galerie de tableaux en 3 salles : la *Fornarina*, chef-d'œuvre de Raphaël ; — *fiançailles de Ste Catherine* ; — *Madone*, du Sodoma ; — *Ste Famille*, d'Andrea del Sarto ; — *Béatrice Cenci*, portrait, par le Guide ; — *Lucrèce Cenci*, de Gaetani ; — *esclave* (une), du Titien ; — *mort de Germanicus*, du Poussin ; — *paysages*, de l'Albane, de Cl. Lorrain. — Jardins : table égyptienne en granit rouge.

De la piazza Barberini, par la via Sistina, on se rend à l'église *della Sta Trinità dei Monti* (de la Ste-Trinité-des-Monts), bâtie (1494) par Charles VIII et restaurée par Louis XVIII. Elle appartient aux *Dames du Sacré-Cœur*. — A droite : 2º chapelle : *portrait de S. François de Paul*, à la prière duquel Charles VIII fit construire l'église ; *S. Pierre recevant les clefs* ; — 3º : *Assomption*, de Daniel de Volterra, auteur des fresques ; — 6º : fresque du Pérugin ; à la suite, fresque de la *procession qui mit fin à la peste* (590) *sous Saint Grégoire le Grand*. — A gauche : 2º chapelle : *descente de croix*, de Daniel de Volterra, chef-d'œuvre ; — 5º : *Marie-Madeleine*, de Jules Romain ; — 6º : le *Sacré-Cœur, l'enfant prodigue*, les *vierges sages*.

Le couvent annexé à l'église appartient aux *Dames du Sacré-Cœur*, instituées par Mᵐᵉ Barat (il était anciennement aux *Minimes*). Dans le corridor après l'église, sanctuaire de *la Mère admirable* (*Mater admirabilis*) : image de *la Ste Vierge au Temple*, fresque de 1844. Pie IX a enrichi (1849) d'indulgences le petit sanctuaire. Pensionnat de jeunes filles.

Sur la place *de la Ste-Trinité-des-Monts*, obélisque de granit rouge, avec hiéroglyphes, de 14ᵐ 60 de haut, érigé sous Pie VI, en 1788.

En quittant la place, on peut aller à la *promenade du Pincio* par *la villa Médicis* (V. § XXIII), et de là à la *place du Peuple* (V. § XXIII).

LI. — De l'église de la Trinité-des-Monts, on descend, par un *grand escalier*, en quelques minutes, à la piazza di Spagna, près de laquelle, dans *la via del Babbuino*, se trouvent le *collège Grec* et *l'église Sant'Atanasio* (Saint-Athanase). La *piazza di Spagna* (place d'Espagne), grande et spacieuse possède de beaux hôtels : au centre, fontaine *della Barcaccia*, ainsi appelée de sa forme de navire (*barca*), due au Bernin ; — près de la fontaine, grand escalier menant à la Trinité-des-Monts ; — au sud-est, *colonne de l'Immaculée Conception*, élevée par Pie IX ; — *palais de l'ambassade d'Espagne*, qui a donné son nom à la place.

La place d'Espagne communique avec *la via del Corso* par la *via dei Condotti*.

Près de la piazza di Spagna, *célèbre collège de la Propagande* (de Propaganda Fide), via *della Propaganda*, fondé (1577) par Grégoire XIII, agrandi (1627) par Urbain VIII, qui lui donna son nom (*collegio Urbano*), et par ses successeurs : la Congrégation de la *Propagation de la Foi* fut instituée par Grégoire XV. Le collège reçoit les jeunes gens des pays de mission pour en faire des apôtres dans leur propre pays. Il contient : les bureaux d'administration de toutes les missions ; — de précieuses archives ; — un *musée ethnographique*, enrichi des envois des missionnaires (sciences, lettres, industrie, histoire naturelle, etc,) ; — une *bibliothèque* de 30.000 volumes ; — la plus riche *imprimerie polyglotte* du monde, fondée en 1626, pour les ouvrages latins, grecs, arabes, chaldéens, illyriens, arméniens, etc.

L'église de la Propagande, dédiée *aux Rois Mages*, a été construite sous Alexandre VII (1666). Bustes des bienfaiteurs; corps du martyr S. Fortunat sous le maître autel.

En suivant la *via di Propaganda*, qui longe le collège, on trouve bientôt sur la gauche l'église *Sant'Andrea delle Fratte* (St-André-des-Haies), qui tire son nom des haies qu'on voyait encore dans le quartier au 17e s. Dans la 3e chapelle de gauche eut lieu la conversion d'Alphonse Ratisbonne, qui se dévoua à la conversion des Juifs, ses anciens coreligionnaires, et à l'œuvre de N.D. de Sion : à l'endroit où la Ste Vierge apparut à M. Ratisbonne, inscription commémorative. Tombeaux d'A. Kauffmann, d'un prince du Maroc converti. — Monument élevé à L. Veuillot, le grand écrivain catholique, au moyen des souscriptions recueillies par le *Journal de Rome*, inauguré en mai 1885 : inscription du jésuite Anzelini. Il est vis-à-vis de la chapelle où M. Ratisbonne fut converti (L. Veuillot avait fait la 1re Communion à Sant'Andrea delle Fratte).

De cette église, on revient à la piazza di Venezia, par la via *della Mercede*, la *piazza* et *l'église S. Silvestro in Capite*, (§ XXII), *la via del Corso*.

7me *jour.* — *De la place de Venise au Vélabre, au cirque Maxime, aux thermes de Caracalla, à la voie Appienne, aux catacombes de St-Calixte, etc.* (1),

LII. — *Piazza di Venezia. Via di San Marco.*

---

(1) Voir les heures au Parag. IX.

Via Giulio Romano (Jules Romain), qui suit la *via di Tor de'Specchi* (Tour des Miroirs), à l'extrémité de laquelle on tourne à gauche pour arriver à la *piazza Montanara*. De cette place, on prend la *via della Bocca della Verità* (Bouche de la Vérité), puis la 1re rue à gauche. On voit à droite l'église *San Nicola in Carcere Tulliano*, (S. Nicolas de la prison Tullienne), à l'endroit de *l'anc. prison* construite par Servius Tullius, 6° roi de Rome, érigée par le pape S. Damase, sur les ruines du temple de la *Piété*, et de l'*Espérance* de *Junon Matuta* Aurore), dédiée à l'évêque S. Nicolas de Myre, et restaurée par Honorius II († 1129) : nouvelle façade, due à Pierre Aldobrandini, neveu de Clément VIII. Table d'autel supportée par un vase en porphyre noir vert, très rare.

De St-Nicolas, on monte à l'église *Sta Maria della Consolazione* (Ste-Marie-de-la-Consolation), bâtie par le peuple en actions de grâces de faveurs obtenues par une *Madone* peinte sur un mur au pied du Capitole : l'*image* miraculeuse est sur le maître autel. — Annexé à l'église, *hôpital della Consolazione*, du 11° s.

En sortant de l'église Sta Maria, à gauche, *vicolo de'Fenili*, conduisant à la rue du même nom, à quelques pas de l'église *San Teodoro* (St-Théodore) *in Velabro* : le Vélabre était la vallée qui séparait le Capitole du Palatin. L'église *St-Théodore* occupe les ruines d'un *temple de Vesta* ou de *Romulus*; elle a été rebâtie au 15° s. Les *Sacconi* la desservent : la confrérie des *Sacconi* ou du *Sacré-Cœur de Jésus*, composée de cardinaux, de prélats et de nobles, quête pour les pauvres le Vendredi:

les membres sont alors vêtus d'un *sac* (sacco) en toile.

En continuant la rue qui suit la *via di San Teodoro*, on trouve à droite l'*arc de Janus* (Giano) *quadrifrons*, qui s'élevait au milieu du *marché aux bestiaux* (Forum Boarium) : cet arc, en marbre, dans la *via di San Giorgio in Velabro*, tire son nom de ce qu'il avait quatre côtés égaux : 4 arcades du temps de Septime Sévère. En face de l'arc, *église San Giorgio in Velabro* (St-Georges-du-Velabre), une des plus anciennes de Rome : sous la *Confession*, tête, épée, étendard, de S. Georges; — nef à deux rangs de 8 colonnes de pierres différentes.

Près de l'église de San Giorgio, petit arc carré dit *des Orfèvres* (de' Orefici), ou de *Septime Sévère*.

Devant l'arc de Janus, à droite en allant vers le Palatin, la *Cloaca Massima* (anc. Cloaca Maxima), qui débouche dans le Tibre. Cet égout principal, où aboutissaient les autres conduits souterrains, date de Tarquin l'Ancien. Une partie en existe très bien conservée : 3 arches de maçonnerie sans ciment.

Sur la gauche de la *via San Teodoro*, église *Santa Anastasia* (Ste-Anastasie) : calice de S. Jérôme; — corps de Ste Anastasie sous le maître autel.

LIII. — De Ste-Anastasie, on tourne à gauche par la *via dei Cerchi* (des Cercles), le long de laquelle on rencontre à droite le *grand Cirque* ou *Circo Massimo* (Circus Maximus), destiné aux courses, fondé (6e s. av. J-C.) par Tarquin l'Ancien, reconstruit par Vespasien et Constantin : il pouvait contenir 250.000 puis 380.000 spectateurs. Restes peu importants. *Usine à gaz* et *cimetière des Juifs* sur une partie de l'emplacement. Près du cirque était le *Septizonium*, magnifique édifice à 7 étages de colonnes, bâti par Septime Sévère, et dont 3 étages existaient encore du temps de Sixte-Quint : on les abattit pour construire le Vatican et divers monuments.

En continuant la *via dei Cerchi*, on prend la *via di porta San Sebastiano*. On laisse à droite *l'église Sta Balbina* (Ste-Balbine), du 6ᵉ s., restaurée en 1488, par le card. M. Barbo, neveu de Paul II, et en 1600, ouverte très rarement ; puis on franchit le ruisseau bourbeux de la *Marrana*, et l'on s'engage dans le chemin de droite, qui conduit aux *thermes d'Antonin Caracalla* (thermæ Antoninianæ, *terme di Antonino*), construits (212) par Caracalla, agrandis par Héliogabale et Septime Sévère. Ils formaient un carré de 330ᵐ de côté. Ils avaient : au centre, des bâtiments pour les bains ; — autour, des portiques, des promenades avec des arbres, un stade (*theatridium*), des galeries pour le gymnase : 1.600 baigneurs pouvaient y trouver place. Ils furent saccagés en 537 par Vitigès, roi des Ostrogoths. Pour les visiter (1 fr.), un gardien accompagne les personnes. Un escalier, près du *Caldarium* (salle d'eau chaude), permet de voir l'ensemble des ruines : *vue magnifique* de la campagne de Rome. Au 16ᵉ s., on y trouva *l'Hercule* et le *Taureau Farnèse*, la *Flore*, qui sont aux *Etudes* (musée de Naples) ; le *Torse*, du Belvédère (Vatican), etc.

A droite de la *via di Porta San Sebastiano*, église *Santi Nereo et Achilleo* (SS.-Nérée et Achillée), restaurée par le card. Baronius : *ambon* remarquable ;

beau candélabre; siège en marbre de Saint Grégoire le Grand ; mosaïque du VIII⁰ s. à l'abside.
— A gauche de la même rue, église *San Sisto. Vecchio* (S.-Sixte le Vieux) : ici eurent lieu les adieux de S. Sixte et de S. Laurent ; ici habita S. Dominique avant d'aller à Ste-Sabine. — Plus loin, à droite, église *San Cesaro* (St-Césaire), à l'endroit où la *voie Latine* quittait la *voie Appienne* : mosaïques de l'abside ; ambons et candélabres remarquables. — En suivant la *via Latina*, aboutissant à l'anc. *porta Latina*, murée, on voit, à côté de la porte, l'église de *San Giovanni a Porta Latina* (St-Jean devant la porte Latine), dont la fête est célébrée le 6 mai. Bâtie vers 772 sur l'emplacement d'un ancien *temple de Diane*. A peu de distance, chapelle *S. Giovanni in oleo* (St-Jean dans l'huile), à l'endroit où S. Jean fut mis dans l'huile bouillante, vers 95 av. J.-C.

On retourne à la *via di porta San Sebastiano*. Avant de gagner la porte, on rencontre (n° 13) le *tombeau des Scipions*, découvert en 1780, et dont on a transporté ailleurs les curiosités (sarcophage au Vatican) : souterrain creusé dans le tuf ; — (n° 14), trois *colombaria* bien conservés ; — la *vigna Codini* ; — *l'arc de Drusus*, près de la porte, de l'an 8 av. J.-C.

LIV. On franchit la *porta San Sebastiano* (porte St-Sébastien), anc. *porta Appia* (Appienne), qui est à une demi-heure du Forum romain, à 25 min. des catacombes de St-Calixte, et l'on suit la *via Appia* (voie Appienne).

La célèbre voie *Appienne* commençait à la *porta*

Capena (Capène), que remplace la porta *San Sebastiano* (p. Appia) et finissait à Brindes (à 558 kil. de Rome). Commencée par le censeur Appius Claudius Cæcus (311 av. J.-C.), continuée par César, elle fut terminée par Auguste. On la nommait *la reine des routes* (regina viarum). Pie IX y a fait pratiquer des fouilles importantes.

En parcourant cette antique voie, on trouve successivement :

1. *L'église Domine quo vadis ?* (Seigneur où allez-vous ?) , en face de l'anc. *voie Ardéatine*, bâtie au lieu où S. Pierre, fuyant la persécution, rencontra le Divin Maître avec la croix : « Seigneur, où allez-vous ? » demanda S. Pierre. Et Jésus lui répondit : « Je vais à Rome me faire crucifier de nouveau. » S. Pierre comprit et retourna à la ville. Dans l'église, reproduction de l'empreinte des pieds du Sauveur : l'empreinte est dans la basilique de S.-Sébastien.

2. Au point de bifurcation, une route de gauche conduit aux catacombes de *St-Prétextat*, presque en face de l'entrée de celles de St-Calixte : l'*hémorroïsse*, le *Christ et la Samaritaine*, etc., fresques.

3. A droite de la voie Appienne, *catacombes de S.-Calixte*, les plus fréquentées, confiées à la garde des trappistes : là est le berceau de la société chrétienne. Durant 3 siècles, les chrétiens ensevelirent leurs morts dans les catacombes, qui furent oubliées jusqu'au 16e s., époque où commencèrent des études. Au 19e s., le commandeur de Rossi et le jésuite Marchi les ont étudiées avec le plus grand soin, et leurs ouvrages sont des plus intéressants à consulter. On a trouvé dans les catacombes, des

inscriptions du 2° au 5° s.; la plus ancienne date de l'an 71.

L'accès des catacombes de St-Calixte est facile; les galeries en sont larges et commodes; les chapelles, grandes. On y descend par un large escalier (4ᵉ). Emporter une bougie (cerino) et donner 1 fr. pour la visite : les Pères trappistes se chargent de la conduite des pèlerins, et leur donnent toutes les explications désirables. On y remarque : 1° *la crypte des papes*, après une petite chambre (cubiculum) à trois niches. Dans la crypte (camera papale, *cubiculum pontificum*), fragments de marbre avec inscriptions ; — autel établi par S. Damase, qui y a fait graver une épitaphe de onze vers en l'honneur de S. Sixte II (†259) ; — pierres sépulcrales des papes S. Antère (†236), S. Lucius Iᵉʳ (†252) S. Fabien (†250) et S. Eutychien (†283) ; — 2° de la crypte, on passe dans un *luminarium* ou salle à ciel ouvert, où M. de Rossi découvrit (1854) le tombeau de Ste-Cécile, auj. à Ste-Cécile du Transtévère : autel élevé par Pie IX, sur lequel on dit la messe solennelle le 22 novembre, fête de la sainte ; grand sarcophage ; peintures de *Ste Cécile*, et de *St Urbain, de plusieurs saints* ; — 3° la *chapelle des Sacrements* : le bon *Pasteur* portant une *brebis*, symbole de la Pénitence ; *multiplication des pains*, symbole de l'Eucharistie ; *Moïse faisant jaillir l'eau du rocher*, symbole du baptême ; — 4° le tombeau du pape S. Eusèbe (†310) ; — 5° la *chapelle St-Corneille* : pierre tombale du saint pape (†252) qui, à l'origine faisait partie du cimetière séparé de *Ste-Lucine* ; peinture: *S. Corneille en habits pontificaux* ; — 6° *chapelle* : représentation d'un *poisson* (grec: *Icthus*, mot formé des initiales des mots *Iesous Christos, Theou Uios, Soter*, Jésus-Christ, Fils de Dieu, Sauveur), portant un panier avec des *pains* et une *fiole de vin*, symbole de l'Eucharistie ; — 7° des inscriptions grecques et latines.

4. A côté des catacombes de St-Calixte, à droite de la voie Appienne, la basilique de *San Sebastiano fuori le Mura* (St-Sébastien-hors-les-Murs), anc. basilique des *SS. Pierre et Paul*, parce que les corps de ces deux apôtres y avaient été déposés, à 3 kil. de la porte. Construite (367) à l'endroit où S. Sébastien fut enterré, restaurée aux 16e et 17e s. Portique avec 6 colonnes antiques en granit. — Droite : 1re chapelle : pierre portant les empreintes des pieds du Sauveur ; flèche et colonne de S. Sébastien; autres reliques ; — 2e : de *St-François d'Assise* ; — 3e : de *St-Jérôme* ; — 4e : de *St-Fabien*, pape. — Maître autel : corps de S. Etienne, pape, martyrisé dans la catacombe (257) et transporté ici (13e s.) sous Honorius III. — Gauche : 1re chapelle, avec deux autels ; — 2e : de *St-Bernard* ; — 3e : de *Ste-Françoise Romaine* ; — 4e : de *St-Sébastien* : corps du Saint; *Statue* magnifique du Saint.

Pour l'indulgence des 7 autels et les reliques, voir le § II.

5. Les *catacombes de St-Sébastien*, dont l'entrée a lieu par la Basilique, sont le 1er cimetière chrétien appelé *catacombe* : endroit du martyre du pape S. Etienne ; — *puits* qui a renfermé les corps des SS. Pierre et Paul ; — le *Christ, SS. Pierre et Paul*, peinture ; — endroit où vint prier, pendant 10 ans, S. Philippe de Néri.

6. Après la Basilique, en tournant à gauche sur

la voie Appienne et en prenant à gauche la *via delle sette Chiese* (des 7 Eglises), qui conduit, à 45 minutes, à *St-Paul-hors-les Murs*, on arrive à la *Voie Ardéatine* en 6 minutes. A droite de la voie *Ardéatine*, les *catacombes des SS.-Nérée et Achillée* ou de *Domitille*, à deux étages, découvertes en 1864, primitivement sépulture de famille de Ste Domitille, à peu de distance des catacombes de St-Calixte : plus de 900 inscriptions ; — sur une colonne : *martyre de S. Achillée*, bas-relief du 4e s.

En continuant la voie Appienne, au delà de St-Sébastien.

7. Gauche, ruines du *temple* et *du cirque* de *Romulus* ou de *Maxence*.

8. Gauche, *tombeau circulaire* de *Cæcilia Metella*, de la famille de Ste Cécile, à une demi heure de la porte: sur la frise sculptée, têtes de taureaux, qui ont fait appeler le monument *Capo di Bove* (Tête de Bœuf).

9. Au 6e kil., tombeau *de Sénèque*, dit-on.

10. Ruines d'un *temple de Jupiter*.

11. Droite, *tombeaux des Horaces et des Curiaces :* 3 tertres.

12. 9 kil. Gauche. *Casale rotondo* ou *tombeau circulaire* de Massala Corvinus, ami d'Auguste et d'Horace. Au-dessus, maison avec vue magnifique (0 fr. 25).

13. Vers le 12e kil., *ruines du temple d'Hercule :* colonnes brisées.

14. Place du *tombeau* et de la *villa* de l'empereur *Gallien* (3e s.).

15. Au 15e kil., *grand tumulus.*

De là, on peut se rendre à *Albano* et aux alentours. (Voir les environs de Rome.)

On revient à la piazza di Venezia par le même chemin.

8ᵐᵒ jour. — *De la place de Venise au mont Aventin, à la voie d'Ostie, à St-Paul-hors-les-Murs, à St-Paul-trois-Fontaines, etc.* (1).

LV. — De la *piazza di Venezia* à la *piazza Montanara* : voir le 7ᵐᵉ jour. De la piazza di Montanara, on prend la *via della Bocca della Verità* (Bouche de la Vérité), qui aboutit à la *piazza della Verità*. Au nord de la place, on trouve : 1° *l'église Santa Galla* (Ste-Galle,) élevée (6ᵐᵉˢ), sous le nom de *Sta Maria in Portico* (Ste-Marie-du-Portique), à côté de la maison de Ste Galle, veuve romaine, pour honorer une *image* miraculeuse de la *Ste Vierge*, auj. déposée à *Sta Maria in Campitelli* ou *in Portico*. L'église donne son nom à un *hospice d'indigents*, pratiquant l'hospitalité de nuit, et bâti sur la maison même de Ste Galle ; — 2° la maison de *Cola di Rienzo*, habitée (1347) par le célèbre tribun ; — 3° le *temple de la Fortune Virile*, élevé sous Servius Tullius (6ᵉ s. av. J.C.), rebâti sous la République romaine, dédié (16ᵉ s.) à *Sta Maria l'Egiziana* (Ste-Marie l'Egyptienne) : 9 colonnes ioniques de 9 m. de haut ; — à la frise, ornements représentant des têtes d'animaux, des candélabres, des bouquets de fleurs, etc. ; — reproduction du Saint-Sépulcre.

Au bord du Tibre, sur la place *della Bocca*

---

(1) Voir paragr. IX les heures.

della Verità, *temple de Vesta*, bien conservé, de forme ronde, consacré auj. à *Notre-Dame-du-Soleil* (Sta Maria del Sole). Portique que soutiennent les colonnes cannelées de l'anc. temple : il en reste 19 sur 20. Près du temple, *ponte Rotto*, non loin duquel débouche la *Cloaca Massima*.

Sur la même place, église *della Bocca della Verità* (de la *Bouche de la Vérité*) ou *Sta Maria in Cosmedin*, en face de N-D.-du-Soleil. Bâtie sur l'emplacement d'un *temple de Cérès et de Proserpine* (3º s.), elle a été restaurée dans la forme basilicale par Adrien Iᵉʳ (8º s.). Sous le portique, grande pierre dans l'ouverture de laquelle les Romains mettaient la main pour prêter les serments : d'où le nom de *Bocca della Verità* donné à l'église. Sur le portique, inscriptions du moyen âge. Intérieur à 3 nefs : 12 colonnes antiques. Pavé très ancien. Au fond de l'abside, siège épiscopal. Deux ambons du 11ᵉ s. — A droite, en entrant, sacristie : fragment d'une mosaïque de l'*Adoration des Mages*, de 795. — Confession avec baldaquin supporté par quatre colonnes de granit rouge d'Egypte ; le maître autel, également en granit rouge, se compose d'une urne renfermant beaucoup de reliques. On y vénère une image miraculeuse de la Ste Vierge, arrachée aux outrages des iconoclastes d'Orient, et portant l'inscription grecque de « *Mère de Dieu toujours Vierge* ». — Au fond de la nef latérale gauche, chapelle de *N.-D.-de-Lorette* ; — au fond de la nef latérale droite, chapelle du *S.-Sacrement* ; — en retournant vers l'entrée, *chapelles de N.-D. des Grâces* (delle Grazie) et des *fonts baptismaux*. — En sortant de la chapelle de Lorette, escalier menant à la crypte : corps de Ste Cyrille, fille de l'empereur Dèce ; pierre sur laquelle on l'immola. — On montre les chambres qu'habita 9 ans durant S. Jean-Baptiste de Rossi, chanoine de la Basilique († 1764), et que l'on a converties en une chapelle, dans laquelle il y a son prie-Dieu, son crucifix, son confessionnal, un linge imbibé de sang, divers objets, etc.

LVI. — De la *piazza della Bocca della Verità*, on s'engage dans la *via della Marmorata*, qui longe le Tibre et conduit à la *porta San Paolo*. A peu de distance de l'anc. *pons Sublicius*, *église Santa Sabina* (Ste-Sabine), du 5ᵐᵉ s., sur le tombeau de la Sainte. A gauche de la porte latérale d'entrée, pierre qui a recouvert les restes des cinq martyrs de la Confession. Presque en face de la porte latérale, en allant dans la grande nef, autre pierre sur laquelle S. Dominique priait la nuit ; plus haut, mosaïque d'un *général* de l'Ordre Dominicain († 1300). — Chapelles de droite : 1ʳᵉ : de *S.-Thomas d'Aquin* ; 2ᵐᵉ : de *S.-Dominique* ; 3ᵐᵉ : de *S.-Hyacinthe* : vie *du Saint*, dans cette chapelle et dans la 2ᵐᵉ ; beau tableau de la *Ste Vierge* et de *S. Dominique* ; — chapelle du *Rosaire* : *la Vierge, S- Dominique et Ste-Catherine de Sienne*, chef-d'œuvre de Sassoferrato. — Confession : des des corps martyrs Stes Sabine, Sérapie, SS. Alexandre, Evance, Théodule. — Abside : au fond, *martyre de Ste Sabine*. — Dans l'autre côté : chapelle du *Crucifix* (del Crocefisso) ; — vers le milieu, chapelle de *Ste-Catherine de Sienne* : tableau de la *Sainte*.

En passant de l'église dans le *couvent des Dominicains* (anc. palais pontifical) par la *porte principale*, admirer cette porte, du 13ᵐᵉ s.: bas-reliefs sur l'Ancien Testament ; — au dessus, mosaïque du 5ᵐᵉ s.: *Eglise* des *Circoncis*, avec S. Pierre ; à droite, *Eglise des Gentils*, avec S. Paul. *Couvent*, habité par les SS. Dominique, Raymond de Pennafort, Thomas d'Aquin, Hyacinthe, Pie V, etc. Les *chambres de S. Dominique et de S. Pie V* ont été converties en chapelles. Dans la *chapelle de Saint Pie V : crucifix miraculeux* devant lequel priait Pie V, avant d'être pape : le crucifix se retira un jour des lèvres de Pie V, parce qu'on y avait mis du poison. *Chapelle S.-Dominique :* peinture représentant *S. Dominique, S. François d'Assise*, le carme *S. Ange*. Belle salle du chapitre ; — oranger de S. Dominique ; — cloître : 103 colonnes de marbre.

A côté de Ste-Sabine, *Sant'Alessio* (St-Alexis), ou église des *SS.-Alexis et Boniface*, de l'Aventin, sur l'emplacement de la maison paternelle de S. Alexis et de l'église bâtie par Aglaé en l'honneur du martyr Boniface, son intendant. En entrant, à gauche, escalier sous lequel aurait vécu S. Alexis ; — en face, puits où il prenait de l'eau. — Près des marches du chœur, escalier conduisant à la Confession ou chapelle souterraine : corps des SS. Alexis, Boniface et Aglaé. — En face de la Confession, chapelle remarquable : image miraculeuse de la *Ste Vierge ;* tabernacle donné par Charles IV d'Espagne, interné ici par ordre de Napoléon Iᵉʳ. — Statue du card. *Bagni* († 1661), chef-d'œuvre.

Un peu plus loin, au sud-ouest de St-Alexis, église *Sta-Maria Aventina* (Ste-Marie de l'Aventin) ou *del Priorato* (du Prieuré), qui appartient aux chevaliers de Malte : *vue splendide* sur le *Janicule, St-Pierre-du-Vatican* et le *Vatican*.

Au lieu de gagner la *porta San-Paolo* par la *via della Marmorata*, on peut franchir l'*Aventin* et se diriger vers la porte en passant devant les églises *Sta-Prisca* (Ste-Prisque) et *San Saba* (St-Sabbas) : l'église *Ste-Prisque*, restaurée au 17° s., aurait été bâtie sur la maison d'Aquila et de Priscille, qui donnèrent l'hospitalité à S. Paul.

Avant d'arriver à la porte par la via della Marmorata, on rencontre le *cimitero protestante* (cimetière protestant), du côté du *Monte Testaccio*, colline de 35 m. de haut et composée de tessons de pots cassés.

LVII. — A la sortie de Rome par la *porta San Paolo* (St-Paul), anc. *porta Ostiensis* (porte d'Ostie) par laquelle Totila entra dans Rome (546), on aperçoit tout d'abord la *pyramide di Caio Cestio* (pyramide de Caïus Cestius), à droite de la porte : s'adresser pour visiter au gardien du cimetière protestant. Ce monument, du temps d'Auguste, restauré en 1663, a 36 m. 30 de haut ; il servit de tombeau à un prêtre du collège des Epulons : dans la chambre sépulcrale, traces de belles peintures.

En continuant la route d'Ostie, on rencontre :

1° à gauche, à 15 minutes, petite *chapelle des adieux de S. Pierre et de S. Paul*, en allant au martyre : bas-relief au-dessus de la porte avec une inscription en italien relative à la séparation des deux apôtres et aux paroles qu'ils échangèrent entre eux.

2° à 1[2 heure, *basilique de S. Paolo fuori le Mura* (S. Paul-hors-les-Murs) à l'endroit où S. Paul fut enterré, dans la *villa de Lucine*, disciple de l'Apôtre. Au modeste oratoire élevé au grand Apôtre, Constantin donna la forme d'une basilique, qui fût agrandie par Valentinien II (388). Détruite en grande partie par un tremblement de terre, elle fut rebâtie par S. Léon III (801), avec l'aide de Charlemagne et de généreux chrétiens. Incendiée en 1823 (17 juillet), elle fut reconstruite par Léon XII, restaurée par Grégoire XVI, Pie IX et le pape Léon XIII. Aujourd'hui, la basilique est une des plus belles de Rome extra muros : Grégoire XVI avait consacré (1840) le transept et le maître autel ; Pie IX consacra tout l'édifice le 10 décembre 1854. Façade principale ornée des plus grandes mosaïques de l'art contemporain. Portail central : portes de bronze (1070) apportées de Constantinople et épargnées par l'incendie de 1823. — Intérieur à 5 nefs que divisent 80 colonnes monolithes, en granit rose du Simplon, offertes par le roi Charles-Albert : elles remplacent les 80 colonnes en marbre de Paros détruites en 1823. Plafond à caissons dorés sur fond d'argent, aux armes de Grégoire XVI et de Pie IX. Fresques autour des nefs ; — portraits de tous les papes, de S. Pierre à Léon XIII, avec places pour les papes futurs, au-dessus des colonnes, et tout autour de la nef principale : 40 mosaïques furent épargnées en 1823. Longueur, 127 m. ; largeur des nefs, 63 m. ; hauteur de la nef du milieu, 29 m. — En entrant par la porte latérale qui donne sur la voie d'Ostie, on arrive dans une salle où l'on voit une statue colossale de *Grégoire XVI*, et des fresques des 13e et 14e s. — A l'extrémité de la grande nef, statues des *SS. Pierre et Paul. Confession* de *S. Timothée :* sous l'autel, corps du Saint. — Un peu plus loin, *maître autel papal*, avec baldaquin gothique que supportent des colonnes de porphyre rouge ; quatre colonnes en albâtre oriental, don du vice-roi d'Egypte Méhémet-Ali, soutiennent un 2me baldaquin ; les bases des colonnes sont en malachite, marbre donné par l'empereur Nicolas Ier de Russie : à cet autel, corps de S. Paul, moins la tête, qui est à St-Jean-de-Latran. — Au-dessus du maître autel, arc tromphal de *Placidie*, dont les deux colonnes ont été offertes par le roi Charles-Albert : mosaïques remplaçant celles du 5me s. (incendiées). — A droite de la Confession, magnifique chandelier pascal du 12me s. — Autour de la Confession : 1° statue de *Ste Scholastique ;* — 2° chapelle *S.-Laurent*, qui sert de chœur aux chapelains ; — 3° *autel de la Ste Vierge :* l'*Assomption ;* — 4° statue de S. Benoît ; — 5° *chapelle de S. Benoît :* autre statue du saint ; — 6° abside : murs incrustés de marbre vert avec pilastres de brèche violette, dont 4 colonnes supportent une corniche de marbre blanc ; siège pontifical ; mosaïques ; — 7° *S. Paul porté au ciel par les Anges,* tableau ; — 8° le *Christ bénissant Honorius III et les Apôtres*, mosaïque ancienne ; — 9° *chapelle du Crucifix* (del Crocefisso) : *crucifix* miraculeux en bois qui a parlé à Ste Brigitte ; *statue de Ste*

Brigitte ; — 10° *chapelle St-Etienne : condamnation et martyre du Saint*, deux belles fresques ; statue du Saint ; — 11° statue de *St-Grégoire le Grand ;* — 12° autel de *St-Paul : conversion*, tableau ; — 13° statue de *S. Romuald.*

Pour les reliques, et l'indulgence des 7 autels, voir le § II.

Attenant à la basilique, *couvent* de *Bénédictins*, dans lequel on pénètre par la porte de la salle qui est derrière l'autel de la Ste Vierge : beau cloître (avec 150 colonnes) datant de 1220.

3° A 8 minutes de la basilique, bifurcation de la voie d'Ostie. En prenant la route de gauche, on parvient en 20 minutes à *l'abbaye des Trappistes*, venus ici en 1868 : depuis leur arrivée, le pays malsain est devenu salubre. L'abbaye porte le nom de *S-Paul aux trois Fontaines* (San Paolo alle tre Fontane). On trouve en ce lieu trois églises : la 1re, la plus grande, des *santi Vincenzo ed Anastasio* (SS-Vincent et Anastase) *aux trois Fontaines*, très anc : corps de S. Anastase ; — la 2°, de *S. Maria Scala Cœli* (Ste Marie, Porte du ciel), octogonale, qui tire son nom d'une vision de S. Bernard : après avoir dit la messe, il vit une échelle allant de la terre au ciel et par laquelle montaient les âmes qu'il avait délivrées. Au-dessus de la porte, inscription qui rappelle que le tribun Zénon fut martyrisé ici avec 10.203 soldats. Belles mosaïques ; — la 3° : *San Paolo aux trois Fontaines*, à la place même où l'Apôtre fut décapité en 67 : les *quatre Saisons*, mosaïque trouvée dans les fouilles d'Ostie, et que Pie IX a fait mettre dans l'église. D'après la tradition, quand le bourreau eut tranché la tête de

S. Paul, elle rebondit trois fois en tombant, et une fontaine jaillit à chaque endroit où elle avait touché le sol: près de la 1re fontaine, colonne de marbre à laquelle fut attaché l'Apôtre pendant le supplice.

Pour *Ostie*. Voir les environs.

On revient à St-Paul-hors-les-Murs, d'où un tramway ramène à la piazza Montanara (0 fr. 25 et 0 fr.30). De la place Montanara à celle de Venise: voir le 7° jour.

Les environs de Rome.

En dehors des excursions déjà faites en dehors des portes (Voir résumé alphabétique), nous n'avons à mentionner que les suivantes:

LVIII. — *Ostie* (Ostia). Plusieurs routes: voitures (24 kil : 25 à 30 fr. aller et retour) ; — bateaux à vapeur du port de *Ripa Grande* à *Fiumicino ;* — chemin de fer jusqu'à *Fiumicino* (3 fr. 85 ; 2 fr. 70 ; 1 fr. 75). Nous adopterons ce dernier itinéraire. On part de Rome par la gare des Termini. On trouve :

9 kil. *Roma San Paolo.* — 15. *Magliana.* — 23. *Ponte Gallera.* A droite, ligne de Pise et de Gênes. — 30. *Porto,* anc. *Portus Trajanus : cathédrale ;* palais épiscopal; anc. port *de Trajan,* à sec. Le Tibre se divise en deux bras, ceux de Fiumicino et de Fumara, et forme *l'île Sacrée.*

34. *Fiumicino.* Port qui approvisionne Rome de poissons. Château du 17° s.

De Fiumicino à Ostie, 1 heure. On traverse l'île

Sacrée, en passant par l'église *Sant'Ippolito* (Hippolyte). A ¾ d'heure, *Tor di Boacciano*, où on traverse le Tibre.

Ostie, anc. à l'embouchure (ostium) du Tibre, est distante de la mer de 4 kil. Le village actuel (du 4° s.), malsain, n'a guère que 200 hab.: *cathédrale Ste-Aure*, reconstruite au 15° s.; — château fort: inscriptions, sculptures. Il n'en reste qu'une tour du 15° s.;s alines. Evêché. — L'ancienne Ostie avait un des ports les plus importants de l'Italie. fouilles pratiquées du temps de Pie IX ont fait Les découvrir des thermes, des tombeaux, des rues, des temples, des places, des maisons, et divers objets artistiques. Le prix de 2 à 3 fr. pour la visite des ruines est exagéré. La ville eut jusqu'à 80.000 hab.

A 3 kil. d'Ostie, *Castel Fusano*, château (17° s.) occupant l'emplacement de la *villa de Pline le Jeune* au milieu d'une forêt de pins au bord de la mer.

LIX. *Nettuno*, par *Anzio*. Chemin de fer:

Rome (Termini), départ. — 29. kil. Cecchina, (par la ligne de Naples.

58 kil. *Anzio* (anc. *Antium*, capitale des Volsques). Bains de mer très fréquentés. L'antique ville avait deux temples célèbres *d'Esculape* et de la Fortune; à l'est était celui de *Neptune*. Dans les ruines, on a découvert *l'Apollon* du *Belvédère*, des murailles, des môles, etc.

61. *Nettuno*, qui tire son nom d'un temple *de Neptune*, dont les ruines sont dans la mer. Petit port. Bains de mer. Prix: 6 fr. 95; 4 fr. 85 et 3 fr. 35.

LX. Le *mont Cassin*, également par la ligne de

Naples: s'y arrêter en allant à Naples ou en revenant de cette ville. Voir chap. VIII, I, pour la description.

LXI. *Albano et les alentours.*

Albano, par le chemin de fer, 35 kil., à 6 kil; de la station de Cecchina (ligne de Naples) : 4 fr. 10; 2 fr. 90; 1 fr. 90. — Ville de 7.000 hab, à 381^m d'altitude, Albano est fréquenté par les personnes aisées de Rome, dans la belle saison. Ruines : *amphithéâtre de Domitien; thermes.* Beau *palais Doria*: parc public. Bons vins.

Le lac d'Albano a 12 kil. de tour et 150^m de profondeur. Il occupe le fond d'un cratère éteint. Un canal souterrain, creusé par les Romains pour l'écoulement du trop-plein, existe encore : 1 fr. pour e visiter. *Albe la Longue* était sur les bords du lac.

D'Albano, on fait l'ascension: 1° de la *Rocca di Papa* (Roche du Pape), sur un des sommets du *monte Albano* (897^m), aux belles forêts. De là, on se rend au *monte Cavo* où *Cavi* (959^m), point culminant des monts Albains, où se trouvait le *temple de Jupiter Latialis* (6° s. av. J-C), détruit en 1783 par le card. d'York. Vue splendide : les lacs d'Albano, de Némi; la campagne de Rome; la mer; le lac Bracciano, le Soracte, etc.

D'Albano à *Nettuno*: voir § LIX.

Au delà d'Albano, tombeau *d'Aruns*, fils de Porsenna. Après le viaduc *d'Ariccia* (de 1846 à 1853: 3 rangs d'arcades; 60^m de haut; 304^m de long), on arrive à *Ariccia*, 1 kil. 1/2 d'Albano, ville de 2.700 hab., sur l'emplacement du fort *d'Aricia*. Eglise; palais; parc Chigi. Ruines: anciens murs, canal souterrain. Grande chaussée antique (à 1{2 heure) de la voie Appienne. Aux environs étaient le temple de *Diane Aricine* et une forêt habitée par la nymphe Egérie.

A 4 kil. 1{2 d'Albano, *Genzano*: d'Ariccia, 3 viaducs, avenues d'ormes, couvent de *capucins*. La ville de *Genzano*, de 5.500 hab., domine le beau lac *de Némi*, appelé *miroir de Diane*, à cause du temple bâti sur ses bords, découvert en 1885. Vue des montagnes qui dominent le lac.

A 1 h. d'Albano, *Castel-Gandolfo* (§ XL).

Aux environs d'Albano, pèlerinage de *N.-D. de Galloro*, sur une colline charmante: *image* miraculeuse de la Madone trouvée dans l'herbe par un jeune enfant en mars 1622.

LXII. *Civita Vecchia, Corneto.* — Chemin de fer. De Rome (Thermes), départ, à Ponte Galera (§ LVIII), 23 kil. — 34 kil. *Maccarese*. — 48. *Ladispoli-Palo*. Bains de mer. A 8 kil., ruines à *Cervetri*, de *Caere*, *Agylla*, ville antique, dont les tombeaux taillés dans le roc, découverts depuis 1829, sont très curieux.

63. *Santa Severa*.

81. kil. *Civita Vecchia* (B.). Ville épiscopale de 12.000 hab., au bord de la mer. Port excellent avec beaux bassins: deux tours en défendent l'entrée. Aux environs, monts volcaniques de la *Tolfa*.

101 kil. *Corneto*, à 3 kil. de la ville (située sur une colline) qui a 6.175 hab. — Musée d'antiquités étrusques. Beau palais *Vitelleschi*, du 15e s. Aux

environs, mine d'alun de la *Tolfa*. Ruines de l'antique *Tarquinies*: nécropole sur les flancs du Monterozzi : 2.000 tombeaux étrusques ont été découverts ; dans les chambres sépulcrales, peintures de la vie présente et de la vie future, etc.

XLIII. *Frascati et Palestrina*.

Chemin de fer de Rome à Frascati, par Ciampino, 24 kil. : 2 fr. 75 ; 1 fr. 90 ; 1 fr. 25.

Frascati (7.500 h.), sur le versant boisé des monts Albains, est le séjour préféré de l'aristocratie romaine durant l'été. Villas superbes : *Aldobrandini-Borghèse* (parc ; jeux d'orgues des cascades), *Falconieri, Conti, Torlonia*. Sur la hauteur, villa royale *Tusculana* ou Ruffinella : Casino, anc. villa *Accademia de Cicéron*. Plus loin, villa *Mondragone* : jardins, fontaines, maison d'éducation des PP. Jésuites. A $\frac{1}{4}$ d'heure de la villa Tusculana, ruines de l'antique *Tusculum*, patrie de Caton l'Ancien : amphithéâtre, forum, villa de Cicéron (depuis de Tibère), théâtre ; vue magnifique de l'ancienne citadelle (676^m).

A 4 k. de Frascati, *Grotta Ferrata* : couvent grec basilien de l'an 1002. Eglise avec portail du 12e s. et fresques. De ce village on va à *Marino et Castel Gandolfo* (§ XL), au *Monte Cavo* (§ LXI).

A 25 kil. de Frascati, *Palestrina* (on peut s'y rendre par la voiture qui part de la via *Giulio Romano* : 6 fr.).

La ville épiscopale de Palestrina (6.100 h.), anc. *Praeneste*, a des ruines importantes de l'antique ville : murailles pélagiques, *temple de la Fortune*. Dans le *Corso*, palais Barberini (1 fr.), du 17e s. : *Pietà*, de

Michel-Ange dans la chapelle. Du *monte San Pietro*, où était la citadelle, vue magnifique. Environs: ruines de la *villa d'Adrien* et *d'Antonin le Pieux*. Le tremblement de terre de 1824 a considérablement endommagé la ville.

En rentrant à Rome de Palestrina par la *via Labicana* (voie Labicane, 36 k.), on trouve: à 12 k. (24 de Rome), la *Colonna*, l'antique *Labicum*, dit-on; — à 20 kil., *l'aqueduc d'Alexandre Sévère*; — à 35 k. (3 de Rome), *Tor Pignattara*, anc. mausolée *de Ste Hélène*.

Si on prend au contraire la *via Prænestina* (voie Prénestine), on trouve aux environs de Rome, *Tor Castiglione*, près des ruines de l'anc. *Gabii*: Diane *de Gabies*, inscriptions, etc.; — l'antique pont *di Nona* (7 arches), — et *tor dei Schiavi* (tour des Esclaves).

LXIV. — *Résumé des églises, monuments, etc. décrits* (1).

A

Abbayes. Voir couvents.
Académies (Accademie):
  di Augusto . . 34
  di Francia (villa Médicis) 23,50
  dei Lincei . . . 30
  di S. Luca . . 9, 33
Acque Albule . . . 40
Agylla 62
Albano et lac. 40. 54. 61

Albe la Longue . . 61
Aldobrandines (noces)
  . . . . . 15, n° 9
Ambassades (ambasciate): . . . .
  di Austria . . . 10
  di Francia (Quirinal)
  . . 1, 9, 26, 27
  — (Vatican) 1, 9, 46, 47
  di Spagna . . . 51
Amphithéâtres (anfiteatri).

(1) Les chiffres arabes correspondent aux chiffres romains du texte.

Castrense . . . 39
Flavio. Le *Colisée.*
Umberto. . . . 23
Antiquités. Voir Musées.
Anzio, anc. *Antium.* 59
Aquarium, piazza M. Fanti. 40
Aqueducs (acque):
 Acqua Claudia. 38, 40
 — Felice 41
 — Giulia. . . . 41
 — Marcia. . . . 41
 — Paola, Paolina 27, 30
 — di Al. Severo . 63
 — Tepula . . . 41
 — Trajana . . 27, 30
 — Vergine . . 23, 46
Arazzi (les). 9, 15 (n° 8.)
Archéologique (institut) 32
Archives: de St-Pierre. 14
 V. *Tabularium.* .
Ariccia (Aricia) . . 61
Arcs (archi):
 — di Constantino. 33
 — Dolabella e Silano 35
 — Druso. . . . 53
 — Gallieno. . . 41
 — Giano (Janus) Quad
  52
 — de' Orefici . . 52
 — de' Pantani. . 45
 — di Settimio Severo,
  (For.). . . . 33

(Vel.). . . . 52
— Tito . . 33, 34, 35
— S. Vito. . . 41
Atrium de Vesta . 33
Autels, indulg. des 7. 2
Audiences. Voir *Pape.*
Ave Maria (l'). heure. 1

B

Bains. V. *nymphée, thermes, eaux minérales,*
Bains de mer (bagni di mare): Voir *Anzio, Ladispoli. Nettuno,*
Bambino.(S.) V.*Ara Cœli, Couvents.*
Banque nationale (banca nazionale) . . . 22
Baptistères V. *Latran* (S. Giovanni), etc. .
Basiliques (basiliche) chrétiennes. V. églises.
 — di Costantino. 33, 41
 — Emilia. . . . 37
 — Giulia.. . . . 33
 — del Palatino. . 34
 — Ulpia 45
Bateaux à vapeur (battelli a vapore) . 58
Belvédère (le). 15. n° 8
Bibliohèques librerie, biblioteche):

Angelica. . . . 21
di Ara Cœli . . 32
di Augusto. . . 34
Barberini . . . 50
Casanentense . . 20
Chigi 21
Corsini 30
S. Filippo Neri . 30
Minerva 20
della Propaganda. 51
della Sapienza. . 21
Trajana 45
Vaticana. . 15 n° 9
Vittorio Emanuele. 18
Bigue (la biga). 15 n° 8
Borgo (le). 12, 15 n° 6
Voir *rues*.
Boulevard (Viale) Principessa Margherita. 40
Bracciano. Lac. . 13, 24
Braccio Nuovo. V. Musées
Brasseries (birrarie). 1

C

Cabarets (Osterie). . 1
Caere 62
Campidoglio (ou *Capitole*) 31
Campo di Fiori Voir piazze. . . . .
— Santo. V. *cimetières*
— Vaccino, le *Forum romain* . . . . .

Capitole (le) . . . 3
Capo di Bove. . . 54
Casale Rotondo . . 54
Case Geloziane . . 34
Cassation (Cour de). 27
Cassin (mont). . . 60
Castel-Fusano. . . 58
— Gandolfo. 40, 61, 63
Castro Pretorio . . 48
Catacombes (catacombe):
  Sant'Agnese . . 49
  S. Callisto . . . 54
  Sta Ciriaca . . 40
  Sta Domitilla . . 54
  SS. Nereo e Achilleo. 54
  Ostrianes . . . 49
  S. Pretextatus. . 54
  Sta Priscilla. . . 49
  S. Sebastiano . . 54
Cervara 40
Cervetri 62
Chaînes des SS. Pierre et Paul 44
Chaire de St Pierre. 14
Chambre des députés (Camera dei deputati). 21
Chambres (stanze) de Raphaël 15
Chambres (Camere):
  de S. J. Berckmans. 18
  — Ste Brigitte . 26
  — Catherine de Sienne 20

du B. Crispin de
Viterbe . . . 50
de S. Dominique. 56
— S. Félix de Cantali-
ce 50
— S. François d'Assi-
se 28
— Ste Françoise Ro-
maine . . . 28
— S. Grégoire le Grand
. 35
— S. Ignace de Loyo-
la 11
— Jean de Matha. 35
de S. Labre (Croci-
feri. . . . 46
(Serpenti). . . 45
de S. Louis de Gonza-
gue. 18
— S. Paul de la Croix
. 35
— S. Philippe de Néri
. 26
id 29
— S. Pie V. . . 56
— S. J.-B. de Rossi 55
de S. Stanislas Kostka.
. 47
*Champ de Mars (campo di
Marte)* . . . 18, 19
Chapelles. V. **églises**
Chartreuse. V. *Couvents*
Châteaux (castelli) .

d'eau (dell'acqua). V.
fontaines.
St-Ange (Sant'Ange-
lo) 12
Cimetières (Cimiteri, cam-
pi santi) . . . 12
Camposanto S. Lo-
renzo 40
dei Cappuccini. . 50
des Juifs. . 34, 53
protestante . . . 56
Voir catacombes .
Cirques (circhi) .
Agonale 25
Flaminio. . . . 27
Massimo. 34, 37, 52
di Nerone . . . 13
di Romolo (ou de Ma-
xence) 54
(Stade de Domitien) 34
Vaticano. . . . 13
Civitavecchia . . . 62
Clivus Victoriæ . . 34
Cloaca Massima. 33, 52, 55
Cloche Patarina . . 31
Cloîtres (chiostri) :
des chartreux . . 48
de S-Jean de Latran. 38
de Santa. Maria della
Pace 25
de Saint-Paul-hors-les-
Murs 57
Voir couvents.

Colisée (Colosseo) 23, 33
. . . . 36
Collèges (collegi) :
  Belge. 47
  Canadien . . . 47
  Germanico . . . 48
  Greco 51
  Della Propaganda. 51
  Romano . . . 9, 18
  Della Sapienza . 28
  Urbano 51
Collines. Voir *monts.*
Colonna (la) . . . 63
Colonnacce (le). . . 45
Colonnade St-Pierre 13, 14
Colonnes (colonne) :
  Antonina . . . 21
  Colonnacce . . . 45
  del Concilio. 15 n° 12
  de la Flagellation. 43
  del Foro. 33 n° 6
  di Enrico IV . . 41
  dell'Immacolata Concezione 51
  del tempio di Gerusalemme 38
  di San Lorenzo fuori delle Mura . . . 40
  di Marco Aurelio. 21
  di Santa Maria Maggiore 41
  della casa di Pilato. 38
  di Phoca . . . 33

Trajana 45
Colosse de Néron. Voir *statues.*
Columbaria. . . . 53
Confession de St-Pierre. Voir *S. Pietro in Vaticano.*
Confréries :
  Annonciation . . 20
  Sacconi (S. Cœur). 52
Corneto 62
Corsi :
  Corso (via del) 8, 18, 24
  . 25, 46, 50, 51
  Corso d'Italia . . 49
  Corso Vittorio-Eman. 8, 10, 12, 17, 26, 30
Coupole (cupola) di San Pietro 14
Cours (cortili) :
  du Belvedere. 15 n° 8
  San Damaso. 15, numéros . . . 1, 8, 11
Cour de cassation. Voir *cassation.*
Couvents (conventi).
  Abbayes (abbazie, badie), etc.
  Adoration perpétuelle 47
  de St-Antoine, abbé. 41
  de St-Augustin . 21
  Augustins . . . 23

del Santo Bambino. 41
Bénédictins . . . 57
di S. Bonaventura. 35
Capucines . . . 47
Capucins . . . 50
Carmes . . . 44, 48
Chartreux . . . 48
Cisterciens . . . 39
Clarisses 22
Dames du S.-Cœur. 50
Dominicains. 20, 56
S. Filippo Neri . 30
Franciscains . . 32
Frères mineurs:
   Conventuels . 46
   Observantins . 28
Hiéronymites . . 17
Jésuites 11
di Monserrato. . 26
Passionistes . . 35
di S. Pietro in Montorio 29
in Vincoli . . . 44
Salésiens . . . 48
Trappistes . 54, 57
Trinitaires . . . 47
Ursulines . . . 23
Crèche (presepio). Voir S. Maria Maggiore
Cryptes. Voir églises.
Cryptoportique . . 34
Curia Innocenziana. 21
Curtius (lac) . . . 33

D

Daterie (Dataria) . 47
Députés. V. Chambre.
Douane (dogana di terra) 21

E

Eaux minérales (acque minerali). Voir Acque Albule, Vicarello.
Ecoles (scuole):
   d'application . . 44
   française d'Athènes. 27
   militaire 17
   Voir Shola Xantha, Pœdagogium.
Eglises, basiliques, chapelles, (chiese, basiliche, cappelle):
   Adieux des SS. Pierre et Paul (cappella). 57
   Sant'Adriano au Forum 33
   Sant'Agata (des Goths, alla Suburra) . . 43
   in Trastevere. 29
   S. Agnese (Navone). 25
   fuori le Mura. 49
   Sant'Agostino. 21, 25
   Santi Alessio e Bonifazio 56
   Sant'Alfonso de Lig. 41

Santi Ambrogio e Carlo 22
Sant'Anastasia . 52
Sant'Andrea (cappella 35
   de Aquarenari. 25
   hors de la p. du Peuple . . . 24
   delle Fratte . 51
   della Valle. . 26
   al Quirinale, di monte Cavallo. 47
Sant'Angelo in Pescheria 27
Sant'Antonio . . 37
   abbate. . . . 41
Sant'Apollinare . 25
Santi Apostoli . 46
l'Ara Celi. V. S. Maria in A. C.
Sant'Anastasio . 51
Santa Balbina . 53
S. Barbara (cappella). 35
S. Bartolomeo . 28
Basiliques : listes . 2
S. Benedetto in Piscinula . . . 28
S. Bernardo a' Termini 48
S. Bibiana . . 40, 41
Bocca della Verità. 55
S. Bonaventura (Palatino) 35

Borghèse (cappella). 42
S. Callisto . . . 29
Cappuccini . . . 50
S. Carlo a' Catinari. 27
   al Corso . . . 22
   al Quirinale, alle 4 Fontane 47
S. Catarina a' Funari 27
S. Cecilia (Trastevere) 28
S. Cesaro I. . . 53
S. Chiara (Quirinale) 47
Chiesa Nuova. . 30
S. Ciriaca . . . 35
S. Clemente (b. Clementina 36
S.-Cœur de Jésus. 48, 49
Notre-Dame du Sacré-Cœur. 25
Conception (Immac): meuble . . 15, n° 7
Voir *Colonnes*.
Constantiniennes (basiliques). V. *S. Clémente, San Giovanni in Laterano, S. Pietro in Vaticano*, etc.
Coronati (quattro). 35
S. Cosimato . . 29
SS. Cosmo e Damiano: (Forum) 33
(Trastevere) . . 29
S. Costanza : . . 49

Guide pratique, etc.   36

S. Croce in Gerus. 39. 40
Deo ignoto (autel). 34
S. Dionigi . . . 47
Santi Domenico e Sisto 46
Domine quo vadis? 54
Sant'Egidio . . . 29
Sant'Elena (cappella):
(Ara Cœli) . . . 32
(S. Croce) . . . 39
S. Esprit. V. *Spirito(S)*.
St-Etienne. V. *Stephano (S)*.
Eudoxienne (basil.). 44
Sant'Eustacchio . 21
SS. Filippo e Giac. 46
S. Francesca Romana 33
S. Francesco di Paola 45
— a Ripa. 28
S. Galla . . . 27.55
Gesù (Il) 11
S. Giacomo in Aug. 23
— degli Incur. 23
— Scossa-C. 12
— dei Spagnuoli. 25
SS. Giacomo e Filippo.
V. *Santi Filippo e G*.
S. Giorgio in Vel. 52
S. Giovanni in Fonte. 38
— dei Fiorentini. 12
— in Laterano. 37

— in Oleo (capp). 53
— a Porta Latina. 53
Santi Giov. e Paolo 35
S. Girolamo delle Carità,
di Monserrato . . 26
S. Girolamo dei Schiavoni 22
S. Giuseppe de' Fal. 32
S. Gregorio Maggiore.
(monte Celio) . . 35
S. Grisogno . . 29
S. Gui. Voir *Vito (S.)*.
Heleniana (basil.) 39
V. *Sant'Elena (cap.)*. 3
Sant'Ignazio . . . 18
Sant'Ippolito . . 58
Sant'Isidoro . . 50
S. Jacques. V. *S. Giacomo*.
S. Jérôme. V. *S. Girolamo*.
S. Joseph. V. *S. Giuseppe*
S.-Labre (autel) . 33
Libérienne (basil). 42
Limina apostolorum. 14
S. Lorenzo (cappelle):
(S. Giov. in Later). 38
(S. Pietro in Vat). 15 n°6
S. Lorenzo in Damaso 26
— in Lucina. 22
— in Miranda. 33

— fuori le Mura. 40
— in Panisperma 43
SS. Luca e Martina. 33
S. Luigi dei Franc. 21, 25
S. Maddalena . . 21
 — (Quirinale). 47
Les rois Mages. . 51
Santi Marcellino e Pietro 37
S. Marcello al Corso. 18, 24
S. Marco 10
S. Maria degli Angeli 48
 - dell'Anima . 25
 — in Aquiro . 21
S. Maria in Ara Cœli. 10, 32
 — Aventina. . 56
 — in Campitelli. 27
 — in Capitolio. 32
 — dei Cappuccini. 50
— della Concezione. 52
 — delle Consolazione 52
 — in Cosmedin. 55
 — in Domnica. 35
 — Egiziaca . . 55
 — di Loreto. 10, 45
— Maggiore 42, 43, 47
— ad Martyres. 19
 — Sopra Minerva. 20
 — dei Miracoli. 23
 — di Monte Santo. 23
 — de' Monti . . 45
— della Navicella. 35
— ad Nives . . 42
— Novella . . 33
— dell'Orto . . 28
— della Pace . 25
— del Popolo . 23
— in Portico (S. Galla) 27, 55
— —(in Camp.). 27, 55
— del Presepio . 42
— del Priorato . 56
— della Rotonda. 19
— Scala Cœli . 57
— della Scala . 29
— del Sole . . 55
— Traspontina . 12
— in Trastevere. 29
— in Vallicella . 30
— in Via Lata . 18
— della Vittoria. 48
V. *S. Cœur, Mater, Nome.*
S. Marta . . . 14
S. Martina . . . 33
S. Martino a' Monti,
Santi Martino e Silvestro. 44
Mater admirabilis (cappella) 50
Santi Nereo ed Achilleo 53
Niccolina (cappella) 15, n° 6
S. Nicola in Carcere 52

S. Nome di Maria 10 45
  Sant'Onofrio . . 17,30
  S. Pancrazio . . 30
Paolina(cappelle):(S. Maria Maggiore) . . 42
  (Quirinale) . . . 47
  (Vaticano) . . 15 n° 2
  S. Paolo eremitano . 47
  — alle 3 Fontane . 57
  — fuori le Mura . 54, 57
V. *Adieux, Giovanni.*
  S. Patrizzio . . . 49
  S. Pietro in Carcere . 32
  — in Montorio . 29
  — in Vaticano . 14
S. Maria in Vincoli . 44, 45
V. *Adieux, Marcellino.*
  S. Prassede . . . 43
  S. Prisca . . . 56
Propaganda. V. *Mages.*
  S. Pudenziana . . 41
  S. Rocco 22
  S. Saba 56
  S. Sabina . . . 56
  S. Salvatore: voir. *S. Giovanni in Later.*
Sancta Sanctorum . 38
  S. Sebastiano (Palat).
  35
  — fuori le Mura.
  54
Sessorienne (bas.) . . 39
S. Silvestro (cappella) 35
  — in Capite . 22, 51
  — al Quirinale, di monte Cavallo . . 46
Voir *S. Martino.*
S. Silvia (cappella) . 35
Sistina (cappella): S. Maria Maggiore) . . 42
  (Vaticano) . 15, n° 3
S. Sisto Vecchio . . 53
V. *S. Domenico.*
Sisto (basilica di) . 42
Santo Spirito in S. 17
Santo Stefano Rotondo al monte Celio 35
S. Susanna . . . 48
S. Teodoro in Velabro
  52
S. Timoteo . . . 43
S. Tommaso in Formis.
  53
Sta Trinità de' Monti . 50
  . . , . . 51
  — de' Pelleg . 27
Ste Ursule . . . 23
S. Venance (chapelle) 38
Santi Vincenzo ed Anastasio (alle 3 Fontane) . 57
  (Trevi) 46
S. Vito 41
Egout (grand). V. *Cloaca*
Enceintes:
  d'Aurélien . . 7. 30
  de Servius Tullius . 48

Environs. . .	58 à 53	*Forums* (fori) :	
Escaliers (Scale):		di Augusto . .	. 45
Pia (Vaticano).	. 15	Boarium. . .	. 52
Regia (id.) . .	. 15	di Cesare . .	. 33
Santa. . . .	. 38	di Nerva (transito-	
della Trinita de'Mon-		rium) . .	14, 30, 45
ti.	. 51	Olitorium . .	. 31
		Romanum . .	. 33
F		Trajanum . .	. 45
Fêtes religieuses. .	. 2	*Frascati*. . . .	. 63
Fiumicino . . .	. 28		
Fontaines (fontane) :		**G**	
dell'acqua Felice.	48	*Gabies*	. 63
Barcaccia . .	. 51	*Galeries* (Loges) . V. *Loges*	
Barberine . .	. 50	*Galeries de tableaux*. etc.	
Colonna (piazza) .	21	(gallerie di quadri) :	
Farnèse (id.) .	. 27	Albani . .	. 9, 49
Minerva (id.) .	. 20	Barberini. .	. 9, 50
Monte Cavallo (id.).	47	Borghèse (palais). 9, 22	
Navone (id.) .	. 25	— (villa). 9, 24	
Paolina . . .	. 30	Chigi. . . .	. 21
S. Pietro in Vat. (piaz-		Colonna . .	. 9, 46
za di) . . .	. 13	Conservatori (dei). 31	
Popolo (piazza del).	23	Corsini . .	. 9. 30
Quirinale (id.) .	. 47	Doria-Pamphili. 9. 18	
Senatore (pal. del).	31	Farnèse . .	. 9. 27
Tartarughe (delle).	27	Farnésine. .	. 9. 30
Termini (piazza de').	48	Rospigliosi .	. 9. 46
Termini (de') .	. 48	Sciarra (fermée). 24	
Trevi (di) . .	. 46	Spada. . .	. 9. 27
Tritone (del) .	. 50	Torlonia (fermée), Lun.	
Vittorio Emanuele		gara . . .	. 26
(piazza) . .	. 41	Vaticana. .	. 9. 15

Galloro, pèlerinage. 61
Gares(stazioni) 1, 40, 46, 58
Gaz (gas) : usine . 34, 53
Genzano. 61
Ghetto (le) 27
Glyptothèque . . . 31
Graticola (la) . . . 40
Grotta Ferrata. . . 63
Grottes Vaticanes. . 14
Guides 1

H

Heures (les) . . . 1. 9
Heures (les *Quarante*). 2
Hôpitaux, hospices (ospedali, ospizi) :
  Aliénés (S. Spirito). 17
  S. Carlo 22
  della Consolazione. 52
  frères de St-Jean de Dieu 28
  S. Galla 55
  S. Giacomo degli Incurabili 23
  dei Lombardi (S. Carlo) 22
  Margherita di Savoia 48
  S. Maria degli Angeli 48
  la Maternité . . 22
  S. Michele . . . 28
  Militare 41
  S. Rocco . . . 22
  S. Salvatore . . 37
  Sourds-muets . . 48
  Santo Spirito . . 17
  della Trinità dei Pellegrini 27
Hôtels (alberghi) . . 1

I

Iles (isole) :
  S. Bartolomeo . . 28
  Sagra 58
Imprimerie (Stamperia):
  Propaganda . . 51
Indulgences 2
Institut archéologique voir aux A.

J

Jardins (giardini, Orti) :
  d'Adonis 34
  botanico (orto) . 21.30
  Farnèse . . . 33. 34
  d'Héliogabale . . 39
  Lucernari . . . 49
  del Quirinale . . 47
  Sallusti (orti) . . 49
  del Vaticano 15 n° 12
  des villas, de la *piazza Vittorio E.*, etc.
Jugement dernier (le). 15

L

Labicum 63

Lacs V. *Bracciano Albano, Nemi.*
Ladispoli 64
Lararium (le) . . . 32
Léonine (cité) . . . 5
Libraires (librai) . . 1
Liceo E. Q. Visconti. 18
Loges (loggie) de Raphaël 15

M

Macellum (marché):
  de Livie 41
  (S. Stefano Rot.) 35
Maisons (case):
  di Augusto . . . 34
  dorée (di Nerone). 34, 44
  di Germanico . . 34
  di Livia 34
  di Mammea . . . 34
  di Rienzo . . . 55
  di Tiberio . . . 34
  des Vestales . . 33
  di Zaccarelli . . 45
  V. *églises, chambres.*
Marchés. V. *Forum, Macelum*
Marforio 31
Marino 40, 63
Marrana (la) . . . 53
Mater admirabilis. Voir *églises.*
Mausolées (mausolei):
  di Adriano . . . 12
  di Agosto . . 23, 41
  di Sant'Elena . . 63
  di L. Peto . . . 49
  V. *églises, pyramides.*
Méridienne (la) . . 48
Meta sudante . . . 33
Ministères (ministeri):
  degli'Affari esteri 47
  del Commercio . 46
  delle Finanze . . 20
  della Guerra . 46, 48
  dell'Interni . . 25
  della Marina . . 21
  delle Poste e dei telegrafi 1. 22
  dei Lavori pubblichi 22
Miroir de Diane (lac) 61
Mithras (sanctuaire de) 36
Monts (monti):
  Albano 61
  Aventino . . . 5, 56
  Capitolino 5, 31, 34, 52
  Caprino 32
  Cassino 60
  Cavallo (Quirinale) . 5
  Cavo 61, 63
  Celio . . . 5, 35, 37
  Citorio 5, 21
  Collines (7, 10) . . 5
  Collis hortorum . 49
  Esquilino . . 5, 42
  S. Giovanni in Later. 5

Janicule . . 5, 17, 29
Laterano . 5, 34, 37
S. Maria Maggiore 5
Mario. . . . , 16
Palatino 5, 33 à 45, 52
Pincio . . 5, 23, 50
Quirinale . . 5, 47
Sta Sabina. . . 5
Tarpéïen. . . . 5
Testaccio. . . 5, 56
Vaticano 5
Viminale . . 5, 47
Monuments, statues (mo-
nument, statue) :
G. Bruno . . . 26
Castor . . . 31, 47
Charlemagne . . 14
Constance . . . 31
Constantin . . 14, 31
Dogali 48
Domitien (Forum). 33
Henri (Enrico), IV Voir
A S. Jean de Latran
Innocent XIII . . id
Marc-Aurèle . . 31
Marforio. . . . 31
Métastase . . . 22
Moïse. A S. Pietro in
Vinccoli.
Néron (colosse) . 33
Paul (S.) . . . 13
Philippe IV d'Espa-
gne 42

Pie IX, À St-Laurent
hors les Murs.
Pierre (S.) . . . 13
— (S.), dans l'é-
glise du Vatican.
Pollux . . . 31, 47
192 statues de SS. 13
L. Veuillot, à S. An-
drea delle Fratte
V. *colonnes, églises, fontaines, mausolées, obélisques, musées pyramides,
tombeaux, campo Santo*
Mosaïque (fabriques de)
. . . 15 n° 11
Municipalité (la). . 31
Murs de Rome (mura): 7
— carrée. . . 34
d'Aurélien . . 7, 30
de Romulus. . . 34
Musées (musei):
antiquités (V. *Vaticano
Latran*). . 9, 24, 48
astronomique Coper-
nic. 13
Braccio Nuovo . 15
Capitolino . . . 31
Chiaramonti . . 15
Collegio Romano. 18
dei Conservatori . 31
égyptien (Vatican) 9, 15
étrusque (Conservat) 31
— (Vatican). 9, 15

industriel. . . . 9
Kircher . . . 9, 18
lapidaire (Vatican). 15
Laterano. . . 9, 38
S. Luca. V. *Académie.*
Pio Clementino . 15
Propaganda . . 51
Torlonia(Lungara)fermé). 29
Vaticano. . . 9, 15
Voir *galeries.*

N

Némi. Lac 61
Nettuno 59, 61
Nummothèque . . . 31
Nymphée (le) . . . 34

O

Obélisques:
 di Caligola. . . 13
 Isée Campense (500) 48
 Laterano (S. Giov). 37
 Maria Maggiore(S). 41
 della Minerva. . 20
 di Monte Cavallo. 47
 — Citorio. 21
 Navone (piazza) . 25
 du Panthéon V. *Rotonda* du Pincio. 23
 Popolo (piazza del). 23
 del Quirinale . . 47
 della Rotonda. . 19
 della Trinità dei Monti 50
 del Vaticano . . 13
Objets (oggetti) de piété. 1
Observatoir (Specole):
 du Capitole. . . 31
 du Collège Romain. 18
 du Vatican. 15, n° 13
Ostia (Ostie). . 57, 58

P

Paedagogium (le). . 34
Palais (Palazzi):
 Altemps. . . . 25
 Altieri 10
 Antonelli . . . 46
 di Belle Arti . . 46
 Barberini . . 9, 50
 Bonaparte. . 10, 18
 Borghèse . . 9, 22
 Braschi 25
 de Caligula. . . 34
 dellaCameradeidep.21
 — Cancellaria . 26
 del Campidoglio. 31
 des Césars. . . 34
 Chigi 21
 Colonna. . . 9, 46
 — (Sciarra) 24
 dei Conservatori. 31 32
 della Consulta . 47
 Corsini . . 9, 30
 della Dataria . 47

des Domitiens.	34	Sessorium	93
Doria-Pamphili.	9, 18	di Settimio Severo.	34
Farnèse.	1, 9, 26, 27	Simonetti	18
Farnésine	9, 30	Spada alla Regola	9, 27
Farrajoli	21	de Tarquin l'Anc.	34
di Firenze	22	Teodoli	21, 22
des Flaviens	34	Torlonia (Venezia.)	10
Giraud	12	— (Lungara.)	29
Giustiniani.	21	Vaticano	9, 15
di Giustizia	12	di Venezia	10
dell'Inquisizione.	13	Verospi	21
di Laterano	9, 38	Vidoni-Spoppani.	26
Madama	21	*Palatin*. Voir *Monts*.	
di S. Marco	10	*Palestrina*	63
Massimo	26	*Palliums*	14, 49
Mattei	27	*Panthéon d'Agrippa*.	19
di Monte Citorio.	21	*Paolo (San) Gare*	58
Odescalchi	18	*Pape (papa)* :	
del Sant'Offizio	13	audiences	2
Orsini.	27	pouvoir temporel.	4
Pamphili (Navone).	25	*Paradiso* (anticamera	
Piombino	21	del)	11
Poli	46	*Pasquino*	25
del Quirinale (Reale)	47	*Pénitenciers* (les).	14
Rondinini	23	*Pinacothèque du Vatican*.	
Rospigliosi.	1, 9, 46, 47	Voir *galeries de tableaux*.	
Ruspoli	22	*Places* (piazze) :	
Sacchetti.	12	di Sant'Appolinare	25
Salviati (Corso)	18	di Sant'Agostino.	21
Salviati (Lungara)	17	de' Santi Apostoli	46
Sciarra-Colonna	24	di Ara Celi	31
del Senato	21	Barberini	50
del Senatore	31	della Bocca della	

Verità . . . 55, 56	— sopra Minerva. 20
Borghèse . . . 22	— in Trastevere. 29
di Campidoglio . 31	Montanara. 52, 55, 57
Campo di Fiori . 26	di Monte Cavallo. 47
dei Cappuccini . 50	— Citorio . 21
Capranica . . . 21	Navone 25
Catinari 27	Nicosia 22
Cavour 12	Pasquino . . . 25
della Chiesa Nuova, 30	G. Pepe 40
dei Cinquecento . 48	Pia 12
di San Clemente. 36	di Pietra . . . 21
del Collegio . . 18	di S. Pietro in Vat. 13
Colonna 21	— in Vincoli 44
de' Crociferi . . 46	— in Montorio. 29
Dante 38	della Pilotta . . 46
Esquilino . . 41, 42	del Plebiscito . . 12
di Sant'Eustacchio. 21	del Popolo . 23, 50
M. Fanti 40	di Porta S. Giov. 37
Farnèse 27	del Quirinale . . 47
ou Forum. V. Forum.	della Rotonda. 19, 25
del Gesù 10	Rusticucci . . . 12
di SanGiov. in L. 35, 37	Sallustio 49
di San Gregorio . 35	Sciarra 24
di Sant'Ignazio. 18, 25	Scossa-Cavalli. . 12
dell'Indipendenza. 48	di S. Silvestro. 22, 51
di San Lor. in Luc 22	di Spagna . . . 51
— fuori le Mura 40	delle Tartarughe. 27
	de' Termini . . . 48
Madama 21	Trajana . . 45, 46
di S. Marco . . 10	del Tribunale . . 12
di S. Maria :	della Trinità de' Monti 50
— in Camp . . 27	
— Magg. 37, 40 à 42	di Trevi 46

della Valle . . . 26
di Venezia. 8, 10, 12,
  17, 18,24, 25, 30, 31,
  36, 37,45, 46, 51, 52,
  54, 55, 57.
Vittorio Eman. 38, 40
Ponte (region del) . 12
Ponte Lucano. . . 40
Ponte Mammolo . . 40
Ponts (ponti, en italien;
  pons, un *pont,* en latin:
  Aelius. . . 6, 12
  Sant' Angelo. 6, 12, 22
  S. Bartolommeo. 6, 28
  de Caligula. . . 34
  de' Quattro Capi. 6, 28
  Cestius . . 6, 28
  Fabricius . . 6, 28
  Garibaldi . . . 6
  Janiculensis . . 6
  alla Lungara . 6, 30
  Molle (Milvius) . 24
  di Nona 63
  Nuovo di Ripetta. 6,22
  San Pietro . . . 12
  Regina Margherita. 6
  Rotto 6 55
  Sisto 6
  Santo Spirito . . 6
  Sublicius. . . 6 56
  Suspendus . . . 6
  Triumphalis . . . 6
  Umberto 6
Vaticanus. . . . 6
Vittorio Emanuele 6 17
Portes (porte) :
  Angelica . . 7, 16
  Appia . . . 7, 54
  Ardeatina . . . 7
  Asinaria 7
  Capena . . 7, 54
  Cavalleggieri . 7, 17
  Fabrica 7
  Flaminia . . 7, 24
  San Giovanni 7, 37
  Janiculensis. 7, 30
  Labicana . . . 40
  Latina . . . 7, 53
  San Lorenzo. 7, 40, 41
  Maggiore . . 7, 40
  Metronia 7
  Nomentana . . . 7
  Ostiensis. . 7, 57
  San Pancrazio. 7, 30
  San Paolo. 7, 56, 57
  Pia . . 7, 48, 49
  Pinciana . . 7, 50
  del Popolo . 7, 24
  Portese (Portuensis). 7
    28
  Portusa 7
  Praenestina . . 40
  Romana. . . . 34
  Salaria (Salara). 7, 49
  San Sebastiano. 7, 54
  Settimiana . . 7, 30

Tiburtina . . 7, 40
de Servius Tulllius. 46
Portiques (portici):
  des Dii consentes 33
  Leonino. A St-Jean-
    de Latran.
  de Pallas Minerve. 45
  di Ottavia . . . 27
Pontonaccio . . . 40
Porto (PortusTrajanus)58
Ports (porti):
  della Ripetta . . 22
  Grande . . 28, 58
Postes et Télégraphes (poste e telegrafi) 1, 21, 22
Pourboires (buone mani)
  1
Praeneste 63
Prisons (Prigioni, Carceri):
  Mamertine . . . 32
  de S. Paul. *V. S. Maria*
    in Via.
  de *Tullius*(Mamert). 32
    — (St Nicolas). 52
Promenades (passeggi,
  passeggiate):
  la via del Corso,
  le Janicule,
  les Jardins,
  la route du pont Molle,
  le Pincio,
  la Ripetta,

  les villas Borghèse,
    Pamphili-Doria, Mé-
    dicis.
  la voie Appienne.
  Du Poussin. . . . 24
Propagande et *Propaga-*
  tion de la Foi . . 51
Protomothèque . . . 31
Puits (pozzi):
  de la Samaritaine. 38
  à Ste-Pudentienne. 41
  à S.-Sébastien-horsles
    murs. 54
Putéal de Libon . . 33
Pyramides (piramidi):
  de Cestius . . . 57
  de Scipion l'Afric. 14

Q

Quarante Heures. V. *heures*

R

Regia (la) 33
Regresso. 40
Reliques . . . 2, 39
Restaurants (ristoranti,
  trattorie) 1
Ripa Grande   ⎫   Voir
Ripetta.   ⎬   *Ports*.
Rocca di Papa . . 61
Roche Tarpéienne (Ru-
  pe Tarpea) . . . 32
Rochettini (les) . . 44

Rome carrée (Roma quadrata) 34
Rostres (rostra). 33, n° 7
— Juliens (r. Julia) 33
Rotonde (la). Voir *Panthéon, Sta Maria ad Martyres.*
Rues (vie):
Alessandrina . . 45
Appia. V. *Voies.*
di Ara Cœli . . . 10
dell'Arco de' Pantani. 45
— di S. Severo, 32
Ardeatina, V. *Voies.*
Aurelio 35
Avignonesi. . . 50
del Babbuino. 8, 51
Baccina 45
di S. Basilio . . 50
della Bocca della Verità 52, 55
di S. Bonaventura. 35
Bonella . . . 33, 45
di Borgo Nuovo . 12
— S. Spirito. 12, 17
delle Botteghe Oscure 10
Buoncompagni . 49
Cadorna 49
Cairoli 41
delle Cannelle . . 46
Capo di Ferro . . 27
Carlo Alberto. 40, 41
Cavour 45
di S. Cecilia . . 28
de' Cerchi . . . 53
di S. Chiara . . 20
delle Sette Chiese. 54
Claudia 35
del Collegio . . 18
dei Condotti . . 51
della Consolazione. 33
della Consulta . . 47
Conte Verde . . 40
delle Convertite . 22
— Copelle . . 21
del Corso. V. *Corso.*
di Sta Croce . . 40
de' Crociferi . . 46
della Dataria . . 47
A. Depretis . 41, 47
Emanuele Filiberto. 38
de' Falegnami . . 27
de' Fenili . . . 52
Flaminia, Voir *Voies.*
delle Quattro Fontane. 41, 47, 50
del Foro Trajano . 10
di S. Francesco . 23
di S. Giorgio in Vel. 52
Garibaldi . . . 30
del Gesù 10
di S. Giacomo . 23
di S. Giovanni in Laterano . . . 36, 37

de' Santi Giovanni e Paolo 35
Giulia . . . 8, 12
Giulio Romano. 52, 63
di S. Gregorio. 33, 35
dell'Indipendenza 48
Labicana . . . 37
Lata 45
Latina . . . 53
di S. Lorenzo in Pan.43
della Lungara. 8, 17, 30
— Lungaretta. 29
Ludovisi. . . . 49
di S. Marco. 10, 52
di Marforio. . . 31
della Marmorata. 56
di Santa Maria in Aquiro. . . . 21
— dell'Orto. 28
— Maggiore. 43
— de' Monti. 45
di S. Martino. 48, 49
delle Mercede. . 51
Merulana . 8, 37, 43
della Minerva. . 20
di Monserrato. . 26
di monte Bianzo. 22
— Caprino. 32
delle Muratte. . 46
della Navicella . 37
Nazionale . . 8, 46
di S. Nicola di Tol. 50
Nomentana. V. *Voies*.
Palestro 49
Paola. 12
di S. Pantaleo . 26
della Pescheria . 27
de' Pettinari . . 27
di S. Pietro in Vin. 44
della Polveriera . 44
de' Pontefici . . 23
di Porta Portese. 28
— Salaria . 49
— S. Sebastiano. 53
Praenestina, voir *Voies*
di Sta Prassede . 44
del Principe Eugenio. 41
di Propaganda . 51
della Purificazione. 50
de' Querceti. . . 35
del Quirinale. 8, 46, 47
delle Quattro Fontane. Voir à F.
di Ripetta . . .8, 22
delle sette Sale . 44
de' Salumi . . . 28
della Sapienza. . 21
della Scala. . . 29
della Scrofa . 8, 21
del Seminario . . 19
de' Serpenti. . . 45
delle sette Chiese, Sale: Voir *Chiese, Sale*.
Venti Settembre. 8, 48, 49

Sistina 50
Solferino . . . 48
dello Statuto . . 44
di Santo Stefano. 35
Tasso 38
di S. Teodoro. 34, 52
Tiburtina. V. *Voies*.
di Tor di Nona . 22
di Tor de' Specchi. 52
del Tritone. . 8, 50
Urbana. . . 42, 43
de' Vascellari. . 28
Venti *Settembre*. Voir *Settembre*.
delle Virgini . . 46
di S. Vincenzo . 46
di S. Vito . . . 41
Vittoria 23

S

Sacconi. Voir *Confréries*.
Sacristie (Sacristia):
   de St-Pierre du Vatican. 14
Sale *(sette)* ou 7 Salles. 44
Sancta Sanctorum. Voir *églises*.
Sapience. Voir *Collèges*.
Scala Santa. Voir *échelles*.
Schola Xantha . . 33
Séminaire français . 47
Sénat (Senato) . . 21
Septa Julia . . . 81

Septizonium (le). 42, 53
Sessorium 39
Solfatara. Lac . . 40
Squares. Voir *piazza M. Fanti, piazza Vittorio Emanuele*, etc.
Stade de Domitien . 34
Stade des thermes de Caracalla . . . 53
Statues, monuments. Voir *monuments*.
Subiaco . , . . . 49
Suburra (la) . . . 43

T

Tabacs (manuf. de) . 29
Tablinum (le) . . . 34
Tabularium (le). 31, 33
Tapisseries de Raphaël. Voir *Arazzi*.
Tarquinies 62
Télégraphes. V. *Postes*.
Temples (Tempî) :
   di Antonino Pio. 21
   di Anton. e Faustina. 33
   di Castor et Pollux. 33
   di Cerere e Proserpina 55
   di Cesare . . . 33
   di Claudio . . . 33
   della Concordia 53
   de Diane Aricine 61

des Dii Consentes 33
d'Esculape . . . 28
de l'Espérance (Speranza). 52
della Fortuna Virile. 55
d'Hercule . . . 52
de Junon Matuta 54
de Jupiter Capitolin
. . . 14, 31, 32, 37
— Latialis . . 61
— Stator . . 34
— Victor . . 34
— (Voie App.). 54
de Mars Vengeur 45
de Maxence . . 54
della Minerva. . 20
  Medica . . 40
de Neptune (Nettuno 21
de la Pieté. . . 52
di Romolo (S. Pietro in Vat.). . 14
— (Velabro) . . 52
— ou Remo (Forum) 33
— (Voie Appienne) 54
de Saturne . . . 33
de Vénus et de Rome 33
de Vespasien . . 33
di Vesta (Forum) [31
— (S. Maria del S.). 55
— (Velabro) . . 52

Atrium de Vesta 33
Theatridicum . . 53
Théâtres (teatri) :
 antiques : di Marcello 27
 — di Pompeo . . 26
 Capranica . . . 21
 Nazionale . . . 46
 Umberto (anfiteatro) 23
Thermes (terme, termini) :
 di Agrippa. . . 19
 di Agrippina . . 43
 di Antonino . . 53
 di Caracalla . 27, 53
 di Costantino . . 31
 di Diocleziano . . 38
 di Livia. Voir *Nymphée.*
 di Tito 44
Tibre (le) ou *Tevere* . 5
Tibur. 40
Tivoli 40
Tolfa (la) 62
Tombeaux (sepolcri, tombe) :
 d'Aruns . . . , 61
 de P. Bibulus . . 31
 de Cæcilia Metella. 54
 de M. Corvinus . 54
 d'Eurysacès. . . 40
 de Gallien . . . 54
 des Horaces et des

Curiaces 54
d'Innocent III. A St-Jean-de-Latran.
de C. Metella. Voir à C.
de Pie IX. A St-Laurent hors les Murs.
de la fam. Plautia. 40
des Scipions . . 53
de Sénèque. . . 54
Voir *églises, mausolées, pyramides.*
Torre di Bracciano. 58
— Castiglione. . 63
— Pignattara . . 63
— degli Schiavi . 63
Transtévère (Trastevere) 5
Trésor (Tesoro). Voir *S. Pietro in Vaticano.*
Tribunaux (Tribunali). 12, 29
Triclinium :
  (Léon III) . . . 38
  (Palatin) 34
Trophées de Marius. 14
Tullianum. Voir *Prisons.*
Tusculum 63

U

Universités :
  Grégorienne. Voir *Collège Romain.*
  de la Sapience. Voir *Collèges.*

V

Vatican :
  église. Voir *S. Pietro.*
  palais, mont, musées. Voir ces mots :
Véies 24
Vélabre (le) (Velabro). 52
Vicarello 24
Vigna Codoni . . . 53
Villas :
  d'Adrien. Voir *Hadriana.*
  Albani. . . . 9, 49
  Barberini . . . 17
  Bertone 49
  Borghèse . . 9, 24
  de Cicéron . . . 63
  d'Este 40
  Farnésine. Voir *Palais.*
  de Gallien . . . 54
  Hadriana . . 40, 63
  Lante, ... 30
  de Lucine . . . 57
  Ludovisi . . 9, 49, 50
  Madama 16
  Massimi (in Laterano 37
  (Giustiniani) . . 49
  de Mécène . . . 40

Médicis : Voir *Académie de France*.
Mellini 16
Mills 34
Pamphili-Doria. 9, 30
Papa Giulio . . 24
Patrizzi 49
Pia (Vatican). 15 n° 12
  Pinciana. Voir *palais Borghèse*.
de Pompée . . . 40
Savorelli 30
Torlonia . . 9, 49
de Q. Varus . . 40
Wolkonsky Campanari 9, 38
Ville (la) de Rome. 4
Vivarium (le) . . 53
Voies (vie; latin *viæ*) :
Appia . . . 31, 53
Ardeatina . . . 54
Flaminia 8, 18, 23, 24

Labicana 63
Latina 53
Nomentana . . . **49**
Ostiensis (d'Ostie) 57
Praenestina . . . 63
Sacrata . . . 33, 34
Tiburtina . . . 4$_0$
Triomphalis . . 33
Voitures, omnibus 1, 10
Voyage à Rome . . 3
Vues diverses, panoramas :
  du Capitole.
  du Colisée.
  de la coupole de St-Pierre du Vatican.
  du Janicule.
  du Palatin.
  de St-Pierre in Montorio.
  du Pincio.
  de villas diverses, etc.

Tableau relatif à la corrélation entre les chiffres arabes et les chiffres romains pour les personnes peu familiarisées avec les chiffres romains.

1	I	7	VII	13	XIII
2	II	8	VIII	14	XIV
3	III	9	IX	15	XV
4	IV	10	X	16	XVI
5	V	11	XI	17	XVII
6	VI	12	XII	18	XVIII

19	XIX	34	XXXIV	49	XLIX
20	XX	35	XXXV	50	L
21	XXI	36	XXXVI	51	LI
22	XXII	37	XXXVII	52	LII
23	XXIII	38	XXXVIII	53	LIII
24	XXIV	39	XXXIX	54	LIV
25	XXV	40	XL	55	LV
26	XXVI	41	XLI	56	LVI
27	XXVII	42	XLII	57	LVII
28	XXVIII	43	XLIII	58	LVIII
29	XXIX	44	XLIV	59	LIX
30	XXX	45	XLV	60	LX
31	XXXI	46	XLVI	61	LXI
32	XXXII	47	XLVII	62	LXII
33	XXXIII	48	XLVIII	63	LXIII

CHAPITRE IX

De Roma (Rome) à Assisi (Assise). — La Portioncule (Porziuncula), Notre-Dame-des-Anges (Santa Maria degli Angeli) Assisi (Assise).

I. Ligne de Rome à Assise, 183 kil.
Train commode : direct avec 3 classes :
Roma : départ à 11h. 30 du matin.
Orte : arrivée à 1h. 28 du soir (bifurcation).
— départ à 1h. 35 — —
Assisi : arrivée à 4h. 38 — —

Roma-Termini (Rome les Thermes) (B).
5. *Portonaccio.*
14. *Castelgiubileo.*
26. *Monte Rotondo*, à 3 kil. de la ville témoin de la défaite de Garibaldi *(Mentana*, 3 novembre 1867), et de celle qu'il prit d'assaut, le

26 octobre (Monte Rotondo).
38. *FaraSabina.*
49. *Poggio Mirteto.*
58. *Stimigliano.*
71. *Civita Castellana,* près de l'antique *Falérics.* Ascension du Soracte (686ᵐ), en 4 h. (pour aller).
57. *Gallese.*
84. *Orte* (Buffet).

Ligne de *Chiusi* et de *Terontola* par *Orvieto* (à 19 kil. du lac *de Bolsena*).
92. *Nera Montoro.*
99. *Narni,* à gauche de la Nera.

On passe le Cardano.
112. *Terni,* (B.), à 15' de la ville, l'anc. *Intéramne* à 16 kil. des cascades. Ligne de *Solmona,* par *Rieti* et *Aquila.* On verra le viaduc de la Rocca, de 150ᵐ, et le tunnel de *Balduini,* sous le *Somma* : 1.642ᵐ de long et 680ᵐ de haut.
124. *Giuncano.*
141. *Spoleto* (Spolète, B, à 20 minutes de la ville (près de laquelle est le pont-aqueduc des Tours (delle Torri), du 7° s. Pèlerinage à *N.-D. des Larmes* à Trevi.
151. *Campello.*
158. *Trevi.* Eglise de *N.-D. des Larmes* (Madonna delle Lagrime), pèlerinage.
166. *Foligno* (B).

Ligne *d'Ancône.*

On passe le Topino.
172. *Spello,* à 1 kil. de la ville.
182 *Assisi* (Assise), à 3 kil. de la ville.

II. La Portioncule (Porziuncula), N.-D.-des Anges (S. Maria degli Angeli). Assisi (Assise).

I. A 500 mètres de la gare d'Assise, le berceau de l'Ordre fransciscain est véritablement à *Ste-Marie* ou *Notre-Dame-des-Anges,* appelée aussi la *Portioncule* (la petite Partie), à cause de sa petitesse.

L'église de N.-D.-des-Anges, du 16ᵉ s., renversée en partie par le tremblement de terre de 1832, a été reconstruite par Grégoire XVI de 1833 à 1840. Sous la coupole, la *Porzioncule*, chapelle bâtie (352) par quatre ermites de la Terre Sainte, sous le nom de *Ste-Marie-de-Josaphat*, dans une forêt du Subasio. Déjà fréquentée par de nombreux pèlerins, la Porziuncula devint particulièrement célèbre à cause de l'indulgence plénière à gagner le 2 août, fête de l'église, accordée par le pape en 1221. Voici à quelle occasion : François d'Assise, en prière dans la nuit du 31 octobre 1221, tourmenté par les tentations du démon, quitta ses vêtements et se jeta à l'endroit le plus épais d'un buisson d'épines : les épines, arrosées de sang, devinrent des roses blanches et rouges. François entendit alors les anges lui ordonner de porter des roses dans la Porziuncula. Il eut ensuite une vision dans laquelle le Sauveur, lui ayant accordé, par l'intervention de la Ste Vierge le pardon pour les pécheurs qui viendraient en ce lieu, lui prescrivit en même temps d'aller trouver le pape et de lui porter des roses miraculeuses. Le pape Honorius III, malgré les cardinaux, concéda l'indulgence demandée.

Au-dessus de l'arcade d'entrée de la chambre du saint, *vision de* 1221, la *Ste Vierge et des anges*, fresque d'Overbeck.

Plus loin, cellule du saint (le *Transito*), où il mourut le 4 octobre 1226, transformée en chapelle, dans laquelle il y a le cordon et le cœur du saint : au-dessus de l'autel, *statue* en terre cuite du saint. Fresques du Spagna : les compagnons du saint.

A côté, église ou chapelle *des Roses*, à l'endroit des roses miraculeuses.

II. *Assisi*. Voitures: omnibus de 0 fr. 50 à 1 fr. la ville est sur la colline, à 3 kil. de la gare.

Hôtels: albergo del Leone (du Lion): chambres depuis 1 fr. 50; pension dès 4 fr. 50; — Nuovo *albergo del Subasio*: chambres depuis 1 fr. 50.

Admirablement située, la ville d'Assise à 12.600 hab. Là naquit S. François en 1182. Vue admirable de l'anc. fort. Evêché.

A 200^m de la *porta di S. Francesco*, magnifique *couvent* (il sagro convento) du 13e s. (1228-1230), couvent *di San Francesco* (St-François), auj. collège pour fils d'instituteurs: Entrée de l'église inférieure: 1 fr. Beau cloître. Vue magnifique. Anciennes stalles de l'église supérieure. Fresques du réfectoire.

On visite les 5 églises qui suivent:

1. Le *Dôme (il Duomo)*, ou cathédrale, du 12e s., restauré au 16e s. Belle façade; stalles élégantes. Au transept, peintures d'A. Doni. Crypte de 1028.

2. *S. Maria della Minerva* (Ste-Marie-de-la-Minerve), ou *della Misericordia*, anc. temple de Minerve. Beau portique.

3. S. *Chiara* (Ste-Claire), par la rue qui vient de la place du Dôme. Eglise gothique de 1253, restaurée depuis, dominée par le *jardin public* (Giardino pubblico), d'où l'on jouit d'une très belle vue. Crypte: tombeau de Ste Claire, qui fonda les Clarisses.

4. La *Chiesa Nuova (Eglise nouvelle)*, maison

paternelle de S. François. Salle où S. François fut enfermé par son père.

5. *La basilique S. Francesco*, qui comprend :

1° *Une crypte*, dans le roc, renfermant le corps de S. François, retrouvé en 1818. Bâtie au 13° s.

2° Au-dessus de la crypte, *l'église inférieure*, de 1228 à 1232, avec vestibule de 1487. Intérieur austère. — Nef centrale : porte d'entrée dessinée par Giotto. — Nef droite : 1re *chapelle*, *de Saint-Etienne* ou *de St-Ludovic* (Louis) : à la voûte, *prophètes* et *Sibylles*, d'Adone Doni (16° s.) ; — 3°, de *Ste-Madeleine* : fresques de la sainte, par un inconnu ; *résurrection du jeune Spini*, par Buffalmaco. — Transept de droite : fresques et peintures diverses ; *Madone*, de Cimabue ; *religieux*, de Giotto ; *Crucifiement*, de T. Gaddi. — *Chapelle du S.-Sacrement* ou *de S. Nicolas*, au fond du transept : fresques ; splendide autel en bois sculpté du 16° s., par Fiorenzo de Pérouse ; tombeau des Orsini. — Maître autel ; à la voûte au-dessus, la *Pauvreté*, la *Chasteté*, l'*Obéisance*, de Giotto ; — Transept de gauche : *traits de la vie de Jésus* et de *St François*, par Puccio Capanna ; la *Vierge et l'enfant Jésus*, fresque de Giotto ; *Crucifiement*, de P. Cavallini. — *Chapelle S.-Jean-Baptiste*, au fond du transept : *Vierge et des Saints*, du Spagna ; élégants vitraux. — Nef gauche : ambon du 14° s., au-dessous du *Couronnement de la Vierge* ; — dans la dernière chapelle de *S.-Martin* : *vie de S. Martin*, fresques. — Sacristie : belles boiseries ; *St François*, par Giunta Pisano (de Pise.

3°. *L'église supérieure*, non livrée au culte, ogivale. Beaux vitraux. Fresques.

De la Basilique, on se dirige par l'hôpital vers la *piazza Vittorio Emanuele*, qui renferme : une belle fontaine avec lions et l'église de la Minerve. De là, une rue conduit à la place du Dôme: *S. François*, statue (1882) par G. Dupré.

A droite, une rue mène à *Ste-Claire*.

Derrière Assise, *mont Subasio* : dans une anfractuosité, *sanctuaire delle Carceri*, où S. François venait prier.

CHAPITRE X.

D'Assisi (Assise) à Firenze (Florence). — Florence et ses environs.

I. Ligne d'Assise à Florence, 189 kil.
Train commode : 3 classes.

Assisi, départ . . . . midi 38
Terontola, { arrivée . . 3 h. 10 (bifurcation).
{ départ . . 3 h. 30.
Firenze, gare centr., arrivée 8 h. 5 du soir.

Assisi (Assise).
4 *Bastia*.
13 *Ponte S. Giovanni.* (Pont St-Jean.)
24 *Perugia* (Pérouse, B). à 1|2 h. de la ville, capitale de l'anc. Ombrie, sur une colline, au pied de laquelle coule le Tibre (Tevere). Belle pinacothèque. Le Pérugin est né près de Pérouse. La ville donne son nom au beau lac de *Pérouse,* anc. lac de *Trasimène,* aux environs de Pérouse.
34 *Ellera*.
45 *Magione*.
55 *Passignano*.
60 *Tuoro*.
67 *Terontola,* près de l'extrémité nord du lac de Trasimène. (Buffet).

De Terontola, on va à Rome par Chiusi et Orvieto : 194 kil.
73 *Cortona* (Cortone), à 1 h. de la ville, qui est très ancienne.
84 *Castiglione Fiorentino.*
90 *Frassineto.*
102 *Arezzo (Arretium)* sur une colline. Patrie de l'Arétin, de Pétrarque et de Vasari. (Buffet).

D'Arezzo, lignes de *Stia* (45 kil.) ; — *Fossato* 135 kil.), par *Borgo S. Sepolcro, Città di Castello, Gubbio* (célèbres *tables Eugubines*, trouvées en 1444, près de la ville : *Eugubium*, latin de *Gubbio*).
109 *Indicatore.*
118 *Ponticino.*
123 *Laterina.*
128 *Bucine.*
136 *Montevarchi.*
141 *San Giovanni Valdarno.*
149 *Figline Valdarno.*
154. *Incisa in Valdarno.*
161 *Rignano sull'Arno.* (sur l'Arno).
169 *Pontassieve*, près du confluent de l'Arno et de la Sieve (Buffet).
173 *Sieci.*
176 *Compiobbi.* A gauche, couvent de *Vallombreuse* : voir *environs.*
185 *Firenze. Porta alla Croce* (Porte de la Croix).
189 *Firenze, Sta Maria Novella, stazione centrale* (gare centrale. Buffet).

II. Florence *(Firenze)* et ses environs.

I. *Renseignements pratiques*. — La gare centrale, *place della Ferrovia* (du chemin de fer), est à côté de l'église *Sta Maria Novella*.

Omnibus de ville : 0 fr. 10 à 0 fr. 25 selon les distances. *Omnibus* des hôtels : 1 fr. et 1 fr. 50.

Tramways : 0 fr. 10 à 0 fr. 25. *Tramways* à vapeur pour les environs.

Voitures de place. Course : 1 fr. le jour ; 1 fr. 30 la nuit ; — pour la 1ʳᵉ 1\|2 heure, 1 fr. 20 le jour et 1 fr. 50 la nuit ; chaque 1\|2 heure suivante, 0 fr. 75 ou 1 fr. En dehors de l'enceinte de l'octroi *(fuori la cinta daziaria)* : 1ʳᵉ 1\|2 heure, 2 fr. ; chaque 1\|2 heure suivante 1 fr. Sauf pour les petits objets, on paye 0 fr. 50 par colis. Le service de nuit va d'une heure 1\|2 après le coucher du soleil au point du jour. Le prix est le même pour les voitures à un ou à deux chevaux.

Poste. Portique des offices (Uffizi).

Télégraphe. Via del *Proconsolo* (du Proconsul), 12.

Les appartements meublés coûtent l'hiver de 50 à 60 fr. par mois, et moins cher l'été. On en trouve dans les grandes rues et le long des quais. Service 5 fr.

Hôtels. Grand Hôtel de la Paix, place Manin et Lungarno Amerigo Vespucci : chambres à 3 fr., bougie et service compris ; — *Hôtel di Porta Rossa*, via Porta Rossa : 9 fr. par jour ; 7 à 9 fr. la pension ; 0 fr. 50 de bougie ; — *Hôtel Bonciani*, près de la gare, via dei Panzani, 23 : pension à 8 fr. par jour ; — *Hôtel pension Suisse*, via Tornabuoni, 13 ; — *Hôtel Helvetia*, via dei Leoni (rue des Lions), au centre, fréquenté par les Français : chambres depuis 2 fr., table d'hôte et restaurant ; — *Hôtel Cavour*, via del Proconsolo, 5 : 11 fr. 25 la pension ; — *Hôtel du Nord*, dans le palais Bartolini-Salimbeni, place Sta Trinità : cher.

Restaurants : *Doney* et *Neveux*, via Tornabuoni, 16 ; — *Gilli et Letta*, piazza della Signoria ; — *Capitani*, central, via Tornabuoni : dîner à 5 fr., vin compris ; — *Corsini*, via Porta Rossa : cuisine française et italienne, etc. — A la carte, on peut dîner de 2 fr. à 4 fr., vin compris. Le matin, on a un bifteck pour 0 fr. 75 et 1 fr.

Le *café-restaurant Doney* est très fréquenté (via Tornabuoni, 16).

Brasseries. Gilli et Letta, ci-dessus, piazza della Signoria ; — *Dreher*, Borgo Santi Apostoli, près de la place précédente.

Libraires. Paravia, via Tornabuoni, 19 ; — *Bocca*, via Cerretani ; — *cabinet Vieusseux*, de 1820, via Tornabuoni, 4, ouvert de 8 h. du matin à 10 h. du soir : écrits et journaux allemands, anglais, français, italiens. espagnols, russes, etc. ; 0 fr. 50 la séance et 1 fr. la journée.

II. — *La ville.* — Admirablement située dans une plaine fertile, au pied des versants des Apennins, sur les deux rives de l'Arno, ville des fleurs, des musées et des palais, Florence la Belle (Firenze la Bella) est divisée en deux parties inégales par l'Arno, dont les quais portent le nom de *Lungarni* (singulier *Lungarno, Lung'Arno*) Capitale de l'anc. Toscane, elle le devint du royaume d'Italie de 1864 à 1870. Population : 176.200 hab. Archevêché.

Six ponts font communiquer les deux parties de la ville : *pont suspendu*, en face de la *piazza Vittorio Emanuele*, qui touche la *promenade des Cascine* et le *jardin zoologique* ; — *ponte Alla Carraja*, agrandi en 1867 ; — *ponte a Sta-Trinità* de 1569, très remarquable, près de l'*église du mê-*

me nom ; — *ponte Vecchio* (vieux pont), rebâti en 1345, aux boutiques d'orfèvres : au-dessus, galerie entre le *palais Pitti* et les *Uffizi* ; — *ponte alle Grazie* (pont des Grâces), de 1237, restauré en 1874 ; — 2° pont suspendu, en face de la barriera San Niccolò.

III. — Le centre de la ville est la place de la *Signoria*. De la gare, pour s'y rendre, on peut adopter l'itinéraire suivant :

La gare centrale.

L'église Sta Maria Novella, piazza Sta Maria Novella (Ste-Marie Nouvelle). Commencée en 1279, finie en 1360, restaurée depuis. — A l'intérieur : *crucifix*, au-dessus du portail ; — à droite et à gauche du portail : le *Christ en croix*, la *Ste Vierge et S. Jean*, par Masaccio ; l'*Annonciation*. — Transept de droite : *chapelle Rucellai* : *Madone*, de Cimabue, que le peuple porta en triomphe ; — chapelle *F. Strozzi*, la 1re à droite du chœur : tombeau de F. Strozzi. — *Chœur* admirable : peintures de D. Ghirlandajo (15° s.). — 1re chapelle à gauche du chœur, des *Gondi* : *crucifix en bois*, de Brunelleschi. — Transept de gauche : chapelle *Strozzi de Mantoue* : le *Jugement dernier*, d'A. Orcagna ; le *Paradis*, du même ; l'*Enfer*, de B. Orcagna ; vitraux. — Sacristie : jolie fontaine. — Dans la 1re tribune à droite du chœur, Albert de la Ferronnays « prit des résolutions généreuses axquelles il resta fidèle, malgré sa jeunesse. » (*Récit d'une Sœur*, 1er vol. pages 138 et 222).

Attenant à l'église, *Chiostro Verde* (cloître vert), de 1220, qui tire son nom de peintures en camaïeu exécutées avec de la terre verte, des 14° — 15° s.

Au côté nord, *cappella dei Spagnuoli* (chapelle des Espagnols), peinte par T. Gaddi ; et Memmi : *S. Thomas d'Aquin dans la chaire*, de Gaddi, — la *Passion* ; — l'*Eglise militante* et l'*Eglise triomphante*, l'*empereur*, le *pape*, *Cimabue*, *Giotto*, *Pétrarque*, *Laure*, *Boccace*, *Vaisseau de S. Pierre*. Un *collège militaire* occupe le *grand cloître* (chiostro grande) : peintures.

La *pharmacie* de l'anc. *couvent*, qui appartenait aux *dominicains*, préparait des parfums célèbres et l'alkermès. Le Gouvernement l'a prise pour la louer à des entrepreneurs. La *Passion*, peinture de 1400. L'entrée est au n° 14 *della Scala* : au n° 19 de la rue, palais *Stiozzi Ridolfi* (anc. *Rucellai*).

De l'église, par la *piazza dell' Unità* et la Via *Sant' Antonino*, on irait au *Marché central* (Mercato centrale).

Sur la place Ste-Marie-Nouvelle : deux *obélisques* avec tortues ; — loggia di S. Paolo.

De Ste-Marie-Nouvelle, la via *delle Belle Donne* (des belles Dames) communique avec la via *Tornabuoni*, où se trouve le *palais Strozzi*, de 1489 : *galerie de tableaux* en 6 salles.

Du palais, par la *via Strozzi*, on gagne la piazza *del Mercato*, d'où la via *Calimara* permet de se diriger vers la piazza della Signoria.

IV. — *La piazza della Signoria* (place de la Seigneurie), anc. *forum*, a vu le supplice du fougueux Savonarole et de deux autres dominicains (23 mai 4918). Elle renferme :

1° le *palais Vieux* (Palazzo Vecchio), de 1298, auj. *municipe* ou *Hôtel de ville*, occupé (1865-1870) par le corps législatif : les Médicis en firent leur résidence. Façade austère. Cour bien décorée, avec arabesques restaurées en 1812 : fontaine, avec statue en bronze d'un enfant. Tour de 93 m. de haut : du sommet (escalier de 450 marches), vue magnifique. — *Salone dei Cinquecento* (salle des 500, du grand Conseil), de 1495, au 1er : longueur, 53 m; hauteur 19 m., largeur 22^m 42. Peintures de Vasari. *Travaux d'Hercule*, 6 groupes en marbre par Rossi de Fiesole; — *Clément VII couronnant Charles-Quint*, groupe en marque de Bandinelli. — *Salone dei Duecento* (salon, salle des 200), au 1er, auj. salle du conseil municipal : le syndic ou maire occupe l'appartement de Léon X. — Au 1er : chambres de Cosme le Vieux, de Cosme Ier, de Laurent le Magnifique, de Léon X, avec peintures; salon de Clément VII et chapelle de Léon X — Au 2e : *Salle dei Gigli* : porte de marbre, fresques; — salle d'*Udienza* (d'Audience); — chapelle des Priori (*prieurs*).

A droite de la porte du palais, *Hercule et Cacus*, groupe colossal par Bandinelli. Au coin nord, le *Marzocco*, lion de bronze.

2° la *fontaine de Neptune* (Nettuno), de 1575, par Ammanati.

3° la statue équestre de *Cosme Ier* (1594), par Jean de Bologne.

4° Le palais *Uguccioni*.

5° La *Loggia d'Orcagna*, ou de'*Lanzi*, ou corps de garde des *lanzichenecchi* (lansquenets) des Médicis, de 1355. A droite et à gauche de l'escalier, un lion. — *Persée*, de B. Cellini; — *Enlèvement des Sabines*, par Jean de Bologne; — Statues antiques; — *Judith et Holopherne*, par Donatello.

Entre le palazzo Vecchio et la Loggia de'Lanzi, *portique des Offices*, qui s'étend de la place della Signoria à l'Arno : 28 statues (1846-1856) le décorent (*Côme l'Ancien, Laurent le Magnifique, Orcagna, Giotto, Donatello, L. de Vinci, Michel-Ange, Dante, Galilée, Pétrarque, B. Cellini, A. Vespucci,* etc.). Un escalier de 126 marches conduit du portique à la *galerie des Offices*, au 2ᵉ étage du *palais des Offices* : statue *antique de Bacchus*.

V. Le *palais des Offices* (degli Uffizi, offizi), de 1560-1574, destiné primitivement à divers ordres de magistrats, comprend deux galeries parallèles de 148 m. de long et une galerie transversale (les Uffizi Corti), de 39 m. 47.

La Galerie des Offices, une des plus célèbres de l'Europe, remonte au gouvernement des Médicis. Nous ferons connaître les sujets les plus remarquables: entrée de 10 h. à 4 h., sauf les 15 jours de grandesfêtes ; 1 fr. la semaine ; gratuite le dimanche. Le prix de 1 fr. donne droit à la visite de la galerie Pitti. — *Vestibules*: statues antiques de *Mars, Silène* avec Bacchus; statues d'empereurs; bustes des *Médicis; sanglier; chiens-loups.* — 1ʳᵉ galerie : statues antiques, sarcophages, bustes des *empereurs*, de *Julie*, femme d'Agrippa, de *Julie*, fille de Titus. — *Tribune* ou salle octogone : *Vénus de Médicis*, de la villa Hadriana (à Tivoli); *Apollino* ou petit Apollon, statue antique d'une grâce parfaite; — l'*Arrotino* (Rémouleur), ou l'*Espion*, statue antique : esclave qui aiguise un couteau et qui lève la tête comme pour attendre des ordres; — les *lutteurs*, groupe antique; — Faune *dansant*, statue antique restaurée par Michel-Ange. Parmi les tableaux : S. *Jérôme*, de Ribera; *massacre des Innocents*, de Daniel de Volterra; la *Vierge*, *l'Enfant*, *SS. Jean, et François*, d'Andrea del Sarto; — *Vénus couchée*, du Titien; la *Fornarina*, de Raphaël; la *Vierge au chardonneret*, du même; portrait de *Jules II*, du même; *Ste Famille*, de Michel-Ange. — *Ecole toscane* : 1re salle : *Mariage de la Vierge*, de Frà Angelico; *mort de la Vierge*, du même; — 2e : *la Vierge et des saints*, de Frà Bartolomeo; *descente de Jésus aux limbes*, de Bronzino, chef-d'œuvre d'une belle couleur et d'un dessein précis. — Salle des *maîtres anciens*, fermée le dimanche : tableaux de Frà Angelico, de L. de Vinci, etc. — Salles *italienne, hollandaise, flamande, allemande, française*, formant une collection de 600 tableaux. — Cabinet des *gemmes* ou *pierres précieuses*, fermé le dimanche : table (mosaïque du 17e s.); 6 armoires d'objets en pierres dures et précieuses; 8 belles colonnes. — 2e *galerie*, la transversale : statues et bustes antiques; tableaux.

Troisième Galerie : statues et bustes antiques; tableaux de Bassan, du Titien, etc. — Deux *salles pour l'école vénitienne*. — Dans le *corridor*, portraits de peintres. — Salle de L. Monaco : *Adoration des Mages*, de Botticelli; *triptyque* de Frà Angelico; — 2 salles de portraits : environ 500 portraits des peintres, par eux-mêmes ; *vase des Médicis* dans la 1re. — Salle des *inscriptions grecques et latines*, de bustes grecs et latins, et de statues antiques : groupe de *Bacchus* et *Ampélos*; plusieurs *Vénus*. — Cabinet de l'*Hermaphrodite*, statues: *l'Hermaphrodite*; *Ganymède et l'aigle* ; *Junon*; *Hercule* étouffant un serpent; *Antinoüs*; *Torse*. — Cabinet des Camées, fermé le dimanche : 4.000 camées antiques; pierres gravées antiques du 15ᵉ s.; modèle en cire du *Pensieroso* (penseur); portrait des Médicis. — Salle *du Baroccio* : tables en mosaïque de Florence; la *Ste Vierge priant le Sauveur de bénir les riches charitables*, de Baroccio. — *Salle de Niobé* : groupe de Niobides, trouvé à Rome (1583) près de la Porte St-Paul et apporté (1775) de la villa Médicis à Florence : 14 admirables statues antiques; chefs-d'œuvre de l'art grec, représentant les fils et les filles de Niobé tués à coup de flèche par Apollon et Diane sous les yeux de leur mère, sublime dans sa douleur. — *Salle des bronzes antiques*, en deux cabinets : *tête de cheval*; — l'*Idolino* (Idole), statue trouvée (1530) à Pesaro; statuettes, armes, aigle romaine, etc. — *Galerie Ferroni*, de tableaux, donnée (1850) à la ville. — *Dessins originaux*, collection qui est terminée au 16ᶜ s.: 3 salles.

Les *archives* (120 salles), et la *bibliothèque nationale*, anc. *Magliabechiana* (300.000 vol., 14.000 manuscrits) se trouvent sous le portique des Offices.

Un corridor de 600 m. unit les Uffizi au fameux *palais Pitti*. Dans le corridor, fermé le dimanche : tableaux mythologiques; portraits et gravures. Il date de 1564.

VI. Le *palais Pitti*, au delà du *ponte Vecchio*, sur la gauche de l'Arno, fut bâti (1440) par Luca Pitti, commerçant de la ville. Vendu (1549) à Léonore, femme de Cosme Iᵉʳ, il devint la propriété des Médicis, qui l'embellirent; mais il ne fut terminé que dans ces derniers temps : il sert de résidence au roi quand il vient à Florence. Façade de 201 m. de long. Au fond de la cour, grotte avec 5 statues et 16 colonnes. La galerie de tableaux dite *Palatina* est très célèbre : on entre par la porte vers le *jardin Boboli*. Heures et prix comme aux Uffizi, avec les mêmes avantages.

La galerie Palatina, en 16 salles, contient plus de 500 tableaux, et les plafonds sont très riches. — *Salle de Vénus*, au fond : *Marines*, de S. Rosa; — peintures mythologiques; — *martyre de Ste Catherine*, de Bassan; — *mariage de Ste Catherine*, du Titien. — *Salle d'Apollon* : *Cène à Emmaüs*, de Palma le Vieux; — *Léon X et des cardinaux*, de Raphaël; — la *Madeleine*, du Pérugin; — *S. Pierre ressuscitant Tabitha*, du Guerchin; — *Ste Famille*, de Pordenone ; — *Ste Vierge*, de Murillo; — la *Vierge au lézard*, de Jules Romain; — *descente de Croix*, d'Andrea del Sarto; — *Madone*, du même et de Murillo; — la *Pietà*, chef-d'œuvre de Frà Bartolommeo; — la *Madeleine*, du Titien. — *Salle de Mars* : *Ste Famille*, d'Andrea del Sarto, de Palma le Vieux; — *Saint Pierre en pleurs*, de C. Dolci; — *S. François*, de Rubens; — *Ste Famille*, de Raphaël, dite *dell'Impannata*, à cause des carreaux couverts de papier de la fenêtre du fond; — *Annonciation*, d'Andrea del Sarto; — *Rébecca à la fontaine*, du Guide; — *Madeleine*, de Luini; — *Moïse*, du Guerchin; — la *Conception*, de L. Giordano. — *Salle de Jupiter* : *conjuration de Catilina*, de S. Rosa; — les *Parques*, chef-d'œuvre de Michel-Ange; — la *sibylle révélant à Auguste le mystère de l'Incarnation*, de Garofalo; — la *Vierge et des saints*, d'Andrea del Sarto ; —

S. Marc, de Frà Bartolomeo; — *Ste Famille*, de Crespi, de Rubens; — les *Maries au tombeau*, de P. Véronèse; — *combats*, de S. Rosa. — Salle *de Saturne* : la *Bambochade* (bambucciata), de Dosso-Dossi; — *Madonna della Seggiola* (Vierge à la chaise), chef-d'œuvre de Raphaël; — *Madonna del Baldacchino* (Vierge au Baldaquin), du même ; — *le Christ et les Évangélistes*, de Frà Bartolomeo; — *Madone*, de Van Dyck; — *descente de Croix*, chef-d'œuvre du Pérugin ; — *danse des Muses et d'Apollon*, chef-d'œuvre de Jules Romain; — *S. Pierre*, du Guerchin; — le *mystère de la Ste Trinité discuté*, d'Andrea del Sarto; — *Résurrection*, de l'Albane; — *vision d'Ezéchiel*, magnifique toile par Raphaël; — *Ste Famille*, de l'Albane; — *Madeleine*, du Dominiquin; — le *martyre de Ste Agathe*, chef-d'œuvre remarquable de Séb. del Piombo. — *Salle de l'Iliade* : *Assomption*, d'Andrea del Sarto; — *S. Georges*, de Pâris Bordone; — *Vierge dans la gloire*, de Frà Bartolommeo; — *Moïse*, de C. Dolci; — *Christ dans la gloire*, d'Ann. Carrache; — *Assomption*, d'Andrea del Sarto, de Lanfranc; — le *Christ*, du Titien; — *Suzanne*, du Guerchin; — *Ste Famille*, de Rubens; — *Madone et des saints*, de Rosso. — *Salle de l'éducation de Jupiter* : *descente de croix* du Tintoret; — *Résurrection*, du même; — la *Sibylle révélant l'Incarnation à Auguste*, de Pâris Bordone; — *Madone du grand duc*, admirable chef-d'œuvre de Raphaël. — *Salle du Poêle* (della Stufa). — *Salle du Bain* (del Bagno) : les *Néréides*, statues en marbre. — *Salle d'Ulysse* : *Jésus au jardin des Olives*, de C. Dolci; — *paysage*, de S. Rosa;— *tentation de S. Antoine*, du même; — *paysage* d'Aug. Carrache.

— *Salle de Prométhée* : *Madone*, de F. Lippi; — *Epiphanie*, du Pinturicchio ; — *Ste Famille*, de B. Peruzzi, de F. Lippi, de Botticelli, de Beccafumi, de Garofalo, etc.; — *Madone et des saints dominicains*, de Frà Angelico; — *Ecce homo*, du Sodoma, de Frà Bartolomeo; — *mort de Lucrèce*, de F. Lippi. — *Salle de Poccetti*, avec peintures de Poccetti. — *Corridor des colonnes* : 2 belles colonnes; mosaïques. — *Salle de la Justice* (della Giustizia) : *Jésus et les docteurs*, de Bembo; — cabinet en ébène, avec peintures des Breughel. — *Salle de Flore* : *Vénus*, de Canova; — *paysages*, du Poussin; — *vision de S. Jean à Pathmos*, de C. Dolci. — *Salle des enfants* : *forêt des philosophes*, paysage, chef-d'œuvre de S. Rosa.

Autres parties du *palais Pitti* (visite avec autorisation) : *Trésor*, dans la deuxième cour du rez-de-chaussée : argenterie royale. — 1er étage : salles des stucs, des *tapisseries* ou *Arazzi*, *de la prise de Bône*, *des Gardes*, *des Niches* (Nicchie).

VII. — Derrière le *palais Pitti*, jardin *Boboli*, dans lequel on entre par la *via Romana*. Devant une grotte, statues d'Apollon et de *Cérès*. Amphithéâtre à terrasses d'où l'on jouit d'un magnifique panorama : statue de *l'Abondance*, par Jean de Bologne. Allée magnifique conduisant au bassin : statue de *Neptune*, par Jean de Bologne. Le jardin *Boboli* est un lieu de promenade très fréquenté : ouvert de midi à 6 heures le jeudi et le dimanche.

Près du palais Pitti : 1° petit *jardin botanique* (orto botanico); — 2° la *Specola*, ou *musée d'histoire naturelle (observatoire*, traduction littérale), via *Romana*, 19 : collections minérales et animales;

tribune et statue de *Galilée* au 1ᵉʳ étage : on y conserve un de ses doigts, ses instruments de physique ; — 3° l'église *Santa Felicita* (Ste-Félicité), sur la *place* du même nom: tableaux divers ; — 4° près de celle-ci, *maison de Galilée*, dans la *via della Costa*, 15 ; — 5° à l'ouest de *la piazza Pitti*, église *San Felice* (St-Félix) : beau portail ; — 6° dans la *via Guicciardini*, menant au *ponte Vecchio*, maisons de *Guichardin* (Guicciardini), au n° 11, et de *Machiavelli* (Machiavel), au n° 16.

Du *palais Pitti*, on se rend dans la *via Maggio*, que l'on traverse pour aller à la *piazza Santo Spirito* du (St-Esprit). *Eglise du même nom*, bâtie (1433) par Brunelleschi, incendiée (1471), puis terminée en 1481 : beau *campanile*, de 1545 ; — 2° *chapelle* de droite : *Pietà* en marbre, copie de celle de Michel-Ange ; — 5ᵉ *chapelle* du transept de droite : la *Vierge*, l'*Enfant* et *des saints*, de F. Lippi. ; — 7° chapelle du transept de gauche : la *Vierge*, l'*Enfant* et *des saints*, de Ghirlandajo et du Pérugin ; — *chœur* : *Madone* et *des saints*. Dans les deux cloîtres de l'église, fresques.

De la *piazza di S. Spirito*, puis de la via *Sant'Agostino* (St-Augustin), on gagne, par une petite rue, la *piazza del Carmine* (des Carmes). — Eglise *des Carmes* (il Carmine), Santa Maria del Carmine, du 13ᵉ siècle, rebâtie au 18ᵉ siècle, après l'incendie de 1771. Chapelle des *Brancacci*, dans le transsept de droite, épargnée par l'incendie : vie de *S. Pierre*, admirables fresques par Masolino da Panicale, Masaccio et F. Lippi; — sacristie : vie de *Ste Cécile*, fresques découvertes en 1858.

On retourne à la piazza della *Signoria* : 1° après

avoir atteint l'Arno, par le quai *Guicciardini*, la via *S. Jacopo* (St-Jacques) et le *ponte Vecchio* ; — 2° par le *ponte alla Carraja*, le *quai Corsini* : maison d'Alfieri, au n° 2, près du *ponte Santa Trinità*, lequel est près de *l'église Santa Trinità*, sur la *piazza* du même nom, de 1250, et reconstruite au 16° siècle : vie de *St-François*, fresques (1485) de B. Ghirlandajo ; — et la *via Porta Rossa* ; — 3° par le *ponte alla Carraja*, les quais *Corsini* et *Acciajoli*, et le palais des Offices. — Près du pont Santa Trinità, dans la rue *Tornabuoni*, au n° 4, palais *Ferroni* (anc. *Spini*): *cabinet Vieusseux*, *club alpin* ; cercle philologique.

De l'église Santa Trinità, par la rue *Parione*, on trouve le *palais Corsini*, du 17° siècle : galerie de tableaux en 10 salles.

Sur la place *Santa Trinità* : 1° colonne de granit, des thermes d'Antonin (Rome) : statue de la *Justice* ; — 2° palais *Bartolini-Salimbeni* (aujourd'hui hôtel du Nord.)

VIII. — Au nord de la piazza della *Signoria*, en prenant la via *Calzaioli*, qui mène au *Dôme*, on voit à gauche l'église nommée *Or. San Michele*, de 1284, construite pour servir de halle aux grains (latin *horreum*, grenier à céréales), incendiée, rebâtie en 1337. Portique à arcades fermées. Statue à l'extérieur, par Jean de Bologne *(S. Luc)*, A. del Verrocchio *(Jésus et S. Thomas)*, Ghiberti *(S. Jean-Baptiste, Saint Etienne)*, Nanni di Banco (4 *Saints* dans une niche, *S. Philippe, S. Eloi, S. Jacques)*, Donatello *(S. Pierre, S. Georges, Saint Marc)*, M. Michelozzi ; *(S.-Matthieu)*, Baccio da

Montelupo (*S. Jean l'Evangéliste*). Intérieur : admirable tabernacle gothique en marbre blanc, d'A. Orcagna (14° siècle).

De la rue Calzaioli, la *via S. Martino* permet de visiter la maison du *Dante*, *piazza S. Martino*, 2.

De la place della Signoria, en prenant la place de *St-Florent* (San Firenze : palais *Gondi*), on arrive bientôt à l'*abbaye* (badia) de St-Benoît, dans la via del *Proconsolo* (du Proconsul), de 978, rebâtie en 1284 et 1625. Intérieur : beau plafond en bois ; — tombeau du comte Ugo (1466), par Mino de Fiesole ; — tombeaux divers ; — chapelle del Bianco : *Apparition de la Ste Vierge*, de F. Lippe. Campanile de 1330 inachevé.

Dans la rue del Proconsolo, *musée national* dans le palais du *Podestat* (del *Podestà*) ou du *Prétoire*, nommé le *Bargello*, de 1256, restauré depuis. Cour pittoresque avec armoiries et vasque. — Rez-de-chaussée : armes et armures anciennes ; sculptures et bas-reliefs ; *lion* (*Marzocco*), de Donatello. — 1er étage : Cloche du vestibule, du 13e s. — 1re salle : *David* et *Goliath*, de Donatello ; *Bacchus ivre*, de Michel-Ange, à 21 ans ; *Adonis* mourant, du même ; *la vertu triomphant du vice*, de Jean de Bologne ; — 2° salle : meubles, cristaux du 17e s. ; — salle du *duc d'Athènes* : émaux et faïences ; *mort du Christ*, en cire coloriée ; *déposition de croix*, en cire ; — 4° salle : anc. *chapelle* des condamnés à mort, avec fresques de Giotto (le *Paradis*) et de Ghirlandajo ; émaux, sculptures, stalles en bois, calices, croix ; *couronnement de la Vierge*, nielles de 1452 ; — 5° salle : ouvrages en ivoire, de Jean de Bologne (S. Sébastien) et d'Orcagna ; cristaux de roche ;

objets en ambre ; — salle des *bronzes* (la 6ᵉ) : *David*, chef-d'œuvre de Donatello ; fontaine, sujets mythologiques ; — 2ᵉ salle des bronzes : *Mercure*, chef-d'œuvre de Jean de Bologne ; *sacrifice d'Abraham*, bas-reliefs de Brunelleschi et de Ghiberti ; buste *colossal de Cosme Iᵉʳ*, de B. Cellini ; *David*, par Andrea del Verrocchio. — 2ᵉ étage, 1ʳᵉ salle : *portraits d'Italiens*, d'Andrea del Castagno ; *descente de croix*, fresque de Ghirlandajo ; — 2ᵉ salle : modèle de la statue de l'*Apennin*, de Jean de Bologne ; ouvrages en *terre cuite*, des della Robbia ; meubles du 16ᵉ s. ; — *salle de la Tour* (della Torre) : meubles (16ᵉ s.) et tapisseries (18ᵉ s.) ; — 4ᵉ salle : bustes ; *Ange faisant de la musique* ; *Madone*, de Mino de Fiesole ; — 5ᵉ salle : *Madones*, du même, d'A. Verrocchio ; bustes et statues, de Michel-Ange ; *Masque de Satyre*, du même à 15 ans ; *S. Jean-Baptiste* (1481) de Ben. da Majano ; — 6ᵉ s. : poinçons de monnaies ; *monnaies toscanes* de 1182 à 1859 ; sceaux ; tapisseries du 18ᵉ s.

Le musée national est ouvert aux heures (mêmes prix) du musée des Offices.

IX. Du Bargello, on suit la *via Ghibellina* (Gibeline), qui aboutit au *Viale Carlo Alberto* (boulevard Charles-Albert). Au milieu de cette rue, au nº 64, maison de *Michel-Ange Buonarroti* ou Galerie *Buonarroti*, léguée à la ville par le dernier descendant de Michel-Ange : esquisses, souvenirs de Michel-Ange dans *le petit musée*, d'où la via *Buonarroti* mène au *théâtre Alfieri*, au nord, dans la rue *Pietra Piana*.

De la rue Ghibellina, on se rend à la *piazza*

Santa Croce par la *via dei Pepi*. Au milieu de la place, statue du *Dante*, da Pazzi, inaugurée le 14 mai 1865, 6ᵉ centenaire de la naissance du grand poète. Sur la place : *palais dell'Antella*, église *Sta Croce* (Sainte-Croix), de 1294, véritable Panthéon florentin.

L'église Ste-Croix appartenait aux Franciscains. La longueur est de 116ᵐ 47 ; la largueur des 3 nefs est de 38ᵐ 45. Intérieur sombre et austère. Façade en marbres blanc et de couleur, terminée (1865) par Matas. Clocher de 1847. — Intérieur : à droite de la porte centrale, monument (1883) du poète G. B. Niccolini, par Fedi ; au-dessus de la porte, statue en bronze de *Donatello*. — Nef droite : cénotaphe de Manin ; — monument de Michel-Ange, par Vasari : buste de *Michel-Ange*, par B. Lorenzi ; la *Peinture*, statue du même ; la *Sculpture*, de Cioli ; l'*Architecture*, de Giov. dell'Opera ; — monument du Dante, par Ricci ; — monument d'Alfieri, par Canova, avec la statue colossale de l'*Italie pleurant son poète* : commandé par la Comtesse d'Albany ; — monument de Machiavel (1787) ; — monument de L. Bruni, par B. Rossellino, avec statue de la *Ste Vierge*, par Verrocchio ; médaillon de Lanzi ; tombeau de Rossini ; — *chaire* remarquable. — Transept de droite : chapelle des *Castellani* : tombeau de la comtesse Albany Stuart († 1824) ; fresques ; — chapelle des *Giugni* (anc. des *Baroncelli*) : belles fresques de T. Gaddi ; — *chapelle du Noviciat* (del Noviziato) ou *des Médicis* : bas-reliefs ; beau tabernacle ; *couronnement de la Vierge*, de Giotto ; — *chapelle Bonaparte* : monument de *Charlotte Bonaparte*, par Bartolini ; —

chapelle Peruzzi : *S. Jean-Baptiste, S. Jean l'Evangéliste*, fresques de Giotto ; — *chapelle Bardi* : portrait de *S. François d'Assise* ; *vie* du *même*, fresques de Giotto. — Transept de gauche : *Chapelle Niccolini* : *couronnement de la Vierge*, de Bronzino ; — *chapelle Bardi* : *crucifix*, de Donatello ; — tombeau de Cherubini. — Nef gauche : monuments de L.-B. Alberti, par Bartolini, et du graveur R. Morghen ; — tombeau de Marsuppini ; de Fossombroni, par Bartolini ; de Galilée, par Foggini ; — monument (1884) de Gino Capponi, par Bertone, à gauche de la porte centrale.

Dans le *cloître Sta-Croce* : statue du *Père Eternel*, par Bandinelli ; — chapelle *des Pazzi*, avec sculptures de Donatello ; — *Cène*, de Vasari.

A droite de la façade de l'église, anc. *réfectoire* : *Crucifiement*, arbre *généalogique de l'ordre franciscain*, *légende de S. François*, par des élèves de Giotto ; — la *Cène*, attribuée à Giotto.

Au sud de la place *Ste-Croix*, rue *Borgo Sta Croce* et *via dei Benci* : près de cette dernière, église *S. Remigio* (St-Remi).

De la place Ste-Croix, on retourne à la place de la Signoria par la rue *Borgo de' Greci* (des Grecs) ; — ou par la via *Ghibellina* ; — ou par l'église *San Simone* (St-Simon), près du théâtre *Pagliano* ou *Cherubini*, et la via *Vigna Vecchia* (vieille Vigne.)

X. — De la place Sta Croce, la *via de' Benci* conduit au *ponte alle Grazie*, qui est près du *palais Alberti*, et au delà duquel on trouve : 1° *place des Mozzi* ou des Mousses : *palais Torrigiani*, avec galerie de tableaux ; — 2° le quai *Serristori : monument* (1871) *Demidoff*, place Demidoff ; *palais Serristori*. Du quai on va à l'église *San Niccolò* (St-Nicolas), près de la porte *S. Miniato* et de la *porte San Niccolò*, dans la rue *Borgo San Niccolò*.

Voisine de la porte San Miniato et en dehors, *piazza Michelangiolo* (Michel-Ange), inaugurée le 14 septembre 1875, 4e centenaire de la naissance du grand artiste : vue splendide ; monument formé des copies, des statues de David et des tombeaux des Médicis. De la place, par l'église *S. Salvatore al Monte* (St-Sauveur-du-Mont), sur le *monte alle Croci* (mont des Croix), on gravit la colline qui sert de *cimetière*, et où se trouve l'église *de S. Miniato*, à 25 minutes du ponte Vecchio.

San Miniato al Monte (du Mont) ou *Porte Sante* (les Portes Saintes) est une belle basilique de 1013, à façade du 12e s. Intérieur à colonnes en marbre blanc ; 4 piliers en marbre gris vert ; pavé en mosaïque de 1207 ; — *chapelle S. Jacopo* (St-Jacques): magnifique tombeau du card. Jacques de Portugal, par Rossellino ; chœur : entre les escaliers, chapelle de marbre ; — abside : mosaïque de 1297 ; — Sacristie de 1387 ; — crypte : tombeaux modernes. — Clocher de 1518.

Aux alentours, viale ou *boulevard Michelangiolo*. Une magnifique promenade (5 kil.) relie la *barrière San Niccolò*, au nord-est de la place Michel-Ange, à la porta Romana, au sud-ouest du jardin Boboli : on l'appelle *viale* ou *boulevard dei Colli* (des Collines).

De la barrière S. Niccolò, après avoir traversé le pont suspendu, on se rend à la *gare centrale* par une ligne de boulevards (viali) : viale *Carlo Alberto* (Charles-Albert) ; — *porte alla Croce* (porte de la Croix), d'où le *borgo la Croce* conduit à la rue *Sant' Ambrogio* (St-Ambroise) : église *Sant'Ambrogio*, du 18ᵉ s., entre le *marché* (mercato) St-Ambroise et la riche *synagogue* (Sinagoga, près de la place *di Azeglio, via Farini*) ; — viale *Principe Eugenio* ; — *cimetière anglais* ; — viale *Principe Amedeo* ; — *piazza Cavour* : arc de triomphe de 1738 ; — *porta S. Gallo* ; — viale *Principessa Margherita* ; — viale *F. Strozzi*, autour du *Fort de Basso*. Du viale Pr. Margherita, on gagne la gare par la *via Sta Caterina*, la grande *piazza dell'Indipendenza* et la *via Nazionale* (Arena Nazionale, près de la *gare*).

XI. — De la place della Signoria, on peut aller à la *piazza del Duomo* par deux rues qui y aboutissent également : la *via Calzaioli* (VIII) ou la via del *Proconsolo* (VIII) : dans la dernière, au n° 12, le *Télégraphe*, peu éloigné du palais *Altoviti*, situé rue *Borgo degli Albizzi*, n° 18.

La *piazza del Duomo* est une des plus belles par les monuments qu'elle renferme. A l'angle de la piazza et de la via Calzaioli, *Loggetta del Bigallo*, de 1248 ; — à l'est, statues *d'Arnolfo di Lapo* et le *Brunelleschi*, par L. Pampaloni, au portail de la maison des chanoines ; — près de là, *Sasso di Dante* (pierre de Dante), pierre en marbre où Dante se reposait le soir. Sur la place, le *Dôme*, le *Baptistère*, le *Campanile*, l'église de la *Miséricorde*.

Le *Dôme* (il Duomo) ou *Ste-Marie-des-Fleurs* (Sta Maria del Fiore), cathédrale de Florence, occupe l'emplacement de l'anc. église de *Santa*

Reparata. Commencée par Arnolfo da Lapo, en 1296, elle fut terminée, sauf pour la façade, en 1484. La façade a été terminée en 1887 par Luigi del Moro, qui avait succédé à de Fabris († 1883) : le roi Humbert et la reine Marguerite ont honoré de leur présence l'inauguration de la façade (mai 1887). — Admirable coupole de Brunelleschi, peinte par Vasari et Zuccheri : diamètre de 46 m., circonférence de 141 m. On monte à la galerie supérieure par 463 marches, d'où 57 échelons raides permettent d'atteindre le sommet : vue magnifique (1 fr.). Elle a servi de modèle à la coupole de St-Pierre du Vatican. — Extérieur revêtu de mosaïques de marbres blancs et de couleur. — Intérieur sévère : longueur de l'église 153 m.; largeur de la nef, 40^m40 ; largeur du transept, 94^m ; hauteur, jusqu'à l'extrémité de la croix, 114^m84. — Nef droite : monuments de Brunelleschi, de Giotto; buste de *M. Ficino* ; *S. Mathieu*, de Donatello. — Nef gauche : près de la porte, monument avec statue de *Poggio Bracciolini*, par Donatello ; portrait du *Dante* (1465) sur le mur. — Transept de droite: statues des *SS. Philippe et Jacques le Mineur*, de Bandini ; — vieille sacristie : inscriptions de la porte, au-dessus de laquelle est une *Ascension* en terre cuite, par L. della Robbia. — Transept de gauche : méridienne de 1469, modifiée en 1735, due à Toscanelli. — Chœur : barrière en marbre, à bas-reliefs ; — derrière le maître autel, *Pietà* inachevée, en marbre, de Michel-Ange. — Sacristie : bas-reliefs de la porte. — Abside : statues de saints.

Le *Campanile*, à droite du Dôme, admirable clocher gothique italien, par Giotto (1334), a 89^m78 de haut. Il est orné de bas-reliefs, représentant le développement de l'humanité, de la création du monde à l'épanouissement des sciences en Grèce, et de 16 statues. On y monte par 414 marches (1 fr.): beau panorama.

Dans l'*Opera del Duomo*, derrière le Dôme, on voit: un tabernacle d'argent, de 1366-1477, avec bas-reliefs et statuette; — un diptyque grec du 11e s.; — une grande croix d'autel en argent doré.

Le *Baptistère* (Battistero), en face du Dôme, nommé *St-Jean-Baptiste* (S. Giovanni Battista), date du 6° s., et a été bâti sur les ruines d'un temple païen. Extérieur vêtu de marbre. Tours célèbres, portes à bas-reliefs et en bronze, par Andrea de Pise (la porte du sud) et Ghiberti: la plus belle, celle de l'est, devrait être au dire de Michel-Ange la porte du paradis. Tombeau du pape Jean XXIII. Mosaïques diverses. Coupole. Etait anc. la cathédrale.

Au sud du Campanile et place du Dôme, église *della Misericordia* (de la Miséricorde), à la confrérie du même nom.

De la place du Dôme, on se rend à la gare par les *vie di Cerretani, dei Banchi* et la place *Sta Maria Novella*.

XII. — De la *place du Dôme*, en s'engageant dans la via *dei Servi* (des Servites), qui mène à la piazza *dell'Annunziata*, on prend la via *Bufalini*, que suit la via *Sant'Egidio*, et l'on s'arrête à l'église *Santa Maria Nuova* (Ste-Marie-la-Neuve) ou *Sant'Egidio* (St-Egidius), sur la piazza *Sta Maria*

Nuova. Eglise anc., rebâtie en 1418 : façade et portique de 1547 ; belles peintures. Les objets d'art sont *au musée*, en face, au 29 de la via Bufalini. Le musée de *Sta Maria Nuova* a peu d'importance.

Sur la place et à côté de l'église Sta Maria Nuova, *hôpital* du même nom, fondé (1287) par Folco Portinari, père de la Béatrice du Dante : la *Cène*, de R. Ghirlandajo, dans l'anc. réfectoire (auj. salle d'examens).

La *via della Pergola*, de la via Sant'Egidio à la via *della Colonna*, renferme : au n° 12, le *théâtre della Pergola* ; — au n° 38, la maison de *B. Cellini*.

En suivant la *via Sant'Egidio*, on rencontre la *via di Pinti*, qui coupe la via Colonna et se termine au *Viale (Boulevard) Principe Amedeo* et au *cimitière anglais*. Dans la rue di Pinti, presque à égale distance de la *synagogue* et de la *piazza di Azeglio*, église *Sta Maria Maddalena de' Pazzi* (Ste Marie-Madeleine de Pazzi), bâtie par Brunelleschi, puis par San Gallo. *Cloître* de 1469. Dans la salle du *Chapitre*, le *Crucifiement*, chef d'œuvre du Pérugin. — Au 62 de la *via di Pinti*, palais *Panciatichi-Ximénès* : beaux tableaux.

Par la *rue della Colonna*, on gagne la piazza *dell'Annunziata*, en passant par le palais *della Crocetta* (de la petite Croix), rue della Colonna, 26. *Musée Archéologique* remarquable. Rez-de-chaussée: antiquités grecques et romaines. — 1er étage: *Musée égyptien*, en 6 salles : idoles, scarabées, papyrus, bas-reliefs, inscriptions, momies, vases, sarcophages, pièces d'orfèvrerie, statues ; deux vases de l'an 3200 av. J.-C.; statue de femme pétrissant le pain, de l'an 3500 av. J.-C. ; — char. *Musée étrusque*, en 9 salles : vases, ivoires, bronzes, vases-peints, verres, pierres précieuses, camées, urnes, sarcophages, collections léguées, casques ; *vase François*, amphore peinte ; statues de *Minerve*, de *l'Orateur* ; *Chimère*, trouvée près d'Arezzo. *Monnaies et médailles* (80.000) en deux salles. —2me étage: copies en plâtre de monuments anciens, vêtements de prêtres, tapisseries.

On visite le musée de 10 h. à 4 h. (1 fr.) le dimanche gratuitement.

XIII. — La place *dell'Annunziata*, à laquelle on parvient de la place du Dôme par *la via dei Servi* comme nous avons vu (XII), est ornée de portiques, de *fontaines*, de la *statue* équestre de *Ferdinand Ier*, par Jean de Bologne. — Sur la place, église *des Servites* (dei Servi) ou *Santissima Annunziata* (la très sainte Annonciade), de 1250. Vestibule (atrio) fermé par un vitrage et décoré de fresques magnifiques : *Assomption*, du Rosso ; — *Visitation*, de Jacopo da Pontormo ; — *Mariage de la Vierge*, de Franciabigio ; — *Naissance de la Vierge*, les *Mages*, chefs-d'œuvre d'Andrea del Sarto ; — actes *de la vie de S. Philippe*, du même. — Intérieur. Plafond doré. Transept de droite : autel à gauche : *Pietà*, en marbre, de B. Bandinelli ; — 5° chapelle (chœur), de la *Madonna del Soccorso* (du Secours), dessinée par Jean de Bologne et bâtie à ses frais : bas-reliefs, crucifix et tombeau de J. de Bologne, par lui-même; peintures de Poccetti à la Coupole ; — 7° chapelle : *la Vierge et* *des saints*, de Pérugin. — Transept de gauche : 1re chapelle, à gauche de l'entrée, de *l'Annunziata*: bas-reliefs ; derrière l'autel, image miraculeuse de la Ste Vierge (*Maria Santissima*), devant laquelle brûlent 40 lampes ; autel très beau ; — 5e chapelle : *Assomption*, du Pérugin ; — dans la chapelle des *Villani*, sépulture des Villani, historiens.

Le *cloître* de l'église des Servites renferme des tombeaux. Sur la porte, *madonna del Sacco* (du Sac), admirable fresque d'Andrea del Sarto.

Dans la rue *Gino Capponi*, qui va de la *piazza dell'Annunziata* au *boulevard* (viale) *Principe Amedeo*, on trouve : au n° 24, la *maison où mourut Andrea del Sarto*, en 1530 ; — au n° 28, le *palais Capponi* ; — enfin, le *musée national d'anthropologie*: collections ethnologiques et anthropologiques ; cabinets de physiologie, de chimie, de physique; objets des pays d'Orient ; *bibliothèque Dantesque*.

Sur la place *dell'Annunziata*, hôpital *degli Innocenti* (des Innocents) ou des *enfants trouvés* : portique; au dessous, fresques de Poccetti ; — dans la cour, *Annonciation*, en terre cuite ; — au maître autel, *adoration des Mages*, de Ghirlandajo.

XIV. — De la *même place*, la via *della Sapienza* (de la Sapience) mène à la *piazza San Marco* (St-Marc). Sur la place St-Marc, monument (1872) du général Fanti, église San Marco, *musée St-Marc, institut d'études supérieures.*

L'église *San Marco*, du 13e s., restaurée aux 15e et 16e s., a une façade de 1780. — Intérieur. Au-dessus de la grande porte, *magnifique crucifix*, par

Giotto. Côté droit : 2ᵉ chapelle : *St-Thomas*, tableau ; — 3ᵉ : la *Vierge et des Saints*, de Frà Bartolommeo della Porta. — Belle *chapelle du St-Sacrement*, à gauche du chœur : la *Manne, Jésus et les Apôtres*, *sacrifice d'Isaac*, tableaux. — Transept de gauche, avec fresques : chapelle *Sant'Antonino*, par Jean de Bologne. — Pierres tombales de Pic de la Mirandole et d'Ange Politien entre le 2ᵉ et le 3ᵉ autel de gauche.

L'anc. *couvent dominicain* de St-Marc est occupé par l'Académie *della Crusca* (du Crible), fondée en 1582, et par le *musée florentin de St-Marc* (museo fiorentino di San Marco).

Dans le musée de St-Marc, on visite : 1° le rez-de-chaussée. 1ᵉʳ *cloître* : fresques de Frà Angelico au-dessus des portes. *Salle du chapitre : le Christ, les larrons, des saints et des saintes*, grande fresque du même. *Grand réfectoire : repas des dominicains*, de Frà Bartolomeo. 2° *cloître* : pharmacie. *Petit réfectoire : Cène*, de D. Ghirlandajo. — 2ᵒ le premier étage. Dans le corridor et les cellules, fresques admirables de Frà Angelico : *vie de Jésus et de Marie, Annonciation, Couronnement de la Vierge*, etc. Portraits de *Savonarole* et de *S. Antonin*, par Frà Bartolomeo, dans leurs cellules. 31ᵉ cellule : manuscrits de S. Antonin ; — 33ᵉ cellule : *madonna della Stella* (*de l'Etoile*), *le couronnement de la Vierge*, de Frà Angelico ; — 39ᵉ cellule : *adoration des Mages*, du même. *Bibliothèque* précieuse : livres de chœur ; manuscrits des couvents supprimés.

En s'adressant au musée, on peut voir le *cloître du Carme déchaussé* (dello Scalzo), via *Cavour*,

69 : *S. Jean-Baptiste*, fresques d'Andrea del Sarto et de Franciabigio.

Les heures et le prix d'entrée sont, pour le musée de St-Marc : 10 h. à 4 h.; 1 fr. Le dimanche, entrée gratuite.

Dans l'*Institut d'études supérieures*, piazza S. Marco, collections de minéralogie, de géologie, de paléontologie, etc. *Musée indien.*

A une petite distance de St-Marc, par la rue *Lamarmora*, jardin *botanique*.

XV. — De St-Marc, on se rend à l'*Académie des Beaux-Arts* (Accademia delle belle Arti), via *Ricasoli*, 54. : la *via Ricasoli* met en relations la *piazza S. Marco* et la *piazza del Duomo* : au nº 8, près de la piazza del Duomo, *théâtre Niccolini*.

Dans l'Académie des Beaux-Arts, bas-reliefs du vestibule et de la cour. La *galleria antica e moderna* ou *galerie de tableaux* est importante. Nombreux tableaux religieux vus déjà dans les autres musées. 1ʳᵉ salle : *Vierge dans sa gloire*, de Frà Angelico. Tribune de Michel-Ange, au fond de la salle : copies des œuvres de l'artiste ; *David*, chef-d'œuvre de la sculpture, par Michel-Ange (à 28 ans). — 2º salle : la *Vierge, l'enfant Jésus, les Anges et les Prophètes*, de Cimabue ; — *Madone, vie de S. François, vie du Sauveur*, de Giotto ; — *descente de croix*, de Frà Angelico ; — *la Vierge, l'Enfant, Ste Anne, des Anges*, de Masaccio ; — *baptême de Jésus*, du Verrocchio ; — *Jésus au jardin des Olives*, du Pérugin ; — *Assomption*, chef-d'œuvre du même ; — *quatre saints*, chef-d'œuvre d'Andrea del Sarto ; — *Jésus sur un tombeau*, du même ; — la *Ste Vierge* et *St Bernard*, de Frà Bartolommeo ; — la *Ste Trinité*, de M. Albertinelli ; — les *Maries au tombeau et des Saints*, par sœur Pl. Nelli, artiste peintre ; — *Cène à Emmaüs*, de Pontorimo ; — les *Maries et des saints au tombeau*, d'Ang. Bronzino ; — *S. François recevant les Stigmates*, de L.-C. de Cingoli, etc. — 3° salle : *vie de Jésus*, en 35 parties, par Frà Angelico ; *jugement universel*, chef-d'œuvre du même ; — 4° salle : tableaux de Raphaël, d'Andrea del Sarto, etc. ; — 5° salle, *école florentine* du 15° s. : *Noces de Boccace Adimari* et de *Lisa Ricasoli* ; — *Tobie et l'ange*, de Botticelli ; le *Printemps*, du même.

Les tableaux modernes (6 salles) sont à droite, par un escalier du vestibule.

On visite la *galerie* tous les jours, de 10 à 4 h. : 1 fr. (le dimanche gratuitement).

Dans les bâtiments de l'Académie des Beaux-Arts, *manufacture de mosaïques*, avec une collection de mosaïques, visible aux conditions précédentes, sauf que le prix d'entrée en semaine est de 0 fr. 50. L'entrée est *via degli Alfani*, 82, rue qui coupe la via Ricasoli et la *via Cavour*.

XVI. — La *rue Cavour*, qui commence près de la *piazza del Duomo*, aboutit à la *piazza Cavour* (X). On y trouve : au n° 69, près de St-Marc, le *cloître dello Scalzo* (XIV) ; — la *bibliothèque Marucelliana*, au n° 45 : 100.000 volumes ; — au n° 1, le palais *Riccardi*, de Cosme l'Ancien, auj. la *Prefettura* (Préfecture) : beaux plafonds peints ; fresques dans la chapelle ; *bibliothèque*, de 50.000 vol. et de 4.000 manuscrits, nommée *Riccardiana*.

A la place Cavour aboutit encore la via *San Gallo* : au n° 74 de la rue, palais *Nencini* (Pandolfini).

Près du palais Riccardi, *église St-Laurent* (S. Lorenzo), à laquelle on vient de la piazza del Duomo par la rue *Borgo San-Lorenzo*, qui finit à la *piazza S. Lorenzo*.

Sur la *piazza S. Lorenzo* : *statue de Jean (Giovanni) de Médicis; église S. Lorenzo*.

La belle église St-Laurent, enrichie par les Médicis, a été restaurée en 1860. Intérieur à 3 nefs. Grande porte : ornements par Michel-Ange. Deux chaires : bas-reliefs en bronze par Donatello. Monument du peintre *Benvenuti*, par Thorwaldsen, dans la nef droite. Beau maître autel ; — caveau de Cosme de Médicis, devant le maître autel. — *Ancienne sacristie*, par Brunelleschi : portes en bronze, bas-reliefs en bronze, buste de *S. Laurent*, tombeau de Jean de Médicis, par Donatello ; — mausolée de Jean et Pierre de Médicis, par A. del Verrocchio ; — une *Nativité*. — Nef gauche : *martyre de S. Laurent*, du Bronzino.

Dans le *cloître de l'église St-Laurent, bibliothèque Laurentienne* (Laurenziana), aux 8.000 manuscrits précieux. *Bible de St-Grégoire le Grand, Virgile*, du 4° s.; *Canzoni de Pétrarque; satires de Juvénal*, etc. Fenêtres à vitraux peints.

Autrefois, l'église communiquait avec la *sacristie nouvelle*, chapelle magnifique commandée (1520) à Michel-Ange par le pape Léon X, de la famille des Médicis : entrée *piazza della Madonna degli Aldobrandini*, derrière S. Lorenzo. Elle renferme les tombeaux des Médicis par Michel-Ange, et n'est visible que de 10 h. à 4 h. (0 fr. 50 ; le dimanche gratuitement). Monuments de Laurent II et de Julien II de Médicis, ornés des célèbres statues de Michel-Ange : du *Pensieroso* (le *Penseur*, Laurent II), du *Crépuscule* et de l'*Aurore*, de *Julien II*, du *Jour* et de la *Nuit*. En face de l'autel du milieu, la *Vierge et l'Enfant*, groupe inachevé, par Michel-Ange. Les statues furent commandées par le pape Clément VII de Médicis († 1534).

A côté de la *nouvelle sacristie*, *chapelle des Princes* ou *des Médicis* (cappella dei Principi, cappella Medicea), de 1604, sépulture de la famille ducale des Médicis : marbres précieux ; fresques de Benvenuti ; — six sarcophages, contenant les restes de Côme Ier († 1574), François († 1587), Ferdinand Ier († 1609), Cosme II († 1621), Ferdinand II († 1670), Cosme III († 1723) : statues en bronze doré de *Cosme II*, par Jean de Bologne ; statue de *Ferdinand Ier*, par Tacca.

De la place Madonna degli Aldobrandini, la rue del *Giglio* ramène à la *place Santa-Maria Novella* et à la *gare*. Donnant sur la place Madonna, la rue *Faenza* permet de voir le *Cenacolo*, au n° 58, ouvert de 10 h. à 4 h. (0 fr. 25 ; dimanche gratuitement). La salle du *Cenacolo di Foligno* est l'anc. réfectoire du couvent des *religieuses de St-Onuphre* (Sant' Onofrio) : dessins et gravures de la Cène ; — la *Cène*, admirable fresque, attribuée à Raphaël, et découverte en 1845.

On regagne la piazza della Signoria par le *Borgo San-Lorenzo*, la *piazza del Duomo* et la via *Calzaioli*.

XVII. — Deux chemins conduisent à la *promenade des Cascine* de la *piazza della Signoria* : 1° les quais *Acciajoli, Corsini, Nuovo,* la *piazza Vittorio Emanuele.* — 2° La via *porta Rossa*; la piazza *Sta-Trinità* (VII) ; la *via Parione* (pal. Corsini, VII), qui rencontre la via *della vigna Nuova* (palais *Rucellai,* au n° 20) ; — la via *Borgo Ognissanti,* coupée par la place Manin. Sur la *place Manin* : statue de *Manin,* et *église Ognissanti* (de tous les Saints), restaurée en 1627 : façade de 1872 ; *S. Augustin,* fresque de Botticelli ; *S. Jérôme,* fresque de D. Ghirlandajo ; tombeau d'Amérique Vespuce, dans la chapelle à côté de la porte de la sacristie. *Cloître* (rue Borgo Ognissanti), et anc. réfectoire : la *Cène,* fresque de Ghirlandajo. — On prend ensuite la *via del Prato,* menant à la porte *al Prato,* le *boulevard (Viale) Vittorio Emanuele,* et la *piazza* du même nom.

Les *Cascine* (Laiteries), véritable bois de Boulogne florentin, sont le rendez-vous du monde élégant : parc magnifique ; — monument d'un prince indien mort (1870) à Florence. Au nord, *Jardin Zoologique.* Devant la promenade, places *Vittorio Emanuele* et degli Zuavi (Zouaves).

XVIII. *Environs,* en dehors de l'excursion du § X.

Par la *porta Romana,* au sud du jardin Boboli : 1° On prend le 2° chemin à gauche des murs et l'on arrive en 1|4 d'heure à *S. Francesco di Paola* (St-François-de-Paule) : tombeau avec bas-reliefs de l'évêque Federighi. A côté de l'église, de la villa *Albizzi (l'Ombrellino),* le *Sguardo* ou point de vue, sur la colline nommée *Bellosguardo* (beau point de vue). — De là, on descend au *monte Oliveto*, anc. *couvent*, auj. maison de convalescence pour l'armée : dans l'église, de 1472, restaurée en 1725, fresques de Poccetti. Du jardin, beau panorama. On rentre à Florence par la porte *S. Frediano*, à 1|4 d'heure du couvent. De cette porte, on se rend au *ponte Vecchio* par les rues *S. Frediano* (St-Frédien), *Santo Spirito* (St-Esprit) et *S. Jacopo* (St-Jacques).

2° On prend la 2° avenue à gauche pour voir l'anc. villa des Médicis nommée *Poggio Imperiale*, auj. maison d'éducation de jeunes filles. Au-dessus, *observatoire* (1872) de la colline d'*Arcetri*. — A 10 minutes au nord de la colline, observatoire de Galilée, nommé *Torre del Gallo*. Voir aussi la villa *Galletti* où *Gioiello*, où vécut Galilée : petit *musée*.

3° *Chartreuse d'Ema* : omnibus de la porta Romana : 0 fr. 50. On prend en face de la porte la

Au sud de la Chartreuse, à 10 kil. de Florence, pèlerinage de l'*Impruneta*.

XIX. — *Prato*. Chemin de fer de Florence, 18 kil:
3 k. *Rifredi* : villa *Careggi*, à gauche, avec beau jardin.

5 k. *Castello*. A droite : 1° *villa della Petraja* : beaux jardins et fontaine ; 2° la *Doccia*, fabrique de porcelaines et de faïences fondés en 1735.

8. *Sesto Fiorentino*.

18. *Prato* : 2 fr. ; 1 fr. 45 ; 0 fr. 90. Le tramway à vapeur de la *piazza Sta Maria Novella* coûte 1 fr. 35 ; 1 fr. 10 ; 0 fr. 80.

Petite ville de 13.400 hab., sur le Bisenzio, Prato est renommée pour ses ouvrages en paille tressée. On y remarque le *palais communal*, avec galerie de tableaux; le *château* et les églises suivantes:

Dôme (Duomo) ou cathédrale, du 12⁰ au 14⁰ s. Façade: chaire en marbre, avec bas-reliefs de Donatello. Intérieur: jolie chaire; peintures du chœur; — chapelle de la *Sainte Ceinture* (*Sacra Cintola*); grille en bronze; la Vierge, statue; fresques. Le Campanile date de 1340.

Eglise de la *Madonna delle Carceri*, au sud du Dôme, du 15⁰ s.

San Domenico (Dominique), des 13⁰ et 14⁰ s.; cloître avec fresques.

San Francesco (St-François), près du palais communal: belle chapelle Migliorati.

Prato est visitée par le pèlerin à cause du tombeau de *Ste Catherine Ricci* († 1590).

XX. — *Vallombreuse et les Camaldules.* — 1⁰ On se rend à Vallombreuse par le chemin de fer d'Assise à Florence. On descend à la gare de Pontassieve (21 kil. de Florence, chapitre X, I). De Pontassieve à Vallombreuse: 17 kil. au plus: en été, voitures postales à 6 fr., aller et retour dans la journée. Voitures pour deux personnes: 15 fr. à 1 cheval, et 25 fr. à 2, aller et retour. Bagages en plus. A Pontassieve: hôtels *della Stazione, del Vapore*.

On franchit la Sieve, et l'on parvient, par Paterno et Tosi, à la forêt qui renferme le monastère de *Vallombrosa*, à 957^m d'altitude, fondé en 1060 par S. Jean Gualbert, au sommet des Apennins:

église du 17ᵉ s.; couvent rebâti en 1637, auj. école forestière et observatoire. A 1/4 d'heure, sur un rocher à 1.027ᵐ, *ermitage des Cellules* (romitorio delle Celle), habité par S. Jean Gualbert, et nommé *il Paradisino* (le petit Paradis), auj. hôtel: vue magnifique. De là, ascension du *Pratomagno* (1.580ᵐ) : 3 heures.

2° De *Pontassieve*, on va à *Stia*, 31 kil. : voitures à 1 cheval, 12 fr. pour une personne; 6 fr. pour toute personne en plus; à 2 chevaux, 24 fr., pour 4 personnes. Bagages en plus. Le plus commode est le chemin de fer de *Florence* à *Arezzo* (88 k.) et d'Arezzo à Stia (45 k.).

De Stia à *Camaldoli* (les Camaldules), 13 kil., par *Ama* et *Vellano*: 15 à 20 fr. Le couvent des Camaldules, fondé (1012) par S. Romuald, à 823ᵐ d'altitude, est occupé par quelques religieux, qui fabriquent des produits estimés, par un sous-inspecteur des forêts, et par un hôtel. Eglise du 18ᵉ s. (1772) remplaçant la 1ʳᵉ. A 1/2 heure plus haut, *Certosa* (Chartreuse) *Sacr'Eremo*, au milieu des forêts.

De Camaldoli à Verna, 7 heures de marche par *Poppi* et *Ribbiena*, ou par les sommets, ou par la *Badia* à *Prataglia* (forêts). Belles vues. La *Verna* (Alvernia) est un couvent fondé en 1215, à 1.111ᵐ, au bord de rochers à pic, renfermant les grottes habitées par S. François d'Assise. Eglise de 1264 avec bas-reliefs; observatoire. A 1 heure, par des forêts de sapins et de hêtres, la *Penna*, à 1.269ᵐ : panorama splendide.

XXI. *Fiesole*, à 6 kil. de Florence. Tramway à vapeur de la *piazza delle Cure* (nord-est de la ville): 0 fr. 30 pour *S. Domenico*, d'où l'omnibus conduit à Fiesole (0 fr. 40). De S. Domenico, un piéton met 20 minutes. On longe le torrent du *Mugnone*, puis on monte au couvent de *S. Domenico* (St-Dominique), de 1406, qu'habita Frà Angelico. Au delà, deux routes: la *via della Badia*, à gauche, menant à la *Badia* (abbaye), couvent rebâti en 1462 par Brunelleschi; — la *via Nuova Fiesolana* (rue Neuve de Fiesole), que suit l'omnibus: à droite, *villa Fiaschi* (anc. couvent de la *Doccia*), avec beau portique.

Petite ville à 335^m d'altitude, Fiesole est une ville très ancienne appelée *Faesulae* (Fésules) par les Romains. On y trouve les ruines de ses murs étrusques, et de l'amphithéâtre. Vue magnifique de l'observatoire du séminaire. Plusieurs belles églises: le *Dôme* ou *cathédrale*, de 1028; mausolée de l'évêque Salutati, chef-d'œuvre de Mino de Fiesole, dans la chapelle à droite du chœur; — *basilique St-Alexandre* (Sant'Alessandro): colonnes antiques; — *Sta Maria Primerana*, du 10° s.

Un petit musée est installé dans le palais Pretorio, du 13° s.

Splendide panorama des hauteurs voisines et de l'*église San Francesco* (St-François).

A peu de distance de la ville, pèlerinage à *Notre-Dame-du-Roc*, église bâtie en 1490 à l'endroit où se trouvait une image miraculeuse de la Ste Vierge.

XXII. — *Résumé des églises, des monuments*, etc., *décrits.*

Abbayes. Voir *Couvents.*
Académies (Accademie):
  delle belle Arti. XV
  della Crusca . XIV
Antiquités. Voir *musées.*
Arazzi (les) . . . VI
Arc de triomphe (arco trionfale). . . . X
Archives. (Archivii). V
Arène (Arena). . . X
Badia XXI
  à Prataglia . . XX
Badia. Voir *églises.*
Baptistère (Battistero) XI
Bargello (il). Voir *Palais.*
Barrière S. Niccolò. II. X
Bellosguardo . XVIII
Bibliothèques (biblioteche librerie):
  Laurenziana . XVI
  Magliabechiana . V
  S. Marco . . . XIV
  Marucelliana . XVI
  Du musée d'anthropologie XIII
  Nazionale . . V
  Riccardiana . . XVI
Boulevards (Viali):
  Carlo Alberto IX. X
  dei Colli . . . X
  Michelangiolo . . X
  PrincipeAmedeo . X.
   . . . XII. XIII
  — Eugenio . X
  Principessa Margherita
    . . . X
  F. Strozzi . . . X
  Vittorio Emanuele.
    XVII
Brasseries (birrarie). I
Caffé (caffè) Doney. I
Camaldoli . . . XX
Campanile XI
Cascine (les) . II. XVII
Cenacolo di Foligno XVI
Chapelles. Voir *églises.*
Chartreuse (Certosa). V. Ema.
Cimetières (Campi Santi) Cimiteri:
  Anglais (inglese).
    . . XXIII
  S. Miniato . . X
Cloîtres (chiostri):
  dell'Annunziata XIII
  S. Croce . . . IX
  S. Lorenzo . XVI
  S. Maria Maddalena
    XII
  — Novella. III

Ognissanti . . XVII
dello Scalzo XIV.XVI
dei Servi . . XIII
S. Spirito . . VII
Verde III
Collège militaire . . III
Colonne (colonna) . VII
Couvents (conventi) :
  dominicains de S. Marco XIV
  de S. Maria Novella III
  franciscains de S. Croce IX
  Ognissanti . XVII
  de S. Onofrio . XVI
  dei Servi . . XIII
  Voir *environs*.
Doccia :
  couvent . . . XXI
  porcelaines (fabrique de) . . XIX
Domenico (San) . XXI
Eglises, chapelles (chiese, cappelle :
  Sant'Ambrogio . X
  Santissima Annunziata XIII
  Badia . . . VIII
  il Carmine . . VII
  S. Croce . . . IX
  il Duomo. VIII, XI
  Opera del Duomo XI
  Sant'Egidio . . XII
  San Felice . . VII
  Santa Felicita . VII
  S. Francesco di Paola . . . XVIII
  S. Giovanni Battista. Le Baptistère.
  S. Lorenzo . . XVI
  S. Marco . . . XIV
  S. Maria del Carmine . . . VII
  — del Fiore . XI
  — Maddalena dei Pazzi XII
  — Novella . . III
  — Nuova . . XII
  Medicea (capella) XVI
  Or. San Michele VII
  S. Miniato al Monte X
  della Misericordia. XI
  S. Niccolò . . . X
  Ognissanti . . XVII
  Pazzi (cappella dei) IX
  Porte Sante . . X
  Principi (cappella dei) . . . XVI
  S. Remigio . . IX
  S. Reparata . . XI
  S. Salvatore al Monte X
  dei Servi . . XIII
  S. Simone . . . IX
  Spagnuoli (cappella de') III

S. Spirito. . . VII
S. Trinità. II. VII
Ema . . . XVIII
Environs. XVIII et s.
Eremo. (Sacr') . XX
Ermitage. (romitorio)
   delle Celle . . XX
Fiesole XXI
Fontaines (fontane):
   piazza dell'Annunziata. . . . XII
   di Nettuno . IV
Fort de Basso. . . X
Forum (le) . . . IV
Galeries (gallerie):
   entre le palais Pitti et les Uffizi. II. V
   Buonarotti . . IX
Galleries de tableaux (Gallerie di quadri):
   delle Belle Arti . XV
   Corsini . . . VII
   Palatini (Pitti) II, V. VI.
   Strozzi . . . III
   Torrigiani . . X
   Uffizi. . . II IV. V
Galluzzo. . . XVIII
Gare centrale. I III. X V XI
Hôpitaux. (Ospedali):
   degli Innocenti. XIII
   di S. Maria Nuova XII

Hôtels (alberghi) . I
Hôtel de ville. Voir Municipe.
Impruneta (l'). XVIII
Instit. d'études supérieures. . . . XIV·
Jardins, (Giardini Orti):
   Boboli VI, VII, XVIII
   Bonatico près de S. Marco. . . . XIV
   du palais Pitti. . VII
   Cascine. V. ce mot.
   Zoologico . II. XVII
Libraires (librai) . . I
Loggetta di Bipallo. XI
Loggia de' Lanzi d'Orcagna . . . VI
   di San Paolo. . III
Maisons (case) de:
   Alfieri VII
   Andrea del Sarto XIII
   B. Cellini . . XII
   Dante. . . . VIII
   Galilée. . . . VII
   Guichardin . VII
   Machiavel . . VII
   Michel-Ange . . IX
Marchés (Mercati):
   S. Ambrogio . . X
   Centrale. . . III
Mazzocco (le). IV. VIII
Monts (monti):
   Arcetri. . XVIII

Bellosguardo. XVIII
Alle Croci... . . X
Oliveto . . XVIII
Monuments V. *Statues*
Mosaïques (fab. de) XV
Municipe (municipio) IV
Musées (musei) :
  Anthropologique XIII
  Archéologique. XII
  Bargello. . . VII
  Buonarroti. . . IX
  Egyptien . . . XII
  Etrusque . . . XII
  Indien . . . XIV
  S. Marco. . . XIV
  S. Maria Nuova. XII
Monnaies. Voir *Bargello, musée archéol.*
  (histoire) naturelle VII
  Nazionale . . VIII
  Voir *galeries de tableaux*
Obélisques. . . III
Observatoires (Specole)
  XVIII
Offices (les) V. Uffizi (pal)
Ombrellino . XVIII
Palais (palazzi) :
  Alberti X
  Altoviti. . . XI
  dell'Antella . . IX
  Bargello . . VIII
  Bartoloni-Sal . VIII
  Capponi. . . XIII

Corsini. VII. XVII
della Crocetta . XII
Ferroni . . . VII
Gondi . . . VIII
Nencini . . . XVI
Panciatichi - Ximénès.
  XII
Pandolfini . . XVI
Pitti. . . II. V. VI
Podestà (del) Pretorio
  VIII
Riccardi (Prefettura)
 XVI
Rucellai (Vigna Nuova) XVII
  —(Stiozzi). . III
Serristori . . . X
Spini VII
Stiozzi-Ridolfi . III
Strozzi . . . III
Torrigiani . . . X
Uffizi. II. IV. V. VIII
Uguccioni . . . IV
Vecchio . . . IV
Paradisino (il) . XX
Penna. XX
Pharmacie (farmacia) de
  S. Maria Novella. III
Pierre (Sasso) du Dante X
Places (piazze) :
  dell'Annunziata. XII
  . . . . à XIV

di Azeglio . X. XII
del Carmine. . VII
Cavour. . . X. XVI
S. Croce . . . IX
Delle Cure . XXI
Demidoff. . . . X
del Duomo XI. XII.
  XIII XV XVI
S. Felicità . . VII
S. Firenze . . VIII
dell'Indipendenza. X
S. Lorenzo . . XVI
Madonna degli Ald.
 XVI
Manin . . . XVII
S. Marco. XIV. XV
S. Maria Novella. III
 . . .XI. XVI. XIX
— Nuova. . . XII
S. Martino . . VIII
del Mercato . . III
Michelangiolo . . X
dei Mozzi . . . X
Pitti. . . . VII
della Signoria. . III
IV. VII. VIII. IX. XI
 . XVI. XVII
S. Spirito . . VII
S. Trinità. VII. XVII
dell'Unità. . . III
Vittorio Em. II. XVII
degli Zuavi . XVII
Poggio Imperiale. XVIII

Pontassieve . . . XX
Ponts (ponti) :
 alla Carraja. II. VII
 alle Grazie. . II. X
 suspendu (bar. S. Niccolò . . . . II. X
 p. Vittor. Em. II
 S. Trinità. . II. VII
 Vecchio. II. VI. X.
 . . XVIII
Portes (porte) :
 alla Croce . . . X
 S. Frediano . XVIII
 S. Gallo. . . . X
 S. Miniato . . . X
 S. Niccolò . . . X
 al Prato . . XVII
 Romana . X. XVIII
Portique des Offices IV. V
Postes, télégraphes (poste
 telegrafi.) . . I, XI
Prato. XIX
Pratomagno . . . XX
Prefecture (prefettura).
 XVI
Promenades (passeggiate)
 les Boulevards,
 les Cascine,
 les jardins,
 les quais,
 les environs.
Quais (lungarni) :
 Acciajoli. VII, XVII

Corsini .	VII, XVII	Faenza . . .	XVI
Guicciardini. .	VII	Farini	X
Nuovo . . .	XVII	S. Frediano .	XVIII
Serristori . . .	X	S. Gallo . . .	XVI
Restaurants (trattorie.		Ghibellina . . .	IX
ristoranti) . .	I	del Giglio . .	XVI
Roc (N.D.-du) .	XXI	Gino Capponi.	XIII
Rues. (vie, strade):		Guicciardini . .	VII
Sant'Agostino .	VII	S. Jacopo. VII. XVIII	
degli Abizzi . .	XI	Lamarmora . .	XIV
— Alfani . .	XV	S. Lorenzo. V. Borgo	
Sant'Ambrogio .	X	Maggio . .	VII
Sant'Antonino .	III	S. Martino . .	VIII
dei Banchi. . .	XI	Nazionale . .	X
dei Benci . . .	X	S. Niccolò V. Borgo	
borgo la Croce .	X	Parione.	VII, XVII
—Sta Croce . .	IX	dei Pepi . . .	IX
—de'Greci . .	IX	della Pergola .	XII
Borgo S. Lorenzo.	XVI	Pietra Piana .	IX
— S. Niccolo .	X	di Pinti . . .	XII
— Ognissanti	XVII	PortaRossa VII. XVII	
Bufalini . . .	XII	del Prato . .	XVII
Buonarroti . .	IX	del Procons. VIII. XI	
Calimara . . .	III	Ricasoli . . .	XV
Calzaioli VIII. XI.		Romana . . .	VII
. . . .	XVI.	della Sapienza.	XIV
S. Catarina . .	X	della Scala . .	III
Cavour. XIV à XVI		dei Servi. XII. XIII	
dei Cerretani .	XI	S. Spirito . .	XVIII
della Colonna	XII	Strozzi	III
— Costa . .	VII	Tornabuoni. III. VII	
delle belle Donne.	III	Vigna Nuova.	XVII
Sant'Egidio . .	XII	— Vecchia. .	IX

Sacristies (sacristie) XII
  di S. Lorenzo . XVI
Sguardo . . . XVIII
Statues, monuments
  (statue, monumenti) :
  Brunelleschi . . XI
  Cosme Ier . . . IV
  Dante IX
  Demidoff . . . X
  Fanti XII
  Ferdinand Ier XIII
  A. di Lapo . . XI
  Manin . . . XVII
  Jean de Médicis. XVI
  Michel-Ange . . X
  du Portique des Offices X
  d'un prince indien XVII
  V. *églises, musées, jardins, tomb. des Médicis.*
Stia XX
Synagogue (sinagoga) X.
Télégraphes. V. *postes.*
Théâtres (teatri) :
  Alfieri IX
  Cherubini . . . IX
  Niccolini . . . XV
  Pagliano . . . IX
  della Pergola . XII
Tombeaux des Médicis XVI
Torre del Gallo. XVIII
Trésor (tesoro). Voir palais Pitti . . (VI)
Uffizi. Voir *palais.*
Vallombrosa . . . XX
Verna XX
Villas :
  Abizzi . . . XVIII
  Careggi . . . XIX
  Fiaschi . . . XXI
  Galletti . . XVIII
  Gioiello . . XVIII
  Ombrellino . XVIII
  della Petraja . XIX
Voitures (vetture), etc. I

CHAPITRE XI.

De Firenze (Florence) à Pisa (Pise) et Livorno (Livourne), et retour à Pise. — Livourne, Pise et ses environs, Lucques, etc.

I. Ligne de Florence à Pise et Livourne : 97 kil. Trains commodes, 3 classes :

Firenze, départ à 7.12 matin — 8 55 matin
Pisa, arrivée à 8. 45 — 11. 10 —
— départ à 8. 55 — 11. 22 —
Livorno, arrivée à 9. 16 — 11. 47 —
— dép. à 10. 55 — 1. 50 — 4. 10 soir 7. soir
Pisa, arr. à 11. 22 — 2. 20 — 4. 31 — 7. 25 —

Firenze. Stazione centrale (Florence. Station centrale), *Sta Maria Novella*. (Buffet).
On passe le Bisenzio.
10 *San Donnino* (St-Domnin).
14 *Signa*.
Pont sur l'Arno.
26 *Montelupo*.
Château à droite.
On passe la Pesa.
32 *Empoli* (B), au milieu d'une plaine arrosée par l'Arno.
Ligne de *Siena* (Sienne) et de *Rome*.
41 *San Miniato al Tedesco*.

47 *San Romano* (St-Romain) (B).
55 *La Rotta*, non loin de l'Arno.
59 *Pontedera* (B).
Tramway à vapeur pour Pise.
66 *Cascina*. ⎱ Voir environs de
71 *Navacchio*. ⎰ Pise (7°)
79 *Pisa. Stazione centrale* (Pise. Station centrale) (B).
88 *Tombolo*.
97 *Livorno* (Livourne). (Buffet).

II. *Livorno* (Livourne).

Ville sillonnée de canaux, Livourne (77.800 hab.) est une des ports importants de la Méditerranée, qui doit sa prospérité aux Médicis. Bateaux à vapeur pour toutes les directions. Evêché.

Le port comprend : le *vieux Port* (porto Vecchio) ou *port intérieur*, défendu par une jetée qui communique par un canal avec la *Darse* (Darsena), bassin intérieur ; — le *nouveau Port* (porto Nuovo) ou *port extérieur*, de 1852 à 1863, avec *môle* (molo). Du *phare*, élevé sur le môle, très belle vue.

Le *Corso Vittorio Emanuele*, bordé d'élégants magasins, va du port à la porte de Pise, à la place *Carlo Alberto* : sur la place, statues de *Ferdinand III* et de *Léopold II*, derniers grands-ducs de Toscane.

Près de la Darse, *piazza del Cantiere* (du Chantier) : statue en marbre de *Ferdinand Ier*, grand-duc de Toscane, avec quatre esclaves en bronze.

Sur la grande *piazza d'Armi* : 1° le *palais Communal* ; — 2° le *château* ; — 3° le *Dôme* (il Duomo) ou cathédrale, avec plusieurs tableaux. Près de là, très belle *synagogue* (1603).

Sur la piazza *Cavour*, statue de Cavour (1871).

Au sud et en dehors de la ville, boulevard *de Porta al Mare* (Porte de la Mer) et *jardin des Bains* (giardino dei Bagni). On longe la mer, et on voit les deux établissements de bains de mer *Pancardi* et *Palmieri*, puis (à 3 kil.) les *Casinos* (Casini) *dell'Ardenza* : villas et établissements de bains (0 fr. 35 en tramway).

A 7 kil., colline de *Monte Nero* (la Montagne Noire) : maisons de campagne ; panorama magnifique ; — église *Notre-Dame* : pèlerinage très fréquenté.

A l'hôtel *Giappone*, on paye 3 fr. 50 sans les repas : c'est un très bon restaurant du Corso Vittorio Emanuele.

En face de Livourne, îlot de la *Meloria*. De la

province dépendent : les îlots *Pianoza*, lieu d'exil chez les Romains, *Gorgone*, *Monte Cristo* ; — *l'île d'Elbe (*anc. *Ilva)* aux mines de fer, où résida Napoléon Ier en 1814-1815 : climat agréable ; salines aux environs de Porto-Ferrajo, capitale ; ports à Porto-Ferrajo, Porto-Longone ; bains de mer.

III. *Pisa* (Pise) *et les environs* (Lucques, etc.).

I. *Renseignements pratiques.* — Omnibus des hôtels. Tramways à vapeur pour Pontedera. Omnibus pour les environs.

Voitures de place : course 0 fr. 80 ; 1re 1|2 heure, 1 fr. ; les autres 0 fr. 80. De la ville : à la gare, 0 fr. 80 ; — aux faubourgs, 0 fr. 80 ; — jusqu'à 2 kil, 1 fr. la course, 1 fr. 50 la 1re 1|2 heure, 1 fr. les autres. Pour les voitures à deux chevaux, 1|3 en plus. La nuit, 0 fr. 20 en plus. Bagages : 0 fr. 20 à 0 fr. 30).

Poste, lung'Arno Gambacorti, 3.

Télégraphe, lung'Arno Galileo (arcades de la Préfecture.)

Hôtels. — *H. Minerve et de la Ville*, près de la gare : 8 fr. à 10 par jour ; — *h. Europa e Roma*, lung'Arno Mediceo, 1 : 10 par jour ; pension depuis 7 fr.

Restaurants : de l'hôtel Minerve ; — du buffet de la gare.

II. *La ville.* — Bien située, au milieu d'une plaine vaste et fertile, sur les deux rives de l'Arno, entourée de montagnes et de collines, la ville de Pise est une des plus belles de l'Italie. Agréable séjour en hiver, Pise est malsain en été, à cause du voisinage des marais. Population : 26.850 hab. :

au moyen âge, alors que Pise était une république puissante, rivale de Gênes, la population était de 150.000 hab. Archevêché.

Quatre *ponts* font communiquer les beaux *quais* nommés *lungarni* (un quai *lungarno, lung'Arno*) comme à Florence : *ponte alla Fortezza* (de la *Forteresse*), à l'est ; — *ponte di Mezzo* (du Milieu) ; — ponte *Solferino* ; — *ponte di Ferro* (de Fer), à l'ouest.

On commence les visites de Pise par la *piazza del Duomo*, qui renferme :

1º le *Dôme* (il Duomo) ou cathédrale, magnifique monument en marbre blanc et noir, de 1063, élevé par Buschetto, consacré en 1118 et détruit en partie par l'incendie de 1595. — Façade restaurée en 1862 : 58 colonnes et 4 galeries superposées. Portes (1602) dessinées par Jean de Bologne. — Intérieur à 5 nefs : longueur, 95^m 14. La nef du milieu est supportée par 24 belles colonnes. — Nef centrale à plafond doré : bénitiers à figures en bronze ; vitraux des 14e-15e s. ; tombeau de l'archevêque Rinuccini ; chaire de 1607 ; lampe de bronze dont les oscillations furent étudiées par Galilée ; *Ste Agnès*, par Andrea del Sarto, qui commença, dans le bas côté droit, la *Vierge et des Saints*. — Transept de droite : *la Vierge, l'Enfant, des Saints et des saintes* ; — autel de *S. Biagio* St (Blaise) ; — chapelle *S. Ranieri (St-Renier)*, patron de la ville, avec tombeau du saint par Foggini : la fête du saint attire à Pise des foules immenses. — Transept de gauche : *Annonciation*, mosaïque de G. Gaddi ; ciborium d'argent (1692), par Foggini. — Abside : *SS. Luc et Jean*, de Beccafumi ; *Sacrifice d'Abraham*, du Sodoma ; *le Christ enseveli*, du même ; deux colonnes de porphyre. — Chœur : stalles en marqueterie ; peintures d'Andrea del Sarto, de Ghirlandajo ; Maître autel (1774) en marbre vert et en lapis-lazuli ; crucifix en bronze, par Jean de Bologne.

2° le *Campanile* (1174-1350), derrière le Dôme et encore nommé la *Tour penchée*, en marbre, de forme cylindrique : hauteur de $54^m 475$. Il a 8 étages de 207 colonnes superposées, et 293 marches conduisent à la plate-forme (0 fr. 50), d'où l'ont jouit d'une vue magnifique sur la mer et les Apennins : il faut être au moins trois personnes pour monter à la plate-forme. Le campanile renferme 7 cloches. On sait que Galilée y fit des expériences relatives à la pesanteur.

3° Le *Baptistère* (1153-15° s.), devant la cathédrale, en marbre, et de forme circulaire : hauteur totale de 55^m. Coupole. Bassin octogone en marbre blanc avec incrustations. Chaire (1260), par Nicolas de Pise : le *Jugement dernier*, bas-relief. Curieux écho.

4° Le *Campo Santo* ou *cimetière* (0 fr. 50), commencé (1278) par Jean de Pise, terminé au 14° s., et dédié aux grands hommes par les Pisans. Intérieur en forme de cloître entouré de portiques, avec 62 arcades. Longueur, 129^m ; largeur, 44^m. Murs décorés de fresques admirables : 1° mur de l'ouest : *histoires d'Esther* et de *Judith ;* — mur du nord : 50 compartiments de sujets bibliques, dont 24 par B. Gozzoli, en 16 ans ; — 3° mur de l'est : *crucifix*, par Giunta de Pise, dans la grande chapelle ; — 4° mur du sud : *vie de Job*, par Giotto ; — *triomphe de la Mort* et *Jugement dernier*, chef-d'œuvre d'A. Orcagna ; — *l'Enfer*, par B. Orcagna ; — *vies des Pères du désert* ; — *Assomption ; histoire de S. Renier :* — *vie de S. Ephèse.*

Le long des portiques, sarcophages, statues, tombeaux, sculptures.

Le sol est formé de terre rapportée des lieux saints.

III. De la *piazza del Duomo*, en suivant les vie *dell'Arcivescovado* (de l'Archevêché) et *San Giuseppe* (S.-Joseph), on arrive bien vite à la *piazza Sta Caterina* : église *Sta Caterina* (Ste-Catherine), de 1353 : belle façade ; — *Jésus-Christ, St Thomas* et des *personnages divers,* tableau de 1340, par F. Traini.

Au nord de Sta Caterina, près de la porte de Lucques (*porta a Lucca*), ruines de *thermes romains.*

De la place Sta Caterina, par la rue *S. Lorenzo* (St-Laurent), on peut gagner, aux environs, la *piazza S. Francesco* : église *S. Francesco* (St-François), de 1211 : fresques du chœur, de la sacristie et du *cloître.*

La *via S. Francesco* et la rue du *Borgo Largo* mènent à *Santo Stefano* (St-Etienne) : très beau maître autel ; *Nativité,* du Bronzino.

Dans le voisinage de S. Stefano : 1° *piazza de' Cavalieri* (des Chevaliers) : *fontaine, statue de Cosme Ier, la Carovana.* palais (auj. *Ecole normale*) ; — 2° *l'Académie des Beaux-Arts* (accademia delle Belle Arti), dans la rue *S. Frediano* (St-Frédien), fondée par Napoléon Ier : *galerie de tableaux,* ouverte de 9 h. à 2 h. : tableaux de Cimabue, Memmi, Giunta, Buffalmacco, etc. ; — 3° *l'église S. Frediano,* du 11e s.

En continuant la rue S. Frediano, jusqu'au

quai *lung'Arno Regio* (Royal) on trouve : l'*Université* (Sapienza), du 12° s., à laquelle est annexée une *bibliothèque* de 90.000 vol. (avec le manuscrit des statuts de la République pisane), — et le palais *Lanfreducci*, auj. *Uppezzinghi.*

A peu distance de l'Université : le théâtre *Rossi* piazza *S. Nicolà* ; — l'église *St Nicolà*: clocher octogonal ; escalier en limaçon très original ; — et, à l'extrémité de la *via Sta Maria*, le *palazzo Reale* (palais Royal), anc palais du *Podestat* et *ducal.*

IV. Près de là, en face de la via *Solferino*, le ponte *Solferino* conduit au quai *lung'Arno Gambacorti* : non loin du pont, église *Sta Maria della Spina* (de l'Epine), qui tire son nom d'une épine conservée de la Ste Couronne. Elle est en marbre blanc, et date de 1230 ; mais elle a été exhaussée de 1873 à 1881. Sculptures. — Au bout du quai, *piazza de S. Paolo* (de St-Paul) ; église *S. Paolo a ripa d'Arno* (de la Rive d'Arno), du 9° s., et restaurée depuis.

En allant vers le chemin de fer, on rencontre le *boulevard* (viale) *Bonaini*, avec la *piazza del Re Vittorio Emanuele*, d'où part la *Strada* (rue) *Vittorio Emanuele*, que continue la *via dei Banchi* (des Banquiers), aboutissant au quai *lung'Arno Galileo*, et au *ponte di Mezzo* (du Milieu). En parcourant le quai, on voit bientôt l'église *S. Sépolcro* (St-Sépulcre), du 12° siècle, restaurée. A quelques pas de là, *via S. Martino* et *église San Martino*, du 14° s. : la *Madeleine*, beau tableau du 2° autel à gauche.

Reprenant le quai *lung'Arno Galileo*, avant de traverser le ponte di Mezzo, on trouve, peu éloignés les uns des autres, le *Télégraphe*, sous les arcades de la *Prefettura* (Préfecture), le palais *Gambacorti (Municipe* ou *hôtel de ville* et *Archives)*, et la *Poste* (sur le quai *Gambacorti*).

V. Au delà du *ponte di Mezzo*, église *S. Michele in Borgo*, du 13° s. : crypte du 11° s. ; — église *S. Pietro in Vincoli* (St-Pierre-aux-Liens), formée de deux églises superposées.

Entre l'église *S. Pietro* et la via *S. Francesco*, piazza *San Paolo all'Orto* (St-Paul-du-Jardin). De St-Pierre, on se rend au palais *Toscanelli* (anc. Lanfranchi) et au quai *Lung'Arno Mediceo*, qui finit au *ponte alla Fortezza*.

Pour regagner la gare, on prend le *ponte di Mezzo* et la strada *Vittorio Emanuele*.

VI. *Environs*. — Ils sont peu nombreux.

1° Basilique *de S. Pietro (St-Pierre) in Grado*, sur l'anc. route de Livourne, à 6 kil. sud-ouest de Pise, de l'an 1000 : colonnes antiques; peintures du 14° s. ; anc. pèlerinage fréquenté.

2° Superbe *chartreuse* (certosa) de la vallée de *Calci*.

3° *Cascine* (laiteries) *San Rossore*, à 5 kil. ouest de Pise. Chasse royale, anc. ferme, sur une plage : troupeaux de chameaux.

4° Bains de mer de *Gombo* : omnibus, en été, de Pise.

5° Bains de mer de *Bocca d'Arno*, à gauche de l'embouchure de l'Arno : omnibus de Pise; bateaux à vapeur. Villas, chalets et restaurants.

6° *Bains de San Giuliano* (St-Julien), au pied des monts Pisans, à 9 kil. de Pise (chemin de fer de Pise à Lucques), et à l'extrémité d'une plaine fertile : on les appelle encore *Bains de Pise.*

Eaux minérales calmantes, de 27° à 33°. Sources (Apollon, Neptune, Mars, Junon, etc.) alimentant plusieurs établissements. L'eau de la source du *Pozzetto* est prise en boisson comme diurétique. *Chapelle S. Julien,* sur la colline.

7° *Bains d'Uliveto,* sur l'Arno, à 2 kil. de la station de Cascina et près de celle de Navacchio (chapitre XI, I). Eaux minérales analogues aux eaux françaises de Vichy (Allier).

8° *Lucques (Lucca)* : chemin de fer de Pise à Lucques, 23 kil., par *San Giuliano* (9 kilomètres) : 2 fr. 60 ; 1 fr. 80 ; 1 fr. 15.

Ville agréablement située sur l'Ozorra, bras du Serchio, entourée de remparts formant de belles promenades, avec vue magnifique, *Lucques l'Industrielle* est renommée par ses manufactures de soieries et de lainages : 20.400 hab. Archevêché. Tramway à vapeur de la gare à la porta *Santa Maria* et à *ponte a Moriano.*

De la gare, on se dirige vers la porte *S. Pietro* (St-Pierre), d'où une rue conduit à la *piazza Napoleone* ou *Piazza Grande (Reale,* royale) : 1° *palazzo Provinciale* ou *Reale* (Royal), anc. *palais ducal,* de 1578 et 1729, dans lequel on visite, au 1er étage la *pinacoteca provinciale,* galerie de tableaux, ouverte de 10 h. à 2 h., excepté le lundi et les grandes fêtes : la *Madonna della Misericordia,* admirable tableau de Frà Bartolommeo ; — le *Père Eternel, Stes Madeleine* et *Catherine de Sienne,* du même ; — *Madone* du Pérugin ; — *Ste Famille,* d'Andrea del Sarto. — 2° Statue en marbre (1843) de Mar.-L.se de Bourbon.

On voit ensuite *San Giovanni* (St-Jean), du 11ᵉ s. : fresque du transept de gauche. En 1885, on y découvrit des antiquités romaines. — De là, on se rend à la *cathédrale* (ou *Dôme*) *S. Martino*, de 1060, restaurée depuis dans le style gothique. Belle façade de 1204 : sculptures relatives à la vie de S. Martin. Au-dessus de la porte, *descente de Croix*, de Nicolas de Pise, chef-d'œuvre. Intérieur : longueur de 84ᵐ 30 ; largeur de 27ᵐ 34 ; belles peintures. Transept de droite : monument (1472) de P. da Noceto, en marbre de Carrare ; tombeau (1479) du comte D. Bertini. Transept de gauche : monuments divers du 15° s. ; *Ste Pétronille*, de Daniel de Volterra ; *Madone dans sa gloire*, de Frà Bartolommeo ; statues, par Jean de Bologne. Chœur : vitraux de 1485. A droite du chœur, deux anges en marbre, du 15° s. Chapelle octogone, dans le côté gauche, de 1484 : *il volto Santo* (la sainte Face), crucifix en bois fait par Nicodème, transporté (782) de Jésalem à Lucques, et proclamé *roi de Lucques* par les habitants. Le crucifix est entouré de pierres précieuses. Sacristie : très belle *croix des Pisans* (1350) dans le Trésor, chef-d'œuvre d'orfèvrerie de B. Baroni. Chaire en marbre, de 1498.

De la cathédrale, en allant à *S. Michele*, on visite : 1° *Sta Maria della Rosa* ou Notre-Dame-de-la-Rose, pèlerinage : image de la Ste Vierge, nommée *de la Rose* à la suite de la guérison (1269) d'un berger qui avait trouvé une rose dans les épines au mois de janvier ; — 2° *l'église Sta Maria Bianca* (la Blanche) ou *Sta Maria Forisportam* (hors de la Porte), de 788, restaurée et agrandie au 12° s. et en 1516. Façade du 13° s. ; tableaux du Guerchin. Sur la place *Sta Maria Bianca, palais Mansi*, avec tableaux. Un *autre palais Mansi*, via San Pellegrino, renferme également des tableaux ; — 3° l'*église S. Pietro* (St-Pierre) *Somaldi* ; — 4° près de l'*amphithéâtre romain*, du 2e s., qui était environné de 54 arcades, l'*église S. Frediano* (St-Frédien), basilique du 7e s. : façade du 12e s. Intérieur à 3 nefs : nef du milieu soutenue par 22 colonnes de marbre. Côté droit : cuve en marbre (12e s.) pour le baptême par immersion ; à sa gauche, nouveaux fonts sculptés ; au-dessus, bas-relief ; à côté, porte conduisant au riche tombeau des Guidiccioni, dans la chapelle à l'entrée de l'anc. cimetière de Ste-Catherine. Dans la 6e chapelle de droite : *couronnement de la Vierge*, de Francia. Côté gauche : 2e chapelle : fresques d'A. Aspertini (16e s.) ; 4e chapelle : autel sculpté (15e s.) ; — 5° l'*église Sta Maria in Corte Orlandini*, de 1187, rebâtie en 1662 : *Assomption* du grand autel, de L. Giordano. A côté de l'église, ruines d'un *théâtre* antique ; — 6° l'église *S. Salvatore* (St-Sauveur).

L'église *San Michele* (St-Michel), de 764, a été restaurée en 1442 et de 1862 à 1868. Très riche façade, datant de 1188. Belles peintures. Sur la *piazza S. Michele*, palais *Pretorio*, du 15e s., et statue de *Barlamacchi* (1863).

Après St-Michel, on peut terminer les excursions dans Lucques par les églises *San Paolino* (St-Paulin), *Sant'Alessandro* (St-Alexandre) et *San Romano* (St-Romain).

L'aqueduc, terminé en 1829, a 459 arches.

9° *Viareggio* (chemin de fer de Lucques), port de Lucques. Bains de mer très fréquentés ; très belle plage, établissement de bains *Nettuno*, *Balena*, etc. *Viareggio* a 12.700 hab.: 21 kil. de Pise par le chemin de fer.

10. *Bagni di Lucca* ou Bains de Lucques, ville (9.200 h.) à 27 kil. de Lucques : tramway à vapeur de Lucques à Ponte a Moriano (3[4 d'heure), puis 2 heures de diligence. Sur la route : *villa di Marlia* (6 kil., villa royale dans le genre de Marly ; — 8 kil., *ponte a Moriano* ; — vallées, forêt de châtaigniers ; — 21 kil. *ponte della Maddalena* (de la Madeleine) ou *del Diavolo* (du Diable), d'une seule arche. Les établissements de bains, alimentés par des eaux ferrugineuses sulfatées (19 sources de 28° à 56°), sont au nombre de 5 : *Cardinali, douches Basses ou Rouges, Barnabé, Bains chauds, St-Jean*. A 1[2 lieue plus haut, 6° établissement, du *bagno alla Villa* (bain de la Villa), à 150 m. d'altitude. Petit hôpital fondé par M. Demidoff. Les eaux conviennent aux malades affectés de dyspepsie ou de maladies hépatiques.

Au delà des bains, à 3[4 d'heure, *observatoire* de *Lugliano* : belle vue. Plus loin, *tour du Bargiglio*, à 869^m : panorama splendide.

VII. *Résumé des églises, monuments décrits, etc.* :

Académie (Accademia).	*Baptistère* (Battistero). II
delle Belle Arti . III	*Bibliothèque* de l'Université III
Archives (archivio) . IV	
Bagni di Lucca . . VI	*Bocca d'Arno* . . . VI
Bagni di Pisa. . . VI	*Boulevard (viale) Bonaini* IV
Bains de mer (bagni di mare). Voir *environs*.	
	Calci VI

Campanile II
Cascine S. Rossore . VI
Chartreuse (certosa), Voir Calci.
Cimetière (campo santo). II
Eaux minérales. Voir environs.
Ecole normale. . . III
Eglises (chiese):
   S. Catarina. . . III
   Il Duomo. . . . II
   S. Francesco . . III
   S. Frediano. . . III
   S. Maria della Spina. IV
   S. Martino . . . IV
   S. Michele in Borgo. V
   S. Nicolà . . . III
   S. Paolo a Ripa d'Arno IV
   S. Pietro in Grado. VI
   — in Vincoli. V
   S. Sepolcro. . . IV
   S. Stefano . . . III
Environs VI
Fontaine (fontana) . III
Galerie de tableaux (galleria di quadri) . . III
Giulliano (San) . . VI
Gombo VI
Hôtels (alberghi) . . I

Hôtel de ville. Voir Municipe.
Lucques (Lucca) . . VI
Lugliano. VI
Municipe (Municipio). IV
Observatoire (Specola). VI
Palais (palazzi) :
   Carovana . . . III
   Gambacorti. . . IV
   Lanfranchi . . . V
   Lanfreducci . . III
   Reale (del Podestà, ducale) III
   Toscanelli V
   Uppezzinghi . . III
Places (piazze):
   S. Catarina. . . III
   de' Cavalieri . . III
   del Duomo . II, III
   S. Francesco . . III
   S. Nicolà . . . III
   S. Paolo all'Orto . V
   del re Vittorio Em. IV
Ponts (ponti):
   di Ferro II
   alla Fortezza . II, V
   della Maddalena, del Diavolo. . . . VI
   di Mezzo . II, IV, V
   a Moriano . . . VI
   Solferino . . II, IV
Porta a Lucca . . III
Postes, télégraphes (poste

telegrafi) . . . I, IV		Sª Maria . . . III	
Préfecture (prefettura).		Solferino. . . . IV	
. . . . IV		Vittorio Eman. IV, V	
Quais (lungarni):		Statue (statua) de Cosme	
Galileo IV		Iᵉʳ III	
Gambacorti. . . IV		Télégraphes. V. Postes.	
Mediceo V		Théâtre (teatro) Rossi. III	
Regio III		Thermes (terme, termini)	
Restaurants (ristoranti,		romains III	
trattorie). . . . I		Tours (torri):	
Rues (vie, strade):		du Bargiglio . . VI	
del Arcivescovado. III		penchée II	
dei Banchi . . . IV		Uliveto VI	
Borgo Largo . III		Université (Sapienza). III	
S. Frediano . . III		Viareggio . . . VI	
S. Giuseppe . . III		Villa di Marlia . . VI	
S. Lorenzo. . . III		Voitures (vetture) . . I	

CHAPITRE XII

De Pisa (Pise) à Genova (Gênes). — Gênes et les environs.

I. Ligne de Pise à Gênes : 165 kil.

Trains commodes : 1ʳᵉ et 2ᵉ classes.

Pisa, départ 2 h. 33 soir — 4 h. 40 matin.
Genova, arrivée 6 h. 25 soir — 8 h. 40 matin.

Pisa. Stazione centrale. (Pise. Station centrale). (Buffet).
9 Migliarino.
17 Torre del Lago.
22 Viareggio (Voir les environs de Pise 9°).
32 Pietra Santa.
36 Serravezza.
43 Massa di Carrara (B),

Guide pratique, etc. 41

à 1.690ᵐ de la ville
50 Avenza (B), d'où partent les petites lignes de *Marina*, d'*Avenza* et de *Carrara*.
Montagnes de Carrara.
54 Luni.
60 Sarzana (B), sur la Magra. On traverse la région de la *Lunigiana*.
65 Arcola (Arcole).
68 Vezzano.
76 Spezia (la) (B), sur la Méditerranée, le 1ᵉʳ port militaire de l'Italie depuis 1861, près (1 h. 1/2) de *Porto Venere* (marbres célèbres). Bains de mer et station d'hiver. Port formé de 7 rades.
De la Spezia à Gênes, nombreux travaux d'art: 25 *ponts*, 20 *viaducs* et 89 *tunnels*. Longs tunnels; avant *Levanto*, de *Biassa*, (3.819ᵐ), de Montenero (1.400ᵐ) de Monterosso (1.655ᵐ), de Mesco (3.034) etc. Entre les tunnels, vue du golfe de Gênes.

83 Riomaggiore (B).
84 Manarola.
86 Corniglia (B).
89 Vernazza.
92 Monterosso.
97 Levanto (B). Bains de mer. Entre Levanta et Sestri-Levante: Pont sur le Moneglia. Viaduc de 15 arches. Tunnels de *Vallegrande*, *Monte-Rotondo* (2.519ᵐ) de la *Madonnetta* (1.224ᵐ), etc.
100 Bonassola.
102 Framura.
106 Deiva.
110 Moneglia.
116 Riva Trigoso.
120 Sestri Levante (B), sur une colline dominant la mer.
123 Cavi.
125 Lavagna.
127 Chiavari (B).
132 Zoagli.
136 Rapallo (B). Station d'hiver, golfe de Rapallo.
138 Sta Margherita (Ste Marguerite).
143 Camogli.
145 Recco (B), village au-

dessus d'un pont-viaduc de 20 arches.
Tunnel de Franchi (1.076^m)
149 Sori, village au-dessous d'un pont-viaduc de 123^m et de 16 arches.
151 Pieve di Sori.
152 Bogliasco.
154 Nervi (B). (Voir environs de Gênes). Entre Nervi et Gênes: Pont-viaduc de 210^m. On longe la mer. Pont et viaduc. Tunnel de S. Martino (1.388^m.) Viaduc de 46 arches. Pont sur le Bisagno.
156 Quinto.
158 Quarto.
159 Sturla.
163 Genova. Piazza Brignole (Gênes. Place Brignole (B). Tunnel sous les collines qui dominent Gênes.
165 Genova. Piazza Principe (Gênes. Place du Prince (B). Gare centrale.

II. — *Genova* (Gênes) *et les environs*.

I. — *Renseignements pratiques*. — La gare centrale est *piazza del Principe* (place du Prince), près du port.

Omnibus des hôtels. Omnibus (0 fr. 20). Omnibus pour les environs. Tramways : 0 fr. 10 à 0 fr. 55 suivant les distances (ville et environs).

Voitures de ville (*cittadine*, citadines) : 1 fr. la course ; l'heure 1 fr. 50 le jour, 2 fr. la nuit.

Bateaux à vapeur pour l'Italie et l'étranger.

Postes : via Roma.

Télégraphes : palais ducal.

Hôtels : H. de *France*, près du port : 9 fr. par jour ; pension depuis 7 fr. ; — h. *Smith*, près de la Bourse : 8 fr. 50 par jour ; pension 8 fr. ; —

h. des *Etrangers* et *Rebecchino*, via Nuovissima, 1ᵇⁱˢ: 13 fr. par jour ; pension de 9 à 10 fr.; — h. *Métropole*, piazza Fontane Morose, au centre des affaires : chambres depuis 2 fr.

Restaurants. Le buffet de la gare ; — la *Concordia* : en face du palais Rouge : musique le soir ; dîner de 4 à 5 fr.; — des *Nations*, via Roma ; — de *France*, via Carlo Felice ; — de l'hôtel *Métropole*.

II. — *La ville*. — Ville très ancienne, bâtie en amphithéâtre au bord de la Méditerranée, dans un site d'une beauté incomparable, *Gênes la Superbe* est renommée pour ses palais de marbre. Population : 179.500 h. avec les faubourgs. Archevêché.

Le port, de 3 kil. de long, un des plus importants de l'Italie, s'étend entre la *piazza Caricamento* (est) et les *terrasses du Passo Nuovo* (Passage Nouveau, ouest), au-dessus des *Maggazini generali* (Magasins généraux) : le cap *S. Benigno* ferme le port à l'ouest, et *deux môles* le protègent contre les vents. Près du nouveau môle : *lanterna* ou *phare* de 76ᵐ, élevé de 126ᵐ au-dessus de la mer (1 fr.) Au centre du port, la *Darse* (Darsena), anc. arsenal maritime, les magasins, la *Douane* (dogana, anc. bâtiments de la *Banque St-Georges*).

Au sud du port, le *Port Neuf* (*Porto Nuovo*), avec le *môle oriental*.

Gênes est défendue par les forts des collines : fort *dello Sperone*, à une altitude de 516ᵐ. La ligne des fortifications (*circonvallation*) sert de promenade.

III. — Pour les excursions dans Gênes, nous choisirons comme centre la *piazza delle Fontane Mo-*

rose. Pour nous y diriger, nous adopterons l'itinéraire suivant :

La gare, *piazza del Principe*. Sur la place, palais *André Doria*, de 1529, du prince A. Doria, amiral de François Ier. Tableaux. Belle vue de la terrasse.

Après la gare, piazza *dell'Acqua Verde* (de l'Eau Verte), promenade : monument de Ch. Colomb. Au nord, *arsenal de terre*.

De la place, belle rue *via Balbi*, menant à la *piazza dell'Annunziata*.

Dans la rue Balbi, plusieurs palais : 1°, au n° 10, *palazzo Reale* (Royal), anc. *Durazzo*, de 1650. Escalier en marbre ; — 2° de l'*Université*, du 17e s. Fresques et statues. Musées *archéologique* et *numismatique*. *Bibliothèque* de 90.000 volumes. Au nord, *jardin Botanique* ; — 3° palais *Balbi-Senarega*, du 17e s. Fresques. *Galerie de tableaux* (1 fr.: de midi à 4 h.) : peintures de Van Dyck, Caravage, le Guide, etc.; — 4° au n° 1, *Marcello Durazzo*, du 17e s. Bel escalier et fresques. *Galerie de tableaux* (1 fr.: 11 à 4 h.): peintures de Van Dyck, Rubens, Ribera, Carrache, etc.

Sur la piazza *dell'Annunziata*, l'église *Sta Annunziata* (Ste-Annonciade), de 1587, la plus brillante de Gênes : la *Cène*, de Procaccini, au-dessus de la porte. — Au nord de la place, *piazza del Carmine* (des Carmes) et *église des Carmes* (il Carmine). A l'est, *piazza della Zecca* (Monnaie), d'où part la *via Nuovissima* (très Nouvelle), que continue, jusqu'à la *piazza delle Fontane Morose*, la *via Garibaldi* (Nuova). Dans la via Nuovissima, palais *Balbi*.

De la via Nuovissima, on tourne à droite pour aller à *San Siro* (St-Cyr), église restaurée en 1830, très riche en marbre et très grande : belle voûte peinte à fresque. — En continuant par la *via San Luca*, on arrive à la *Loggia de' Banchi* (galerie des Banquiers ou *Bourse*), sur la *piazza de' Banchi*, peu éloignée de la *piazza Caricamento*, dont nous avons parlé, et qui permet de regagner la gare par la *via Carlo Alberto* (Charles-Albert).

Après être retourné à la via Nuovissima et à la via Garibaldi, anc. *Nuova*, on remarque dans la dernière de nombreux palais : 1° p. *Brignole Sale* ou p. *Rosso* (Rouge), au n° 18 : galerie de tableaux légués (1874) à la ville par la duchesse de Galliera, visible de 10 h. à 3 h. (1 fr. les jours autres que les lundis et jeudis): peintures de Van Dyck, A. Dürer, Rubens, etc.; — 2° p. *Tursi* ou *del Municipio* (du Municipe), au n° 9 : table d'airain, dite de *Polcevera*, découverte en 1506, et datant de 120 ou 117 av. J.-C., avec sentences de jurisconsultes romains; — 3° les palais *Serra*, *Adorno*, *Spinola* et *Cataldi* (Carega), aux n°s 12, 10, 5 et 4 : fresques et tableaux divers, etc.

On atteint *la piazza delle Fontane Morose*. Au n° 17, *palais della Casa :* salons de lecture.

IV. — De la place *delle Fontane Morose*, la via Carlo Felice (Charles-Félix) conduit à la piazza *Deferrari*. On rencontre la *via Roma*, qui fait communiquer la piazza Deferrari avec la *piazza* et la *passeggiata* (promenade) *dell'Acqua Sola*. Parallèle à la via Roma, *belle galerie-passage Mazzini*, promenade fréquentée le soir, dans laquelle sont les bureaux de *la Poste*, qui est également située via Roma. Palais *Pallavicini*, à droite de la via Carlo Felice.

De la place *Deferrari* partent les principales lignes d'omnibus et de tramways. Au nord de la place, beau *théâtre Carlo Felice*, de 1827. — *Académie ligurienne des Beaux-Arts* (Accademia ligustica delle Belle Arti), sur la place Deferrari: bibliothèque de la ville, 70.000 vol., au 1er étage ; — au 2e : *galerie de Tableaux; musée principe Oddone* (prince Odon), comprenant des vases antiques, etc.

A l'ouest de la place Deferrari, église *S. Matteo*, près de la maison *d'A. Doria (piazza S. Matteo)*.

La place Deferrari est mise en communication avec la *piazza Frugoni* par la *via Giulia*. Avant d'arriver à la piazza Frugoni, église *Santo Stefano* (St-Etienne), *Mura Santo Stefano*, à l'extrémité de la *via Giulia* et près de la *porte d'Arco* (10e s.) *martyre de S. Etienne*, chef-d'œuvre de Jules Romain, d'après le dessin de Raphaël.

On peut aller de St-Etienne à la mer par les *Mura S. Chiara*, la *piazza Galeazzo Alessi*, et la *via Corsica*, qui traverse la *piazza Bixio*. On arrive aux Mura *S. Giacomo*, à *l'église S. Giacomo* (St-Jacques) et aux *Mura della Strega : établissement de bains* (Stabilimento dei Bagni).

En revenant à la *piazza Bixio*, on se rend, par la via *Nino Bixio*, à la *piazza Carignano :* magnifique église *S. Maria Assunta di Carignano* (ou de l'Assomption), de 1552-1559, une des plus belles de la ville : *Pietà*, tableau de L. Cambiaso ; statue de *S. Sébastien*, chef-d'œuvre du Puget; bel orgue: coupole, avec beau panorama du haut de la galerie (0 fr. 25). — Près de l'église, large *ponte di Carignano* (de Carignan), une des curiosités de la ville, formé d'une arcade très haute au-dessus de *la via Marina*, et qui unit les *collines de Carignan* et de *Sarzano*. On parvient à *la piazza Sarzano* d'où, par la rue *Sant'Agostino*, on peut aller visiter l'église *S. Donato* (St-Donat), à l'extrémité de la via *S. Bernardo*, du 11° s.

La piazza Sarzano, près du *Port Neuf*, fait connaître les *Grazie* (Grâces), ou quartier des pêcheurs, qui renferme *l'église Sta-Maria di Castello* (du Châtau), 13° siècle : peintures du Titien, de l'école génoise, etc.

V. En continuant de longer le port Neuf, on trouve la *piazza Cavour*, la via *Vittorio Emanuele*, que rencontre la via *San Lorenzo*, vers le milieu de laquelle est la *piazza S. Lorenzo*.

Sur la place S. Lorenzo, le *Dôme* (il Duomo), ou *cathédrale San Lorenzo* (Saint-Laurent), du 11° ou 12° s., restauré en 1567 et 1624. A l'extérieur, assises de marbres blanc et noir. Fresques et tableaux divers. Beau chœur : fresque de la voûte par Tavarone. Magnifique chapelle de *St-Jean-Baptiste*, à gauche : statues de la *Ste Vierge* et de *S. Jean-Baptiste* ; châsse en argent (1438) de S. Jean-Baptiste. Sacristie : le *Sacro Catino*, vase de la Cène, dit-on.

A l'extrémité de la via San Lorenzo, piazza *Nuova* : 1° *palazzo Ducale* (palais Ducal), anc. palais des doges, aujourd'hui palais *du Gouverneur* ; — 2° église *Sant'Ambrogio* (Saint-Ambroise) ou *il Gesù* (le Jésus), du 16° s. : fresques de la coupole, par G.-B. Carlone ; *Assomption*, du Guide (3° autel de droite) ; *Saint Ignace*, de Rubens (3° autel de gauche).

On retourne à la piazza *delle Fontane Morose* par la via *Sellai*, *la piazza Deferrari* et la via *Carlo Felice*.

VI. De la piazza *delle Fontane Morose*, on n'a qu'à prendre la *Salita Sta Caterina* (rampe Ste Catherine; palais *Spinola*: pour aller à la belle promenade *(passegiata) dell'Acqua Sola*, séparée du *jardin Serra* par la via *Ugo Foscolo*. De cette promenade, la via Serra conduit à la *Piazza Brignole*, où se trouve la gare de *Gênes Piazza Brignole*.

La via Serra est continuée vers l'ouest par la via *Santi Giacomo e Filippo* (SS. Jacques et Philippe), menant à la *piazza Corvetto*, où l'on voit deux monuments : ceux de *Vittorio Emanuele* et de *Mazzini*.

De la piazza Corvetto part la grande *via Assarotti* (église della *Concezione*, de la Conception), aboutissant à la *piazza Manin*, près *du palais* et du *jardin Gropallo*.

On peut revenir à la piazza delle *Fontane Morose* par la *via Assarotti*, la *piazza Corvetto* et *la promenade*, — ou, continuer la promenade, parcourir la promenade voisine de la *Villetta di Negro* et la *salita* (rampe) *delle Batistine*.

VII. *Environs*. — Nous ne saurions trop recommander les promenades des environs de Gênes, routes terrestre ou maritime, le long du beau golfe de Gênes.

La plus facile est celle de *St-François d'Albaro* (S. Francesco), à l'est, au delà du torrent *de Bisagno* : on ne rencontre que palais et villas. Dans le palais *Franzoni*, près de la *salita* (rampe) *di Sta*

Maria del Monte, les *Macchabées*, chef-d'œuvre de Tavarone.

L'admirable *cimetière (CampoSanto)* de *Staglieno*, à 1₁2 heure par tramway (0 fr. 25) de la *piazza Deferrari*, mérite une visite : des personnes le disent plus remarquable que le Campo Santo de Pise.

Sur la ligne de Pise à Gênes, on trouve (12 kil. de Gênes : chap. XII, I) *Nervi*, station d'hiver, et d'été. Bains de mer sur une belle plage. Ville entourée d'une forêt de citronniers (*parc de Gropallo*). Une ligne d'omnibus dessert Nervi.

Sur la ligne de Gênes à Ventimiglia (Vintimille, chap. XIII), nous mentionnerons : 1° *San Pier d'Arena* ; — 2° *Sestri di Ponente* : villas Spinola, Lomellina ; bains de mer ; station d'hiver ; — 3° *Pegli* : station d'hiver, bains de mer ; — villas Grimaldi, Doria ; — villa *Pallavicini-Durazzo* (2 fr.) : palais en marbre blanc ; parc à eaux jaillissantes, sur un ancien rocher aride ; panorama splendide ; — 4° *Voltri*, aux jolies églises ; — 5° *Arenzano* : station d'hiver ; bains de mer fréquentés.

Pour ces localités, tramways ou omnibus.

Près de Gênes, pèlerinage de N.-D. de Genesta.

VIII. *Résumé des églises, monuments, etc., décrits.*

Académie des Beaux-Arts (Accademia delle Belle-Arti). IV

Acqua Sola, |V. Acqua Verde,|promenades

Arenzano. VII

Arsenaux (arsenali) :
  maritime. . . . II
  terrestre . . . III

places, Bains de mer (bagni di mare), à Strega. IV

Voir environs.

Banque S. Georges . II
Bateaux à vapeur (battelli a vapore, vaporetti). I
Bibliothèques (biblioteche, librerie :
   de l'Acad. des Beaux-Arts. IV
   de l'Université . III
Bisagno, torrent . VII
Bourse (Borsa...) . III
Cap (capo) S. Benigno II
Catino (Sacro). . . V
Cimetière (Campo Santo) VII
Circonvallation (la). II
Collines IV
Darse (Darsena). . II
Douane (dogana) . II
Eglises (chiese) :
   Sant' Ambrogio . V
   Sta Annunziata. III
   il Carmine . . III
   la Concezione . VI
   S. Donato. . . IV
   il Duomo . . . V
   il Gesù V
   S. Giacomo . . IV
   S. Lorenzo. *V. Duomo.*
   S. Maria Assunta di Carignano. . . IV
   S. Maria del Castello IV
   S. Matteo. . . IV
   S. Siro. . . . III
   S. Stefano. . . IV
Environs. . . . VII
Fortifications . . . II
Forte dello Sperone. II
   S. Francesco d'Albaro VII
Galerie (galleria) Mazzini IV
Galeries de tableaux (galleria di quadri) :
   Ac. des Beaux-Arts IV
   palais Balbi . . III
   — Brignole-Sale III
   — M. Durazzo III
Gares (stazioni). I. III VI
Genesta (N.-D. de) VII
Les Grazie . . . IV
Hôtels I
Jardins (giardini, orti):
   botanique. . . III
   Gropallo . VI. VII
   Serra VI
Loggia de' Banchi III
Magasins généraux (magazini generali) . II
Maison (Casa) A. Doria IV
Môles (Moli) . . . II
Monuments. Voir *statues.*
Municipe. Voir *palais.*
Musées (musei) :
   archéologique . III

numismatique . III	— Verde . III
principe Oddone. IV	Alessi (Galeazzo). IV
Nervi VII	Annunziata (dell'). III
Palais (palazzi) :	Banchi (de') . . III
Adorno. . . . III	Bixio IV
Balbi (Nuovissima) III	Brignole . . . VI
— Senarega . III	Caricamento . . II
Brignole Sale . III	Carignano. . . IV
Carega III	Carmine (del) . III
della Casa . . III	Cavour V
Cataldi. . . . III	Corvetto . . . VI
A. Doria . . . III	Deferrari. IV. V. VII
Ducal (doges, Gouver-	delle Fontane Moro-
neur) V	se . III. IV. V. VI
Durazzo (Reale). III	Frugoni . . . IV
M. Durazzo . . III	S. Lorenzo . . . V
Franzoni. . . VII	Manin VI
Gropallo . VI. VII	S. Matteo . . . IV
del Municipio . III	Nuova V
Pallavicini . . IV	del Principe . . III
Reale III	Sarzano. . . . IV
Rosso III	della Zecca . . III
Serra III	*Ponte di Carignano.* IV
Spinola (Garibaldi) III	*Porta d'Arco* . . IV
— (Sta-Caterina) VI	*Ports (porti).* II. IV. V
Tursi III	*Postes, télégraphes* (pos-
Università . . III	te, telegrafi) . I. IV
Passo Nuovo . . . II	*Promenades* (passeggia-
Pegli VII	te) :
Phare (lanterna) . II	Acqua Sola. IV. VI
Pier d'Arena (San). VII	— Verde . III
Places (piazze) :	Circonvallation . II
Acqua Sola . . IV	Galerie Mazzini IV

Passo Nuovo	II	Mura Sta Chiara.	IV
Villetta di Negro.	VI	— S. Giacomo.	IV
les quais,		— S. Stefano.	IV
les environs,		— della Strega.	IV
Rampes (salite) :		Nuova	III
delle Batistine	VI	Nuovissima	III
Sta Caterina	VI	Roma	IV
Sta Maria del Monte	VII	Sellai	V
		Serra	VI
Restaurants (ristoranti, trattorie)	I	Vittorio Emanuele.	V
		Sestri di Ponente.	VII
Rues (Vie) :		*Staglieno*	VII
Agostino (Sant'),	IV	*Statues, monuments* (statue, monumenti) :	
Assarotti	VI		
Balbi	III	C. Colomb.	III
S. Bernardo	IV	Mazzini.	VI
N. Bixio	IV	Vittorio Emanuele.	VI
Carlo Alberto	III	*Strega*	IV
— Felice	IV. V	*Télégraphes*. Voir *Postes*.	
Corsica	IV	*Théâtre* (teatro) Carlo Felice	IV
U. Foscolo	VI		
Garibaldi	III	*Université*. Voir *Palais*.	
Santi Giacomo e F.	VI	*Villa Pallavicini-D*.	VII
Giulia	IV	*Villetta di Negro*.	VI
S. Lorenzo	V	*Voitures* (vetture, etc.)	I
S. Luca	III	*Voltri*	VII
Marina	IV		

CHAPITRE XIII

De Genova (Gênes) à Ventimiglia (Vintimille et Paris, 1.274 kil.

Il est inutile de mentionner ici les heures des

trains, les voyageurs pouvant s'arrêter plus ou moins de fois en route.

De Gênes à Nice, route de terre magnifique nommée la *Corniche*.

Genova. Piazza Principe (Gênes. Place du Prince) (B).
4 *Sampierdarena (San Pier d'Arena)*.
Pont sur le Polcevera.
5 *Cornigliano-Ligure*.
7 *Sestri di Ponente*. Voir environs de Gênes.
10 *Pegli*. Voir environs de Gênes.
12 *Prà*.
14 *Voltri* (B).
Pont sur la Cerusa.
Tunnel de *Crevari* (1.177 m.).
21 *Arenzano*. Voir environs de Gênes.
25 *Cogoleto*.
32 *Verazze* (B).
35 *Celle*.
39 *Albissola* (B).
43 *Savona* (B), d'où partent les lignes de *Turin* et d'*Alexandrie*.
Viaduc de 57 arches.
Vue de la baie de Savone.
Entre Savone et Finalmarina, les deux tunnels de *Vado* (1.129 m.) et de Bergeggi (1.626 m.).
49 *Vado*.
52 *Bergeggi*.
55 *Spotorno* (B).
58 *Noli*.
67 *Finalmarina* (B).
69 *Borgio-Verezzi*.
72 *Pietraligure*.
76 *Loano*.
77 *Borghetto S. Spirito*.
79 *Ceriale*.
84 *Albenga* (B).
91 *Alassio* (B). Bains de mer.
Station d'hiver.
Entre cette ville et Oneglia, deux tunnels assez longs : *Capo Mele* (1.322^m), *Capo Berta* (2.435^m).
94 *Laigueglia*.
98 *Andora* (B).
102 *Cervo*.

105 *Diano Marina.* (B).
110 *Oneglia* (Oneille) (B).
113 *Porto Maurizio* (Port-Maurice), port important de la Méditerranée.
118 *S. Lorenzo.*
125 *Rivaligure-S. Stefano.*
128 *Taggia.* (B).
136 *San Remo* (B). agréable station d'hiver. Tunnel du cap *Nero* (668ᵐ).
141 *Ospedaletti.* Station d'hiver.
147 *Bordighera*, aux beaux palmiers. On passe la Nervia.
151 *Ventimiglia* Vintimille (B.) Douane, changement de wagons. L'heure de Paris retarde de 47ᵐ sur l'heure Rome. Pont sur la Roya. Tunnels.
Pont sur le *torrent-limite* de *S. Louis.* Tunnel. Pont sur le Caréi.
162 *Menton.* Station d'hiver, à 3/4 d'heure du pèler. de l'*Annonciade.*
Ponts et tunnel.
166 *Cabbé-Roquebrune.*
169 *Monte-Carlo.* Tunnel. Viaduc.
171 *Monaco.* Bains de mer Chapelle Ste-Dévote, à la *Condamine.*
174 *La Turbie,* à 3 h. du *Mont Agel.*
7 tunnels.
177 *Eze* ou *Eza.* Tunnel du *cap Roux.*
180 *Beaulieu.* Port. Tunnel.
182 *Villefranche-sur-Mer-*Belle rade. Fort. Tunnel du mont *Alban* Pont du Paillon. Tunnel de *Cimiez.* 600ᵐ
184 *Nice - Riquier.*
186 *Nice* (B). Ville magnifique, sur la Méditerranée. Station d'hiver Promenade des *Anglais.* Abbaye de *St-Pons,* à 5 kil. Environs : pèlerinage de *N. D. de Laghetto* (du petit lac). Pont sur le Magnan.
192 *Var.* Pont de 400 m. sur le Var.

198 *Vence-Cagnes.*
206 *Antibes.* Port.
208 *Juan-les-Pins.*
211 *Golfe-Juan-Vallauris.*
217 *Cannes,* séjour agréable sur la Méditerranée. Excursions aux îles de *Lérins.*
220 *La Bocca,* d'où part la ligne de Grasse. Pont.
226 *Théoule.*
Tunnel des *Saoumes* (810^m).
231 Le *Trayas.*
Tunnel de *Maubois* (grotte de la *Ste Baume*). Viaduc. Tunnels des monts de l'*Estérel.*
241 *Agay.*
246 *La Boulerie.*
249 *St-Raphaël.* Bains de mer et station d'hiver.
253 *Fréjus-sur-Mer.*
257 *Puget-près-Fréjus* ou *sur-Argens.*
261 *Roquebrune.*
267 *Le Muy.*
Ligne de *Draguignan.*
275 *Les Arcs* (B).
Pont sur l'Argens.
281 *Vidauban,* à 1 h. 1|2 des egutes de l'Argens.
290 *Le Luc et le Cannet.*
301 *Gonfaron.* Grotte.
306 *Pignans,* près de la chapelle *Notre-Dame des-Anges.*
309 *Carnoules* (ligne d'Aix).
313 *Puget-Ville.*
321 *Cuers.*
327 *Solliès-Pont.*
330 *La Farlède.*
Ligne de Hyères.
333 *La Pauline.*
336 *La Garde.*
344 *Toulon-sur-Mer.* (B) Port militaire. Ponts.
349 *La Seyne-sur-Mer.—Tamaris-sur-Mer.*
353 *Ollioules —St-Nazaire-sur-Mer.* Gorges. Viaduc.
360 *Bandol.* Port.
367 *St-Cyr.*
374 *La Ciotat.* Port. Tunnels (1600^m, 140^m).
384 *Cassis.* Port. Tunnels (2.600^m, 400^m)
394 *Aubagne* (ligne d'Aix).
396 *Camp-Major.*
398 *La Penne.*

399 *St-Menet*. Pont.
402 *St-Marcel*, au pied du mont *Carpiagne*.
404 *La Pomme*.
408 *La Blancarde*.
411 *Marseille-St-Charles* (B). Grande et belle ville sur la Méditerranée. Port. Lignes diverses. *Pèlerinage à Notre-Dame-de-la-Garde*. Bains de mer. Promenades.
415 *St-Barthélemy*.
416 *Le Canet*.
417 *St-Joseph*.
418 *St-Louis-les-Eygalades*
419 *Séon-St-André*.
420 *Séon-St-Henry*.
422 *L'Estaque*.
Tunnel de la *Nerte* (4638^m)
429 *Pas des Lanciers* (Ligne de Martigues) Viaduc.
434 *Vitrolles*.
Viaducs.
438 *Rognac*. (B).
Ligne d'Aix. Viaduc.
445 *Berre*, sur l'étang du même nom.
Viaducs, dont un de 49 arches.

459 *St-Chamas*. Grottes.
464 *Miramas* (B). (Ligne de Martigues et Bouc). Pont sur le *canal d'Istres*.
469 *Entressen*.
481 *St-Martin de Crau*.
488 *Raphèle*.
Plaine de la Crau. A droite, aqueduc de 662^m pour les eaux du canal de *Craponne*: 94 arcades et 57 arches.
Viaduc d'*Arles* : 769^m, 31 arches.
497 *Arles-sur-Rhône* (B: Lignes d'Arles à St-Louis, Aix, Lunel, Fontvieille). Antiquités.
Pont sur le canal des Alpines.
505 *Les Ségonnaux*.
510 *Tarascon-sur-Rhône* (B).Lignes d'Alais,de Cette, de St-Remy). En face de Beaucaire. Canal des Alpines, à droite.
520 *Graveson*, à 3 k. du monastère de *Frigolet*.
526 *Barbentane*. (Ligne d'Orgon).

Pont sur la Durance. Viaduc de *Champfleury.*

532 *Avignon rive-gauche* (B). Lignes de Gap, d'Aix, d'Apt de Lyon d'Alais), sur le Rhône. Eglise *N.-D.-des Doms* (cathédrale). Statue.

538 *Le Pontet.*

542 *Sorgues* (ligne de Carpentras et Sisteron).

546 *Bédarrides*, sur l'Ouvèze et la Sorgues.

552 *Courthezon.*

560*Orange*, sur la Meyne. Antiquités romaines. Pont sur l'Aygues.

567 *Piolenc.*

570 *Mornas.*

575 *Mondragon.* Pont sur le Lez,

579 *Bollène* (sur le Lez)- *La Croisière.*

582 *La Palud.*

591 *Pierrelatte.* Pont sur la Berre. Rochers.

598 *Donzère.*

603 *Châteauneuf-du-Rhône* en face de *Viviers* (Ardèche. Evêché.) Viaducs.

612 *Montélimar* (B), sur le Roubion et le Jabron. Nougats. Eaux ferrugineuses de *Bondonneau*, à 4 kil. 1/2.

623 *Lachamp-Condillac.* Eaux gazeuses et ferrugineuses de *Condillac*, à 4 kil.

629 *Saulce.*

636 *Loriol.* Pont sur la Drôme. (Lignes de Privas, de la Voulte, de Crest).

639 *Livron* (B), sur la Drôme. Ponts.

647 *Etoile.*

650 *Portes.*

656 *Valence* en *Dauphiné* (B), sur le Rhône. Maison mère des religieuses Trinitaires. Tunnel. Ligne de Grenoble. Pont sur l'Isère.

665 *La Roche de Glun.*

675 *Tain.* Vins de l'*Ermitage.*

683 *Serves-Erôme.* Tunnels.

689 *St-Vallier.* Viaduc de 44 arches.

695 *Andancette.*

702 St-Rambert-d'Albon (B). Lignes d'Annonay, de Rives-Grenoble.
706 Salaise.
710 Le Péage de Roussillon
719 Les Roches de Condrieu. Tunnel.
726 Vaugris.
731 Vienne, sur le Rhône. (B). Antiquités. Sur le mont Pipet, statue de la Ste Vierge. (Colossale). Tunnels.
733 Estressin. Mont Pilat.
741 Chasse (ligne de Givors).
747 Sérézin.
752 Feyzin.
757 St-Fons.
Lignes de Grenoble, de Genève.
Lyon-Guillotière.
Pont sur le Rhône.
762 Lyon-Perrache (B), au confluent du Rhône et de la Saône. Belle gare. Grande et riche ville, aux monuments intéressants. Pèlerinage à N.-D. de Fourvières, sur une colline d'où l'on jouit d'un magnifique panorama. Nombreuses lignes de chemin de fer Camp de Sathonay à 7 kil. Monts voisins : Ceindre (467m), Verdun (625m), Houx-Mont-d'Or (612m). Pont tubulaire dit de la Quarantaine. Tunnel du même nom ou de St-Irénée (2175m)
767 Lyon-Vaise. (B) Tunnels.
770 S. Rambert. Ile Barbe (sur la Saône: chapelle N.-D. de Grâce). Tunnels.
774 Collonges au Mont-d'Or-Fontaines. Tunnel. Rochers.
777 Couzon (Rhône).
780 Neuville-sur-Saône. Ligne de Roanne.
782 St-Germain-au-Mont-d'Or (B).
788 Trévoux, sur la Saône. On s'y rend à Ars (voir à Villefranche).
792 Anse. Le mont d'Or.
796 Villefranche-sur-Saône, sur le Morgon et

près de la Saône. A
9 kil, *Ars*: pèlerinage
au tombeau du *St Cu-
ré* et à *Ste Philomène*;
omnibus à la gare:
0 fr. 60. Pont.
805 *StGeorges-de-Reneins*.
811 *Belleville-sur-Saône*.
(Ligne de Beaujeu).
818 *Romanèche - Thorins*.
Vins de Thorins.
823 *Pontanevaux*.

827 *Crèches*.
Ligne de Genève.
834 *Mâcon* (B.) Lignes de
Paray-le-Monial: pèle-
rinage; — de Cham-
béry et Turin, etc.).
Patrie de Lamartine.
De *Mâcon* à *Paris*:
chap. 1er, I.
1.274 *Paris, gare de Lyon*
(B).

CHAPITRE XIV

DEUXIÈME ITINÉRAIRE

1. Ligne de Paris à Milano (Milan), par Belfort Delle, Basel (Bâle), Zurich, Luzern (Lucerne), le St-Gothard, 924 kil.

Train commode : 1re, 2me classes :
Paris : départ à 8 h. 40 du soir.
Milan : arrivée à 5 h. 28 ou 7 h. 36 du soir.

Paris-Est.
Est-Ceinture.
6 *Pantin*.
9 *Noisy-le-Sec* (Lignes
de la grande Ceintu-
re et de Strasbourg).
13 *Rosny-sous-Bois*.
17 *Nogent-s-Marne-Bry*.
(Ligne de Vincennes).

Viaduc de 34 arches
sur la Marne.
21 *Villiers-sur-Marne*.
28 *Emerainville - Pon -
tault*.
33 *Ozouer-la-Ferrière*.
Forêt d'*Armainvilliers*.
Château *Pereire*, à
droite.

39 *Gretz-Armainvilliers.* (Ligne de Coulommiers).
44 *Villepatour-Coubert.*
49 *Ozouer-le-Voulgis.* Pont sur l'Yères.
53 *Verneuil-Chaumes.*
59 *Mormant.*
65 *Grand-Puits.*
70 *Nangis.*
80 *Maison-Rouge.* Tunnel. Viaduc 42 arches.
89 *Longueville* (B). (ligne de Provins).
93 *Chalmaison.*
96 *Flamboin-Gouaix.* (Ligne de Montereau)
100 *Hermé.*
105 *Melz.*
111 *Nogent-sur-Seine.* A 6 kil., abbaye du *Paraclet*, en ruines. Tombeau d'Héloïse et d'Abélard.
119 *Pont-sur-Seine.* Souterrain à stalactites.
122 *Crancey-halte.*
129 *Romilly-sur-Seine* (B). (lignes de Troyes, d'Épernay).
134 *Maizières-la-Grande-Paroisse-halte.*
141 *Mesgrigny-Méry.*
147 *St-Mesmin.*
152 *Savières-halte.*
155 *Payns.*
158 *St-Lyé-halte.*
161 *Barberey-St-Sulpice.* Lignes de *Sens*, de *Châlons.*
167 *Troyes* (B), sur la Seine.
170 *St-Julien.* Pont sur la Seine.
175 *Romilly-St-Loup.*
182 *Lusigny.* Pont sur la Barse.
189 *Montiéramey.* Viaduc.
199 *Vendeuvre*, à la source de la Barse.
210 *Jessains.* (Ligne de Vitry-le-François).
216 *Arsonval-Jaucourt* (halte).
221 *Bar-sur-Aube.*
229 *Bayel-halte.*
234 *Clairvaux.* Anc. couvent, auj. maison de détention.
240 *Maranville.*
250 *Bricon* (ligne de Châtillon).
257 *Villiers-le-Sec-halte.* Ligne de Blesmes. Viaduc de *Chaumont*:

600ᵐ de long; 3 rangs d'arcades ; 50 m. de haut.

262 *Chaumont-sur-Marne*. (B), au confluent de la Suize.

270 *Luzy (Hte-Marne-halte*

274 *Foulain*.

281 *Vesaignes-halte*.

287 *Rolampont*.

297 *Langres-Marne* (B), à 3 kil. de Langres-Ville. Couteaux renommés. Lignes diverses. Pont sur la Marne. Tunnel de 1.380ᵐ.

308 *Culmont-Chalindrey*, (B). Lignes de Dijon, de Gray, de Nancy. Viaduc de 13 arches. Tunnel de 1890ᵐ.

317 *Hortes*.

324 *Charmoy-Fayl-Billot*.

328 *La Ferté-sur-Amance*.

336 *Vitrey*. (Ligne de Bourbonne-les-Bains) Pont sur l'Amance.

347 *Jussey*. Pont sur la Saône.

354 *Monthureux-lès-Baulay*.

361 *Port d'Atelier-Amance* (B). Lignes d'Epinal, de Plombières.

370 *Port-sur-Saône*.

373 *Grattery-halte*.

377 *Vaivre*. (Ligne de Gray).

381 *Vesoul* (B). sur la Saône, au confluent du Durgeon et de la Colombine. (Lignes diverses). Ponts sur la Colombine et le Durgeon.

389 *Colombier*.

395 *Creveney-Saulx*. Pont sur la Colombine et tunnel.

403 *Genevreuille*. Ligne de Luxeuil.

411 *Lure*, sur la Reigne.

422 *Ronchamp*. Pèlerinage *N.-D. du Haut*. Pont sur le Rahin.

428 *Champagney*. Tunnel de 1.250ᵐ.

436 *Bas-Evette*

443 *Belfort* (B), au pied de collines. Place forte. (Lignes diverses).

450 *Meroux*.

455 *Bourogne-halte*.

457 *Morvillars* (Legni d'Audincourt). Pont sur l'Allaine.
460 *Grandvillars.*
465 *Delle* (B). *Douane.* L'heure suisse avancée de 26 minutes sur l'heure française.
471 *Grangourt.*
472 *Courtemaiche.*
478 *Porrentruy* (B).
495 *Giovelier.*
507 *Délémont* (B), sur la Sorne.
511 *Soyhières.*
523 *Laufen.* Petite chute du Rhin.
538 *Dornach-Arlesheim.*
545 *Basel* (Bâle), (B), gare centrale. Sur le Rhin. Belle cathédrale gothique.
550 *Muttenz.*
554 *Pratteln.*
558 *Niederschœn.*
560 *Licstal*, dans un site agréable.
563 *Zausen.*
567 *Sissach.*
571 *Sommerau.*
576 *Laeufelfingen.*
585 *Olten* (B), (lignes diverses), sur l'Aar, dans un site agréable
589 *Aarburg.*
593 *Zofingen.*
598 *Reiden.*
601 *Dagmersellen.*
604 *Nebikon.*
608 *Wauwyl.*
615 *Sursee.*
619 *Nottwyl.*
624 *Sempach.* Victoire des Suisses en 1386.
630 *Rothenburg.*
636 *Emmenbrücke.*
640 *Luzern* (Lucerne) (B) sur la Reuss, à l'endroit où la rivière sort du lac des Quatre Cantons. Lignes diverses. Nombreuses excursions notamment au *Righi* (1.800^m), au *Pilate* (2.070^m), au lac de Lucerne ou des Quatre Cantons.
648 *Ebikon.*
654 *Gisikon.*
658 *Rothkreuz* (B). Ligne de Zurich.
666 *Immensee Küssnacht·*
674 *Arth-Goldau.* (B.). Ligne du Righi.
679 *Steinen.*

682 *Schwyz-Seewen*, a pied des monts *Mythen*.
685 *Brunnen*, dans une admirable situation, sur le lac d'Uri.
692 *Sisikon*.
698 *Fluelen*, sur le lac des Quatre-Cantons, au fond du golfe d'Uri : point de départ de la route du St-Gothard.
701 *Altdorf* (Altorf), célèbre à cause de Guillaume Tell.
707 *Ersfeld*.
712 *Amsteg*.
720 *Gurtnellen*.
728 *Wassen*.
736 *Göschenen* (B), à l'entrée nord du tunnel du St-Gothard, commencé en 1872, inauguré le 1ᵉʳ janvier 1882. Longueur : 14.912ᵐ, de Goeschenen à Airolo : 25 à 30 minutes.
752 *Airolo*, au pied du St-Gothard (B)
758 *Ambri-Piotta*.
763 *Rodi-Fiesso*.
771 *Faido*.
778 *Lavorgo*.
785 *Giornico*.
791 *Bodio*.
797 *Biasca*. (B)
803 *Osogna* (B).
809 *Claro*.
813 *Castione*.
816 *Bellinzona* (B), Sur le Tessin, près du lac Majeur : route de *Chur* (Coire).
819 *Giubiasco*. Ligne de Gênes.
831 *Rivera-Bironico*.
840 *Taverne*.
846 *Lugano* (B) : Voir environs de Milan (chapitre II).
853 *Melide*. Viaduc sur un lac.
856 *Maroggia*.
860 *Capolago*, sur le lac de Lugano.
864 *Mendrisio*, au pied du Salorino.
869 *Balerna*.
872 *Chiasso* (B, douane). Point de départ des billets circulaires en Italie.
L'heure de Rome avance de 47 minu-

tes sur l'heure de Paris et de 20 minutes sur l'heure de Berne. Tunnel.
877 *Como S. Giovanni* (Côme St-Jean, B). Voir les environs de Milan (chapitre II). (Lignes de Lecco, Saronno).
882 *Albate Camerlata.*
886 *Cucciago.*
889 *Cantu-Asnago.*
892 *Carimate.*
896 *Camnago-Volta.* (B),
902 *Seregno* (B),
905 *Desio.*
907 *Lissone-Muggiò.*
911 *Monza* (B). Voir environs de Milan (chapitre II).
917 *Sesto-San-Giovanni.*
924 *Milano* (Milan), gare centrale (B).
Milan : voir le chap. II.

II. *De Milan à Venise* ; — *de Venise et Padoue à Bologne, Ancône, Lorette, Foggia, Naples, Rome, Assise, Florence, Empoli, Pise-Livourne-Lucques, Pise à Gênes.* Voir les chapitres III à XII inclusivement.

III. De *Genova* (Gênes) à Torino (Turin). 166 kil.

Genova. Porta Principe (Gênes. Porte du Prince) (B).
4 *Sampierdarena* (B.) Pont sur la Secca.
6 *Rivarolo.* Entre Rivarolo et Ronco, on traverse un pont, 15 viaducs, 14 tunnels, et, avant Ronco, un grand tunnel de 8.262ᵐ.
13 *San Quirico* (St-Quirice) (B)
20 *Mignanego.*
28 *Ronco* (B).
Service local
de Gênes
4 *Sampierdarena* (B).
6 *Rivarolo* (B).
9 *Bolzaneto.*
13 *Pontedecimo* (B).
23 *Busalla* (B).

28 *Ronco* (B)
33 *Isola del Cantone.*
42 *Arquata.*
47 *Serravalle-Scrivia.*
On traverse les *Apennins.*
54 *Novi-Ligure* (B) (ligne de Milan). Bataille de 1799 entre les Français et les Austro-Russes (15 août).
66 *Frugarolo.*
76 *Alessandria della Paglia* (Alexandrie de la Paille) (B), place forte au confluent de la Bormida et du Tanaro (lignes d'Acqui, eaux minérales; — de Novare, etc.). A 7 kil., *Marengo* : victoire des Français sur les Autrichiens le 14 juin 1800.
84 *Solero.*
90 *Felizzano.*
97 *Cerro.*
100 *Annone.*
110 *Asti* (lignes de Mortara, de Castagnole). Vins.
117 *San-Damiano* (St-Damien).
121 *Baldichieri.*
125 *Villafranca d'Asti* (B).
135 *Villanova d'Asti* (B).
144 *Pessione.*
149 *Cambiano.*
153 *Trofarello.*
158 *Moncalieri* (B). Villa royale.
166 *Torino* (Turin) (B.) *Porta Nuova.*

Turin. Voir chapitre Ier.

IV. De *Torino* (Turin) à Modane, *Culoz, Bourg, Mâcon et Paris.* Voir le chapitre Ier

Quand on va directement de Turin à Paris, un train commode (1re, 2e classes), part de Turin à 2 h. 15 du soir et arrive à Paris à 7 h. 05 du matin.

CHAPITRE XV

Prières diverses

I. *Prières du départ et de l'itinéraire.*

1. Cantique *Benedictus*, des Laudes.

Benedictus Dominus Deus Israël, * quia visitavit, et fecit redemptionem plebis suæ,

Et erexit cornu salutis nobis, * in domo David pueri sui;

Sicut locutus est per os Sanctorum, * qui a sæculo sunt, Prophetarum ejus,

Salutem ex inimicis nostris, * et de manu omnium qui oderunt nos;

Ad faciendam misericordiam cum patribus nostris, * et memorari testamenti sui sancti,

Jusjurandum, quod juravit ad Abraham, patrem nostrum, * daturum se nobis;

Ut sine timore, de manu inimicorum nostrorum liberati, * serviamus illi,

In sanctitate et justitiâ coram ipso * omnibus diebus nostris.

Et tu, Puer, Propheta Altissimi vocaberis : * præibis enim ante faciem Domini parare vias ejus,

Ad dandam scientiam salutis plebi ejus, * in remissionem peccatorum eorum;

Per viscera misericordiæ Dei nostri, * in quibus visitavit nos Oriens ex alto,

Illuminare his qui in tenebris et in umbrâ mortis sedent * ad dirigendos pedes nostros in viam pacis.

Gloria Patri, etc.

In viam pacis et prosperitatis dirigat nos omnipotens et misericors Dominus; et Angelus Raphael comitetur nobiscum in viâ, ut cum pace salute et gaudio revertamur ad propria.

Kyrie, eleison ; Christe, eleison ; Kyrie, eleison
Pater noster....

℣. Et ne nos inducas in tentationem.
℟. Sed libera nos a malo.

℣. Salvos fac servos tuos.
℟. Deus meus, sperantes in te.
℣. Mitte nobis, Domine, auxilium de sancto.
℟. Et de Sion, tuere nos.
℣. Esto nobis, Domine, turris fortitudinis.
℟. A facie inimici.
℣. Nihil proficiat inimicus in nobis.
℟. Et filius iniquitatis non apponat nocere nobis
℣. Benedictus Dominus, die quotidie.
℟. Prosperum iter faciat nobis Deus salutarium nostrorum.
℣. Vias tuas, Domine, demonstra nobis.
℟. Et semitas tuas edoce nos.
℣. Utinam dirigantur viæ nostræ.
℟. Ad custodiendas justificationes tuas.
℣. Erunt prava in directa.
℟. Et aspera in vias planas.
℣. Angelis suis Deus mandavit de te.
℟. Ut custodiant te in omnibus viis tuis.
℣. Domine, exaudi orationem meam.
℟. Et clamor meus ad te veniat.
℣. Dominus vobiscum.
℟. Et cum spiritu tuo.

Oremus

Deus, qui filios Israël per maris medium sicco vestigio ire fecisti; quique tribus Magis iter ad te, stella duce, pandisti, tribue nobis, quæsumus, iter prosperum tempusque tranquillum, ut, Angelo tuo sancto comite, ad eum quo pergimus locum, ac demum ad æternæ salutis portum pervenire feliciter valeamus.

Deus, qui Abraham, puerum tuum, de Ur Chaldæorum eductum, per omnes suæ peregrinationis vias illæsum custodisti : quæsumus, ut nos famulos tuos custodire digneris ; esto nobis, Domine, in procinctu suffragium, in viâ solatium, in æstu umbraculum, in pluvia et frigore tegumentum, in lassitudine vehiculum, in adversitate præsidium, in lubrico baculus, in naufragio portus ; ut, te duce, quo tendimus, prosperè perveniamus, et demum incolumes ad propria redeamus.

Adesto, quæsumus, Domine, supplicationibus nostris, et viam famulorum tuorum in salutis tuæ prosperitate dispone ; ut, inter omnes viæ et vitæ hujus varietates, tuo semper protegamur auxilio.

Presta, quæsumus, omnipotens Deus, ut familia tua per viam salutis incedat, et beati Joannis Præcursoris hortamenta sectando, ad eum quem prædixit, secura perveniat Dominum Nostrum Jesum Christum, Filium tuum, qui tecum vivit et regnat in unitate Spiritus Sancti Deus, per omnia sæcula sæculorum. Amen.

℣. Procedamus in pace.
℟. In nomine Domini. Amen.

2. *Hymne de St Raphaël, archange, patron des voyageurs* (fête le 24 octobre).

Tibi, Christe, splendor Patris,
Vita, virtus cordium,
In conspectu Angelorum,
Votis, voce psallimus ;
Alternantes concrepando
Melos damus vocibus.

Collaudamus venerantes
Omnes cœli Principes,
Sed præcipue fidelem
Medicum et comitem
Raphaelem, in virtute
Alligantem dæmonem.

Quo custode, procul pelle,
Rex Christe piissime,
Omne nefas inimici ;
Mundo corde et corpore,
Paradiso redde tuo
Nos solâ clementiâ.

Gloriam Patri melodis
Personemus vocibus ;
Gloriam Christo canamus ;
Gloriam Paraclito,
Qui trinus et unus Deus
Exstat ante sæcula. Amen.

℟. Stetit Angelus juxta aram templi.
℟. Habens thuribulum aureum in manu suâ.

O Dieu, qui réglez avec une sagesse infinie les différents ministères des anges et des hommes, daignez nous accorder pour protecteurs sur la terre des esprits bienheureux qui, sans cesse, dans le ciel, vous entourent et vous servent, par Jésus-Christ Notre-Seigneur, qui, étant Dieu, vit et règne avec vous en l'unité du Saint-Esprit, dans tous les siècles des siècles. Ainsi soit-il.

II. Psaume et cantique de la communion.

1. *Psaume de la communion (Psaume 83).*

Quia dilecta tabernacula tua, Domine virtutum ! * Concupiscit et deficit anima mea in atria Domini.

Cor meum et caro mea * exsultaverunt in Deum vivum.

Etenim passer invenit sibi domum ; * et turtur nidum sibi, ubi ponat pullos suos.

Altaria tua, Domine virtutum ; * Rex meus et Deus meus.

Beati qui habitant in domo tuâ, Domine ; * in saecula saeculorum laudabunt te.

Beatus vir, cujus est auxilium abs te ; * ascensiones in corde suo disposuit, in valle lacrymarum, in loco quem posuit.

Etenim benedictionem dabit legislator ; * ibunt de virtute in virtutem ; videbitur Deus deorum in Sion.

Domine, Deus virtutum, exaude orationem meam ; * auribus percipe, Deus Jacob.

Protector noster aspice, Deus, * et respice in faciem Christi tui.

Quia melior est dies una in atriis tuis * super millia.

Elegi abjectus esse in domo Dei mei, * magis
quam habitare in tabernaculis peccatorum.

Quia misericordiam et veritatem diligit Deus ; *
gratiam et gloriam dabit Dominus.

Non privabit bonis eos qui ambulant in innocentiâ ; * Domine virtutum, beatus homo qui sperat in te.

Gloria Patri, etc.

2. *Beau cantique de la Communion.*

Le Ciel a visité la terre,
Mon bien-aimé repose en moi ;
Du saint amour c'est le mystère ;
O mon âme, adore et tais-toi. (bis)

Amour que je ne puis comprendre,
Jésus habite dans mon cœur !
Jusque-là vous pouvez descendre,
Humilité de mon Sauveur.

Le Ciel, etc.

Vous savez bien que je vous aime !
Moi qui par vous fus tant aimé !
Que tout autre amour que vous-même
Par votre feu soit consumé.

Le Ciel, etc.

A votre chair, mon âme unie
De vos élus ressent la paix.
Divin Jésus, sainte harmonie,
Vivez en mon cœur à jamais !

Le Ciel, etc.

III. *Prières à la fin des Messes basses.*

(On les dit à genoux; 300 jours d'indulgence).
Trois *Avé Maria* et le *Salvé Regina*.

℣ Ora pro nobis, Sancta Dei Genitrix.
℞ Ut digni efficiamur promissionibus Christi.

Oremus. Deus refugium nostrum et virtus, populum ad te clamantem propitius respice; et intercedente gloriosâ et immaculatâ Virgine Dei Genitrice Maria, cum Beato Josepho, ejus sponso, ac beatis Apostolis tuis Petro et Paulo et omnibus Sanctis, quas, pro conversione peccatorum, pro libertate et exaltatione Sanctæ Matris Ecclesiæ, preces effundimus, misericors et benignus exaudi. Per Christum Dominum nostrum. Amen.

Sancte Michael archangele, defende nos in prælio; contra nequitiam et insidias diaboli esto præsidium. Imperet illi Deus, supplices deprecamur; tuque, Princeps militiæ cœlestis, Satanam aliosque spiritus malignos, qui, ad perditionem animarum, pervagantur in mundo, divinâ virtute in infernum detrude.

IV. Prières pour le Pape (aux saluts).

Oremus. Pro Pontifice Nostro... Dominus, conservet eum, et vivificet eum, et beatum faciat eum in terrâ, et non tradat eum in animam inimicorum ejus.

℣ Tu es Petrus.
℞ Et super hanc petram ædificabo Ecclesiam meam.

℣ (ou) Constituit eum dominum domûs suæ.
℞ Et principem omnis possessionis suæ.

Oremus. Deus, fidelium pastor et rector, famulus tuum N... quem pastorem Ecclesiæ tuæ præesse voluisti, propitius respice; da ei, quæsumus, verbo et exemplo quibus præest proficere, ut ad vitam, una cum grege sibi credito, perveniat sempiternam. Per Christum Dominum Nostrum.

V. Psaume 132, des congrès catholiques.

O quam bonum et quam jucundum * habitare fratres in unum !

Sicut unguentum in capite, * quod descendit in barbam, barbam Aaron.

Quod descendit in oram * vestimenti ejus.

Sicut ros Hermon * qui descendit in montem Sion.

Quoniam illic mandavit Dominus benedictionem et vitam usque in sæculum.

Gloria Patri, etc.

VI. Hymne de la Sainte Vierge.

Ave, maris stella,
Dei Mater alma,
Atque semper Virgo,
Felix cœli porta.
Sumens illud Ave
Gabrielis ore,
Funda nos in pace,
Mutans Evæ nomen.
Solve vincla reis,
Profer lumen cœcis,
Mala nostra pelle,
Bona cuncta posce.

Monstra te esse Matrem,
Sumat per te preces.
Qui, pro nobis natus,
Tulit esse tuus.

Virgo singularis,
Inter omnes mitis.
Nos culpis solutos
Mites fac et castos.

Vitam præsta puram,
Iter para tutum,
Ut videntes Jesum,
Semper collætemur.

Sit laus Deo Patri,
Summo Christo decus,
Spiritui Sancto,
Tribus honor unus. Amen.

℣. Dignare me laudare te, Virgo sacrata.
℟. Da mihi virtutem contra hostes tuos.

Oremus (après le Magnificat). Concede nos famulos tuos, quæsumus, Domine Deus, perpetuâ mentis et corporis sanitate gaudere, et gloriosâ Beatæ Mariæ semper Virginis intercessione, a presenti liberari tristitiâ, et æternâ perfrui lætitiâ. Per Christum Dominum nostrum. Amen.

VII. *Turin. Milan. Venise. Padoue. Lorette. Le Gargan. Naples. Le mont Cassin.*

1. TURIN. — *Prière de la messe du saint Suaire.*
(Vendredi de la 2ᵉ semaine du carême).

O Dieu, qui, dans le saint Suaire dont votre corps sacré, descendu de la croix, fut enveloppé par Joseph, nous avez laissé des vestiges de votre Passion, daignez dans votre bonté nous accorder que, par votre mort et par votre sépulture, nous parvenions à la gloire de la résurrection, ô vous qui, étant Dieu, vivez et régnez, etc.

2. *Hymne de Notre-Dame Auxiliatrice* (fête le 24 mai, ou le 5° dimanche de Pâques).

Sæpe dum Christi populus cruentis
Hostis infensi premeretur armis,
Venit adjutrix pia Virgo, cœlo
  Lapsa sereno.
Prisca sic patrum monumenta narrant,
Templa testantur spoliis opimis
Clara, votivo repetita cultu
  Festa quotannis.
En novi grates liceat Mariæ
Cantici lætis modulis referre
Pro novis donis, resonante plausu
  Urbis et orbis.
O dies felix, memoranda fastis,
Quâ Petri sedes fidei magistrum (1)
Triste post lustrum reducem beata
  Sorte recepit.
Virgines castæ, puerique puri,
Gestiens clerus, populusque grato
Corde Reginæ celebrare cœli
  Munera certent.
Virginum Virgo, benedicta Jesu
Mater, hæc auge bona ; fac, precamur,
Ut gregem pastor pius ad salutis
  Pascua ducat.

(1). Le Pape Pie VII.

Te per æternos veneremur annos,
Trinitas, summo celebranda plausu ;
Te fide mentes, resonoque linguæ
Carmine laudent. Amen.

℣. Dignare me laudare te, Virgo sacrata.
℟. Da mihi virtutem contra hostes tuos.

Ant. Sancta Maria, succurre miseris, juva pusillanimes, refove flebiles, ora pro populo, interveni pro clero, intercede pro devoto femineo sexu ; sentiant omnes tuum juvamen, quicumque tuum sanctum implorant auxilium. Alleluia.

Prions. Dieu tout-puissant et miséricordieux, qui avez accordé un secours perpétuel et merveilleux au peuple chrétien, pour sa défense, dans la bienheureux Vierge Marie, nous supplions votre bonté de faire qu'après avoir été soutenus par une si puissante protection dans les combats de la vie, nous remportions à la mort la victoire sur l'esprit malin. Nous vous le demandons par Notre-Seigneur Jésus-Christ.

2. Milan. — 1ʳᵉ *Prière.* — *S. Ambroise* (fête le 7 décembre). — O Dieu, qui avez instruit votre peuple du salut éternel par le ministère du bienheureux Ambroise, faites, s'il vous plaît, qu'après avoir été notre guide et notre docteur sur la terre, il soit notre intercesseur dans le ciel. Par Notre-Seigneur Jésus-Christ.

2ᵐᵉ *Prière.* — *S. Charles Borromée* (fête le 4 novembre).—Gardez votre Eglise, Seigneur, par la protecpon continuelle de S. Charles, votre confesseur et pontife, afin que, comme sa sollicitude pastorale l'a rendu glorieux, son intercession nous procure une ferveur constante dans votre amour. Par Notre-Seigneur Jésus-Christ.

3. Venise. — *Prière.* — *S. Marc, apôtre et évangéliste* (fête le 25 avril). — O Dieu, qui avez honoré saint Marc, votre évangéliste, du ministère de la prédication évangélique, faites que nous profitions toujours de ses instructions, et que nous soyons protégés par ses prières. Nous vous le demandons par Notre-Seigneur Jésus-Christ.

4. Padoue. — A Padoue est le centre de *l'association universelle de S. Antoine de Padoue*, bénite et approuvée par le pape Léon XIII (29 mai 1890) : l'évêque de la ville a reconnu (10 août 1892), comme promoteur et directeur de l'œuvre, Don Antoine Locatelli, docteur en théologie, de Padoue, à qui il faut s'adresser pour renseignements et *Bulletin mensuel* (3 fr. par an), via Capelli. — Le saint, mort le vendredi 13 juin 1232, fut inhumé le mardi suivant : de là est venue la *dévotion des 9, puis des 13 mardis en son honneur.*

1° *Litanies du Saint.*

Seigneur, ayez pitié de nous, etc.
Sainte Vierge Marie, patronne de l'œuvre séraphique, priez pour nous.
Saint Antoine de Padoue, fils privilégié de Marie, priez pour nous.
S. Antoine de Padoue, perle de l'Ordre séraphique, p. p. n.
— parfait imitateur du séraphique François, p. p. n.

S. Antoine enflammé du zèle des apôtres, p. p. n.
— brûlant de la charité des martyrs, p. p. n.
— orné des vertus des confesseurs, p. p. n.
— resplendissant de la pureté des Vierges, p. p. n.
— portant dans vos bras l'enfant Jésus, p. p. n.
— marteau des hérétiques, p. p. n.
— lumière éclatante de l'Eglise, p. p. n.
— parfait modèle d'obéissance, p. p. n.
— amateur sublime de la pauvreté, p. p. n
— *lis de chasteté,* p. p. n.
— violette d'humilité, p. p. n.
— rose de charité, p. p. n.
— terreur des démons, p. p. n.
— canal intarissable de grâces, p. p. n.
— consolateur des affligés, p. p. n.
— *guide des voyageurs,* p. p. n.
— guérisseur des malades, p. p. n.
— semeur de miracles, p. p. n.
— qui rendez la parole aux muets, p. p. n.
— qui donnez l'ouïe aux sourds, p. p. n.
— qui rendez la vue aux aveugles, p. p. n.
— qui redressez les boîteux, p. p. n.
— qui ressuscitez les morts, p. p. n.
— *qui faites retrouver les choses perdues,* p. p. n.

Des embûches du démon, saint Antoine, délivrez-nous.
De la foudre, de l'orage, saint Antoine, délivrez
De la guerre, de la peste, et de tous les ennemis, saint Antoine, délivrez
Par votre intercession, saint Antoine, protégez-nous.

Dans tout le cours de notre vie, saint Antoine, protégez-nous.

Agneau de Dieu, etc.

Prions. Faites, mon Dieu, par l'intercession de saint Antoine de Padoue, que les enfants de votre Eglise se réjouissent en célébrant sa mémoire, qu'ils soient favorablement secourus dans tous leurs besoins, et qu'ils méritent l'éternelle félicité. Ainsi soit-il.

2° *Hymne du Saint*

O sidus Hispaniæ,
Gemma paupertatis,
Antoni, pater scientiæ,
Forma puritatis!

Tu lumen Ecclesiæ,
Doctor veritatis;
Tu sol nitens Paduæ,
Signis claritatis. Amen.

℣. Prædicator egregie, ora pro nobis, Antoni beatissime.

℟. Ut tuâ interventione, percipiamus gaudia vitæ.

Oremus. Subveniat plebi tuæ, quæsumus, Domine, præclari Confessoris tui beati Antonii devota et jugis deprecatio, quæ in presenti nos tuâ gratiâ dignos efficiat, et in futuro gaudia donet æterna. Per Christum Dominum nostrum.

3° *Répons miraculeux composé en l'honneur du Saint par S. Bonaventure* (100 j. d'indulgence; indulgence plénière une fois le mois pour la récitation quotidienne pendant un mois).

Si quæris miracula,
Mors, error, calamitas,
Dæmon, lepra fugiunt,
Ægri surgunt sani.

Cedunt mare, vincula;
Membra, resque perditas
Petunt, et accipiunt
Juvenes et seni.

Pereunt pericula;
Cessat et necessitas;
Narrent hi, qui sentiunt,
Dicant Paduani.

Cedunt, etc.

Gloria Patri, etc.

Cedunt, etc.

ỳ. Ora pro nobis, beate Antoni.

℟. Ut digni efficiamur promissionibus Christi.

Oremus. Ecclesiam tuam, Deus, beati Antonii confessoris tui commemoratio votiva lætificet, ut spiritualibus semper muniatur auxiliis, et gaudiis perfrui mereatur æternis. Per Christum Dominum nostrum. Amen.

4° *Prière en l'honneur de la langue incorruptible du saint* (fête le 24 février).

O bienheureux saint Antoine, dont la langue bénie a toujours béni et fait bénir le Seigneur, je vous promets de vous être vraiment dévot en imitant vos vertus, et spécialement en gardant ma langue exempte de tout péché et en l'employant, comme vous, à bénir et à faire bénir le Seigneur. Obtenez-moi du divin Enfant, que vous avez eu le bonheur de tenir dans vos bras, le pardon de toutes les fautes que ma langue a commises ou fait commettre, et la grâce de ne plus jamais m'en servir que pour la gloire de Dieu et l'édification du prochain. Ainsi soit-il.

5° *Prière au saint pour retrouver les choses perdues.* — Grand saint Antoine, apôtre plein de bonté, qui avez reçu de Dieu le pouvoir spécial de faire *retrouver les choses perdues*, secourez-moi en ce moment, afin que, par votre assistance, je retrouve l'objet que je cherche. Obtenez-moi aussi une foi agissante, une parfaite docilité aux inspirations de la grâce, le dégoût des vains plaisirs du monde et un désir ardent des joies ineffables de la bienheureuse éternité. Ainsi soit-il.

Pater, Ave, Gloria, ou le répons miraculeux *iS quæris,* du n° 3.

6° *Prière au saint pour obtenir une grâce. (Promettre une aumône pour le pain des pauvres).* — O grand saint Antoine ! vous dont le cœur est si plein de bonté, et qui avez reçu de Dieu le pouvoir de faire retrouver les choses perdues, secourez-nous en ce moment, afin que par votre assistance *j'obtienne la grâce* que je demande (nommer la grâce), et que je puisse ainsi glorifier de plus en plus le Seigneur, qui opère par vous de si grandes merveilles. Ainsi soit-il.

7° *Prière au Saint pour demander la sainte pureté.* — Très chaste saint Antoine, vous qui, par votre angélique pureté, avez mérité de converser intimement avec les anges, avec Marie, la Vierge des vierges, et avec Jésus, le *lis des vallées*, c'est-à-dire des âmes humbles et pures, ah ! daignez abaisser sur moi votre regard bienveillant. O vous qui, par le seul contact de votre vêtement avez pu communiquer à d'autres le don de pureté, sanctifiez mon âme et mon cœur par votre puissante intercession; purifiez mes sens, mon esprit et mon cœur; faites que, exempt de toute action et de toute pensée contraires à l'aimable vertu, je puisse imiter votre aimable pureté. Obtenez-moi de persévérer dans la pratique de cette belle vertu, afin que je puisse être agréable à la Mère du divin amour et à Jésus, que vous avez tant aimé. Puissé-je, par votre intercession, entrer dans le saint paradis, et comme ceux-là seuls peuvent y entrer qui ont l'âme pure au moment de la mort, obtenez-moi la grâce d'une bonne et sainte mort. Ainsi soit-il.

8° *Prière au saint pour demander une bonne et sainte mort.* — O grand saint Antoine! vous qui avez obtenu à tant de pécheurs la grâce de mourir de la mort des justes, soyez, je vous en conjure, mon guide, mon défenseur et mon appui lorsque devra sonner pour moi l'heure suprême, lorsque mon âme sera sur le point de paraître devant le Souverain Juge. Obtenez-moi, en ce moment décisif, une grande confiance en la miséricorde divine, un abandon total à la volonté du Seigneur, une parfaite contrition de tous mes péchés, la grâce inappréciable de recevoir pieusement les sacrements de l'Eglise, et enfin le bonheur d'expirer entre les bras du Sauveur et de sa sainte Mère, en prononçant avec amour leurs noms si doux et à jamais bénis. Ainsi soit-il.

9° *Prière efficace au saint.* (100 j. d'indulgence : card. Langénieux, 8 septembre 1887). — Grand saint Antoine, je vous félicite de toutes les prérogatives dont Dieu vous a favorisé entre tous les Saints. La mort est désarmée par votre puissance, l'erreur est dissipée par vos lumières ; ceux que la malice des hommes s'efforce d'accabler reçoivent par votre secours le soulagement tant désiré ; les lépreux, les malades et les estropiés obtiennent leur guérison par votre vertu ; les orages et les tempêtes de la mer sont apaisés à votre commandement ; les chaînes des captifs sont rompues par votre autorité ; les choses perdues se retrouvent par vos soins et reviennent à leurs possesseurs légitimes ; tous ceux qui vous invoquent avec confiance sont affranchis des maux qu'ils endurent et des périls qui les menacent ; enfin, il n'est aucune nécessité sur laquelle votre pouvoir et votre bonté ne s'étendent.

O Saint Antoine, puissant intercesseur, par toutes ces grâces que le Ciel vous a faites, je vous supplie de prendre un soin paternel de mon âme, de mon corps, de mes affaires et de ma vie toute entière, assuré que rien au monde ne pourra me nuire, tant que je serai sous la conduite et sauvegarde d'un tel patron et protecteur. Recommandez mes besoins et présentez mes misères au Père des miséricordes, au Dieu de toutes les consolations, afin que, par vos mérites, il daigne me fortifier dans son service, me consoler dans mes afflictions, me délivrer de mes maux, ou tout au moins me donner la force de les supporter pour le plus grand bien de mon âme.

Je demande ces grâces pour moi et pour tous ceux qui sont dans les mêmes peines et dans les mêmes dangers. O parfait imitateur de Jésus-Christ, qui avez reçu le privilège spécial de faire retrouver les choses perdues, je vous supplie de me faire trouver . . . . . , si telle est la volonté de Dieu ; obtenez-moi du moins le repos de mon esprit et la paix de ma conscience, dont la privation m'afflige plus sensiblement que la perte de toutes les choses du monde... A ces faveurs, joignez en une autre: celle de me tenir ferme dans la possession de ces biens intérieurs et cachés, en sorte qu'aucune force ennemie ne me les ravisse jamais, et ne me sépare de mon Dieu, auquel soit honneur et actions de grâces, maintenant et toujours. Ainsi soit-il.

Cinq *Pater* et cinq *Avé* en l'honneur des cinq Plaies. Après chaque *Pater* et *Avé*, *saint Antoine de Padoue, priez pour nous, pour l'Eglise et pour notre Patrie.*

(Réciter souvent et répandre cette prière ; l'apprendre aux enfants.)

10° *Prière au Saint.* — O grand et bien-aimé saint Antoine de Padoue, du haut du ciel, où vous régnez, vous voyez nos combats, nos larmes, nos souffrances. Ah ! n'abandonnez pas ceux qui vous aiment, et secourez toujours ceux qui vous implorent ! Vous, à qui Dieu a donné l'admirable privilège de faire retrouver ce qui est perdu, rendez Jésus à toutes les âmes qui ont eu le malheur de de le perdre; rendez aussi à *notre France bien-aimée* son antique foi et son antique gloire. O bien-aimé Saint, dont l'intercession est toute-puissante, obtenez-nous le seul bonheur désirable : aimer Jésus et Marie sur la terre, et contempler éternellement Jésus et Marie dans les cieux. Ainsi soit-il.

5. LORETTE. — *Prière de la fête de la translation de la Ste Maison* (fête le 10 décembre). — O Dieu, qui, dans votre miséricorde, avez consacré par le mystère de l'incarnation du Verbe la maison de la bienheureuse Vierge Marie, et qui l'avez merveilleusement transférée dans le centre de votre Eglise, faites que, nous séparant des tabernacles des pécheurs, nous devenions de dignes habitants de votre sainte maison. Ainsi soit-il.

Litanies, qui sont à la prière du soir dans les paroissiens.

Chapelet.

Hymne: *Ave, maris Stella*, ci-dessus VI.

6. *Le Gargan S. Michel*. Voir ci-après, VIII.

7. NAPLES. — *Prière à S. Janvier et ses compagnons* (fête le 19 septembre). — O Dieu, qui nous donnez chaque année un nouveau sujet de joie dans la solennité de vos saints martyrs Janvier et ses compagnons, faites, par votre bonté, que comme leurs mérites nous remplissent d'allégresse, leurs exemples enflamment notre piété, par Notre Seigneur Jésus-Christ.....

8. LE MONT CASSIN. — 1re *prière*. — *S. Benoît, confesseur et abbé* (fête le 21 mars). — Que l'intercession du saint abbé Benoît, nous vous en supplions, Seigneur, nous rende agréables à votre Majesté, afin que nous obtenions par ses prières les grâces que nous ne pouvons espérer par nos mérites. Par N.-S. J.-C.

2º prière. — *Ste Scholastique, vierge* (fête le 10 février). — O Dieu, qui, pour nous montrer la voie de l'innocence, avez fait monter au ciel l'âme de votre bienheureuse vierge Scholastique sous la forme d'une Colombe, donnez-nous, par ses mérites et par ses prières, la grâce de vivre si innocemment que nous méritions d'arriver à la félicité éternelle. Par N.-S. J.-C.

VIII. — Rome.

1. *Prière que l'on fait à Rome pour répondre aux intentions du Pape, lorsqu'on veut gagner une indulgence plénière.*

Mon Seigneur Jésus, pénétré de la plus vive douleur à la vue de mes péchés, j'offre ces faibles et humbles prières pour votre honneur, votre gloire et l'avantage de votre Eglise; sanctifiez-les et donnez-leur du prix par votre grâce.

Je désire me conformer entièrement à la pieuse intention du Pontife Romain, qui a accordé cette indulgence pour le bien des fidèles. Appuyé sur votre infinie bonté, j'ose vous supplier d'extirper les hérésies de dessus la terre, d'établir une paix solide et une vraie concorde entre les princes chrétiens, afin que les souverains et les sujets vous servent tous avec pureté de cœur, amour réciproque et uniformité de saintes affections.

Remplissez aussi notre Saint-Père le Pape de votre esprit; défendez-le de toutes sortes d'embûches et conservez-le. Daignez, mon aimable Sauveur, par les mérites de la très Sainte Vierge, de tous les Saints et Saintes du Paradis, me rendre participant du trésor dont vous avez enrichi votre Eglise en versant pour elle votre Sang précieux: accordez-moi aujourd'hui le fruit de cette sainte indulgence

Faites, ô mon Dieu, que les peines dues à mes péchés, et que je devrais souffrir en cette vie ou en l'autre, me soient remises en vue de votre infinie miséricorde. Dès ce moment, je forme une sincère résolution de mener, par votre secours, une vie pénitente et mortifiée. Je veux satisfaire à votre justice autant que je le pourrai, fuir le péché avec horreur et le détester par-dessus tout comme le plus grand de tous les maux, puisqu'il offense un Dieu infiniment aimable, que j'aime et aimerai toujours par-dessus toutes choses. Ainsi soit-il.

2. *Litanies de S. Michel, archange, protecteur de l'Eglise* (fêtes : le 29 septembre, patronale; le 8 mai, apparition sur le mont Gargan).

Seigneur, ayez pitié de nous, etc.
Sainte Marie, reine des Anges, priez pour nous.
Saint Michel, très auguste chef de la milice céleste, priez pour nous
— défenseur de la cité sainte, priez
— qui portez l'étendard du Roi des rois, p.
— exterminateur du démon, p. p. n.
— protecteur des patriarches, p. p. n.
— défenseur d'Israël, p. p. n.
— serviteur de Jésus et de Marie, p. p. n.
— gardien de l'Eucharistie, p. p. n.
— défenseur de l'Eglise catholique, p.

Saint Michel, ange gardien du Souverain Pontife, p.
— ange tutélaire de la France, p. p. n.
— fort et puissant dans les combats, p.
— intercesseur des âmes qui ont recours à vous, p. p. n.
— ange de paix, p. p. n.
— qui fortifiez le juste à l'heure de la mort, p. p. n.
— qui êtes apparu au Seigneur agonisant dans le jardin, p. p. n.
— qui présenterez nos âmes au tribunal de Dieu, p p. n.
— qui assisterez à notre jugement, p.
— consolateur des âmes du purgatoire, p.
— brûlant de zèle pour la gloire de Dieu, p.
— qui tuerez l'Antéchrist, p. p. n.
— qui, par le son de votre trompette, ferez sortir les morts du tombeau, priez
— prince des élus, priez

Agneau de Dieu, etc.

℣. S. Michel archange, défendez-nous dans le combat.

℟. Afin que nous ne périssions pas au jour terrible du jugement.

Prions. Seigneur Jésus, sanctifiez-nous par une bénédiction toujours nouvelle, et accordez-nous, par l'intercession de S. Michel, cette sagesse qui nous enseigne à thésauriser dans le ciel, et à échanger les biens du temps contre ceux de l'éternité. Vous qui vivez et régnez, avec Dieu le Père, en unité du Saint-Esprit, dans tous les siècles des siècles. Ainsi soit-il.

3. — *Hymne de S. Michel.*

Te, splendor et virtus Patris,
Te, vita, Jesu, cordium,
Ab ore qui pendent tuo,
Laudamus inter angelos.

Tibi mille densa millium
Ducum corona militat;
Sed explicat victor Crucem
Michael, salutis signifer.

Draconis hic dirum caput
In ima pellit tartara,
Ducemque cum rebellibus
Cœlesti ab arce fulminat.

Contra ducem superbiæ
Sequamur hunc nos principem,
Ut detur ex Agni throno
Nobis corona gloriæ.

Patri, simulque Filio,
Tibique, sancte Spiritus,
Sicut fuit, sit jugiter
Sæclum per omne gloria. Amen.

℣. In conspectu angelorum psallam tibi, Deus meus.

℟. Adorabo ad templum sanctum tuum, et confitebor nomini tuo.

Ant. Princeps gloriosissime, Michael archangele, esto memor nostri; hic et ubique semper precare pro nobis Filium Dei, alleluia.

Prions. Comme à S. Raphaël. (Voir I).

4. *Prière à la Ste Face, vénérée spécialement à St-Pierre du Vatican.*

Je vous salue, je vous adore et je vous aime, ô Jésus, mon Sauveur, couvert de nouveaux outrages par les blasphémateurs, et je vous offre dans le cœur de la divine Marie, comme un encens et et un parfum d'agréable odeur, les hommages des anges et de tous les saints, en vous priant humblement par la vertu de votre Sainte Face, de réparer et de rétablir en moi, et dans tous les hommes, votre image défigurée par le péché. Ainsi soit-il

Seigneur, ayez pitié de nous, etc.

O Face adorable, abaissée jusqu'à terre au jardin des Oliviers, et portant la confusion de nos péchés, ayez pitié de nous.

O Face adorable, frappée par un infâme valet, couverte d'un voile d'ignominie et profanée par les mains sacrilèges de vos ennemis, ayez pitié de nous.

O Face adorable, souillée de crachats et meurtrie par tant de soufflets et de coups, ayez pitié de nous.

O Face adorable, couverte de sueur et de sang, tombant dans la boue sous le pesant fardeau de la croix, ayez pitié de nous.

O Face adorable, essuyée d'un voile par une pieuse femme dans la route de Calvaire, ayez pitié de nous.

O Face adorable, dont la beauté incomparable a été obscurcie sous le nuage affreux des péchés du monde, ayez pitié de nous.

O Face adorable, couverte des tristes ombres de la mort, ayez pitié de nous.

O Face adorable, toute resplendissante de gloire et de beauté au jour de la résurrection, ayez pitié de nous.

O Face adorable, tout éblouissante de lumière au moment de l'Ascension, ayez pitié de nous.

O Face adorable, cachée dans l'Eucharistie, ayez pitié de nous.

O Face adorable, qui apparaîtrez à la fin des temps dans les airs avec une grande puisssance et une grande majesté, ayez pitié de nous.

O Face adorable, qui ferez trembler les pécheurs, ayez pitié de nous.

O Face admirable, qui remplirez les justes de joie pendant l'éternité, ayez pitié de nous.

Agneau de Dieu, etc.

Prions. — Dieu tout-puissant et miséricordieux, daignez, nous vous en supplions, accorder à tous ceux qui honorent avec nous la Face de votre Christ, défigurée dans sa passion à cause de nos péchés, la grâce de la contempler éternellement dans tout l'éclat de la gloire céleste. Par le même Jésus-Christ Notre-Seigneur. Ainsi soit-il.

5. *Prières au Sacré Cœur de Jésus* pour dire à *St-Pierre du Vatican, à l'église du Sacré-Cœur,* etc.

1° *Litanies du Sacré-Cœur.*

Seigneur, ayez pitié de nous, etc.
Cœur de Jésus, Fils du Père éternel,
Cœur de Jésus, Fils de la Vierge Marie,
Cœur de Jésus, d'une majesté infinie,
Cœur de Jésus, saint temple de Dieu,
Cœur de Jésus, tabernacle du Très-Haut, } Ayez pitié, etc.

Cœur de Jésus, maison de Dieu et porte du ciel,
Cœur de Jésus, fournaise ardente de la charité,
Cœur de Jésus, trésor de justice et d'amour,
Cœur de Jésus, rempli d'amour et de bonté,
Cœur de Jésus, très digne de toute louange,
Cœur de Jésus, roi et centre de tous les cœurs,
Cœur de Jésus, en qui sont renfermés tous les trésors de la sagesse et de la science,
Cœur de Jésus, en qui habite toute plénitude de vie et de vertu,
Cœur de Jésus, le Désiré des collines éternelles,
Cœur de Jésus, patient et infiniment miséricordieux,
Cœur de Jésus, riche envers tous ceux qui vous invoquent,
Cœur de Jésus, source de vie et de sainteté,
Cœur de Jésus, propitiation pour nos péchés,
Cœur de Jésus, rassasié d'opprobres,
Cœur de Jésus, brisé à cause de nos péchés,
Cœur de Jésus, source de toute consolation,
Cœur de Jésus, notre vie et notre résurrection,
Cœur de Jésus, notre paix et notre réconciliation,
Cœur de Jésus, victime des pécheurs,

Ayez pitié de nous.

Cœur de Jésus, salut de ceux qui espèrent en vous,
Cœur de Jésus, espérance de ceux qui meurent en vous,
Cœur de Jésus, délices de tous les saints,

} *Ayez pitié de nous.*

Agneau de Dieu, etc.

℣ Jésus, doux et humble de cœur.
℟ Rendez nos cœurs semblables au vôtre.

Prions. Dieu tout-puissant et éternel, jetez un regard sur le Cœur de votre Fils bien-aimé, et sur les louanges et les satisfactions qu'il a offertes au nom des pécheurs ; et à ceux-ci, vous demandant miséricorde, daignez accorder le pardon au nom de votre Fils Jésus-Christ, qui, étant Dieu, vit et règne avec vous en l'unité du Saint-Esprit, dans tous les siècles des siècles. Ainsi soit-il.

2° *Hymne du Sacré Cœur* (fête le vendredi après l'octave du Saint Sacrement.)

> Auctor beate sæculi,
> Christe, Redemptor omnium,
> Lumen Patris de lumine,
> Deusque verus de Deo,
>
> Amor coegit te tuus
> Mortale corpus sumere,
> Ut, novus Adam, redderes
> Quod vetus ille abstulerat.
>
> Ille amor, almus artifex
> Terræ, marisque, et siderum,
> Errata patrum miserans,
> Et nostra rumpens vincula !

Non corde discedat tuo
Vis illa amoris inclyti ;
Hoc fonte gentes hauriant
Remissionis gratiam.

Percussum ad hoc est lancea,
Passumque ad hoc est vulnera,
Ut nos lavaret sordibus,
Unda fluente et sanguine

Decus Parenti, et Filio,
Sanctoque sit Spiritui,
Quibus potestas, gloria
Regnumque in omne est sæculum. Amen.

℣ Haurietis aquas in gaudio.
℟ De fontibus Salvatoris.

Prions. — Dieu tout-puissant, faites que, nous glorifiant dans le Cœur sacré de Votre Fils bien-aimé, et célébrant les principaux bienfaits de son amour pour nous, nous y trouvions et un sujet de joie et des fruits de salut. Par le même Notre Seigneur Jésus-Christ.

3° *Consécration de sa personne au Sacré Cœur de Jésus*. (100 j. d'indulgence; plénière une fois le mois, pour la récitation durant un mois devant une image du Sacré Cœur). — O mon adorable Jésus ! pour vous témoigner ma reconnaissance et réparer mes infidélités, moi N..., je vous donne mon cœur; je me consacre entièrement à vous, et je me propose, avec votre divin secours, de ne plus commettre le péché.

4° *Amende honorable au Sacré Cœur dans le Saint Sacrement.*

Mon Sauveur Jésus-Christ, mon maître et mon Dieu, j'adore votre Sacré Cœur sous les voiles du Saint Sacrement.

Je l'adore en mon nom, au nom de tous les anges et de tous les hommes, au nom de toutes les créatures, et tout spécialement au nom et à la place de ceux qui refusent de l'adorer : les démons, les blasphémateurs, les impies, les hérétiques, les indifférents et tous les pécheurs. Je l'adore comme le cœur de mon Dieu, comme le cœur du seul vrai Dieu vivant.

En mon nom et au nom de toutes les créatures, j'aime de toutes les forces de mon cœur ce très divin, très bon et très adorable Cœur, comme le vivant foyer de l'éternel amour, et comme la source divine, intarissable de la miséricorde, de la tendresse et de la bonté de Dieu. Je l'aime au nom de tous ceux qui ont le malheur de ne point l'aimer.

O Sacré Cœur de Jésus-Christ, présent et vivant sous les voiles de l'Eucharistie, en mon nom et au nom de toutes les créatures, je vous demande humblement pardon des ingratitudes sans nombre dont le monde ne cesse de payer votre prodigieux amour.

Je vous demande pardon, en particulier, de tous les sacrilèges, de toutes les messes mal célébrées, de toutes les communions indignes, ou nulles, ou tièdes ; de tous les blasphèmes, de toutes les railleries et irrévérences, de toutes les négligences et de toutes les tièdeurs dont votre adorable Sacrement et votre Cœur divin ont été l'objet depuis le crime de Judas jusqu'à ce jour; et d'avance, je vous fait amende honorable pour tous les outrages de même nature qui désoleront votre amour jusqu'à l'Antéchrist, jusqu'à la fin des temps.

Daignez nous faire miséricorde, ô Cœur très doux et très clément. Je vous le demande au nom du très saint et immaculé Cœur de votre bienheureuse Mère, à qui votre amour filial n'a jamais rien refusé (Mgr de Ségur, *Le Sacré Cœur de Jésus*).

6. *Hymne des SS. Pierre et Paul*, honorés spécialement à St-Pierre du Vatican (fête le 29 juin).

Decora lux æternitatis auream
Diem beatis irrigavit ignibus,
Apostolorum quæ coronat Principes,
Reisque in astra liberam pandit viam.

Mundi magister, atque cœli janitor,
Romæ parentes, arbitrique gentium,
Per ensis ille, hic per crucis victor necem,
Vitæ Senatum laureati possident.

O Roma felix, quæ duorum principum
Es consecrata glorioso sanguine :
Horum cruore purpurata, cæteras
Excellis orbis una pulchritudines.

Sit Trinitati sempiterna gloria,
Honor, potestas, atque jubilatio,
In unitate, quæ gubernat omnia,
Per universa sæculorum sæcula. Amen.

℣ Annuntiaverunt opera Dei.
℟ Et facta ejus intellexerunt.

Prions. O Dieu, qui avez consacré ce jour par le martyre de vos saints apôtres Pierre et Paul, faites que votre Eglise soit toujours fidèle à observer les préceptes de ceux qui ont été les premiers ministres de la religion sainte qu'elle professe. Par Notre Seigneur Jésus-Christ.

7. *Hymne de S. Pierre, apôtre* (fêtes de la Chaire de S. Pierre, 18 janvier et 22 février).

> Quodcumque in orbe nexibus revinxeris,
> Erit revinctum, Petre, in arce siderum ;
> Et quod resolvit hic potestas tradita,
> Erit solutum cœli in alto vertice :
> In fine mundi judicabis sæculum.
> Patri perenne sit per ævum gloria,
> Tibique laudes concinamus inclytas,
> Æterne Nate, sit, superne Spiritus,
> Honor tibi decusque : sancta jugiter
> Laudetur omne Trinitas per sæcula. Amen.

℣ Elegit te Dominus sacerdotem sibi.
℟ Ad sacrificandum ei hostiam laudis.

Prions. — O Dieu, qui, en confiant à S. Pierre les clefs du royaume céleste, lui avez donné le pouvoir de lier et de délier, accordez-nous, par son intercession, la grâce d'être délivrés des chaînes de nos iniquités; vous qui, étant Dieu, vivez et régnez...

8. *Hymne de S. Paul, apôtre* (fêtes les 30 juin et (conversion) le 25 janvier).

> Egregie doctor Paule, mores instrue,
> Et nostra tecum pectora in cœlum trahe :

Velata dum meridiem cernat fides,
Et solis instar sola regnet charitas.
  Sit Trinitati sempiterna gloria,
Honor, potestas, atque jubilatio,
In unitate, quæ gubernat omnia,
Per universa æternitatis sæcula. Amen.

℣ Tu es vas electionis, sancte Paule Apostole.
℟ Prædicator veritatis in universo mundo.

Prions. — O Dieu, qui avez instruit le monde entier par la prédication de l'apôtre S. Paul, accordez-nous la grâce qu'en célébrant sa mémoire, nous ressentions les effets de sa protection. Par Notre Seigneur Jésus-Christ.

9. — *Prières diverses :*

1° *S. Augustin, docteur* (fête le 28 août). — Recevez favorablement nos supplications, Dieu tout-puissant, et puisque vous voulez bien nous permettre d'espérer en votre bonté, daignez, par l'intercession du bienheureux Augustin, votre confesseur et pontife, nous accorder les effets de votre miséricorde habituelle. Par Notre-Seigneur-Jésus-Christ.

2° *Ste Agnès, vierge martyre* (fête les 21, 28 janvier). — Dieu tout-puissant et éternel, qui choisissez ce qu'il y a de faible dans le monde pour confondre ce qui est fort, accordez-nous, dans votre miséricorde qu'en célébrant la fête de Ste Agnès, votre vierge et martyre, nous éprouvions sa protection auprès de vous. Par Notre Seigneur Jésus-Christ.

3° *Ste Cécile, vierge martyre* (fête le 22 novembre). — O Dieu, qui nous réjouissez chaque année par la fête de la bienheureuse Cécile, votre Vierge et martyre, faites qu'en l'honorant par nos hommages, nous imitions la sainteté de sa vie. Nous vous en prions par Notre Seigneur-Jésus-Christ.

4° *S. Clément, pape martyr* (fête le 23 novembre). — O Dieu, qui nous réjouissez, par la solennité annuelle du bienheureux Clément, votre martyr et pontife, daignez nous accorder la grâce d'imiter le courage qu'a déployé dans ses souffrances celui dont nous célébrons la naissance éternelle. Par Notre Seigneur Jésus-Christ.

5° *S. Laurent, martyr* (fête le 10 août). — Eteignez en nous, s'il vous plaît, Seigneur, les flammes de nos passions, vous qui avez donné à S. Laurent la grâce de triompher des flammes de son supplice. Par Notre Seigneur Jésus-Christ.

6° *S. Louis, roi de France, confesseur* (fête le 25 août). — O Dieu, qui avez fait passer le roi S. Louis d'un règne temporel à la gloire du royaume éternel, faites, nous vous en prions, par son intercession et par ses mérites, que nous participions un jour avec lui à la gloire du Roi des rois, Notre Seigneur Jésus-Christ, votre Fils, qui étant Dieu...

7° *S. Pierre aux liens* (fête le 1er août). — O Dieu, qui, après avoir brisé les chaînes de l'apôtre S. Pierre, l'avez fait sortir de prison sans qu'il y eût reçu aucun mal, brisez, nous vous en prions, les liens de nos péchés, et éloignez de nous, par votre miséricorde, les maux qui nous menacent. Nous vous le demandons par Notre Seigneur Jésus-Christ.

8° *Ste Praxède, vierge martyre* (fête le 21 juillet). — Exaucez-nous, ô Dieu notre Sauveur, afin que, comme la fête de votre vierge Ste Praxède nous donne de la joie, nous y recevions aussi la ferveur d'une sainte dévotion. Par Notre Seigneur Jésus-Christ.

9° *Ste Pudentienne, vierge martyre* (fête le 19 mai). — Comme le 8°, en changeant le nom.

10° *S. Sébastien, martyr* (fête le 20 janvier, avec S. Fabien). — Dieu tout-puissant, regardez notre faiblesse, et comme le poids de nos péchés nous accable, fortifiez-nous par l'intercession de vos bienheureux martyrs S. Fabien et S. Sébastien. Par Notre Seigneur Jésus-Christ.

Nota. Pour les églises, chapelles de la Ste Vierge, réciter l'hymne *Ave, maris stella*, le chapelet et les litanies, comme à Lorette.

IX. *Assise. Vallombreuse. Camaldules. Prato.*

1. ASSISE. — 1° *Prière.* — *S. François d'Assise* (fête le 4 octobre). — O Dieu, qui, par les mérites du bienheureux François, avez rendu votre Eglise féconde en nombreux et nouveaux enfants, faites-nous la grâce de mépriser comme lui les biens terrestres, et de nous réjouir éternellement dans la participation des dons célestes. Par Notre Seigneur Jésus-Christ.

2° *Prière*. — *Ste Claire, vierge* (fête le 12 août.) — Comme à Ste Praxède de Rome (8°), en changeant le nom.

2. VALLOMBREUSE. — *Prière*. — *S. Jean Gualbert, abbé* (fête le 12 juillet). — Que l'intercession du saint abbé Jean, nous vous en supplions, Seigneur, nous rende agréables à votre Majesté, afin que nous obtenions par ses prières les grâces que nous ne pouvons espérer par nos mérites. Par Notre Seigneur Jésus-Christ.

3. CAMALDULES. — *Prière. S. Romuald, abbé* (fête e 7 février). — Comme le précédent, en changeant le nom.

4. PRATO. — *Prière*. — *Ste Catherine Ricci, vierge* (fête le 13 février). — Comme pour Ste Claire ci-dessus.

FIN

TABLE DES MATIÈRES

INTRODUCTION. . . . .*Pages* 3

PREMIÈRE PARTIE

Manuel de la convertation française et italienne.

CHAPITRE 1er	Prononciation et alphabet en italien .	9
CHAPITRE 2e	L'article	11
CHAPITRE 3e	Pronoms personnels	13
CHAPITRE 4e	Le pluriel.	14
CHAPITRE 5e	Vocabulaire :	
I.	L'air, l'atmosphère.	15
II.	L'eau, la navigation.	19
III.	La terre.	23
IV.	Substances minérales, chimiques . . .	28
V.	Substances végétales.	30
VI.	Le feu	31
VII.	Les couleurs.	32
VIII.	Divisions du temps	33
IX.	L'homme, le corps, l'âme, les parents .	36
X.	Accidents et maladies, remèdes, traitement ; médecine et pharmacie . . .	46
XI.	Etats divers. L'armée. Professions et métiers. Savants et artistes, sciences et arts. Dignités temporelles.	55
XII.	Commerce. Monnaies ; poids et mesures.	84
XIII.	Habillement, vêtement ; objets de toilette	91
XIV.	Repas ; le manger ; boissons et liqueurs.	97
XV.	La maison et ses divisions ; meubles de la maison ; ustensiles de table, de maison, de cuisine	114
XVI.	La ville	124
XVII.	Les nombres	129

XVIII.	Religion, cultes; fêtes; dignités ecclésiastiques; clergé régulier et séculier. pag.	132
XIX.	Voyage.	143
XX.	Noms divers (pays, peuples).	149
XXI.	Noms divers (hommes et femmes).	154
CHAPITRE 6ᵉ	Phrases usuelles et conversation :	
I.	Voyages. En chemin de fer. En diligence. En route. Pour s'embarquer. En mer.	158
II.	Arrivée à l'hôtel. Un restaurant. Un café. Jeux	166
III.	Pour voir la ville. Le temps. Promenades. Cocher de fiacre, de voiture. La poste. Une visite. Achats	175
IV.	La blanchisseuse	187
V.	Phrases diverses. Proverbes italiens	188

DEUXIÈME PARTIE

Description des villes dans l'ordre des itinéraires.

CHAPITRE 1ᵉʳ	De Paris à Turin par Mâcon, Bourg, Modane et le tunnel dit du mont Cenis. — Turin (Torino), la Superga et la montagne ; les Salésiens (Valsalice, Valdocco)	191
I.	Ligne de Paris à Modane et à Turin par le tunnel dit du mont Cenis. Le tunnel (799 kil.).	191
II.	Turin (Torino) La Superga. Les Salésiens	198
III.	Résumé.	216
CHAPITRE 2ᵉ	Turin (Torino) à Milan (Milano). Milan et les environs.	219
I.	Ligne de Turin à Milan (150 kil.)	219
II.	Milan. Les environs.	220
III.	Résumé.	237
CHAPITRE 3ᵉ	De Milan (Milano) à Venise (Venezia). — Venise. Les environs	241
I.	Ligne de Milan à Venise (265 kil.)	241
II.	Venise (Venezia). Les environs.	243
III.	Résumé.	267

Chapitre 4e	De Venise (Venezia à Padoue (Padova). Padoue	273
I.	Ligne de Venise à Padoue (37 kil.)	273
II.	Padoue (Padova)	273
III.	Résumé..	278
Chapitre 5e	De Padoue (Padova) à Bologne (Bologna).	280
I.	Ligne de Padoue à Bologne (123 kil.)	280
II.	Bologne (Bologna)	281
III.	Résumé	287
Chapitre 6e	De Bologne (Bologna) à Ancône (Ancona) et Lorette (Loreto)	289
I.	Ligne de Bologne à Lorette (228 kil.)	289
II.	Ancône (Ancona)	291
III.	Castelfidardo	293
IV.	Lorette (Loreto)	294
Chapitre 7e	De Lorette (Loreto) à Naples (Napoli) par Foggia. Foggia, le Gargan. Naples. — Environs de Naples.	304
I.	Ligne de Lorette à Naples par Foggia. Foggia. Le Gargan (497 kil.)	304
II.	Naples (Napoli)	307
	Résumé	336
III.	Environs de Naples	342
	Résumé	373
Chapitre 8e	De Naples (Napoli) à Rome (Roma). Le mont Cassin. — Rome. — Environs de Rome.	375
I.	Ligne de Naples à Rome. Le mont Cassin (260 kil.)	375
II.	Roma (Rome) intra et extra muros :	379
	Renseignements pratiques	380
	Renseignements religieux	384
	Basiliques	389
	Audiences du Saint-Père	390
	Voyage à Rome	390
	La ville	391
	Ponts et portes	393
	Heures des musées, etc.	396
	La place de Venise et ses environs	397

Guide pratique, etc.

	1ᵉʳ *jour*. De la place de Venise au Vatican.	401
	2ᵉ *jour*. De la place de Venise à la porte du Peuple	437
	3ᵉ *jour*. De la place de Venise à la place Navone. De la place Navone au Tibre, à l'île Saint-Barthélemy et au Transtevère.	454
	4ᵉ *jour*. De la place de Venise au Capitole. Le Forum Le Palatin. Le Celius.	740
	5ᵉ *jour*. De la place de Venise à Saint-Jean de Latran, Saint-Laurent hors les Murs, Ste-Marie-Majeure, les Monts .	489
	6ᵉ *jour*. De la place de Venise au Quirinal. Thermes de Dioclétien. Ste-Agnès hors les Murs. Places Barberin et d'Espagne.	517
	7ᵉ *jour*. De la place de Venise au Vélabre. Cirque Maxime. Thermes de Caracalla. Voie Appienne. Les Catacombes de St-Calixte	533
	8ᵉ *jour*. De la place de Venise au mont Aventin. Voie d'Ostie. St-Paul hors les Murs, St-Paul aux trois Fontaines, etc. Les environs de Rome	550
	Résumé.	555
	Appendice. Chiffres romains et arabes .	579
CHAPITRE 9ᵉ	De Rome (Roma) à Assise (Assisi) . . La Portioncule (Porziuncula). N.-D des Anges (Sta Maria degli Angeli). Assise (Assisi)	580
I.	Ligne de Rome à Assise (182 kil.). . .	580
II.	La Portioncule (Porziuncula). N.-D. des Anges (Sta Maria degli Angeli). Assise (Assisi)	581
CHAPITRE 10ᵉ	D'Assise (Assisi) à Florence (Firenze). — Florence et ses environs.	585
I.	Ligne d'Assise à Florence (189 kil.). .	585
II.	Florence (Firenze) et ses environs . .	586
III.	Résumé.	621

Chapitre 11ᵉ	De Florence (Firenze) à Pise (Pisa) et Livourne (Livorno), et retour à Pise.— Pise et ses environs (Lucques, etc.).	627
I.	Ligne de Florence à Pise et Livourne (97 kil.).	627
II.	Livourne (Livorno)	628
III.	Pise (Pisa) et ses environs (Lucques, etc.).	630
IV.	Résumé de Pise.	639
Chapitre 12ᵉ	De Pise (Pisa) à Gênes (Genova). Gênes et les environs	641
I.	Ligne de Pise à Gênes (165 kil.)	641
II.	Gênes (Genova) et les environs.	643
III.	Résumé.	650
Chapitre 13ᵉ	De Gênes (Genova) à Vintimille (Ventimiglia) et Paris (1.274 kil.)	653
Chapitre 14ᵉ	2ᵉ itinéraire :	
I.	Ligne de Paris à Milan (Milano) par Belfort, Delle, Bâle (Basel), Lucerne (Luzern), le St-Gothard (S. Gottardo) (924 kil.)	660
II.	De Milan à Venise, Padoue, Bologne, Ancône, Lorette, Naples, Rome, Assise, Florence, Pise, Gênes. Voir *chapitre 3 à 12*	665
III.	De Gênes (Genova) à Turin (Torino) (166 kil.)	665
IV.	De Turin (Torino) à Modane et Paris. Voir *chapitre 1ᵉʳ*.	666
Chapitre 15ᵉ	Prières diverses	667
I à VI.	Divers	667-673
VII.	Turin au mont Cassin	675
VIII.	Rome	687
IX.	Assise, etc.	701

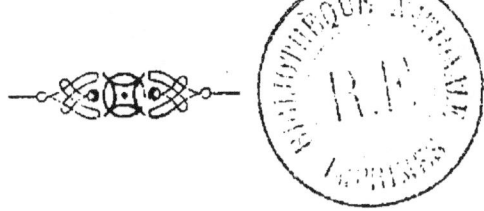

Péripéties du premier voyage des Missionnaires Salésiens au Chili, racontées par L.B. LEMOYNE, prêtre Salésien. — 1 vol. in-12 de 164 pag. 1, 00

Ruine (la) d'Albe ou éclaircissements sur les origines de l'église de Viviers, par l'abbé M. CONSTANT, doct. en théologie, membre de la Société des sciences naturelles et historiques de Nice. — 1 vol. in-8 de 44 pag. 0, 50

Tour (le) du monde ou mon second voyage à travers l'émisphère sud, par Ernest MICHEL. — 3 vol. in-8 de 1.000 pages :

   Tome I : Portugal — Sénégal — Brésil — Uruguay — République Argentine — Chili — Pérou. Prix. 6, 00

   Tome II : Equateur — Panama — Antilles — Mexique — Iles Sandwich — Nouvelles Zélande — Tasmanie — Australie. Prix . 6, 00

   Tome III : Nouvelle Galles du Sud — Queensland — Nouvelle Calédonie — Australie du Sud — Ile Maurice — Ile de la Réunion — Les Seychelles — Aden — Palestine — Egypte... 6, 00

Pèlerins (les) d'Emmaüs, par H. HIGNARD, professeur honoraire de l'enseignement supérieur. Poëme évangélique ; brochure in-8 . . 0, 25

Catéchisme de la vie religieuse, à l'usage des Communautés de femmes, par l'abbé J. M. MAGNIN, 1 vol. in-12 de 250 pages. . . . 1, 50
                franco 2, 00

En vente à la même librairie

JOASSARD EN ITALIE

Un vol. in-12 de 200 pages . . . . fr. 1,50

L'ÉGLISE DE NICE

SES SAINTS ET SES ŒUVRES

par l'Abbé André DUFAUT

À peine paru, le livre qui a pour titre *l'Église de Nice, ses Saints et ses Œuvres*, a eu un succès que n'aurions osé espérer, et dont nous avons tout lieu de nous réjouir.

Un vol. de 380 pages . . . . fr. 3,50
Le même, avec encadrement . . . . fr. 4,00

LE TOUR DU MONDE

en 240 jours

par ERNEST MICHEL

Deux vol. in-12, de 800 pag., illustrés . fr. 5,00

SOUS PRESSE

JÉSUS-CHRIST

DEVANT

LA RAISON ET LA FOI

par le Chanoine BRANDY

www.ingramcontent.com/pod-product-compliance
Lightning Source LLC
Chambersburg PA
CBHW061952300426
44117CB00010B/1308